A CRISE DA POLÍTICA IDENTITÁRIA

ANTONIO RISÉRIO
(ORGANIZADOR)

A CRISE DA POLÍTICA IDENTITÁRIA

Bruna Frascolla, Barbara Maidel, César Benjamin,
Carlos Sávio Teixeira, Demétrio Magnoli, Eli Vieira,
Flávio Gordon, Fernando José Coscioni, Gustavo Alonso,
João Carlos Rodrigues, Joel Pinheiro da Fonseca,
Jeudiel Martinez, Marcos Lacerda, Pedro Franco, Ricardo Rangel,
Raphael Tsavkko Garcia, Tiago Medeiros, Wilson Gomes

Copyright © 2022 Antonio Risério, Bruna Frascolla, Barbara Maidel, César Benjamin, Carlos Sávio Teixeira, Demétrio Magnoli, Eli Vieira, Flávio Gordon, Fernando José Coscioni, Gustavo Alonso, João Carlos Rodrigues, Joel Pinheiro da Fonseca, Jeudiel Martinez, Marcos Lacerda, Pedro Franco, Ricardo Rangel, Raphael Tsavkko Garcia, Tiago Medeiros, Wilson Gomes

EDITOR
José Mario Pereira

EDITORA ASSISTENTE
Christine Ajuz

REVISÃO
Luciana Messeder

PRODUÇÃO
Mariângela Felix

CAPA
Miriam Lerner | Equatorium Design

DIAGRAMAÇÃO
Arte das Letras

CIP-BRASIL. CATALOGAÇÃO NA FONTE.
SINDICATO NACIONAL DOS EDITORES DE LIVROS, RJ.

A Crise da política identitária / organização Antonio Risério. – 1. ed. – Rio de Janeiro: Topbooks Editora, 2022.

Vários autores.
Bibliografia.
ISBN: 978-65-5897-019-4

1. Antropologia 2. Cultura brasileira 3. Ensaios brasileiros 4. Filosofia 5. Identidade brasileira 6. Política e governo I. Risério, Antonio.

22-120776 CDD-302.54

TODOS OS DIREITOS RESERVADOS POR
Topbooks Editora e Distribuidora de Livros Ltda.
Rua Visconde de Inhaúma, 58 / gr. 203 – Centro
Rio de Janeiro – CEP: 20091-007
Telefax: (21) 2233-8718 e 2283-1039
topbooks@topbooks.com.br

Para Pedro Novis, que deu a ideia.

SUMÁRIO

Nota do Organizador 13
1 – Pequeno manual identitário para silenciar os críticos e se blindar contra a crítica e o dissenso em 5 passos 15
Wilson Gomes
2 – O identitarismo, suas contradições, seus equívocos 19
Ricardo Rangel
3 – Caminhos e descaminhos da política de identidade hoje: origem, ideologia e estratégias 50
Wilson Gomes
4 – Presença na imprensa: artigos de César Benjamin 94
5 – "Diversidade" em alta, democracia em risco 108
Antonio Risério
6 – Universidade, identitarismo e o espírito do nosso tempo 125
Fernando José Coscioni
7 – Miscigenação não é genocídio 155
João Carlos Rodrigues
8 – Missionários nas redações 167
Barbara Maidel
9 – Um demônio chamado "Ocidente" 200
Antonio Risério
10 – Foucault identitário? 223
Marcos Lacerda
11 – Presença na imprensa: artigos de Demétrio Magnoli 240
12 – Djamila Ribeiro prova que em RH só tem ignorante 269
Bruna Frascolla

13 – Para dar um fim ao juízo militante: fronteira, purificação e censura nas guerras culturais 294
Jeudiel Martinez

14 – "Diversidade", mesmice e intolerância 322
Antonio Risério

15 – O identitarismo e o mundo real – as implicações práticas de uma teoria 341
Pedro Franco

16 – Terrorismo racista & "racismo estrutural" 397
Bruna Frascolla e Flávio Gordon

17 – Para que serve o lugar de fala? 416
Joel Pinheiro da Fonseca

18 – Importado dos EUA, o identitarismo tornou-se arma hegemônica do partido dos trabalhadores 443
Raphael Tsavkko Garcia

19 – Caramelos & mestiços: o cachorro vira-lata e a miscigenação no Brasil 459
Gustavo Alonso

20 – O macaco seXX/XY: pensando em gênero e sexualidade fora dos moldes identitários 488
Eli Vieira

21 – A negação da nação 515
Antonio Risério

22 – O identitarismo e a mediocridade nacional 527
Carlos Sávio Teixeira e Tiago Medeiros

ANEXOS

O cancelamento da antropóloga branca e a pauta identitária 544
Wilson Gomes

Entrevista de Antonio Risério ao jornalista-escritor Pedro Henrique Alves 551

In the United States, the universities as well as the mainstream media are currently patrolled by well-meaning but ruthless thought police, as dogmatic in their views as agents of the Spanish Inquisition. We are plunged once again into an ethical chaos where intolerance masquerades as tolerance and where individual liberty is crushed by the tyranny of the group.

> Camille Paglia, *Free Women, Free Men: Sex, Gender, Feminism*.

Cada um pode cultivar livremente a sua identidade, desde que não pretenda erigi-la em princípio de dominação.

> Elisabeth Roudinesco, *O Eu Soberano: Ensaio sobre as Derivas Identitárias*.

In the preceding few years [década de 1980], the cause of diversity had become a crusade across the length and breadth of the American media, and would be a defining and dominating force in journalism in the decade to come. Almost every day after that 1992 meeting [Diversity Summit Meeting of the American Society of Newspaper Editors and the Newspaper Association of America], one could hear echoes from it in newspaper stories and nightly network broadcasts. Diversity was the new religion, and anybody who wanted to be anybody in the news industry had to rally behind it.

> William McGowan, *Coloring the News*.

Ce qui fait du monde occidental le bouc émissaire par excellence, c'est d'abord qu'il reconnaît ses crimes, par la voix de ses consciences les plus lucides, de Bartolomé de Las Casas à André Gide et Aimé Césaire sans oublier Montaigne, Voltaire et Clemenceau. Il a inventé la conscience malheureuse, il pratique quotidiennement le repentir, avec une plasticité quase mécanique. Au contraire d'autres empires qui peinent à connaître leurs forfaits, l'Empire russe, l'Empire ottoman, les dynasties chinoises, les héritiers des différents royaumes árabes qui ont occupé l'Espangne près de sept siècles. Nous seuls, Occidentaux, batons notre coulpe quand tant de cultures se présentent en victimes ou en candidez.

Pascal Bruckner, Un Coupable Presque Parfait
– La Construction du Bouc Émissaire Blanc.

Levantar-se contra o *status quo* sempre requer coragem, considerando as forças terríveis que ele tem por trás – e coragem é uma qualidade que os intelectuais, outrora famosos por seu radicalismo estrepitoso, perderam na busca de seus novos papéis e "nichos" como expertos, pesquisadores acadêmicos ou celebridades da mídia.

Zygmunt Bauman, Comunidade –
A Busca por Segurança no Mundo Atual.

Adulterando a História, a Biologia, a Sociologia, a Antropologia, a Filosofia, de acordo com os interesses da Causa, o Estado Totalitário pretenderá reduzir a sabedoria dos séculos a um punhado de axiomas, fórmulas e gritos de guerra que seus jovens robôs repetiam com feroz orgulho, contentes por se verem livres da dura e fastidiosa tarefa de ficarem debruçados durantes anos e anos sobre os livros.

Érico Veríssimo, O Retrato.

Non potranno mentire in eterno.

Pier Paolo Pasolini.

NOTA DO ORGANIZADOR

Não faz tempo, a etnolinguista Yeda Pessoa de Castro – conhecedora profunda de línguas e culturas negroafricanas que vieram desembarcar no Brasil, com 50 anos de trabalho e pesquisa feitos com rigor exemplar no Brasil, na Nigéria e no antigo Zaire e autora de estudos/livros fundamentais como *Falares Africanos na Bahia* e *Camões com Dendê: o Português do Brasil e os Falares Afro-Brasileiros* (ambos publicados pela Topbooks) – foi abordada numa conferência. Da plateia, uma militante identitária neonegra protestou: "Nós sabemos que a senhora é uma especialista, mas a senhora não tem lugar de fala". Bem, Yeda não é negra, nem faz teatro de negra – é uma mestiça brasileira. Tranquila, olhou ironicamente para a comissária racialista e propôs: "Está bem: eu não tenho lugar de fala e a senhora tem. Então, vamos trocar de lugar. Eu vou aí para a plateia sentar na sua cadeira e a senhora vem aqui para o meu lugar fazer a conferência".

Não é preciso dizer que a comissária neonegra murchou. Yeda é a maior conhecedora brasileira de línguas bantas como o kikongo e o kimbundo. A comissária neonegra, pretensa proprietária do "lugar de fala" por ter nascido mulata, não fazia noção sequer do que significava o sintagma "família linguística kwa". Mas conto a história apenas para realçar a situação de fundo de poço a que chegou a vida mental em nosso país: o conhecimento e a informação, do ponto de vista da política identitária, não contam para nada. O que conta é o determinismo biológico: a depender da cor da pele e da natureza da genitália, alguém tem o tal do "lugar de fala", está autorizado a discorrer sobre o assunto, mesmo que não entenda do que se trata. Porque vigora aqui a noção estapafúrdia de que viver uma coisa é o mesmo que compreendê-la, pobre e rasa ilusão. Como se a melanina eliminasse a ignorância, por exemplo. E isto para não falar da "ignorância credenciada" (a ignorância que ostenta crachás de "pós-graduação"), a que se refere o pensador (negro) Thomas Sowell, em *Os Intelectuais e a Sociedade*.

Mas não vamos nos alongar. A discussão desses e de outros temas relativos ao identitarismo ocupam as dezenas e dezenas de páginas desta coletânea – *A Crise da Política Identitária*. Livro que já nasce ocupando o lugar vazio de reflexões brasileiras mais sérias sobre o tema. E que aposta de fato na diversidade, na verdadeira e genuína diversidade, que é a diversidade de pensamento, não a de fenótipos, com todos os "diversos" dando um *show* de uniformidade ideológica. Procuramos aqui reunir conhecedores do assunto, em primeiro lugar – porque prezamos o conhecimento e não aplaudimos a ignorância, nem convidamos colaboradores em função da cor da pele ou do que carregam nas entrepernas. Mas conhecedores com posições bem variadas nos espectros cultural e político-ideológico (da direita à esquerda) – e pertencentes a faixas geracionais também variadas, de intelectuais mais velhos a intelectuais das novas gerações. Também o tom vai de um extremo a outro: da recusa à procura do diálogo.

Mas o que mais importa é que esta coletânea traz um nítido diferencial em meio à montanha de escritos produzidos e publicados no país, em anos de furor identitário. Oferecemos ao leitor ou leitora um elenco de textos que se distinguem pela consistência, nesses tempos em que reina entre nós a lambança do mais franco e deslavado *achismo estrutural*. Em que o "lugar de fala" autoriza qualquer bobagem. Em que vigoram a postura monológica e o autoritarismo, a ditadura do pensamento único, o fundamentalismo identitário. Logo, a quem se aventurar pelas páginas que seguem, desejamos desde já – *bon voyage*.

Ilha de Itaparica, outono de 2022
Antonio Risério.

1
PEQUENO MANUAL IDENTITÁRIO PARA SILENCIAR OS CRÍTICOS E SE BLINDAR CONTRA A CRÍTICA E O DISSENSO EM 5 PASSOS

Wilson Gomes

A meta é evitar que a crítica seja considerada e os seus argumentos ponderados. O meio é convencer o público de que o ato de criticar é um insulto e ofensa à minoria e uma iniquidade, além de, ao mesmo tempo, desqualificar o crítico.

1º – MIMETIZE-SE COM A MINORIA REPRESENTADA E A USE COMO ESCUDO.

Confunda a opinião pública. Faça com que o público perca a distinção entre o movimento ativista ou seus representantes avulsos e os que ele reivindica representar. Toda crítica ao movimento identitário antirracismo deve ser caracterizada como uma crítica aos negros, se for dirigida a alguma tática ou premissa do identitarismo feminista é preciso fazer pensar que é uma agressão às mulheres, do mesmo modo que uma censura aos identitários evangélicos conservadores deve ser percebida como uma investida contra o cristianismo. Assim, a crítica pode ser desconsiderada, antes, condenada, pois não é aceitável um insulto aos negros, às mulheres, aos LGBTQIA+, aos corpos gordos, aos cristãos, à família conservadora, aos judeus, à civilização cristã.

2º – MOBILIZE O SENTIMENTO PÚBLICO PARA O CONTRA-ATAQUE.

Use a simpatia disseminada na sociedade pelo grupo minoritário que o identitário postular representar, ou por minorias oprimidas e estigmatizadas em geral, como blindagem à crítica, para silenciar os críticos e para contra-atacá-los. Se a crítica for entendida como ofensa à minoria, os aliados do segmento ideológico se sentirão compelidos moralmente a reprovar o crítico ou até mesmo a puni-lo, em nome dos valores políticos compartilhados. Os progressistas e a esquerda, de um lado, conservadores e direitistas, de outro, correrão para contra-atacar o que foram levados a considerar como mais um ato de opressão do grupo dominante às minorias que tutelam. Grite que os negros ou os cristãos estão sendo atacados que sairão guerreiros da justiça de todos os lados para proteger os negros e os cristãos – quando na verdade estarão simplesmente calando os críticos dos identitários.

3º – DESQUALIFIQUE O CRÍTICO ACUSANDO-O DE ALGUM CRIME.

Acuse o crítico de ser um detrator e um praticante, em grau máximo, do tipo de opressão que tipicamente sofre uma minoria específica. Se for crítico a uma premissa do movimento identitário negro, o crítico deve ser acusado de racista. Se possível, de supremacista branco e fascista. Se desaprovar uma tática das feministas identitárias, que seja condenado como machista e misógino. Se censurar uma ação dos ultraconservadores religiosos, que seja declarado cristofóbico, secularista ou comunista. Se a reprovação for feita a um movimento anti-imigrantista, racista e etnocêntrico, que seja denunciado como lesa-pátria, globalista e esquerdista. É a satanização do crítico. Afinal, por que alguém criticaria uma tática do identitário negro, do feminismo identitário, do identitarismo LGBTQIA+ ou da militância conservadora identitária ou dos nacionalistas se não por ser racista, machista, homo e transfóbico, ou cristofóbico e gayzista e lesa-pátria, não é mesmo? A acusação não precisa ser baseada em fatos e sustentada em análises independentes, mas deve ser feita ou endossada pelas autoridades tribais identitárias (duas ou três @ que se apropriaram da Autoridade Epistêmica sobre o tema) e reiterada inúmeras vezes até que vire uma verdade indiscutível. Quando muita gente estiver gritando "supremacista" ou "cristofóbico", não haverá mais ninguém lendo o texto criticado. Como vi por aí, "não preciso ler um texto racista para saber que ele é racista". Não precisa mesmo, a voz do rebanho é quem diz o que cada um precisa saber. A repetição incessante da acusação, de forma a abafar qualquer outra voz dissidente, é meio fundamental para que a crítica não seja discutida e a pena – a desqualificação moral do crítico – seja imediatamente aplicada.

4º – RETIRE DO CRÍTICO A AUTORIDADE PARA OPINAR SOBRE O TEMA, REIVINDIQUE O MONOPÓLIO MORAL E INTELECTUAL SOBRE A FALA.

Drene dele toda autoridade e competência intelectual e moral para falar sobre um tema identitário e para discordar de táticas, premissas e conclusões usadas pelo movimento e seus líderes. Isso se faz *pari passu* com reivindicações de monopólio de fala e de competência exclusiva para o militante identitário. Essa tarefa pode ser levada a termo de dois modos. Primeiro, por meio da reivindicação do monopólio da fala por razões existenciais: só quem sente a dor é quem de fato pode gemer. Organicamente ligado à minoria que padece, só o militante identitário tem condições psíquicas, afetivas, morais e intelectuais para falar de ou sobre a minoria. Segundo, por reivindicação de exclusividade por razões morais e históricas: há uma história de opressão que será perpetuada caso se permita que quem sempre esteve do lado do privilégio possa se expressar sobre ou por aqueles que estão do lado dos oprimidos. Não reconheça autoridade à razão, à lógica, ao conhecimento, à objetividade, à ciência, à *expertise* ou a qualquer instância epistêmica fora do círculo estrito dos padecentes da opressão. Aferre-se à ideia – e a repita sem cessar – de que só autorrepresentação é representação autêntica e autorizada e que só a condição de oprimido confere o direito de protagonismo sobre o tema e expressão sobre o assunto. O processo todo consiste em imediatamente desclassificar o crítico como alguém que desconhece o monopólio do identitário e desconhece abusivamente os seus direitos de exclusividade, tentando usurpar um lugar que não é seu. Toda apropriação epistêmica deve ser anotada, denunciada e condenada; toda crítica deve ser classificada como tentativa de apropriação epistêmica.

5º – DESQUALIFIQUE O CRÍTICO ACUSANDO-O DE ESTAR APENAS LUTANDO POR INTERESSES E PRIVILÉGIOS.

É preciso convencer o público de que o crítico não se orienta nem pela busca da verdade nem pela defesa de valores universais como democracia, justiça, direitos humanos, progresso. Em lugar disso, é preciso insistir que a crítica é mal-intencionada e deve ser desconsiderada liminarmente, uma vez que o crítico pertence ao círculo dos beneficiários históricos pela opressão que a minoria sofreu, quando não ao círculo ainda mais perverso dos opressores. Se a crítica for, digamos, a uma ação, premissa ou tática dos identitários negros é bastante fazer notar que o crítico é branco, se for a uma minoria religiosa ultraconservadora é suficiente apontar que o crítico é esquerdista, pertence à elite intelectual ou é liberal e ateu. Isso significará para o público que o comportamento crítico – por conseguinte, detrator e destrutivo – é justamente o que se pode esperar de alguém que está perdendo os privilégios a que estava acostumado e se sente ameaçado, agora que há uma ascensão da minoria na esfera pública e nos espaços de poder. A crítica será, portanto, lida como parte do conflito estrutural que contrapõe historicamente o grupo oprimido à elite privilegiada que o oprime. Aceita essa premissa, homens, brancos, heterossexuais e cisgêneros estão desclassificados como produtores de críticas à militância identitária de esquerda, enquanto esquerdistas, intelectuais, liberais e membros de minorias de esquerda não se qualificam para fazer críticas honestas e verdadeiras à militância identitária de direita. Acusar alguém de "branco", denunciar a "fragilidade branca e heterossexual" ou a "mulher branca ocidental" ou o "homem rico e seus privilégios" é trunfo fundamental na desqualificação da crítica pela desclassificação do crítico à esquerda. Assim como acusar alguém de "liberal", "esquerdista", "comunista", "globalista", "artista sustentado pela lei Rouanet" ou "pseudointelectual que vive nas tetas do governo" é suficiente para anular o crítico à direita. Convença a todos de que o militante identitário, como parte orgânica da minoria, luta pela verdade e é um guerreiro da justiça, mesmo que as suas táticas possam ser eventualmente agressivas e desesperadas, e isso há de ser compreendido por todos. Mas o seu crítico apenas luta por interesses e privilégios, e pela manutenção da opressão, não devendo, por isso, ser considerado, não importa o que tenha a dizer.

2
O IDENTITARISMO, SUAS CONTRADIÇÕES, SEUS EQUÍVOCOS

Ricardo Rangel

UM PREÂMBULO

O Brasil é um país excessivamente conservador, sob muitos aspectos pré-liberal e até pré-moderno. Ao contrário de mitos sociológicos levados a sério até recentemente, como o da "democracia racial", o preconceito contra as minorias, em particular contra os negros, existe e é responsável por grave injustiça social.

Mais de 130 anos após a abolição da escravatura, o racismo segue brutal, e oprime, espanca, mantém na pobreza, aprisiona, tortura e mata negros basicamente por serem negros. Índios não recebem tratamento melhor do que o dado aos negros, o que está menos em evidência porque a população indígena é relativamente pequena e vive longe dos grandes centros. Pode-se dizer que o racismo – especialmente o racismo estrutural[1], que faz com que, independentemente de preconceitos individuais, as decisões da sociedade sejam tomadas rotineiramente em prejuízo de negros e pardos – é o maior problema brasileiro. Mas outras minorias, como índios, mulheres e membros da comunidade LGBTQIA+, são também oprimidas.

Se o Brasil tem um compromisso com a democracia – na qual, por definição, todos são livres e iguais – é preciso reconhecer que o problema do preconceito (que impede a liberdade e a igualdade)

---

[1] Há quem não goste da expressão "racismo estrutural" por ela dar, talvez, a impressão de que o racismo no Brasil é formalizado (o que, claro, não é verdade), e prefira expressões como "racismo naturalizado" ou "racismo enraizado". Essa visão faz sentido, mas a expressão "racismo estrutural" parece consolidada e há questões mais importantes de que tratar do que essa filigrana semântica.

existe, é gravíssimo e precisa ser combatido e eliminado. Afinal, como disse certa vez Herbert de Souza, "democracia serve para todos ou não serve para nada".

Nos últimos tempos, a defesa das causas das minorias tem sido levada a cabo de maneira mais enfática por um movimento que se costuma chamar "identitário", mais especificamente o identitarismo (ou identitarismos, pois há mais de um) de esquerda.

É indiscutível que as causas defendidas pelo identitarismo de esquerda são nobres e legítimas e precisam ser defendidas. Mas as causas e o(s) movimento(s) que pretende(m) defendê-las não são a mesma coisa, e é perfeitamente discutível se a estratégia e os métodos adotados pelo identitarismo são eficazes para ajudar o Brasil a se livrar do racismo, do machismo, da misoginia, da homofobia, da transfobia, etc. e empurrar o país na direção de uma democracia de verdade. Uma que sirva para todos.

MAS O QUE É IDENTITARISMO?

O identitarismo não é a visão ou a crença de que existem, na sociedade, grupos sociais que são oprimidos por um grupo dominante: claro que existem, e essa é uma característica de virtualmente qualquer sociedade desde que o mundo é mundo. Não é preciso ser identitário para perceber que as sociedades ocidentais, Brasil em particular, não são exceção: basta ter olhos. O identitarismo não é, tampouco, a visão de que essa opressão é inaceitável e deve ser combatida: quem acredita nisso não se chama identitário, se chama democrata.

Não, o que caracteriza o identitarismo é alguém entender que o fato de pertencer a um grupo particular (grupo que em geral se entende oprimido) o define de maneira fundamental e transforma a afirmação da própria especificidade do grupo em reivindicação política.

O identitarismo não é necessariamente de esquerda: é perfeitamente possível ser de direita (como supremacistas brancos ou cristãos fanáticos) ou politicamente neutro (como deficientes físicos) e ser identitário. O fato de os identitários de esquerda entenderem que identitários de direita não são oprimidos não impede que eles se movam tendo por valor preponderante a identidade do grupo, nem que, em muitos casos, se considerem oprimidos.

É até curioso que o identitarismo (qualquer identitarismo) possa ser considerado de esquerda. O identitarismo é antes de tudo o reconhecimento e a valorização da diversidade e da diferença, bandeira que não é de esquerda, é liberal. Historicamente, a esquerda sempre deu importância apenas ao coletivo, valorizando o que o grosso da população tinha em comum, isto é, o fato de ser proletária e oprimida pela burguesia. Desejos e palpitações de indivíduos e grupos menores eram vistos com desconfiança e tachados de "desvios pequeno-burgueses". Esse ponto de vista só começou a mudar a partir dos anos 1960 – e continua incongruente com a visão de esquerda da sociedade.

Também não é necessário ser identitário para defender causas ligadas a minorias ou grupos oprimidos específicos. Martin Luther King defendeu negros de maneira não identitária (Malcolm X o fez de maneira identitária); Mahatma Gandhi defendeu indianos de maneira não identitária (seu assassino Nathuram Godse, indiano como ele, era identitário hindu).

Por fim, um truísmo: identitários, de direita, de esquerda ou mesmo neutros, são naturalmente extremistas. Qualquer um que restrinja sua visão de mundo ao ponto de vista de seu próprio grupo terá dificuldade de enxergar e entender o ponto de vista do outro, tendendo a tornar-se intolerante com qualquer um que contrarie o grupo. O identitário tende a ser tribalista, a enxergar o mundo como dividido em dois: os que defendem o grupo a que ele mesmo pertence e os inimigos (se algum identitarismo chegar ao poder, é improvável que haja espaço para qualquer outro, o que parece ainda não ter ficado claro para a maioria).

No entanto, o identitarismo que nos interessa neste ensaio é mesmo o de esquerda: suas causas são nobres, e ele é o mais atuante e tem conseguido dar o tom não só para a imprensa e boa parte da sociedade (a seu favor), mas também para a direita (contra) e para grupos neutros.

O identitarismo de esquerda não é a mesma coisa que o politicamente correto (ou correção política), ainda que os dois estejam intimamente relacionados. Politicamente correto é uma expressão que identifica vocabulário, políticas ou ações que evitem ofender, excluir e/ou marginalizar grupos vistos como desfavorecidos. Identitarismo é o desenvolvimento de agendas políticas que privilegiem os supostos interesses de tais grupos. Os dois conceitos são confundidos com frequência, mas isso não chega a ser um problema, porque o identitarismo de esquerda incorporou os preceitos do politicamente correto de maneira tão completa que os dois conceitos quase que se fundiram – o identitarismo parece um politicamente correto com anabolizantes.

Mas quais são as estratégias e métodos usados pelo identitarismo de esquerda para combater o preconceito, "estrutural" ou não? Em que eles se diferem de movimentos anteriores em defesa de minorias? Essas estratégias e métodos são eficazes para construir um país mais plural, igualitário e democrático?

ESTRATÉGIAS E MÉTODOS

Há algumas décadas, o feminismo, o antirracismo e outros movimentos enxergavam o preconceito e a injustiça contra os grupos que representavam como uma anomalia que contrariava e comprometia os ideais de liberdade e igualdade que são a base de uma sociedade democrática. A estratégia desses movimentos era a de mostrar ao grupo dominante que a injustiça existia e deveria ser combatida e obter tratamento igual para todos. Era uma estratégia includente, liberal, que reconhecia os méritos dos ideais democráticos e buscava garantir que eles se aplicavam a todos.

O identitarismo tem uma visão radicalmente diferente, entendendo que todas as estruturas da sociedade, incluindo a linguagem, foram criadas de maneira a perpetuar deliberadamente a opressão contra as minorias. Ao contrário dos movimentos de emancipação de outros tempos, que valorizavam a democracia e seus ideais de liberdade e igualdade, o identitarismo parece crer que ela é um engodo, um mecanismo de manipulação e dominação.

Nessa linha, o identitarismo não apenas exige o reconhecimento pelo grupo dominante de que as minorias foram e ainda são vítimas de opressão, mas pretende reformular toda estrutura da sociedade, a começar pelo idioma, considerado um dos principais condicionantes e ratificadores do preconceito. Para isso, é preciso que o grupo dominante reconheça seus privilégios e sua "culpa", que peça perdão, que mude sua conduta e sua maneira de falar e de escrever. (Vale sublinhar: na abordagem identitária, quem está no grupo dominante é, por definição, "culpado".)

O identitarismo exige um novo léxico, uma nova gramática, uma nova cultura, supostamente livres de preconceito. Gêneros gramaticais e desinências nominais de gênero, que, na visão identitária, embutem preconceito contra minorias sexuais ou de gênero, devem ser abolidos ou adaptados para não ofender essas minorias. Daí a insistência em fórmulas neutras, mencionando os dois gêneros, como em "todos e todas", ou, de maneira mais radical, criando desinências neutras, como em "todes" ou "xs gatxs" (em vez de "todos" e "os gatos").

Palavras e expressões que possam sugerir preconceito devem ser abolidas. Isso vale não somente para casos indiscutivelmente intoleráveis, como "serviço de preto", mas também para casos em que a conexão com preconceito é discutível, como em "denegrir" ou "mulato", ou até quando obviamente não existe preconceito algum, como em "criado-mudo".

Algumas das palavras mais controversas são justamente as classificações raciais propriamente ditas. Em uma nota pessoal, quando eu era criança (nasci em 1964), filho de pai e mãe progressistas, "negro" e "pardo" eram palavras consideradas parte do vocabulário racista e vistas com maus olhos. Os termos politicamente corretos (a expressão não estava em uso na época) eram "preto" e "mulato". Com o tempo, "negro" foi reabilitado e "preto" passou a ser malvisto. Depois surgiu "afrodescendente", que parece ter caído em desuso. "Mulato" foi condenado e "pardo", reabilitado. "Preto" foi também reabilitado, mas agora identifica somente pretos retintos, enquanto que "negro", dependendo da circunstância, pode incluir pretos e pardos. O *status* corrente (aceitável ou não) da palavra depende de em que bolha você está – e pode mudar a qualquer momento. Mudar com frequência e sem critério, não é estapafúrdio: toda mudança é uma oportunidade para lembrar o suposto caráter preconceituoso do idioma.

"Escravo" deve ser substituído por "escravizado" para deixar claro que a escravidão é uma condição imposta por alguém, lembrando a todos a opressão existente (no caso, um tipo particular de opressão que acabou há mais de 100 anos) na sociedade. "Homossexualismo" deve ceder a vez à "homossexualidade", porque o sufixo "ismo" identificaria uma doença – tese que transformaria cristianismo, atletismo, patriotismo e lirismo, por exemplo, em patologias.

Um item particularmente curioso no *index prohibitorum* identitário é o verbo "judiar", considerado ofensivo porque lembra os maus-tratos dispensados aos judeus. Ora, se o objetivo é sublinhar a opressão sofrida pela minoria, seria de se esperar que uma palavra que lembra essa opressão fosse mantida. Além disso, seja porque for – ou porque acha que judeus são brancos, ou ricos, ou porque Israel persegue os palestinos – a esquerda identitária nunca mostrou grande empatia pela minoria mais perseguida da história; pelo contrário, declarações antissemitas vindas da esquerda não chegam a ser incomuns.

Evidentemente, palavras como "criado-mudo", "escravo", "homossexualismo" e muitas outras são – ou eram, antes de serem estigmatizadas pelo identitarismo – meramente descritivas, não trazem preconceito em si, mas isso não é importante, o que é importante é reafirmar que o idioma sustenta o preconceito. Se não é fácil entender por que certas palavras são proibidas, muito mais difícil é acompanhar quais palavras são essas, já que o *index prohibitorum* cresce dia a dia e volta e meia alguma palavra é reabilitada.

O hábito de recriar o idioma está tão em voga que alcança regiões inesperadas, como é o caso dos moradores de rua (que a rigor, não são um grupo identitário), mas, mesmo assim, devem ser chamados "pessoas em situação de rua" para deixar claro que a condição de não ter teto[2] não é normal nem definitiva (ainda que em muitos casos o seja). Levando a lógica dos moradores de rua adiante, deveríamos trocar "desempregado" por "pessoa em situação de desemprego", "doente" por "pessoa em situação de do-

---

[2] Note-se que o Movimento dos Trabalhadores Rurais Sem Terra (MST) e o Movimento dos Trabalhadores Sem-Teto (MTST), organizações de esquerda com conexões com o identitarismo, não se deram ao trabalho de mudar seus nomes para Movimento dos Trabalhadores Temporariamente Sem Terra (ou Teto) ou coisa parecida. A coerência não é especialmente valorizada no identitarismo.

ença", etc., mas essas categorias são amplas e fragmentadas demais para despertar o interesse do identitarismo.

Há circunstâncias em que o significado da palavra é recriado, ampliado ou restringido. Na acepção identitária, "racismo" deixa de identificar uma atitude racista individual, para identificar o racismo estrutural e nada além dele, o que faz com que o racismo de minorias étnicas contra brancos se torne algo conceitualmente impossível – as mudanças propostas pelo identitarismo costumam tornar difícil criticar membros da minoria. A recriação do idioma chega ao paroxismo quando se vira a semântica pelo avesso para sublinhar a superioridade da minoria sobre o grupo dominante, como ocorre na substituição de "esclarecer" por "escurecer" (como se fosse mais fácil enxergar no escuro do que no claro) ou na defesa da superioridade da afromatemática sobre a matemática "eurocêntrica".

Além de eliminar e recriar expressões e palavras, o identitarismo inventa palavras novas para transmitir conceitos que, em tese, o idioma do opressor simplesmente não contempla. Daí vêm verbos como "*manterrupt*" – quando um homem interrompe a fala de uma mulher – e "*mansplain*" – quando um homem explica, de maneira condescendente, algo a uma mulher. Vale notar que não existe "*womanterrupt*" nem "*womansplain*": como vimos acima, o identitarismo torna difícil criticar os membros da minoria.

Não existe conversa em que uma parte não interrompa a outra, de modo que homens estão condenados a cometer *manterrupting*, o que é considerado uma ofensa cujo nome técnico é "microagressão". Mas, como a atitude de ficar calado sem jamais interromper alguém é usualmente (e corretamente) interpretada como desprezo ou provocação, o silêncio não escapará de ser visto, também ele, como microagressão. Isso coloca o homem numa situação em que se torna impossível agir de maneira adequada: faça o que fizer, ele estará sempre errado. Essa situação, por mais absurda que pareça, está longe de ser incomum: sob a lente do identitarismo, assim como o membro da minoria está sempre certo, o integrante do grupo dominante está sempre errado.

A preocupação do identitarismo com agressões e microagressões e insultos e microinsultos e microinvalidações e *gaslighting* (a prática de dar a entender que a mulher está louca para manipulá-la) é uma obsessão. Qualquer discordância é crítica, e toda crítica, por definição, deriva do preconceito contra a minoria, e como tal, é intolerável. Quem defendeu o *impeachment* de Dilma Rousseff é automaticamente golpista e machista e/ou misógino. Afirmar que Jean Wyllys errou ao cuspir em Jair Bolsonaro torna o crítico imediatamente fascista e homofóbico. Mencionar que Zumbi dos Palmares tinha escravos é a certeza de ser chamado de racista. Todos os membros do grupo são perfeitos e infalíveis por definição.

Errar é humano, viver é ser contrariado, e todo progresso, inclusive o amadurecimento emocional, é o resultado do conflito de ideias, mas o identitarismo acredita não só que é possível não ser contrariado, como isso é um objetivo a ser alcançado. O resultado é um permanente cerceamento da liberdade de expressão: nenhum membro de minoria pode ser insultado, ofendido, contrariado ou microagredido – por outro lado, qualquer membro da minoria é livre para massacrar qualquer um que ouse defender um ponto de vista remotamente contrário (mesmo que de forma apenas aparente) à minoria.

A obsessão com não ser contrariado é tamanha que o identitarismo vem criando em universidades (centros de saber que, desde a sua criação, há mil anos, se caracterizam pela liberdade de pensamento e de expressão) "espaços seguros", onde é proibido debater ideias que possam ser consideradas ofensivas a grupos minoritários. É inacreditável: professores e estudantes universitários optando por censurar a si mesmos.

Se a fixação pelo conforto mental e emocional leva os identitários a se autocensurar, não espanta que exijam que obras culturais consideradas ofensivas sejam banidas ou recriadas, como se viu no esforço recente para proibir os livros de *O Sítio do Picapau Amarelo*, de Monteiro Lobato – escritos em uma época em que o "embranquecimento" da população era política de Estado assumida –, nos quais a personagem negra Tia Anastácia é, ou parece ser tratada, de maneira racista.

O caso de *Aventuras de Huckleberry Finn*, de Mark Twain, um dos mais importantes romances norte-americanos, é particularmente emblemático. Há alguns anos, *Huck* foi alvo de intensa campanha do antirracismo radical, que conseguiu banir a obra de várias escolas americanas sob a alegação de que o romance era racista, pois uma das personagens se chama Nigger Jim, e *"nigger"* é considerado nos EUA um termo odioso. O problema é que Jim é um escravo ("escravizado", no jargão identitário) na sociedade escravocrata do sul dos Estados Unidos no século XIX, o que significa que era totalmente impossível que ele recebesse qualquer outro tratamento que não fosse *"nigger"*.

Mas o mais impressionante no banimento de *Huck* não é o quanto ele é uma tolice e um erro, nem o fato de que o romance nada tem de racista. O que é espantoso é que o antirracismo radical achou que seria bom para a causa cancelar uma personagem que deveria ser o orgulho do movimento negro. Jim não é só a primeira personagem negra da história da literatura (Otelo, de Shakespeare, não era negro, mas mouro): é uma personagem tridimensional, inteligente e sensível, e capaz de tomar decisões em função de seus pensamentos e desejos.

Jim é fiel, amoroso, corajoso, ético, insubmisso: ele foge da fazenda em que é cativo em busca de sua mulher, vendida para outra fazenda. É um amigo sincero e leal, que se arrisca para proteger o pré-adolescente Huck. Enfim, Jim é um homem admirável, o melhor retrato que poderia ser feito de alguém, branco ou negro – e foi feito por um autor do século XIX tendo como modelo um escravo. Como o antirracismo radical pôde querer abrir mão de um símbolo tão formidável quanto esse?

Há um traço filistino no fanatismo identitário, que parece não compreender o que a arte significa, tanto como documento histórico quanto como metáfora, fantasia e sublimação. O documento histórico não é um exemplo do que deve ser feito: é um exemplo do que era feito, de como era feito, e com frequência serve como parâmetro para o que *não* deve ser feito. É melhor que *Minha Luta*, de Hitler, possa ser lido, para que se compreenda de onde veio o nazismo e o risco que ele representa, do que seja censurado, perdendo seu caráter de advertência, e se tornando item de reverência e fascinação para a extrema direita. É melhor ler o *Sítio do Picapau Amarelo* com um olhar crítico sobre o eventual racismo que o permeia do que não o ler.

É melhor se apaixonar por Lolita (personagem-título do romance, perseguido pelo moralismo de direita, de Vladimir Nabokov) – e se chocar com a monstruosidade do pedófilo Humbert Humbert – do que seduzir a filha da vizinha. A fantasia dá uma válvula de escape à realidade, permite viver na imaginação (onde são inofensivos) desejos nocivos e inaceitáveis na vida social.

Há uma ironia amarga no esforço do identitarismo de esquerda para calar os outros. Historicamente, sempre foi a direita, em seu moralismo e autoritarismo, que sempre quis interditar vozes dissonantes e consideradas ofensivas. A esquerda queria liberdade de expressão para vozes que defendiam ideias altamente ofensivas, como de que somos todos livres e iguais, a humanidade não descende de Adão e Eva, a religião é o ópio do povo, a classe dominante explora a classe trabalhadora, crianças têm sexualidade; vozes que exigiam coisas ultrajantes, como eleições, abolição da escravatura, proibição do trabalho infantil, emancipação das mulheres, sufrágio universal e muito mais.

"Liberdade é sempre a liberdade de quem discorda de nós", ensinou Rosa Luxemburgo, socialista e democrata em uma época em que era possível acreditar que socialismo e democracia poderiam conviver. O livre trânsito de ideias, inclusive de ideias ofensivas, é bom para todos, e não é por acaso que ele está na Constituição: ninguém precisa de garantia constitucional para dizer coisas doces e fofas, liberdade de expressão serve para dizer coisas ofensivas.

Ao trair sua história e suas bandeiras e tornar aceitável o banimento de obras culturais, a esquerda identitária dá à direita o argumento ("se eles censuram, por que eu não posso?") de que ela precisa para perseguir obras que interessam à causa do combate ao preconceito. Nos EUA, nunca se baniram tantos livros falando de preconceito e opressão de minorias, como nos casos recentes de *O Sol é Para Todos*, de Harper Lee; *O Olho Mais Azul*, de Toni Morrison; *Maus*, de Art Spiegelman e muitos outros.

No Brasil, enquanto a esquerda impediu a exibição de filmes como *O Jardim das Aflições*, de Josias Teófilo, e *1964: O Brasil entre Armas e Livros*, da produtora Brasil Paralelo, a direita conseguiu tirar de cartaz a exposição *Queermuseu: Cartografias da Diferença na Arte Brasileira* (de temática LGBTQIA+) e a peça *O Evange-*

lho Segundo Jesus Cristo, Rainha do Céu (em que Jesus Cristo era interpretado por uma travesti), de Jo Clifford; proibiu o romance gráfico infantil *Vingadores, A Cruzada das Crianças* (que mostra dois homens se beijando), de Allan Heinberg e Jim Cheung; fez o possível para interditar a *performance La Bête*, em que o artista plástico Wagner Schwartz exibia seu corpo nu, e muito mais.

O TRIBUNAL

Para calar vozes consideradas ofensivas e "educar" ofensores, o identitarismo exerce um constante patrulhamento do comportamento e da linguagem; uma vez identificado, o pecador é submetido à execração pública (ritual conhecido como "cancelamento") e à exigência de confissão de seu pecado, da assunção de culpa, do arrependimento e do pedido de perdão. É irônico que o identitário, que julga reconhecer e combater as estruturas de poder de nossa sociedade, que acredita ter "visto a luz", seja presa tão fácil de um dos mais notórios mecanismos de controle social da tradição ocidental: a culpa cristã.

Se o identitarismo é uma religião – e ele é –, seu método é o mesmo da Inquisição. Diferentemente do catolicismo, entretanto, confissão, arrependimento e pedido de perdão não expiam a culpa. Pelo contrário, o reconhecimento da culpa, em vez de levar à absolvição, leva à intensificação da punição. Depois que o calvário acaba (com frequência porque surgiu um novo herege a ser queimado), o pecador permanece no índex: ele estará para sempre marcado como machista, racista, homofóbico, etc.

Os identitários não queimam hereges por perversidade: assim como os inquisidores católicos de outros tempos, os inquisidores laicos de hoje, apesar de encherem o mundo de ódio, intolerância e sofrimento, são, em geral, bem-intencionados, acreditam que estão contribuindo para um mundo melhor e para a salvação da alma dos pecadores. A maioria são pessoas comuns e razoáveis – exceto naqueles momentos específicos em que estão procurando e punindo os pecados alheios.

Não é muito importante que o pecado seja de fato um pecado, e, com frequência, nem sequer precisa parecer ser. Até recentemente, elogiar alguém era positivo, mas, agora, elogiar uma mulher é terreno perigoso: dizer que uma mulher é bonita será entendido como uma afirmação de que mulheres não podem ser inteligentes e/ou são objetos sexuais, o que levará ao cancelamento do homem transgressor. Curiosamente, dizer que uma mulher é inteligente *também* será entendido como a afirmação de que mulheres em geral não são inteligentes, sendo aquela mulher em particular uma exceção (tanto assim que mereceu o elogio), levando ao cancelamento do ofensor. Na prática, elogios se tornam proibidos, o que também é um problema, porque o homem que não reconhece as virtudes das mulheres será acusado de dar as mulheres de barato. É um beco sem saída.

Quem observa o identitarismo com atenção constata que becos sem saída são constantes e incontornáveis. Para o antirracismo radical, se você é branco e não se interessa pela cultura negra, você é um esnobe racista; se se interessa e traz a cultura negra para seu dia a dia, você comete apropriação cultural... o que faz de você um racista. Isso não tem a menor lógica ou coerência, claro, mas quem acha que isso é um problema não está compreendendo a essência do identitarismo.

Para o identitarismo, todo membro do grupo dominante é preconceituoso por definição, de modo que o olhar identitário não precisa deixar uma porta aberta para a hipótese de isso não ser verdade. Além disso, a lógica é uma das estruturas de nossa sociedade, e, como tal, é um mecanismo de dominação e precisa ser superado – a única lógica que de fato interessa é que o opressor está sempre errado.

Outra chave é que a verdade objetiva tampouco tem importância: se você não é negro e usa turbante, por exemplo, está cometendo apropriação cultural por definição. Mesmo que o turbante tenha sido inventado na Ásia há milhares de anos e introduzido na África pelos árabes, então opressores dos africanos, séculos depois. Mesmo que você esteja usando o turbante porque perdeu os cabelos num tratamento contra câncer (como de fato ocorreu com uma jovem curitibana, interpelada no metrô por uma militante antirracista radical). Mesmo que o interesse pela cultura negra por parte da classe média branca efetivamente reduza o preconceito e a discriminação racial e contribua para melhorar a posição socioeconômica dos negros.

Uma terceira chave é que o oprimido está sempre certo. Há algum tempo, a atriz Cleo Pires fez um ensaio fotográfico erótico para combater a "cultura do estupro" vigente no Brasil. Evidentemente, recorrer a um instrumento que objetifica o corpo feminino para combater uma cultura que enxerga a mulher como objeto é uma ideia estranha, mas nenhum homem está autorizado a dizer isso – afinal, "o lugar da mulher é onde ela quiser" (o que, claro, é verdade, mas isso não faz com que o tal ensaio fotográfico seja menos contraditório). Seria de se esperar que feministas dignas do nome percebessem a contradição, mas não foi isso o que se viu: a sororidade[3] prevaleceu, e quem apontou o problema foi devidamente cancelado.

A atriz Meghan Markle abandonou a carreira, a família, os amigos e seu país para atravessar um oceano e assumir a função decorativa de princesa consorte do príncipe Harry de Windsor, atitude que feministas de outros tempos considerariam o suprassumo da submissão feminina diante do macho dominante. Mas a sororidade e a tese de que "o lugar da mulher é onde ela quiser" falaram mais alto, e quem ousou apontar que o ato de Meghan contrariava as bandeiras feministas foi destruído nas redes por feministas radicais (e mesmo algumas nem tão radicais) dos tempos de hoje.

É espantoso que alguém que se declare feminista se arvore a afirmar que abdicar de tudo para se casar seja motivo de orgulho feminista. A ser isso mesmo, significa que, depois de décadas lutando para obter o direito de decidir onde querem estar, há feministas que acreditam que o melhor lugar para estar é aquele onde estavam suas avós. (Reconheça-se que, uma vez princesa, Meghan não se comportou como sua avó: em vez disso, fez com que o marido brigasse com a avó *dele*, e saiu com o príncipe pelo mundo pagando as despesas com o dinheiro... da tal avó.)

---

[3] "Sororidade" é um conceito do feminismo contemporâneo que identifica a união e a aliança entre mulheres, e pressupõe o não julgamento prévio entre elas próprias, pois isso ajudaria a fortalecer os preconceitos criados pela sociedade machista e patriarcal. Não vem diretamente de *soror* (irmã em latim), mas de *sorority*, que é o nome genérico das organizações sociais de estudantes universitárias nos EUA.

Há algum tempo, Lilia Schwarcz publicou um artigo criticando Beyoncé por recorrer a imagens "estereotipadas" e criar uma África "caricata" em seu vídeo *Black Is King*. Escreveu a antropóloga e historiadora: "Nesse contexto politizado e racializado do Black Lives Matter, e de movimentos como o Decolonize This Place, que não aceitam mais o sentido único e Ocidental da história, duvido que jovens se reconheçam no lado didático dessa história de retorno a um mundo encantado e glamorizado, com muito figurino de oncinha e leopardo, brilho e cristal.". E sugeriu que "talvez seja hora de Beyoncé sair um pouco da sua sala de jantar e deixar a história começar outra vez, e em outro sentido". Lilia foi destruída sem piedade pelo antirracismo radical (inclusive por mulheres, o que demonstra que a sororidade nem sempre se impõe).

É óbvio que mostrar a nudez erotizada de uma mulher jovem, bonita e sensual como forma de combater o estupro é algo que não faz sentido, largar tudo para casar com príncipe não é uma atitude feminista, e a glamorização vazia padrão Hollywood não combina com um movimento de busca de direitos e luta contra a opressão, mas quem acha que os cancelamentos ocorreram por causa disso, não está entendendo o problema, que está em outro lugar. Na verdade, em dois.

O primeiro é que não é permitido, como já vimos, criticar um membro do grupo minoritário em nenhuma circunstância: toda crítica é, por definição, manifestação do preconceito estrutural contra aquele grupo. Dilma não caiu porque fez uma fraude fiscal (isso a que se deu o benigno nome de "pedaladas"), nem porque provocou uma devastação econômica, nem porque perdeu o apoio do Congresso. Não: Dilma foi derrubada pelos machistas, misóginos, racistas, homofóbicos e fascistas (ela de fato declarou isso publicamente). Como já vimos, o oprimido está sempre certo, o opressor está sempre errado e não existe crítica possível a um integrante da minoria que seja motivada por outra coisa que não preconceito.

O segundo é que há assuntos que pertencem exclusivamente ao grupo, sobre os quais quem está fora não pode sequer se manifestar. Para o feminismo radical, um homem não pode dizer sequer que é *a favor* da legalização do aborto, porque esse assunto não lhe diz respeito. Tudo o que um homem pode dizer sobre aborto é que é um assunto que compete exclusivamente às mulheres (ou melhor, a pessoas "com útero", pois mulheres *trans*, que não podem ter filhos, também estão proibidas de discutir o assunto).

Lilia Schwarcz é uma simpatizante entusiasmada do identitarismo, insuspeita em relação a racismo e sua crítica a Beyoncé faz todo o sentido dentro de um prisma antirracista, mas, sendo branca, simplesmente não está autorizada a comentar o comportamento de uma negra. Falta-lhe "lugar de fala", que também falta a homens que ousam criticar Meghan Markle ou Cleo Pires.

"Lugar de fala" é uma ênfase que se dá à origem, ao lugar social de quem fala, e quase sempre identifica uma posição que é ou foi ocupada por grupos oprimidos dentro de um processo histórico de dominação. Significa que, em uma discussão sobre algo que afete as mulheres, a mulher precisa ser ouvida e sua opinião a respeito é fundamental. Afinal, só as mulheres sabem o que significa ser mulher. Isso deveria ser óbvio, mas até recentemente homens pretendiam saber o que era bom para as mulheres, brancos pretendiam saber o que era bom para negros, etc. Com frequência ainda pretendem.

O lugar de fala é na origem um conceito includente, que traz o principal interessado para o debate, mas ele não garante que o principal interessado seja a maior, nem muito menos a única, autoridade sobre um assunto. Só o morador da favela entende o que é morar na favela, mas isso não significa que ele necessariamente entenda como se pode levar saneamento à favela ou qual deve ser o currículo das escolas da comunidade.

Hoje, entretanto, o lugar de fala deixou de ser includente para ser excludente, e virou argumento para calar vozes de fora do grupo: se você é homem, não pode falar de aborto; se é branco, não pode falar de cota racial, etc. E se é do grupo dominante, não está autorizado a criticar um membro do grupo minoritário. Além de excluir do debate quem não é do grupo minoritário, o lugar de fala também serve para legitimar o discurso de quem é: se você pertence à minoria, sua "história", sua "experiência" e seu "sentimento" são verdadeiros por definição (o oprimido está sempre certo) – mesmo que sejam contrariados por dados objetivos.

Ressalve-se que o lugar de fala exclui do debate quem não pertence ao grupo minoritário, mas não necessariamente autoriza quem pertence ao grupo a se desviar da opinião nele prevalente. Dependendo do caso, do teor da crítica e do currículo do crítico, o membro desviante pode ser visto como traidor, e o tratamento dado a ele será ainda pior do que seria se ele fosse alguém de fora (vá você, mulher, declarar-se contra o aborto, para ver o que acontece).

O identitarismo não costuma se dar ao trabalho de verificar se o suposto herege de fato cometeu a heresia de que é acusado, e são frequentes os cancelamentos de pessoas perfeitamente inocentes, que apenas se expressaram mal, ou que se expressaram bem, mas foram incompreendidas, ou simplesmente caminharam em terreno perigoso. Isso não ocorre por erro, preguiça ou irresponsabilidade por parte do identitário. Ocorre porque, dentro da visão identitária, a culpa ou inocência específica é totalmente irrelevante. Ou, por outra, a inocência é uma impossibilidade teórica.

Se o tribunal do feminismo radical decide que Woody Allen, por exemplo, é um pedófilo e um estuprador, isso é um fato indiscutível. Quem acredita que o veredito está errado ou é ao menos discutível – ou porque não há prova de sua culpa ou porque há elementos que apontam para sua inocência – não está entendendo a questão. A culpa efetiva de Allen no suposto abuso sexual cometido contra sua filha Dylan não vem ao caso. Allen já era culpado antes: culpado por ser homem, por ser branco, por ser hétero, por ser rico, por ser talentoso, por ter abandonado a mulher, por ter se casado com a filha adotiva da ex. Um eventual abuso contra Dylan seria apenas mais um crime. E, com tantos crimes, tanto faz se ele é punido por um ou por outro.

Qualquer um que questione se Allen é mesmo culpado ou que queira entender o que de fato ocorreu é alguém que *admite* a hipótese de que o diretor seja inocente – e quem considera possível que Allen seja inocente é igual a ele, e, portanto, também culpado. E deve, também, ser cancelado.

Ninguém precisa estar vivo para ser cancelado, naturalmente: até há pouco tempo, um dos passatempos favoritos do identitarismo era cancelar mortos: sabe-se lá quantas estátuas de figuras históricas foram destruídas. Nesse caso, a tese de que o cancelamento levará o pecador a reconhecer seu pecado não funciona: aqui, o objetivo é mesmo punir os mortos e tentar reescrever a história. Como de hábito, não há muito rigor em se examinar se o ofensor foi de fato um ofensor, se há atenuantes ou se ele era simplesmente como quase todo mundo em sua época (até meados do século XIX, eram raras as pessoas importantes nas Américas que não tinham escravos). Para citar o exemplo mais emblemático, Winston Churchill, que teve sua estátua pichada com a palavra "racista", foi um dos principais, senão o principal, responsável pela derrota do regime mais racista da história.

Mas a teoria é definitiva: todo homem é machista, todo branco é racista, todo hétero é homofóbico, todo binário é transfóbico. Se você está fora do grupo, não vem ao caso se você de fato cometeu a ofensa, você é culpado. E precisa ser "esclarecido" (a não ser que você seja uma estátua, claro). A reação identitária à ofensa, real ou presumida, é forçar o preconceituoso a cair em si e adquirir a consciência de seu preconceito, se corrigir e encontrar o Caminho da Virtude.

O cancelamento inventado pelo identitarismo se tornou tão disseminado que há tempos não se restringe às categorias clássicas, está sendo praticado por virtualmente qualquer um por qualquer motivo. Você pode ser cancelado por ofender obesos ("gordofobia" é a palavra), anões, deficientes, parentes de deficientes, pobres, feios, etc., etc.

Mas funciona?

Ao fim e ao cabo, o que interessa é: a despeito de problemático e polêmico, o método identitário funciona?

Não.

Ser cancelado faz com que uma pessoa mude seu comportamento, ela se torna mais cuidadosa com o que diz e faz – mas não muda sua visão de mundo. Quem pede desculpas à multidão que o massacra, não o faz porque viu a luz na estrada de Damasco, se arrependeu de seus pecados e encontrou o Caminho da Virtude: ela o faz por medo, pelo desejo intenso de que a multidão o deixe em paz. É improvável que alguém que não seja previamente simpatizante do identitarismo seja convertido a ele pela patrulha identitária. É mais provável que aconteça o contrário, que a pessoa passe a ter má vontade com a causa defendida pelos que a cancelaram. Ser xingado de racista não faz ninguém deixar de ser racista, mas pode fazer com que a pessoa perca a empatia pela causa negra ou se torne mais racista do que já era.

A atitude de superioridade moral, comum entre os identitários, tampouco ajuda na defesa da causa. A arrogância de considerarem a si mesmos "iluminados" e tacharem os que não "viram a luz" de preconceituosos, fascistas, racistas, etc. afasta potenciais aliados e tende a despertar a contrariedade e a irritação da sociedade em geral. Se perdem pontos junto a potenciais aliados, os iluminados conseguem ainda menos progresso com os que de fato são preconceituosos. Os verdadeiramente machistas, racistas, etc. são impermeáveis às críticas dos iluminados, os quais desprezam, e a chance de um racista perder um minuto de sono por ser chamado de racista é nula.

O Brasil é um país indiscutivelmente preconceituoso, mas é um equívoco considerar que as pessoas são "culpadas" por seus preconceitos. Preconceito é coisa complexa: é aprendido de maneira passiva, sem elaboração, desde a primeira infância, em casa e na escola, quando não estamos conscientes de que o estamos aprendendo. Crianças brasileiras brancas da classe média para cima nunca encontram negros em situação de igualdade: desde que acordam até a hora em que vão dormir, só encontram negros em posição de serviçais. Com crianças negras, é igual, mas pelo prisma oposto: todas as pessoas em posição de mando que encontram são brancas. Quanto mais os brasileiros, de todas as cores, crescem, mais lhes parece "normal" que brancos ocupem posições hierarquicamente superiores às dos negros, e é daí que vem o racismo estrutural. Uma vez adquirido o preconceito, ele fica cristalizado, arraigado: como todo traço cultural, é muito difícil de eliminar.

"Ninguém nasce odiando o outro pela cor de sua pele, ou por sua origem, ou sua religião. Para odiar, as pessoas precisam aprender, e se elas aprendem a odiar, podem ser ensinadas a amar", escreveu Nelson Mandela. A maior parte das pessoas não tem consciência de seu próprio preconceito, e só percebe o preconceito e a dor que ela mesma sofre. Grande parte da população não se dá conta do quão profundo é o grau de preconceito na sociedade brasileira, e o quanto de mal ele faz às suas vítimas. Para combatermos o preconceito, precisamos que a sociedade como um todo – incluindo os preconceituosos – compreenda o que ele significa. E isso não se faz xingando ninguém: o ódio e o viés excludente dos movimentos identitários faz deles inimigos das causas que pretendem defender.

A escolha da identidade do grupo como único critério de valor cria adversários automáticos, impedindo alianças que seriam cruciais. Só uma mulher sabe o que significa ser mulher, mas a ideia de que "só pode discutir aborto quem tem útero", afora não fazer sentido, é contraproducente. Quem está interessado em legalizar o aborto precisa convencer a sociedade, metade da qual não tem útero, e o Congresso Nacional, onde 85% dos parlamentares não têm útero. Se, em vez de convencer homens sobre a importância da legalização do aborto, as feministas radicais preferirem xingá-los, o aborto continuará ilegal indefinidamente.

Xingar brancos não reduzirá o racismo; conversar com eles, sim. Em 1954, diante da Suprema Corte americana, o advogado Thurgood Marshall demonstrou que crianças negras preferiam brincar com bonecas brancas, comprovando que a segregação racial provocava graves problemas de autoestima nos negros. Com isso, Marshall convenceu os membros do tribunal, todos brancos, de que a segregação racial era nociva e garantiu seu fim. Pouco mais de dez anos depois, toda a legislação racista americana havia sido revogada, e Marshall se tornou o primeiro negro a ser nomeado para a Suprema Corte. A chave para a redução e eventual eliminação do preconceito não é vencer inimigos, mas convencer quem pensa diferente.

Avanços reais exigem fazer as perguntas certas, estudar e compreender problemas no detalhe, propor medidas objetivas para resolvê-los, convencer os outros de que essas medidas são positivas e negociar sua implementação com a sociedade e/ou com o Poder Legislativo. Para fazer isso, no entanto, é preciso mover-se do plano do simbólico – onde todo mundo que não é feminista radical é por definição porco chauvinista – para o plano do concreto, onde há infinitas gradações entre um extremo e o outro, e onde avanços concretos nem sequer exigem que os formuladores sejam feministas.

O feminismo radical defende que existe no Brasil uma "cultura do estupro". É fato que o Brasil é um país machista e violento, onde a impunidade é a regra e onde com frequência se põe a culpa do crime na vítima – já vimos até barbaridades como a tese do "estupro culposo" – mas isso não é exatamente a mesma coisa que uma cultura "do estupro". Afinal, são raríssimos os brasileiros, homens ou mulheres, que encaram o estupro como algo normal, um fato da vida – nem mesmo assassinos relevam estupro: estupradores precisam de alas próprias nos presídios, sob pena de serem trucidados em questão de horas.

Ao se concentrar na tese da "cultura do estupro", o feminismo radical muda o foco do concreto (o que fazer para reduzir e eliminar a incidência de estupro) para o simbólico: os brasileiros "normalizam" o estupro. A tese traz um insulto implícito: todo brasileiro, homem ou mulher, aceita o estupro. Como se o insulto implícito não bastasse, o feminismo radical vai além e explicita o insulto aos homens, afirmando que todo "homem é um estuprador em potencial".

Em vez de somar forças com toda a sociedade para combater um problema que direta ou indiretamente afeta a todos – é bom lembrar que toda mulher estuprada tem um pai, um irmão, um marido, um namorado, um filho –, o feminismo radical divide a sociedade: de um lado, as feministas radicais; do outro, aqueles que aceitam o estupro. Tudo o que conseguem é fechar portas e criar desinteresse ou má vontade contra a causa do combate ao estupro.

O principal fator para inibir o estupro, evidentemente, é acabar com a impunidade e manter estupradores atrás das grades: o estupro, como a pedofilia, não é um crime pontual, é daqueles que o criminoso cometerá novamente, e por isso deve permanecer em reclusão. Mas quem quer falar de "cultura do estupro" (simbólico) não tem muito tempo para propor medidas para combater o estupro (concreto). Nos casos concretos, aliás, o feminismo radical é um tanto ambivalente: ele é muito atuante quando o estuprador é branco e bem de vida, mas nem tanto quando ele é pobre e/ou negro – talvez porque, se existe uma "cultura do estupro", a culpa do crime é da sociedade, e o estuprador (desde que pertença a uma minoria oprimida) não deixa de ser uma vítima.

A polícia brasileira é mal treinada, mal equipada e preconceituosa: é a que mais mata no mundo, e mata principalmente negros na favela, a tal ponto que se cunhou a expressão, que não está longe da verdade, de "genocídio negro". A esquerda identitária critica pesadamente a polícia, e com toda razão. Mas tem o hábito de fechar os olhos para o fato de que a polícia que mais mata no mundo é também a que mais morre, e que os policiais que matam negros são, em grande medida, também eles negros. O argumento de que os policiais são capitães do mato a soldo do racismo estrutural, que é procedente, não contribui em nada para melhorar a situação: se, para reduzir a violência policial, tivermos que esperar que todos que não são antirracistas vejam a luz, ainda vai morrer muita gente. Gente demais. Gente negra.

Reduzir a violência policial exige equipar e treinar a polícia melhor, mas a esquerda identitária é, em geral, contra aumentar o investimento na polícia. Como acredita que a polícia, como instituição, existe exatamente para matar negros na favela, deve estar certa de que qualquer investimento será necessariamente para aumentar o morticínio. Por mais que o histórico da polícia torne o raciocínio compreensível, ele não vai longe: seu corolário é a eliminação da polícia e a entrega da sociedade, favelas em particular, aos traficantes e às milícias, o que não melhorará a situação de quem mora em comunidades. Pelo contrário.

Um ponto chave para a redução do morticínio nas favelas é o fim da "guerra às drogas", que consome milhões de reais, mata milhares de pessoas todos os anos, joga na cadeia milhares de pessoas culpadas de crimes sem vítimas, e é fracasso absoluto exceto para botar pobres (na enorme maioria, negros) na cadeia, corromper a polícia, enriquecer mercadores de armas e eleger políticos oportunistas. A esquerda é, em geral, a favor da legalização das drogas, mas de maneira pouco efetiva, e o antirracismo radical parece muito mais interessado em denunciar o "genocídio negro" (algo simbólico) do que em alterar a legislação de drogas (concreto) que está em sua raiz.

A tese da "dívida histórica" – a ideia de que as gerações atuais, governos e Estados Nacionais teriam responsabilidade pelas injustiças cometidas contra gerações passadas, especialmente sobre grupos sociais minoritários –, particularmente em relação aos negros por conta da escravatura, é emblemática da prevalência do simbólico sobre o concreto. A escravidão é a prática mais desumana e vergonhosa que já tivemos em nossa sociedade, e é indiscutível que o Brasil ficou devedor com aqueles que foram escravizados. Mas, em termos práticos, o que isso quer dizer?

O Brasil deveria pagar uma indenização aos credores? Quanto? É incalculável. Considerando-se que todos os credores, sem exceção, já morreram, quem deveria receber? Os descendentes? Mas quem são eles? Não conseguiríamos saber nem se tivéssemos os arquivos, que Ruy Barbosa queimou para escapar de pagar indenização aos antigos escravocratas. E de onde deveria sair o dinheiro? Do contribuinte? Mas a quase totalidade dos brasileiros em nada se beneficiou com a escravidão. A conversa sobre dívida histórica não tem sentido concreto, é pura retórica para manipular o sentimento de culpa dos membros do grupo dominante.

A dívida com os negros que realmente interessa não é histórica. É atual. O Brasil tem 130 anos de República e não dá aos negros (e não só a eles) segurança, educação, saúde, saneamento. Aqui é cada um por si: os ricos têm segurança, educação e saúde porque pagam de seus bolsos, e os outros – incluindo aí negros, mulheres, índios, LGBTQIA+, etc. – que se virem. O identitarismo deveria estar pressionando políticos para melhorar a qualidade dos serviços públicos, mas não é isso o que se vê. Pelo contrário, aliás.

Apenas metade das residências brasileiras tem acesso a esgoto, item-chave para saúde, educação e desenvolvimento econômico, que deveria estar no topo das prioridades de quem quer melhorar a vida de pobres em geral, negros em particular. No entanto, a esquerda em peso, identitários incluídos, fez campanha contra o novo Marco Legal do Saneamento e a privatização da CEDAE, no Rio de Janeiro. O simbólico ("privatização é ruim") prevaleceu sobre o concreto (é melhor ter saneamento com a iniciativa privada do que não ter saneamento nenhum).

O melhor instrumento para distribuir renda e reduzir a violência, a desigualdade e o preconceito é a educação básica, sendo que a educação infantil tem função especial: creche garante proteção e alimentação para criança pobre e libera os pais para trabalharem e melhorarem o padrão de vida da família. Se a creche for de qualidade, a classe média branca ali matriculará seus filhos, misturando crianças brancas e negras em pé de igualdade, uma medida contra o racismo de eficácia provavelmente insuperável.

No entanto, quando se fala de educação e igualdade racial, o assunto que mais se discute é cota nas universidades. Por mais que se concorde com as cotas raciais – e é bom ressaltar que este autor é a favor –, é indiscutível que elas somente afetam adultos (em quem o eventual racismo já está cristalizado) pertencentes àquela pequena parcela da sociedade que frequenta universidade. Ou seja, por mais correta que seja a instituição das cotas, ela tem um efeito muito localizado e limitado para ser um fator relevante no combate ao racismo. E por que todo mundo fala de cota, mas de educação básica e de creche quase ninguém fala? Porque o identitarismo de esquerda é um *fenômeno universitário*.

Esse é um aspecto bastante incômodo: o identitarismo de esquerda é cria das universidades, mais especificamente das universidades americanas de elite, de onde é importado para as universidades brasileiras, e afeta a academia, a mídia e pouca coisa mais. O povo não conhece nem se interessa pelo identitarismo ou por seus conceitos.

A população em geral não está interessada em proibir o uso da palavra "mulato" (nem lhe ocorre que possa ser um termo racista) e teria dificuldade de compreender o que são coisas como *"manterrupting"*, "espaço seguro" ou "lugar de fala". O morador da favela, especialmente negro, não está interessado em "microagressão": o que ele quer é achar um emprego e parar de apanhar da polícia. A mulher pobre não quer proibir homem de falar de aborto, ela quer creche para matricular os filhos – que, em uma enorme quantidade de casos, cria sozinha, pois foi abandonada pelo marido – e poder trabalhar. Escravos (e ainda há muitos no Brasil) querem sair do cativeiro, moradores de rua querem sair da rua, e chamá-los de "escravizados" e "pessoas em situação de rua" em nada melhorará sua situação.

Como se ofende com facilidade e tem o hábito de se lamuriar de ultrajes passados e presentes, o identitário se coloca na posição de vítima indefesa e aviltada – o que destoa da conduta de outros defensores de minorias, como os Panteras Negras, Martin Luther

King ou Gandhi, que, a despeito de ocuparem uma posição socialmente inferior, se apresentavam como fortes e altivos. O vitimismo do identitário visa a despertar a culpa (sempre ela) do grupo dominante, de modo que ele caia em si, reconheça seus pecados, se arrependa e abra mão de seus privilégios.

É uma aposta ruim. A maior parte das pessoas não se sente culpada, não só porque não contribuiu ativamente para um estado de coisas injusto, mas também porque está preocupada demais com seus próprios problemas para pensar nos dos outros, oprimidos ou não. Afora que é raro alguém abrir mão de seus privilégios por iniciativa própria. E há um aspecto psicológico perverso: quem está em posição de superioridade não costuma enxergar quem se apresenta como coitadinho como merecedor de respeito – e é difícil se levar a sério aqueles a quem não se respeita.

O efeito é o contrário: a insistência em se colocar como vítima acaba sendo percebida como chantagem emocional, o que tende a despertar não consciência de culpa, mas indignação, irritação e má vontade contra as causas supostamente defendidas pelo identitarismo. O que, aliás, é um presente para a direita, que não perde uma única chance de ridicularizar e desmoralizar os movimentos em defesa das minorias (todos eles, não apenas os identitários) e de chamar qualquer reivindicação, por mais séria e respeitável que seja, de "mimimi". Quem acha que a eleição de Jair Bolsonaro não teve nada a ver com o fato de que a esquerda identitária passou anos chamando quem foi a favor do *impeachment* de golpista, fascista, machista, misógino, etc. deve pensar melhor.

Há um outro aspecto no identitarismo que tende a comprometer sua eficácia e que só recentemente começou a se mostrar com mais clareza: a autofagia. Diversos identitarismos podem se unir contra um mesmo opressor (tipicamente, o homem branco heterossexual de classe alta), mas, mais cedo ou mais tarde, essa união desmoronará. Como o identitarismo divide a sociedade entre quem faz parte do grupo e quem é contra – quem não é feminista radical é antifeminista, quem não é antirracista radical é racista, etc. – é inevitável que membros de um identitarismo acabem enxergando membros de outros identitarismos como rivais, abrindo margem para lutas fratricidas.

"(Mulheres negras) são invisíveis, mesmo em movimentos como a Marcha das Mulheres ou o #MeToo", diz a jornalista Koa Beck, autora de *Feminismo Branco: das Sufragistas às Influenciadoras e Quem Elas Deixam para Trás*. "(Mulheres brancas) podem ser (opressoras) quando se portam como as rainhas feministas do mundo, impondo suas demandas e soluções a outras mulheres", afirma Rafia Zakaria, autora de *Contra o Feminismo Branco*. Para muitas mulheres não brancas, como Beck e Zakaria, o identitarismo racial deve prevalecer sobre o identitarismo de sexo/gênero.

Há uma corrente no feminismo radical que se recusa a reconhecer o conceito de identidade de gênero e entende que o que determina se alguém é mulher é seu sexo biológico. Considera que travestis e mulheres *trans* não são mulheres, e não são suas aliadas contra a opressão patriarcal (o sentimento é tão forte que, nos EUA, algumas organizações feministas têm se aliado aos arqui-inimigos conservadores contra causas *trans*). Não surpreende que essa atitude leve mulheres *trans* a classificar tal corrente de transfóbica e "terf" (feministas radicais transexcludentes). Mas, como as feministas radicais que se recusam a reconhecer o conceito de identidade de gênero são, em muitos casos, lésbicas, o conflito não é apenas entre o feminismo radical e o identitarismo *trans*, mas também entre lésbicas e *trans*. A comunidade LGBTQIA+ está cindida: enquanto a parcela T acusa algumas lésbicas de transfóbicas, há lésbicas querendo retirar a letra L da sigla.

Em 2018, a cantora Fabiana Cozza, uma filha de pai preto e mãe branca que se preparava para viver Dona Ivone Lara nos palcos, foi violentamente cancelada nas redes, a ponto de desistir do papel. Seu pecado: não ser negra o suficiente. O colorismo é a prática de discriminar pessoas pela tonalidade da cor da pele: em uma sociedade em que há preconceito racial, negros mais retintos sofreriam maior preconceito do que negros mais claros. O colorismo é algo tão evidente que basta ouvir falar nele para imediatamente concordar que existe, mas, uma vez constatado isso, o que se deve fazer? O antirracismo radical entendeu que a coisa certa a fazer era cancelar Fabiana – que passou a vida sofrendo discriminação racial pelo fato de ser negra – pelo pecado de ser "branca" (de quebra, ao impedir a montagem da peça teatral, o movimento desempregou atores negros de várias tonalidades). "Fui dormir negra, acordei branca", lamentou a cantora.

O identitarismo gosta tanto de briga, que briga até consigo mesmo.

AS MOTIVAÇÕES DO IDENTITÁRIO

Mas, se o método característico do identitarismo – hostilizar quem não é do grupo ou comete um pecado – é pouco eficaz para reduzir o preconceito, eventualmente o estimula, e ainda gera ruído, ódio e briga interna, por que diabos o identitarismo insiste nele?

Porque dá prazer.

O Iluminado está Certo. O Iluminado detém a Superioridade Moral. O Iluminado está em um Patamar Superior de Consciência. O Iluminado carrega a Virtude em uma mão e a Verdade em outra. O Iluminado está do Lado Certo da História. O Iluminado pertence a um grupo de Iluminados. O Iluminado tem a mais alta das missões: iluminar os outros, que vivem nas trevas e no engano. Para o Iluminado, o linchamento virtual não é uma sinalização de virtude barata, vulgar e sádica (como de fato é), mas o ritual sagrado de levar o ímpio a ver a Luz ou pôr os desgarrados de volta no Caminho da Virtude. Tudo isso é extraordinariamente prazeroso.

Para os Iluminados que pertencem, originalmente, a grupos de privilegiados – homens, brancos, heterossexuais e/ou bem de vida – há o prazer adicional, e masoquista, da confissão da culpa e da autoflagelação, o que lhes redobra a Verdade, a Virtude e a Autoridade Moral (afinal, reconhecer o próprio privilégio exige, supostamente, autossacrifício).

O identitário insiste em seu método também porque é fácil.

O método identitário tem a espetacular vantagem de não dar trabalho nenhum. Você não precisa entender de forma objetiva qual é o problema concreto que precisa resolver, nem estudar para saber que medidas precisam ser tomadas para resolvê-lo, nem muito menos fazer o necessário para convencer as pessoas que têm o poder para implementar as medidas necessárias. Basta xingar quem discorda de você. E você nem precisa sair de casa. Não precisa nem sair da frente do computador. Mostrar virtude não exige que alguém seja de fato virtuoso, basta um clique. Se quiser se sentir muito virtuoso, você pode escrever uma ou duas linhas. E completa com "machista!" ou "misógino!" ou "racista!" ou "homofóbico!" ou "fascista!" embaixo, e segue a vida, feliz com você mesmo. A satisfação é instantânea.

O mundo é um lugar confuso, em grande medida incompreensível, frequentemente incoerente e contraditório, mas o identitarismo, como toda religião, organiza o caos. É simples e reconfortante.

AS CONSEQUÊNCIAS

Se o identitarismo fica longe de alcançar os nobres objetivos a que se propõe, nem por isso ele é inócuo: suas consequências são nocivas, e de muitas maneiras. Para começar, sai extremamente caro para quem é cancelado. O sofrimento varia com a intensidade do "esclarecimento" imposto, mas ninguém passa incólume pela experiência de ser cancelado: há danos psicológicos, morais e materiais. Nos casos mais graves, o prejuízo pode ser permanente: toda vez que a pessoa vai procurar uma oportunidade profissional, o contratante consulta o Google e lá vem a informação de que houve um episódio em que a pessoa foi denunciada como racista, misógina, etc.

Ironicamente, sai caro também para quem cancela. Na visão do identitário, o sofrimento é o preço que o ímpio deve pagar para alcançar a Virtude, mas ocorre que ser um Iluminado não impede ninguém de ser cancelado. Patrulheiros não patrulham apenas *outsiders*: quando os Iluminados tropeçam, também eles precisam ser conduzidos de volta ao Caminho da Virtude. Na verdade, ninguém está mais sob vigilância do que os próprios Iluminados (até porque ninguém tem tanta proximidade com Iluminados quanto eles mesmos), e o medo de se desviar da Linha Justa – e ser linchado pelos correligionários – é muito maior entre os membros do grupo do que entre os *outsiders*, que pensam menos nisso.

Os Iluminados desgarrados tendem a receber um castigo ainda mais rigoroso do que aquele destinado a pessoas de fora do rebanho, o que traz à mente os campos de reeducação da Revolução

Cultural chinesa. Não surpreende que um aliado desviante receba um tratamento mais duro do que alguém de fora do grupo: o castigo dado a traidores, potenciais ou reais, tem sempre um caráter exemplar, Lilia Schwarcz que o diga.

Além disso, ao acreditar que o mundo é, ou pode ser, um lugar confortável, onde não existem ofensas (o que não é realista, já que o mundo real é repleto de pessoas com interesses divergentes, gerando conflito), o identitário tende a criar expectativas impossíveis e ter dificuldade de lidar com a adversidade, por menor que ela seja. Quem lida mal com a adversidade terá dificuldade para obter trabalho, manter um relacionamento afetivo, superar perdas – enfim, prosperar e ser feliz[4].

Sai caro também para a causa. Como vimos, o identitarismo não apenas não obtém avanços concretos para as minorias que pretende defender, como com frequência angaria antipatias contra a causa. Nunca se viram tantas mulheres, incluindo mulheres independentes, se autodeclarando "não feministas" ou mesmo "machistas". A aprovação ao casamento homoerótico está caindo pela primeira vez na história. Nunca se falou tanto de racismo de negros contra brancos ou de "racismo reverso" (expressão que nem sequer faz sentido). Nunca se falou tanto em "mimimi" da esquerda. O resultado é a redução dos ganhos possíveis para as minorias que o identitarismo pretende defender.

O inimigo agradece: como já vimos, os excessos do identitarismo entregam de bandeja à extrema direita o discurso e os espantalhos – que, mesmo quando falsos, como o *kit gay* ou a mamadeira de piroca, soam críveis – com os quais seduzir setores conservadores e/ou religiosos. E quanto mais é xingada pela esquerda identitária, mais adeptos a extrema direita ganha. Jair Bolsonaro, que sempre foi um deputado irrelevante, de nicho (nicho identitário fascista), foi eleito em 2018 com quase 58 milhões de votos – e a maioria desses votos veio de um eleitorado que já foi do PT –, e, no momento em que escrevo, continua competitivo para a eleição de 2022.

---

[4] Os americanos criaram um nome para a geração que chegou à maioridade a partir de 2010, considerada infantilizada e mais frágil do que as anteriores: geração floco de neve. Desmancha só de tocar.

E sai extremamente caro para a sociedade como um todo. A chave do desenvolvimento, especialmente em uma sociedade democrática, é o debate: é o conflito entre ideias que permite e promove o avanço. Mas o que o identitarismo estimula é o conflito entre *identidades*. O resultado é que o debate público fica cada vez mais pobre, com gente que tem muito a contribuir preferindo se calar a correr o risco de ser cancelada.

O conflito entre identidades não constrói. Não aumenta a coesão social. Não distribui renda, não produz justiça ou bem-estar social, não melhora a vida das minorias que pretende defender. Não aumenta a produção nem a produtividade. O que consegue é exatamente o contrário disso: incompreensão, desconfiança mútua, intolerância, extremismo, ódio, polarização política, interdição do debate, e, no limite, o fim da democracia.

Uma esperança?

Por enquanto, o identitarismo está vencendo e vem se impondo cada vez mais. Parece improvável, entretanto, que ele se mantenha indefinidamente. O poder do identitarismo não é um poder de fato, é um *soft power*: o que o sustenta não é o voto, nem as armas, nem o poderio econômico. O identitarismo se sustenta pela chantagem e pelo terrorismo: as pessoas se curvam à ameaça identitária porque têm medo de serem canceladas, de serem vistas como preconceituosas, de perderem oportunidades profissionais, de terem prejuízos. Ele funciona porque suas vítimas aterrorizam-se mutuamente.

Mas a verdade é que ninguém, identitários incluídos, convive bem com a permanente patrulha do pensamento, tão incansável quanto desleal, e os frequentes linchamentos públicos, tão injustos quanto cruéis. Se algum dia as pessoas deixarem de dar importância à patrulha, a chantagem identitária desaparecerá quase imediatamente. Esse dia pode estar mais perto do que parece.

Quanto mais o identitarismo avança, mais fica claro que ele não faz sentido e que é nocivo, e mais gente tem coragem de denunciá-lo. E, em um mundo em que todo mundo é cancelado a cada 15 minutos, onde um monte de histéricos grita "lobo!" de 15 em 15 segundos, mais cedo ou mais tarde as pessoas pararão de prestar atenção na gritaria e irão cuidar de suas vidas.

Além disso, uma parte importante, talvez a parte principal, do sucesso da chantagem identitária se deve aos algoritmos das redes sociais, que estimulam o desentendimento e o ódio. E é quase impossível que as redes continuem livres para ser administradas de maneira irresponsável como estão sendo, é quase certo que venham a ser reguladas, e iniciativas nesse sentido já estão sendo debatidas nas casas legislativas de vários países.

O identitarismo não é a primeira histeria a assolar o mundo, já houve muitas. A mais recente foi o colossal pânico anticomunista nos EUA dos anos 1950. Quase ninguém era comunista, mas todo mundo suspeitava que todo mundo era comunista. Comitês no Congresso investigavam pessoas acusadas de simpatizantes do comunismo, pessoas eram tachadas de comunistas por causa de uma frase mal colocada ou porque haviam comparecido, 30 anos antes, a uma reunião onde estavam outros supostos comunistas. Suspeitos entravam para listas negras, tornava-se impossível conseguir trabalho e muita gente passou uma temporada na cadeia por delito de opinião (do qual nem sequer era culpada).

A histeria anticomunista era diferente da histeria identitária de hoje porque os perseguidores tinham o poder de mandar os "culpados" para a cadeia, mas não era diferente nem em sua natureza nem em seus métodos. Pessoas eram acusadas (sem base) de comunistas de maneira similar a como são hoje acusadas (sem base) de machistas ou misóginas ou racistas ou homofóbicas ou transfóbicas. E eram julgadas e condenadas de maneira sumária como o são hoje.

O senador Joseph McCarthy era um dos principais caçadores de comunistas da época. Como muitos dos inquisidores de hoje, McCarthy não estava muito interessado na verdade ou em detalhes inconvenientes: para ele, o simples fato de acusar uma pessoa tornava-a culpada. Seus métodos eram intimidação, calúnia, difamação, insinuações, ilações sem fundamento (o termo "macarthismo" tornou-se sinônimo de perseguir alguém com base em provas discutíveis). Como vemos hoje.

Depois de anos perseguindo com sucesso suas vítimas, McCarthy tropeçou em Joseph Welch. Quando o senador tentou caluniar um jovem membro da equipe de Welch, o velho advogado de Boston perdeu a paciência. "O senhor não tem nenhum senso de decência? Não lhe sobrou nenhum senso de decência?", perguntou. E recusou-se a continuar a discutir o caráter do rapaz, deixou o inquisidor falando sozinho. Ninguém aguentava mais: poucos meses depois, o Senado fez uma resolução condenando McCarthy: o senador estava acabado, e, junto com ele, a maior parte da histeria anticomunista.

Ninguém aguenta viver uma histeria por muito tempo. Histerias passam. A histeria identitária vai passar. E, quando ela passar, vamos nos perguntar onde estávamos com a cabeça, por que perdemos tanto tempo e energia nos xingando mutuamente, e por que não usamos esse tempo e essa energia para fazer algo de concreto para combater a injustiça social em nosso triste país, um dos mais injustos do mundo.

3

CAMINHOS E DESCAMINHOS DA POLÍTICA DE IDENTIDADE HOJE: ORIGEM, IDEOLOGIA E ESTRATÉGIAS

Wilson Gomes[5]

Este capítulo pretende fazer uma apresentação geral da política de identidade, entendida como um estilo singular de militância política apoiada em uma peculiar ideologia, para tentar compreender as razões do crescente desconforto da esquerda liberal e dos progressistas em geral com as suas premissas, as estratégias e táticas que adota, e com as consequências de 40 anos de sua implementação. O objetivo não é, como de costume, examinar o que os advogados e membros dos grupos que adotam uma orientação identitária na luta política pensam de si mesmos, seja na militância de base ou no ativismo acadêmico, mas discutir o que a política de identidade significa. Na prática. Hoje[6].

Isso será feito em dois movimentos, além de uma introdução ao problema. Primeiro, remonta-se à origem da ideia de política identitária no seu mais antigo tratamento acadêmico. O objetivo é responder às perguntas: de onde vem essa história de política de identidade? Quando exatamente se começou a falar nisso e por qual razão? O que se pretendia exatamente com isso e por que se chegou a tal solução? Na segunda parte, pretende-se oferecer uma cartografia dos elementos que constituem a ideologia por trás da política identitária, para então fazer a mesma coisa com as estratégias e táticas que, na prática, conferem o teor específico deste

---

[5] Doutor em Filosofia, professor titular de Comunicação da Universidade Federal da Bahia, coordenador do Instituto Nacional de Ciência & Tecnologia em Democracia Digital.
[6] O autor agradece a Camilo Aggio, Dilvan Azevedo e Fernanda Souto pela leitura cuidadosa e pelas sugestões recebidas.

modelo de ativismo. O objetivo nessa parte é responder questões sobre que premissas distinguem a militância identitária de outros modelos de ativismo de esquerda e de direita. Há um núcleo de convicções que constituem especificamente esse estilo de política? E no plano das estratégias e das táticas, o que exatamente constitui o tipo de militância que qualquer um é capaz de identificar como sendo uma prática de política de identidade?

A discussão sobre política de identidade se transformou excessivamente em um assunto sensível, cheio de armadilhas e interdições, como em geral só se vê quando se trata de temas religiosos ou de moralidade íntima. Nessa perspectiva sacralizante ou moralista, discutir é profanar, examinar é desrespeitar o investimento existencial dos outros, testar hipóteses é ofender pessoas e divindades. Infelizmente, há aqui axiologia demais, como se cada indagação feita, cada ceticismo expresso, cada demonstração requerida ferisse algum valor sagrado, expressasse o caráter degenerado de quem indaga, desrespeitasse escandalosamente algum dogma ou alguma minoria intocável. Lastimo ter que dizer quase a modo de desculpas preventivas, mas sou um pesquisador universitário, não um religioso, tampouco um militante. Farei, portanto, o trabalho normal e secular de um pesquisador diante de um objeto qualquer, formulando perguntas sérias e oferecendo respostas honestas, sem respeito ou desrespeito, sem iconoclastia nem liturgia.

1. POR QUE PRECISAMOS FALAR SOBRE OS IDENTITÁRIOS?

O tema da política de identidade tem recebido atenção acadêmica há pouco mais de 40 anos. Nesse meio tempo, outras versões e designações – como multiculturalismo, (política de) diversidade ou diferença, e "woke culture", dentre outras – têm sido debatidas e desenvolvidas sob o olhar de militantes, políticos e pesquisadores.

Como assunto acadêmico, há de se reconhecer que o entusiasmo, a adesão e a complacência com a orientação identitária prevaleceram com folga sobre o ceticismo e a crítica ao longo desses anos, principalmente enquanto os identitários eram basicamente da esquerda progressista.

Claro, há registros de dissidências consistentes ao longo dos anos (Butler, 1990; Gitlin, 1994, 1995; Glazer e Moynihan, 1970; Hobsbawm, 1996; Lilla, 2018; Schlesinger, 1991), mas sempre amplamente superadas em volume pelo apoio e adesão. Essa condição única dentre os objetos das Humanidades se deve principalmente a uma singularidade do campo dos estudos acadêmicos sobre questões identitárias. Caberia aos especialistas de um campo científico sobre um determinado fenômeno político, por princípio, o exame e a discussão dos modelos teóricos e metodológicos em uso, com o teste e a ponderação de suas hipóteses e premissas, com a avaliação e a investigação minuciosa da sua efetividade e das suas consequências sociais.

Ocorre que a "virada identitária" tem dois braços trabalhando no mesmo sentido: o ativismo de base e a militância acadêmica. Confessadamente, são dois âmbitos de militância comprometidos com a mesma pauta e dedicados ao seu sucesso. Assim, quem deveria examinar, discutir, testar e criticar a política identitária – como, de resto, qualquer tipo de prática política – de forma metodologicamente consistente e disciplinada, e com independência conceitual, é, na verdade, o braço acadêmico da militância, recrutado e institucionalizado na universidade nas últimas quatro décadas, em linhas de pesquisa, faculdades e programas de pós-graduação em estudos feministas/das mulheres, estudos étnicos e raciais, estudos culturais e formações assemelhadas.

A política de identidade criou, portanto, os meios acadêmicos para garantir a sua reprodução enquanto ao mesmo tempo assegurou para si um espaço isento de desafio ou crítica. Foi assim que, cercado de simpatia ou complacência por todos os lados, anulados os desafiantes e ignorados os concorrentes, o identitarismo tornou-se dogmático, defensivo e incriticável.

Nem é preciso dizer que não apenas a universidade foi capturada pela perspectiva identitária[7], uma vezque os campos das artes

---

[7] Sobre isso especificamente, é interessante a leitura do capítulo intitulado "Marching on the English Department While the Right Took theWhite House", do livro do sociólogo de esquerda Todd Gitlin, no seu *O Crepúsculo dos Sonhos em Comum* (Gitlin, 1995). Para uma história cultural da "diversidade identitária", recomendo *O Multiculturalismo como Religião Política*, de Mathieu Bock-Côté (2019).

e da cultura, sempre sensíveis às mudanças no Zeitgeist e localizados na vanguarda das tendências, foram parte essencial do processo de institucionalização de movimentos neste estilo. As instâncias de consagração artística e cultural, as feiras literárias, o mercado editorial, os ambientes de realização artística das indústrias da música, do cinema e da televisão, todos foram assimilados como parte dos territórios onde o identitarismo acabou se impondo quase como se fosse uma força moral irresistível e necessária. Por fim, até o jornalismo, não apenas o jornalismo cultural, mas a atividade como um todo, dimensão central da esfera pública política e do qual é justo esperar atrito de pensamento, crítica e desafio a convenções e pressupostos, vem se encaminhando para uma estranha adesão a um tipo de política, a política identitária, solo dogmático que não pode ser revirado[8], quase como se o identitarismo fosse algo equivalente, digamos, à democracia ou ao Estado de Direito.

É justificado que a pauta identitária continue no foco da atenção pública, principalmente em tempos de mídias sociais, de uma esfera de discussões políticas que se espalham em múltiplas plataformas e por audiências que há alguns anos estariam ausentes do debate público, por desinteresse ou falta de oportunidades. É assim que temas importantes como o racismo no sistema de justiça criminal e na interação entre cidadãos e polícia, os direitos dos homossexuais e transexuais, a igualdade salarial para as mulheres e o acesso delas ao poder, o aumento da representação de minorias nos espaços em que se tomam decisões econômicas, culturais e políticas, e a importância da diversidade humana representada na ficção e na propaganda, tudo isso é discutido cotidianamente, e considerado um sinal de saúde democrática em uma sociedade progressista. É certo, além disso, que há avanços sociais consideráveis para minorias políticas nos anos de hegemonia da política de identidade, embora não se possa garantir que tais avanços sejam

---

[8] Um exemplo gritante desse movimento é a rebelião da redação da *Folha de S. Paulo* que se deu em janeiro de 2022, quando centenas de jornalistas firmaram uma carta aberta aderindo dogmaticamente a uma hipótese, discutível como qualquer tese, do movimento identitário negro. Espantosamente, os signatários simplesmente exigiam que o jornal em que trabalham vetasse qualquer artigo de opinião que desafiasse a hipótese em questão.

uma decorrência direta das táticas identitárias e não de uma peculiar cooperação entre movimentos sociais, identitários ou não, e vários tipos de elites (intelectuais, políticas, do Judiciário) cujas categorias de atuação não passam necessariamente pelas premissas identitárias. Há considerável acordo quanto a estes fatos, mas a política de identidade está longe de ser apenas isso.

De todo modo, alguma coisa vem mudando no que diz respeito à enorme complacência com atitudes e comportamentos de estilo identitário em ambientes progressistas. Se pudermos colocar uma data-chave nesta nova inflexão, eu apostaria em 2016. Esta datação é importante porque a eleição de Trump na pátria do identitarismo, os Estados Unidos, iniciou uma considerável onda de impaciência dos derrotados, os liberais americanos (a esquerda no estilo estadunidense), com as enormes indulgência e cumplicidade que vêm sendo dedicadas à esquerda identitária. O que aconteceu naquele ano foi que o estilo identitário de ativismo de esquerda assim como o conjunto de atitudes e comportamentos que caracterizam esse tipo de militância foram arrolados dentre as causas apresentadas pelos analistas para explicar o avanço da extrema direita trumpista. Assim como foram objeto da inflamada e polêmica autocrítica por parte de intelectuais públicos da própria esquerda liberal.

Nos dias seguintes à vitória de Trump, já havia artigo do historiador Mark Lilla no *New York Times* falando no fim do identitarismo de esquerda (Lilla, 2016). E colunista decretando literalmente que "*Trump ganhou porque o politicamente correto de esquerda inspirou uma reação terrível na direita*" (Soave, 2016). Até o comediante de televisão Bill Maher, que também é um ácido crítico político, zombou do efeito causado pela política identitária sobre os americanos brancos, tratados na campanha de Clinton como se os seus problemas não fossem reais. O fato é que se mantém ativo e inflamado o debate, nos jornais e revistas, sobre como lidar com as consequências indesejáveis dos identitários na esquerda (Chua, 2018).

Claro, houve também quem tentasse mitigar a responsabilização dos identitários, destacando o quanto são necessários para o segmento político progressista, mesmo quando não se consegue deixar de constatar que há claramente um problema nessa seara

(Goldberg, 2016; Lopez, 2016, 2017). O que não houve foi quem dissesse que o Partido Democrata deveria seguir adiante com uma mensagem exclusivamente centrada na política de identidade.

Basicamente, no repertório das acusações recentes aos identitários estava a constatação de que as mensagens da esquerda excessivamente centradas numa compreensão identitária da política teve o condão não só de afastar os eleitores brancos dos liberais e, adicionalmente, empurrá-los para a extrema direita, como deu a Trump os elementos suficientes para fomentar um identitarismo de direita baseado na identidade do homem branco. Além disso, muitos se deram conta de que quando se racializam eleições, isto é, quando a identidade racial é ativada como critério para a decisão eleitoral, os brancos são mais propensos a votar levando em conta sua identidade racial branca, coisa que não fariam se a eleição fosse centrada em outros temas (Major, Blodorn e Major Blascovich, 2018). De modo que

> quanto mais os democratas pressionarem as questões de identidade, mais os americanos brancos serão instados a votar como um grupo racial – e, potencialmente, para os republicanos, como forma de, na opinião deles, autopreservação racial (Lopez, 2017).

Firmou-se também a convicção de que os temas relacionados às questões de identidade funcionaram como distração para os temas materiais mais decisivos e de fácil comunicação, como os de economia, que afetavam a inteira população. O que findou por entregá-los ao populismo de Trump. Isso, aliás, reflete uma desconfiança antiga de que a política de identidade, se importante para combater o sexismo, o racismo e a homofobia, "abandonou questões relacionadas à exploração, classe, pobreza e globalização que agravam a desigualdade econômica" (Bernstein, 2005: 52).

Por fim, em geral, concluiu-se que não apenas o *backlash* trumpista foi impulsionado pelas estratégias identitárias, agressivas e acusatórias, mas, que, em geral,

> esta nova forma de política de identidade está por trás do fenômeno do populismo de direita que está desempenhando um papel cada vez

mais importante em questões como rejeição da globalização, hostilidade à imigração, euroceticismo e Brexit (Noury e Roland, 2020: 423).

Por outro lado, se é fato que "Trump ganhou porque convenceu um grande número de americanos de que iria destruir o politicamente correto" (Soave, 2016), aqui no Brasil, Bolsonaro conseguiu inserir a mesma convicção já na segunda frase do seu discurso de posse. "*E me coloco diante de toda a nação, neste dia, como o dia em que o povo começou a se libertar do socialismo, se libertar da inversão de valores, do gigantismo estatal e do politicamente correto*", disse. Um sintoma claro da importância atribuída ao fenômeno pelo presidente recém-eleito.

Mas o que seria o politicamente correto e por que Trump e Bolsonaro se elegeram como ícones de resistência a ele? Não importando o que possa significar a expressão em geral, para os eleitores de extrema direita, vencedores em 2016 e 2018 nas duas maiores democracias do continente, politicamente correto significa algo como "presunçoso, cheio de direitos, elitista, esquerdista privilegiado pulando na goela das pessoas comuns que não estão atualizadas sobre as últimas exigências da sociedade progressista" (Soave, 2016). Identitário, em suma.

No Brasil, contudo, apesar das semelhanças entre o trumpismo e o bolsonarismo, o identitarismo continua vivendo a sua fase triunfante, enfrentando aqui e ali a crítica da direita, que a política identitária não só espera como deseja, mas sem que a esquerda tenha sido realmente capaz de compreender inteiramente o sentido, o alcance e as consequências deste estilo de movimentos sociais. Ou de avaliar as suas implicações, tanto no que diz respeito à condução das pautas típicas de esquerda quanto nos resultados eleitorais e na retroalimentação de uma reação da extrema direita brasileira, que também mostrou que sabe brincar desse jogo.

Ao contrário, a se depreender do volume de linchamentos e cancelamentos decorrentes de expedições punitivas identitárias realizadas toda semana entre nós, bem como da capacidade crescente demonstrada pelas lideranças identitárias de pautar, enquadrar e até de censurar o debate público, o estilo, a atitude e a convicção baseados em política de identidade seguem o seu curso, imunes a críticas e a objeções, cercados de indulgência da esquerda e dos progressistas em geral, protegidos por autoridades, influenciadores, jornalistas e intelectuais.

2. A ORIGEM DA IDEIA DE POLÍTICA DE IDENTIDADE

Já é lugar-comum afirmar que o termo "política de identidade" teria sido cunhado nos Estados Unidos, em 1974, pela feminista negra Barbara Smith e pelo Coletivo do Rio Combahee. Está até na Wikipédia. Pelo que sei, contudo, quem usou e caracterizou a expressão pela primeira vez em um periódico acadêmico foi a professora Renee Anspach, socióloga com atuação em temas da área de Saúde, então na Universidade da Califórnia em São Diego, em um artigo publicado em 1979 e chamado "Do estigma à política de identidade: ativismo político entre as pessoas com deficiência física e ex-pacientes com problemas mentais".

Neste artigo, Anspach[9] de algum modo estabelece os fundamentos teóricos do novo ativismo político que via nascer, ilustrando-o a partir de um fenômeno específico – um conjunto de atos de protestos acontecidos nos Estados Unidos em 1978, levados a termos por ex-pacientes de tratamento psiquiátrico e por pessoas com deficiência física.

Este novo tipo de ativismo emerge no final dos anos 1970, mas sobre o rescaldo da premissa, que se estabeleceu nos anos 1960, de que *todos os aspectos e âmbitos da vida podem ser politizados*.

Uma gama cada vez maior de hábitos pessoais, desde cabelos longos até o descarte de sutiãs e o vegetarianismo, passou a ser equiparada à

---

[9] Em 40 anos, acumulou-se um notável volume de bibliografia sobre política de identidade, multiculturalismo, etc., que não me é desconhecida. O propósito deste capítulo, contudo, não é fazer uma revisão de literatura, como se pode obter em outras fontes (Bernstein, 2005; Martin Alcoff et al., 2006), mas compreender como chegamos ao que hoje, de fato, é a luta política orientada por identidades. Eis a razão da escolha pelo artigo clássico de Anspach a fim de destacar como as premissas conceituais, a base ideológica e as estratégias hoje em uso já estavam desenhadas desde a origem da ideia de ativismo identitário.

rebelião consciente contra os limites da ordem normativa. A linguagem do protesto político e da persuasão, não mais um vocabulário especializado, tornou-se o idioma disponível para a expressão do descontentamento (Anspach, 1979: 765).

Um dos mais famosos *slogans* deste período, usado para uma crítica igualmente à esquerda marxista e aos conservadores, era que "*o pessoal é político*". As feministas, por exemplo, tinham uma intenção política importante sustentada nesse lema, como diz Clara Connolly: "Seu alvo original era a suposição de que o 'público' é o domínio adequado da atividade política. Contra isto, as feministas argumentaram que os detalhes da vida doméstica, e das práticas sexuais, eram tanto uma questão para mudança política quanto qualquer outra" (Connolly, 1990: 53). Nesta linha, claro, áreas da vida antes não definidas como políticas, como "sexualidade, relações interpessoais, estilo de vida e cultura" (Bernstein, 2005: 49), eram política também.

Voltemos a Anspach. A autora registra e analisa algumas características inovadoras na militância realizada por esses grupos de 1978, ao mesmo tempo que os correlaciona a outros movimentos sociais contemporâneos, de negros, mulheres e homossexuais, dentre outros. A mais decisiva inovação que se passa nesses dias, nota a autora, pode ter a ver com as

> implicações de tal ativismo para a identidade de seus participantes. A atividade política será vista como uma arena simbólica na qual os egos são continuamente criados, dramatizados e implementados (Anspach, 1979: 766).

2.1 – Política de identidade como política de imagem

Partindo da taxonomia dos movimentos políticos feita por Gusfeld em *Symbolic Crusade* (1963), entre política instrumental, política expressiva e política simbólica, a autora defende que, no caso da nova forma de ativismo político dos deficientes e dos ex--pacientes de tratamento mental, trata-se de uma quarta forma, inédita, a política de identidade. Na política instrumental, grupos sociais lutam por "interesses reais", enquanto na política expressiva a participação política dos ativistas não é um meio de conflito, "mas de catarse". No meio disso, há a política simbólica, em que "os participantes não se preocupam com mudanças reais de comportamento, mas buscam a afirmação institucional de seus valores, estilos de vida, e padrões normativos de conduta". Já a quarta modalidade, embora também simbólica, "não diz respeito principalmente ao *status*, ao estilo de vida ou à moralidade, mas sim à identidade ou ao ser" (Anspach, 1979: 766). E explica.

> Embora tais movimentos sociais possam ter fortes componentes instrumentais, na medida em que buscam efetuar mudanças nas políticas públicas, eles se esforçam conscientemente para alterar tanto as concepções que têm de si mesmos quanto as preconcepções da sociedade sobre seus participantes. Os objetivos e as estratégias políticas muitas vezes se tornam um veículo para a manipulação simbólica da persona e para a apresentação pública do ego (self) [...] e o imaginário muitas vezes tem precedência sobre a substância (Anspach, 1979: 766).

Trata-se em sua maior parte daquilo que na comunicação política eu denominei de política de imagem (Gomes, 2004), isto é, a luta política entendida como um esforço para produzir, manter e controlar a própria imagem: tanto o que os outros em geral pensam de nós (imagem pública) quanto o que nós, como indivíduos ou grupo, pensamos de nós mesmos (autoimagem). É a política que consiste na disputa para fazer com que a imagem pública de um ator político, ao menos na maioria dos predicados que a compõem, seja a representação mais conveniente aos propósitos deste mesmo ator. O que, naturalmente, comporta também o esforço para que a imagem pública dos nossos competidores seja aquela que mais nos convém, e não a que desejariam ter.

Mas há também o que chamo de imagem ideal, a representação socialmente compartilhada da idealização de um papel, ator ou função. Como, por exemplo, quando se pergunta que perfil deveria ter um candidato à presidência da República ou um jogador de futebol para uma determinada posição. Esta imagem ideal servirá, depois, para parametrizar a distância entre o que se pensa das pessoas reais e o que se esperaria que elas fossem, entre imagem concreta e perfil ideal.

No caso em tela, de grupos com imagens públicas estigmatizadas, alvos de preconceitos sociais e com baixa autoestima, a política pode ser antes de tudo uma luta para mudar a imagem pública do coletivo social, seja modificando o que a sociedade pensa dele seja alterando o que pensam de si mesmos todos e cada um dos indivíduos afetados pelo estigma social.

Eis o que seria, então, para Anspach o tipo de política que ela chamou de política de identidade: uma atividade que entende a participação política como luta "para forjar uma imagem ou uma concepção de si e para propagar esta imagem de si para um público atento" (Anspach, 1979: 766).

É, portanto, uma política que se realiza construindo e propagando imagens, representações, concepções, opinião, posto que é por meio dessa matéria de natureza cognitiva e representacional que se comunicam os estigmas. A imagem, contudo, é uma coisa mais séria do que uma mera opinião ou representação pessoal ou social; é também uma configuração psíquica, a nossa interface com o mundo e conosco mesmos. Com isso, de fato, a autora alterna entre a linguagem da sociologia das interações, quando fala de "imagens", "concepções" e "persona", e a linguagem da psicologia, ao se referir ao "self" e ao "ego".

Por enquanto, isso explica apenas a razão da escolha do intrigante nome "política de identidade", entendida como uma política de imagem que é ao mesmo tempo uma disputa pela formação psíquica e social de uma identidade coletiva. E sobre esta operação não há dúvida do que entende a autora: o tipo de ativismo empregado é um "assalto às concepções" (1979: 767) que "a sociedade" tem de um determinado grupo estigmatizado. Ou, como diz em outra parte, "o objetivo da política de identidade é combater o imaginário prevalecente" (1979: 768). Então, política de imagem, sim, mas uma política de imagem com intenção essencialmente polêmica, uma tentativa de retirar dramaticamente, de forma intencionalmente belicosa, a nossa imagem pública do controle dos nossos detratores para alterar o conteúdo por meio do qual o nosso grupo é representado. Não se trata, portanto, apenas de uma questão de representação, mas de uma disputa contra a sociedade, o sistema, a estrutura social.

O pressuposto é que como o estigma, a marginalidade e a discriminação negativa dependem da imagem que o resto da sociedade faz do grupo estigmatizado ou desviante, enfrentar a discriminação e a marginalização inclui essencialmente o combate em duas frentes interligadas. De um lado, como é óbvio, enfrentam-se as imagens públicas predominantes do grupo discriminado; de outro lado, e de maneira menos óbvia, é preciso combater o conjunto de imagens ideais ou idealizadas prevalecentes nesta sociedade. Conjunto este que está à raiz da exclusão, da humilhação e da opressão de um determinado segmento social estigmatizado. Isto porque se a imagem pública do grupo X é estigmatizante é porque nessa sociedade há um conjunto de predicados que constituem a imagem idealizada de um indivíduo bem realizado, completo e perfeito que contrasta com os indivíduos deste grupo específico. A imagem ideal funciona como um padrão de realização e de identificação de um indivíduo e pode se referir a um perfil de corpo, de capacidade intelectual, de habilidades, de valores, de crenças, de beleza, etc. Características que sob algum aspecto o grupo estigmatizado não apenas não alcança, mas não pode alcançar.

A política de identidade, portanto, é uma das formas de se fazer política de imagem quando a imagem, a representação, do grupo em questão é socialmente estigmatizada.

2.2 – Os estratagemas para o gerenciamento da identidade estigmatizada

Anspach então avança para uma segunda taxonomia, agora relacionada não ao foco da ação política, mas ao que chama de "estratagemas" para lidar politicamente com o estigma ou com identidades que são "de algum modo problemáticas". Se a política identitária é um estratagema "para o gerenciamento da identidade" ou para a luta pelo controle da própria imagem coletiva quais são os outros estratagemas possíveis? Vejamos.

O indivíduo tem uma imagem pública que o estigmatiza, como ele pode lidar com isso? Os grupos estigmatizados aprendem rápido o que a sociedade pensa deles, reconhecem que o que eles efetivamente são não corresponde à imagem ideal prevalecente na sociedade e, portanto, experimentam o sofrimento do estigma social. Nesse caso, surgem quatro tipos de grupos, a depender da resposta adotada em face do estigma: os dissociados, os autoexcluídos, os normalizadores (integracionistas) e, enfim, os ativistas identitários.

Os dois primeiros conformam-se com o que a sociedade pensa do grupo estigmatizado. Nesses casos, a atitude decorrente costuma ser a aceitação da rejeição social. Mas com duas variantes. Na primeira, os indivíduos simplesmente desistem de ser aceitos pelos "normais" e se dissociam deles, "talvez num esforço para poupar a si mesmos a dor da rejeição iminente". Nesse caso, a sua autoimagem incorpora a imagem pública sobre indivíduos na sua situação, e o resultado é o ressentimento e a raiva dos "normais", e o afastamento deles. Na segunda variante, o indivíduo estigmatizado pode simplesmente desistir de corresponder às aspirações e às realizações associadas à imagem ideal das pessoas "normais" e pode chegar ao ponto de se retrair ou retirar do convívio humano e desistir de tudo, vivendo à margem da sociedade.

Restam ainda dois conjuntos de estratagemas, adotados pelos que não se conformam com o estigma e vão lutar contra ele. Primeiro vem o estratagema que ela chama, pejorativamente, de "normalização". Neste, o indivíduo aceita o modo como a sociedade vê pessoas como ele e a concepção social prevalecente sobre a "normalidade". Na linguagem dela, aceita os valores sociais, as "concepções culturais", as "suposições comumente defendidas" sobre "a pessoa ideal".

No caso do deficiente físico ou de quem sofre algum padecimento mental, confrontar-se com a imagem idealizada é uma experiência de sofrimentos e frustração. O "normalizador", entretanto, vira-se com isso.

> Mas embora aceitando estes valores sociais e sabendo que não os alcança, o indivíduo faz um esforço concentrado para minimizar, racionalizar, explicar e atenuar o estigma ligado à sua diferença. A postura existencial típica do normalizador é que ele é "superficialmente diferente, mas basicamente igual a todos os outros", ou que, no final das contas, "as diferenças não importam realmente" (Anspach, 1979: 769).

O normalizador é, na verdade, o advogado da ideia de integração. E, do que se pode deduzir do que diz a autora, trata-se de alguém que se apega à ideia democrática que concilia diferenças e igualdade. Em outras palavras, ele negocia com a sociedade direitos e reconhecimento partindo de valores comuns e fundamentais que a maioria é capaz de aceitar, como os do Humanismo e da Democracia Liberal. Há de realçar a igualdade fundamental dos seres humanos como recusa da ideia de que há diferenças que devam ser estigmatizadas. Algo que a autora refere como sendo "a ficção democrática" e que descreve como "a ideologia 'você não pode julgar um livro pela capa'"(1979: 769), como se diz em inglês, ou "não julgue pelas aparências" e "quem vê cara não vê coração", em português.

Uma vez adotado, o estratagema da normalização comporta uma vantagem psíquica para quem o adota, segundo Anspach, deixando-o "relativamente otimista e confiante em relação a si mesmo". Há, contudo, o custo a ser pago por essa autoimagem positiva. Primeiro, há uma tensão perene quanto mais óbvia for a "deficiência" em face dos "normais". "Em seus estratagemas para 'negar seu desvio', os normalizadores devem continuamente administrar e lidar com a tensão inescapável de uma interação que é frágil, problemática e facilmente sujeita a 'escorregões' e interrupções".

Segundo, não há como evitar que o normalizador enfrente algum nível de "dissonância cognitiva", pois haverá sempre um hiato entre as normas sociais que mandam aceitar os deficientes e "as demonstrações emocionais reais transmitidas não verbalmente pelos 'normais' nas relações sociais" (1979: 769).

Ora, essa é a condição dos afligidos por estigmas e preconceitos em uma sociedade minimamente comprometida com igualdade e respeito. Pior seria em uma sociedade sem compromisso com respeito e estima social das minorias estigmatizadas. Há algum jeito de fugir disso, para além de conseguir mais direitos que considerem as diferenças específicas e mais reconhecimento social para que os preconceituosos sejam silenciados e as minorias não sejam deixadas para trás? Estigmas não se removem por decretos, preconceitos não são removidos na porrada, de forma que há de se perguntar que outro caminho legítimo haveria de existir a não ser a educação, direitos e mudanças culturais de longo termo? O que a autora chama de estratagema da normalização, parece-me uma tentativa de negociação, tensa e lenta, para produzir aceitação, respeito, estima social e direitos. O normalizador tentará manter uma autoimagem positiva e verá esta autoconcepção ser testada e desafiada por pessoas (a vanguarda da intolerância, principalmente) e instituições, mas isso faz parte da eterna labuta da democracia para ter sociedades mais tolerantes e inclusivas.

Considerada e descartada a atitude de normalização, resta considerar o "ativismo político" (identitário), considerado por ela a única inovação apresentada no nível dos estratagemas a serem empregados por grupos estigmatizados. Atitude, aliás, que seria predominantemente coletiva, contra as tentativas mais individualizadas das primeiras três respostas.

Como seria isso? No novo ativismo, o militante luta por uma autoimagem positiva, como fazem também os normalizadores. Mas há peculiaridades curiosas nesse seu esforço.

> Como o normalizador, o ativista procura alcançar uma concepção favorável de si mesmo, muitas vezes afirmando uma reivindicação de superioridade sobre os "normais". Mas, ao contrário do normalizador, o ativista renuncia a qualquer reivindicação de aceitação, que ele vê como artificial, e conscientemente repudia os valores sociais preponderantes. O novo ativista exige igualdade institucional ao invés de amizade (Anspach, 1979: 770).

Segundo a autora, essa "postura separatista" guarda vantagens óbvias sobre o estratagema da normalização. O ativista identitário tem menos conflitos internos, porque o seu ego não tem que negociar com o preconceito e com a não aceitação dos "normais", nem com os conflitos entre a autoimagem e a imagem ideal prevalecente.

Em seguida, a autora detalha "os estratagemas da política de identidade" – ou do "ativismo político", o que vem a ser o mesmo. O objetivo claramente enunciado é repudiar "os valores sociais" (a imagem ideal socialmente compartilhada) e elevar o autoconceito dos afetados por essa imagem (a imagem própria). Trata-se, portanto, de *repúdio e autoelevação*.

O primeiro elemento destacado para se "dissipar o estigma" é o que ela chama de *"etiologia da sociedade"*. Na verdade, trata-se de uma virada copernicana em que os afetados pelo estigma, em vez de aceitarem a sua caracterização como desviante e disfuncional em virtude de uma patologia individual, resolvem que eles próprios farão o diagnóstico da sociedade que os adoece, mostrando-a como disfuncional em decorrência de uma patologia social. Anspach cita, para ilustrar esta posição, uma tal Frente de Libertação dos Pacientes Mentais, que afirma ser seu objetivo "transformar a sociedade classista, racista e sexista, com suas relações opressoras de poder, que causou nossa dor e encarceramento" (Anspach, 1979: 772). A sociedade é que está doente.

Assim, a posição acusatória permanente ou o diagnóstico de um morbo social atávico, uma doença endêmica do sistema, é doravante parte da atitude identitária. Como diz a autora, "o 'sistema' é criado para manter muitas pessoas lutando pela sobrevivência, por um lugar na sociedade, por um sentimento de valor próprio" (Anspach, 1979: 772). O sistema, a estrutura, é então o verdadeiro problema.

O segundo movimento estratégico consiste em mudar o valor dado ao desvio, ao que é considerado estigmatizante na imagem corrente do grupo em questão. Dada a premissa de que o sistema é que adoece, não há como se dizer que os doentes mentais é que são fracos ou emocionalmente instáveis: "Ao contrário, suas crises são vistas como respostas legítimas e razoáveis ao labor de uma civilização opressora" (Anspach, 1979: 772). A inversão do jogo acontece aqui pela politização romântica da doença mental. Argumenta-se pela legitimidade da reação, do contragolpe. Isso gera aquilo que a própria autora admite ser uma "ideologia do conflito aberto", que recusa o modelo da reabilitação, da recuperação.

No caso dos ativistas com deficiência física, a virada copernicana não pode chegar ao ponto de dizer que a sociedade é que adoece os pacientes, o que não quer dizer que responsabilizar e culpar a sociedade não sejam possíveis. Nas palavras da autora, "mesmo aqui encontramos uma variante sobre o tema da imputação de culpa social: os ativistas deficientes culpam a sociedade pela estigmatização de uma mera diferença" (Anspach 1979, 772).

Nesse sentido, a verdadeira deficiência é a "obsessão" da sociedade de impor ao deficiente determinados padrões de realizações e felicidade.

Neste sentido, afirmar a própria diferença do padrão social é o contrário do conformismo da normalização e da integração. É, literalmente, revolucionário.

> Ao identificar a deficiência com a subversão e a loucura com a revolução, os ativistas se concebem como desempenhando um papel ativo na transformação da ordem social. Daí a tendência dos deficientes e dos ex-pacientes a "elevar" seu *status*, identificando-se com grupos minoritários e revolucionários mais politizados e ativos (Anspach, 1979: 772).

A autocomplacência revolucionária segue o seu curso. "Só se pode maravilhar com o poder desses estratagemas de autoafirmação. A loucura emerge não como aflição, mas como rebelião criativa, e os deficientes emergem não como vítimas passivas, mas como profetas, visionários e revolucionários" (Anspach, 1979: 773). Eis o que se poderia chamar de *estratagemas da autoafirmação*, que complementam a estratégia de imputação de culpa, a posição permanentemente hostil contra o sistema e a estrutura.

A terceira estratégia consiste em enfrentar a linguagem. A tática consiste em virar o jogo também nos significados dos significantes mais comuns. Em vez de aceitar o comportamento benevolente dos adeptos da normalização, que trocam nomes estigmatizados por eufemismos que aliviem a conotação negativa das expressões (como "incapacitado" e "deficiente"), propõe assumir as expressões ofensivas e envergá-las com orgulho. O propósito é recusar explicitamente a "tolerância liberal dos normais", a tal "ficção democrática".

> Mas os mais militantes ostentam com orgulho e autoconscientemente os termos mais degradantes: "aleijado", "internado", "loucura" e "paranoicos com orgulho" são encontrados em suas declarações publicadas. Este estratagema – de deseufemização – demonstra um sutil domínio do jogo linguístico dos "normais" (Anspach, 1979: 773).

A deseufemização é, naturalmente, muito interessante, assim como o jogo de inversão de posições, em que "branco" passa a poder ser utilizado como insulto, como "negro" é, ou era. É uma estratégia não apenas de confronto, mas de afronta. Não querem ser tolerados, querem afrontar. E, ao afrontar, criar uma imagem própria de altivos, orgulhosos de si, de quem não depende da compreensão ou bondade alheias.

A etiologia social, a identificação do desvio como revolução e a deseufemização são estratagemas de redefinição do grupo pela redefinição da própria imagem e pela discussão das imagens ideais prevalecentes na sociedade, que são a base da estigmatização. Na verdade, se trata de estratégia voltada para a inversão: trata-se da acusação e imputação de culpa ao sistema e não aos indivíduos estigmatizados, da inversão da compreensão da condição do grupo como revolução e não como déficit, e da aceitação da terminologia em geral pejorativa para recusar a compaixão da sociedade. Da sociedade não se quer nada que a coloque automaticamente acima do grupo estigmatizado: nem compaixão, nem imputação de culpa à vítima pela própria condição, nem desvalorização. O que se quer é que ela se implique na dor e limitação que causa. Não querem ser vítimas, mas tampouco querem ser compreendidos e assimilados.

A este ponto, Anspach está pronta para caracterizar essa nova forma de ativismo.

> A política de identidade, portanto, é uma espécie de guerra fenomenológica, uma luta sobre os significados sociais ligados aos predicados em vez de uma tentativa de assimilar esses predicados à estrutura de significados dominante (Anspach, 1979: 773).

É uma perspectiva de conflito. Luta-se contra a própria sociedade como um todo. É luta pelo modo como se percebem e como são percebidos, pela criação de uma identidade e para apresentar essa identidade aos normais, é uma luta por representação social, por imagem. Em suma, o novo ativismo politiza as identidades sociais. Na verdade, entende que a produção e manutenção da própria imagem e da imagem dos seus adversários é a disputa política por excelência e o caminho preferível para remover o estigma e a discriminação social.

Anspach, em suma, usou a expressão "política de identidade" *para descrever um ativismo, que vem detalhado como um conjunto de estratagemas de política de imagem acoplado a outro conjunto de estratagemas de política de confronto e beligerância.* É uma ideologia de confronto, para repudiar valores sociais, representações de padrões normativos, e para criar uma autoimagem. É uma política de imagem baseada em resistência, em intenções polêmicas e contraposição, em que se disputa com "a sociedade" cada representação, cada vocábulo, cada tropo, cada *script*, cada enquadramento.

Por que política de identidade? Porque é uma atividade política que envolve a imagem do indivíduo enquanto parte de uma coletividade afetada por característica estigmatizada ou objeto de preconceito. Luta-se para tomar o direito de definir o que eu sou e o que nós somos, para poder determinar qual a nossa identidade. É uma luta pelos predicados ou atributos que constituem o que é a nossa imagem própria e para transformá-la na nossa imagem prevalecente na sociedade.

A política de identidade, portanto, não é simplesmente uma luta emancipatória de minorias oprimidas, como anunciam os seus propagandistas, mas uma estratégia para o confronto com "a sociedade" em que não apenas não se aceita a estigmatização, mas tampouco a assimilação do diferente. Daí por que veio a se constituir numa espécie de derivação autoritária de confronto entre uma minoria e uma macroestrutura que a circunda e que, em última instância, seria a causa diagnosticada do estigma, da injustiça ou, como se dirá mais tarde, da opressão.

Note-se, além disso, a importância de se entender que se trata, explicitamente, de um estratagema usado por grupos e movimentos, não dos grupos e movimentos em si. E que a política de identidade foi desenhada como uma alternativa, desde a sua origem, à busca de assimilação, a que ela recusa até mesmo a possibilidade de que seja um ativismo e possa ser feita coletivamente. Não só, trata-se de alternativas desenhadas para, curiosamente, serem excludentes: ou há política de identidade e o seu conflito aberto contra a sociedade, ou há assimilação, sincretismo, miscigenação. *Tertium non datur.* Por quê? Não se diz.

Convém registrar, ademais, como se apresenta a premissa do conflito aberto. A sociedade "classista, racista e sexista, com suas relações opressoras de poder" precisa ser combatida, é claro. Acontece que para essa atitude se justificar é preciso uma considerável simplificação da "sociedade", anulando os conflitos internos entre conservadores e liberais, entre progressistas e reacionários, entre os traços de personalidade que geralmente contrapõem pessoas abertas, empáticas e inclusivas à personalidade preconceituosa, conservadora e discriminadora. A face não sombria da sociedade, com que sempre contou a atitude reformista, integracionista, aqui é desconsiderada. Para efeitos de psicologia social, imagino, pois é mais fácil induzir a uma atitude beligerante consistente e sem cessar quando o inimigo é simples, unidimensional e monoliticamente mau. Não há como garantir o nível necessário de hostilidade à alteridade sem a satanização do outro, preferivelmente de um outro esvaziado de complexidade.

Na mesma linha vai a estratégia do repúdio que decorre desta premissa. Ante uma "alteridade opressora" não se negocia politicamente, não se reconhece os seus valores; antes se lhe imputa responsabilidade pela opressão e se abre uma beligerância essencial. Sem que a alteridade seja simplificada como pura hostilidade e maldade não se justifica um *j'accuse* constante, um dedo em riste na cara fazendo o elenco interminável dos crimes e opressões, a demanda incessante para que grupos históricos em sua totalidade e todos os seus descendentes reconheçam a sua imprescritível culpa.

No que tange à estratégia de autovalorização, ela só pode ser realizada diante do pano de fundo de uma desvalorização realizada em algum momento histórico, e que não pode ser revertida, nunca. A sociedade é essencialmente opressora, a diferença é essencialmente libertadora. Nesse jogo, a autocomplacência revolucionária é a outra face da severidade com que se trata a alteridade, sempre inimiga, sempre degradada, sem chance de revisão e mudança de opinião.

Por fim, a luta pelo controle das taxonomias e designações como estratégia de afronta comporta antes de tudo a negação dos eufemismos, que a tolerância liberal usava para mascarar o desprezo e a exibição orgulhosa da expressão que em outra boca é ofensiva:

bicha, aleijado, louco, internado, negão, negona. Isso parece um estratagema eficiente e justificado. O problema vem depois, com a autorização concedida ao grupo para designar pejorativamente o grupo "inimigo" com os termos anteriormente neutros ou positivos: *o branco* (pior, *brankkko*), *a branquitude, os ômi, os normies*. Não se trata mais de virar o jogo para impedir o insulto e a humilhação, mas de virar o jogo para se autorizar a insultar e a humilhar.

3. A POLÍTICA NO ESTILO IDENTITÁRIO HOJE

Como se vê, desde o final dos anos 1970 temos a descrição de um modelo básico de uma nova estratégia de ação política para a política de base. Antes de prosseguirmos com o refinamento do modelo, há que se destacar ao menos seis aspectos que são diferenças específicas dessa inovação na ação política diante de formas tradicionais de ativismo político, principalmente de esquerda.

a) É uma ação política de base, quer dizer, da sociedade civil organizada, como dizia o neomarxismo; dos movimentos sociais, como preferem os identitários. É política na base social, não política institucional. Por uma inclinação de origem, a política de identidade revela ainda enorme dificuldade para lidar com a política por meio de instituições e para assimilar as instituições da política ou do Estado, enquanto instituições, dentro da sua estratégia. No máximo, esperam vincular-se simbioticamente a governos de esquerda que cheguem ao poder, para de alguma forma colonizar seu vocabulário e as suas políticas públicas. Ainda assim, contudo, vai declarar que o governo é que se dobrou às conquistas e às pressões dos movimentos sociais, que são os verdadeiros motores da mudança social e da justiça. No imaginário identitário prevalecente, das instituições só podem vir a opressão, ainda que adore todas as caronas possíveis em governos minimamente progressistas.

b) A contraposição fundamental não é entre a sociedade e o Estado, como na tradicional representação da esquerda, mas entre o grupo estigmatizado e/ou oprimido e o resto da sociedade, a que se soma o Estado ou qualquer outra forma estrutural que o apoia. A "sociedade" é o outro. Visa-se enfrentar a sociedade no nível das representações sociais e dos valores, não no domínio da economia ou do Estado. Não se trata sequer de um fluxo ascendente, de baixo para cima, como na tradição da esquerda. A luta aqui, de algum modo, é horizontal, é disputa por hegemonia no nível superestrutural, ou, ainda, luta pelas estruturas da vida cotidiana "com foco nas formas de comunicação e na identidade coletiva" (Cohen, 1985: 667), não para controlar o poder econômico ou político.

c) A política de identidade é desde o início apresentada como uma das alternativas de estratégia política de base de grupos estigmatizados e/ou oprimidos. Em momento algum da sua origem é confundida com os próprios grupos que podem, ou não, adotá-la. Nem é dito que não exista outro caminho para movimentos sociais como o feminismo, movimento negro ou LGBTQ a não ser adotar as premissas e estratégias identitárias.

d) A etiologia do outro-opressor é parte essencial da identidade desse tipo de ativismo. O outro pode ser "o resto da sociedade", o Ocidente, o cristianismo, como também podem ser classes particulares de opressores e beneficiários da opressão, como o patriarcado, os homens, os brancos, os católicos, uma determinada maioria étnica, o migrante, os heterossexuais ou os homossexuais, os conservadores ou os liberais, a direita ou a esquerda. Em suma, a alteridade pode ser qualquer grandeza que, do ponto de vista da sensibilidade e dos acordos do grupo, seja identificada como a causa da sua opressão. O mais importante, contudo, é que este outro será sempre corrupto, perverso, maligno, doente e degenerado, seja cognitivamente seja do ponto de vista do seu caráter.

e) O meio é a meta. A política de identidade não parece incluir um modelo para o fim do conflito, tais como tradicionalmente se conhece – uma sociedade de pessoas livres, uma sociedade igualitária e justa –, algo que parametrize a luta para que se saiba em que estágio nos encontramos e o que nos falta ainda alcançar. É uma estratégia de luta por imagem (ou

representação social) e por reconhecimento, e pronto, é um método para viver o conflito. A cada dia a sua agonia, que de luta há tanta, mas não há parâmetro para saber quando o militante poderá, enfim, ter um dia de folga.
f) Não é uma ideologia irenista, que aceita o conflito apenas como meio para reparar uma injustiça e se alcançar novamente a paz. É uma ideologia do conflito. O atrito, a tensão, a treta buscada e atiçada é parte fundamental da sua natureza. O objetivo é levar a guerra à casa do inimigo, acuá-lo. O conflito é bom, a paz é suspeita.

3.1 – A ideologia identitária

A ideologia ou mentalidade identitária é um conjunto simples de premissas sobre a natureza da relação entre "nós" e "os outros", do qual decorrem as convicções que distinguem os identitários do conjunto dos outros movimentos sociais e ideologias políticas. Justamente por ser simples – no sentido de que não há premissas complexas que demandem a aceitação de muitos pressupostos paradoxais ou demandem muitas informações ou cálculos – é que a mentalidade identitária pode se disseminar muito facilmente, a partir dos Estados Unidos, e se tornar a língua franca de movimentos de minorias políticas.

Acho que se pode resumir a ideologia identitária na assunção de sete premissas.

1) O ANTAGONISMO ESSENCIAL. A sociedade está cindida em duas partes antagônicas: de um lado os que partilham a identidade, não importa qual seja esta, do outro, uma maioria opressora, que inclui tanto a elite quanto "o resto da sociedade". Mesmo quando se percebe e admite que outros grupos são igualmente oprimidos, mantém-se o mesmo desenho binário e essencialmente, irreconciliavelmente, antagônico.

2) A IDENTIDADE SITIADA E OPRIMIDA. Primeiro, como é óbvio, a política de identidade refere-se à identidade. No sentido que lhe dá Anspach, isto é, como a autorrepresentação, a autoi-

magem, em suma, o que nós achamos e o que os outros acham que somos. Mas também no sentido mais recente, que entende a identidade como "um conjunto de traços socialmente construídos em torno dos quais os membros de um grupo organizam um sentimento de pertença" (Kobayashi, 2020: 151). Não são exatamente a mesma coisa, mas são inegavelmente muito próximas.

Isto posto, o problema central aqui é o antagonismo desequilibrado entre a identidade e a alteridade, posto que a outra parte praticamente monopolizou historicamente o Poder e o usa para oprimir o grupo em questão, seja em cada aspecto da vida cotidiana, seja sistemicamente, mediante os recursos a que tem acesso, como dinheiro, poder político, o Estado e os seus meios de reprodução, a cultura e a linguagem. Na verdade, todo grupo identitário é um grupo que se entende como sitiado pelos que o antagonizam e oprimem, é uma minoria cercada de opressores por todos os lados.

3) A SATANIZAÇÃO DO ANTAGONISTA. O resto da sociedade e a elite não merecem confiança uma vez que não apenas são e foram opressores e/ou beneficiários da opressão, como são essencialmente, por isso mesmo, moralmente corrompidos e degradados. Além disso, favorecem os interesses antagônicos à identidade por meio dos aparelhos ideológicos do Estado, da produção de decisão política, da avaliação do que vale e do que não vale socialmente, da determinação iníqua de como o trabalho é dividido, do patrocínio de formas desiguais de ascensão social, da imposição das imagens e representações de pessoas ideais visando a reprodução da desigualdade e da injustiça. O inferno é o antagonista.

4) A BELIGERÂNCIA PERMANENTE. A luta consiste em resistir à opressão, fazê-la cessar, além de exigir compensações pela opressão histórica sofrida. A luta política orientada pela identidade não deve terminar enquanto não prevaleça a vontade geral dos oprimidos. Negociação, assimilação, normalização, acomodação são palavras proibidas: ou se enfrenta a guerra permanente ou se capitula. Não existem neutros, imparciais ou simplesmente pessoas assistindo ao embate (bystanders); quem não está de um lado

está do outro, e a luta não apenas é permanente como também é onipresente. O militante nunca repousa, nunca tem paz.

5) O PROTAGONISMO DA IDENTIDADE. A identidade é baseada no compartilhamento de uma história comum de opressão e de sofrimento imposto que se materializa em experiências pessoais e comunitárias. A experiência, o vivido, por sua vez, é a matriz hermenêutica fundamental e a base ao mesmo tempo da competência exclusiva daqueles atores para entender a realidade bem como da legitimidade tanto das suas intepretações quanto da sua ação. Dada esta premissa, dispensam-se, como impossíveis e/ou ilegítimas, seja uma abordagem objetiva da interpretação dos fatos e da ação política, consideradas positivistas, seja uma solidariedade autêntica e uma compreensão genuína por parte de autores que não compartilhem a identidade em questão. Não apenas é verdade que "só quem sente a dor é quem geme", mas só essa dor compartilhada dá legitimidade e autenticidade para a interpretação das coisas e para "o protagonismo" na ação política. Aceitam-se solidariedade e até empatia de outros atores políticos, desde que se comprometam incondicionalmente à premissa de que só o grupo identitário ou seus líderes podem, autêntica e legitimamente, protagonizar a própria luta, interpretar adequadamente os fatos que lhes afetam ou circundam, falar de si e do que lhes diz respeito.

6) O PERSPECTIVISMO. O perspectivismo é uma posição em teoria do conhecimento que afirma que não há fatos, apenas interpretações (morais) dos fatos, nem há conhecimento verdadeiro, apenas perspectivas, visões parciais, finitas e localizadas dos fatos e dos valores. Esta posição implica ao mesmo tempo em dois descartes, um epistêmico e outro moral. Epistemologicamente estão impossibilitadas a objetividade e a verdade, todo conhecimento é subjetivo, a verdade é sempre tribal, dependente dos sistemas de desejos, interesses e visões de mundo do grupo social ou, em última instância, da cultura e da civilização. O conhecimento, portanto, também é político e politizável, é ferramenta de dominação que reflete a parcialidade e os interesses de quem o gerou.

Moralmente, estão impossibilitados os juízos de valor com pretensões universais e até a universalidade como horizonte que sustenta tais valores. A moral é também instrumento da vontade de poder. Quando não é meio do ímpeto individual pelo domínio, ao menos o será do grupo ou da cultura a que ele pertence. Assim como a epistemologia, a moral é também tribal.

Naturalmente, dada esta premissa, não há ao horizonte nem sinal de um universalismo a sustentar pretensões de direito e reivindicações de justiça, nem mesmo como fundamentar as reivindicações progressistas que delas derivam. Mas isso parece não importar. Estabelecida a premissa, a luta identitária é em grande parte uma disputa para subverter os valores e "as verdades" dominantes numa cultura controlada pelo antagonista.

Primeiro, luta para mudar representações, verdades e valores do próprio grupo oprimido; depois, para alterar as representações, verdades e valores do próprio grupo opressor. A guerra cultural, necessária e imprescindível, trava-se em duas frontes ao mesmo tempo: uma guerra tribal epistemológica e outra moral. A identidade precisa enfrentar ambas e não pode se dar ao luxo de perder nenhuma delas. De toda sorte, sempre se parte do pressuposto de que é preciso desconfiar de todo o conhecimento dado e de todos os valores compartilhados pela sociedade em geral, quer dizer, de cada livro, cada currículo, cada palestra, para descobrir as armadilhas da dominação que lhes estão subjacentes. Assim como é fundamental que coloquemos o nosso pessoal em posições-chave dos aparelhos ideológicos do Estado, a começar pelas áreas da Educação e da Cultura, para que nossos valores e verdades tribais tenham, enfim, alguma chance.

7) O FIM DO VÉU DA IGNORÂNCIA. A cultura liberal-democrata tem em uma formulação feita no negativo uma das suas crenças constituintes. *Toda pessoa tem capacidade para gozar os direitos e as liberdades estabelecidas nesta Declaração, **sem distinção de** qualquer espécie, seja de raça, cor, sexo, língua, religião, opinião política ou de outra natureza, origem nacional ou social, riqueza, nascimento, ou qualquer outra condição*, diz a Declaração Universal dos Direitos Humanos. O "sem distinção de" sempre representou o requisito fundamen-

tal para que todas as pessoas pudessem ser consideradas naquela única coisa que nos acomuna a todos, que é a condição de seres humanos.

Pois o identitarismo constitui hoje um dos desafios mais poderosos e disseminados ao "sem distinção de" que é a base de todas as constituições liberal-democráticas desde o século XVIII, e que, até então, parecia um fundamento irrenunciável de uma posição progressista, contestada apenas pelos preconceituosos, intolerantes, avessos ao pluralismo e racistas. Por indivíduos e grupos, portanto, incapazes de aceitar o pacto da democracia moderna.

Todo mundo lembra que em sua Teoria da Justiça, o filósofo John Rawls (1971) sugeria que todos os democratas se colocassem em geral por trás de um "véu de ignorância", uma posição na qual poderiam, enfim, cegos à raça e ao gênero dos envolvidos, sem considerar a sua afiliação religiosa ou riqueza, decidir sobre os princípios básicos de uma sociedade. O que não é muito diferente do sonho de Martin Luther King Jr. de uma sociedade em que as pessoas pudessem ser julgadas em face do seu caráter ou capacidade, sem que se levasse em conta a cor da sua pele.

A cultura identitária, ao contrário, nega, tanto empírica como normativamente, a justeza da presunção do véu de ignorância, isto é, do imperativo de não levar em consideração as diferenças não essenciais do ser humano para que fiquemos com aquilo que nos une a todos. Empiricamente (na verdade, politicamente), recusa tal posição porque não acredita que uma sociedade, vista essencialmente e *in totum* como uma potestade antagônica, efetivamente deixe de levar em consideração as diferenças usadas para discriminar e oprimir – a não ser quando lhe é conveniente fazer isso para evitar se implicar em obrigações de reparação. E, normativamente, porque as diferenças são, nessa cultura, o que nos constituem e o que uma sociedade antagonista precisa ser obrigada a engolir e aceitar.

Como escreve a professora Sonia Kruks:

> Entretanto, o que faz da política de identidade algo que se afasta significativamente das formas anteriores, pré-identitárias, de política de reconhecimento, é a sua exigência de reconhecimento com base nos

próprios fundamentos sobre os quais o reconhecimento foi negado anteriormente: é precisamente *enquanto* mulheres, *enquanto* negros, *enquanto* lésbicas que os grupos exigem reconhecimento. Esta demanda é feita independentemente de as identidades serem vistas em termos essencialistas, como traços naturais inapagáveis, ou se são vistas como socialmente, culturalmente ou discursivamente construídas. A exigência não é de inclusão no redil da "humanidade universal", com base em atributos humanos compartilhados; nem é por respeito "apesar" das diferenças de cada um. Pelo contrário, o que se exige é respeito a cada um como diferente (Kruks, 2001: 85).

Acredito que essas sete posições, combinadas, constituam a diferença específica da ideologia identitária em contraste com as outras alternativas de compreensão da política e do lugar de movimentos sociais da esquerda e da direita. São quase todas características singularmente compartilhadas por outras ideologias e mentalidades. O populismo, por exemplo, *mutatis mutandis*, compartilha a 1ª e a 3ª, o pós-moderno se resolve com a 6ª premissa, o pensamento teocrático incorpora inteiramente a premissa nº 7. Mas o que dá o peculiar sabor do identitarismo é um *blend* com todos esses ingredientes devidamente equilibrados. O resto são exemplos e evidências que comprovariam, para o grupo e para a sociedade que o antagoniza, o fato e a extensão da opressão.

A este ponto, deveríamos ser capazes de encontrar uma definição para a política identitária. Que poderia ser esta: *é um estilo de militância de base, organizada em torno da identidade coletiva de um grupo cujos membros se considerem estigmatizados ou oprimidos pelo resto da sociedade, cujo propósito é enfrentá-la em um regime de beligerância constante e onipresente, numa luta por representações, valores, comportamentos e linguagem, entendidos como instrumentos para se obter reconhecimento, respeito e direitos.* Essa é a forma mais neutra possível de definição, que não pode ocultar ou suprimir, contudo, as sete premissas descritas acima.

3.2 – As estratégias e táticas identitárias

Além da adesão pelo menos a estas sete premissas, um movimento identitário se caracteriza por um conjunto distintivo de estratégias. Aliás, a forma mais fácil de identificar um movimento é pelo padrão de estratégias que emprega.

Anspach identificou corretamente quatro dessas estratégias características na origem dos movimentos identitários: a etiologia da sociedade, o repúdio da sociedade opressora, a autovalorização e a afronta. Mais de quatro décadas de desenvolvimento de movimentos, entretanto, desdobrou esta base em outras estratégias que caracterizam o estilo identitário de ação política e que podem ser facilmente reconhecidas.

Estratégias, assim como as táticas que as materializam, são, como se sabe, ferramentas políticas. E podem ser de muitos tipos. Há *topos* ou lugares-comuns retóricos, pois argumentar é preciso e grande parte do que se faz em política é comunicação política, que é o caminho para a conquista de corações e mentes. Há padrões de atitudes, ou disposições psíquicas mais ou menos constantes, que refletem sentimentos e convicções e estão sempre prontos a se converter em comportamentos concretos. Há comportamentos aprovados e autorizados moralmente pelo grupo, que recompensam a conformidade e punem o dissenso. Há formas-padrão de enquadramento dos fatos (*frames*), há temas quentes que estão no topo da atenção do grupo (*agenda*) e há as narrativas e roteiros (*scripts*) que as pessoas usam para mobilizar o grupo, para explicar fatos e fenômenos ou para justificar comportamentos.

Vou destacar brevemente alguns conjuntos de estratégias (ou estratagemas, como denominou Renee Anspach) em curso hoje em dia, agrupadas de acordo com o objetivo a que servem, com a indicação de algumas táticas nelas incluídas:

1) ESTRATÉGIAS DE VITIMIZAÇÃO – Todo identitarismo, de direita ou de esquerda, é um vitimismo, no sentido de que, por definição, a política identitária se refere exclusivamente a identidades consideradas estigmatizadas ou oprimidas. Só existe *política da identidade oprimida*, como se depreende da 2ª premissa apresentada

acima. Poder-se-ia pensar, a partir de Anspach, que se trata de uma opressão passada e que se poderia agora virar o jogo, pela afronta, pelo esforço de tomar da sociedade o direito de dizer quem somos e quanto valemos, pelo repúdio. Mas não. A opressão de ontem se mantém na opressão de hoje e parece ser um estado permanente.

O que fazer diante disso? A primeira e essencial coisa a fazer é não esconder a dor, a humilhação, mas exibir publicamente e constantemente o sofrimento do grupo ou as tentativas de fazê-lo sofrer. Se possível, há que se vincular as experiências de sofrimento do presente com as do passado, para que uma consistente cronologia da dor, da humilhação e do suplício esteja sempre presente diante de todos. Para que serve tal coisa? É da constatação da história de sofrimento que nascem todas as prerrogativas e direitos, e toda a justificativa para os comportamentos e atitudes adotados por aqueles que podem ser localizados nessa história como vítimas. Quanto mais longa, intensa e chocante for a história de sofrimento e injustiça sofrida, que ata o presente ao passado, maiores os direitos e as prerrogativas do grupo, mais ele se considera e será considerado autorizado a fazer demandas, a cobrar direitos, a retaliar e/ou a reivindicar reparações.

Uma tática que se demonstra particularmente importante nesse contexto é o "campeonato de sofrimento", ou "a competição para ser a vítima mais merecedora" (Feher, 1996: 87). "Nós, os negros, sofremos muito mais que os judeus, só não temos um *lobby* tão poderoso economicamente", li recentemente numa controvérsia sobre o nazismo. Parece uma competição desconcertante à primeira vista, mas faz sentido. Quem disputa um torneio dessa natureza sabe que há um prêmio no final da disputa: as cartas mais altas em superioridade moral no pôquer identitário. Quem sofre mais, fica com os ases na disputa interna entre os grupos identitários.

Não se deve menosprezar, porém, a menos espetacular tática de reiteração cotidiana da perseguição e opressão, que deve ser alimentada por narrativas pessoais de episódios desta natureza. Histórias de perseguição e opressão são particularmente eficientes, inclusive para que um novo grupo seja autorizado a usar estratégias identitárias na sua militância. É o que acontece, por exemplo, com os evangélicos conservadores, que acumulam testemunhos de perseguição à sua fé e desrespeito às suas convicções religiosas por parte dos liberais e dos secularistas brasileiros. Cristofobia! Ou o caso dos brancos heterossexuais, que se veem sitiados por todos os lados pela esquerda identitária e pelos progressistas que fazem tudo o que podem para constrangê-los e para forçá-los à homossexualidade. Heterofobia! Em suma, não há identitarismo sem uma ____fobia, uma forma de opressão e ódio, abundante e prevalecente na sociedade, que mantém um determinado segmento demográfico debaixo dos seus pés.

2) ESTRATÉGIAS DE VIGILÂNCIA – É guerra. O inimigo está em toda a parte e nos oprime. É preciso vigiar. Todo militante identitário é um guarda em vigília constante das fronteiras da identidade. A sua meta fundamental é identificar violações, quer dizer, comportamentos e atitudes que ofendam ou ataquem os portadores de uma identidade oprimida ou estigmatizada. A patrulha passa em resenha absolutamente tudo: atos e omissões, enunciados, símbolos e discursos, hipóteses e expressões artísticas, decisões e projetos. Identificada a violação, cabe ao vigia tocar a trombeta e convocar as tropas, para as providências cabíveis de contra-ataque, retaliação e cobrança de reparações.

A ofensa ou ataque identificados, contudo, podem ser efetivamente comportamentos e atitudes de desrespeito e humilhação ao grupo identitário, que uma análise objetiva e independente não teria dificuldade de constatar, tanto quanto podem ser simplesmente comportamentos e atitudes que o patrulheiro, por desatenção, descuido, má interpretação ou más intenções, considerou ofensivas. Como faz parte da ideologia identitária o descarte da objetividade como critério hermenêutico, a veracidade da identificação da violação é inteiramente dependente do patrulheiro e da sua capacidade de persuadir ou influenciar os membros do grupo identitário e as suas forças reservas, formadas por pessoas do mesmo espectro ideológico. Líderes influentes, por exemplo, são muito eficazes apontadores de violações, mesmo que a sua hermenêutica force a mão ou quando interpreta de má-fé.

O apontamento da violação é sempre um ganho para o grupo identitário, seja tal violação verdadeira ou não, porque serve para manter as tropas mobilizadas, conservar ativa na memória de todos os sentimentos e as cognições envolvidas no ultraje e na indignação moral, e, enfim, para manter aquecidos o ressentimento e a sensação de opressão sofrida. Serve para unir o grupo e para que ele fique sempre alerta.

Por isso mesmo, não há em geral qualquer filtro ativado para selecionar e confirmar as denúncias de violações e os ataques sofridos. Ao contrário, a demora no devido processo legal, a falta de certeza de punição instantânea, tudo isso é um estímulo para que se tome a justiça nas próprias mãos, como costumam fazer os vigilantes.

Cada patrulheiro move-se pela própria sensibilidade e pelas recompensas que colhe no interior do grupo por ser um membro tão ativo na proteção da tribo contra os inimigos que, alegadamente, circundam-na e a oprimem. Isso, naturalmente, permite toda sorte de abuso, como o patrulheiro sentindo-se autorizado a transformar qualquer forma de constrangimento ou frustração sofrida pessoalmente (da recusa amorosa, à preterição no ambiente de trabalho) em uma denúncia de comportamento opressor e de estigmatização em função da sua identidade. Sistemas de retaliação e vingança pessoal, se devidamente empacotadas como se fossem uma ofensa à identidade coletiva, ganham autorizações sociais e recompensas simbólicas do grupo.

3) ESTRATÉGIAS DE PUNIÇÃO – Depois do vigiar vem o punir. E na arte da punição os identitários foram se especializando como nenhum outro movimento de militantes ao longo dos anos. Todo identitarismo é particularmente punitivista.

Muito se fala, por exemplo, na cultura do cancelamento, como forma preferida de expedições punitivas dos identitários. Continuem a chamar de "cancelamento", se preferem o eufemismo, mas, na verdade, trata-se de espetáculo de humilhação pública de pessoas conhecidas, em virtude de algum pecado cometido segundo o critério do sacerdote identitário de plantão. É o pelourinho identitário: uns chicoteiam, outros jogam fezes, outra parte, complacente, assiste a tudo consternada, mas certa de que a mão que empunha o chicote ou lança a pedra com certeza tem superioridade moral.

O cancelamento é basicamente uma forma de "envergonhamento" público, imposto por enormes alcateias de militantes identitários, contra pessoas famosas e/ou emblemáticas. A fama, o reconhecimento público da pessoa justiçada, apanhada em flagrante violação por algum patrulheiro influente, é fundamental para o sucesso da estratégia. É importante fazer daquela pessoa um exemplo e, mais importante ainda, é usar a visibilidade em torno da punição para o reforço do discurso de opressão e vitimismo e da mobilização dos membros dedicados ao vigilantismo. É praticamente um ritual tribal de sacrifício do inimigo e da imolação dos membros apanhados em sacrilégio, em que todos se sentem parte de uma liturgia de punição simbólica, reforçando os vínculos de sangue da irmandade assim como a percepção de que todos participam de uma causa excelsa, sublime, sagrada.

Dentre os vários tipos de punição identitária – "envergonhamento", assédio, trolagem, cancelamento, etc. – gostaria de destacar o linchamento digital, que ilustra bem a importância do uso do meio digital, da mobilização e da identificação de alvos para o ataque coletivo, que são características importantes para as estratégias identitárias de punição. Os linchamentos morais, que começam digitais e se estendem para a vida, as exigências de "caminhadas da vergonha", os constrangimentos públicos em que todos se sentem moralmente autorizados a odiar e a expressar o seu ódio por alguém, os assassinatos de reputação e até o assédio corriqueiro do pequeno *troll* identitário em mídias digitais ou na reunião de departamento, tudo isso cai na contabilidade da distribuição de punições identitárias que hoje infestam a vida pública e privada.

Eram para ser comunidades de superioridade moral de grupos oprimidos, mas se tornaram, nas últimas décadas, em comunidades de ódio e de punição de grupos opressores. O vigia de violações se transforma a qualquer momento em vigilante, justiceiro encarregado de distribuir punições fora do devido processo legal. Os sistemas de distribuição de punições dos grupos identitários se transformaram em tribunais de exceção realizados em mídias sociais e em espaços públicos, em que se salta do indiciamento à execução da sentença, sem que o acusado frequentemente compreenda por que foi transformado em réu, por que foi julgado à revelia, por que as suas explicações não foram ouvidas ou consideradas, por que as provas pedidas não foram apresentadas e por que não foi considerado inocente, como todo mundo, até o trânsito em julgado. Mas, como poderia? É um processo instantâneo: o que está de vigia gritou "olha o lobo" e a partir daí foram pedradas, mordidas, tiro, porrada e bomba, que só cessaram quando um novo lobo foi avistado e uma nova expedição punitiva precisou ser improvisada.

O gozo do exercício de poder punir e humilhar é uma espécie de ritual coletivo de satisfação do ressentimento, contra o qual não há muito o que fazer. Não há demanda por justiça que freie o justiceiro, pois o justiçamento é sempre mais compensador psiquicamente do que a Justiça, que é lerda, complicada e pode não entregar o sangue que desejamos. Nada pode parar a Roda do Justiçamento identitário uma vez que ela se pôs em movimento, nem apelos para um devido processo, nem alegações de má intepretação, nem contestação da falta de provas, nem mesmo a reivindicação do direito de ser ouvido.

Resumo o linchamento digital em 12 componentes.

a) O linchamento digital é um peculiar processo em que só duas coisas são necessárias: a acusação e a punição. Acusações não precisam ser verdadeiras, apenas verossímeis. O acusador, o juiz e o carrasco são a mesma pessoa ou coletivo.
b) Não é necessário ter havido o delito ou que os fatos tenham ocorrido conforme diz o acusador; não há disputa aceitável sobre a interpretação do fato, não há defesa, todo crime é hediondo e merece a punição máxima. Nada que o acusado diga fará qualquer diferença.
c) Em um processo de linchamento, uma vez que se acusa alguém de X, não importa mais se alguém é ou não X. O pressuposto kafkiano do processo do linchamento é que todo X negará veementemente ser X e que isso só prova que ele é realmente X, portanto, culpado.
d) Para o linchador não há violência, brutalidade e desumanidade no seu ato; há desumanidade, brutalidade e violência

na opressão que sofre a minoria Y que o linchador acredita estar protegendo. Só o opressor é violento, o vingador, não.

e) Se o alvo da turba reclama, é só o "mimimi" de quem não está acostumado a estar deste lado do chicote. Violência é a que eu sofro, a que eu inflijo é Justiça. E se não foi você quem historicamente me oprimiu, não importa, deve ter sido algum parente ou antepassado seu.

f) O linchador sempre tem a consciência tranquila e se sente um guerreiro da Justiça. Não importam os efeitos do ataque na reputação, na vida e no futuro do justiçado, o linchador sempre se sente moralmente superior ao atacado.

g) Todo linchador faz parte de uma "comunidade moral", a turba que convoca ou a que se integra nas expedições punitivas. O linchamento não é atividade solitária, o linchador sozinho é covarde, mas vira um monstro de coragem e infâmia nas matilhas digitais.

h) O linchador sente-se sempre protegendo o coletivo identitário dos seus inimigos jurados, não importa se machismo, pedofilia, misoginia, promiscuidade, homofobia, racismo, ideologia de gênero, colonialismo, doutrinação ideológica. O linchador é sempre do bem.

i) Educação e informação política não tornam ninguém menos propenso a linchar. Já o nível de envolvimento com uma causa (ativismo) ou com uma celebridade (*fanbase*) indicam maior propensão ao linchamento e ao vigilantismo punitivo. O linchamento se alimenta de amor.

j) O linchado de hoje pode muito bem ser o linchador de amanhã, pois ele nunca põe em questão a imoralidade do ato coletivo de linchar, mas apenas a injustiça do linchamento de que foi vítima. O linchamento dos outros é sempre justo.

k) Séculos de ressentimentos, indignação moral, opressão precisam ser descontados em dois dias sobre uma pessoa que terá que responder por tudo isso. Dane-se se isso não muda o mundo e estraçalha uma pessoa, o importante é que representou um *statement*, uma tomada de posição.

l) Depois de iniciado um linchamento, não se meta entre a turba e o "ser horrendo" cujo sangue ela deseja, por achar o processo injusto, a acusação falsa ou a pena exagerada. Você será desmoralizado publicamente como um "passador de pano" e, em seguida, lhe atribuirão todos os predicados pelos quais aquela pessoa está sendo sentenciada.

4) ESTRATÉGIAS DE MONOPÓLIO DA AUTORIDADE – Um dos âmbitos mais bem cuidados pelos militantes autoritários é o da autoridade. Autoridade epistêmica e autoridade moral. O poder simbólico de fazer interpretações válidas e de estabelecer o conhecimento aceitável. Digo "válido" e "aceitável" porque, de fato, o perspectivismo ideológico não autoriza o adjetivo "verdadeiro". A validade e a aceitabilidade são parametrizadas pelo grupo, suas convicções, seus modos de evitar a dissonância cognitiva, seu viés de confirmação (*self-serving bias*). Além disso, é o poder simbólico de determinar o que é certo e adequado, condição fundamental para assegurar um capital fundamental para qualquer grupo oprimido: a certeza da sua superioridade moral.

Para isso, os grupos estigmatizados ou oprimidos desenvolveram princípios voltados para a garantia de monopólios para os seus membros. O primeiro e mais importante monopólio é, naturalmente, o da autoridade epistêmica, o poder de falar de forma autêntica e autorizada sobre determinados temas relacionados à identidade e aos militantes identitários. Isso não só está no fundamento da ideia de que apenas a experiência de sofrimento e de opressão em função do pertencimento à identidade autentica um discurso como socialmente válido, como também garante a exclusividade grupal na interpretação de fatos e eventos, na decisão sobre se houve ou não uma ofensa ou crime contra o grupo, na discussão sobre estratégias e táticas empregadas pelo coletivo e até na discussão de conceitos e fenômenos que, em última instância, sejam do interesse daquela minoria. O pertencimento ao grupo se transforma no critério definitivo de competência epistêmica, excluídos todos os outros critérios tradicionais como formação científica, *expertise*, reconhecimento por pares ou mérito pessoal.

Isso representa uma considerável vantagem de guerra para o grupo, no sentido de que os contra-argumentos e os desafios a conceitos e premissas que possam vir de fora dele são desqualificados liminarmente, uma vez que violam o monopólio epistêmico sobre o assunto. Antes, o avanço para além da reivindicada exclusividade epistêmica dos pertencentes à identidade é considerado a reiteração de um ato de opressão, quando não é classificado como ofensa ou crime contra a própria minoria.

Mais séria, contudo, é a vantagem mercadológica que o monopólio da fala autêntica e validada dá aos membros mais ativos da minoria oprimida. E à medida que o identitarismo avançou nas sociedades contemporâneas o mercado expandiu e as possibilidades foram se tornando abundantes. Isso formou uma espécie de elite das minorias, um baronato identitário, que, usando as prerrogativas do monopólio de uma fala que deveria representar toda a comunidade, beneficia-se pessoalmente de bolsas, empregos, posições, oportunidades. No sistema de devedores, credores e beneficiários que se formou ao redor da questão identitária, quem deve é a sociedade, o credor é o grupo minoritário, mas quem passa para coletar o benefício é a elite do movimento. Os sistemas de monopólio da fala e dos direitos exclusivos de representação põem em movimento este processo.

O monopólio moral é basicamente a luta pela acumulação do capital moral. Que, como disse, tem a sua origem na valorização e reconhecimento do sofrimento do grupo. O fato é que esse capital confere prestígio e distinção, isto é, autoridade moral. É um capital simbólico e, como tal, depende do reconhecimento social, que, geralmente, é dado dentro do segmento do espectro ideológico em que o grupo se localiza: identitários de esquerda têm superioridade moral segundo a esquerda e para os progressistas; identitários de direita têm distinção moral na consideração da direita e dos conservadores. Fora do segmento ideológico tal autoridade não é reconhecida, portanto, não tem valor. Dentro do segmento ideológico, contudo, dá enorme poder ao grupo como um todo e aos indivíduos que reivindicam pertencer a ele: o poder de falar, ou poder de mandar calar, o poder de explicar, mas não ouvir contra-argumentos, o poder do dedo em riste e do uso do imperativo.

Embora possa parecer pouco, o monopólio moral tem um uso muito importante: conseguir a expedição de alvarás sociais para o exercício autorizado do ódio. Odiar não é simples em uma sociedade orientada por valores que aprecia particularmente a estima e o respeito. A expressão pública da raiva, do ódio ou do desprezo são, portanto, um comportamento socialmente reprovável, sintomas de um caráter igualmente censurável. Conseguir autorizações sociais para a expressão de ódio é, portanto, uma proeza social importante. A constatação da superioridade moral do identitário, contrastando com o delito praticado pelos acusados, confere ao militante identitário direitos raros ao insulto e à demonstração de desprezo socialmente autorizados. Antes, o direito ao ódio moralmente autorizado, o ódio do bem.

5) ESTRATÉGIAS DE DEFESA – São várias as estratégias usadas pelos movimentos identitários para neutralizar críticas e anular objeções às suas táticas, premissas e ações. A primeira consiste em fazer com que se confunda o militante ou o movimento com o conjunto das pessoas que ele alega representar e em cujo nome pretende falar. Na segunda, trata-se de silenciar a crítica e o dissenso.

a) *Estratégias de mimetismo*

É o mimetismo como estratégia de defesa, em que uma forma de vida, o estilo identitário, camufla-se com as características de outra forma de vida com que está em relação simbiótica, a minoria, para evitar que seja atacado.

Os protagonistas, advogados e defensores da "política de identidade", têm um caso de sucesso de comunicação política nas mãos. Conseguiram convencer pelo menos dois segmentos importantes do espectro ideológico, os progressistas e a esquerda, de que não consistem em um tipo de tática, dentre outros, por meio das quais uma minoria faz política, nem em um tipo de ideologia, dentre outros, para a compreensão do que devem fazer minorias para alterar as relações de força na sociedade. Os "identitários" conseguiram convencer a maioria dos progressistas de que são o único caminho possível para a luta por justiça quando se trata de minorias.

Que fique claro, muitas das lutas políticas de minorias políticas já haviam alcançado patamares bem-sucedidos, por outros métodos e por meio da adoção de outras premissas, bem antes que a ideia de política de identidade surgisse no horizonte. As premissas adotadas pelas sufragistas não eram identitárias, uma vez que continham uma reivindicação "normalizadora" de direitos, apelando à "ficção democrática". As premissas universalistas e assimilacionistas de Luther King Jr. e de Mandela certamente seriam incompatíveis com o molde identitário. A ideia de que o ativismo de minorias para combater a discriminação e para a sua plena inclusão no processo político tem necessariamente que usar as táticas e a retórica da política de identidade, portanto, não coincide com a história do feminismo ou dos movimentos antirracismo. É o resultado da autopropaganda identitária.

Nas últimas décadas, contudo, chegou-se a tal ponto que gerações inteiras não conseguem pensar qualquer alternativa de luta política se não com base na retórica, nas táticas e nas premissas políticas do identitarismo. Um caso absoluto de sucesso de *marketing* social, em que a política identitária deixa de ser vista como um tipo de ação política para se tornar na forma mental e política hegemônica e, para muitos, indiscutível.

Foi mais que isso. A coisa chegou ao ponto em que um tipo de militância, suas estratégias específicas, determinadas narrativas mestras, uma certa retórica e uma perspectiva ideológica findaram em se confundir com as minorias que reivindicam representar. E isso foi feito de modo tão eficiente que cada vez que se critica uma tática, as consequências de uma premissa, alguma das teses do seu arcabouço ideológico, um dos elementos da sua visão de mundo, os vigilantes da identidade soam todos os alarmes declarando não que alguém criticou o dogma, a premissa, a tática, ato tão comum e aceitável dentre os progressistas. Não, na narrativa de denúncia, o que de fato "aconteceu" foi uma investida maldosa contra os próprios negros, as feministas, os LGBTQQIAAP.

É muito eficiente. A primeira linha de defesa do identitarismo consiste basicamente em usar a minoria que alega defender e representar como escudo. A tática e a gramática do movimento nunca podem ser consideradas erradas, porque a minoria que o grupo identitário representa é imediatamente colocada à frente de qualquer crítica: não é possível criticar o militante ou a militância, pois tudo será lido como crítica e ofensa ao grupo pelo qual se milita. Como dizer que a premissa X adotada por militantes identitários do tipo Y é discutível, improvável e, quem sabe, errada, se a crítica será convertida retoricamente em ataque ao grupo que os militantes declaram representar? A crítica se torna não apenas epistemologicamente impossível, pois ninguém a ouve ou considera, mas um exercício perigoso em que o crítico estará sujeito a responder por acusações de crimes que não cometeu e a ser alvo de contra-ataques sem ter atacado ninguém, apenas desafiado ideias e contestado interpretações de fatos.

b) *Estratégias para o silenciamento dos críticos*

Por fim, há as estratégias voltadas para silenciar os críticos e manter todas as vantagens do monopólio epistêmico e moral, esboçadas acima. Neste livro, contribuo com uma lista das principais táticas empregadas para calar críticos e dissidentes e para desestimular os céticos a apresentarem desafios conceituais, hermenêuticos ou morais aos grupos identitários. De forma que aqui pouparei o leitor da reiteração.

4. PARA CONCLUIR

Por fim, destaco quatro coisas sobre táticas e estratégias identitárias.
Primeiro a questão da criação e da difusão das inovações. As estratégias e táticas usadas pela militância identitária, como é de se esperar, não surgiram todas de uma vez nem se mantêm idênticas ao longo dos anos. O importante, para os movimentos que as usam, é que sejam coerentemente adequadas às premissas ideológicas que distinguem o estilo identitário de militância, de forma que sejam facilmente reconhecidas e adotadas, sem dissonância cognitiva ou estranhamento.
Algumas delas são um pouco mais recentes, como as ideias de gatilhos (*trigger warnings*) e *safe spaces*, derivadas da confluência,

há alguns anos, do identitarismo com a psicologia da recuperação (Feher, 1996), com desdobramentos recentes na terminologia e nas alegações táticas. Ou o tema do "decolonialismo" que, ao fim e ao cabo, é uma derivação da política de identidade, e que também tem inovações táticas importantes. E há colorações locais para algumas táticas, com o tal do "lugar de fala", uma fórmula que prosperou no Brasil para designar o monopólio do discurso legítimo. Há, inclusive, ênfases que seguem ao capricho do tempo, com a recente hipertrofia do dogma "o racismo ou é estrutural ou não é racismo" aqui no Brasil. O fato é que a rapidez e a intensidade na criação e na adoção das inovações táticas são muito variáveis.

Por outro lado, é importante notar que criação e difusão de táticas e *topos* identitários é provavelmente o fenômeno social mais "americanocêntrico" desse início de século. Quer dizer, praticamente toda inovação é "made in USA". Toda a manufatura e o centro de logística da disseminação de inovações estão nos Estados Unidos. A base ideológica da política identitária não se explica sem que se entenda como na sociedade americana se estabeleceram as relações raciais e étnicas e as relações de gênero, além do modo como são tratadas todas as minorias. Do mesmo modo as inovações estratégicas, o sistema de urgência, as mentalidades e, por fim, o vocabulário, tudo na cultura identitária é dependente da língua inglesa e dos centros de manufatura ideológica americanos. *O identitarismo é uma das formas mais poderosas de americanização da política e das relações sociais hoje no mundo.*

Em terceiro lugar, considere-se que à beligerância vertical, entre o grupo oprimido e a sociedade, pode-se sempre acrescentar uma belicosidade horizontal, entre as diversas identidades oprimidas e/ou estigmatizadas. Afinal, no mundo identitário, agressividade é método e hostilidade é atitude padrão, e quando interesses colidem é possível usar táticas identitárias uns contra os outros mesmo no reino dos oprimidos. Os interesses em conflito podem resultar de um mercado de oportunidades, que é finito, como todos os mercados. Mas há também conflitos nos procedimentos de vigilância e nas práticas acusatórias. As pessoas, apesar das crenças identitárias, não são no fim das contas nem monolíticas nem unidimensionais e o jogo real de imputações e punições só é simples quando nos infratores e acusados convergem todas as marcas e predicados da condição de opressor: homens, heterossexuais, cisgêneros, brancos, ricos, etc. Caso contrário, veremos o pôquer identitário ser jogado espantosamente à vista de todos: mulher ganha de homem, mas perde de homem negro; homem negro é uma carta mais fraca do que mulher negra, a não ser que o homem seja pobre e a mulher, rica; *trans* ganha de hétero. E por aí vai. Assim, uma pessoa acusada de machismo sempre pode, caso possa, puxar a sua carta de negro ou *trans* e reverter a acusação, como vemos todo dia acontecer, num pôquer constrangedor em que acusações e certificados de sofrimento e opressão sofrida valem frequentemente mais que fatos, justiça e compaixão. Isso é o que gera a impressão de que o identitarismo restaurou a guerra de todos contra todos, o conflito perpétuo e cada vez mais distante de possibilidade de conciliação e de construção de algo em comum.

Por último há a questão sobre o que move esse gigantesco sistema de crenças e pessoas para o engajamento e a mobilização das tropas e para colocar fogo na esfera pública, o que representa, naturalmente, um enorme esforço de ação política e, além do mais, parece funcionar em moto contínuo. *Os combustíveis do identitarismo são a raiva e o ressentimento.* É característica da militância a sensação de que se movem por um sentido de ultraje, de indignação ética, de furor moral. O que leva a isso é o sentimento de que uma injustiça foi sofrida e de que há ainda a memória da dor, o cultivo da mágoa, a alimentação de uma animosidade profunda e constante: o ressentimento. Não parece haver identitário não zangado e não ressentido. Por isso não solicitam ou requerem amizade, como disse Anspach, mas cumplicidade dos seus; não solicitam solidariedade, mas adesão.

REFERÊNCIAS

Anspach, Renee R. "From Stigma to Identity Politics: Political Activism among the Physically Disabled and Former Mental Patients". In: *Social Science & Medicine. Part A: Medical Psychology & Medical Sociology*, 13, 1979, p. 765-73.

Bernstein, Mary. "Identity Politics". In: *Annual Review of Sociology*, vol. 31, nº 1, 2005, p. 47-74.

Bock-Côté, Mathieu. *O Multiculturalismo como Religião Política*. São Paulo: É Realizações, 2019.

Butler, Judith. *Gender Trouble: Feminism and the Subversion of Identity*. New York: Routledge, 1990.

Chua, Amy. "How America's Identity Politics Went from Inclusion to Division". *The Guardian*, 2018, <https://www.theguardian.com/society/2018/mar/01/how-americas-identity-politics-went-from-inclusion-to-division>.

Cohen, Jean L. "Strategy or Identity: New Theoretical Paradigms and Contemporary Social Movements". I. In: *Social Research*, vol. 52, nº 4, 1985, p. 663-716.

Connolly, Clara. "Splintered Sisterhood: Antiracism in a Young Women's Project". In: *Feminist Review* vol. 36, n° 1, 1990, p. 52-64.

Feher, Michel. "Empowerment Hazards: Affirmative Action, Recovery Psychology, and Identity Politics". I. In: *Representations*, 55: 84–91.

Gitlin, Todd. "From Universality to Difference: Notes on the Fragmentation of the Idea of the Left". In: *Social Theory and the Politics of Identity*, ed. Craig Calhoun. Oxford and Cambridge: Blackwell, 11994, p. 150-174.

_____. *The Twilight Od Common Dreams: Why America Is Wracked by Culture Wars*. eds. Metropolitan Books and Henry Holt & Company. New York, 1995.

Glazer, Nathan; Moynihan, D. P.. *Beyond the Melting Pot: The Negroes, Puerto Ricans, Jews, Italian, and Irish of New York City*. Cambridge, Ma: MIT Press, 1970.

Goldberg, Michelle. "Democratic Politics Have to Be 'Identity Politics.'" *Slate*. https://slate.com/news-and-politics/2016/11/democratic-politics-have-to-be-identity-politicsh. In: 2016.

Gomes, Wilson. *Transformações da Política na Era da Comunicação de Massa*. São Paulo: Paulus, 2004.

Gusfield, J. R. *Symbolic Crusade*. Urbana: University of Illinois Press, 1963.

Hobsbawm, Eric. "Identity Politics and the Left". In: *New Left Review*, (217): 38.

Kobayashi, Audrey. "Identity Politics". In: *International Encyclopedia of Human Geography*, 2020, p. 151-155.

Kruks, Sonia. *Retrieving Experience: Subjectivity and Recognition in Feminist Politics*. Ithaca: Cornell University Press, 2001.

Lilla, Mark. "The End of Identity Liberalism". *New York Times*, 2016 <https://www.nytimes.com/2016/11/20/opinion/sunday/the-end-of-identity-liberalism.html?_r=0>.

_____. 2018. *O Progressista de Ontem e o Do Amanhã: Desafios Da Democracia Liberal No Mundo Pós-Políticas Identitárias*. São Paulo: Companhia das Letras.

Lopez, German. 2016. "Research Says There Are Ways to Reduce Racial Bias. Calling People Racist Isn't One of Them." *Vox*. https://www.vox.com/identities/2016/11/15/13595508/racism-research-study-trump.

_____. 2017. "The Battle over Identity Politics, Explained." *Vox*. https://www.vox.com/identities/2016/12/2/13718770/identity-politics.

Major, Brenda, Alison Blodorn, and Gregory Major Blascovich. 2018. "The Threat of Increasing Diversity: Why Many White Americans Support Trump in the 2016 Presidential Election." *Group Processes & Intergroup Relations* 21(6): 931-40.

Martin Alcoff, Linda, Michael Hames-García, Satya P. Mohanty, and Paula Moya, eds. 2006. *Identity Politics Reconsidered*. New York: Palgrave Macmillan.

Noury, Abdul, and Gerard Roland. 2020. "Identity Politics and Populism in Europe." *Annual Review of Political Science* 23(1): 421-39.

Rawls, John. 1971. *A Theory of Justice*. Cambridge, Ma: Harvard University Press.

Schlesinger, Arthur M. 1991. *The Disuniting of America: Reflections on a Multicultural Society*. New York: Norton.

Soave, Robby. 2016. "Trump Won Because Leftist Political Correctness Inspired a Terrifying Backlash." *Reason*. https://reason.com/2016/11/09/trump-won-because-leftist-political-corr/.

4

PRESENÇA NA IMPRENSA: ARTIGOS DE CÉSAR BENJAMIN

TORTUOSOS CAMINHOS*

Aproveitando o ano eleitoral, o presidente Fernando Henrique anunciou o apoio do governo federal a um conjunto de medidas politicamente corretas, com destaque para o reconhecimento civil da união de pessoas de mesmo sexo e a reserva, para negros, de 20% das vagas no serviço público. A primeira medida, proposta há alguns anos pela então deputada Marta Suplicy, é um avanço: duas pessoas adultas podem decidir quem desejam amar e com quem vão viver, e qualquer união estável deve ser geradora de direitos, respeitando-se a vontade expressa por ambas as partes. A mesma clareza não se aplica, a meu ver, à segunda medida, também defendida por grande parte da esquerda. É que o combate ao racismo frequentemente enverada por tortuosos caminhos.

A construção do conceito de "raças humanas" foi o empreendimento mais importante da ciência europeia no século XIX. Nessa época, uma parafernália de métodos estatísticos e de sistemas de medição de cada parte do corpo lançou as bases de uma antropologia física que tentou classificar os grandes grupos humanos de modos que estabeleciam correlações entre características aparentes e aptidões. O trabalho consumiu décadas, envolveu cientistas prestigiosos e produziu grande quantidade de resultados numéricos aparentemente respeitáveis, com suas respectivas interpre-

---

* Publicado em *Caros Amigos* nº 63, junho de 2002. Este artigo iniciou uma polêmica que teve continuação em outro breve texto, intitulado "Racismo não", também publicado na revista.

tações. O sentido desse esforço era óbvio. Ele visava a estabelecer bases biológicas que legitimassem a expansão colonial das potências europeias, então em pleno vapor. O colonialismo passava a ser uma expressão da supremacia natural de povos mais aptos.

No século XX, com o desenvolvimento da genética e da biologia molecular, o estudo do corpo humano ultrapassou largamente os aspectos morfológicos mais aparentes, como a cor da pele, que serviram de base para as classificações anteriores. Passamos a comparar os organismos a partir do conhecimento de estruturas muito mais íntimas e mais fundamentais. Os resultados demoliram as bases conceituais das pesquisas anteriores. Ficou demonstrado que, ao longo da evolução, os grupos humanos conservaram uma semelhança espantosa. Compartilham a mesma herança, com variações insignificantes.

As diferenças genéticas que se encontram entre duas pessoas escolhidas aleatoriamente em um mesmo grupo (dois nigerianos, por exemplo) não diferem estatisticamente das diferenças existentes entre duas pessoas de distintos grupos (um nigeriano e um sueco, por exemplo). Do ponto de vista genético e bioquímico não se descobriu nenhum critério válido para juntar e separar as pessoas. Criou-se um consenso de que as diferenças observáveis na linguagem, nos costumes, nos valores, nos atributos morais, nas atitudes estéticas, etc., não são biologicamente determinadas. Desde então, o conceito de "raças humanas" foi remetido ao museu onde estão expostas à galhofa as afirmações de que a Terra é plana, de que habitamos o centro do Universo, de que os corpos graves tendem ao repouso e outras ideias que (des)organizaram o pensamento da humanidade ao longo da história. Afirmou-se, em seu lugar, a unidade essencial da nossa espécie. É claro que isso não esgota o problema. Pois, apesar de cientificamente inepto – por não corresponder a nada que exista no mundo biológico –, aquele conceito continua a existir como fato ideológico e cultural. Creio que pelo menos três motivos ajudam a entender por que este cadáver permanece insepulto e continua a perambular pelo mundo.

O primeiro: a classificação de grupos humanos tendo como base a cor da pele (e outros atributos associados, como a forma do cabelo) é visível aos olhos e, como tal, "evidente". Brancos são brancos e negros são negros. Porém, há muito tempo a ciência aprendeu a desconfiar de "evidências". Também não é "evidente" que o Sol gira em torno da Terra? Não é "evidente" que a Terra é plana? O processo de conhecimento é sempre a superação de evidências. O mesmo ocorreu neste caso. O que determina a cor de uma pessoa é a quantidade de uma proteína, chamada melanina, que todos temos na pele. Assim, quando usamos a cor da pele como critério de classificação, estamos afirmando que as pessoas devem ser agrupadas e separadas conforme a quantidade de melanina que seu organismo produz. Mas a melanina é apenas um dos 80 mil ou 100 mil (não se sabe muito bem) diferentes tipos de proteínas que compõem nosso corpo. Surge a questão: por que ela, e não outra proteína qualquer, deve ser usada como referência?

Seguindo essa trilha, a ciência contemporânea obteve resultados surpreendentes. Se usarmos a melanina como critério classificador, os suecos Johansson e Peter pertencerão a uma "raça", enquanto os nigerianos Kumbere e Tongo pertencerão a outra. Mas, se usarmos outra proteína qualquer, nada impede que Johansson e Kumbere integrem a mesma "raça", pela semelhança de sua composição bioquímica nesse aspecto, ao passo que Peter e Tongo integrem uma outra. O mesmo procedimento pode repetir-se quantas vezes se desejar, gerando infinitos rearranjos quando se lida com a humanidade como um todo. Havendo uma infinidade de "raças" possíveis, é claro que não há "raça" nenhuma. Um segundo motivo para a sobrevivência ideológica desse conceito é que tal classificação, como outras, corresponde a interesses. Pois o ato de classificar é também, necessariamente, um ato de hierarquizar: o grupo que inventa a classificação ocupa, invariavelmente, o topo da escala. (Nenhuma classificação reflete "o real"; todas são invenções, mais úteis ou menos úteis.)

O terceiro motivo é um pouco chocante: a ideia de que existam raças humanas, dotadas de diferentes aptidões, não contraria nenhuma lei da biologia. Portanto, não é absurda. Quando populações de uma mesma espécie se separam no espaço e se reproduzem isoladas ao longo de muitas gerações, elas tendem a acumular diferenças, que podem inscrever-se em seus códigos genéticos e, no longo prazo, resultar em raças diferentes. Isso ocorreu em muitas espécies animais (pastores alemães e pequineses são diferentes raças de uma mesma espécie) e também começou a ocorrer na espécie humana.

A partir de um contingente originário da África, o *Homo sapiens* se espalhou pelo mundo, e seus subgrupos começaram a acumular diferenças. Se o isolamento demorasse muito mais tempo, provavelmente produziria "raças" humanas. Mas, nossa espécie é muito recente, e sua divisão em subgrupos isolados não foi suficientemente longa. A humanidade cresceu, se multiplicou, se deslocou e ocupou todo o planeta. A história produziu logo um grande reencontro. Com ele, o intercâmbio genético voltou a prevalecer amplamente, interrompendo a incipiente tendência anterior. Reiniciou-se um processo de homogeneização, antes que se formassem raças diferentes. Nossa unidade humana fundamental é um fato histórico, e não uma imposição metafísica ou uma lei biológica.

A fusão de subgrupos humanos, acelerada na modernidade, foi mais radical no Brasil do que em qualquer outra parte do mundo. Sociedade recente, nascemos no exato momento em que o reencontro se acelerou. Dadas as características da colonização portuguesa e nosso papel na divisão mundial do trabalho, fomos levados a realizar um monumental processo de miscigenação, que predominou sobre outras tendências. Processo, é claro, assimétrico, como todos os demais, em uma sociedade de resto tão desigual.

Como resultado, não somos nem brancos, nem negros – somos mestiços. Biológica e culturalmente mestiços. Aqui, mais do que em qualquer outro lugar, a tentativa de constituir uma identidade baseada na "raça" é especialmente reacionária. A afirmação, que tantas vezes já ouvi, de que o Brasil é o país mais racista do mundo é uma patética manifestação de nosso esporte nacional favorito – falar mal de nós mesmos.

Os elementos culturais e ideológicos racistas, que subsistem entre nós, não interromperam nem conseguirão interromper o processo de construção de uma sociedade mestiça, cuja unidade tem sido dada pela bela capacidade de criar e recriar uma cultura de síntese. Mesmo assim, aqueles elementos precisam ser combatidos. Mas, definir quotas será o melhor caminho? Devemos fixar o que não é fixo, separar o que não está separado? Quem é negro e quem é branco no Brasil? Onde está a fronteira entre ambos? E os brancos pobres, que são muitos, como ficam?

Melhor do que copiar também nisso os Estados Unidos – uma sociedade multiétnica, mas, ao contrário da nossa, não essencialmente mestiça –, seria, por exemplo, garantir uma escola pública universal, gratuita e de boa qualidade, onde todas as crianças convivessem juntas e recebessem a mesma educação fundamental. Crianças que brincam em *playgrounds*, viajam em automóveis vedados e estudam em escolas particulares, altamente seletivas, tendem a crescer com medo e raiva dos diferentes. Crianças que frequentam espaços públicos e têm amigos de todas as cores dificilmente serão adultos racistas.

RACISMO NÃO*

Caros Amigos publicou há três meses um artigo em que eu me posicionava contra a adoção de normas que criem condições diferenciadas de acesso a empregos e serviços públicos de acordo com a cor da pele, ou a "raça", de cada um. No número seguinte, coerentemente, a revista publicou uma defesa da posição oposta, assinada por Sueli Carneiro. Como muitos, ela considera que tais normas são uma forma legítima e necessária de estimular maior presença de negros – obviamente, algo desejável – nessas instituições. Eu não tinha, nem tenho, interesse em esticar o assunto, cada réplica provocando uma tréplica e assim sucessivamente, como se a busca da última palavra ou o grito mais estridente concedessem razão a alguém. Fiquei satisfeito ao saber que ambos os textos estavam sendo reproduzidos para debate em escolas e grupos. Para mim, mesmo com a desvantagem de ter escrito primeiro, estava tudo de bom tamanho. Meus artigos seguintes versaram sobre temas bem diferentes.

Houve depois diversas cartas, algumas bastante agressivas: eu só podia ser um branquinho folgado, que não teve de fazer for-

---

* Publicado em *Caros Amigos* nº 66, setembro de 2002. Dá sequência ao artigo "Tortuosos caminhos".

-ça para concluir a faculdade (nunca concluí nenhuma); garboso com meu doutorado (que não tenho), ocupo comodamente uma cátedra (quem me dera...) e sou contra as cotas raciais porque tenho medo da concorrência de gente mais esperta, que começaria a chegar. As pessoas que escreveram isso, e sandices afins, não me conhecem. Não obstante, apresentam-se como campeãs na luta contra preconceitos.

Novos artigos também continuaram a chegar. Mais dois saem nessa edição. A tentação da desqualificação permanece pulsante. O melhor deles, de Sueli Carneiro, já publicado, reitera que César Benjamin "deixa *deliberadamente* de fora" os dados relevantes, "passa *intencionalmente* por cima" dos processos históricos, "ignora *solenemente*" a concentração de negros em favelas; diz que a oposição aos negros é "aguerrida", a negação de que o racismo seja uma característica central da nossa sociedade é "patológica", a recusa é "intransigente", a defesa de outras propostas é "maníaca", e assim por diante. Como se vê, minha honestidade intelectual fica por um fio, para dizer o mínimo; surgem dúvidas também sobre minha sanidade mental. Samuel Aarão Reis coloca entre aspas argumentos ridículos, induzindo o leitor a pensar que eu os usei. E também radicaliza: corro "o risco de passar de um lado para outro na luta política". Desonesto, louco e direitista, eis o triste fim que me espera. Quem diria...

Por tudo isso, e a pedido de *Caros Amigos*, volto ao assunto, creio (novamente) que pela última vez.

Os dados a que Sueli se refere, e que todos usam, são um conjunto de estatísticas que mostram que, na sociedade brasileira, subgrupos formados por "brancos", de um lado, e "negros", de outro, apresentam discrepâncias significativas em indicadores representativos da qualidade de vida, como por exemplo níveis de renda. Esses números e percentagens, produzidos em grande quantidade nos últimos anos, têm sido, de longe, o principal ponto de apoio para os que pretendem demonstrar a centralidade da "questão racial" em nosso país. Como todos os números, estes também transmitem com facilidade uma imagem de precisão, objetividade e realismo que torna quase supérflua qualquer discussão. Não são – ou não parecem ser – opiniões; são – ou parecem ser – um reflexo objetivo do real. Por isso, segundo Sueli, eu preciso omiti-los "deliberadamente". Minha posição não pode conviver com eles, como o Super-Homem não pode conviver com a kriptonita. Samuel Aarão Reis repete igual procedimento, que é mais ou menos geral nesse debate, multiplicando os números como Cristo multiplicou os pães. Marco Frenette, embora os exponha menos, remete-se a eles como pano de fundo de toda a sua argumentação sobre como é o "Brasil real".

O fascínio de Sueli, Samuel e Marco pelo poder demonstrativo desses dados é muito comum entre pessoas que, independentemente de serem bem-formadas em outras áreas, não conhecem estatística por dentro. Ignoram sua imensa maleabilidade. Os números, que tanto valorizam, em primeiro lugar são inconsistentes, seja pelos vícios presentes em sua construção, seja pelo mau uso que deles se faz. Em segundo, são irrelevantes para o tema em debate. Pois o conteúdo de verdade que revelam não permite a conclusão a que se chega. Vamos por partes.

Todos sabemos que o Brasil apresenta índices de concentração muito altos (foi este o objeto de um de meus artigos recentes em *Caros Amigos*). Podemos estimar, um pouco grosseiramente, que 1% da população controla cerca de 50% da renda e da riqueza. Todos também sabemos que esse ínfimo grupo dos muito ricos é basicamente formado por brancos. Logo, sempre que dividirmos nossa sociedade em "brancos" e "negros" (divisão muito imprecisa e confusa, quando se leva em conta a população como um todo), esta minoria de muito ricos puxará para cima todas as médias do primeiro grupo. O resultado final mostrará um subconjunto "branco" homogêneo e remediado, quando na realidade ele é imensamente heterogêneo e formado por uma clara maioria de pobres, cujos indicadores não são diferentes daqueles encontrados para as populações de outras cores. (Mediante essa prestidigitação estatística, por exemplo, a imensa maioria das famílias acampadas na luta pela terra na Região Sul passa a integrar o mesmo grupo social dos banqueiros e dos executivos de multinacionais, pelo simples fato de que a cor da pele de todos eles é a mesma.)

Médias devem ser usadas com muita prudência, pois às vezes escondem mais do que mostram e induzem a falsas conclusões.

Para advertir os alunos sobre isso, é comum os professores de estatística repetirem uma velha brincadeira: "Se você colocar a cabeça dentro da geladeira e os pés dentro do forno, na média seu corpo terá uma temperatura muito agradável."

Em uma sociedade tão desigual como a nossa, é facílimo construir subgrupos cujos indicadores estatísticos estejam abaixo da média. Sueli, Samuel e Marco referem-se a subgrupos construídos a partir do critério da cor da pele. Note-se que o critério está presente antes de iniciar-se a pesquisa, cujos objetivos – demonstrar o nosso racismo – foram estabelecidos de antemão. São eles que determinam quais números vão ser procurados (e, evidentemente, encontrados). Não é verdade, pois, que as conclusões *decorram* dos números, como meus interlocutores pretendem; na verdade, elas *geram* os números que serão usados para sustentá-las. Sua produção é uma maneira de conceder bases empíricas a uma dada visão da sociedade. Na mesma busca por legitimar-se, enfoques diferentes podem encontrar – e, de fato, encontram – dados diferentes, simplesmente porque os procuram de forma diferente. Por isso, devemos sempre admitir que o pensamento comanda os números, e não o contrário, o que exige, neste como nos demais casos, manter acesa uma visão crítica sobre eles. Um pouco mais cínico e direto, Churchill dizia: "Só devemos acreditar em estatísticas que nós mesmos fabricamos." (Curiosamente, o esforço dos racistas europeus para "demonstrar objetivamente" a inferioridade dos negros também se baseou na fabricação de estatísticas. A mais recente tentativa neste sentido foi o livro *The Bell Curve*, um grosso volume publicado nos Estados Unidos, cheio de números.)

Não estamos diante nem de provas irrefutáveis da "verdade" nem de manipulações geradoras de "mentira". Outros critérios, igualmente possíveis, gerariam outros subgrupos prejudicados na sociedade brasileira, sem relação com a questão racial. Nas regiões Norte e Nordeste (onde, excetuando-se Maranhão e Bahia, a presença negra não é muito significativa) estão os piores indicadores sociais do Brasil, que poderiam fazer a festa de quem quisesse falar de pobreza minimizando os problemas dos negros. Também poderíamos montar subgrupos fragilizados juntando dados, por exemplo, sobre moradores de municípios com menos de vinte mil habitantes, trabalhadores rurais sem terra, minifundistas de todo o país, desempregados e subempregados, idosos, migrantes, trabalhadores manuais de modo geral – e tantos outros grupos quantos a nossa imaginação conceber. Se o racismo fosse o motor da exclusão, apenas o recorte dado pela cor da pele geraria subgrupos desiguais, o que não acontece. A maioria de pobres no Sul é branca; no Centro-Oeste e no Norte, de ascendência indígena nítida e recente; na maior parte dos estados nordestinos, também de ascendência indígena, porém mais misturada; no Rio de Janeiro, na Bahia e no Maranhão é negra. Em todas as regiões encontramos todas as cores e, quase sempre, uma enorme mistura, que torna o critério da cor, além de indesejável, muito confuso.

A importância que meus interlocutores dão aos seus números contrasta com a forma imprecisa como os utilizam. Para Sueli, os negros são "45% da população do país" (o que é claramente absurdo); para Marco Frenette, eles "oscilam entre 35% e 45%", pois ele reconhece que tudo depende "da estatística e do critério da determinação de cor utilizados". Para Sueli,"65% dos pobres e 70% dos indigentes são pessoas negras"; para Samuel, entre as famílias com renda de até meio salário mínimo (onde estão, evidentemente, os pobres e indigentes),"30% são negras". Em seguida, o próprio Samuel passa a referir-se a "negros e pardos", como se isso não alterasse completamente o universo abrangido.

Samuel denuncia que "62% das crianças que trabalham são negras ou pardas", assim como "70% das pessoas mortas pela polícia". Assim, permite que afirmemos que são brancas 38% das crianças que trabalham e 30% das pessoas mortas pela polícia. Como a percentagem de populações brancas no Brasil é claramente inferior a esses números, poderíamos estar, como se vê, diante de uma evidência de discriminação... contra os brancos! Prefiro não adotar esta tese, pois sei que esse tipo de procedimento não é sério. Basta registrar o seguinte: pessoas que defendem as mesmas posições e usam as mesmas fontes apresentam números disparatados, incoerentes e algumas vezes ridículos, e pretendem, com eles, fechar o debate.

Sueli e Samuel agregam remissões ao processo histórico de formação de nossa sociedade. Com mais razão em alguns casos (como na importante questão da escravidão), com menos em outros, com nenhuma em outros mais, defendem a política de cotas lembrando a antiga exclusão social, cultural e política dos negros.

Mas, por que só dos negros, se essa exclusão é uma marca geral da nossa história e atinge a grande maioria dos brasileiros? Os povos indígenas, por exemplo, eram donos destas terras há milhares de anos e somavam pelo menos 6 milhões de indivíduos em 1500; hoje são 300 mil. Por que esquecê-los? Por causa da cor da pele? Quanto à restrição da participação política *dos negros* na República Velha, também citada por Sueli, basta lembrar que nessa época os brasileiros aptos a votar correspondiam a apenas 4% da população total; durante muito tempo o voto no Brasil foi censitário, associado a determinada renda; além de todos os pobres, também todas as mulheres estavam excluídas desse direito até a década de 1930, por força de lei. Quanto à "falta de qualquer política de integração social da massa escrava 'liberta'", é a mesma eterna falta de política de integração do povo brasileiro nos benefícios do desenvolvimento; no século XX, por exemplo, expulsamos do campo milhões de famílias, que, independentemente de sua cor, vieram (e continuam vindo) para as cidades também sem nenhuma compensação. Com exceção da escravidão, nenhuma das exclusões denunciadas por Sueli Carneiro voltou-se especificamente contra os negros.

Se as cotas forem só para negros, é inescapável admitir que estamos adotando um critério racial, embora todos aceitem que, no caso da espécie humana, raças não existem. Se as cotas forem estendidas a todos os subgrupos igualmente prejudicados – único desdobramento lógico e coerente da proposta –, pior a emenda do que o soneto. Pois, assim agindo, o Brasil decretaria sua própria extinção, passando a reconhecer-se como um ajuntamento de grupos subnacionais, que podem ser recortados quase até o infinito. Abandonaríamos o conceito de povo brasileiro. Deixaríamos de ser uma nação. Sem projeto coletivo, seríamos facilmente expulsos da história. Voltarei a isso adiante.

É claro que a questão da cor, como muitas outras, agrega especificidades que precisam ser conhecidas, debatidas e trabalhadas em qualquer tentativa de descrição histórica e sociológica do Brasil. Porém, o considerável esforço feito nesse sentido nos últimos anos – que tem contado com fontes de financiamento externas bastante generosas, oriundas especialmente dos Estados Unidos – tem gerado, o mais das vezes, uma sociologia maniqueísta apoiada em estatísticas de má qualidade. No lugar do sistema capitalista entram os "brancos"; no lugar da exploração do trabalho e das desigualdades sociais entra uma "índole racista"; no lugar da dependência externa fica o silêncio; no lugar de revolucionar a sociedade e as instituições pedem-se cotas raciais. Até a educação pública, universal e gratuita passa a ser considerada uma utopia inalcançável, sendo como tal, na prática, abandonada. Nenhum dos três artigos faz qualquer referência, direta ou indireta, às estruturas do capitalismo periférico e dependente, que são determinantes dos nossos grandes problemas (são essas estruturas, aliás, que explicam tanto a implantação como o prolongamento da escravidão em nosso passado).

Como pode esse pensamento apresentar-se como radical? A resposta é simples: pela construção de uma identidade reativa. Trata-se de um procedimento muito comum dentro da esquerda. Para nos diferenciar do mito do brasileiro pacífico e cordial, por exemplo, frequentemente inventamos o contramito do brasileiro violento e sanguinário; respondemos ao mito do Brasil Grande, caro ao regime militar, jogando fora o conceito de nação; o mito da ausência de racismo encontrou sua resposta no contramito de uma sociedade essencial e visceralmente racista. Constitui-se assim um olhar carregado de negatividade – pois as identidades reativas são, por definição, negativas. A negatividade, por sua vez, se apresenta como radicalidade.

Esse círculo de ferro interdita qualquer aproximação amorosa com o Brasil. Se elogiamos a mistura, somos hipócritas, pois, como diz Marco Frenette, estamos escondendo "emoções e sentimentos inconfessáveis"; se praticamos a convivência e nos misturamos de fato, ainda segundo Frenette, "é pela necessidade imposta pela vida miserável". Já ouvi muitas vezes que a separação entre brancos e negros nos Estados Unidos, muito mais nítida, mostra que lá as relações são mais honestas. Chegamos assim onde sempre nos leva o mundo dos pastiches ideológicos: o que é bom (neste caso, elogio e prática da mistura) é ruim (hipocrisia e necessidade), e o que é ruim (separação entre as pessoas) é bom (honestidade).

Dividir o Brasil em negros e brancos é um delírio, pois a grande maioria da nossa população não é uma coisa nem outra. Tratar brancos como privilegiados e opressores é um desrespeito a milhões de pessoas pobres e trabalhadoras. Negar o caráter essencialmente mestiço do nosso povo e da nossa cultura é uma cegueira. O povo brasileiro é o mais mestiço do mundo, constituído por uma infinita gradação de cores e tipos, sendo cada geração mais misturada que a anterior. Esta mestiçagem, além de constitutiva dos nossos corpos, está presente em nossa comida, nossa língua, nossas artes, nossas músicas e danças, nossas festas, nossas formas de religiosidade (inclusive a católica, de matriz ibérica mas cheia de sincretismo), nossa literatura, nossa identidade nacional, nossas maneiras de ver o mundo, nosso jeito de praticar esportes, nossas lendas e mitos. Tudo isso – afinal, o que temos de melhor – tem de ser esquecido, negado ou desmoralizado, pois as qualidades são o terreno da mistificação. O racismo foi provado com números, e os números não mentem jamais. Mestiçagem é apenas discurso. Negritude é fato.

Nenhuma das duas é discurso, nenhuma é fato. Estamos diante de duas *propostas* para o Brasil, feitas aliás em um momento decisivo de nossa história. Forças muito poderosas, internas e externas, atuam ativamente para desconstruir a ideia de povo brasileiro, tendo em vista consolidar a posição do Brasil como um espaço de fluxos para o capital internacional. Para escapar deste destino, ainda temos alguns trunfos: amplo espaço geográfico, recursos naturais abundantes, capacidade técnica, as indústrias que constituímos. Mas o trunfo decisivo, aquele que vai decidir nossa viabilidade ou inviabilidade histórica, é o grau de consciência que tivermos sobre a nossa identidade coletiva, a nossa especificidade e o nosso potencial humano. Pois isso é que nos permitirá afirmar que o Brasil tem sentido e pode ter um projeto, pelo qual vale a pena lutar.

Nesse contexto, é desastroso o ponto de vista explicitado no artigo de Samuel Aarão Reis. Aparecemos ali como um ajuntamento de alemães, poloneses, italianos e outros subgrupos expatriados, todos eles praticando aqui, lado a lado, suas culturas de origem, colocados na vizinhança de negros que desejam praticar sua cultura africana e são reprimidos. Não, Samuel, o Brasil não é isso. Aos trancos e barrancos, nós conseguimos fazer um povo novo (e estamos tentando fazer uma nação) a partir dos grupos humanos que o capitalismo mercantil encontrou neste território ou transplantou para cá para constituir uma empresa colonial – na origem, índios destribalizados, brancos deseuropeizados e negros desafricanizados, depois gente do mundo inteiro. Um povo filho da modernidade, como tal aberto ao futuro, ao outro e ao novo. Um povo que ainda está no começo de sua própria história, e cuja identidade – por sua gênese e sua trajetória – não pode basear-se em raça, religião, vocação imperial, ódio aos outros ou vontade de isolar-se. Um povo que tem na cultura – uma cultura de síntese – sua única razão de existir. Justamente por isso, esse povo pode ser portador de uma proposta civilizatória baseada na mundialização das gentes – pois o que é a mestiçagem, senão isso? –, em vez da globalização do capital.

O que confere sentido ao Brasil, cada vez mais, e o que torna necessário e bonito que lutemos por ele, é essa experiência huma-na de constituição de um povo novo, que aqui está em curso, incompleta e ameaçada. A escravidão é uma enorme mancha do passado, e ela criou facilidades para que também aqui apareces-sem o que chamei de elementos (ou traços, ou características, ou ideias) racistas, que não predominaram. Mas, paradoxalmente, o subproduto mais importante da escravidão do passado – a pre-sença de uma significativa população negra como um dos nossos elementos constituintes – é uma enorme dádiva para nosso presente e nosso futuro. Sem essa presença, o Brasil seria muito menos bonito, menos alegre, menos múltiplo, menos interessante, menos cheio de potenciais. Somos livres para decidir entre, de um lado, remoer as mazelas daquele passado e permanecer presos às categorias ideológicas que ele criou, sendo as "raças" a principal delas, ou, de outro lado, transformar em uma grande promessa de futuro o encontro humano que aqui ocorreu. Nosso povo, tal como existe, nos abre a possibilidade da segunda opção.

Há muito o que fazer. Ninguém deve ficar quietinho, como diz maldosamente a professora Sueli. O grande êxito de constituir um povo onde havia grupos desenraizados foi acompanhado, até aqui, do grande fracasso de não conseguir fazer com que esse povo assuma o comando de sua nação e quebre as estruturas que perpetuam a desigualdade interna e a dependência externa. Eis o desafio. Que é de todos. Nenhum tipo de racismo é bem-vindo.

5

"DIVERSIDADE" EM ALTA, DEMOCRACIA EM RISCO

Antonio Risério

A barbárie tem um certo encanto, especialmente quando vem trajada de virtude.

John Gray, *Missa Negra*.

O princípio organizador da práxis da esquerda marxista estava na propalada contradição antagônica entre burguesia e proletariado – ou, mais genericamente, entre quem detinha e quem não detinha a propriedade dos meios de produção. Já no caso da esquerda identitária, o princípio organizador é a *diversidade*, onde as classes sociais cederam o centro do palco a movimentos sociais não classistas e a critérios extraeconômicos de raça e sexo. Vejamos então mais de perto. Didaticamente.

A teoria social marxista era uma estrela de três pontas. Numa delas, conferia-se lugar central à estrutura econômica – ou "modo de produção" – na definição dos principais tipos de sociedade que se sucediam na história. O modo de produção, por sua vez, se constituía a partir de sua configuração tecnológica – as "forças produtivas" – e das "relações de produção" aí vigentes, onde se engajavam os proprietários dos meios ou instrumentos de produção e os que, na organização do processo produtivo, entravam apenas com a sua própria força ou capacidade de trabalho. Em outra ponta da estrela – e a partir dessa leitura mais ampla –, o marxismo nos oferecia uma chave explicativa para a mudança social. Ela aconteceria na convergência de dois processos. De uma parte, impulsionada pelo próprio avanço tecnológico. De outra, em decorrência do posicionamento das classes sociais diante desse desenvolvimento das forças produtivas, que desembocaria sempre na ascensão de uma nova classe social, em resposta ao fato de a velha classe dominante aferrar-se ao *statu quo ante*. Finalmente, na terceira ponta da estrela de sua teoria social, o marxismo trazia este mapa geral para a leitura do capitalismo moderno, visto como a fase derradeira da sociedade de classes, sob o signo da contradição antagônica entre burguesia e proletariado. Bem. Foi este tripé que a ideologia multicultural-identitária abandonou. Por um lado, no rastro ou como desdobramento unilateral e extremista do movimento da contracultura e do Maio de 1968, que deslocaram a ênfase do modo de produção para a "superestrutura", com a proliferação de movimentos sociais não classistas. Por outro, com a falência praticamente planetária do chamado "socialismo real", que desnorteou totalmente os marxistas, em consequência de uma inversão fundamental de sua doutrina. Afinal, o que o marxismo sempre defendeu, como dogma "científico", foi a tese da inevitabilidade da transição do capitalismo para o socialismo. E o que o mundo viu, com a desintegração da antiga União Soviética e a queda do Muro de Berlim, foi o contrário disso: uma transição, sim, mas às avessas – do socialismo de volta ao capitalismo.

No primeiro caso, o do deslocamento do olhar e da sensibilidade contestadores, que colocaram as dimensões social e cultural acima da dimensão econômica, num afastamento notável e por vezes irreversível do paradigma marxista, o cardápio apresentado caracterizou-se pelo colorido vário. A contestação aflorou e floresceu a partir de fontes e circunstâncias não raro muito distintas entre si, embora todas visando o mesmo alvo: o *establishment*, em seu cerne e em suas extensões, da usura capitalista ao militarismo, passando por opressões raciais e sexuais. Bem vistas as coisas, a poderosa maré transformadora dos *sixties* se configurou a partir de muitas faces e múltiplas dimensões. Em conjunto, representaram uma negação geral da ordem estabelecida no "mundo branco ocidental", sob o comando dos Estados Unidos, a grande potência imperialista. Algumas de suas posturas e perspectivas eram genéricas o suficiente para atravessar ou transcender classes sociais, faixas etárias, distinções de sexo, credos e cores. Como o pacifismo e um certo ambientalismo embrionário, por exemplo. A pessoa não precisava ser jovem, preta, mulher ou cristã para se contrapor à Guerra do Vietnã (quando, pela primeira vez na história da humanidade, que se saiba, um povo se mobilizou contra o seu próprio país no meio de uma guerra, o que é no mínimo um belo exemplo de *virtude ocidental*), combater a tecnolatria e o consumismo, recusar o "complexo industrial-militar", para lembrar o sintagma em voga na época. Do mesmo modo, a adesão a determinadas práticas, como o viver em comunidades; a incorporação de signos e sistemas extraocidentais de cultura, da ioga à macrobiótica e à dialética do *yin/yang*, passando por cultos mexicanos – uma abertura do Ocidente para outros mundos e sociedades, coisa hoje desprezada e combatida como "apropriação cultural"; a defesa e o uso de alucinógenos, as *consciousness-expanding drugs*; a busca de contatos com extraterrestres; etc., etc. Mas outras movimentações, embora contassem com os mais variados apoios exógenos, diziam respeito, mais diretamente, a grupos ou segmentos sociais específicos. Como a do Women's Liberation Front, com Betty Friedan, Germaine Greer e Gloria Steinen, feministas libertárias no contexto da "revolução sexual", infinitamente diferentes do atual neofeminismo puritano, com sua negação sistemática do desejo e seu discurso misândrico. Ou a dos agrupamentos negros, estendendo-se de ações mais amplas, como as da NAACP (National Association for the Advancement of Colored People – Associação Nacional para o Avanço da Pessoas de Cor), à disposição extremista dos militantes do Black Panther Party, com Bobby Seale vendendo o livrinho dos pensamentos de Mao Zedong no *campus* e outros querendo levar Ernesto Che Guevara para fazer comício em Nova York.

Era tanta coisa, que a única definição possível era falar da contracultura e do Maio de 1968 como espaços da manifestação do múltiplo e do diverso. E foi justamente por aí que veio a palavrinha mágica – *diversidade* –, que emergiu, tempos depois, como denominador comum do repertório contestador do final da década de 1960. Mas não mais como definição, sim como ideologia de desdobramentos inicialmente acadêmicos, coisas universitárias, dos transetês subversivos dos *sixties* (de fato, foi na passagem da rua para a sala de aula que também se deu a passagem da *new left* do SDS para a esquerda acadêmica e seu multicultural-identitarismo). Desenhou-se assim um novo campo magnético, com a diversidade no centro, como novo *axis mundi*, articulando e imantando conjuntamente, na esfera política, todo um leque ou elenco de manifestações e reivindicações. Sob o conceito (e, depois, dogma) da "diversidade", a multiplicidade, subitamente, ganhava unidade. Aqui, a partir da década de 1980, já não se tratava mais de reconhecer a existência da diversidade no mundo, mas de defendê-la programaticamente e de tratar de impor esta sua existência ao conjunto da sociedade e suas instituições, transformando-as radicalmente. Outra diferença com relação ao marxismo clássico ou tradicional: abandonou-se o mito da revolução, o projeto leninista de tomada do poder. Embora combatendo o mundo branco ocidental, mantinham-se todos dentro da tradição judaico-cristã, acreditando no advento "pós-apocalíptico" de um novo mundo. Mas já não se tratava de contar com uma revolução futura no horizonte – e sim de desencadear desde já uma guerra cotidiana sem tréguas, em tempo integral, 24 horas por dia, contra o Ocidente. Afinal, todas as posturas e reivindicações formadoras do eixo político da diversidade esbarrariam num inimigo comum – o "homem branco", e numa inimiga comum, a "civilização ocidental". Caminhamos assim para uma espécie cultural ou ideologicamente inusitada de "guerra civil" em banho-maria. Uma guerra hoje massivamente em curso. Aqui, como se vê, deu-se a incorporação radical do grande projeto ou fantasia contracultural – derrotar ou destruir a "civilização ocidental", que gerou a frase slogamática *Western Civilization Is Over*. Coisa que, de resto, levou Norman O. Brown, um dos gurus contraculturais, a celebrar um processo cruel, sanguinário mesmo, como o da Revolução Cultural dos maoístas chineses, dizendo que seu objetivo era afastar o comunismo da civilização. "O mundo civilizado olhou e não pôde acreditar em seus olhos", escreveu ele, como que maravilhado, no seu *Closing Time*. E tudo isso foi ecoar, duas décadas depois, no *campus* da Universidade de Stanford, durante uma visita do reverendo Jesse Jackson, com todos gritando:

Hey, hey, ho, ho
Western culture got to go

A estratégia, desde então, é tirar proveito máximo do "masoquismo ocidental", para lembrar a expressão cara ao filósofo Pascal

Bruckner, o autor de *La Tyrannie de la Pénitence. Essai sur le Masochisme Occidental*. Defende-se agora que a história do mundo ocidental não passa de um filme de terror. A história brasileira, inclusive. Quase tudo com base em falsificações, dualismos primários e ignorância, muita ignorância. Não me esqueço de um professor horrorizado me contando que uma sua aluna de mestrado o interrompeu em sala de aula para afirmar que, na Atenas clássica, uma pequena elite branca dominava e explorava a massa de escravos negros, quando qualquer pessoa um pouco menos desinformada sabe que nunca houve escravos negros ali. Assim como negros escravizavam negros na África, gregos escravizavam gregos na Hélade. Os descendentes de africanos, nos países democráticos do mundo, dão de ombros. São militantes, lixando-se para a exatidão histórica. Mas os ataques ao Ocidente acabam caindo sempre em solo altamente propício. Afinal, nada mais ocidental do que criticar de forma arrasadora o Ocidente. Nossos grandes pensadores sempre fizeram isso. Agora, é a vez de feministas iletradas, índios antropólogos e pretos sociólogos – todos ocidentalíssimos, embora fingindo que não, falando de "outras epistemologias" e repetindo que o Ocidente – o que eles consideram "Ocidente", na verdade, que é o mundo nórdico – mais não fez do que humilhar, escravizar, assassinar os outros povos, todos invariável e rigorosamente oprimidos. A história do Brasil se resume à chacina de índios, à opressão das mulheres e à tortura de negros, perpetradas por uma elite branca racista e patriarcal. Só. E agora as vítimas exigem sua indenização, compensação retrospectiva de vantagens perdidas. É a partir daí que se projeta a sonhada transformação político-social da sociedade e do mundo. Para chegar lá, no entanto, teremos de passar por um intervalo autoritário, que se responsabilizará pela submissão de todos aos dogmas sagrados do multicultural-identitarismo: é a velha conversa da "ditadura do proletariado" em nova roupagem, ditadura diversitária, com apoio da universidade, da mídia e de boa parte do empresariado. E o multicultural-identitarismo se revela mesmo como adversário direto e extremo da democracia liberal. É a "diversidade" que deve reger o mundo. E o princípio de instauração de sua regência está na estatística. Sim: é o quantitativismo norte-americano em cena, copiado agora em quase todas as quatro partes do planeta. Ou seja: entra em cena uma outra concepção de representação ou representatividade social. Rigorosamente numérica.

A conversa pode então ser resumida nos seguintes termos: se os pretos representam x% da população brasileira, então eles têm de ser x% nas cátedras universitárias, no Poder Judiciário, na produção cinematográfica, na mídia, no Congresso Nacional e assim por diante. Um princípio que eventualmente pode vir a ser irônico, mas será sempre revelador. Irônico, como no caso recente do Chile, que programou eleições para uma Assembleia Constituinte que deveria ser rigorosamente paritária, em matéria de gênero. As mulheres queriam evitar que homens controlassem a feitura da nova carta constitucional do país. Acontece que os resultados das urnas surpreenderam: as mulheres foram mais votadas do que os homens. Logo, para obedecer ao princípio paritário previamente acordado, mulheres se viram obrigadas a abrir mão de seus mandatos em favor de homens menos votados. E, aqui, o caráter revelador: a verdadeira soberania democrática teve de dar lugar a um democratismo estabelecido de antemão, com bases em cotas não raciais, mas sexuais – proporcionalidade parlamentar de paus e de bocetas. A regra básica da democracia ocidental – uma cabeça, um voto – foi arquivada, substituída por um modelo extraído, em última análise, do repertório mussolinista. Modelo que neste momento, no sentido da construção de um Estado multicultural-identitário, traz também, ao lado da divisão sexual, o critério de raça-e-cultura, designando uma fatia de cadeiras da futura Assembleia Constituinte chilena, acho que significando 18% do total do bolo, para os agora chamados "povos originários", isto é, os agrupamentos de imigrantes indígenas que vêm ocupando milenarmente o território daquele país. Ou seja: além de desviar o olhar da infra para a superestrutura, descolando-se claramente da teoria social marxista, o identitarismo dá as costas também à democracia liberal, com sua disposição representativa já secular, fundada no valor individual. De fato, não há como conciliar o sistema eleitoral direto de "uma cabeça, um voto" com um Congresso com áreas predeterminadas e com segmentos representacionais previamente loteados. Claro: se a ocupação do Congresso Nacional, de assembleias estaduais, etc., vai se pautar por um sistema de cotas, repartindo cadeiras em função de raça e sexo, o princípio democrático tradicional perde automaticamente a validade. E estamos nesse caminho no Brasil. O primeiro grande passo foi estabelecer o regime de cotas no âmbito inicial das candidaturas: cada partido ser obrigado a apresentar x% de candidatas mulheres ou de candidatos pretos, por exemplo. O passo seguinte, logicamente, e agora no rastro da experiência chilena, será fixar números de cadeiras por raça e sexo (muito provavelmente ousando-se, no futuro, definir uma percentagem para a presença obrigatória de veados no Senado ou na Câmara dos Deputados, quem sabe), tornando as casas legislativas receptáculos pré-compartimentados a serem preenchidos segundo a natureza e a extensão de seus cômodos. Sim: o Congresso se transformará numa casa de cômodos – alguns raciais, outros sexuais. E penso que uma nova eleição de Lula, neste 2022, irá desembocar forçosamente nisso. Na promulgação de separatrizes congressuais, de acordo com a base estatística de cada grupo social. Ou seja: a correção das desigualdades será supostamente resolvida pela imposição dos resultados. E aqui uma coisa me leva involuntariamente ao riso: para quem protelava ao máximo a iniciativa de qualquer reforma política, mesmo tímida, o que se anuncia no horizonte é uma tempestade e tanto. Infelizmente, para azar da democracia. Porque não teremos nada a ganhar, no sentido da superação do grande déficit democrático brasileiro (déficit em democracia social, democracia política e democracia cultural), com a adoção do fatiamento em cotas. Pelo contrário, a adoção do regime de cotas vai resultar, pura e simplesmente, em incremento demagógico, não em alargamento ou aprofundamento democrático real.

É o fantasma do Estado fascista retornando ao palco da história e da política. O corporativismo fascista se desdobrando no corporativismo identitário/diversitário. Com isso, para dar um exemplo bastante plausível, pode ocorrer o seguinte: uma sociedade votar em peso na social-democracia, mas, em consequência de um acordo censitário, ter de aceitar 50% de candidatos homens, que, em sua maioria, podem ser de centro-direita. Bem, isso não é democracia, é representacionismo estatístico – ditadura diversitária. Vejam bem. O corporativismo fascista costuma ser definido, em termos gerais, como um sistema de representação de classes e grupos de interesse, com o objetivo de transcender tanto o individualismo quanto a luta interclassista. A finalidade última seria consolidar instituições permanentes que abrigassem representantes das diversas classes, no caminho da realização da harmonia social. O identitarismo é uma retomada desse corporativismo fascista em novas bases, com os antigos agrupamentos profissionais do projeto de Benito Mussolini substituídos por segmentos raciais e sexuais, superando o individualismo da democracia liberal pelo grupocentrismo identitário. (Muito curiosamente, por sinal, o velho Gramsci, ao se referir ao projeto do sistema de representação corporativista do fascismo histórico mussolinista, emprega, por analogia a "mercado negro", a expressão "parlamentarismo negro") Outra adaptação: hoje, o corporativismo identitário não visa à criação de novas instituições, mas ao redimensionamento das atuais, através da partilha censitária dos organismos já existentes, com base não mais em critérios técnicos ou profissionais, mas, como disse, segundo cotas rácico-sexuais. A estatística reinará acima de tudo, como o grande princípio organizador do sistema político. Daí que o movimento negro queira inflacionar cada vez mais o "contingente negro" da população brasileira, enfiando os pardos nessa categoria, para depois excluí-los do rol de ocupantes de cadeiras legislativas, a partir do cancelamento de candidaturas mestiças em tribunais raciais, como os que hoje estão a vigorar na universidade brasileira. Em todo caso – embora a militância multicultural-identitária não esteja nada interessada em circunstâncias históricas e antropológicas concretas, mas em fantasiar uma memória artificial de cada povo e nação, com o propósito exclusivo de legitimar seu próprio projeto político –, cabe aqui uma breve comparação entre as realidades do Chile, do Canadá e do Brasil. O Canadá, historicamente, sempre foi um país dividido, rachado, inclusive, na dimensão linguística. Fala-se inglês em muitas partes, fala-se francês em outras, como em Montreal, por exemplo. Em seu *Dicionário do Século XXI*, Jacques Attali chegou mesmo a dizer que, se a região de Quebec obtivesse a sua independência, as províncias do oeste tenderiam a se unir aos Estados Unidos, com a implicação de que o Canadá, como tal, simplesmente deixaria de existir. Nenhuma surpresa, portanto, no fato de o Canadá ser, digamos, um país "pós-moderno". E que lá o multiculturalismo tenha se convertido em doutrina de Estado. A realidade histórico-antropológica do Chile, por sua vez, não tem qualquer parentesco com isso, nem com a brasileira. Vejam a distinção que Darcy Ribeiro faz, em *As Américas e a Civilização*, entre "povo-testemunho" e "povo-novo". Pode-se dizer o mesmo de alguns outros países americanos, como o Peru, onde a presença indígena é esmagadora. Ou o Equador, onde existe um forte partido indígena, o Movimento de Unidade Plurinacional Pachakutik, que, nas eleições do ano passado, levou uma mulher, a advogada Guadalupe Llori, ao posto de presidenta da Assembleia Nacional do Equador. O Brasil é outra coisa.

Darcy, no livro citado, distingue, segundo sua própria terminologia, entre povos-testemunho, povos-novos e povos-transplantados. É o tripé resultante de sua leitura (Darcy chega a falar de "povos-emergentes" com relação a novas nações africanas e asiáticas, mas aí a classificação tem pés de barro: não só se trata de noção meramente política, mas, também, antropologicamente superficial – e ele nem sequer se dá ao trabalho de expor mais densamente o tópico). Deixemos o próprio Darcy sintetizar. *Povos-Testemunho* "são constituídos pelos representantes modernos de velhas civilizações originais sobre as quais se abateu a expansão europeia. O segundo bloco, designado como *Povos-Novos,* é representado pelos povos americanos plasmados nos últimos séculos como um subproduto da expansão europeia pela fusão e aculturação de matrizes indígenas, negras e europeias. O terceiro – *Povos-Transplantados* – é integrado pelas nações constituídas pela implantação de populações europeias no ultramar com a preservação do perfil étnico, da língua e da cultura originais". Vejamos um pouco mais de perto. É verdade que, em escala planetária, a categoria "povos-testemunho" – aqueles que foram desmantelados ou sofreram poderoso choque com o avanço europeu pelo mundo – inclui a Índia, a China, o Japão, o Irã, etc. Nas Américas, que é o que interessa a Darcy, eles são representados pelo México, pela Guatemala e pelos povos do Altiplano Andino. Darcy: "Designamos como *Povos-Testemunho* as populações mexicanas, mesoamericanas e andinas, enquanto sobreviventes de antigas civilizações – asteca, maia e incaica – que desmoronaram ao impacto da expansão europeia".

Ok. Mesmo assim, querem arrastar o Brasil à força no caminho do multiculturalismo. Com todas as suas implicações políticas. Quando falo que, com uma vitória de Lula neste ano de 2022, nos acharemos nesse caminho da configuração de um Poder Legislativo multicultural-identitário e da redação de uma nova carta constitucional, colocando em letra de lei o fundamentalismo diversitário, me sinto levado a uma breve volta no tempo. O presidente Sarney não tinha consciência do que estava fazendo quando inaugurou, entre nós, a era dos pedidos de desculpa e das políticas compensatórias. Mas acho que também Fernando Henrique Cardoso e Lula da Silva não atentaram para a necessidade de medir as consequências de seus gestos de acolhimento e implantação oficial da ideologia multicultural-identitária. Fernando Henrique, acima de tudo, gostava de ser *up to date*, de acompanhar as últimas modas político-intelectuais em voga no mundo e teve seu pequeno *affaire* com o multicultural-identitarismo, na contramão de tudo o que ele escreveu sobre o Brasil – principalmente, em sua velhice, como vemos em seus textos sobre Gilberto Freyre. É um caso de irresponsabilidade intelectual e política. Lula e a cúpula machista do PT, por sua vez, estavam interessados obsessivamente em chegar ao poder. Não tinham qualquer interesse genuíno em discursos mulheris e minoritários. Acolheram as minorias, que eram "de esquerda", no partido, ampliando o arco de militância e apoio. Mas, como não tinham interesse genuíno no assunto, repito, limitaram-se a sacralizar esses discursos, antecipando bobagens do tipo "lugar de fala". No PT de então, pré-mensalão e pré-petrolão, as mulheres falavam pelas mulheres, os índios pelos índios, etc., etc. Dava-se voz a quem nunca teria tido voz – e o que as minorias falassem era sagrado. E Lula, como Bolsonaro, só pensa naquilo: no poder. Se for para chegar lá, aceita qualquer negócio. Inclusive, é claro, lotear o espaço político institucional, o que sempre fez, mas agora num fatiamento em cotas raciais e sexuais, a menos que eventuais e decisivos aliados seus, na direita e no centro, recusem a ideia do loteamento.

De qualquer sorte, amplia-se o tempo todo, e cada vez mais, o arco de ameaças à democracia representativa tradicional ou ao regime liberal-democrático. É claro que alguma discussão poderá ser enriquecedora. De minha parte, não vejo como ameaça a grande discussão que teremos de encarar na encruzilhada entre a democracia liberal e o neomandarinato meritocrático chinês, por exemplo, tal como exposta por Nicolas Berggruen e Nathan Gardels em *Governança Inteligente para o Século XXI: Uma Via Intermediária entre Ocidente e Oriente*. Neste livro, Berggruen e Gardels contrastam criticamente a "democracia de consumidores", em vigor nos Estados Unidos, e o sistema chinês, apontando virtudes e pecados de cada um. Mas se apressam a avisar, numa visão que nasce não do excludentismo ocidental, mas da dialética taoísta do *yin* e do *yang*: "Com base nessa abordagem oriental pragmática e não ideológica, interessa-nos o que podemos aprender uns com os outros. A questão não é se a ordem por meio de um mandarinato meritocrático, enraizado na antiga 'civilização institucional' chinesa, irá derrotar a democracia de moldes ocidentais ou vice-versa. A questão que se coloca é qual combinação de meritocracia e democracia, de autoridade e liberdade, de comunidade e de indivíduo, pode criar o corpo político mais saudável e a forma de governança mais inteligente para o século XXI". Mais: "Transferência de poder, participação e divisão da tomada de decisões são os elementos-chave da governança inteligente capazes de reconciliar uma democracia informada com uma meritocracia que presta contas. O entendimento do que seria esse equilíbrio adequado irá variar, uma vez que diferentes sistemas políticos têm diferentes pontos de partida. Cada sistema deve ser reiniciado com base nas configurações culturais do sistema operacional usado no momento. Enquanto a China, conforme sugerido pela sabedoria convencional, precisaria de mais envolvimento participativo e de um mandarinato meritocrático mais disposto a ter capacidade de prestar contas, a fim de alcançar um equilíbrio, os Estados Unidos precisariam de uma democracia mais despolitizada [*despartidarizada* – seria a expressão mais adequada], na qual a governança com vistas ao longo prazo e ao bem comum teria de ser isolada do populismo dos prazos curtos próprios dos sistemas eleitorais 'um homem, um voto'. Em resumo, a China precisaria afrouxar, enquanto os Estados Unidos precisariam endurecer".

Como fazer isso – é a questão. E é bom que a gente comece a pensar seriamente no assunto.

Pois é: a China – que, em vez de tomar o rumo do comunismo, rejeitou a pregação do antagonismo burguesia/proletariado e aparece hoje como uma sociedade de classes, com estratos bastante diferenciados entre si, da minoria dos muito ricos ao campesinato mais pobre, passando por uma classe média imensa, mais ou menos do tamanho da população do Japão – coloca um problema grande e sério em nosso caminho – e não devemos tentar contorná-lo. Em seu *When China Rules the World*, Martin Jacques sublinha que, em comparação com o Estado ocidental, o Estado chinês mantém uma relação muito diferente com a sociedade. "Desfruta de muito maior autoridade natural, legitimidade e respeito, muito embora nem um só voto tenha sido dado ao governo". A cultura política chinesa é de base milenar. Como diz Zhang Weiwei, em *The China Wave – Rise of a Civilizational State*, é inimaginável que a maioria dos chineses aceite um sistema democrático multipartidário, com uma troca de governo a cada quatro anos. "A democracia é um valor universal – o sistema democrático ocidental, não", escreve Weiwei. Roberto Mangabeira Unger concordaria: "Não há uma única e incontroversa interpretação do que a sociedade democrática é ou pode vir a ser. Deve-se permitir que os ideais democráticos se desenvolvam em direções diferentes e mesmo conflitantes, se for o caso. Na democracia, importam mais as diferenças que residem no futuro do que as que herdamos do passado. Na democracia, a profecia fala mais alto do que a memória". No entanto, ninguém pode afirmar categoricamente que a democracia ocidental não seja exportável, ou que, no extremo indesejável, seja impossível promover sua imposição armada a países extraocidentais. O Japão nega isso, enquanto modelo muito bem-sucedido de democracia imposta pelas armas, em seguida à Segunda Guerra Mundial. No rastro da retomada de Cabul pelos extremistas do Talibã, o fato foi devidamente negritado pelo politicólogo italiano Giovanni Sartori, no artigo *"La Democrazia È Esportabile (Non Sempre e Dovùnque)"*, publicado no *Corriere della Sera*, onde, entre outras coisas, observa: "... o caso do Japão demonstra mais e melhor que qualquer outro que a democracia não é necessariamente vinculada ao sistema de crenças e valores da civilização ocidental. Os japoneses continuam culturalmente japoneses, mas prezam, ao mesmo tempo, o método ocidental de governo". Talvez mais significativo ainda seja o caso da Índia, país que, com toda a sua heterogeneidade cultural, assimilou e adaptou tranquilamente o constitucionalismo britânico.

No polo oposto ao do multicultural-identitarismo, o pensador indiano Amartya Sen vai além, bem além disso. Em *Identity and Violence*, critica a insistência em compartimentar os povos do mundo em *boxes of civilizations*. É a grande ilusão da singularidade, diz. Evidente que povos e culturas têm suas especificidades. Mas são especificidades – e não irredutibilidades manifestando-se em configurações internamente uniformes e definitivamente segregadas. A visão que pretende fixar separatrizes insuperáveis entre civilizações não só dá as costas à história e passa ao largo da diversidade interna de cada complexo civilizacional, como fecha os olhos às múltiplas inter-relações existentes entre civilizações distintas entre si. Com essa obsessão multiculturalista por separar drasticamente as coisas, obscurecemos a história, falsificamos a realidade e cometemos erros primários. Sen argumenta exatamente com relação à democracia, que muitos teimam em definir como "uma ideia quintessencialmente ocidental e estranha ao mundo extraocidental". Parte-se aqui da falsa crença de que a tolerância e a liberdade são características próprias e intransferíveis do Ocidente. Em resposta, Sen observa que o pensamento de Platão e o de Tomás de Aquino não eram em nada menos autoritários do que o de Confúcio. E lembra que, na mesma época em que hereges eram atirados nas fogueiras da Inquisição, o imperador indiano Akbar, o Grande Mugal, pregava a tolerância religiosa, assentando que toda pessoa tinha o direito de seguir a religião que quisesse. Nessa batida, Sen vai acabar falando de *raízes planetárias* da democracia. Muito antes de ter qualquer impacto entre antigos povos nórdicos, ou no que é hoje a Inglaterra, a França ou a Alemanha, a experiência democrática pioneira da Grécia repercutiu em cidades asiáticas suas contemporâneas. Mais: a tradição do governar através do diálogo e da discussão pública é coisa encontrável historicamente em diversas partes do mundo. No caso do Japão, cita-se a regência do príncipe budista Shotoku, promulgando uma Constituição no século VII, como primeiro passo num caminho gradual para a democracia. Sen se refere ainda à ampla tolerância vigente na Península Ibérica sob domínio muçulmano, de que foi exemplo maior o Califado de Córdoba sob Abd al-Rahman III. O mundo ocidental não detém o monopólio da ideia democrática, finaliza o pensador: ao passo que as modernas formas institucionais da democracia são relativamente recentes em todos os lugares, a história da democracia, sob a forma de participação e discussão públicas, encontra-se disseminada no mundo.

Não só concordo como penso que esta é a postura político-cultural mais rica e produtiva. Mas retomemos o fio da meada, voltando ao atual caso chinês. Para Weiwei – que sistematicamente celebra o que há de positivo na China e fecha os olhos ao que há de negativo –, ideias e práticas políticas desenvolvidas e exercitadas pelos chineses ao longo do último milênio "são a mais importante fonte da percepção chinesa de legitimidade. O conceito chinês de legitimidade ganhou forma muito antes de os estados ocidentais modernos existirem. O discurso histórico chinês sobre a legitimidade de um regime se articula sobre dois conceitos-chave. Um é *minxin xiangbei* (um equivalente inglês aproximado seria 'conquistando ou perdendo os corações e mentes do povo') e o outro é *xuanxian renneng* (seleção de talentos baseada na meritocracia)". Weiwei adianta ainda que podemos aplicar ao Ocidente o conceito da meritocracia chinesa e questionar o conceito ocidental de legitimidade: sem uma legitimidade fundada na meritocracia, como um regime estaria qualificado para governar? E seu exemplo está na presidência de George W. Bush: oito anos de incompetência, com alto prejuízo para os Estados Unidos e outros países, em decorrência da grande crise financeira de 2008 e da guerra no Iraque. Com a meritocracia estaríamos, também nós, livres de um bestalhão furioso como Bolsonaro, hoje afundando o Brasil. "A China aprendeu muito com o Ocidente, no sentido da criação de um poderoso Estado moderno. Ao mesmo tempo, intencionalmente ou não, a China preserva muito de suas tradições políticas. Isto permitiu que a China estivesse hoje numa posição melhor para superar muitos desafios que o modelo ocidental está experimentando, como o populismo simplório, o curto-prazismo e o excesso de legalismo.

Com a passagem do tempo, a sabedoria política chinesa deverá ter um impacto sempre maior no resto do mundo". A alguma síntese espero que consigamos chegar, superando a inevitável combinação de populismo e imediatismo que está fundamente inscrita em nosso sistema político, especialmente num momento em que é absolutamente necessário levar o planeta a reduzir seus crimes ambientais e encarar a mudança climática, coisa em que a China (agora principiando a enquadrar politicamente sua revolução tecnológica e se imiscuindo em coisas mínimas, como a censura do "karaokê", banindo canções que celebrem a violência e a obscenidade, ou que ameacem a "unidade nacional"), aliás, não tem sido nada exemplar.

De outra parte, nossos multicultural-identitários deverão simplesmente se derreter diante do brilho planetário do sol chinês. Zhang Weiwei, que chegou a trabalhar como intérprete (idiomático) de Deng Xiaoping, resume: "O mundo está testemunhando uma onda de mudança de uma ordem mundial vertical, na qual o Ocidente se encontra acima do resto em riqueza e ideias, para uma ordem mais horizontal, na qual o resto – especialmente, a China – estará no mesmo patamar do Ocidente, em riqueza e ideias. É um deslocamento inédito da gravidade econômica e política na história da humanidade, que mudará o planeta para sempre". Tal horizontalização do poder planetário vai mudar tudo. E, com a realização dessa projeção (que não está distante, pelo contrário, já começa a acontecer), o multicultural-identitarismo vai se descobrir, súbito e por inteiro, como uma criação ideológica essencialmente ocidental, no sentido nórdico do termo. É por isso que evita o tema chinês. A projeção planetária da China vai explodir o núcleo mesmo de sua fantasia ideológica supostamente antiocidental. A turma vai ficar sem o macho branco como bode expiatório do mundo. Terá o macho amarelo, que não deve nada ao macho preto (nem agora, que vai tomando conta progressivamente de toda a África Negra, inclusive pela miscigenação/mestiçagem, com a proliferação de novos mulatinhos que trazem a prega asiática nos olhos). E com uma história milenar cheia de crimes e opressões (não nos esqueçamos de que a grande maioria dos chineses se diz *han*, mas existem mais de cinquenta grupos étnicos no país, incluindo os mongóis que descendem de Genghis Khan), que o identitarismo, se sobreviver ao derretimento, não irá julgar – pelo simples fato de que todos os seus argumentos e toda a sua artilharia nasceram para alvejar unicamente o "mundo branco", onde, acredita-se, cometeram-se, sem exceção, todos os pecados e todos os crimes do planeta. Tanto que hoje eles nada dizem sobre o cruel massacre dos muçulmanos uigures no país – e continuarão sem dizer nada amanhã, já que não há lugar para a opressão asiática em seu discurso. No final de julho do ano passado, por exemplo, mataram em Xinjiang a jovem cientista agrícola Mihriay Erkin, que retornara do Japão para sua terra natal. Mihriay era sobrinha do militante muçulmano Abdweli Ayup, que há algum tempo vive na Noruega. "As pessoas não estão apenas sofrendo lá [em Xinjiang, na China], não estão apenas sendo doutrinadas e torturadas, estão morrendo", disse Ayup ao *New York Times*. "E o governo chinês está usando esta morte, usando estas ameaças, para nos silenciar, para nos fazer perder a esperança". E os campos de detenção e internação continuam cheios. Para calar a boca de fugitivos e exilados como Ayup, a China joga pesado com membros de suas famílias, enfiando-os por anos na prisão, quando não os mata (no vale tudo chinês, mesmo homens heterossexuais são estuprados na prisão). É uma maneira escrota de punir quem conseguiu escapar do país e denuncia o genocídio à mídia internacional. Muitos se veem obrigados a escapar, por sinal, apenas por terem defendido um dia o uso da língua uigure. E seus parentes experimentam então prisões, tortura, fuzilamentos, abusos sexuais, esterilização compulsória. "Estamos todos sozinhos. Só temos o amor de Alá e nosso sorriso", disse Mihriay ao tio Ayup, quando este tentou dissuadi-la da ideia de voltar para a China. Mas ela voltou – e foi morta. Identitários não se manifestam sobre o genocídio uigure porque, na cabeça deles, só homens brancos podem ser criminosos.

Mas, voltando ao Brasil, voltemos à nossa conversa. As ameaças mais reais e imediatas à nossa democracia não vêm da China. São outras. Ameaças do populismo autoritário de direita (a que mais de perto e perigosamente nos tensiona agora, com o ex-capitão boçal reunindo milicos, milícias e evangélicos para o golpe que não se cansa de anunciar), ameaças do populismo autoritário de esquerda, que traz agora como novidade, em seu bojo, o projeto igualmente autoritário de uma suposta "democracia diversitária". (No Brasil, aliás, são os próprios partidos políticos, na disputa pelo poder, que paralisam a democracia.) E aqui teremos, inclusive, de nos dispor a uma conversa muito pouco usual, embora já frequente nas reflexões de alguns pensadores e analistas políticos. Trata-se de elucidar o que talvez seja mesmo o perigo maior: a radicalização da democracia pode levar à sua destruição. Temos, sim, de acender a luz sobre o potencial liberticida, o potencial autodestrutivo da democracia (acho curioso que pessoas se espantem com isso: se falamos do potencial autodestrutivo da humanidade, de que as armas nucleares são os produtos mais evidentes, por que não falar de uma coisa bem menos grave que é o potencial autodestrutivo da democracia?). De uma parte, porque podemos tomar o rumo de uma fragilização inédita das instituições sociais, como já vemos no caso do sistema educacional, e da negação absolutamente prematura da nação. De outra, porque a obsessão estatística do multicultural-identitarismo não deixa de descender, em linha direta, do sonho igualitarista da Revolução Francesa. É filha do sintagma do meio do tríptico revolucionário: *égalité*. Quer levar o ideal do século XVIII à perfeição, mas por um caminho que julgo totalmente equivocado, que é o do representacionismo estatístico. Seja como for, o dado real, na conjuntura que estamos atravessando, é que o Estado identitário começa a se desenhar, diante de nossos olhos, como uma subvariante ou variante nova da organização estatal corporativa herdada do fascismo italiano. Bem vistas as coisas, depois da maré do "politicamente correto", o representacionismo diversitário quer implantar, no campo da política, como disse, uma espécie de representacionismo estatístico. Uma ditadura censitária. Ou a ditadura do *demograficamente correto*.

6
UNIVERSIDADE, IDENTITARISMO E O ESPÍRITO DO NOSSO TEMPO

Fernando José Coscioni[1]

Uma verdadeira universidade não serve a propósitos políticos ou programas sociais, necessariamente partidários ou transitórios. Acima de tudo, ela rejeita a censura e o politicamente correto de qualquer tipo. O que nós conquistamos com o politicamente correto? As mentiras que estamos ensinando ou sendo obrigados a aceitar, as perguntas que não nos permitem levantar.

George Steiner, em conferência de 2013 intitulada "Universitas?".

A MUDANÇA NA CULTURA POLÍTICA DA UNIVERSIDADE

Existem inúmeros sinais de que, ao menos no mundo ocidental, a cultura política subjacente à organização das instituições de ensino superior passou por um processo de mudança bastante acelerado nos últimos anos. Valores basilares para a constituição da universidade moderna, como a liberdade de expressão, a liberdade de inquirição intelectual e o livre fluxo de controvérsias argumentativas, que formam a base de uma esfera pública e de um microcosmo acadêmico saudável, têm, cada vez mais, cedido espaço a demandas abstratas de "justiça social", a regulamentos de "equidade e diversidade" e a pautas que buscam a demolição dos pressupostos epistemológicos da ciência ocidental. Definitivamente, a universidade, instituição cultural que, historicamente, encarnou da maneira mais clara e efetiva os valores iluministas e liberais fundantes do mundo ocidental moderno, aos poucos vem dando sinais de estar se distanciando de seu propósito fundamental.

Estes sinais são bastante abundantes em muitas universidades do mundo rico, especialmente nos países anglo-saxões, que vêm dando os piores exemplos nesse quesito. Neste artigo, irei, em primeiro lugar, analisar alguns casos bastante significativos, tanto nos países de língua inglesa quanto no Brasil, que evidenciam com clareza essa mudança na cultura política da universidade. Após essa descrição analítica e comentada dos casos escolhidos, sistematizarei as implicações de maior alcance sobre a cultura política da universidade que eles revelam. A seguir, versarei sobre as raízes intelectuais e históricas das ideologias e filosofias que fundamentam os comportamentos autoritários observados nas universidades nos últimos anos, e, por fim, proporei, a partir da defesa da recuperação de um papel mais "tradicional" para a academia enquanto instituição social, uma visão alternativa a essa cultura política sectária.

TRÊS CASOS EMBLEMÁTICOS

No ano de 2017, em caso ocorrido no estado de Washington que ganhou repercussão no noticiário norte-americano, Bret Weinstein, professor de Biologia Evolutiva do Evergreen State College, entrou em conflito com militantes da causa racial que estudavam na instituição. Os ativistas raciais decidiram que a universidade deveria ter um dia "sem brancos", no qual nenhum membro caucasiano da comunidade acadêmica poderia ir à universidade. Weinstein recusou-se a cumprir essa "decisão", e, quando chegou ao *campus* no fatídico dia, protestos massivos de discentes tomaram conta da universidade. Após uma enorme confusão[2], que incluiu, entre outras situações absurdas, alunos ensandecidos com bastões de *baseball* nas mãos "patrulhando" o *campus*, um reitor completamente acuado e conivente com a postura ideológica extremista dos alunos, que, ao tentar discursar para controlar a situação, era hostilizado, e ameaças à integridade física do professor Weinstein, o docente e a sua esposa (que também lecionava na instituição) acabaram, mediante um acor-

---

[2] Que pode ser vista em uma série de vídeos no YouTube.

do feito com a universidade posteriormente, tendo que renunciar a seus postos de trabalho.

Em 2016, Jordan Peterson, então um desconhecido professor de Psicologia da Universidade de Toronto, no Canadá, postou no YouTube uma série de vídeos analisando criticamente a Lei C-16, que previa que, sob ameaça de punição legal, todos os canadenses deveriam usar determinados pronomes neutros inexistentes na língua inglesa quando fossem se referir a pessoas transgênero. Peterson entendia que a imposição de tais pronomes era uma ameaça à liberdade de expressão e alegou que não usaria esse tipo de palavra criada por ativistas pós-modernos radicais. A publicização das suas posições gerou uma onda de protestos na universidade em que o psicólogo trabalhava e uma enxurrada de críticas de militantes transexuais, professores e sindicalistas da educação, e, além disso, lhe rendeu reprimendas formais de burocratas do setor de recursos humanos da Universidade de Toronto, que o advertiram que a liberdade de expressão deveria subordinar-se à legislação de "direitos humanos" e que a sua recusa em usar as palavras recomendadas por lei poderia caracterizar "discriminação".

O caso Peterson atraiu atenção midiática mundial, e, desde então, colocou lenha na fogueira de uma encarniçada discussão nos países de língua inglesa sobre os limites da liberdade de expressão, a liberdade acadêmica na universidade e a ideologização excessiva do ensino superior, que contribuiu para transformar o psicólogo – que possui sólida formação, publicações científicas altamente reconhecidas pelos seus pares e é um grande especialista na obra de Carl Jung – em uma espécie de "celebridade" das guerras culturais que caracterizam o nosso tempo. Em várias ocasiões após o episódio envolvendo a Lei C-16, quando convidado para palestrar, Peterson foi interrompido e hostilizado por estudantes ativistas; em um dos casos, ocorrido em fevereiro de 2017, poucos meses após a polêmica envolvendo os pronomes neutros, ativistas dispararam o alarme de incêndio do teatro onde a fala de Peterson ocorreria com vistas a impedi-lo de expor as suas ideias.

Em 2018, três acadêmicos, Helen Pluckrose, James Lindsay e Peter Boghossian, especialistas, respectivamente, nas áreas de

Literatura Inglesa, Matemática e Filosofia, cansados do viés descontrolado e dos baixos padrões intelectuais que predominam em algumas áreas de pesquisa na universidade, resolveram, como uma forma de "pegadinha", escrever 20 artigos absurdos e completamente antiéticos, mas que estivessem de acordo com o jargão dominante em certas áreas das humanidades, especialmente os "estudos culturais" e os "estudos de gênero", e os enviaram para revistas prestigiosas dessas áreas[3]. Dentre os 20 artigos do notório experimento que ficou conhecido como "hoax studies", sete foram aceitos. Um dos artigos, aceito por uma prestigiosa revista, falava sobre a "cultura do estupro" entre os cachorros (sim, é isso mesmo!) que frequentavam um parque na cidade de Portland (EUA); em outro deles, que consiste na emulação de um manifesto de luta em favor do "feminismo de solidariedade" como uma "resposta interseccional" aos "neoliberais", existe, nos últimos dois terços do texto, uma versão reescrita, com alterações pontuais, de 3.600 palavras presentes em um dos capítulos de *Mein Kampf*, de Adolf Hitler, em que o ditador nazista elabora um plano no qual justifica o porquê de seu partido ser necessário e o que ele requer de seus membros; e, em outro dos artigos absurdos aceitos para publicação, os autores criaram uma argumentação para sustentar que homens que praticam masturbação anal com brinquedos sexuais tenderiam a ser menos "homofóbicos" e "transfóbicos".

    O objetivo dos autores com esse experimento foi demonstrar o nível de corrupção intelectual e a baixíssima qualidade de muito do que se considera, contemporaneamente, pesquisa acadêmica "séria" em certas áreas das humanidades. No entanto, mesmo que tenha tido êxito em seu objetivo fundamental, esse caso teve consequências bastante sérias para Peter Boghossian, que, até 2021, era professor de Filosofia da Universidade Estadual de Portland, nos EUA. Em carta de demissão da instituição datada de setembro daquele ano, e tornada pública pelo site da jornalista Bari Weiss[4],

---

[3] "Duped academic journal publishes rewrite of 'Mein Kampf' as feminist manifesto". *The Times of Israel*, 5/10/2018.
[4] Peter Boghossian. My University Sacrificed Ideas for Ideology. So Today I Quit.

o filósofo relata todo o calvário persecutório que passou na instituição em que lecionava antes de tomar a decisão.

Na carta, o intelectual lembra que, em 2017, quando, num "ensaio" preliminar do experimento que realizaria posteriormente com Pluckrose e Lindsay, ele publicou, na revista *Cogent Social Sciences*, o artigo intitulado "The Conceptual Penis as a Social Construct", no qual, intencionalmente, defendia a hipótese absurda de que os pênis eram "produtos da mente humana e responsáveis pelo aquecimento global", para, posteriormente, tornar pública a sua motivação de denunciar a má qualidade de algumas linhas de pesquisa como o *leitmotiv* de sua "pegadinha", logo a seguir começaram a aparecer nos banheiros da universidade e na porta do seu escritório suásticas com o seu nome, que, no caso da sua sala de trabalho, chegaram até a estar acompanhadas de malas com fezes. Mesmo diante dessa coação, relata Boghossian, a universidade nada fez. Em março de 2018, o filósofo também conta que, enquanto estava tendo uma discussão pública com a escritora Christina Hoff Sommers e com os biólogos Bret Weinstein e Heather Heying, um professor vitalício da universidade apareceu para interromper o evento; no mesmo ano, em junho, alguém disparou o alarme de incêndio enquanto ele conversava com o crítico de arte Carl Benjamin, e, em outubro também de 2018, um ativista puxou os cabos do alto-falante para impedir a realização de um painel do qual participaria o ex-engenheiro do Google James Damore, além, é claro, de situações mais extremas, quando como, por exemplo, Boghossian sofreu cuspidas e ameaças de alunos ao caminhar dentro da universidade para ir dar aula. Nenhum desses comportamentos, de acordo com o filósofo, foi punido ou disciplinado pela instituição.

O QUE ESSES CASOS REVELAM SOBRE A CULTURA POLÍTICA DA UNIVERSIDADE?

Esses três casos, escolhidos aqui por sua capacidade de alcance geral para ilustrar problemas maiores que têm marcado a cultura política "da universidade ocidental nos últimos anos, evidenciam, respectivamente, três comportamentos e crenças que, infelizmente, têm sido muito presentes no cotidiano universitário contemporâneo:

1) Uma sociabilidade marcada pela busca do "bode expiatório" e pela sua correspondente agressividade politicamente motivada. O objeto de "expiação" é sempre entendido como o suposto "responsável" por todos os "males sociais" e "opressões"; esse objeto pode ser um grupo étnico-racial (os brancos; no caso, Weinstein é caucasiano, e, portanto, segundo a lógica dos ativistas, não poderia estar na universidade no dia em que eles determinaram; certamente aqui existe uma similaridade com a forma, por exemplo, com que os nazistas enxergavam os judeus como o "bode expiatório" a ser extirpado da sociedade alemã), um grupo de gênero (homens "cis") e/ou de orientação sexual (os heterossexuais). Sempre que existe um grupo que é o "bode expiatório", invariavelmente, ele é definido por oposição a um grupo que seria a encarnação da "emancipação humana" na face da Terra, seja ele composto por homossexuais, mulheres, negros, imigrantes, etc. Tudo funciona numa lógica binária, segundo a qual apenas aqueles indivíduos percebidos como portadores de "marcadores sociais" de "opressor" (homens, brancos e heterossexuais) são vistos como ameaças "autoritárias" a serem neutralizadas pela prática cotidiana "emancipatória" dos "oprimidos". Quando os alunos pertencentes às "minorias" raciais e sexuais ameaçavam os divergentes com bastões de *baseball* no protesto no Evergreen State College, certamente eles estavam convencidos de que praticavam uma espécie de "violência emancipatória".
2) A crença de que os sentimentos das pessoas importam mais que a liberdade de expressão da comunidade universitária, que é evidenciada pela reação irascível da Universidade de Toronto e de parte de seus estudantes às posições de Jordan Peterson. É evidente que o objetivo último de qualquer discussão intelectual não deve ser ofender as pessoas. No entanto, é impossível estabelecer qualquer fluxo de argumentos mais livre para que se tenha uma discussão de qualidade sobre temas altamente controversos (como são muitos dos temas das ciências humanas) sem que se corra o risco (totalmente necessário e justificado) de que certas ideias cau-

sem desconforto em determinados indivíduos. Será que, por exemplo, devemos impedir pessoas de exporem argumentos contrários às cotas raciais apenas por que tais argumentos podem soar "ofensivos" para ativistas racialistas de esquerda? O medo de ofender é um péssimo princípio de método para quem quer, de forma honesta, conhecer todas as nuances argumentativas possíveis a partir das quais uma questão controversa pode ser abordada. Dessa heterogeneidade argumentativa e pluralidade levada às últimas consequências é que depende a busca da verdade e a vitalidade da vida acadêmica. Logo, a defesa dos sentimentos dos "ofendidos" é o caminho para a morte da universidade.

3) A hostilização física e verbal a Boghossian revela que determinados grupos de ativistas que infestaram o ambiente universitário nos últimos anos são movidos por uma psicologia de "pureza" que busca proteger espaços tidos como "sagrados", e que, portanto, não podem ser "violados" pela presença "impura" de pessoas e ideias consideradas polêmicas e inaceitáveis. Dessa obsessão com a pureza é que vem também a ideia dos "safe spaces", que são espaços onde a divergência intelectual é banida de forma truculenta sob o pretexto da necessidade de preservar o "bem-estar" dos estudantes[5]. A fragilidade intelectual se alimenta do excesso de sensibilidade moral.

---

[5] O psicólogo Jonathan Haidt, um importante estudioso dos problemas morais ensejados pela polarização política contemporânea e seus impactos sobre a cultura do *campus*, em instigante conversa com Jordan Peterson no YouTube <https://www.youtube.com/watch?v=4IBegL_V6AA>, gravada em 2017, ao utilizar como exemplo os casos de estudantes que impedem palestrantes considerados "polêmicos" de realizar conferências em universidades, associa tal postura à psicologia de santidade envolvida nas religiões organizadas e, com base em suas pesquisas sobre a formação dos sentimentos de "nojo", estabelece uma relação entre tais sentimentos e a aversão à divergência ideológica que emerge em situações de polarização política mais intensa. De fato, se levarmos às últimas consequências as constatações de Haidt, poderemos concluir que muito do comportamento dos ativistas políticos contemporâneos que têm tumultuado o ambiente universitário se explica por mecanismos morais decorrentes de sentimentos típicos de religiões organizadas.

Refinando em termos mais sintéticos, proponho, então, que esses três casos servem como portas de entrada específicas para elucidar algumas das características fundamentais que, na última década, se tornaram muito presentes na cultura política da universidade: a) o imaginário político binário baseado em "mocinhos" e "vilões" (que poderíamos chamar de "ética política binária"), que está escorado na cartilha semiletrada da "interseccionalidade" e que postula que cada indivíduo, a depender dos seus "marcadores sociais" de gênero, raça e orientação sexual, pode estar mais para o lado "opressor" ou mais para o lado "oprimido" em seu espectro de posicionamento na "estrutura social"; b) o ódio à liberdade de expressão (que poderíamos chamar, ironicamente, de "censura do bem"), valor que, ao invés de ser defendido como o substrato cultural último para a vitalidade da vida acadêmica, é tido como um instrumento dos "dominantes" para silenciar os "dominados"; c) a obsessão com a manutenção "higiênica" de um ambiente universitário "impoluto", no qual, em nome da "segurança" dos "subalternizados", ideias e pessoas são banidas (que poderíamos chamar de "banimento preventivo").

UM COMENTÁRIO SOBRE A UNIVERSIDADE BRASILEIRA

Em janeiro de 2021, um texto assinado com o pseudônimo de Benamê Kamu Almudras, na revista *Piauí*, intitulado "Parece revolução, mas é só neoliberalismo[6]", desfrutou de razoável repercussão na bolha acadêmica tupiniquim. O escrito apresentava uma série de queixas sobre o comportamento dos jovens universitários e descrevia um caso, ocorrido em uma grande universidade pública paulista, no qual os discentes resolveram iniciar um motim contra um docente de pós-graduação em protesto contra a carga de leitura da disciplina que o mesmo ministrava. Segundo o autor do texto, o docente que lhe relatou a história, disse que os alunos tinham, como tarefa obrigatória, "que ler e debater semanalmente

---

[6] "Parece revolução, mas é só neoliberalismo". Benamê Kamu Almudras, *Piauí*, edição 172, janeiro de 2021.

apenas dois ou três projetos de colegas, cada um com vinte páginas no máximo". O professor, conta Benamê, perguntou se os alunos tinham alguma sugestão para resolver o problema. Os discentes então sugeriram "que cada um escolhesse por conta própria os projetos que quisesse ler e os colegas com quem discutir, formando pequenos grupos auto-organizados".

O docente, contudo, após refletir e escutar de um aluno que o objetivo do levante era "romper hierarquias e questionar o seu poder", decidiu manter a dinâmica inicial com as tarefas do curso, contrariando assim o motim dos estudantes. Vários discentes lhe enviaram *e-mails* de protesto, qualificando a sua decisão como "autoritária" e reivindicando que a sua demanda fosse atendida, além de dizer que estavam lutando pela "democratização da universidade" e contra as "estruturas de poder". Na aula seguinte, o professor explicou aos alunos a pouca razoabilidade das demandas que faziam, ressaltou, segundo Benamê, "a importância da leitura e do diálogo intelectual na formação de cada um", e resolveu tornar opcional a participação no restante do semestre. Para sua surpresa, ninguém deixou a turma, e os participantes do motim (por volta de um terço da turma) acabaram se desculpando pelo ocorrido.

Esse caso narrado por Benamê sem expor os nomes dos envolvidos não tem nada de anedótico. Ele evidencia aspectos decisivos da cultura política universitária contemporânea. Em primeiro lugar, sinaliza a obsessão neofoucaultiana com os "micropoderes" que leva a uma demonização de qualquer relação hierárquica e institucionalmente mediada; em segundo lugar, evidencia a permissividade que vem solapando as relações pedagógicas no microcosmo universitário, que, cada vez mais, forma jovens com uma cultura política – em muitos casos transmitida pelos próprios professores – que os leva a crer que têm o direito de questionar tudo e de colocar o que bem entendem em xeque.

O mais triste no texto de Benamê, contudo, não é o relato da situação patética provocada pela indolência intelectual politicamente justificada dos estudantes, mas sim o fato de que o autor do escrito consegue a proeza de atribuir a atitude dos alunos ao que chama de "neoliberalismo". Basicamente, o autor acredita que a agressividade e a insolência com que muitos alunos tratam os seus professores são frutos de uma espécie de "ética individualizante" e do "espírito do consumismo", que seriam, em sua leitura, característicos do "neoliberalismo" como "forma cultural", e que os levaria a ver os diplomas e titulações acadêmicas como meras mercadorias e os professores como meros prestadores de serviços ao gosto do cliente.

Benamê, em nenhum momento, consegue enxergar o óbvio: a explicação principal para a existência sistemática dessas situações de atrito nas relações pedagógicas no ambiente universitário brasileiro está, na realidade, na própria cultura política dominante na academia, que, desde o início da graduação, proporciona a socialização dos jovens em uma ideologia de extrema esquerda que politiza excessivamente todas as relações pessoais, incluindo, evidentemente, as relações de hierarquia (como é a relação professor-aluno), relativiza todos os poderes e formas de autoridade como "injustos", e que tende a ver no papel da universidade muito mais uma função de promoção da "justiça social" do que de produção de conhecimento a partir de mecanismos e incentivos meritocráticos impessoais que premiem aqueles mais competentes, originais e disciplinados. Qualquer desigualdade, seja ela de dedicação, de domínio dos referenciais intelectuais ou de capacidade para realizar boas pesquisas, é vista como "ilegítima".

Demonstrando claramente a sua incompreensão do que está acontecendo, o autor diz que: "[...] a identificação do professor com o opressor e as revoltas contra docentes fazem com que se gaste tempo e energia atacando pessoas que, na maior parte das vezes, são aliadas dos alunos e lutam pelas mesmas bandeiras que eles, a começar pela defesa de uma universidade pública mais justa, inclusiva e democrática". O trecho em questão, além de deixar claro que Benamê, apesar das situações desagradáveis que deplora, participa do mesmo sistema de crenças e valores políticos dos estudantes que iniciaram o motim (embora expresse tal adesão em uma linguagem mais universalista e própria a uma esquerda democrática), também sugere que ele quer salvar, a qualquer custo, a sua visão de mundo progressista, eliminando, para isso, os desconfortos e conflitos que ela, por sua natureza intrínseca de ver tudo de maneira maniqueísta ("opressores" x "oprimidos"), provoca nas relações do cotidiano acadêmico entre docentes e alunos. É uma espécie de "Síndrome de Estocolmo" político-ideológica. E esse trecho citado é pior ainda sob outro ponto de vista: ele nos leva a concluir que atacar de forma discricionária aqueles professores que não "lutam pelas mesmas bandeiras que eles" (os alunos) está totalmente autorizado, pois, o que fica subentendido é que o autor pensou algo do tipo: "como é que vocês alunos, que querem 'um mundo melhor', podem atacar um progressista imaculado como eu?".

A substância ideológica fundamental que explica a deterioração dos padrões acadêmicos e das relações pedagógicas que caracterizam certas áreas da universidade pública brasileira permanece intocada por Benamê e é inteiramente absolvida a partir do recurso ao "argumento-espantalho" de que tais comportamentos do corpo discente se explicariam por uma suposta "forma cultural" do "neoliberalismo". É sempre mais confortável colocar a culpa no lado oposto do espectro político quando não se consegue lidar com o entulho ideológico que o seu próprio campo político de afinidade gerou. O texto de Benamê é um triste exemplo disso.

Um outro caso sintomático do tipo de cultura política que é bastante presente nas universidades brasileiras aconteceu quando, no ano de 2020, a socióloga Rosana Pinheiro-Machado ofereceu, em seu canal no YouTube, um "Curso de Escrita Acadêmica", em uma série de vídeos nos quais conversava com pesquisadores da área de humanidades que buscavam, em cada um dos episódios, explicar e discutir não apenas aspectos da escrita acadêmica que, normalmente, os discentes têm dificuldade para compreender, mas também fornecer orientação sobre aspectos mais gerais da vida universitária, como a gestão da rotina de estudos, as formas de elaboração de projetos de pesquisa, os tipos de gêneros textuais existentes, a questão da originalidade, entre outros elementos.

Na *live* de abertura[7], Rosana conversou com a antropóloga Débora Diniz. O teor da conversa concentrou-se na questão do

---

[7] O vídeo pode ser acessado em: <https://www.youtube.com/watch?v=UAzzxvxuF9g> .

poder na universidade e foi bastante direcionado pelas perguntas que os estudantes com problemas de escrita faziam para as duas pesquisadoras. Havia uma grande quantidade de estudantes que relatavam enormes dificuldades com a elaboração de textos acadêmicos, e então, num determinado momento, Rosana trouxe para a discussão um comentário que recebeu de uma estudante que alegava estar com muita dificuldade de escrita para conseguir concluir o seu trabalho final de graduação, e que ficou muito abalada porque o seu orientador disse que ela não tinha uma escrita acadêmica "legítima".

Débora, que era a convidada da *live* de abertura do curso, ao comentar a queixa da estudante, estimulou, em sua resposta, de forma surpreendente para quem não é familiarizado com o *ethos* político do intelectual de humanas brasileiro "médio", os alunos que têm problemas acadêmicos a se juntarem e a enfrentarem coletivamente os professores que não legitimam o seu desempenho de escrita. E ela soltou, em determinado momento da resposta, a seguinte frase: "não há escrita legítima, a escrita é legitimada por regimes de classe, regimes de cor, regimes de senioridade na vida acadêmica". Em nenhum momento passou pela cabeça da antropóloga que, talvez, a escrita da estudante, infelizmente, fosse inadequada e não preenchesse os requisitos mínimos necessários para um trabalho acadêmico. Toda a retórica da resposta de Débora é elaborada no sentido de não discutir as eventuais deficiências de formação da aluna e de "desconstruir" os requisitos da escrita acadêmica com vistas a reduzi-los a meras formas de "dominação" e de "hegemonia" que, frequentemente, seriam mais intensas em departamentos universitários que têm muitos "homens brancos" (expressão dela).

Esse desenrolar da conversa escancarou como a sanha populista de acreditar que todos têm condições de seguir trajetória intelectual – que foi, aliás, intensificada nas gestões petistas – rebaixou os padrões intelectuais da universidade pública brasileira (mais em algumas áreas e menos em outras) e promoveu a proliferação de discursos que visam justificar, com a retórica igualitarista de que "todo mundo pode ser incluído", a adaptação da academia a estudantes que, em muitos casos, não têm os requisitos mínimos para estar numa boa universidade porque carregam falhas estruturais de formação trazidas do ensino básico.

Ao que parece, pesquisadoras com capital simbólico significativo e extensos currículos, como Débora e Rosana, concebem a universidade pública como uma espécie de "comunidade terapêutica" que deve se curvar a todas as dificuldades acadêmicas dos estudantes, colocando, assim, os padrões intelectuais de excelência em segundo plano. Elas entendem que a função da academia não é a de fomentar uma sociabilidade e um ensino que levem à produção de um conhecimento de ponta amparado em padrões intelectuais elevados, mas sim a de criar uma espécie de ambiente paternalista, no qual todos, inclusive aqueles que não têm a menor vocação para a vida espiritual, são aceitos sem serem contrariados nem exigidos.

A crítica feita aqui às duas cientistas sociais não tem como objetivo rechaçar qualquer tipo de política inclusiva. É fundamental, sem dúvida, que as nossas universidades públicas absorvam os estudantes mais preparados egressos da rede pública. Mas defender essa posição razoável é muito diferente de acreditar, de forma "populista", coletivista e irresponsável, que todos têm condições de atender aos padrões acadêmicos exigidos por uma instituição pública de qualidade. A onipresença lastimável do analfabetismo funcional e as dificuldades de escrita de textos de complexidade elementar na norma culta da língua entre estudantes universitários do ensino superior público, que podem ser facilmente constatadas por qualquer um que já trabalhou na área, são fatos amplamente conhecidos.

A relativização das relações de autoridade, a desconstrução dos parâmetros acadêmicos de escrita, que são vistos como instrumentos de "poder", e a chancela da reclamação vitimizadora dos discentes caminham conjuntamente com um caldo político-ideológico mais amplo que tende a ver discursos, instituições, práticas, costumes, padrões de relações sociais e convenções culturais como formas de "dominação" e como "regimes de verdade" (para falar no bastante popular jargão de Foucault) a serem demolidos para que a emancipação dos "subalternizados" – que, supostamente, estaria sendo impedida pelas "estruturas de poder" internas ao funcionamento da universidade – possa se concretizar. A defesa do solapamento dos padrões acadêmicos para a inclusão dos discentes "oprimidos" pelos cânones impostos da "escrita legítima" é uma derivação dessas posições político-ideológicas mais amplas. É a consequência localizada de um sistema de crenças pós-modernas totalizante, que visa demolir cada aspecto da realidade que estaria, segundo essa lógica paranoica, a serviço da "dominação".

É como se o relato dos problemas pedagógicos do ensino superior público brasileiro que aparece no texto da revista *Piauí* encontrasse, na aula introdutória do "Curso de Escrita Acadêmica" aqui descrita, a racionalização teórico-política que justificaria a agressividade da conduta insolente de muitos alunos – quase todos simpatizantes de ideias progressistas pós-modernas – criticada por Benamê. O mais interessante é notar que tanto o autor que rechaça a conduta de afrontamento aos docentes praticada sistematicamente pelos alunos quanto as protagonistas do curso em questão têm afinidades exatamente com o mesmo espectro ideológico. Logo, é no mínimo curioso que Benamê tente se esquivar da responsabilidade que o seu espectro ideológico de afinidade – no caso, o campo progressista – tem nessa situação bastante delicada na qual se encontram os padrões acadêmicos e as relações de autoridade na universidade pública brasileira. Se é verdade que existem muitos progressistas que concordam com as críticas aqui feitas e não simpatizam nem com a tentativa de "jogar a sujeira para debaixo do tapete" colocando a culpa no "neoliberalismo" nem com o "desconstrucionismo" destrutivo da "sociologia da dominação" meio informal esboçada na aula de Rosana e Débora, também é verdade que essa situação alarmante, que, sem dúvida, é mais grave em algumas áreas das ciências humanas do que nas ciências "duras", é indissociável das crenças ideológicas equivocadas que se entranharam no sistema público de ensino superior brasileiro nos últimos anos.

RAÍZES INTELECTUAIS E HISTÓRICAS DO PROBLEMA

O sociólogo canadense Mathieu Bock-Côté, em seu livro *O Multiculturalismo como Religião Política*[8], obra essencial para compreender a mutação do contrato social promovida pela consolidação, no espaço público do Ocidente contemporâneo, das chamadas pautas "diversitárias", situa as origens da atmosfera ideológica atual no que chama de "falência da sociologia proletarista"[9]. A crise das esquerdas "históricas" – forjadas na segunda metade do século XIX e herdeiras do imaginário e das ideias políticas da Revolução Russa – que ganha força a partir dos anos 1950 e 1960, em decorrência do desencantamento com a barbárie totalitária da experiência soviética, é o ponto de partida fundamental do raciocínio de Bock-Côté para entender o processo de formação desse novo regime político "diversitário".

A reinvenção do utopismo após a crise do socialismo é o contexto histórico fundamental de engendramento do atual estado de coisas para o sociólogo. O autor lembra, seguindo a trilha de intelectuais como Raymond Aron, que o marxismo funcionou, até aproximadamente os anos 1960, "nos moldes de uma autêntica verdade revelada" que forneceria os fundamentos para a superação da "alienação humana". O "utopismo", segundo ele, "se caracteriza pela convicção de que uma utopia não deve apenas servir de ideal regulador da democracia, mas pode encarnar-se de maneira inteira e plena na vida social", e pressupõe que "uma sociedade livre do mal é possível, se nós a desejarmos verdadeiramente"[10]. Nos anos 1950 e 1960, com o que Bock-Côté denomina de "pane teórica" do marxismo tradicional, a prática política e o imaginário das esquerdas ocidentais passam a buscar "examinar as novas formas da exclusão social", migrando, portanto, da crítica materialista à exploração do proletariado no capitalismo à crítica da cultura, dos valores, das instituições e dos costumes da civilização ocidental. A onda contestatória dos *radical sixties*, que atinge o seu ponto crítico

---
[8] Bock-Côté, M. *O Multiculturalismo como Religião Política*. São Paulo: É Realizações, 2019.
[9] Bock-Côté, 2019, p. 67.
[10] Bock-Côté, 2019, p. 15.

e culminante com a emergência da contracultura e os protestos do Maio de 1968, marca, para o autor, "a passagem de uma esquerda a outra"[11].

O "Outro", seja ele uma "minoria" de gênero, raça, orientação sexual ou origem geográfica, passa a ser, nas palavras incisivas de Bock-Côté, "a figura regeneradora a partir da qual a civilização ocidental deve ser reinventada", e desencadeia, então, de acordo com o canadense, uma "linguagem da 'diversidade'" que "virá a se impor gradualmente"[12], estruturando assim, como um valor político dominante, o princípio de legitimidade do espaço público nas democracias ocidentais e provocando uma verdadeira mutação do contrato social. A democracia liberal contemporânea é, na leitura do sociólogo, uma espécie de "novo" regime no qual a "diversidade", isto é, o culto moral das "minorias" – que são concebidas caricaturalmente e invariavelmente como "oprimidas" – e de suas demandas, é o valor dominante.

Esse novo regime diversitário, pensando a partir do prisma de longa duração na história das ideias políticas ocidentais, também pode ser entendido como um sintoma da crise da filosofia política escatológica que animou a esquerda marxista clássica. O filósofo britânico John Gray, em seu livro-ensaio *Missa Negra, Religião Apocalíptica e o Fim das Utopias*[13], lembra que as utopias políticas da modernidade são, na realidade, capítulos transfigurados da "história da religião"[14]. Essa afirmação pode parecer disparatada, e até um pouco exagerada, no entanto, se restringirmos a análise às formas de mentalidade utópica e revolucionária que animaram o século XX, especialmente o comunismo e o nazismo, o seu valor localizado como provocação se torna bastante claro.

As utopias, normalmente, prometem a restauração do "paraíso" na Terra através da ação política. Elas são, entre outras coisas, tentativas de imanentização da transcendência a partir do culto "redentor" de um partido, de uma classe, de um grupo étnico-ra-

---

[11] Bock-Côté, 2019, p. 16-17.
[12] Bock-Côté, 2019, p. 18.
[13] Gray, J. *Missa Negra, Religião Apocalíptica e o Fim das Utopias.* Rio de Janeiro: Record, 2008.
[14] Gray, 2008, p. 11.

cial ou de um "grande líder", que, teoricamente, traria, através da sua ação, geralmente pautada pela violência, um estado de perfectibilidade social. Para Gray, toda utopia política é uma versão "secularizada" e transfigurada dessa mentalidade religiosa escatológica de crença no papel "redentor" exercido por um evento último (geralmente concebido como uma "revolução"). Da mesma forma que o cristianismo, como religião monoteísta, defenderia a volta de Jesus como a restauração do "Reino dos Céus" na Terra, as utopias prometeriam a "redenção" a partir da obtenção de uma ordem social expurgada de todo o Mal. É dessa analogia poderosa que Gray retira a potência de seu argumento ao demonstrar que as utopias, assim como as religiões, são herdeiras do mesmo imaginário escatológico delirante.

O que acontece no século XX, com a crise irreversível do socialismo realmente existente e a transformação das expectativas utópicas do campo progressista, é que essa mentalidade escatológica de crença de que alguns indivíduos e grupos seriam, inevitavelmente, os portadores da "emancipação humana", sofre uma mutação. Como, em decorrência da extensão acachapante dos crimes cometidos pelos regimes comunistas, não era mais, a partir de determinado momento (que pode ser datado do fim dos anos 1960), viável defender os regimes inspirados pelo marxismo, a crença política na "redenção" muda de objeto. Não se trata mais de defender a "socialização dos meios de produção", a "ditadura do proletariado" e nem a "guerra civil" para "eliminar a burguesia", mas sim de dissecar todas as formas de "opressão" baseadas em raça, gênero e orientação sexual que existem nas sociedades ocidentais democráticas e de "desconstruir" seus padrões "tradicionais" de socialização, para, então, a partir desse diagnóstico, eleger os grupos e/ou categorias sociais de "oprimidos" que seriam, com suas lutas políticas, os portadores da "emancipação", do "destino" e do "progresso" das coletividades humanas. A esquerda diversitária, com sua obsessão com as "minorias", representa uma nova etapa na reciclagem desse culto escatológico. Não mais o proletariado é a classe que "libertando a si própria, libertará a humanidade", mas sim todas as categorias sociais consideradas "subalternizadas" e "dominadas".

A partir das últimas duas décadas do século XX, a geração dos *radical sixties* começa a ocupar os postos de docência universitária, as profissões liberais, os empregos no sistema midiático e na indústria cultural, e, em muitos casos, entra, efetivamente, para a política partidária tradicional. O *anti-establishment* vira o *establishment*. Aquelas ideias radicais de desconstrução das "identidades", de culto às minorias, de ênfase contracultural nos sentidos em detrimento da razão, e de crítica à mentalidade ocidental e às formas culturais da sociedade capitalista, começam, progressivamente, a partir, especialmente dos anos 1990, a formar parte de um novo senso comum. O primeiro microcosmo a ser colonizado de forma implacável por esse novo senso comum foi justamente a universidade, que, como se sabe, apesar de seu aparente "insulamento" em relação à "vida prática" e à sociedade mais ampla, na realidade, exerce uma influência absolutamente central nos valores, comportamentos e ideologias que circulam na sociedade como um todo. Hoje em dia, em países como o Brasil, por exemplo, é muito difícil encontrar algum filme, novela, programa televisivo de humor ou entretenimento, debate jornalístico, discurso publicitário, ou mesmo alguma política de "recursos humanos" empresarial, que não seja moldado por essa nova cultura política de obsessão diversitária com as chamadas "minorias". A onipresença de ideias políticas excêntricas com origens em grupos progressistas radicais no conjunto do espaço público das democracias liberais ocidentais é um dado absolutamente incontestável nas sociedades contemporâneas.

O entranhamento das pautas diversitário-identitárias no espaço público e no senso comum das sociedades liberal-democráticas contemporâneas, em certa medida, também é fruto da generalização, na academia, do conjunto de ideias filosóficas pernósticas e obscuras que ficaram conhecidas como "pós-modernismo". Parto do pressuposto de que é preciso aceitar que discussões acadêmicas excêntricas feitas por poucas pessoas podem sim, dada a importância que a universidade tem como instituição com ampla legitimidade cultural, influenciar a sociedade como um todo em pouco tempo. Logo, entre a reconstrução interna das ideias pós-modernas e a cultura política dominante no espaço público das sociedades liberais, existe, sem dúvida, uma linha de continuidade bastante evidente.

Em obra exaustiva[15], na qual buscam retratar de forma sistemática os pressupostos gerais do pós-modernismo, Helen Pluckrose e James Lindsay, dois dos três mentores do experimento dos "hoax studies", explicitam os quatro temas fundamentais[16] dessa corrente filosófica confusa que, atualmente, servem de premissas para muitas das áreas mais esdrúxulas e pouco rigorosas de investigação acadêmica nas humanidades:

a) A dissolução antiessencialista das categorias ("homem", "mulher", "razão", "crença", "ciência", "conhecimento", etc.), que se tornam intercambiáveis, fluidas e de difícil definição (por exemplo, a diferença entre aquilo que é considerado "conhecimento" ou aquilo que é considerado "crença" é apenas, para essa corrente, uma questão de convenção cultural arbitrária, daí a tara por desmantelar as formas de racionalidade "ocidentais" mais legítimas).
b) A ênfase excessiva na linguagem e nos discursos "opressivos", que "constroem" o conhecimento e que têm relação intrínseca com o "poder" dos "dominantes".
c) O relativismo cultural, que impede que qualquer cultura não ocidental, por pior que seja, possa ser julgada segundo parâmetros liberal-iluministas.
d) A negação da noção liberal de indivíduo e da noção iluminista da universalidade da condição humana para substituí-las pelo pertencimento ao grupo de raça, gênero, sexualidade, forma e condição corporal e até doença mental (esse pertencimento a um ou mais grupos – daí vem, inclusive, a asneira analfabeta da teoria "interseccional" – define, para os pós-modernos, muito mais o que uma pessoa é do que a sua individualidade ou a sua condição humana comum compartilhada com outros).

Praticamente todas as discussões do senso comum diversitário/identitário/neoprogressista que tomaram conta do espaço público,

---

[15] Pluckrose, H. e Lindsay, J. *Teorias Cínicas*. São Paulo: Faro Editorial, 2021.
[16] Pluckorse e Lindsay, 2021, p. 37-40.

da mídia e da academia nas democracias ocidentais são derivações desses pressupostos teóricos gerais. Se analisarmos, por exemplo, o caso da polêmica de Jordan Peterson com a legislação canadense referente ao uso de pronomes neutros, veremos que, subjacente à racionalização presente na lei, está, entre outras coisas, a visão de que conceitos como "homem" e "mulher" são "construções sociais" e não podem ser tratados de forma "essencializada"; o que, portanto, justifica que uma pessoa acredite que pode ter a "identidade de gênero" que bem entender e, por isso, procure controlar a linguagem alheia.

No caso, aqui citado, do "Curso de Escrita Acadêmica" oferecido por Rosana Pinheiro-Machado, que contou com a participação de Débora Diniz, quando a antropóloga vaticina que "não há escrita legítima, a escrita é legitimada por regimes de classe, regimes de cor, regimes de senioridade na vida acadêmica", que seriam mais presentes em departamentos com muitos "homens brancos", ela está, claramente, replicando a ideia tipicamente pós-moderna de que "conhecimentos" são "construções" de "discursos dominantes" que estão a serviço do "poder" e atribuindo o problema acadêmico da aluna que reclamou por não ter uma escrita considerada "legítima" a marcadores de raça e gênero, como se, num ambiente intelectual saudável e sério, um homem branco que apresentasse problemas de escrita também não fosse repreendido pelos professores e exortado a melhorar. Todos os mecanismos impessoais que devem reger uma boa avaliação acadêmica são deixados de lado por Débora para atribuir a repreensão do docente (a uma aluna que, possivelmente, precisa melhorar a escrita) a "regimes de dominação" determinados, supostamente, por raça, gênero e senioridade na vida acadêmica.

Nas situações relatadas no texto de Benamê Kamu Almudras, nas quais os alunos, ao fazerem um motim para não ter que ler, justificam as suas ações a partir de uma retórica de rompimento de "hierarquias", de questionamento das "estruturas de poder" e de "democratização da universidade", fica bastante claro o peso que a paranoia pós-moderna de preocupação com a "dominação", de relativização excessiva do "conhecimento" e das hierarquias, que são vistos, única e exclusivamente, como instrumentos de "poder", tem como o elemento ideológico fundamental de desencadeamento das atitudes dos alunos.

Em relação ao episódio envolvendo o professor de Filosofia Peter Boghossian, o iliberalismo e a truculência das ações de alunos e professores que fizeram tudo o que foi possível para constrangê-lo e bani-lo da academia, que incluiu, entre outras coisas, a hostilização de palestrantes, a recusa de estudantes em se engajarem com pontos de vista distintos dos seus, as acusações de "intolerância" contra professores que indicavam a leitura de textos canônicos de filósofos que, por acaso, calhavam de ser homens, europeus e brancos, e uma série de outras situações, como a impossibilidade de questionar os pressupostos ideológicos equivocados nos quais era baseada a doutrinação dos "treinamentos de diversidade" impostos aos professores, fizeram com que a universidade abandonasse, segundo o professor, na já citada carta de demissão, a sua "missão de busca da verdade" e incentivasse a não aceitação de ideias e posições divergentes, criando, assim, "uma cultura de ofensa onde os estudantes agora estão com medo de falar abertamente e honestamente".

Essas situações concretas, cujas origens intelectuais, em grande medida, estão nos quatro pressupostos do pós-modernismo abordados acima e em uma transformação mundial das estratégias políticas das esquerdas ocorrida a partir do final do século passado, também caracterizam, de acordo com Pluckrose e Lindsay na obra *Teorias Cínicas*, uma espécie de nova "Teoria da Justiça Social", que é fruto do que os dois autores chamam de "pós-modernismo aplicado"[17]. Tal teoria está bastante associada à recepção simplificada das ideias rebuscadas de autores franceses associados ao chamado "pós-estruturalismo", como Foucault e Derrida, na universidade norte-americana após os anos 1980. Essa recepção de ideias francesas no cenário acadêmico ianque contribuiu decisivamente para esquematizar e simplificar algumas das teses desses autores, adaptando-as para o ativismo político prático. Portanto, a cultura política dominante na universidade atualmente é fruto de uma mistura de pós-modernismo francês – corrente intelectual difusa

---

[17] Pluckrose e Lindsay, 2021, p. 42.

que foi, conforme vimos, gestada em meio a uma crise mundial da esquerda marxista clássica – com a força ideológica do imperialismo cultural ianque, afinal, a histeria em torno da *identity politics*, que se intensificou na academia e na mídia norte-americana a partir dos anos 1990[18], generalizou-se, nos anos 2000, pelas instituições de ensino superior de todo o mundo ocidental, inclusive em países como o Brasil, que possuem uma experiência histórica e socioantropológica de formação muito distinta da experiência norte-americana[19].

---

[18] Um excelente diagnóstico crítico da cultura política da universidade norte-americana nesse período, bastante centrado nos delírios pós-modernos do feminismo radical, com sua visão construcionista social "pura" e ingênua da sexualidade e do gênero, e sua demonização generalizada dos homens e do "patriarcado", está em alguns dos textos que Camille Paglia (historiadora da arte, crítica cultural renomada e importante intelectual pública no mundo de língua inglesa) reuniu em sua coletânea *Free Women, Free Men, Sex, Gender, Feminism* (Vintage Books, New York, 2018). Paglia vê uma cisão completa entre o feminismo moralista, infantilizante e autoritário, que enxerga as mulheres como eternas "vítimas" frágeis, que se consolida após a década de 1980 nos EUA (que gerou, entre outras coisas, toda uma cultura de *campus* bastante retrógrada baseada no patrulhamento das interações entre homens e mulheres), e a herança mais libertária do feminismo associado aos movimentos dos direitos civis e à contracultura do anos 1960 e 1970, que tinha uma ênfase progressista autêntica na liberdade individual sexual e na autonomia financeira das mulheres. O movimento puritano das *radfems*, para Paglia, estaria virando as costas para essa herança original mais libertária. A autora também é bastante dura com os esquerdistas de *campus* que tendem a condenar o capitalismo e a civilização ocidental e a responsabilizá-los por tudo de ruim que acontece às mulheres no mundo contemporâneo. Paglia é enfática ao ressaltar que a emancipação das mulheres é um fruto do capitalismo e dos valores ocidentais iluministas e liberais, o que a coloca em franca oposição às feministas pós-modernas de extrema esquerda que veem o Ocidente como um antro de "repressão patriarcal".

[19] A esse respeito, consultar a magistral obra *A Utopia Brasileira e os Movimentos Negros* (São Paulo, Editora 34, 2007), de Antonio Risério, na qual o autor, um dos intelectuais vivos que mais conhecem em profundidade a experiência cultural de formação do nosso país, analisa como os movimentos negros brasileiros importaram, de forma acrítica, o binarismo "black x white" da política identitária norte-americana e o transformaram em uma lente racialista rígida e completamente equivocada para entender as relações raciais no Brasil; relações que foram, como sabemos, historicamente marcadas por intensa mestiçagem fenotípica e sociocultural, e que são muitíssimo distintas das relações raciais que formaram os EUA.

Qualquer pessoa, seja pesquisador, professor, gestor, funcionário ou estudante, que vivencie a atmosfera ideológica das universidades públicas brasileira hoje em dia, e que não tenha afinidade total ou parcial com o sistema de crenças políticas progressistas pós-modernas aqui exposto, se reconhece, quase que imediatamente, em determinados aspectos do relato de Boghossian. A autocensura, o receio da exposição de divergências, a impossibilidade de expressar publicamente críticas a certas ideias, o medo de abordar autores "proibidos" nas aulas, a cautela para evitar ser hostilizado e a preocupação constante dos professores em não "ofender" alunos pertencentes a minorias, evitando, por isso, argumentos "polêmicos", são generalizados, inclusive entre membros da comunidade universitária que se identificam, ainda que em matizes mais moderados, com o campo da esquerda. Quem não conhece um professor universitário que, por uma palavra mal colocada, uma posição política "errada", uma cobrança mais dura de dedicação aos estudos a um estudante membro de uma "minoria", um *post* polêmico em rede social, um entrevero desagradável com discentes que faziam "greve" e o impediam de dar aula, uma reprovação plenamente justificada de um aluno com fenótipo de "oprimido", entre outras situações, não sofreu linchamento, perseguição, censura, acusações falsas de "racismo"[20] "machismo" ou "transfobia", e , nos casos mais graves, chegou ao cúmulo de sofrer penalidades administrativas da própria instituição que, em

---

[20] Um caso típico dessas práticas difamatórias decorrentes da ideologia identitária aconteceu na Universidade Federal do Rio Grande do Norte, em janeiro de 2021. Durante uma aula de Historiografia Brasileira, simplesmente por ter mencionado o fato, vastamente documentado e estudado por inúmeros pesquisadores, de que existia escravidão na África antes da chegada dos europeus, a historiadora Flávia de Sá Pedreira despertou a indignação de uma estudante ativista da causa racial, que, por não concordar com a abordagem que a docente trazia para o tema da escravidão, discordância essa que as levou a terem uma discussão acalorada, a acusou de "racismo", chegando, inclusive, a registrar queixa contra a professora na Ouvidoria da universidade. A docente, que também prestou queixa à Ouvidoria da instituição para denunciar o comportamento da aluna, felizmente, foi absolvida após a realização de uma sindicância interna. O portal jornalístico potiguar Saiba Mais, em reportagem datada de 4/2/2021, abordou o caso e retratou as versões de ambas as partes do ocorrido.

sua burocracia, foi tomada por pessoas completamente doutrinadas na ética identitária?

A difusão massiva das redes sociais, somada à mudança de perfil comportamental das novas gerações estudantis (os famosos "nativos digitais"), nascidas a partir da metade da década de 1990, que começam a chegar à universidade da década de 2010 em diante, potencializou a capilaridade da vigilância e do controle ideológico estrito que já vinha ganhando força na cultura do *campus* pelo menos desde que, no final do século passado, as ideologias de "justiça social" associadas ao "pós-modernismo aplicado" (Pluckrose e Lindsay) começaram a se instalar de forma sistemática no ensino superior e nas políticas acadêmicas. Estas políticas vão desde os critérios para contratação de professores ("affirmative action hiring"), passando pelos processos seletivos de estudantes (que, no Brasil, a partir das gestões apinhadas de burocratas identitários dos governos do PT, nos anos 2000, passaram a englobar critérios raciais), até os regulamentos de "equidade e diversidade" e os treinamentos de conduta baseados em cartilhas identitárias que tomaram conta das universidades norte-americanas e que já começaram a chegar ao nosso país. É todo um "ecossistema" de práticas institucionais, que transcende a questão específica da pesquisa acadêmica com viés ideológico pós-moderno. O domínio dessa cultura política é absoluto e abarca, atualmente, todas as dimensões da vida universitária. Diante desse quadro lastimável, o que fazer? O que devemos propor em oposição a essa lógica perniciosa de redução da universidade às demandas politicamente sectárias e intelectualmente obtusas dos "justiceiros sociais"?

CONTRA OS DEMAGOGOS: POR UMA REAFIRMAÇÃO DA FUNÇÃO TRADICIONAL DA UNIVERSIDADE

Hannah Arendt, em seu texto "A Crise na Educação[21]", escrito em 1961, ofereceu uma instigante interpretação, baseada em

---

[21] Arendt, H. "A Crise na Educação". In: Arendt, H. *Entre o Passado e o Futuro*. São Paulo: Perspectiva, 2011.

sua experiência vivendo nos EUA, da maneira como as sociedades ocidentais olhavam, nas décadas do pós-guerra, para o papel da atividade educacional. Entre os inúmeros temas tratados, a filósofa, partindo de uma indisposição com as concepções pedagógicas mais "avançadas", que colocavam, à época, excessiva ênfase na autonomia do aluno e sacrificavam a função de autoridade historicamente associada à figura do professor, reflete sobre a relação entre educação e política.

Ao mesmo tempo que critica a maneira como as pedagogias progressistas, que foram muito populares na América do Norte nos anos 1950 e 1960, tendiam a simular um mundo de adultos entre as crianças, conferindo a elas excessiva e indevida autonomia na escola, Arendt faz observações duras a respeito da postura daqueles que pretendem educar pessoas adultas através da política, salientando, de forma bastante incisiva, que quem quer "educar adultos na realidade pretende agir como guardião e impedi-los de atividade política. Como não se pode educar adultos, a palavra 'educação' soa mal em política; o que há é um simulacro de educação, enquanto o objetivo real é a coerção sem o uso da força"[22]. Com essas palavras, a pensadora alemã não está sugerindo, como pode parecer à primeira vista, que pessoas adultas que não tiveram acesso à escola não possam buscar acesso ao ensino, mas sim que a relação de tutela que um professor deve ter com crianças em um contexto escolar não pode se repetir, exatamente da mesma forma, em uma esfera pública onde adultos se relacionam e, muitas vezes, agem politicamente.

Se extrairmos as implicações dessa observação de Arendt para o ensino superior, chegaremos à conclusão de que a demanda de "conscientização política" dos estudantes que a cultura política dominante nas universidades atribui a determinadas áreas de pesquisa e certas disciplinas, e que, conforme vimos, as instituições acadêmicas trazem como pressupostos basilares de sua gestão, é, na realidade, fruto de um "simulacro" completo de educação, exatamente como argumentado pela filósofa. É uma simples tentativa de controle ideológico e de imposição de conformidade comple-

---
[22] Arendt, 2011, p. 225.

tamente alheia aos verdadeiros fins da educação. As cartilhas de "diversidade e equidade", os "treinamentos" sobre como lidar com "minorias", os regulamentos "feministas" sobre interações entre homens e mulheres, as tentativas de impor linguagem "inclusiva" obrigatória, a ênfase compulsória em "outros saberes" (que sempre evita qualquer questionamento sobre a densidade intelectual e o valor formativo de tais "saberes oprimidos" e reforça a imersão dos estudantes das "classes populares" em referenciais culturais de baixa sofisticação) e outras iniciativas que proliferaram nas universidades nos últimos anos são, como tentei demonstrar aqui, as manifestações mais extremas dessa tentativa vulgar e profundamente anti-intelectual de tutela política sobre pessoas adultas. Numa leitura arendtiana, pode-se concluir que tais práticas constituem uma negação completa da educação.

O desejo de controle político do comportamento e do pensamento alheio, sob a justificativa de comunhão com a "luta pela justiça social", está destruindo a verdadeira vocação da universidade, que deve ser, sobretudo, calcada na busca pela verdade (o que envolve, obviamente, um conhecimento desapaixonado das inúmeras possibilidades e nuances interpretativas que o espírito humano proporcionou a respeito dos variadíssimos fenômenos que constituem a realidade) e no fomento, nos indivíduos, de uma atitude genuína de fruição *existencial* do conhecimento, que está em oposição frontal ao estreitamento intelectual e cognitivo promovido pelas práticas de proselitismo político. A ideia de que a universidade tem uma "função política" para construir um "mundo melhor" está, no contexto contemporâneo de politização excessiva da academia, em explícita oposição à sua função epistêmica de busca pela verdade e à sua função existencial de fomento ao amor pelo conhecimento. Não é possível perscrutar a verdade e nem travar uma relação minimamente autêntica com o conhecimento quando se está possuído pela ideia de que devemos "redimir" o mundo através da luta política a favor dos "dominados".

Não se trata, contudo, de acreditar que o ato educativo não possua dimensões "políticas" e seja "neutro", mas sim de ressaltar que a política que existe nas práticas de ensino próprias a uma universidade comprometida com a busca da verdade (reconhecendo toda a instabilidade semântica que sabemos que a expressão "verdade" pode carregar) é bastante diferente da política que existe num espaço público mais amplo de disputa pelo poder e de luta entre concepções distintas de mundo. Não podemos nos arvorar no fato de que a educação não é um empreendimento neutro para, a partir dessa constatação banal, justificar a sua subsunção ao panfletarismo torpe dos cacoetes ideológico-pedagógicos daqueles que repetem, exaustivamente, o bordão "freireano" de que "a educação é um ato político", afinal, as dimensões epistêmicas, éticas, existenciais, estéticas e cognitivas da educação estão muito além de questões políticas *stricto sensu*[23]. É esse sentido ampliado da função da educação que vem sendo perdido com a nova cultura política de engajamento compulsório nos temas de "justiça social" que tomou conta da academia nos últimos anos.

Max Weber, que, assim como Arendt, é um autêntico representante da refinada intelectualidade alemã do período da República

---

[23] Para uma discussão detalhada sobre o impacto que a vulgata das ideias freireanas teve no discurso pedagógico brasileiro e na formação de professores após os anos 1970, vale consultar o livro de Ronai Rocha, professor de Filosofia da Universidade Federal de Santa Maria, intitulado *Escola Partida, Ética e Política na Sala de Aula* (São Paulo, Contexto, 2020). Rocha descreve o processo de formação dessa atmosfera ideológica e critica a tendência dominante, existente no debate pedagógico brasileiro, de tratar educação e política de forma indissociável, como se a função da educação fosse fundamentalmente uma função de "conscientização política". Uma das origens do problema, para o autor, está na forma simplificada como se lê a obra de Paulo Freire no Brasil. O mais interessante aqui é pensar nas possibilidades de transferirmos esse diagnóstico de Rocha, que refere-se fundamentalmente ao ensino básico e à formação de professores no ensino superior, para o ensino superior como um todo; pois a metamorfose da cultura política das universidades brasileiras nos últimos anos escorou-se muito nas concepções pedagógicas de afrouxamento dos padrões acadêmicos com vistas à "inclusão" de alunos oriundos das "classes populares" (tema "freireano" por excelência), assim como na valorização de "saberes" supostamente associados a "sujeitos sociais subalternos" (postura que o sociólogo Basil Bernstein denomina, acertadamente, de "populismo pedagógico"), demanda que aparece com frequência nos projetos político-pedagógicos. Esse processo de mudança na cultura política da universidade brasileira decorre, em meu entendimento, de uma fertilização cruzada dessa atmosfera ideológica da vulgata freireana com os quatro temas pós-modernos sistematizados por Pluckrose e Lindsay que foram discutidos neste artigo.

de Weimar, em um dos seus escritos mais importantes, intitulado "A Ciência como Vocação[24]", já alertava, no distante ano de 1919, sobre a necessidade de que o professor universitário tenha clareza a respeito da diferença entre a tarefa do cientista e do intelectual e a tarefa do político. O sociólogo alemão denomina de "probidade intelectual" a obrigação que todo professor universitário tem de reconhecer que "constituem dois tipos de problemas *heterogêneos*", de um lado, "o estabelecimento de fatos" e "a determinação das estruturas intrínsecas dos valores culturais" (tarefa fundamental das ciências do espírito, que são interpretativas por natureza) e, de outro, as "questões relativas à maneira como se deveria agir na cidade e em meio a agrupamentos políticos"[25]. O autor define a tarefa do acadêmico como oposta à tarefa do político e defende, enfaticamente, que o segundo tipo de problemas (aqueles concernentes à maneira de ação prática na cidade junto aos agrupamentos políticos) deve ser excluído da sala de aula; tal necessidade de exclusão, para o autor, decorre do fato de que "o profeta e o demagogo estão deslocados em uma cátedra universitária"[26].

É contra essa instrumentalização das instituições de ensino superior por tipos sociais militantes e "demagogos", que acreditam na indistinção entre atividade acadêmica e ativismo político prático, que a reafirmação universalista das finalidades essenciais da academia – a dizer, a produção de conhecimento de ponta sobre o mundo sociocultural e natural, a formação de profissionais qualificados para contribuir com o desenvolvimento socioeconômico do país, a pesquisa em ciência "pura" e aplicada à indústria, entre outras finalidades – deve ser defendida.

No Brasil, conforme notado pelo diplomata e cientista social Paulo Roberto de Almeida[27], ainda que a formação de um sistema público nacional de graduação e pós-graduação tenha tido

---

[24] Weber, M. "A Ciência como Vocação". In: Weber, M. *Ciência e Política, duas Vocações*. São Paulo: Cultrix, 1968.
[25] Weber, 1968, p. 39.
[26] Idem.
[27] Almeida, P. R. "A ignorância letrada: ensaio sobre a mediocrização do ambiente acadêmico". In: *Revista Espaço Acadêmico*, nº 111, agosto de 2010, p. 120-127.

êxito no período pós-redemocratização, a expansão desses níveis de ensino, em decorrência de uma massificação desenfreada, acabou promovendo a proliferação, nas ciências humanas brasileiras, do que o autor chama de "ignorância letrada", que consiste, na sua leitura, em um conjunto de cacoetes ideológicos baseados no "anticapitalismo instintivo", na "crença ingênua nas virtudes da 'engenharia social'", na "fé religiosa nas alternativas socialistas ao capitalismo" (que, acrescentaria eu, curiosamente, se fundiu, na atmosfera ideológica de muitas universidades públicas brasileiras, com o besteirol identitário, formando uma verdadeira "gororoba" semiletrada), nas "pedagogias freireanas" e no "sindicalismo de baixa extração", que, prossegue o diplomata, "se combinam e se reforçam para destruir a educação brasileira, pelo menos naquelas funções iluministas que ela deveria exibir, colocando em seu lugar esses elementos característicos da ignorância letrada"[28].

A massificação "populista" do acesso à pós-graduação após os anos 2000, especialmente nas áreas de ciências humanas, que, hoje em dia, produzem em enorme quantidade no Brasil, não foi, em muitos casos, acompanhada de um crescimento da qualidade da produção. Existem excelentes e sérios professores e pesquisadores, especialmente nas universidades brasileiras mais prestigiosas, mas também existem inúmeros discentes de pós-graduação e docentes que, como qualquer pessoa com a inteligência e o juízo minimamente preservados poderia notar, não têm vocação alguma para a vida espiritual nem para a pesquisa, e que, após a graduação, permaneceram na academia com o objetivo único e exclusivo de "fugir" do mercado de trabalho e (após alguns anos de pesquisa pouco original e, não raramente, ideologicamente carregada, no mestrado e no doutorado) passar em um concurso público para obter um cargo vitalício.

A proliferação, na academia brasileira, dessa cultura política sectária, que Paulo Roberto de Almeida chamou de "ignorância letrada", é, entre outras coisas, um fruto da expansão atabalhoada da pós-graduação nas últimas duas décadas. À medida que os padrões acadêmicos ficam menos rigorosos, a tendência de que pessoas

---
[28] Almeida, 2010, p. 124.

simplórias, com "background" cultural estreito, portadoras de pensamento panfletário e pouco familiarizadas com a vida espiritual, consigam passar pelos ritos universitários, agradar os ignorantes letrados em posições de poder, e, assim, se tornar professores universitários, se intensifica. Este quadro nacional de proliferação da indigência intelectual nas áreas de humanas, evidentemente, está, com o nível de globalização e de circulação de ideias que caracteriza o mundo atual, intimamente relacionado com as tendências internacionais de proliferação da ciência social identitária capitaneadas pelos países de língua inglesa e potencializadas pelo contexto global de reinvenção das estratégias políticas das esquerdas que ocorreu a partir do final do século passado.

O que resta àqueles que estão conscientes da extensão do problema, de suas origens, e de seus rebatimentos particularizados e articulações específicas com a realidade brasileira, é apontar o caminho para que a universidade retome as suas funções essenciais. Essa correção de rumo, em direção a uma academia que retome a sua verdadeira função, depende de um diagnóstico claro e honesto da cultura política perniciosa, visceralmente autoritária e profundamente anti-intelectual que tomou conta da universidade nas últimas décadas. O enfrentamento a essas ideologias destrutivas que têm desvirtuado a educação superior exige estudo, disciplina intelectual, coragem, reflexão e disposição para se envolver em controvérsias. Espero, modestamente, que este artigo possa ter contribuído com provocações que incentivem aqueles que estão envolvidos com a universidade e a vida intelectual em geral a encarar essa árdua tarefa.

7
MISCIGENAÇÃO NÃO É GENOCÍDIO
(e revoguem-se as disposições em contrário)

João Carlos Rodrigues

> O Brasil é o inferno dos pretos, o purgatório
> dos brancos e o paraíso dos mulatos.
> Antonil (José Antonio Andreoni),
> *Cultura e Opulência do Brasil*, 1711.

> Eu não vivo nesse mundo de cores.
> Zeca Pagodinho, sambista, *FSP*, 25/11/2016.

Os critérios raciais brasileiros primam pela falta de precisão e não poderia ser de outra forma, dado o elevado grau de miscigenação de nossa sociedade. O problema é que nos últimos anos isso vem se acentuando de forma conflituosa. Torna-se importante esclarecer mesmo de uma forma meio didática que, se porventura entediar *connaisseurs*, sem a menor dúvida, ajudará os ingênuos, os mal informados, os mal dirigidos e mesmo os bem-intencionados – sempre majoritários.

Por um lado, os adeptos da velha teoria do "branqueamento" tendem desde o início do século passado a minimizar a participação do negro na composição populacional, antevendo o seu desaparecimento no correr dos anos, devido à miscigenação. A corrente adversária, atualmente dominante na negritude nacional, valoriza por sua vez o componente africano dos mestiços (pardos segundo o IBGE), mesmo dos mais claros, incorporando-os como "afrodescendentes" para obter assim uma maioria numérica que pode auferir ganhos políticos. Ambos estão errados.

Note-se que tanto os adeptos de uma quanto de outra facção negam qualquer identidade própria aos ditos pardos, que seriam algo indefinido entre um e outro extremo, sem características próprias. Os mais claros se julgando brancos e os menos claros empurrados para a classificação "pretos". Não é assim que se passam as coisas, pois boa parte dessas populações não tem uma gota sequer de sangue africano e não deve ser somada aos pretos como irresponsavelmente o próprio IBGE e boa parte da mídia têm feito recentemente, inclusive usando involuntariamente (presumo) alguns critérios utilizados nos períodos mais radicais de hegemonia racista no mundo ocidental.

Os pretos, que já foram 19,7% em 1872, hoje não ultrapassam 8,2% segundo os dados do IBGE de 2016 (os últimos confiáveis, pois o censo de 2020 só será realizado agora em 2022!). O Brasil é majoritariamente pardo (38% em 1872 e 46,7% em 2016) e seguidamente branco (38% e 44,7%). A diminuição do porcentual de pretos não implica entretanto na redução de seu número que só fez aumentar. E lembremos que os brancos até bem recentemente foram alimentados por imigração europeia tanto dirigida quanto espontânea. Mas que maioria parda é essa? Façamos um parêntese histórico para adiante responder a essa pergunta que não quer calar.

O preconceito racial sempre existiu mundo afora misturado ou não com o religioso e não foi sempre associado apenas à raça branca como acontece desde o século passado. Está comprovado que os mongóis, os astecas, os turcos e os zulus, por exemplo, praticaram racismo explícito contra os povos que conquistaram. Na China durante a Revolta dos Boxers (1899-1901) e também na Revolução Cultural (1966-1976) os ocidentais foram perseguidos como "demônios brancos". Na Segunda Guerra, além da Alemanha nazista, também seu aliado, o Japão Imperial, praticou racismo explícito e genocídio contra chineses e coreanos, incluindo experiências médicas com seres humanos ditos "inferiores", numa história pavorosa até hoje insuficientemente documentada. E bem mais recentemente, em Miamar...

Podemos afirmar que esses traços tribais que só reconhecem como humanos os seus iguais foram também combatidos e/ou ultrapassados por sistemas abrangentes seja religiosos (budismo, cristianismo, islã e outras religiões universais em que os conversos têm direitos iguais perante Deus independentemente da sua origem étnica) seja políticos (concessão da cidadania plena a todos os súditos do Império Romano em 212 d.C., a Declaração dos Direitos do Homem e do Cidadão de 1789 que afirma que "os homens nascem livres e iguais em direitos"). Etc. Mas voltemos ao assunto.

Pelo menos no Ocidente parece ter sido na Espanha do século XV que foi editada pela primeira vez oficialmente uma legislação racista que se pretendia racional. Aconteceu no governo dos Reis Católicos, Fernando de Aragão e Isabel de Castela, os mesmos que financiaram a descoberta da América. (Como Castela era muito mais poderosa que Aragão, quem mandava mesmo era a rainha e não o rei.) Recapitulemos para melhor entender. Isabel assumiu o trono em 1474 e em 1480 foi instaurada a Santa Inquisição. Em 1492 o último reino mouro da Península Ibérica foi reconquistado e os árabes expulsos. É o mesmo ano da viagem de Colombo e também do Édito de Granada que ordenava a expulsão dos judeus que não se convertessem ao cristianismo. O Estatuto de Toledo já em 1449 proibira de ocupar cargos públicos quem não pudesse provar quatro gerações de fé cristã. O bispo Prudêncio de Sandoval escreveu pouco depois que "não é suficiente para o judeu ter três partes aristocrata ou cristão-velho pois apenas um ancestral judeu já o corrompe". O preconceito religioso rapidamente se transformava em racial. Em 1502 os mudéjares, muçulmanos não árabes que tinham permanecido no país protegidos pela legislação, também foram obrigados à conversão forçada e passaram a ser denominados mouriscos. Sua Majestade faleceu dois anos depois.

Esses "cristãos-novos" de origem judaica ou árabe/berbere nunca inspiraram confiança ao governo e muitos deles se transferiram para Portugal e daí para o Brasil, tolerados pelos jesuítas que aqui imperavam, apesar destes exigirem pureza de sangue para entrar na ordem. Os mouriscos serão expulsos definitivamente entre 1609 e 1614 e a maioria foi para o Marrocos. A "limpeza de sangue" na Espanha é um assunto que surge dissimulado, mas sempre presente durante séculos em obras literárias como *La Celestina* (1499) de Fernando de Rojas, *Don Quijote de La Mancha* (primeiro volume editado em 1605) de Miguel de Cervantes, *O manuscrito de Saragoça* (1805) do polonês Jean Potocki, entre outras tantas.

Outro momento lamentável de racismo institucional surgiu nos Estados Unidos. A escravidão por lá foi muito dura. Em certos locais era proibido alfabetizar os escravos sob pena de multa, o mesmo acontecendo com alforria. Após o final da sangrenta Guerra Civil (1861-1865), quando os escravagistas foram derrotados, houve um curto período chamado Reconstrução, no qual os antigos escravos desfrutaram de plenos direitos, ameaçando a supremacia branca, que reage com a legislação chamada Jim Crow. Já em 1866 surge a Ku Klux Klan sociedade secreta que combatia negros, judeus e católicos usando métodos violentos. Em 1877, a primeira legislação separando as raças nas escolas, o que, no entanto, já era praticado. Na realidade proibiram as escolas integradas. Isso foi endossado pela Suprema Corte em 1896 quando decidiu que "segregação não é discriminação", pregando uma sociedade "separada, porém igual". A partir de então foi imposta a divisão das raças no transporte público, banheiros, restaurantes, parques, casas de espetáculo, bairros residenciais e até igrejas e cemitérios. A mulataria afrancesada de Nova Orleans perde seu *status* especial sendo somada aos pretos ex-escravizados. Proibido o casamento entre brancos e outras raças, incluindo também as orientais. Note-se que foi nessa mesma época que se deu a Conquista do Oeste com o massacre e o confinamento da população indígena. Assim fez-se o país. Até hoje as comunidades raciais norte-americanas pouco interagem, apenas são livres nos seus nichos.

Decidiu-se que uma gota de sangue negro (*one drop*) faz uma "pessoa de cor" (*coloured person*) independentemente da sua aparência. Critérios muito rígidos, pois incluíam além dos mulatos (pai branco e mãe negra ou vice-versa), também os *quarteroon* (um avô negro e três brancos) e mesmo os *octoroon* (um bisavô negro e três brancos). O jazzista Duke Ellington lembrou disso ao batizar em 1943 a suíte "*Black, brown and beige*". Sempre que possível os beges tentaram passar por brancos em busca de ascensão social. Há toda uma literatura e filmografia em torno disso. Não temos mais os pretextos religiosos da Inquisição espanhola, o racismo é aqui explícito, abrangente e detalhista.

Em 1905 o livro *The Klansman – An Historical Romance of the Ku Klux Klan* do militante supremacista Thomas Dixon tornou-se um *best-seller*, transformado em peça de teatro, por sua vez adaptada para o cinema por David Griffith em 1916 como *The Birth of a Nation*, considerado erroneamente como um marco da inovação de enquadramento e montagem na História do Cinema (encontramos essas novidades em filmes italianos anteriores). O filme provocou muitos protestos de entidades negras e também dos liberais, mas alcançou grande sucesso. Havia simpatia popular pelo racismo. Existem registros fotográficos na Livraria do Congresso de uma enorme passeata da Ku Klux Klan em plena capital Washington em 1926 (o presidente era o republicano Calvin Coolidge). É também o período dos linchamentos tragicamente evocados no pungente lamento *"Strange fruit"* composto por Abel Meeropol e imortalizado pela cantora Billie Holiday em 1939. A mim sempre causou espanto que *The Birth of a Nation* tenha sido exibido pelas embaixadas e consulados americanos até pelo menos os anos 1970 como um marco da sétima arte. A legislação Jim Crow começou a ser desmontada entre 1950 e 1964 devido à campanha de Martin Luther King e outros militantes pacifistas e não por pressão dos radicais Panteras Negras.

Nada entretanto ultrapassou o acontecido na Europa entre os anos 1930 e 1940. Derrotada na Primeira Guerra Mundial e em crise financeira avassaladora, a Alemanha acabou levando ao poder em 1933 o Partido Nacional-Socialista (nazista) de extrema direita, liderado por Adolf Hitler e Joseph Goebbels. Para eles os alemães pertenciam a uma raça superior (ariana) e era preciso limpar o país da presença dos inferiores que teriam sido a causa da derrota: ciganos, negros e principalmente judeus. Estes formavam uma espécie de elite comercial e intelectual totalmente integrada e emancipada desde a segunda metade do século XIX de todas as restrições impostas na Idade Média. Representavam pouco menos de 1% da população e tinham um dialeto próprio do alemão, o ídiche, com ampla literatura e teatro. Antes do nazismo três judeus alemães obtiveram Prêmio Nobel: na química (Richard Willstater em 1915) e na física (Albert Einstein em 1922 e James Frank em 1925).

Isso não foi o suficiente para impedir que a propaganda os transformasse rapidamente em inimigos públicos nº 1. Em 15 de setembro de 1935 foram promulgadas em Nuremberg a Lei da Cidadania (pela qual os não arianos perderam os direitos políticos) e a Lei de Proteção da Honra e do Sangue Alemães (que proíbe a miscigenação entre a "raça superior" e os "inferiores"). Foi considerado judeu quem tivesse três ou quatro avós judeus, mestiços (um ou dois avós judeus) ou professasse a religião judaica. Em 1938 veio a obrigatoriedade, inclusive retroativa, de usar apenas nomes judeus existentes no Velho Testamento. A propaganda se fazia muito através de filmes supervisionados pessoalmente por Goebbels como *O Judeu Süss* dirigido por Veit Harlan e *O Eterno Judeu* de Fritz Hippler, ambos de 1940. Em 1941 foi imposto o uso da Estrela de David em local visível do vestuário. Isso se estendeu aos países conquistados pelos nazistas ou seus aliados – ou seja, toda a Europa com exceção da Inglaterra, Irlanda, Islândia, Suécia, Suíça, Espanha, Portugal e URSS.

Os campos de concentração e extermínio, criados inicialmente para prender comunistas e social-democratas, foram também utilizados para todos os tipos de párias sociais: homossexuais, deficientes físicos, ciganos e outras minorias étnicas, principalmente judeus. Neles foram realizadas experiências científicas com cobaias humanas. Crimes hediondos contra a Humanidade. A superpopulação desses locais acelerou no correr da guerra a chamada Solução Final, ou seja, o extermínio racional dos prisioneiros em câmaras de gás e o aproveitamento comercial de seus dentes, óculos, cabelos, ossos, etc. As leis do Terceiro Reich vigoraram durante 12 anos e fizeram milhares de vítimas. Os primeiros desses campos foram libertados pelos soviéticos ainda em 1944 na Polônia e Alemanha e posteriormente pelos Aliados em toda a Europa. O regime nazista caiu em 1945, Hitler e Goebbels se suicidaram e alguns de seus responsáveis foram julgados e condenados em Nuremberg (onde tudo começara) entre 1945 e 1949. Mas seu espectro ainda nos ronda.

Quando o mundo pensou que estava livre da praga do racismo institucional, eis que ele ressurge com toda força no continente africano e sob os olhos de uma potência ocidental que se destacara na luta contra o Terceiro Reich. Recapitulemos. A Inglaterra ocupou definitivamente a Cidade do Cabo no extremo sul do continente africano (do lado atlântico) no início do século XIX, meio a contragosto, mais para impedir que França ou Alemanha o fizessem e dificultassem o acesso a sua principal colônia, a Índia (ainda não existia o Canal de Suez). Mas lá já estavam as populações bôeres, camponeses calvinistas de origem holandesa, com péssimo relacionamento com os nativos. Fugindo dos ingleses esses bôeres vão entrar em choque com os negros xhosa e zulu ao fundar repúblicas independentes – provocando o caos e praticamente forçando a intervenção inglesa em larga escala, que foi imposta em 1910 depois de sangrentos combates (Guerra dos Bôeres, Guerra dos Zulus) na chamada União Sul-Africana "pacificada".

Desde antes já existiam restrições à maioria negra. Em 1894 tinha sido criado um imposto aos xhosa para obrigá-los a trabalhar para os brancos (*Glen Gray Act*). A nova administração criada em 1927 proibiu as relações sexuais entre brancos e pretos, punidas com cinco anos de cadeia (*Immorality Act*). Os africanos não tinham direito de voto nem de associação política, assim como os numerosos indianos. Lembremos que foi advogando contra o racismo na África do Sul que Mohandas Gandhi (o futuro *mahatma* da independência da Índia) começou sua carreira política. Com a gradual retirada britânica em 1948 saiu vencedor o Partido Nacionalista africâner, o mais radical de todos no sentido racial. Entramos na fase legislativa da ideologia do *apartheid*, que significa "desenvolvimento separado", ou seja, "separados, porém iguais". Qualquer semelhança com as leis racistas norte-americanas não será mera coincidência. Ambas sociedades têm o mesmo arcabouço cultural que tende ao puritanismo e à intolerância. Daniel Malan, o ideólogo do *apartheid* e político, era um pastor protestante, assim como a maioria dos legisladores Jim Crow.

Já em 1949 um renovado *Immorality Act* – transformado em lei posteriormente ampliada em 1950, 1957 e 1969 – proibiu não apenas o sexo inter-racial como também os casamentos legítimos. Em 1950 o Ato nº 30 criou o registro obrigatório de todo cidadão numa dessas quatro categorias: branco, bantu (preto), *coloured* (mestiço) e outros (indianos e malaios). A raça era determinada pelas autoridades mediante critérios diversos: se o cidadão falava africâner ou apenas inglês ou bantu; exame dos cabelos, cor da pele e mesmo da genitália; dieta alimentar; renda familiar, etc. Isso tornou-se determinante para a região da cidade onde o cidadão estava autorizado a morar, criando guetos. Em 1952 os africanos precisavam levar um passe (passaporte) para poder se locomover livremente e foram idealizados os Bantustões (reservas tribais). No ano seguinte o ensino e os serviços públicos foram oficialmente separados. E não parou aí.

Em 1961, rompidos os vínculos ainda restantes com o Reino Unido, foi criada a República da África do Sul. Em 1968 são proibidos os partidos políticos multirraciais, entre eles o Conselho Nacional Africano, cujo líder Nelson Mandela estava condenado à prisão perpétua em cela solitária e lá ficou 27 anos. Em 1970 foi decidido dar "independência" aos Bantustões cujos habitantes perderiam assim a cidadania sul-africana, tornando-se estrangeiros. Foi a opinião pública mundial que pressionou os países ocidentais (notadamente os Estados Unidos) a retirar seu apoio ao desumano regime do *apartheid* cujas leis foram aos poucos sendo revogadas. Mandela foi libertado em 1990, ganhou o Nobel da Paz em 1993, tornou-se presidente em 1994 e o resto nós já sabemos.

Voltemos então ao tema do início deste texto. Como sabemos, nenhuma dessas abomináveis legislações foi repetida aqui no Brasil. Na Constituição do Império independente (1824) não há uma palavra sequer sobre a escravidão, o sistema de trabalho que sustentava toda economia nacional. No Artigo 6 item I é dito que os ingênuos (nascidos no Brasil) e os libertos são cidadãos brasileiros; no 94 item II que os libertos não têm direito a voto; e no 179 inciso 8 é abolido o uso da tortura, das chibatadas e do ferro em brasa. E só. O resto veio aos poucos através de leis ordinárias, todas a favor dos escravizados. Proibição da importação, Lei dos Sexagenários, Lei do Ventre Livre, Abolição, etc. Em 1888 cerca de dois terços dos negros do Brasil já eram libertos ou nascidos livres. Também não encontramos nenhuma legislação determinando que os escravos deviam ser pretos (embora fossem) ou de que todo preto devia ser escravizado (o que possibilitou como vimos acima uma população crescente de pretos libertos). Simplesmente não tivemos leis raciais pois quase todo mundo era mestiçado, os próprios chamados "brancos" eram em boa parte judeus ou mouriscos convertidos (cristãos-novos).

Muito se especulou sobre os motivos de tanta mistura racial entre nós, fato que não se repetiu em outras colônias portuguesas da África e da Ásia. Devemos isso primordialmente aos índios do litoral, do grupo tupi-guarani, que possuíam um sistema familiar abrangente, no qual oferecer filhas e sobrinhas aos recém-chegados era uma prova de prestígio e um modo de aproximação e cordialidade. Vide Catarina Paraguaçu e Caramuru. Depois veio a promiscuidade sexual da escravatura. Chica da Silva e João Fernandes. Mesmo hoje, séculos depois, a análise do DNA uniparental que se transmite pelo lado feminino revela 34% de origem indígena (contra 36% de preta e 14% de branca). No que se refere ao DNA masculino a coisa é bem diferente: 75% branco, 15% preto e apenas 0,5% indígena. (Fonte: UFMG, em *FSP*, 18/7/2021.)

Os brancos são maioria apenas nas regiões Sul (76%) e Sudeste (52,2%) e no seu ponto mais baixo não chegam a 20% no Norte. Os pardos dominam no Norte (72,3%), Nordeste (64,9%) e Centro-Oeste (55,3%). Os pretos são minoritários em todo o país e seus melhores índices estão no Nordeste e no Sudeste (cerca de 10%) e o pior no Sul (3,8%). Quando analisamos por estado da federação essa diferença se repete. Temos dois estados praticamente brancos SC (84,1%) e RS (81,5%) e seis esmagadoramente pardos (AM e AC, 76%; PA, 73,3%; PI, 71%; AL e SE, 70,5%). A presença do preto é mais discreta com 20%, na BA; 14,3%, no RJ, e MG, MA e TO beirando 11%. (Fonte: *FSP*, 25/11/2016.)

Torna-se evidente então que não há como somar pardos e pretos na denominação "negros" como tem acontecido nos últimos anos. Se há poucos pretos na região Norte, por exemplo, onde a maioria esmagadora é parda, sem dúvida essa população não é afrodescendente e sim cabocla, mestiça de branco e índio ou pardo e índio. Ao contrário do Sudeste, onde os pardos são seguramente afrodescendentes, pois há bem menos indígenas, no Norte estes surgem em porcentagem bem mais expressiva (11% de RR, por exemplo) e quatro estados possuem mais de 50 mil indígenas declarados (MS, BA, PE, RR) e um (AM) o dobro disso. (Fonte: IBGE.) Entenda-se por "indígena declarado" os que vivem nas reservas, cerca de metade da população.

Portanto uma boa parte dos chamados pardos não pode, não deve e não quer ser incluída como "preta". Existe até uma entidade, a Nação Mestiça, sediada em Manaus, que se autodefine como um "movimento pardo mestiço brasileiro", ressaltando essas diferenças. Suas declarações merecem toda atenção como essa que encontramos na página do STF:*"o sistema de cotas para negros não é, a rigor, medida de ação afirmativa... tem por base uma elaborada ideologia de supremacia racial que visa a eliminação política e ideológica da identidade mestiça brasileira e a absorção dos mulatos e caboclos, dos cafuzos e outros pardos pela identidade negra a fim de produzir uma população exclusivamente composta por brancos, negros e indígenas"* (Helda Castro, 2011). Por pressão desse e outros grupos foram incluídos adendos à lei beneficiando mestiços e indígenas.

Mas como definir um "pardo"? Originalmente, alguém de tonalidade marrom como o pardal, pequeno pássaro urbano. Mas os beges, quase brancos? Apesar da nomenclatura do IBGE tratar de cor da pele e não de raças e assim como o censo aceitar que cada cidadão defina a sua, a lei das cotas se refere a raças, igualmente definidas como "não existentes" na moderna antropologia e cada candidato também escolhe onde melhor se encaixa. Mas tem havido tantos questionamentos e fraudes que em algumas universidades têm sido nomeadas pessoas para verificar a autenticidade da declaração, inclusive na até agora respeitadíssima USP.

Não há como não recordar as comissões do *apartheid* sul-africano que tinham a mesma função. Verificar a etnia dos cidadãos. Quantos antepassados pretos será preciso provar, como nas Leis de Nuremberg, para ser considerado afrodescendente nesse novo Brasil? Certa cantora parda teve de sair do elenco de uma peça musical sobre uma sambista negra porque era clara demais, pressionada por entidades. "Acordei preta e fui dormir branca", ela (Fabiana Cozza) reclamou. Na realidade não é preta nem branca, mas mestiça. Mas afinal os pardos não foram somados aos pretos pelo IBGE na denominação "negros" como nas leis Jim Crow? Ronaldo Vainfas, professor da UFF, narra com humor o dilema do técnico do time de futebol da favela paulista Heliópolis, time só de negros, para definir quem podia ou não jogar: "não pode jogar no time dos pretos o fulano que o cabelo voa quando corre". Todas essas dúvidas e perguntas que hoje são pertinentes seriam inconcebíveis no Brasil de 50 anos atrás.

Não me parece ter sido uma boa coisa essa transformação de um problema basicamente social num problema estritamente racial. Há toda uma teoria atribuindo isso a um plano da CIA executado através de universidades norte-americanas. Será? Nada mais eficiente sem dúvida para desestabilizar a sociedade brasileira do que remexer no assunto miscigenação que, como sabemos, é secular e irreversível. A pauta identitária completa - que inclui ainda os homossexuais, os índios e as mulheres – foi adotada pela esquerda que assim se afastou de sua base operária tornando-se uma ideologia da classe média, enquanto os pequeno-burgueses e trabalhadores abraçaram a direita e agora a extrema direita. Na França de hoje muitos dos departamentos de maioria proletária que votavam no Partido Comunista hoje votam em Marine Le Pen e não nos cosmopolitas socialistas identitários. Muito por causa da pauta de costumes – observaria Camille Paglia. O povo é conservador, descobrimos decepcionados. E agora?

Se a diferença entre racismo e preconceito é que o primeiro possui um arcabouço legislativo e o segundo é mais um impulso individual, no Brasil nunca existiu nem existe racismo, pois nunca tivemos legislação a respeito. No verbete da Enciclopédia Britânica "segregação racial" encontramos o seguinte: *"A segregação racial aparece em todas as partes do mundo onde houve comunidades multirraciais salvo onde houve mistura em grande escala como no Havaí e no Brasil. Nesses países houve discriminação social ocasional, mas não segregação institucional"*.

Isso não significa que não haja preconceito e que esse não esteja crescendo e chegando ao limite do intolerável. Anos atrás seria um escândalo que num estádio de futebol um jogador fosse xingado de "macaco" pela multidão. Mas também causa estranheza que o cantor Baco Exu do Blues tenha dito as bobagens que disse no YouTube sobre o relacionamento com mulher branca sem despertar polêmica com as feministas. Basta também olhar a composição étnica das Forças Armadas para verificar que existe um funil invisível mesmo numa atividade do Estado da qual se espera no mínimo refletir a diversidade da população. Preconceito estrutural mais do que racismo estrutural, eis a questão. São semelhantes, mas não são a mesma coisa. E o primeiro ainda de mais difícil solução do que o segundo. Uma legislação pode ser revogada numa penada legislativa, mas mudar a cabeça dura das pessoas é bem mais difícil. Mas não impossível.

Post scriptum. Creio que merece registro a recente campanha na internet de Nabby Clifford, músico ganense há muito radicado no Brasil, para a troca da palavra "negro" por "preto" no que se refere a etnias humanas. Argumenta que "negro" é sempre associado a coisas ruins e/ou pejorativas: fome negra, peste negra, alma negra, viúva-negra (aranha venenosa), denegrir. E preto é apenas uma cor, um tom de pele.

8

MISSIONÁRIOS NAS REDAÇÕES

Barbara Maidel

A característica fundamental do apóstolo que vai levar os evangelhos a quem os ignora – índios, detentos, prostitutas – é a iniciativa intrusiva: os destinatários das suas pregações não requisitaram seus serviços. Ele se engaja nessa campanha porque pensa que é seu dever alumiar o entendimento daqueles que, por insciência ou desventura, estão prometidos à danação. A tarefa costuma ocorrer com vistas a salvar os outros em nome de valores morais: quase ninguém visita tribos isoladas para ensinar matemática ou fazer uma exibição das telas de Caravaggio.

Dependendo da forma como se olha para essas movimentações, pode parecer tudo muito honesto ou prepotente, mas como o celofane que fica entre mim e o mundo tem uma leve coloração pessimista, costumo apostar na prepotência para interpretar a ação de doutrinadores religiosos. Ainda assim, os cruzadistas têm uma vantagem: são francos na sua missão. Quem os recebe e quem os vê de fora sabe exatamente o que está sendo feito, pois eles deixam claro a que vieram e o que motiva seu resgate. Embora às vezes tirem proveito da simplicidade e do desespero das vítimas para manobrá-las com terrorismo psicológico e regalos, os meios não mascaram os fins, e as pessoas que comungam com eles tendem a não esquecer que seu principal intento é a evangelização.

Isso é com as religiões místicas. Religiões seculares já têm uma ala expressiva de missionários que adotam formas mais dissimuladas de converter infiéis: vão se insinuando dentro de instituições que invocam prudência e imparcialidade como cânones a serem observados, paulatinamente boicotam o regimento da casa pondo recados subliminares no material que produzem e passam a dar enfoque a temas prezados pela sua congregação. Crédulos de que escaparão ao descobrimento porque roem as bases das instituições com dentadas miúdas, eles vão pautando juízos com táticas que parecem saídas da *Escola das Artimanhas da Propaganda* e contam com os olhos abotoados dos fregueses para naturalizar a impostura dessa catequese. Depois de aliciadas, facções de convertidos advogarão por esse modelo, em petições, como "a mais lídima justiça". Essa é a situação das universidades, do Judiciário e dos meios de comunicação diante da recente invasão identitária. Neste texto, tratarei especialmente do sequestro da imprensa por seguidores desse movimento.

Escrevo da perspectiva de uma consumidora de notícias. Não entendo das minúcias do processo jornalístico, não tenho intimidade com ninguém do ramo, nunca estive nos bastidores da produção de informação midiática. Alguns profissionais da área que notam o vigente ânimo *"na dúvida, pró-minoria"* infestante dos seus locais de trabalho teriam melhores condições de indicar os pontos de virada e os artefatos da manipulação que mudaram a forma de apresentar a notícia, mas parece que poucos deles estão interessados em enfrentar o Golias que os remunera. O que é bastante compreensível se nos dispusermos a calçar seus sapatos por um minuto.

Quando se trata do ganha-pão de empregados sem estabilidade, soa até algo sádico exigir que sejam mártires solitários de uma causa que estão destinados a perder. As parcas dezenas de jornalistas que aceitam o embate público sobre as novas obsessões progressistas não atuam no mercado da sua formação ou então servem a mesa do que se convencionou chamar "direita" no Brasil, um cestão que incluiria liberais econômicos, reacionários e conservadores. São conceitos confusos – a maioria dos ditos conservadores é *reacionária*, e muitos liberais depositaram voto num candidato a presidente que passou quase três décadas como deputado federal defendendo militares, execução de pessoas e Estado inchado –, mas alguns dos jornalistas que combatem a "grande mídia identitária" escrevendo para veículos alternativos ou de menor amplitude aceitam oferecer as costas da própria mão para o setor xucro da direita limpar a boca e ainda sorriem quando a família verde-amarela faz um comentário preconceituoso antes de deixar o restaurante. A bravura também não está entre eles, e sua angústia de se arrebanhar entre quaisquer "contrários ao identitarismo" para ganhar chancela ao que escrevem e poder nadar na piscina de algum clube é algo a se lamentar.

Malgrado meu desconhecimento dos pontos técnicos da faina jornalística, há problemas que sou capaz de notar porque há muitos anos consumo o resultado dessa firma. O cliente não precisa fazer um curso sobre os mecanismos que culminam no produto que ele adquire para só então exercer o direito da crítica, embora isso pudesse dar mais substância à reclamação. Por outro lado, é verdade que muitos detratores da imprensa não fazem a mínima ideia do que estão falando: embaralham as propostas das seções de notícias com as seções de opinião, culpam o jornal pelo que disseram seus colunistas, acham que o uso da palavra "suspeito" para indicar um possível criminoso é mau-caratismo porque para eles "está na cara" que o suspeito *é* o criminoso, difamam como "contraditória" uma redação que altera sua posição sobre matérias científicas depois de estudos mais recentes apresentarem fatos novos (neste caso a ignorância não é apenas sobre como se faz jornalismo, mas também sobre como se faz ciência). Por causa disso, não dá para ombrear o cliente de notícias ao cliente de produtos: o primeiro costuma ter menos razão quando se levanta do sofá e dá três passos até o computador para se queixar de defeitos no que adquiriu. Nunca vi alguém que comprou bolachas vencidas ou ameixas mofadas defender "o fechamento das redes de supermercados", mas o cliente da imprensa que é ingrato sobre a sua dependência propende para essas soluções incendiárias. Não partilho da sanha de destruir instituições inteiras por existirem setores problemáticos dentro delas, e prefiro já deixar isso avisado para não empolgar quem, à caça de culpados de todos os males, elegeu a mídia como inimiga do povo.

* * *

Não obstante alguns autores façam diferenciação entre *linha editorial* e *política editorial*, optarei por entendê-las como sinônimas e usarei a primeira expressão no decorrer deste ensaio. É comum que jornais adotem linhas editoriais que explicam para o leitor sua visão de mundo, de que forma escolhem o que é válido como fato jornalístico, se possuem tendência política. A *Gazeta do Povo*, por exemplo, se apresenta como um jornal alinhado a pautas popularmente conhecidas como conservadoral[29]. Num texto que resume o que chama de suas *convicções editoriais*, ela expõe "os valores que capitaneiam as coberturas jornalísticas do veículo". Dentre eles estão a dignidade humana, o combate à miséria econômica e moral – o jornal dá como exemplos o uso de drogas, a prostituição, a pornografia, a traição, etc. –, a defesa da vida desde a concepção, o valor da família, a importância do casamento – sobre ele, diz que "não é uma construção social, mas uma instituição natural" –, ações afirmativas que respeitem o princípio da proporcionalidade, o voto distrital misto. Quem é assinante da *Gazeta* sabe que dificilmente encontrará ali uma reportagem sobre como a descriminalização do aborto em determinado país melhorou as condições de vida de mulheres pobres ou um artigo elogiando um projeto de regulamentação da atividade de garotas de programa. O jornal assume suas orientações, com isso atraindo aqueles que concordam com a maior parte delas e afastando quem discorda.

A *Folha de S.Paulo* tem outra postura. Em seu último projeto editorial, de 2017, intitulado "Jornalismo profissional é antídoto para notícia falsa e intolerância", ela diz atualizar compromissos "[numa] era de mudança de hábitos dos leitores". Mas reforça sua linha já adotada em projetos anteriores:

> O jornal mantém uma perspectiva liberal diante da economia, da política e dos costumes. Reitera que procura praticar um jornalismo crítico, apartidário e pluralista. E salienta a dimensão analítica, interpretativa e opinativa capaz de iluminar os fatos.

Dos seus 12 princípios editoriais, publicados no mesmo projeto, destaco os de números 6 e 81.

---

[29] Para uma melhor compreensão do que seja a genuína disposição conservadora – em contraposição à fantasia reacionária que o termo vestiu no Brasil e em outras partes do mundo –, recomendo a leitura de *As Ideias Conservadoras Explicadas a Revolucionários e Reacionários*, do jornalista e cientista político português João Pereira Coutinho.

6. Cultivar a pluralidade, seja ao divulgar um amplo espectro de opiniões, seja ao focalizar mais de um ângulo da notícia, sobretudo quando houver antagonismo entre as partes nela envolvidas; registrar com visibilidade compatível pontos de vista diversos implicados em toda questão controvertida ou inconclusa
[...]
8. Manter atitude apartidária, desatrelada de governos, oposições, doutrinas, conglomerados econômicos e grupos de pressão

É o alinhamento que espero encontrar em um jornal, tanto é que há cerca de uma década optei por assinar a *Folha*. Mas faltou combinar esses princípios com alguns dos jornalistas que atuam apurando notícias naquela redação: partidários, doutrinários e simpáticos a "grupos de pressão" que comandam as pequenas malandragens que eles impingem aos leitores.

Aqui sou de repente tomada por um certo mal-estar na apreciação das inclinações midiáticas, pois existem pessoas e assuntos capturados pela índole futebolística da audiência, o que gera reclamações às vezes injustas sobre a cobertura dos acontecimentos. Não importa a forma como a imprensa fale deles – polarizados por gosto ou à revelia –, haverá objeção das duas torcidas sobre o tratamento dado à questão. Isso é patente quando estão na mira das notícias figuras políticas que arrebatam e enojam multidões. Os favoráveis reclamam de perseguição, os contrários acusam as matérias de "pouca ênfase", o que denunciaria o facciosismo da imprensa. A cisma é revezada pelos beatos, que não se furtam a buscar fundamentos para suas conclusões na mídia independente – em alguns casos, *independente da realidade* – toda vez que a grande mídia não confirma as certezas nas quais depositaram as custosas fichas da afeição.

A complicação também ocorre na ala da imprensa que todos os dias desfralda a bandeira da militância antes de iniciar os trabalhos. Conquanto geralmente agrade aos seus irmãos de fé, há situações em que essa ala é cobrada por não ser unilateral às claras – doutrinar nas beiradas não basta –, e há casos em que até sua intenção de ajudar o movimento é mal compreendida. Em 28 de junho de 2021, a *Folha* publicou a matéria "De laço rosa, uniforme e mochila, adolescentes brancos furtam condomínios em SP", assinada por uma repórter que disse, em rede social, ter "se dado conta" de que era negra em 2015. Essa epifania requer uma saída da estrada; já, já, em três parágrafos, retorno ao percurso.

"Descobrir-se negro na internet" tem sido comum nos últimos anos, o que expõe uma destas possibilidades: *a)* ou o descobridor não é negro e só passou a se enxergar assim por causa da reclassificação ativista que esconde, quando oportuno, a categoria dos pardos, *b)* ou o Brasil não é tão racista quanto preconizam tumultuadores, pois num país racista você toma consciência da discriminação dos seus aspectos étnicos logo na infância ao transitar pela vizinhança ou começar a frequentar a escola. Ninguém que sempre foi obeso "se descobre gordo" na vida adulta, pois numa sociedade marcada pela lipofobia é cedo que o desdém a esse atributo será expressado, e não apenas na forma da muitas vezes falsa "preocupação com a sua saúde". Negros num suposto "país absurdamente racista" jamais passariam encobertos. A percepção tardia da própria negritude, se procedente, é incompatível com a tese alarmista de que não avançamos no combate à discriminação racial.

Uma das características do racismo à brasileira é clarear evidentes negros, pensando que é melhor chamá-los de "morenos". Ocorre que, num ambiente de franco racismo, mesmo o negro que cresceu sob o rótulo de "moreninho" está a par – por meio de piadas, xingamentos e reiterado preconceito – dos traços reveladores da sua origem. Se após leituras ele deixa de se classificar como *moreno* para se declarar *negro* é porque assume uma marca que, no fundo, sempre soube sua. Ele não *se descobre* negro, ele *se reconhece*. Já pardos que *precisaram da internet* para se descobrir negros e então passaram a palestrar sobre como "*nós* somos alvo de racismo" estão se apropriando de uma discriminação que pouco ou nada os atingiu, e agora tentam mercadejar um *status* que está em alta, conferindo privilégio discursivo em dados contextos: o de vítima.

É escandaloso quando pessoas que ficaram conhecidas por histórias de sofrimento são desvendadas pela falcatrua de inventar episódios não vividos ou usurpar dramas alheios como seus. No caso de alguns pardos que pleiteiam o papel de protagonistas na suposta *sociedade do espetáculo racista do século XXI* e passaram a se dizer "continuamente açoitados" depois que "se deram conta" de que eram negros, parece que o *show* não pode parar, pois todas as noites os ingressos se esgotam. Isso só não é considerado desrespeitoso com quem realmente sofre racismo porque está movendo um grande moinho de dinheiro e prestígio que depende da força numérica dos pardos – maioria no Brasil – para continuar a girar. Como o movimento negro tem estimulado a produção de expressões extravagantes para o seu glossário – "racismo ambiental", "nutricídio racial" –, aqui caberia a cunhagem de mais uma: "autopromoção racial". Refere-se a transformar sua negritude, genuína ou alegada, em moeda para conquistar bens e distinção[30].

Agora vamos deixar o acostamento e voltar à pista principal. É nítido o que a repórter da *Folha* estava querendo ao apontar numa manchete que *"adolescentes brancos* furtam condomínios". Obviamente essa escolha não tem nada de apartidária, mas a profissional deve ter se exonerado de culpa pela transgressão porque fez uma livre interpretação dos seguintes trechos da linha editorial: "praticar um jornalismo crítico" e "[salientar] a dimensão [...] opinativa capaz de iluminar os fatos". Ela quis informar a cor dos adolescentes tanto para mostrar como brancos também cometem furtos quanto para explicar por que eles tiveram facilidade para entrar em condomínios onde não moravam. Outras informações da matéria são importantes para compreender a formação do estereótipo positivo pelos porteiros:

Os adolescentes também contaram que conseguiram uniformes de uma escola particular adventista e conceituada para dar credibilidade

---

[30] Alguns pardos claros aflitos em passar por *pretos* são tão café com (muito) leite que precisam recorrer aos cabelos crespos para tentar apagar o lado branco da sua ancestralidade e provar que são oprimidos pelo racismo. Sem seus cabelos são como Sansão traído por Dalila: perdem a força. É positivo que cabelos crespos – especialmente do tipo pixaim – estejam se libertando do estigma de que "necessitam de correção", mas parece que agora eles estão ganhando a função de se tornar muito pronunciados para levar pardos brasileiros a sentir que estão irmanados com a população da África Subsaariana. Esta, é claro, jamais os reconheceria como pretos – mesmo com a esforçada montagem de visual.

e acesso aos prédios. Além disso, faziam pesquisas na internet sobre o condomínio e, na portaria, informavam que eram parentes de moradores, o que garantia o acesso livre para circulação.

Esses menores infratores não garantiriam sua fachada só com a brancura: então vestiram uma indumentária que transmitisse a mensagem de que pertenciam a uma classe mais abonada e disseram ser parentes de moradores. Se fossem negros ou brancos "malvestidos" – sinalizando pobreza –, provavelmente não teriam entrado no prédio sem autorização, mas isso deve ter mais relação com o fato de o porteiro não estar habituado a ver negros e pobres circulando como visitantes no condomínio onde trabalha do que por revoltantes racismo ou classismo.

Sociólogos amadores do imediato que apostam no asco para explicar que as pessoas se comportem de determinada maneira diante de algumas identidades não compreendem como o cérebro configura um estereótipo, e então sentem que possuem envergadura moral para aquilatar as motivações dos outros. Estão corretos ao cobrar que a polícia não tem o direito de fazer abordagens truculentas com base nesses padrões, mas são apressados demais em ostentar virtudes ao repugnar quaisquer estereótipos: eles mesmos devem saber por que sentem medo quando notam que o GPS os faz cortar caminho por dentro de uma favela ou por que ficam aliviados ao perceber que a pessoa que está no seu encalço numa rua erma e escura é uma mulher idosa e não um homem jovem.

A manchete, todavia, gerou descontentamento dos dois lados nas redes sociais: de quem viu o ativismo jornalístico e de quem, ativista, pensou que o uso da expressão "adolescentes brancos" reforçava a ideia de que o habitual é que negros cometam furtos, o que teria levado ao realce da raridade. A repórter *de repente, negra* foi buscar lã e saiu tosquiada. O jornalismo apanha quando acerta, quando erra, e até quando erra querendo acertar com um setor específico que é capaz de surrá-lo porque tem pressa em se indignar para ganhar pontos sociais. Quanto ao último cenário, não dá para ter comiseração.

Veículos de comunicação captam o que está em voga e transmitem ao público a formação de novos costumes. Não é possível ignorar a ascensão identitária, então é bastante lógico que ela apareça em publicações plurais através de notícias sobre protestos de grupos ligados a esses movimentos, entrevistas com seus teóricos e até concessão de espaço em colunas. A *Folha* há muito tempo trata a seção de opinião como uma grande praça onde são convidadas a se expressar pessoas que têm pontos de vista relevantes sobre assuntos que dizem respeito a todos ou a determinada parcela da população. Hoje opinam nesse largo cerca de 200 colunistas e blogueiros fixos, além de comentaristas esporádicos. Pode-se criticar como é feita a distribuição da seção – foram contratados tantos porta-vozes do pânico racial que parece que o Brasil vive um contínuo *Mississippi em Chamas* –, mas esse é o espaço que o jornal oferece, junto ao editorial, para a liberdade de pensamento desde que não haja afronta à lei. Adendo: defender a revogação de uma lei não é, ou não deveria ser, afronta à lei.

Portanto, a onda identitária tem uma zona legítima pela qual circular em um jornal apartidário e plural: pode ser noticiada e pode ocupar a seção de opinião. Mas não é somente ali que ela tem perambulado, pois qualquer um que esteja atento percebe que a corrente se transformou em metodologia de apuração, o que acaba por distorcer o arbítrio de quem consome as matérias. Se as chefias dos ativistas que tomaram as redações com esse expediente não corrigem o vício, o jornal fere os preceitos estabelecidos com os leitores e mostra não mais lhe apetecer a imparcialidade.

Num ramo como o jornalismo, escolher o que estampar nas seções de notícias – e com qual arranjo estético – já é ser parcial, mas esse frio realismo nunca impediu bons profissionais de enxergar a isenção como *norteadora*. A impossibilidade de evitar pecados e pecadilhos não torna lícito entregar ao leitor reportagens produzidas no espírito de Sodoma e Gomorra. Há lugares onde a depravação é bem-vinda – desculpe, *Gazeta do Povo* –, mas o contrato que a *Folha* propõe aos assinantes não prevê nada disso e é justo cobrar que as cláusulas dele sejam honradas. Assim como não existe "jornal apartidário marxista", não existe "jornal apartidário identitário". Daqui a pouco darei exemplos que mostram como essa metodologia vem saqueando os valores do jornalismo que se anuncia equânime em linhas editoriais.

A defesa do consumidor aqui exposta não tem o objetivo de tirar o emprego de ninguém. Mas se o jornalista que professa um credo neopentecostal de maneira apaixonada não é o profissional mais apropriado para escrever sobre uma denúncia que atinge sua igreja e põe à prova a integridade do ministro no qual ele confia *por princípio*, também não parece correto que jornais escalem para cobrir reportagens sensíveis a identitários justamente os devotos dessa religião secular. Ser especialista numa doutrina é diferente de glorificá-la, tanto é que muitos pesquisadores estudam movimentos dos quais não participam: antropólogos ateus versados em práticas religiosas, economistas liberais peritos em desenvolvimentismo, etc. Mas jornalistas que vêm embutindo viés favorável a minorias em notícias – sem apresentar evidências que corroborem esse viés – não são especialistas em identitarismo: eles *são* identitários. Podem ser fonte de consulta ou matéria de pesquisa para um terceiro que tenta familiarizar o estranho e estranhar o familiar ao estudar as ambições dos novos ativismos, mas seus conflitos de interesse deveriam ser razão de desconfiança quando eles se propõem a tratar de temas caros aos evangelhos dos movimentos negro, feminista e LGBT. Se não conseguem separar rigor profissional e crenças pessoais, o melhor é que o jornal lhes outorgue matérias sobre corrupção, avanços tecnológicos, descobertas astronômicas ou a Festa do Pinhão.

* * *

Em 19 de novembro de 2020, véspera do Dia da Consciência Negra, um homem chamado João Alberto Silveira Freitas foi a uma unidade do supermercado Carrefour, em Porto Alegre, e na saída foi espancado até a morte. Beto Freitas já era conhecido no estabelecimento por provocar funcionários e importunar outros clientes enquanto aparentava embriaguez[31]. Naquele dia, teve uma suposta querela com uma atendente, foi retirado da loja por dois seguranças, desferiu um soco em um deles e então passou

---

[31] Ver artigo no UOL intitulado "Testemunhas do Carrefour apontam Beto como criador de confusões frequentes", de 27 de novembro de 2020.

a ser golpeado. Teria sido uma oportunidade para debater sobre o despreparo emocional de agentes de segurança que têm ações excessivas em abordagens – algumas vezes fatais – e o problema endêmico dos linchamentos no Brasil, mas jornalistas captaram a narrativa que se desenvolvia nas redes sociais e acharam correto transferi-la para as principais chamadas: *Folha, Estadão, O Globo*, G1, UOL e outros veículos ressaltaram que a vítima era "um homem negro".

Num país violento, não é suficiente indicar a cor negra de um homem assassinado para concluir que o crime se deveu a racismo. Portais de notícias deveriam ter elementos para comprovar esse tipo de tese se querem recrutar o leitor, mas no caso de Beto Freitas nenhum indício foi apresentado. Aceitaram a lógica "homem negro morto por homens não negros, logo racismo", não conseguiram resgatar nem sequer uma injúria racial durante o espancamento para validar seu enunciado e então redigiram uma sentença intuída. No Código Penal Identitário, uma pessoa pode ser condenada por presunção, ou seja, sem provas. O jornalismo que não tem uma fórmula apartidária para decidir quando ressaltar a cor de vítimas e algozes segue esse regramento não escrito oriundo dos costumes de uma ínfima porção da sociedade. Na mídia, agora somos obrigados a viver sob o direito consuetudinário de terceiros. Até a Constituição de 1988, com suas adiposidades e obsessões, seria uma conselheira melhor.

Para ir ainda mais fundo na análise – quase nada é simples, mas quase tudo pode ser simplificado –, nem o elemento discriminatório na forma de uma ofensa asseguraria a hipótese do crime explicado apenas pelo ódio, pois a ofensa talvez exerça o papel de acirrar um conflito que partiu de outro motivo. Imagine um homem branco, morador de um bairro paulistano, que tem um novo vizinho chinês. No início eles se dão bem, mas o recém-chegado adquire o hábito de deixar seus cachorros soltos, e muitas vezes eles fogem para o jardim do homem branco, onde arrancam as flores e cavoucam a terra. Cansado de pedir ao chinês que trancasse seus cães para que não fugissem de casa, o branco um dia explode ao perceber que seu jardim foi arruinado durante o tempo em que se ausentou para trabalhar. Fora de si, vai à casa do chinês e começa a espancá-lo. Enquanto acontece a sessão de horror, o espancador faz ofensas raciais. O espancamento ocorreu porque o branco sentia ódio de chineses? Não, começou por um problema de vizinhança. O elemento racial que veio à tona na forma de uma ofensa pode ter contribuído para encolerizar o espancador, mas é difícil pesar o valor desse ingrediente no fato maior da lesão corporal provocada por uma emoção negativa ao ver seu jardim arruinado pelos cachorros do vizinho displicente. Se identitários fossem chamados a opinar, diriam se tratar de crime "evidentemente racial" – com ou sem ofensa verbal –, pois usam a luta entre raças, gêneros e orientações sexuais para explicar conflitos que implicam minorias.

É correto não anunciar a cor dos assaltantes, homicidas e estupradores que estampam notícias, pois essa característica só deveria receber destaque quando importa de maneira inequívoca para explicar o crime. É diferente de informar o gênero, que é usado de modo democrático e não dá margem a desdobramentos sexistas perversos: "Homem mata esposa", "Mulher esfaqueia marido", "Padrasto agride criança". Sabemos que homens são os que mais matam e os que mais são mortos, mas não apelamos a esse fato para iniciar empresas misândricas. Jornais não usam o ativismo para decidir em quais crimes é importante avisar o gênero dos envolvidos e em quais essa informação deve ser ocultada, mesmo sendo conhecida. Não vemos manchetes como "Pessoa mata os pais e vai ao cinema" ou "Pessoa é estrangulada por outra pessoa em crise psicótica no metrô". O gênero só é omitido em situações específicas – "Ônibus cai no rio e uma pessoa morre" – e plurais – "Cinco pessoas morreram na enxurrada". Não observo malícia nessas preferências.

Mas se a imprensa acertadamente não nos informa na manchete a cor negra de um assaltante ou a cor branca de um assassinado, por que ela decide informar a cor de algumas pessoas negras *apenas* quando elas são vítimas, e sem que haja no corpo da matéria qualquer elemento que justifique a menção racial? Não admira que para alguns o racismo pareça ter aumentado nos últimos tempos. É inconveniente que jornais optem por informar a cor de todos os criminosos violentos que aparecem em notícias, pois a razão para que infrinjam leis não passa pela natureza da melanina. A exposição do dado é desnecessária e poderia distrair o público da causa socioeconômica que explica condutas perigosas mais presentes em determinadas classes, o que talvez fomentasse preconceito justamente porque a maioria da população carcerária é composta por pretos e pardos. Há situações, contudo, que recebem tratamento diferenciado de jornalistas por capricho.

Notícias que deveriam nos apresentar os fatos e permitir que pudéssemos tirar conclusões a partir deles agora parecem resultado de um exercício de jornalismo literário, e não porque estão usando um estilo "autoral" que divaga sobre coisas como "o que será que os Panteras Negras comem de *hors-d'oeuvre*?", mas porque tentam arrastar o leitor para uma trama fantasiosa. É verdade que alguns jornalistas ouviram Drummond dizer que "a poesia agora está nos jornais" e tomaram a asserção como incentivo para escrever matérias que começam assim:

> Cadu fumou crack daquela vez como se fosse a última e *tossiu daquela vez como se fosse a única*. Passou mal na rua com seu passo lento e agonizou no meio do passeio público. Sentou para descansar e pedir ajuda. Morreu na padaria sem atrapalhar o tráfego. (Grifos meus).

Prefiro que as notícias do diário que leio venham secas e amargas para não me dispersar do essencial, e que a doçura comedida depois da refeição apareça nas colunas e talvez no caderno de cultura, mas o artigo de onde o meloso trecho acima foi recolhido emocionou outros leitores e seu sucesso deve explicar por que a autora e alguns de seus colegas continuam romanceando a realidade com o auxílio de Chico Buarque. A firula é seletiva, claro, mas isso ainda é o de menos. O que é demais é quando o floreio se mistura a falseamento. Um artigo da *Folha* sobre Beto Freitas trazia a seguinte manchete: "Beto foi pai precoce, filho presente e marido errático". "Marido errático" era uma síntese eufemística para o fato de Beto Freitas ter brigas constantes com a esposa, o que o levou a ser preso duas vezes, enquadrado na Lei Maria da Penha. Chegou a ficar seis meses na cadeia. Como externava a identidade certa e queriam submetê-lo a mártir negro, acharam por bem suavizar que fosse um agressor de mulheres. Também transformaram sua figura em algo muito bonito, porque alguns personagens são eles mesmos e suas contradições. Outros não ganhariam um perfil tão *com açúcar, com afeto*. Depois de críticas, o título foi alterado.

Outros, aliás, não ganham nem matéria. Dias antes de Beto Freitas ser morto, no mesmo Rio Grande do Sul, na cidade de Nova Prata, um homem branco chamado Arlindo Pagnoncelli foi linchado – eram cerca de 40 agressores e testemunhas – por uma suposta importunação sexual a uma mulher e a uma adolescente. Em vídeo, alguém diz no tumulto: "não pode mexer com mulher casada". Arlindo foi internado, mas morreu dez dias depois. A busca por seu nome em um jornal como a *Folha* não retorna nenhum resultado. Não havia uma trama militante para montar ali, bem como não há trama para montar nas tragédias de tantos outros homens de todas as cores espancados num Brasil onde o sociólogo José de Souza Martins estima ocorrer cerca de um linchamento por dia.

A grande imprensa cooptada por ativistas também é responsável pelo viés de disponibilidade que cria a ilusão de uma constante guerra racial. Se a maioria das vítimas é pobre e se os linchadores são muitas vezes também pobres e ignorantes, a fixação por identidades nos últimos anos torna essas pautas secundárias. Problemas visivelmente relacionados à pobreza recebem cosmética identitária para se adequarem a uma causa específica. Que tantos encarcerados sejam desvalidos, jovens, do sexo masculino, de pouca escolaridade e dependentes de defensores públicos é algo que vai para as cercanias: o cerne é que a maioria deles é negra. A polícia e o sistema que a ampara, vistos como institucional e estruturalmente racistas, não ganham nuance por quase não perseguirem mulheres negras e idosos negros de ambos os gêneros. Ninguém quer entender o pacote do estereótipo que ela cria – e do qual algumas vezes abusa – porque é preciso radicalizar o protesto: ali haveria vontade de encarcerar negros *em massa*.

O racismo policial à brasileira é mesmo diferente: faz até seleção de perseguidos por gênero, classe e faixa etária. Militantes alegando que detentos são majoritariamente negros por causa do racismo do sistema carcerário – fatores sociais ficam para depois – talvez possam nos informar qual preconceito explica que homens sejam 95% dos presos, que cerca de 60% tenham de 18 a 34 anos e que menos de 1% deles tenha o ensino superior completo.[32] Por que estamos acatando interpretações simplistas – "é o racismo" – para temas que têm afluentes de complicações?

Só pela leitura de mentes se poderia saber se os dois seguranças que mataram Beto Freitas agiram também por discriminação racial. Os editorialistas da *Revista Época* pensavam ter esse dom da vidência: declararam que a morte de Beto se deveu a "racismo explícito". Na dimensão em que estavam analisando o vídeo – um patamar que broncos mortais não alcançam –, perceberam demonstrações *explícitas* de fúria racista. O ministro Gilmar Mendes, do Supremo Tribunal Federal, escreveu no Twitter que "O episódio só demonstra que a luta contra o racismo e contra a barbárie está longe de acabar. Racismo é crime!", provavelmente impulsionado pela mídia e pela pressa em performar para o auditório. Sem subsídios para sentenciar o caso, um membro da máxima instância do Judiciário fez apreciação dele horas depois do ocorrido. É de se perguntar se o ministro faz ativismo só quando está na internet se guiando por legislação identitária ou se transporta teorias sem fundamento também para os processos que julga. Não deveríamos dar tanto poder a quem tem os próprios humores em tão alta conta.

No dia 24 de janeiro de 2022, o imigrante congolês Moïse Kabamgabe foi espancado até a morte na zona oeste do Rio de Janeiro. Antes que soubéssemos a autoria do crime, a tese de que ele teria acontecido por *racismo* já tinha se espalhado nas redes sociais e os jornais compilavam notas de repúdio nesses termos. Dias depois, a gravação de uma câmera de segurança foi divulgada e os supostos racistas foram identificados: homens que tribunais raciais chamariam de negros. Não é todo mundo que forma opinião conforme os fatos e que muda de opinião se os fatos mudam, então a informação não alterou muito o parecer de celebridades e intelectuais que nos últimos anos reportam racismo com a firmeza de anjos da guarda que tudo veem e tudo sabem. O que eles fize-

---

[32] Dados retirados do relatório consolidado do *Levantamento nacional de informações penitenciárias*, do segundo semestre de 2019, publicado pelo Ministério da Justiça e Segurança Pública.

ram diante do fato novo foi valsar pelo salão para convencer seus influenciados de que o racismo é *tão estrutural* que negros "sentem ódio dos seus irmãos". Houve quem alertasse para o predomínio da violência no Brasil e rejeitasse o fator racial como elemento principal do assassinato de Moïse, mas essa ponderação foi algumas vezes esnobada com a acusação "quem não vê racismo é racista". A virtude está cada vez mais esbravejada e agressiva; é melhor não deixá-la perto de objetos cortantes, pois não sabemos do que ela é capaz para chamar a atenção.

O programa *Fantástico*, da Rede Globo, colocou o caso de Moïse junto ao de Durval Teófilo Filho, homem negro que foi morto a tiros por um sargento da Marinha que o teria confundido com um assaltante, embora Durval não estivesse armado e fosse seu vizinho. São tragédias com explicações diferentes, mas o programa as uniu porque se tratava, segundo a reportagem, de "dois corpos pretos". É léxico de identitário se referir a pessoas como "corpos" – em alguns contextos ginecológicos até recomendam o uso de "corpos com vagina" em vez de "mulheres" para não melindrar homens transgênero –, então é possível assimilar com qual mentalidade operaram o roteirista e quem carimbou seu texto.

O *Fantástico"* apresenta algumas excelentes matérias sobre história, ciência, golpes, corrupção, mundo animal e cultura, mas basta tratar de temas que possam afetar minorias que o jornalismo ali começa a se perverter. Num episódio marcante, levaram o telespectador a acreditar que uma presidiária transgênero não recebia visitas de familiares na cadeia por causa de transfobia. O drama com direito a lágrimas e um abraço do médico Drauzio Varella fez com que pessoas quisessem conhecer a *trans* Susy e até motivou crianças a escreverem cartas para ela. Uma semana depois, o portal O Antagonista revelou o motivo de Susy estar presa: estuprou e estrangulou um menino de 9 anos, deixou o corpo em sua sala por 48 horas e então o despachou, já em decomposição, para a porta do pai da criança. Talvez existam detentas transgênero que passam os dias de visita em solidão por transfobia. Mas Susy provavelmente foi abandonada porque cometeu um crime abjeto.

Existem outras formas de jornalistas tapearem o público para empurrar uma posição. Quando a *Folha* publicou, em dezembro de

2020, a notícia "Morador pede na Justiça apagamento de mural com referências afro e indígenas em BH", antes da manchete já um pouco enviesada havia a etiqueta (*tag*) "racismo", em caixa alta, predispondo o que pensar sobre o caso do homem que não queria aceitar a pintura da artista Criola na empena do prédio onde morava porque considerava o desenho "de gosto duvidoso". A imagem, intitulada *Híbrida Astral – Guardiã Brasileira*, era de uma mulher negra mascarada e pelada com uma cobra saindo de um rasgo da sua barriga e com o aparelho reprodutor feminino ao lado – uma arte que muitos podem achar bonita e "ousada", mas que outros certamente considerariam excêntrica demais para marcar o edifício onde habitam.

Sem que o morador desse demonstração de desgosto pela obra por ojeriza racial, a *Folha* achou correto fazer uma longa matéria sobre o caso somente com uma versão dos fatos e em cima de uma acusação de racismo carente de evidências, baseada em sentimentos. A intervenção artística foi parte do Cura (Circuito Urbano de Arte de Belo Horizonte), festival que teve Jana Macruz como uma de suas idealizadoras. Entrevistada pela *Folha*, Macruz disse que:

> A partir do momento que ele viu que a artista era negra e que seria desenhado o corpo de uma mulher negra com símbolos de matriz africana, acho que está explícito esse racismo.

Uma percepção equivocada é considerada plausível a ponto de dar o tom de uma notícia. Alguém vai à varanda, olha para o céu, *sente* que é o Sol que se move ao redor da Terra, pensa que sua dedução amadorística procede, e então passa a divulgar esse conhecimento que surgiu pela mesma técnica que alguns religiosos usam para provar a existência de Deus: "eu posso senti-lo". O autodidatismo que admirávamos era modesto e disciplinado, recorrendo a bibliotecas e à contínua observação da realidade para começar a esboçar teorias. Hoje o autodidata faz inferências rápidas apenas a partir de sensações e é levado a sério por jornalistas que acreditam em seu talento para apontar onde estão os preconceituosos da sociedade. Se jornais vão começar a dar atenção para acusações graves apenas porque alguém se sente discriminado, poderiam ao menos criar uma seção próxima à de astrologia para que o leitor interessado em fatos concretos saiba de quais artigos flácidos se afastar. A etiqueta "racismo" vindo antes da matéria na página do jornal e também no seu Instagram não apenas catalogava o assunto abordado, mas induzia o posicionamento do leitor. É preciso mais responsabilidade para montar notícias sobre temas tão delicados. A etiqueta foi depois retirada do topo da página e mantida apenas no rodapé da notícia. No Instagram, permanece como um veredito.

Mas o campeão de matérias tendenciosas ou abertamente ativistas é o UOL. Não vale a pena entrar no mérito do que escrevem alguns dos colunistas mais problematizadores do país que trabalham ali, porque seções de opinião são livres inclusive para o absurdo e porque o portal tem um universo – *e uma Universa* – de artigos bizarros que seriam melhor avaliados por comediantes. Só que o próprio jornalismo feito pela empresa é palestrante em vez de ser informativo quando aborda assuntos concernentes a mulheres, negros, LGBTs e outros protegidos eventuais. Matérias que tratam de discutíveis acusações de racismo, sexismo ou homofobia muitas vezes dão razão ao acusador e convidam para opinar apenas "especialistas" em causas identitárias. É como entrevistar somente o Papa para apreciar questões tocantes ao catolicismo.

Pouco leio do conteúdo do UOL, mas só as andanças aleatórias que dei pela página já fizeram com que me deparasse com notícias como: "Por que fala do 4º árbitro no jogo entre PSG e Istanbul foi racista"; "Jornalista faz ataque xenófobo contra time do Bahia em vídeo"; "Rodolffo tenta se defender por fala racista e argumentos dele viram memes"; "Após fala machista, ministro pede desculpa a Tebet e a 'mulheres ofendidas'"; "Crianças sofrem racismo em shopping". Todas as manchetes citadas fazem afirmações sobre episódios que dão margem a interpretações diversas. Só a imprudência recomendaria transformar um desses pontos de vista em fato jornalístico em vez de usar o recurso às vezes safado, mas regular, de atribuir a incriminação aos outros: "Doutor em Estudos Africanos considera que fala de árbitro foi racista", "Mulher é acusada de xenofobia por torcedores do Bahia", etc. Nem isso é exatamente honesto, pois ativistas da desinformação com crachá de jornalistas podem eleger como consultores de costumes apenas quem está em consonância com suas próprias opiniões, mas ainda existe uma diferença de grau entre a manchete ruim e a manchete péssima. O UOL parece ter predileção pelo último tipo.

* * *

Em 20 de novembro de 2021, Dia da Consciência Negra, a Agência Lupa, empresa especializada em checagem de fatos, publicou em sua conta no Twitter uma série de postagens chamada "Dicionário da desinformação – Edição especial: expressões racistas". O *fio* foi feito em parceria com os jornalistas do portal Notícia Preta e tinha como objetivo explicar "a origem histórica de alguns termos racistas e por que eles não devem mais ser usados". A maioria das explicações era apócrifa: dizia, por exemplo, que o termo *criado-mudo* tem procedência no papel que escravos desempenhavam nas casas de senhores brancos – segurando objetos e não podendo emitir sons "para não atrapalhar os moradores" –, e que a palavra *doméstica* se referia a mulheres negras que, ao trabalhar para brancos, eram vistas "como animais" e por isso "precisavam ser domesticadas por meio da tortura". O último tuíte pedia para o leitor riscar estas e outras expressões do vocabulário, curtir a mensagem para apoiar a luta antirracista e compartilhar o dicionário a fim de que mais pessoas pudessem se informar.

Tão logo o *fio* foi publicado, a página passou a receber críticas de usuários que apontavam os problemas da edição e indicavam artigos de especialistas desmentindo a origem que algumas expressões foram tomando entre leigos – e que a Lupa replicou. Resistente no erro, a agência demorou para apagá-lo e fez uma correção estrambólica três dias depois: nela, dizia que sua aula fora "alvo de contestações", apresentava a revisão de todos os termos, mas sugeria "usos alternativos" para cada um deles. Por que a necessidade de sugerir as alternativas "mesa de cabeceira" e "empregada" para os comuns "criado-mudo" e "doméstica"? São expressões que não apenas não têm origem racista como só passaram a ser vistas como controversas depois que paranoicos linguísticos inventaram que elas ofendiam pessoas negras. Uma hipótese é que a Agência Lupa não podia negar os fatos, mas também tentava evitar indisposição com o Notícia Preta – revisar o texto enganoso sugerindo usos alternativos para expressões que o movimento negro repudia era uma forma de se equilibrar na contenda adotando o perfil de boa-praça.

A língua é tão viva que palavras com etimologia pejorativa podem se perder da origem e passar a ser intrinsecamente negativas, sem que seus falantes saibam que elas nasceram para menosprezar uma categoria social, étnica, de espécie ou de gênero. Se mesmo essas palavras não merecem ser cassadas por causa de um sentido extraviado no uso comum, é ainda mais irrazoável incentivar que a população adote "usos alternativos" para termos que militantes *palpitaram* como preconceituosos no surgimento. Alguns pesquisadores talvez se satisfaçam procurando a aurora de certos verbetes não por deferência à cultura, mas para consolidar na História um ressentimento que, na opinião deles, deveria pesar sobre as consciências de todos os seus contemporâneos. Não deveríamos dar atenção a quem erige tribunais anacrônicos nesses moldes, mas inflamados de ódio às vezes têm uma extraordinária capacidade de cooptar.

Num quartinho mofado, em madrugadas insones, um amargurado vai elaborando suas frustrações para que se convertam em distúrbios coletivos. Houve quem transformasse tragédia pessoal em pintura e ficção, em movimentos pelos direitos civis, em vontade de prestar serviços para ajudar os necessitados, mas também houve quem partisse disso tudo para escrever e perpetuar ideologias da destruição sob o disfarce da justiça histórica. E agora essas pessoas são tratadas, por parte da imprensa, como especialistas não exatamente nos problemas que criaram, mas nos problemas que elas *inflaram* para melhor justificar sua relevância. Chove. Anunciam que há uma tempestade furiosa e ininterrupta. Então vendem palestras, livros, cursos e treinamentos sobre a tempestade. A perseguição sem nexo a algumas palavras faz parte desse terror fabricado para dar pertinência a um nicho que em seu Código Penal criaria a tipificação "ofensa etimológica culposa".

É claro que jornalistas podem errar. Todos são suscetíveis a erros mesmo nas áreas que dominam, e só um intelecto mesquinho não perdoará aqueles cometidos de maneira involuntária por profissionais que pensam disseminar informação correta e falham por um descuido perfeitamente humano ou porque fatos imprevistos apareceram. Mas é interessante especular o método de alguns erros que a imprensa brasileira comete e cuja recorrência delata o nevoeiro progressista que baixou sobre as redações.

Pressupor que a Agência Lupa divulgou em sua página e nas redes sociais um texto com etimologia incorreta de modo intencional apenas para agradar militantes é uma alegação extraordinária que exigiria indícios também extraordinários. É improvável que esse tenha sido o caso. Mas partindo do princípio da caridade interpretativa sem descambar para a ingenuidade que tudo releva, parece lícito cogitar que a Lupa se deixou ludibriar pelo conteúdo produzido pela equipe do Notícia Preta porque achou desnecessário verificar a plausibilidade de informações tocantes à causa negra *produzidas por ativistas da causa negra*. A desconfiança a respeito de interesses ocultos e partidarismo talvez recaia com toda sua potência sobre políticos, vendedores de carros usados, curandeiros e magnatas da indústria farmacêutica, mas, por algum motivo que só a boa vontade explica, a imprensa absorve e reproduz material criado por movimentos ideológicos presumindo plena boa-fé. Convicção inabalável na sinceridade do ser amado é algo que dá bom pasto para música e poesia, no entanto parece difícil que o drama desse triângulo amoroso de desinformação – o jornal iludido pela militância e que com ela nos braços iludirá o leitor – sirva para inspirar sambas ou sonetos.

Equívoco semelhante ocorre quando a mídia reproduz as estatísticas de mortes violentas de LGBTs no Brasil feitas pelo Grupo Gay da Bahia (GGB). Segundo relatórios da entidade, sua coleta de dados se baseia em notícias da imprensa, ou seja, clipagem, e a conclusão que se tira dela é que o país que mais mata integrantes da população LGBT é o Brasil – inferno *gay* do mundo.

Em 2019, um grupo de pesquisadores independentes vinculados à Liga Humanista fez uma revisão do relatório de 2016 e descobriu que, para avolumar o pacote das "mortes por homotransfobia", o GGB incluiu na estatística ocorrências no exterior, crimes repetidos, suicídios e acidentes. Apenas 12% dos casos compilados tinham evidente motivação homofóbica, ficando o restante para a conta de "não tem relação com homofobia" e "inconcluso". Depois dessa revisão, o GGB tirou o relatório de 2016 da sua página, mas as estatísticas dos anos seguintes continuaram pressupondo *morte por homotransfobia* onde havia apenas *morte violenta*. Na edição referente a 2019, por exemplo, o GGB computou os casos de uma travesti que morreu atropelada por um carro da polícia ao atravessar a rua; de uma mulher que foi assassinada por sua companheira; de outra travesti que tinha sido esfaqueada pelo namorado, tirou a faca da mão dele e o matou em alegada legítima defesa; de um homem que se prostituía e matou o cliente que lhe devia dinheiro. Parece que se não houvesse homotransfobia no Brasil nenhum membro da população LGBT seria assassinado, pois toda vez que atentam contra a vida de um deles o GGB contabiliza o caso como crime motivado por discriminação. A explicação para isso está no guarda-chuva do "estrutural", segundo a seção *Da proposta e da metodologia* do último relatório da organização:

> Temos adotado *a mesma postura epistemológica e política do movimento feminista, negro, indígena, etc., que incluem em suas listas as vítimas do machismo estrutural e racismo estrutural*. Consideramos portanto homotransfobia não somente as mortes violentas com indícios diretos de ódio, mas também os frequentes casos de *homotransfobia estrutural*, por isto não é tarefa fácil apontar uma causa única de tais mortes violentas, mesmo porque a condição de ser travestis em situação de rua/prostituição, do gay morar sozinho e ser alvo de bullying de vizinhos e parentes, tais constrangimentos podem conduzir a adoção de práticas de risco, a exemplo de levar desconhecidos para casa e terminar em latrocínio. (Grifos meus; erros de português mantidos).

Como o GGB toma inspiração epistemológica e política de outros movimentos, vamos olhar um pouco para um deles a fim de entender as maneiras da musa.

O advogado e ideólogo Silvio Almeida escreveu, no livro *Racismo Estrutural*, que "[...] o racismo é uma decorrência da própria estrutura social, ou seja, do modo 'normal' com que se constituem as relações políticas, econômicas, jurídicas e até familiares [...]", sintetizando assim a ideia que intitula seu trabalho e que se aplicaria a uma sociedade "[...] cujo racismo é regra, não exceção". Poderia ser uma expressão útil para assinalar como o racismo pretérito ainda derrama efeitos para o presente, deixando tantos negros em condições socioeconômicas precárias, tornando arriscada a profissão de cultos afro-brasileiros em algumas regiões – com a grandeza territorial e cultural do Brasil, é leviano responsabilizar o país inteiro por problemas localizados –, fazendo com que traços estéticos negros ainda sejam diminuídos em prol de cabelos lisos, narizes afilados e peles mais claras. A aplicação do conceito, todavia, ficou de tal forma alargada que *qualquer situação danosa que ocorra a pessoas negras se deve a racismo estrutural*. Não é nem necessário que seja danosa, na verdade: basta que a situação seja meramente decepcionante.

Em maio de 2019, a filósofa e ideóloga Djamila Ribeiro escreveu um artigo para a *Folha* chamado "O pacto branco e a maldição da mediocridade". Nele, atribuía ao "pacto narcísico da branquitude" – componente do racismo estrutural que consistiria num grêmio branco em que os membros se adulam e ajudam – o desgosto de ter recebido indicação a um prêmio Jabuti, mas ter sido rejeitada em favor de Fernando Gabeira. Em dezembro de 2021, já colunista da *Folha*, Ribeiro atribuiu ao mesmo pacto o fato de o júri da edição de 2022 da Bienal de Veneza não ter aprovado a candidatura da exposição artística da psicanalista portuguesa Grada Kilomba porque, entre outras justificativas, o mérito da artista não era satisfatório, o racismo como ferida aberta já tinha sido objeto de outras várias abordagens e seu projeto não tinha alcance para internacionalizar a cena artística portuguesa. Ribeiro chamou as razões do júri de "ridículas" e "falaciosas", e acrescentou que Portugal insiste em se apegar "ao romance de sua colonização violenta".

No livro *Lugar de Fala*, publicado pela primeira vez em 2017, Ribeiro cita Grada Kilomba, que também é ideóloga racial – uma polímata –, e ratifica as seguintes ideias apresentadas em *Memórias da Plantação: Episódios de Racismo Cotidiano*:

> Algo passível de se tornar conhecimento torna-se então toda *epistemologia que reflete os interesses políticos específicos de uma sociedade branca e patriarcal*.
> [...]
> É comum ouvirmos o quão interessante nosso trabalho é, mas também ouvimos o quão específico ele é:

"Isso não é nada objetivo!"
"Você tem que ser neutra..."
"Se você quiser se tornar uma acadêmica, não pode ser pessoal"
"A ciência é universal, não subjetiva"
"Seu problema é que você superinterpreta a realidade, você deve se achar a rainha da interpretação!"
Tais comentários ilustram uma hierarquia colonial, pela qual pessoas negras e racializadas são demarcadas. Assim que começamos a falar e a proferir conhecimento, nossas vozes são silenciadas por tais comentários, que, na verdade, funcionam como máscaras metafóricas. Tais observações posicionam nossos discursos de volta para as margens como conhecimento "des-viado" e desviante enquanto discursos brancos permanecem no centro, como norma. Quando eles falam, é científico, quando nós falamos, não é científico.
[...]
Nós não estamos lidando aqui com uma "coexistência pacífica de palavras", e sim com uma hierarquia violenta que determina quem pode falar. (Grifos meus).

Seria necessário um desvio muito acentuado dos objetivos deste ensaio para começar a elaborar o que levou tantos acadêmicos brasileiros a passar pelo absurdo acima sem sobressaltos ou suspeição a respeito das intenções da dupla Kilomba & Ribeiro – em síntese, querem escrever artigos de opinião na universidade sem seguir metodologia científica, e quem se recusar a chamá-las de *cientistas* depois dessa anarquia será imputado como participante de uma ordem colonial que silencia negros. A deficiência de quem ignora a gravidade desse trecho provavelmente se deve ao baixo nível educacional do Brasil – o que prejudica a leitura crítica e a interpretação de textos simples – e também ao fato de que mesmo universidades aninham pequenas igrejas políticas nas quais a credulidade toma o lugar do gênio investigativo, do ceticismo e da busca por evidências. O próprio Silvio Almeida escreveu em seu livro supracitado que "[...] o Brasil não experimentou desenvolvimento ao longo de sua história, mas somente o crescimento econômico" – e ninguém toma a palavra no debate público para corrigir essa análise *muito livre, infinitamente/ livre livre livre que nem uma besta/ que nem uma coisa*[33]. Lá vão, galopantes, os mensageiros do apocalipse racial, avançando em expedição pelo país tendo como única resistência o vento que bate em suas caras. Quando chegam às cidades, à noite, para descansar em dormitórios universitários, são amamentados por peitos quentes prestes a explodir, e ao redor todos conversam aos sussurros para não atrapalhar seu sono. Nem Lampião, com o argumento das armas, teve esse sossego.

Essa pândega da irracionalidade ficará como sugestão de pesquisa para psicólogos comportamentais e outros curiosos sobre os delírios humanos. Para meu propósito, o ponto é que qualquer coisa ruim que aconteça a negros – do assassinato à derrota numa competição literária, da recusa a uma vaga de emprego à recomendação de que sejam objetivos e impessoais ao escrever artigos acadêmicos – pode ser alojada sob o conceito do racismo estrutural. Na prática, portanto, é uma teoria da conspiração que exorta negros e seus patronos a cultivar manias de perseguição.

Situações negativas sucedem a todos, mas se alcançam negros *certamente* elas seriam derivadas do racismo que tudo domina. É uma tese megalomaníaca, anticientífica, anti-intelectual e que 186 jornalistas-censores da *Folha de S.Paulo* consideraram, em carta, *indiscutível* – compararam o conceito às realidades do Holocausto e da Terra de formato geoide para que ficassem mais à vontade em sentenciar os críticos da abrangência do "estrutural" como "negacionistas"[34]. Se uma concepção imprecisa que pode ser aplicada sem critérios rígidos para explicar fenômenos da sociedade tem vedada sua discussão nos jornais e no ensino superior, provavelmente essa intocabilidade testemunha que ela está mais próxima das seitas do que das ciências, mesmo das sociais. Fanáticos que tentam desautorizar disputas conceituais corriqueiras na exploração do conhecimento pensam – com seu linguajar catastrófico e sua ópera chorosa – que são heróis de uma causa nobre que ficará

---
[33] Trecho do poema "Política", de Carlos Drummond de Andrade.
[34] A carta aberta foi publicada na íntegra pelo portal de notícias Poder360 sob o título "Jornalistas da *Folha de S.Paulo* assinam carta contra racismo". Linha fina: "Documento foi assinado por 186 profissionais do jornal e critica textos [d]e Antonio Risério, Leandro Narloch e Demétrio Magnoli".

marcada na História como uma coragem comparável à de Galileu. Mas se a *disposição justiceira* tem o cheiro, o vocabulário e os trejeitos de uma Inquisição que interditava debates ofensivos às sagradas escrituras, parece que é esse modelo dogmático com ares de salvação que tentam emular e é essa velha instituição arvorada como detentora de uma verdade irrefutável que estão homenageando. Galileu não tem nada a ver com a autoproclamada galhardia dos eleitos. Eleitos estes, aliás, que não deixam de ser autoritários porque apreciam quartetos de cordas, usam roupas floridas, prefaciam livros de poesia e não podem ver um negro retinto entrando na sala que já se aprumam para tentar fazer amizade. Tão bonitos, tão feios, tão artificiais e teatralizados.

É por isso que o GGB assume que enfia quaisquer assassinatos de LGBTs em estatísticas de morte por homotransfobia amparado nas *discriminações estruturais* usadas pelos ativismos negro e feminista para manipular a opinião pública. Estatística não é instrumento de psicanálise coletiva para que uma instituição tome a liberdade de orçar como crime de ódio toda morte violenta de LGBT, supondo, nessa visão desprendida, que um inconsciente preconceituoso atuaria sobre esses indivíduos e faria com que fossem induzidos a contrair dívidas por drogas ou atravessar a rua com menos cautela – o que aumentaria, lá na ponta, a chance de morrerem precocemente. Possível subnotificação de homicídio por intolerância sexual ou assunção de que "o ódio homotransfóbico está no ar" não são boas desculpas para inflar dados que vão corromper análises e desorientar políticas públicas.

Essa libertinagem é ruim tanto por lançar mão de um elástico *sexto sentido* quanto por rebaixar outras explicações pertinentes que atravessam fenômenos sociais. Quando se observa a clipagem do GGB, é fácil notar que um país tão violento e pobre como o Brasil acaba estorvando sobremaneira a vida de lésbicas, *gays*, bissexuais e transgêneros que estão nas classes baixas. O filho *gay* de uma *socialite* está blindado da maioria desses problemas por causa dos locais que frequenta e porque em seu meio a discriminação, embora ainda em vigor, está atenuada, dificilmente deixando que a raiva migre da cabeça e vá para os punhos cerrados à procura de facas. Virar alvo de fofoca em coquetéis devido a uma característica sua que deveria ser uma *não questão* é muito menos ruim do que sair de casa e temer ser encurralado e chutado até a morte por vizinhos.

No livro *O Guia contra Mentiras: Como Pensar Criticamente na Era da Pós-Verdade*, o neurocientista e psicólogo cognitivo Daniel J. Levitin aborda a sedução das estatísticas e como elas podem servir aos intuitos de uma parte interessada em determinados resultados:

> Por serem números, temos a impressão de que estatísticas são fatos frios e concretos. Parece que elas representam fatos fornecidos pela natureza e que só precisamos encontrá-los. Mas é importante lembrar que estatísticas são coletadas por *pessoas*. Pessoas escolhem o que contar, como fazer a contagem, que números apresentar e quais palavras usar para descrevê-los e interpretá-los. Estatísticas não são fatos. São interpretações. E a interpretação que você tem pode ser tão boa quanto, ou melhor, a da pessoa que as apresentou. (Grifo do autor).

A questão é saber como analisar uma estatística que é lançada sobre nós com o selo de instituições de renome e autoridades. Mais Levitin:

> É fácil para sectários mentir com estatísticas e gráficos porque eles sabem que a maioria das pessoas vai achar muito trabalhoso examinar atentamente como funcionam. Talvez achem que não são inteligentes o suficiente. Mas qualquer um pode fazer isso, e assim que você tem alguns princípios básicos, as tabelas logo revelam sua elegância – ou deformação.

Não sei até que ponto "qualquer um pode fazer isso". Mesmo depois das instruções do autor para reconhecer enganação no exame de dados, sinto que muitos deles não estão ao meu alcance para possível refutação porque os responsáveis recolhem informações de bancos que não acesso e utilizam modelos que não compreendo. Nada disso, entretanto, se aplica à estatística do GGB, fácil de contestar porque compila notícias da imprensa que estão disponíveis para conferência numa época em que os jornais têm versão digital. E é essa moleza que torna ainda mais insólita a adesão da mídia àquele panfleto.

O trabalho dos pesquisadores independentes que revisaram o relatório de 2016 do GGB tem mais mérito pela resolução do que pela perícia, porque qualquer um que concluiu um regular ensino médio tem condições de abrir os *links* disponibilizados ao final do relatório para conferir se as notícias compiladas trazem alguma informação sobre evidente motivação homotransfóbica nos crimes descritos. Na dúvida, ainda é possível investigar desdobramentos do caso em páginas de busca para ver se há elucidação adicional. Aqueles pesquisadores não precisaram de laboratórios, consulta a bases de dados privadas, telefonemas para delegacias ou viagens para revisar as estatísticas. Seguiram praticamente o mesmo sistema descomplicado usado pelos voluntários do GGB: sentaram na frente do computador e analisaram notícias. Os resultados foram diferentes porque enquanto os pesquisadores se fiaram aos indícios em todos os casos, o GGB fez suposições sobre muitos deles. Adeptos das estruturas da discriminação estão cada vez mais seguros das suas habilidades telepáticas.

A imprensa está confiante nessa metodologia esotérica, pois não foi capaz de inspecionar um relatório *baseado em notícias que ela mesma produziu*. As desculpas do "trabalhoso", do "oneroso" ou do "muito técnico" não são cabíveis, como já demonstrado. É vontade de crer, e ela é tanta que os maiores veículos de comunicação brasileiros foram informados da revisão do relatório do GGB, publicada na página da Liga Humanista, mas não voltaram atrás. Talvez os pesquisadores independentes tenham sido ignorados porque não estavam vinculados a alguma instituição *ilustre*. Talvez recaíram sobre eles suspeitas de homotransfobia. Questionar, com provas e argumentação, a produção de grupos que dizem atender às demandas de minorias tem servido de atalho para receber os rótulos de *cruel* e *odioso*. Deve ser por isso que poucos questionam. Parodiando André Gide, não é com bons sentimentos que se faz boa estatística.

* * *

O Jornalista e o Assassino, livro da escritora Janet Malcolm, repassa uma situação vivida por Joe McGuinniss, um dos repórteres que cobriram o caso de Jeffrey MacDonald, médico indiciado pelo homicídio de mulher e filhas numa noite de fevereiro de 1970. McGuinniss se propôs a escrever a versão de MacDonald, que insistia na própria inocência. Tornaram-se amigos, praticaram esportes juntos, tiveram inúmeras conversas sobre o crime. Quando o livro de McGuinniss saiu, em 1983, MacDonald foi surpreendido: não só o texto de quase mil páginas não o inocentava como dava detalhes negativos sobre sua personalidade e defendia que ele tinha assassinado a família num rompante psicótico após a ingestão de anfetaminas. Traído na confiança que tinha depositado naquele que parecia solidário à sua causa, MacDonald processou McGuinniss por fraude e quebra de contrato – e venceu a ação.

Janet Malcolm parte especialmente desse caso para abordar uma prática que chama de "moralmente indefensável" entre jornalistas: a disposição em tapear entrevistados para obter informações. Utilizando algumas justificativas que Malcolm elenca – a liberdade de expressão, o direito do público a saber, a Arte e o "ganhar a vida" –, esses profissionais passam a ver pessoas como máquinas de suco. A garganta seca os obriga a fazer alguma coisa que leve a máquina a espremer, mesmo que isso exija encenação, disfarces e, bem, abraços. Olhando desse ângulo, parece que estamos tratando de gente torpe, mas certamente muitas matérias suculentas que sorvemos dos jornais foram obtidas graças a esse procedimento – usado em maior ou menor grau –, e é duvidoso imaginar que consumidores de notícias sobre corrupção, golpes ou crimes contra a vida tenham pena dos afetos de políticos, golpistas e homicidas que foram traídos. Essa discussão sobre barreiras éticas é longa e imagino que muitos jornalistas participaram dela nos bares que circundavam as universidades onde estudaram e as redações onde trabalharam. Os mais velhos talvez achem até que é polêmica de principiantes e que já passaram da fase de querer revolucionar qualquer coisa movidos por idealismos.

Singular é que naquele modelo tradicional tira-se proveito da fonte para benefício de leitores e para o prestígio do próprio jornalista. Enquanto isso, no jornalismo que se pensa com uma missão civilizatória e moral, tira-se proveito da fonte *e dos leitores* para benefício de si *e do ativismo*. Não se apura matéria para o público anonimizado, adulto, cujas crenças pouco importam na hora de recolher informações sobre o que, quem, quando, onde, como e, se possível, por quê. Apura-se matéria para agradar à agenda identitária e aos leitores alinhados a essa agenda – em detrimento de todos os outros leitores, tratados como crianças desinstruídas que precisam receber lições no meio da notícia. Da outra maneira – à maneira do jornalismo que almeja a imparcialidade e quer apenas informar –, corre-se o risco de alguém tirar conclusões erradas e acabar desencaminhado. O motor desse pastoreio é uma pretensa bondade. Mas se formos indultar todo mundo que nos trapaceia "com boas intenções", o inferno será esvaziado, e é inoportuno aquele galpão de festas macabras encerrar as atividades porque é lá, mesmo, que faz sentido tanta gente estar.

Quando se trata de assunto que pode afetar minorias, é raro pousar uma bolinha na mesa de um jornalista e vê-la ficar parada ali no meio: ela vai rolar. Como as pequenas perversões cotidianas não costumam ser arquitetadas no consciente e estão longe de se assemelhar à vilania descarada que vemos nas novelas, esses ativistas pensam que suas inclinações são justas e contribuem para tornar o mundo menos opressivo. Sua prepotência moral os leva a avocar encargos arbitrais que estão além da sua alçada, e tudo isso se desculpa e racionaliza entre as paredes do coração. O jornalista modesto que reconhece suas limitações diante de fatos que não controla, trabalha dentro de uma lógica dura para errar o menos possível, recusa-se a transportar deduções ainda sem respaldo para o leitor e não pensa que o instante que vivemos exige um engajamento que vai da manchete às etiquetas talvez já seja visto por colegas "vívidos" como parnasiano, sangue de barata ou refém de uma frieza burguesa[35].

---

[35] Um livro obrigatório que trata dos problemas da imprensa quando refém de ideologias e que critica as ondas de "assuntos proibidos" que toda época produz para os chamados "bem-pensantes" é *Sobre a Verdade*, de George Orwell. Apesar de Orwell ser mais conhecido pela ficção antitotalitária que escreveu, são seus textos jornalísticos que me deslumbram. Alguns dos artigos que estão em *Sobre a Verdade*, publicados nos anos 1930 e 1940, permanecem atuais.

Essa fraude em grande escala é muito pior do que o truque de McGuinniss sobre MacDonald, que parece agora serelepe pelo efeito da contraposição. Um coletivo é lesado porque dentro de jornais que se vendem como apartidários *nas seções que não são de opinião* há profissionais empenhados em fazer proselitismo na cerzidura dos fatos. Apressam a publicação de uma notícia que dará um suposto *furo racista* – mais tarde, com o depoimento do outro lado ou com o exame de câmeras de segurança, a versão não se confirma, mas o estrago de incutir no leitor desatento a impressão de que vivemos uma guerra racial já está feito. Matérias que envolvem acusação de assédio, abuso sexual ou estupro algumas vezes partem do princípio de que "a vítima tem razão". Conteúdos produzidos por grupos ideológicos progressistas ou por pesquisadores que se ajoelham diante do altar identitário não são postos em dúvida e são difundidos sem reparos, como se viessem das mãos de reis.

Não me importaria tanto se toda essa desordem estivesse num jornal que se vende como identitário na linha editorial. Simplesmente optaria por não consumir um veículo que aceita publicar mentiras para obedecer a um comando ideológico. Mas doutrina sendo publicitada como "jornalismo sem rabo preso" ou "de rabo preso com o leitor" é inaceitável. Não fechei acordo com nenhum missionário para se infiltrar na minha vida desse jeito e não tenho desejo de me converter ao culto para garantir entrada num paraíso entupido de aporrinhantes, edificantes, salvadores da humanidade, viciados em indignação, puritanos de cabelo colorido, pregadores ex-pagãos, editores de diversidade, delatores de pequenos desviantes, sanitaristas da arte, santarrões e eternamente ofendidos. Num ambiente desses nem a bebida é capaz de tornar as pessoas mais agradáveis.

* * *

Reacionários e revolucionários são conhecidos pela crítica sem graduações aos grandes veículos de imprensa. Uma simpatizante de Bolsonaro escreveu que se só existissem Globo, Band, *Folha* e *Estadão*, valeria mais a pena se informar pelo WhatsApp. Um professor revolucionário escreveu que no dia em que Globo, *Fo-*

lha e *Estadão* fecharem as portas será carnaval. Essas duas figuras de ardilosa retórica – e que por meio dela comovem tantos inocentes à procura de um líder que organize opiniões pintadas em sedutor *choque* – estão sentadas nas pontas de uma ferradura e se encontram tão próximas que não precisam esticar o pescoço para se beijar: politizam a misericórdia – o protesto sobre o assassinato de um favelado depende de quem era o verdugo, se policial, miliciano ou traficante –, agasalham o discurso autoritário que lhes convêm enquanto criticam o discurso autoritário da outra ponta, têm paixão em estimular conflitos, defendem liberdade de expressão apenas para as controvérsias do seu polo, alimentam ódio pela mídia.

Para reprochar uma imprensa que descumpre a promessa de cobiçar a neutralidade não é preciso se enturmar com esses piromaníacos – a menos que a vontade de ser envolto pelo calor comunitário exceda o desejo de acertar. A ponderação às vezes empurra à clausura. Sabemos que animais sociais como os seres humanos têm horror ao não pertencimento, mas deveria ser uma etapa da civilização aprender a não trocar a solidão correta pelo erro em grupo. Fazer da crítica a setores da imprensa um pretexto para se aliar a quem gostaria de destruí-la é injusto, improdutivo e uma forma de catalisar a polarização que nos aparta.

A reparação da imprensa provavelmente só acontecerá se seus clientes começarem a mostrar insatisfação – com fundamentos – sobre o que está acontecendo. Não pode ser que ela deixe valores jornalísticos de lado para embarcar em surtos coletivos e aderir às reivindicações de quem grita mais alto. Identitários não são a maioria da população para que exista uma tola justificativa numérica para obedecê-los; e se nem as justificativas éticas, intelectuais e científicas eles têm para controlar a linha dos jornais, render-se aos seus pedidos tantas vezes insensatos é algo que as redações vêm deixando acontecer apenas porque normalizaram essa ideologia como "o justo espírito do nosso tempo", de influência inescapável: a recusa a viajar nesse bonde seria atestado de estagnação de quem não acompanha a marcha da História. Mas rejeitar as novas tendências das fogueiras ideológicas, da censura que teme dizer seu nome e dos jacobinismos digitais disfarçados de modernidade também faz parte da História. Não é muito ajuizado subir num veículo que você nem sabe para onde vai só porque "todo mundo está subindo".

Encerro com uma citação de William Zinsser, do livro *Como Escrever Bem: O Clássico Manual Americano da Escrita Jornalística e de Não Ficção*:

> A credibilidade é algo tão frágil para um escritor quanto para um presidente. Não infle um incidente para torná-lo mais extraordinário do que ele realmente é. Se o leitor o flagra, nem que seja em uma única afirmação falsa que você está fazendo passar por verdadeira, tudo o que escrever depois se tornará suspeito. É um risco grande demais, não vale a pena.

É para esse tipo de homilia que jornalistas deveriam dizer *hosana, hosana nas alturas*. E é com essa missão em mente que deveriam tocar a campainha das nossas casas antes de oferecer qualquer palavra.

9

UM DEMÔNIO CHAMADO "OCIDENTE"

Antonio Risério

Nenhuma civilização pensou e escreveu tão devastadoramente sobre si mesma como a civilização ocidental. Bem ao contrário de árabes, pretos e chineses, por exemplo, os ocidentais sabem reconhecer suas injustiças e seus crimes – e denunciá-los abertamente, ao passo que o Egito, ainda por exemplo, nunca admitiu a mínima culpa no tráfico negreiro que comandou por séculos em África (e o Corão avaliza a escravidão). Não vou fazer aqui nenhuma genealogia, evidentemente. Mas podemos lembrar alguns nomes – de Montaigne a Foucault, passando pelo Lévi-Strauss de *Tristes Trópicos*. No século XVIII, Rousseau era já um crítico da cultura. Em 1930, Sigmund Freud faria uma leitura profunda e severa da vida civilizada. Entre um e outro, muitas águas rolaram. E aí surgiria o tema específico da "decadência do Ocidente". Foram pensadores ocidentais que criaram o conceito *ocidental* "para explicar uma instável civilização europeia que, conforme acreditavam, desapareceria inevitavelmente como um magnífico pôr do sol no céu do Ocidente" – lembra-nos Arthur Herman, em *The Idea of Decline in Western History*. Para ele, essa ideia de "decadência do Ocidente" se firmou no século XIX e "se transformou no único tema influente da cultura e da política do século XX". Seria o grande filão de um "pessimismo cultural" que remontaria a Nietzsche e viria para atravessar de uma ponta a outra o espectro político-ideológico, do nazista Martin Heidegger ao marxista Herbert Marcuse, expoente da chamada *freudian left*, a "esquerda freudiana" estudada por Paul A. Robinson, que examinava, de uma perspectiva contestadora, a dialética entre instituto e cultura.

Fala Herman: "O pessimismo cultural persiste na afirmativa de que o curso normal e habitual da sociedade civil segundo o modelo ocidental, enquanto sociedade capitalista ou 'mercantil', pautada em princípios racionais e científicos, em instituições políticas democráticas e em atitudes sociais e culturais conscientemente 'modernas', aguarda seu próprio apocalipse secular. Uma inevitável ruína paira sobre seus produtos e suas realizações; segundo Oswald Spengler, por vivermos na sociedade moderna devemos 'nos conformar com o fato de uma vida acabada'. O homem moderno vive em um mundo que afunda cada vez mais no pântano do desespero, até o surgimento de uma ordem totalmente nova e libertadora. [...]. Essa tradição de pessimismo cultural modelou a visão de nós mesmos e de nossa sociedade de um jeito que mal podemos imaginar. Como um todo, as ideias de Unabomber [o terrorista ecológico], dos revolucionários marxistas do terceiro mundo, dos estudantes afrocêntricos, do vice-presidente norte-americano Al Gore, do grupo ambientalista Greenpeace, de Robert Bly e da cantora Madonna refletem, de diferentes maneiras, suas principais crenças e premissas. De nossa atual obsessão por questões como 'identidade' e 'diversidade' à moderna psicanálise e à chamada 'sociedade terapêutica', o pessimismo cultural nos forneceu uma visão rica e pungente da sociedade e da mudança, embora basicamente complicada e autorrestritiva". Herman assinala ainda que, por volta de 1970, a "decadência do Ocidente" deixou de ser um tema explícito, como o era para Toynbee e Spengler. Mas se perpetuou como assunto implícito no pensamento crítico moderno. "Sartre, Foucault, Fanon e aqueles que deles descendem ideologicamente, como Gilles Deleuze, Jacques Derrida, Félix Guattari e Jean-François Lyotard, ensinavam que as instituições ocidentais, a racionalidade de estilo ocidental, a linguagem, o 'discurso' e até mesmo a imagem ocidental do próprio homem eram todos um ponto final da cultura. Eles proclamavam que toda liberdade autêntica se origina de uma negação ou uma transgressão desses limites ocidentais. [...]. Essas críticas, assim como as de Marcuse e da Escola de Frankfurt, serviram como trampolim para uma nova onda de ideologias antiocidentais e antieuropeias. Uma delas veio a ser o multiculturalismo. [...]. No multiculturalismo, os *sintomas* clássicos da decadência ocidental – a sua racionalidade a esmagar a vitalidade, as suas instituições políticas totalizantes, a economia capitalista e a degenerada cultura de massa –, assim como os recentes *antídotos* à decadência – o racismo, o imperialismo, o nacionalismo darwiniano, o fascismo – juntam-se para configurar o Ocidente como uma força maligna sem par na história". Como são todos intelectuais geográfica e mentalmente ocidentais, podemos dizer que nada é mais ocidental do que o antiocidentalismo.

No marxismo clássico, o "capitalismo" (o que quer que isso significasse ou signifique) aparecia como o obstáculo maior à realização plena do verdadeiro progresso humano. No multicultural-identitarismo, este lugar de honra, digamos assim, passou a ser ocupado pela "civilização ocidental". E a democracia moderna, também uma criação ocidental, nunca foi tida em alta conta nesse meio. O lembrete é de E. Hoffer, em *Before the Sabbath*: "Sartre voltou da Alemanha em 1939, onde estudara filosofia, dizendo ao mundo que havia pouca diferença entre a Alemanha de Hitler e a França". Pouco antes, em visita aos Estados Unidos, Bernard Shaw declarou ao *New York Times*: "Vocês, norte-americanos, têm tanto medo de ditadores... A ditadura é a única maneira que o governo tem para realizar as coisas. Vejam a bagunça que a democracia nos deixou. Por que vocês temem a ditadura?". Michel Foucault, que teve orgasmos com a ascensão do reacionaríssimo aiatolá Khomeini no Irã, não pensava de modo muito diferente: "dava pouca importância ao hiato entre as sociedades livres e as não livres", como bem observou seu crítico José Guilherme Merquior. E o linguista Noam Chomsky, que se tornou um dos papas do esquerdismo mundial, praticamente repetiu o disparate sartriano, ao dizer que o paralelo histórico mais próximo dos Estados Unidos era a Alemanha nazista. A "Amerika" com "k", de que falavam alguns contraculturalistas. Bem. Podemos reconhecer que a democracia liberal possui defeitos imensos, mas convenhamos que não é nada fácil dormir com um barulho desses. De todo modo, é bom frisar que o multicultural-identitarismo, mantendo-se nesta linha, nunca viu com bons olhos a democracia ocidental. E pretende detoná-la, impondo a todos nós uma espécie de "democracia diversitária", fundada no representacionismo estatístico: os "oprimidos" devem ocupar seus lugares nos poderes e nas instituições na mesma proporção do que representam numericamente no conjunto da população. Podem pensar o que quiserem desse projeto, mas fiquem certos de uma coisa: o nome disso não é democracia.

Abrindo o foco, digamos que a "decadência do Ocidente" é apenas parte de um horizonte mais largo e mais profundo. Com o multicultural-identitarismo passamos do tema da decadência do Ocidente ao projeto (em execução) de juízo final da "civilização ocidental". E com os ventos favoráveis do sistema universitário, da mídia e de não poucos partidos políticos soprando fortemente a mudança nos campos férteis do masoquismo que caracteriza esta "civilização". E este é um ponto relevantíssimo: os ataques ao Ocidente encontram solo mais do que propício no próprio Ocidente, em consequência do lugar central que a culpa ocupa na mentalidade e na psique dos filhos e herdeiros da cultura judaico-cristã. Pascal Bruckner já abre *La Tyrannie de la Pénitence* falando disso. Observa que, depois de se representar como pensamento crítico emancipador, de proclamar aos quatro ventos o direito ao prazer, de ter celebrado o hedonismo, a filosofia ocidental (moderna e contemporânea – de Sartre aos filhotes e netos de Foucault) grita agora em nossos ouvidos: *repentez-vous*! arrependei-vos! Esta é a mensagem atual daquilo que um dia foi voz e discurso libertários. "O que ela nos inocula, em matéria de ateísmo, é mesmo a velha noção do pecado original, o antigo veneno da danação" – escreve Bruckner, lembrando o quanto isso medra fácil em terreno judaico-cristão. E embora tais filósofos se digam ateus, agnósticos, livres-pensadores, etc., o que eles estão fazendo é reintroduzir, em nosso mundo, a crença que juram recusar. Aqui, Bruckner recorda uma antevisão nietzschiana: em nome da humanidade, ideologias laicas supercristianizam o cristianismo e vão mais longe que sua mensagem original. De uma forma sintomaticamente seletiva. Enquanto todos os demais povos do planeta se encontram no direito de flanar leves e livres, apesar de todos os seus crimes, só e somente só os ocidentais aceitam carregar o fardo do pecado original. Consentem em estar condenados à culpa. E a se penitenciar.

"Do existencialismo ao desconstrucionismo, todo o pensamento moderno se esgota na denunciação mecânica do Ocidente, acentuando a hipocrisia, a violência, a abominação". E poucos não sucumbem à nova "rotina espiritual", prossegue Bruckner – enquanto um aplaude uma revolução religiosa ou um regime opressivo, outro se extasia com a beleza de atos terroristas ou apoia qualquer guerrilha, alegando que ela "contesta nossa lógica imperial". Existem até os que veem, nas gangues juvenis de guetos norte-americanos, exemplos admiráveis de "guerrilha urbana", talvez sob o signo do *street-fighting man* do *rock* dos Rolling Stones. E aqui Bruckner toca num ponto decisivo: nossos intelectuais modernos e pós-modernos se mostram extremamente complacentes com ditaduras extraocidentais e – ao mesmo tempo – totalmente intransigentes *vis-à-vis* nossas democracias. *Eternel mouvement*, ironiza – "um pensamento crítico, primeiramente subversivo, volta-se contra si mesmo e se transforma em novo conformismo, mas um conformismo aureolado pela recordação da antiga rebelião". A audácia de ontem caiu no lugar comum de hoje. Tudo se fez dogma, *presque monnaie d'échange*, "quase moeda de troca". E ele diz isso porque todo um "comércio intelectual" se estabeleceu com base nesse credo: os professores-sacerdotes ("os mascates do estigma") são remunerados por sua conversa fiada, enquanto distribuem permissões para o que se pode pensar e para quem pode falar. Dão ou recusam o *imprimatur* conforme o grau de ajustamento do texto ao dogma. Para evitar qualquer desvio, comandam a "polícia da linguagem". E repetem sempre as mesmas coisas. Como toda ideologia, trata-se de um discurso que dispensa o registro empírico, que dá as costas a evidências, que não faz caso de fatos. Basta repetir o dogma, a verdade revelada, o discurso penitencial. E a obrigação da penitência é uma "máquina de guerra" de múltiplas funções: censura, rasura, distingue. "Em primeiro lugar, impede o bloco ocidental, culpado por toda a eternidade, de combater outros regimes, outras configurações estatais, outras religiões. Nossos crimes passados nos intimam a manter a boca fechada. Nosso único direito é o silêncio". Nada de tomar partido, nada de se engajar nas coisas de nossa época. Só resta ao Ocidente aprovar tudo que venha daqueles que um dia oprimiu. É o tempo da autoflagelação. Mas, lembra Bruckner, o Ocidente tem culpa no cartório: vítima de sua vitória sobre o comunismo, ele se desmobilizou política e intelectualmente depois da queda do Muro de Berlim. "Um ambiente de renúncia se seguiu à euforia do triunfo". E agora cobrado por todos os outros – da África, da Ásia, do Oriente Médio, mas também por seus pretos, suas mulheres, seus homossexuais e seus índios –, parece ter vergonha de si mesmo.

Seguindo o caminho da contracultura, como disse, a esquerda multicultural-identitária, ao contrário da esquerda marxista, deu infinitamente mais ênfase à crítica da civilização ocidental do que à crítica ao capitalismo. O inimigo passou a ser o Ocidente (melhor: o que ela fantasia ser o Ocidente) e "as grandes instituições consideradas suas guardiãs – quer se trate do Estado, da nação, da família ou da escola" (Bock-Côté). No final das contas, a própria ideia de civilização se tornou suspeita, como se fosse sinônimo de crime. "A civilização é um altar onde se faz um sacrifício – um sacrifício humano", escreveu Norman O. Brown, sem sequer atentar para o fato de que o sacrifício ritual de seres humanos é encontrável tanto nas religiões tradicionais da África Negra, como acontecia na Iorubalândia, no antigo Daomé, quanto em religiões tradicionais da América pré-colombiana, como a dos muíscas – mas não em religiões do Ocidente, como a judaica, a cristã e a corânica... Nenhuma dessas religiões exibe um deus como o Huitzilopochtli dos astecas, cujo culto exigia uma guerra ritualística periódica, com o objetivo de capturar inimigos para sangrá-los em sacrifício sagrado. Em todo caso, em tempos de relativismo pós-moderno, a palavra *civilização* se tornou anátema – e foge-se dela como o diabo da cruz. "Hoje em dia, o termo *civilização* raramente aparece em textos acadêmicos ou no jornalismo, sem o devido uso de irônicas aspas, como se a civilização fosse uma criatura mítica, como o monstro do Lago Ness ou o Abominável Homem das Neves, e acreditar nela demonstrasse um sinal de ingenuidade filosófica. [...]. O objetivo final do furor desconstrucionista, que varreu a academia como uma epidemia, é a própria civilização, enquanto os narcísicos dentro da academia tentam encontrar justificativas teóricas para sua própria revolta contra as restrições civilizacionais", observou Theodore Dalrymple, no ensaio "O que Temos a Perder".

Bruckner e Thomas Sowell estão certos. A recusa à civilização vem invariavelmente acompanhada pelo elogio de tudo que não seja ocidental. De tudo que não seja "branco". E aí vemos a simpatia aberta ou mal disfarçada por uma revolução religiosa cruel como a do Irã ou por ditaduras grotescas na África Negra. Antecipando isso, aliás, Stokely Carmichael mudou seu nome para Kwame Touré, em homenagem a dois ditadores africanos dos anos sessentas: Sekou Touré, da Guiné, e Kwame Nkrumah, de Gana. Do *black power* ao identitarismo, essa doença infantil só fez se espalhar. Sowell: "O que é chamado de 'multiculturalismo' raramente representa um retrato completo dos prós e contras das sociedades do mundo todo. Muito mais comum é a ênfase dada aos aspectos desagradáveis quando se trata de discutir a história e a condição atual dos Estados Unidos ou da Civilização Ocidental, ao mesmo tempo que se minimizam ou mesmo ignoram os aspectos desagradáveis toda vez que se discute a Índia e outras sociedades não ocidentais". Claro: como vimos, ao multiculturalismo só interessa caracterizar a caminhada do mundo ocidental (tanto em seus pecados quanto em suas grandezas, não importa) como crimes contra a humanidade. E é com relação a esses crimes (alguns reais e outros imaginários, tanto faz, que aqui o factual e o fantasioso se apresentam em circuito definitivamente reversível) que os identitários exigem desculpas. Exigem que o Ocidente reconstrua sua trajetória nos termos de uma história penitencial. É a demonização absoluta e absolutizante do Ocidente. Ao mesmo tempo, todos os povos, culturas e sociedades não brancos do planeta são absolvidos. Como vítimas eternas, não podem ter cometido pecado algum. Embora seja uma tremenda cara de pau o Egito e a China posarem de vítimas. E o silêncio, diante de seus crimes, torna-se a lei, o dogma. Leva-se então, para o plano das culturas e das nações, a cegueira programática dos identitários com relação a si mesmos (amplia-se, aplicando ao mundo extraocidental, o silêncio de Angela Davis sobre os crimes sexuais do "pantera preta" Eldridge Cleaver). Ninguém reivindica liberdade-igualdade-fraternidade, ninguém pronuncia a palavra *diversidade*, com relação a países islâmicos, asiáticos ou negroafricanos. Isso está simplesmente proibido. E calem-se os fatos, ok?

Mas a verdade é que não conheço um só povo, uma só sociedade, uma só cultura, que não tenha cometido crimes no seu passado e que não perpetue a opressão nos dias de hoje. Não podemos nos esquecer de que o Egito foi o país dos faraós, onde multidões de seres humanos, reduzidas ao estatuto mais servil, eram obrigadas a construir pirâmides monumentais para nada – ou melhor: única e exclusivamente para a glória de tiranos megalomaníacos. Escreve Tidiane N'Diaye, em *O Genocídio Ocultado*: "Encarregado pelo rei de construir o templo de Wadi el-Seboua, no ano 44 do reinado de Ramsés II, Setau, vice-rei da Núbia egípcia, teve de recorrer à guerra para obter o pessoal necessário... É neste momento que encontramos em África os primeiros sinais de povos negros submetidos a uma forma de servidão comparável a práticas de escravidão... Depois de escravizar os hebreus, os egípcios tinham reduzido à escravidão os seus vizinhos africanos das regiões núbia e sudanesa, antes de receber em grande número – a partir do século II da nossa era – outros cativos vindos da costa somaliana. Portanto, a história dos povos negros escravizados em África remonta à noite dos tempos faraônicos". Mas os arautos e militantes do multicultural-identitarismo ou não sabem essas coisas (embora vivam falando em reconstruir a história mundial, revelam-se absolutamente carentes de rudimentos do conhecimento histórico), ou pretendem apagá-las, na luta ideológica para evitar que os falsos fundamentos do seu dogmatismo sectário descambem água abaixo. Não por acaso, em sua conferência no Instituto de Tecnologia de Massachusetts, "*Crisis in the American Universities*", Camille Paglia protestou, classificando como ingênua e simplória "uma política que culpa os machos brancos imperialistas por todos os problemas da humanidade". Disse ela: "Esta visão da história vem de pessoas que não sabem nada de história. Porque, quando você pensa na palavra 'imperialista', se você automaticamente pensa apenas 'America', então você não sabe nada. Porque quem quer que tenha estudado a história do antigo Egito sabe que o imperialismo foi inventado lá e no antigo Oriente Próximo. Se você quer falar sobre imperialismo, vamos falar então sobre o Japão ou a Pérsia e todo esse tipo de coisas. Não é somente um monopólio do macho branco". O problema é que, entre os ideólogos do identitarismo, ao lado da ignorância, a saída mais óbvia e mais fácil é atacar o Ocidente. Já na maioria dos países extraocidentais, o que vigora é a mente colonizada – e esta, na definição perfeita de Amartya Sen, é "parasitariamente obcecada" pelo Ocidente. E só pode mesmo gerar uma espécie de *reactive identity*, uma identidade reativa, ofuscada pelo mundo ocidental e reagindo ferozmente a isso.

Mas deixemos o passado um pouco de parte. A situação hoje não é muito diversa. Pelo contrário. Como o mesmo Tidiane N'Diaye nos informa, o escravismo continua a rolar no Sudão, em Darfur, aprofundado ainda mais pelo genocídio, pela guerra de limpeza étnica. E a sudanesa Yusra Khogali foge de lá, para fazer discursos furiosos contra a opressão branca no Canadá, país democrático e altamente receptivo a seus delírios homicidas: por que não vai militar em seu país? Mas vamos em frente. Tivemos bem próximos de nós, num tempo historicamente recente, os milhões de chineses mortos pela ditadura sanguinária de Mao Zedong, os massacres ordenados por Pol Pot e seu Khmer Vermelho, os absurdos de Idi Amin Dada e do coronel líbio Muammar al-Gaddafi, o regime mais que opressivo de Saddam Hussein, as atrocidades de Sekou Touré e Bokassa, homossexuais perseguidos e assassinados na Nigéria e no Irã ou correndo o risco da castração na China maoísta, crimes contra a humanidade em Darfur, o genocídio em Ruanda, a guerra civil no Chade e na Somália, o Estado Islâmico transformando jovens iazidis em escravas sexuais no Iraque, os "diamantes de sangue" (até a organização terrorista Al-Qaeda – "A Base", onde "al" é o artigo "a" e "qaeda" significa "base" – se envolveu no contrabando de diamantes na África Ocidental), as "crianças feiticeiras" assassinadas pelos próprios pais em Angola, a prática do canibalismo no Congo, o Talibã aterrorizando o Afeganistão, fuzilando e mutilando as mulheres que não reduz a escravas sexuais, espalhando refugiados pelo mundo – e agora instaurando a ordem islâmica em Cabul. Ou seja: será o império da charia muçulmana. Em artigo publicado no *Humanité*, nos primeiros dias da ocupação de Cabul, a cineasta afegã Sahraa Karimi gritou por socorro, alertando: "... depois de vinte anos de ganhos imensos para nosso país e sobretudo para as gerações jovens, tudo pode ser novamente perdido". No mesmo dia, em entrevista ao *Libération*, a também afegã Chékéba Hachemi, diretora de uma ONG que atua (ou atuava) em defesa da liberdade no seu país, declarou que, submetidas à charia, as mulheres afegãs podem ser dadas como enterradas vivas. E é a mais pura verdade. Apenas um dia depois do artigo de Sahraa e da entrevista de Chékéba, de resto, tivemos o anúncio da instauração do Emirado Islâmico do Afeganistão. Um novo califado totalitário, praticante do terrorismo de Estado. E nossos identitários aplaudem.

Porque nada disso tem a menor importância, do ponto de vista do multicultural-identitarismo. Eles não têm tempo a perder com esses detalhes. Estão ocupadíssimos com seus exercícios teleológicos, sempre dispostos a querer nos mostrar a mesma coisa: toda a história ocidental mais não é do que uma longa série de ensaios preparatórios para a eclosão do nazismo na Alemanha do século XX – e os Estados Unidos se constituem hoje numa versão ainda mais fria e destrutiva da velha Europa. Quanto à África, ao Oriente Médio e à Ásia, vai tudo muito bem, obrigado. Mas sabemos da China liquidando os uigures. Sabemos que a África Negra é um lugar de cruéis desigualdades sociais. Não se trata de dizer que antes, na vigência da dominação colonial, a situação era melhor. Longe disso. Mas o já citado Bruckner está cheio de razão quando, com referência ao mundo negroafricano e ao romance de Joseph Conrad, escreve que o *heart of darkness* deixou de ser a "epopeia colonial" e passou a ser a África independente. Se o sonho socialista negroafricano tivesse um mínimo teor de realidade, poderia ter criado um mundo menos injusto, menos brutal e um pouco mais saudável. A "descolonização" não alimentou qualquer projeto de democracia social. Pelo contrário. Como disse o mesmo Bruckner, em poucos anos, os servos de ontem chegaram ao mesmo nível de bestialidade de seus antigos senhores. Hoje, quando ideólogos e ativistas identitários, nas cidades do Ocidente, acusam diariamente milhares de pessoas de racismo, homofobia, machismo, islamofobia, etc., etc., como é mesmo que vão as coisas em cidades e países não ocidentais, sobre as quais eles não dizem nada? E, além de se manterem silentes, costumam também rasurar a história (não importa se por má-fé ou ignorância) para livrar a cara de todos os não brancos e extraocidentais do planeta, tratados como povos-anjos ou santos. E não por acaso falei de ignorância. Pretos e mulatos identitários costumam exibir um desconhecimento desconcertante acerca das realidades objetivas da África Negra. Um bom exemplo disso foi quando figuras expressivas do mundo negro norte-americano, buscando uma espécie qualquer de enraizamento em solo negroafricano, decidiram trocar seus nomes, assumindo uma nova identidade. Mas, em vez de fazê-lo por nomes encontráveis entre povos e culturas negras tradicionais do continente, adotaram nomes árabes, muçulmanos. Cassius Clay virou Muhammad Ali, Lew Alcindor (estrela do basquete) virou Kareem Abdul-Jabbar, o poeta LeRoi Jones virou Imamu Amiri Baraka. É muito curioso. Em vez de assumir nomes negros, aqueles pretos se rebatizaram com nomes dos muçulmanos que dominaram e escravizaram seus antepassados. Vale dizer, a fim de se livrar de uma identidade escrava, imposta pela sociedade branca dos Estados Unidos, adotaram nomes de uma outra identidade escrava, imposta pelos muçulmanos que foram, durante séculos, seus amos e senhores. Ou, por outra, como diz o dito popular, trocaram seis por meia dúzia.

A verdade é que, regra geral, a turma do multicultural-identitarismo, em sua vertente neonegra, exibe sempre, diante da África, um misto de idealização e ignorância. É impressionante seu desconhecimento do que aconteceu (historicamente) e do que acontece (conjunturalmente) por lá. Vimos isso bem recentemente num programa de televisão, "Roda Viva", que reuniu algumas representantes de nosso racialismo neonegro para entrevistar a escritora nigeriana Chimamanda Ngozi Adichie. Ao sentar para assistir ao programa, topei com uma cena geral bem reveladora, diante da qual não consegui ficar sério: a escritora africana vestida com uma camiseta comum – e as brasileiras fantasiadíssimas de africanas. Teatralidade *Kitsch*, é claro. Me lembrei de que, alguns anos atrás, o romancista Agualusa e outros escritores angolanos vieram da África para participar de um evento no Rio de Janeiro. Ao desembarcar no Galeão, usando suas roupas costumeiras, não viram quem o pessoal do movimento negro tinha escalado para recebê-los, conforme o combinado. Olhando em volta, um dos angolanos descobriu: "achei, é aquele ali". Mas como é que você sabe? – um outro lhe perguntou. E ele: "Só pode ser... é o único brasileiro aqui que está fantasiado de africano". A gargalhada foi geral, obviamente. E também não pude deixar de sorrir, ao ver na tevê aquelas brasileiras fantasiadas, a fim de mostrar a Chimamanda o quão profundamente africanas todas eram... ou, para misturar gírias diversas: como a querer provar que, embora "diaspóricas", eram no fundo "africanas da gema". No entanto, nada conhecem da África – em perspectiva histórica ou visão conjuntural. Sempre me lembro, a propósito, de Bruna Frascolla ridicularizando a dupla Lélia Gonzalez e Djamila (uma subintelectual idolatrada pela mídia e o público semiletrado), por conta de uma "tese" da primeira que a segunda incorporou. A "tese" diz o seguinte: os pretos brasileiros dizem Framengo com "r" porque isso é "marca linguística de um idioma africano", no qual a letra "l" inexiste. Conclusão: negro não fala português, mas "pretuguês". Mas qual o idioma a que se referem? Não se sabe. É evidente que, no meio de milhares e milhares de línguas faladas em África séculos atrás, deverá haver uma que outra a confundir "r" e "l". Mas nenhum dos idiomas que tiveram participação significativa na construção do nosso português mestiço e tropical exibe esse traço fônico. Pelo contrário: todas as línguas africanas que de fato contaram, na formação do Brasil e da língua que falamos, possuem o "l": kikongo, kimbundo, ambundo, iorubá, hauçá, fon. E nunca vi nenhum preto pobre falar "iarorixá" com "r". Língua falada no Brasil que não tinha o "l" era o tupi. Daí a piada de Bruna: a dupla tinha de corrigir a "tese", para dizer que preto brasileiro não fala "pretuguês", mas, sim, "tupiguês".

Mas voltemos ao programa televisual. Uma das brasileiras resolveu mostrar seu alto compromisso com nossas manifestações religiosas de origem africana. Declarando que cultuava Xangô e era "filha" de Oxum, perguntou em que medida as religiões tradicionais africanas (sua referência, na verdade, era o candomblé jeje--nagô, que nos veio basicamente da Nigéria e do antigo Daomé), levando em conta coisas como a "matripotência" de Oxum (logo de Oxum, que nunca foi exemplo de mãe, até por cuidar mais de suas joias do que de seus filhos), poderiam nortear a criação de uma sociedade nova, realmente justa. Uma bobagem, claro. A nigeriana Chimamanda nem deu bola para o discurso folclórico. Falou de sua formação profundamente católica, da divisão da Nigéria em norte islâmico e sul pentecostal e do seu anseio de africanizar o cristianismo, a partir da representação figurativa da

Virgem Maria. As brasileiras ouviam com cara de decepção e ao mesmo tempo de queixo caído. Em vez de qualquer ardente discurso candomblezeiro, Chimamanda sequer se referiu às "religiões tradicionais". Claro. Hoje, elas não significam praticamente nada na Nigéria. Além da insignificância numérica, seus princípios e rituais apresentam lacunas, esquecimentos, em muitos pontos. Não me lembro agora se foi Carybé ou Pierre Verger quem, num dia de festa no candomblé de Santo Amaro do Ipitanga, comandado por Balbino Daniel de Paula, o atual Obaráyì, me disse que o culto de Oxóssi se achava tão desfigurado na Nigéria que, se aqueles africanos quisessem mesmo cultuá-lo à antiga, teriam de vir à Bahia aprender como as coisas devem ser feitas.

Curioso que a militante racialista neonegra pareça não perceber que também no Brasil houve um esvaziamento espetacular dos terreiros de candomblé, com um avanço igualmente espetacular do neopentecostalismo: pretos e mulatos abandonaram os terreiros e agora superlotam templos evangélicos. E não é de hoje. Num ensaio escrito há mais de quinze anos ("Sob o Signo do Exorcismo", incluído depois em meu livro *A Utopia Brasileira e os Movimentos Negros*), chamei a atenção para o fato, observando: "O candomblé experimenta hoje, simultaneamente, o forte sabor da vitória e o gosto amargo da derrota. Ao tempo em que é considerado e celebrado nacionalmente [inclusive, com terreiros tombados como peças preciosas do patrimônio histórico-cultural brasileiro], em que ganhou inédita respeitabilidade social e cultural no país, acha-se também em grave crise, perdendo, em meio às camadas mais pobres da população, o que conquista em círculos remediados e ricos. Está encurralado no canto do ringue, sob uma saraivada de *jabs* evangélicos (ou neopentecostais) – e, entre o tonto e o atônito, atravessa um processo de esvaziamento. Bola inflada no campo da elite política e cultural; bola murcha na várzea popular". Hoje, um bom retrato disso se vê no próprio fato de pretos, pretas, mulatos e mulatas universitarizadas estarem agora se convertendo ao candomblé, conversão político-ideológica da elite de cor, enquanto as massas mestiças populares são mais e mais evangélicas – aliás, essas pessoas universitarizadas recém-convertidas mais me sugerem neófitas de algum neocandomblé – e acho que por isso mesmo não se dizem candomblezeiras ou macumbeiras, como o povo de santo sempre falou, mas "candomblecistas"... E há um aspecto central favoneando a conversão massiva, sublinhado pioneiramente por Maria Lúcia Montes em estudos densos como "As Figuras do Sagrado: Entre o Público e o Privado", enfeixado na obra coletiva *História da Vida Privada no Brasil: Contrastes da Intimidade Contemporânea*: a incorporação de signos e elementos da teologia e da vida ritual candomblezeiras ao culto evangélico. Maria Lúcia Montes faz aqui sua formulação mais original, ao falar de um *ecumenismo às avessas*: "Onde essas igrejas [neopentecostais] inovam é na operação de apropriação reversa que fazem das religiões afro-brasileiras. Se a forma do culto é a do exorcismo, velho conhecido da Igreja Católica, o que se exorciza é sobretudo o conjunto das entidades do panteão afro-ameríndio incorporado às religiosidades populares, das devoções e práticas mágico-rituais do catolicismo ainda conservadas pelos pobres às religiões de negros perseguidos só recentemente apropriadas pelos estratos médios das populações urbanas. Assim o que a nova liturgia evangélica realiza é um ecumenismo popular negativo, ou às avessas, incorporando todas as figuras do sagrado das religiosidades populares sob a mesma designação comum das múltiplas identidades do Tinhoso. O que os ritos neopentecostais supõem, e põem em ação, é um profundo conhecimento dessas outras cosmologias que sustentam tais religiosidades, assim como as técnicas de produção e manipulação do transe das religiões de possessão. Sob a mesma forma ritual geralmente já conhecida pelo fiel nos terreiros de candomblé e de umbanda, as entidades do panteão afro-brasileiro são chamadas a incorporar-se no *cavalo* para, depois de 'desmascaradas' como figuras demoníacas enviadas por alguém conhecido para fazer um *trabalho* contra a pessoa, ser devidamente 'exorcizadas' e submetidas à injunção de não mais voltar a atormentar aquele espírito, pelo poder de Deus [...]. Da Bíblia e seus versículos recitados com ardor pelos pastores, pouco sobrou nesse processo. A teologia protestante foi, de fato, substituída por esse ecumenismo popular negativo, única cosmologia em operação ao longo de todo o rito francamente mágico que é ali executado". Além disso, a "teologia da prosperidade" dos evangélicos e os terreiros de candomblé prometem as mesmas coisas a seus adeptos: abrir caminhos para que eles possam fazer e criar filhos, ganhar dinheiro, alcançar sucesso profissional, ter saúde, se dar bem no amor, manter a família em paz, etc., etc.

Mas voltemos um pouco. Em que pese a tal "matripotência" de Oxum, os orixás não poderiam inspirar por si mesmos uma nova construção social porque nem mesmo tinham feito isso em suas terras de origem. Eram deuses demasiado humanos, na verdade – e escravistas, exigindo sacrifícios rituais humanos para os quais os nagôs destinavam seus escravos. Sempre que penso no assunto, me lembro de Erasmo de Rotterdam, no *Elogio da Loucura*: "os deuses são pelo menos tão loucos quanto os mortais". Orixás não se descolam do mundo humano. Aliás, se quisermos distinguir, como os escritores românticos, entre dois tipos principais de mitologia, a "realista" e a "idealista", colocando em cada extremo a mitologia grega e a indiana, respectivamente, vamos ver que a mitologia iorubá está bem próxima do que se produziu na Grécia e bem distante do que se criou na Índia. É uma espécie mitológica que não se desprende nunca do comércio com os mortais. Podemos dizer dos orixás o que já se disse dos deuses gregos: estão comprometidos com o mundo terrestre, que avalizam, apesar de todas as assimetrias e injustiças. E a comparação pode ser detalhada. Também os *athanatoi* iorubanos têm o corpo vulnerável a ferimentos, estão sujeitos ao desejo e à cólera, à inveja, ao ciúme, etc., e podem ser violentíssimos. A Terra é um teatro para as suas façanhas. E esses deuses temperamentais, de vida tumultuosa, realizam gestos e operações tipicamente humanos: jogam com a sorte, vão ao mercado, trepam à vontade, contraem dívidas, são vaidosos, etc. Negam, enfim, que a paixão e a dor sejam apanágio dos mortais. Penso até que os orixás estavam ainda mais próximos dos iorubanos do que os olímpicos dos gregos. Afinal, os olímpicos falam um idioma próprio (não se sabe como Homero os traduziu), não se alimentam como os mortais e seu sangue é especial – em vez do *haima* que corre em nossas veias, o *ikhôr*. Como se não bastasse, é comum que um deus seja visto, na cultura tradicional iorubana, como um ancestral histórico divinizado, a exemplo de Ogum e Xangô. A propósito, e me lembrando ainda da "matripotência" potencialmente orientadora de uma recriação radical da sociedade, lembro que os orixás estão entre as divindades mais distantes possíveis de qualquer moralismo identitário-puritano ou do "politicamente correto". Exu é exemplo soberbo disso, como ouvimos em seus orikis:

> *Lagunã incita e incendeia a savana.*
> *Cega o olho do sogro com uma pedrada.*
> *Cheio de orgulho e de charme ele marcha.*
> *Quente quente é a morte do delinquente.*
>
> *[...]*
>
> *Agbô é forte, firme, maciço*
> *Dá na aiabá com uma clava*
> *Surra de chicote a mulher do rei*
> *Deixa o chorão chorar*
> *Vê gente se batendo e não aparta.*
> *Assim como ele, há crianças de cabeça alta.*
> *Agbô – eis aqui minha cabeça.*
>
> *Ao tempo que viaja, vigia a plantação.*
> *Agbô, dono do açoite que zumba.*
> *Bará que bebe da água que silva na selva.*
> *Os velhos pentelhos de sua sogra balançam no vento.*
> *Ele se calça e segue dansando a caminho de Oió.*
> *Agbô aguou acaçá no azeite.*
>
> *Bará Melekê tem tufos de cabelo na cabeça.*
> *Agbô, que outro não ponha a mão na minha cabeça.*
> *Agbô vê quando botam pimenta*
> *Na boceta de sua sogra.*
> *Ele é o barbudo que mora na barbearia.*

E não se pense que é só Exu. São todos os orixás. Xangô tem um "falo de elefante, que a xota fraca não suporta". Aganju "mata quem não sabe pensar". Omolu "mata um ijebu que tinha axé e voz dentro da boca". Etc. E Ogum:

> *Quando Ogum despontou*
> *Vestido de fogo e sangue*
> *O pênis de muitos queimou*
> *Vagina de muitas queimou.*
>
> *[...]*
>
> *Terror que golpeia a vizinhança.*
> *Ogum Oboró, comedor de cães, toma teus cães.*
> *Ogum Onirê sorve sangue.*
> *Molamolá fareja farelos.*
> *Dono da lâmina, cabelo come*
> *Senhor da circuncisão, come caracol*
> *Ogum entalhador, madeira come.*
> *Suminiuá, Ajokeopô.*
> *Não me torture, Ogum terror.*

Antes de mudar de assunto, todavia, lembro que a percepção dessas relações greco-nagôs não é nenhuma novidade. Estudiosos da cultura helênica e da cultura iorubá indicam há tempos afinidades entre os jardins politeístas da Grécia e da África. Harold Courlander, por exemplo, em *Tales of Yoruba Gods and Heroes*, considera óbvio o paralelo entre mitos gregos e iorubanos, observando que olímpicos e orixás encontram-se igualmente enfronhados em assuntos e negócios humanos. Também Marcel Detienne, em *Os Deuses Gregos*, ao falar da Grécia como uma sociedade rica em deuses ("politeísmo" vem do grego *polytheos*), lembra que isso a torna comparável "às civilizações da África negra, ao Mali, ao Senegal, ao Daomé". O paralelo é grifado até mesmo em termos preconceituosos, quando falam aqueles que julgam que tais parentescos mostram faces primárias ou negativas do universo grego, como Johan Huizinga dizendo que "não há muito a escolher entre Hermes, Thor e qualquer deus da África Central". Nem era por outro motivo que o anglicano T. S. Eliot achava a Roma de Virgílio "mais civilizada" do que a Grécia de Homero – e o crítico Stephen Spender acertou em cheio ao dizer que a Grécia arcaica e a África Negra significavam, para Eliot, o *horror*. Do mesmo modo, E. R. Dodds, em *Os Gregos e o Irracional*, referindo-se ao velho sentimento grego de "uma dependência constante e cotidiana do sobrenatural", tão forte na *Ilíada* e na *Odisseia*, vai se lembrar de sociedades africanas. Nem mesmo o transe, a possessão, era estranho à antiga cultura grega. Em Delfos, usando o corpo e os órgãos vocais da pítia, Apolo falava na primeira pessoa. Os gregos diziam então que a pítia se tornara *entheos*, o que significava que o deus da loucura profética (sabe-se lá por que Nietzsche foi identificá-lo com o "racional") estava dentro dela. Por sua vez, a religião iorubana é uma religião do *entusiasmo*, no sentido grego da expressão, *enthusiasmós* – religião da posse do elegum pelo orixá. O corpo do iniciado é aqui um altar para a descida e o domínio do deus.

Mas vamos adiante, girando agora em outro plano, num breve passeio por paragens não ocidentais, com relação não ao passado, mas ao presente e sua urgência. Como está o Egito hoje, por exemplo, para além de todas as relações de dominação interclassistas? Lá, dez anos depois das promessas descumpridas ou bloqueadas da "primavera árabe", mulheres continuam lutando bravamente por seus direitos. Combatendo, quase quixotescamente, a prática do assédio sexual. O caso da gangue estupradora do hotel Fairmont, no Cairo, já ficou famoso: um bando de garotões ricos, filhos de famílias influentes, currando uma jovem e depois distribuindo a filmagem da curra entre os amigos. Mas as feministas árabes não abandonaram o campo de batalha. Nem as ruas. E as mídias sociais. Mas falta-lhes o ar livre da democracia, da esfera pública. Os militares que tomaram o poder em 2013 fecharam os caminhos. E a realidade não é diferente em outros países da região. Na Arábia Saudita, por exemplo, a líder feminista Loujain al-Hathloul foi presa e torturada. Na Indonésia, a opressão é outra. Adolescentes não muçulmanas são obrigadas a usar véus que cobrem o cabelo, o pescoço e os peitos. A *Economist* deu publicidade à história de Jeni Hia, uma jovem cristã de dezesseis anos que se recusou a usar o véu. O pai dela gravou um vídeo dizendo que não obrigaria a filha a trair sua identidade cristã. "Onde estão meus direitos religiosos?", era a sua pergunta. O vídeo viralizou. Mas o fato é que, de 2001 para cá, dezenas de leis regionais impõem o uso compulsório do véu. Tem-se uma verdadeira pilha de leis determinando regras vestuais. Coisa típica do patriarcado branco do Ocidente, não é mesmo?

E é óbvio que não se trata unicamente de opressão às mulheres. As bichas também sofrem em países não ocidentais – e muitíssimo mais do que nestes. A homofobia na África Negra, por exemplo, é um escândalo. E o tempo parece não passar. A atual juventude nigeriana é tão homofóbica quanto a geração de seus pais ou a de seus avós. E não é só na Nigéria. Hoje, mais de trinta países consideram crime esse negócio de homem trepar com homem. E a maioria dos jovens desses países acha que é um absurdo alguém pensar em defender/proteger direitos de veados. A África do Sul é uma exceção mesmo: o único país que permite o casamento entre pessoas do mesmo sexo. Mas vejam bem. Na Nigéria, ativistas pretos heterossexuais que lutam contra a violência policial não querem saber da presença de *gays* em suas fileiras – pelo contrário: os insultam e agridem. No Sudão (repito: a terra onde nasceu a ativista racista antibranca Yusra Khogali, mas da qual ela foge como o diabo da cruz), militantes *gays* que participaram da revolução que derrubou a ditadura em 2019, passaram, depois disso, a ser perseguidos (e até ameaçados de morte) por suas preferências sexuais. E aqui ainda temos o recurso à falsificação histórico-cultural. Quem quer que conheça o assunto, vê que não há limites para o cinismo/oportunismo, quando políticos profissionais negroafricanos, em disputa eleitoral, tratam a veadagem como uma depravação ocidental branca totalmente estranha à tradição e aos valores verdadeiramente africanos. Claro que é ridículo: nunca houve, em toda a história conhecida da África, um único momento que não registrasse a presença da figura incontornável do veado preto. Mas, se um deles disser isso hoje, corre o risco de ser linchado ou queimado vivo. Em Bauchi, por exemplo, uma das 36 unidades estaduais que formam a Nigéria, homossexuais nem sempre conseguem chegar vivos à prisão, morrendo a caminho do cárcere, incendiados por maltas de muçulmanos histéricos, que os encharcam de gasolina e tocam fogo. Mesmo assim, aqueles bandos de bichas pretas se organizam e estão cada vez mais ousados, falantes e visíveis por toda a África. Nas ruas, inclusive – ainda que sofrendo agressões e mais agressões. Quando a mídia e entidades *gays* brasileiras distorcem ou fraudam dados estatísticos, no afã de pretender apresentar o Brasil como talvez o país mais homofóbico do mundo, elas sempre se esquivam de mostrar quadros comparativos. Onde estão os números relativos a outros países, que confirmariam a *pole position* ou mesmo a colocação do Brasil no *ranking*? Ninguém diz – e nem pode dizer. Porque, em comparação com o que ocorre nos países árabes do Oriente Médio e na África Negra, o Brasil, certamente, é um paraíso *gay*.

Fácil verificar que a "práxis" multicultural-identitária não é diversa da de outros fascismos e comunismos que conhecemos. Só para dar mais um exemplo, nunca ouvi uma só palavra dos parlapatões identitários sobre as elites corruptas de Moçambique, país que hoje conhece a miséria e a expansão do jihadismo islâmico, prosperando sob as asas altamente lucrativas do tráfico de drogas. Na época da luta pela libertação de Moçambique, ficamos todos do lado negroafricano contra a herança abominável do salazarismo. O macho branco ocidental Bob Dylan, em seu disco *Desire*, chegou mesmo a compor uma bonita canção para aquela gente e aquele país, cantando ao som de sua gaita meio tosca e com sua voz inconfundível. No começo:

> *I like to spend some time in Mozambique*
> *The sunny sky is aqua blue*
> *And all the couples dancing cheek to cheek*
> *It's very nice to stay a week or two*
> *And maybe fall in love just me and you.*

E no final:

> *Lying next to her by the ocean*
> *Reaching out and touching her hand*
> *Whispering your secret emotion*
> *Magic in a magical land...*

Na época, era maravilhoso ouvir isso, muito embora, já que me referi ao "canto inconfundível" de Dylan, eu sempre me lembrasse também de uma definição realmente inesquecível do jornalista

Paulo Francis, num de seus artigos para a imprensa paulista: "Bob Dylan é o Pato Donald com consciência social. A voz é a mesma". Mas não é isso o que interessa agora. Terrível é recordar que as revoluções libertárias da África Negra – e as últimas aconteceram em países de língua portuguesa – degeneraram todas em ditaduras assassinas e corruptas, todas com profundo desprezo não só pelos sonhos e desejos do povo, como pelas suas mais elementares necessidades de sobrevivência. Sempre que vejo uma angolana gemendo de fome, me lembro da filha multimilionária do ditador daquele país (Isabel Santos, o nome dela), dona de joalheria em Genebra e de hotel de luxo no arquipélago do Cabo Verde. E é também sombrio o caminho em que o multicultural-identitarismo vai se aprofundando e se afundando. Daí que me vejo obrigado a compará-lo a outros fascismos/stalinismos. É que, também aqui, à grandeza social dos fins, corresponde a baixeza ética dos meios e das práticas acionados para supostamente alcançá-los.

Mas ainda há um ponto no qual gostaria de tocar. O Ocidente, que é tão furiosamente atacado pelas hordas do multicultural-identitarismo, é um determinado espaço histórico-antropológico, perfeitamente demarcável. É o Ocidente Nórdico. Não é o mundo mediterrâneo. O ataque à ciência (ou à cienciolatria) e à racionalidade tecnológica só podem dizer respeito às culturas nórdicas. Grécia e Roma não têm nada a ver com isso. Como escrevi em meu *Ensaio sobre o Texto Poético em Contexto Digital*, volta e meia encontramos algum filólogo a fazer um resumo etimológico da expressão "cibernética", no rastro de Norbert Wiener (a propósito, a expressão deriva do grego *kybernetiké* – pilotar, governar –, de cuja raiz vieram o *gubernaculum* e o *gubernator* do latim, o *gouverner* francês, o *to govern* inglês, o *governar* espanhol e, claro, o *governar* do português), ou algum crítico literário ou informaticista mais culto a falar dos "robôs" da *Ilíada*. Mas a ideia dos autômatos, como sabe quem já estudou o assunto, vem de remoto fundo mitológico. E o fato é que a Grécia clássica não pode ser vista como um complexo cultural que tenha desenvolvido qualquer culto da ciência ou da tecnologia. Que se pense até mesmo no caso extremo de Epicuro, visto aqui e ali como encarnação pioneira do "espírito científico", em função do caráter racional-materialista do seu "atomismo", que conquistou o poeta latino Lucrécio. Mas o que Epicuro buscava era uma vida tranquila, pacífica, e não o controle ou o domínio da natureza. Ele não se interessou pela técnica, desprezava a matemática e via, na procura de riqueza e poder, aplicações perversas de tempo e energia humanos. E o que disse da Grécia posso dizer de Roma. Dos esplendores áticos ao Império Romano, o que temos é um período histórico marcado por notáveis criações culturais e políticas. Mas, do ponto de vista da história tecnológica, a civilização greco-romana não produziu nenhuma invenção admirável ou espetacular. É um mundo e é um tempo tecnologicamente estável, aprofundando e consolidando sistemas construtivos no campo da engenharia, de prédios a pontes e aquedutos. A revolução, ali, disse respeito somente à linguagem, com os novos códigos alfabéticos. Mas nada de máquinas e mais máquinas. A ênfase extrema na *tekhnê* é nórdica. Foram os povos nórdicos que fizeram, do avanço técnico, um objetivo supremo.

De outra parte, este Ocidente Nórdico se planetarizou. E aqui reproduzo em parte outro escrito meu, "Em Defesa da Semiodiversidade", onde abordo o tema. Essa entidade global, a que chamamos Ocidente, é um movimento trans-histórico, extrageográfico e pan-étnico. Décadas atrás, em sua *Introdução à História Contemporânea*, Geoffrey Barraclough afirmou que o processo mais espetacular da história do século XX foi a "Revolta contra o Ocidente", com referência às lutas anticoloniais vitoriosas em África. Mas é preciso acrescentar que essa revolta contra o Ocidente foi feita em nome de valores ocidentais. E dizer isso é dizer tudo. "Se escrevemos a história das batalhas, o colonialismo é um fracasso. Basta porém escrever a história das mentalidades para percebermos que ele é a maior conquista de todos os tempos", notou Christian Maurel, acrescentando que a "maior preciosidade" do processo colonial foi a "farsa da descolonização". Serge Latouche concorda, ao dizer que o fim da supremacia branca não significou o fim da civilização ocidental. Assistimos, na verdade, à mundialização do Ocidente. Este é o fato: o Ocidente (a Europa) perdeu as batalhas, mas ganhou a guerra. Perdeu as terras, mas conquistou o imaginário. A ciência e a técnica substituíram soldados e administradores. E essa tecnociência ocidental, embora universalizável, não é neutra.

Adotá-la implica assimilar um projeto de domínio da natureza e uma certa concepção do tempo. Ou seja: a introjeção de uma certa racionalidade. Ocorreu então uma mudança qualitativa no caráter da conquista. Impérios europeus específicos se desmantelaram, mas, como diz Latouche, o confisco do planeta pelo Ocidente foi definitivo. A ciência, a técnica e o mercado unificaram a Terra. Quando povos extraocidentais quiseram a modernização econômica, jogaram a toalha. E esse processo histórico já se consumou. O Ocidente criou um projeto universal – e se universalizou. Desbordou de sua base geográfica, histórica e antropológica. Hoje, o planeta é ocidental – estruturalmente ocidental.

Para finalizar, voltemos ao início: nunca uma civilização escreveu tão devastadoramente sobre si mesma. E o mundo ocidental-europeu merece muitas críticas. Mas não é o único. Merecem críticas severas o mundo árabe, o mundo chinês, o mundo negro-africano, etc. A verdade é que os ocidentais exibem um senso de reflexividade autocrítica altamente hipertrofiado, se comparamos a história intelectual do Ocidente a histórias asiáticas, médio-orientais ou africanas. Até porque o mundo ocidental tem, também, grandes virtudes – da ciência à democracia modernas. Basta lembrar que ideias como a da igualdade entre homens e mulheres e a dos direitos da criança são ideias ocidentais. Ou lembrar, sobretudo, que não foi o Ocidente que inventou a escravidão. Mas foi o Ocidente que a destruiu.

10

FOUCAULT IDENTITÁRIO?

Marcos Lacerda

As questões que tento colocar não são determinadas por uma concepção política prévia e não tendem à realização de um projeto político definido.

Foucault.

Vivemos um dos momentos mais dogmáticos hoje no Brasil e no mundo, em relação à cultura, à crítica estética, no âmbito das disputas políticas, no que diz respeito às relações sociais, nos conflitos pelo monopólio da moralidade pública, no debate de ideias, no que alguns chamam também de "guerra cultural". São vários os agentes e alvos deste dogmatismo. Muitas vezes, agentes se transformam em alvos, alvos em agentes, como se pode ver no barbarismo do linchamento virtual ou do cancelamento, um conjunto de práticas cada vez mais comum, usado pelos mais variados espectros ideológicos, com o objetivo de silenciar, eliminar, constranger, banir e fazer com que o alvo perca inclusive os seus meios de subsistência por ter ousado, vejam só, não aderir a esta ou aquela perspectiva política e de valor moral considerados como os únicos aceitáveis. Ou por expressarem, vejam a ousadia, suas opiniões, posições, valores e perspectivas pessoais. Chama a atenção aliás que os mais entusiasmados agentes deste tipo de violência simbólica sejam grupos "progressistas" que costumam ter como bandeiras o que eles mesmos nomeiam como respeito às "diferenças" ou à "diversidade".

Neste ambiente contaminado e pesado, em que todos somos como que conduzidos a fazer de nós um cartaz mercantilizável nas redes sociais, com supostas boas intenções morais; um patético agente saneador da moralidade, sempre vigilante e pronto para denunciar alguma ação, texto, vídeo, o que for, que possa ser considerado, dependendo do prisma ideológico, como exemplo de "má conduta" a ser expurgado; ou um *hater* "guerreiro da justiça social", com seu olhar paranoico e algo doentio, existe um tema em comum, capaz de sintetizar grande parte do tumulto: o "poder", ou mais precisamente as "relações de poder", partindo do pressuposto de que existiria algo como *estruturas de dominação* que seriam a expressão da realidade social em última instância. Como se fossem a sua essência indelével, a sua realidade mais verdadeira.

Estas estruturas de dominação, ainda mais, precisariam ser evidenciadas com o intuito de libertar aqueles que estariam, supostamente, sob o seu domínio. Há até os ideólogos profissionais da libertação, que podem se situar em muitos âmbitos da vida social, nos campos acadêmico, cultural, jornalístico, artístico; em meio ao ambiente difuso das militâncias das redes sociais; nas cartilhas de boas condutas de empresas e instituições do Estado e assim por diante. Aliás, as ações de linchamento virtual, cancelamento, perseguição, silenciamento, agressão, assassinato de reputação, denunciação caluniosa, negacionismos os mais variados, revisionismos históricos amalucados e assim por diante são na maioria das vezes justificados como ações legítimas, como forma de combater as mesmas "estruturas de dominação".

Tal concepção das coisas costuma vir associada, não poucas vezes, à obra de Michel Foucault, um filósofo objeto de uma série de conflitos de interpretação, cuja obra, extensa e heterogênea, traz desde já uma série de dificuldades para o analista que tenha um mínimo de honestidade intelectual e lealdade a procedimentos científicos mínimos, valores muito fora de moda neste mesmo contexto dogmático, onde vicejam uma série de negacionismos, associados a "progressistas" ou "conservadores".

A ideia que permeia os jogos das chamadas "guerras culturais", e chancela as teses das estruturas de dominação, é a de que o poder é sempre negativo, sempre age através da censura, da interdição, da proibição, e isso especialmente por estar associado a um agente com capacidade de ação englobante, totalizante e sistêmica. O poder se confundiria com a figura do soberano, aquele que o detém, em detrimento de todos os outros que seriam subalternizados e não teriam acesso ao poder. Podemos chamar o soberano também de "classe dominante", "capitalismo". Mas, é bem mais comum, no caso das teses do multiculturalismo e do relativismo pós-moderno identitário, uma das bases de legitimação das "guerras culturais" e da noção de "estruturas de dominação", o uso de vários outros termos, especialmente "heteronormatividade", todos os "ismos estruturais" (machismo e racismo), "patriarcado", além de um personagem curioso, uma espécie de bode expiatório ficcional usado como se fosse um grupo social homogêneo a-histórico: "o homem branco hétero", que seria o agente central da "dominação".

Em suma, a ideia geral é a de que existiria uma unidade global de dominação facilmente identificável, com conteúdo claro e transparente, e sob o controle de um grupo social supostamente homogêneo, definido pelos termos apresentados acima. Nada mais antifoucaultiano do que uma visão como esta. No entanto, não é sem frequência que associam o seu nome a este tipo de raciocínio.

A ela segue uma outra, também apresentada com frequência. A hipótese de que a modernidade teria recalcado formas possíveis de relação social, de diferentes níveis, afetivo, erótico, comportamental, cultural e assim por diante. Muitas vezes, esta hipótese vem acompanhada de outras, que atribuem às formas de racionalidade modernas, ao iluminismo, ao movimento do esclarecimento, também ao humanismo, uma espécie de direção única, como se a razão moderna tivesse sido o agente principal da dominação e do poder sobre grupos sociais, povos, etnias, territórios, formas de afeto, e por aí vai.

Aqui este tipo de imaginação confusa segue o seu voo sem limites e o seu desejo reducionista e dogmático sem freio algum. As formas de racionalidade modernas são reduzidas a uma razão perversa, agente de um poder total, englobante, vinculado a um continente tratado também como se fosse um espaço homogêneo opaco e vazio, a Europa Ocidental, formado por um grupo social homogêneo, considerado, por fim, o agente principal do "poder" e do "saber". É a partir daí, inclusive, que se costuma utilizar o estranho binômio "saber-poder", ou "poder-saber", em geral para descrever uma das teses mais superficiais que tem aparecido no nosso pobre mercado de ideias: as formas de racionalidade modernas e o "saber" seriam meros epifenômenos de estruturas de dominação, as mesmas que nomeamos mais acima: "heteronormatividade", "patriarcado", os "ismos estruturais" e o abominável homem das neves, quer dizer, o "homem branco hétero".

Tais concepções têm se transformado numa espécie de senso comum institucionalizado, chancelado pelo campo acadêmico, cultural, intelectual, artístico. Festejado pelas corporações transnacionais do hipercapitalismo globalizado. O multiculturalismo identitário, com base nos EUA, se transformou na cultura das grandes corporações transnacionais do hipercapitalismo e, para usar um termo da moda, tem "colonizado", sem enfrentar grandes resistências, os campos acadêmicos das ciências humanas e sociais; o pobre mercado editorial brasileiro; as suas constrangedoras festas literárias; o colunismo, mesmo reportagens que deveriam ser minimamente cuidadosas e, também, os cadernos culturais dos nossos jornais de maior circulação; até mesmo as chamadas "agências de checagem de *fake news*", passando também pelo âmbito do mercado da canção popular, seja a "independente" ou a de "massa".

Forma-se um curioso quiproquó. Ideias que seriam, supostamente, de um filósofo francês se misturam ao conjunto de ideologias vinculadas às elites intelectuais e culturais "progressistas" dos EUA e, no mesmo movimento, se transformam na cultura do hipercapitalismo global, atravessando várias esferas de produção de sentido e valor, como os campos acadêmico, cultural, intelectual e assim por diante. Passam a ser apresentadas como retóricas de combate moral, do que chamam de "luta política", ou também "guerra cultural" contra as "estruturas de dominação". Daí que aqueles que ousam pensar de forma um pouco menos estreita e esquemática são logo tratados como inimigos a serem banidos, linchados, perseguidos, eliminados e assim por diante. Cria-se uma cultura do ódio, de forte teor negacionista, mas que supostamente teria se constituído contra uma outra "cultura do ódio", também com forte teor "negacionista", só que de sinal trocado.

O cinismo e a falência da crítica de parte expressiva da intelectualidade brasileira, aliás, tem acusado quem ousa fazer o trabalho de análise, o estudo e o questionamento dos dogmas identitários, de fazer parte de um suposto "identitarismo branco". Algo que só confirma a pobreza de ideias, o dogmatismo, a falta de imaginação e o uso de exercícios de mídia training "progressista", bastante rentáveis, diga-se de passagem. Este termo foi usado, aliás, como tentativa de desqualificar um excelente livro recém-lançado, O Eu Soberano, ensaio sobre as derivas identitárias, de Elisabeth Roudinesco, o que só comprova o quão limitado e mesmo preguiçoso tem sido o nosso horizonte intelectual. O livro é um dos melhores já escritos sobre o tema e confirma, em muitos aspectos, algumas das teses que defendo neste texto, especialmente a da má leitura dos conceitos do Foucault por parte dos ideólogos identitários.

Tudo estaria bem, na verdade mal, muito mal. Mas eu digo "bem", no sentido de minimamente coerente se de fato pudéssemos confirmar que tais perspectivas realmente podem ser atribuídas a Foucault. O que não é, decididamente, o caso. Para este autor, não existe nem uma unidade global de dominação facilmente discernível; nem tampouco uma espécie de verdade recalcada pela modernidade, pelas formas de racionalidade modernas e assim por diante, e que deveria ser libertada por algum misterioso "Outro da Razão", ou por "outros saberes", "outras epistemologias", e quaisquer coisas do tipo.

Notem que falar em "Outro da Razão", "epistemologias alternativas", ou outros "saberes" que teriam sido sufocados pelas formas de racionalidade modernas, só faz sentido se partimos do pressuposto de que as formas de racionalidade da modernidade são homogêneas, maciças, fechadas, além de atributos exclusivos de um grupo social supostamente homogêneo, facilmente definido e delimitado. Ou seja, se adotarmos uma visão superficial, estreita e intelectualmente discutível de processos históricos, políticos, institucionais, estéticos, administrativos, jurídicos, sociais, culturais e, sim, epistêmicos que não podem ser, nem de longe, sintetizados em algum agente totalizante, ou qualquer coisa do tipo.

Estes processos são formados por elementos heterogêneos que estão sempre em conflito, tumulto, tensão, podendo gerar arranjos os mais variados, que não necessariamente convergem para totalidades prévias, seja de "saber" ou de "poder", muito menos para termos que se querem capazes de englobar os mesmos elementos numa perspectiva paranoica de dominação difusa, e voltamos a eles, os "ismos estruturais", a "heteronormatividade", o "patriarcado", o "homem branco hétero".

E é possível dizer, aliás, que a maior parte do pensamento de Foucault se nutre dessa perspectiva da impossibilidade de se criar sínteses capazes de fazer convergir elementos heterogêneos, sendo seu maior interesse estimular a aparição, tumultuosa, tensa, conflituosa desses mesmos elementos heterogêneos e jamais pressupor algum tipo de unidade prévia entre eles. E isso vale tanto para a sua arqueologia do saber quanto para a sua genealogia do poder, o que desmente completamente as estranhas teses do dogmatismo multiculturalista identitário e do relativismo pós-moderno.

Basta pensarmos em um termo como o de formação discursiva, ou se quisermos, práticas discursivas, mais associadas ao "saber", formadas por elementos heterogêneos em conflito, turbulências, tumulto, que não convergem necessariamente para uma unidade prévia, ou para uma síntese. Foucault nunca vai falar, por exemplo, em uma forma de racionalidade moderna, mas nas variações e multiplicidades de formas de racionalidade que seguem diferentes caminhos. Já as práticas não discursivas, mais associadas ao "poder", ampliam o conceito de episteme, trazendo a problemática da política, das instituições, das formas arquitetônicas, do corpo e assim por diante, trazendo ainda mais complexidade ao repertório do heterogêneo, digamos assim.

Os dois casos, tanto o "saber" quanto o "poder", não devem ser pensados como sobreposições, como tendem a ser vistos pelos comentadores mais superficiais, mas como intersecções móveis, ambivalentes, extremamente complexas, jamais deterministas ou mecânicas. No primeiro caso temos a arqueologia do saber e o estudo das epistemes, que se concentram nas práticas discursivas; no segundo caso, a genealogia do poder, que se concentra, por sua vez, nas práticas não discursivas.

Os procedimentos que permitiram ao filósofo construir tanto a sua arqueologia do saber quanto a sua genealogia do poder são muito parecidos. Em ambos há o que podemos chamar de uma espécie de "limpeza de terreno", com a retirada dos vícios interpretativos em relação tanto ao saber quanto ao poder. Vícios formados por concepções que partem do pressuposto da existência de unidades prévias, sínteses fabricadas, identidades legíveis, facilmente identificáveis, já dadas ou determinadas.

Vejamos o caso de cada um dos polos. No primeiro, noções como as de tradição, influência, teleologia, espírito de época, mentalidades, e assim por diante, seriam "sínteses fabricadas" que deveriam ser colocadas em suspenso, digamos assim, para se chegar aos "acontecimentos discursivos", objeto da arqueologia do saber. No segundo, figurações do poder soberano, como os vinculados ao direito e às leis, na tradição liberal; ao Estado, na tradição republicana e, por fim, às relações de produção das condições materiais de existência, no marxismo. Todas acabam por também criar sínteses fabricadas, unidades prévias que geram, por sua vez, uma série de vícios interpretativos. Unidades prévias e sínteses fabricadas que, como estamos vendo, se equivalem às noções de "heteronormatividade", os "ismos estruturais", o "patriarcado" e o "homem branco hétero". Podemos até dizer, sem medo de errar, que as teses do relativismo pós-moderno e do multiculturalismo identitário acompanham as teses liberal, republicana e marxista, como figurações de uma ideia homogênea a respeito das relações de poder, contrária ao que conceituou este autor.

E é aqui que podemos apresentar dois conceitos fundamentais para se compreender melhor a concepção de poder, ou de relações de poder, por parte de Foucault: o conceito de dispositivo e a analítica de poder. No primeiro, que é uma espécie de travessia entre a arqueologia (o estudo do "saber") e a genealogia (o estudo do "poder"), temos o mesmo ímpeto para fazer aparecer os mesmos elementos heterogêneos que mencionamos. Segundo o próprio autor:

> Através deste termo tento demarcar, em primeiro lugar, um conjunto decididamente heterogêneo que engloba discurso, instituições, organizações arquitetônicas, decisões regulamentares, leis, medidas administrativas, enunciados científicos, proposições filosóficas, morais, filantrópicas (*Microfísica do Poder*, 2003, p. 244).

Estudar o dispositivo é tentar entender o jogo de relações entre estes elementos heterogêneos. Essas relações não são uniformes, homogêneas, centralizadoras, muito menos deterministas, polarizadas, binárias, baseadas em supostos grupos dominados contra supostos grupos subalternizados. São tensas, cheias de turbulências, conflitos, vão gerando arranjos que podem se desfazer, vão gerando aspectos positivos e negativos, no sentido de liberação e repressão. Essa tensão entre elementos heterogêneos faz aparecer, por sua vez, uma série de "práticas anônimas" e "estratégias sem estrategistas" e é aqui que se situa mais propriamente a "analítica do poder".

Por "analítica do poder" nós temos que entender um conjunto de práticas sociais que são pensadas como "práticas anônimas", ou seja, sem uma autoria que possa ser atribuída a um ator ou grupo social específico. É algo parecido com a noção de "paradoxo das consequências impremeditadas" da sociologia, em que as consequências de ação social se autonomizam de tal modo que passam a agir por "conta própria", sem necessariamente estarem vinculadas a um centro de sentido, a um sujeito, a uma autoria legível, homogênea, facilmente identificável, como querem as teses dogmáticas dos ideólogos identitários.

Nada mais distante dessa noção do que a ideia de que existe um centro de sentido da ação, um grupo social homogêneo que determina o sentido da ação dos outros atores sociais. Não existe, na perspectiva desse autor, a ideia de uma "sujeição estável e trans-histórica" de um grupo social sobre outro grupo supostamente subalternizado.

As formas de sujeição são sempre móveis, cambiantes, polimorfas e, ponto fundamental, sem atribuição de autoria. Os agentes e alvos se movimentam de forma imprevista, e pouca coisa pode ser tão antifoucaultiana quanto a ideia de que um determinado grupo social seria detentor do poder e outro grupo social estaria destituído do poder. Como diz o próprio autor, em uma das suas muitas tentativas de sistematização do conceito:

> Não tomar o poder como um fenômeno de dominação maciço e homogêneo de um indivíduo sobre os outros, de um grupo sobre os outros, de uma classe sobre as outras, mas ter bem presente que o poder [...] não é algo que se possa dividir entre aqueles que o possuem e o detém exclusivamente e aqueles que não o possuem e lhe são submetidos. (*Microfísica do Poder*, 2003, p. 183).

Neste sentido, não há um sujeito adequado à estrutura, não há um centro de onde irradia o poder e faz dos atores sociais sonâmbulos determinados por este centro. Não há um grupo social homogêneo que intencionalmente agiria para manter o poder e subalternizar outros grupos sociais. Não há uma lógica estrutural de onde derivariam atores sociais sonâmbulos que precisariam "evoluir" e ficar se lamuriando pelas supostas "posições de poder".

Em outras palavras, não existe na obra de Foucault, na sua conceituação das formas de racionalidade modernas, das formações discursivas do saber, das relações de poder, algo como uma teoria geral da sociedade, ou o que é ainda mais complicado, um teoria geral da modernidade. Muito menos, uma suposta crítica da "Razão", entendida assim como um entidade homogênea e algo essencialista. Veja o caso do *Panopcticon*, que se transformou numa espécie de metáfora usada de forma amalucada e paranoica como capaz de sintetizar as relações sociais, políticas, estéticas, administrativas, afetivas e por aí vai, na modernidade. Fala-se, pra lá e pra cá, em vigilância difusa e totalizante do tal do "poder" e, digo mais, não são poucos os que traduzem o tal do "poder" como os termos que apresentamos acima, as figurações do soberano na cantilena do relativismo pós-moderno e do multiculturalismo identitário.

Mas a coisa não é, nem de longe, assim. Não poucas vezes o próprio Foucault fez questão de realçar que a metáfora do *Panopticon* não representava qualquer tentativa de explicação totalizante da relações de poder na modernidade, muito ao contrário. Cito o autor, novamente. Na conhecida entrevista publicada no livro *Microfísica do Poder*, ele o diz:

> Algo importante a ser assinalado: Bentham pensou e disse que seu sistema ótico era a grande inovação que permitia exercer bem e facilmente o poder. Na verdade, ela foi amplamente utilizada depois do século XVIII. Mas os procedimentos de poder colocados em prática nas sociedades modernas são bem mais numerosos, diversos e ricos. Seria falso dizer que o princípio da visibilidade comanda toda a tecnologia do poder desde o século XIX (*Microfísica do Poder*, p. 211).

Está muito claro. Os procedimentos de poder nas sociedades modernas são muito mais numerosos, diversos e ricos e é, segundo diz o próprio autor, falso atribuir ao *Panopcticon* uma espécie de posição de hegemonia sobre toda a tecnologia do poder desde o século XIX. E tem mais, ainda sobre a paranoia do *Panopticon*, que é equivalente aos outros termos, "heteronormatividade", "patriarcado", os "ismos estruturais" e o "homem branco hétero", diz o próprio Foucault:

> De fato, se mostro que o *panopticon* foi uma utopia, uma espécie de forma pura elaborada no final do século XVIII para fornecer a fórmula mais cômoda de um exercício constante do poder imediato e total, se portanto eu fiz ver o nascimento, a formulação dessa utopia, sua razão de ser, é verdade também que mostrei, imediatamente, que se tratava, em termos precisos, de uma utopia que nunca funcionara tal como ela fora descrita, e que toda a história da prisão [sua realidade] consiste justamente em ter sempre passado ao largo desse modelo. Portanto, é preciso ser de uma perfeita má-fé para dizer que propus uma concepção funcionalista da transparência do poder. (*Ditos e Escritos*, IV, 2012, p. 273).

O texto é claro novamente. Tratava-se de uma "utopia que nunca funcionara tal como ela fora descrita" e, o que é mais importante, a história da prisão, a sua realidade concreta a desmente, pois "consiste justamente em ter passado ao largo deste modelo". Parece óbvio que estamos bem distantes do uso do termo como suposta metáfora capaz de abarcar a "modernidade", o "capitalismo" ou as "relações de poder". Ele sequer vale para o estudo das prisões! E o próprio Foucault arremata: "Portanto, é preciso ser de uma perfeita má-fé para dizer que propus uma concepção funcionalista da transparência do poder".

Tendo isso como base, o conceito de dispositivo, a rede de relações de força entre elementos heterogêneos, a inexistência de uma teoria geral da sociedade, ou de um modelo normativo, nós conseguimos, ao menos, nos aproximar de forma mais cuidadosa de outro conceito fundamental, o de "poder disciplinar" que, em geral, vem acompanhado de um dos conceitos mais enigmáticos de sua obra, o conceito de biopolítica, que não será tratado aqui. Seria necessário um artigo à parte, tamanhas as controvérsias em torno deste conceito e, ao mesmo tempo, tamanha vulgarização no senso comum acadêmico, cultural e intelectual.

Vamos então ao poder disciplinar. Esta forma de poder teria se desenvolvido especialmente no final do século XVIII e teria como primado a associação a um conjunto de práticas e técnicas vinculadas ao adestramento corporal. O que são estes conjuntos de práticas e técnicas? Envolvem diferentes formas de disciplinamento do corpo, com o intuito de formar corpos úteis, no sentido de útil para o arranjo social ao qual está associado; e dócil, no sentido de plenamente integrado às técnicas. Elas podem ser várias e são mais visíveis, digamos assim, em instituições fortes como o exército, a escola, o hospital psiquiátrico, a família, o partido político, a religião, em suma, instituições sociais que atravessam os corpos dos indivíduos que delas fazem parte.

Aqui estaríamos diante de uma visão fechada, dogmática, a respeito das relações de poder, pior, como uma espécie de teoria geral da sociedade e da modernidade, o que desmentiria o que dissemos até aqui. Certo? Errado. Também aqui Foucault é bastante cauteloso, na mesma medida em que é em relação ao binômio poder-saber e ao *Panopticon*. Diz o filósofo francês inicialmente:

> O poder do tipo disciplinar tal como aquele que é exercido – pelo menos como foi exercido – em um certo número de instituições sociais [...] é absolutamente localizado, é uma fórmula inventada em um momento determinado, que produziu um certo número de resultados, que foi vivida como totalmente insuportável ou parcialmente insuportável; mas é claro que não é isso que representa de maneira adequada todas as relações de poder e as possibilidades de relações de poder. (*Ditos e Escritos*, V, 2012, p. 224).

Muito claro, não? Procedimento possível, bem localizado e que não representa de maneira adequada todas as relações de poder. E o autor para por aí? Não para. Segue ainda mais claro, dessa vez, podemos dizer, clarríssimo. Ele o diz: "Consequentemente, essas análises não podem, de forma alguma, valer, para mim, como uma analítica geral de qualquer relação de poder possível". Com toda certeza não podem. Afinal os elementos heterogêneos que compõem dispositivos de poder não convergem necessariamente em nenhuma unidade prévia, nenhuma síntese fabricada. Logicamente não faz sentido algum, no âmbito do pensamento desse autor, pressupor totalidades, "ismos estruturais", "heteronormatividade", "patriarcado", o "homem branco hétero", o "poder disciplinar", o duplo "saber-poder", como instâncias detentoras do poder que subalternizariam grupos sociais supostamente sem acesso ao poder. Como disse mais acima, pouca coisa pode ser mais antifoucaultiana do que este tipo de perspectiva.

Nem o "poder", muito menos o "saber", podem ser considerados como blocos homogêneos facilmente identificáveis e atributos deste ou daquele grupo social também supostamente homogêneo. Não faz o menor sentido. Como também não faz sentido propor a ideia de uma relação determinista, dogmática e, até mesmo, tola entre formas de racionalidade e saber e relações de poder, como se as formas de racionalidade modernas fossem, como já disse mais acima, meras derivações ou epifenômenos do "poder" como estrutura de dominação predeterminada, prévia, já dada, facilmente identificável e por aí vai.

Em outras palavras, saber não é poder e poder não é saber. Não existe, nem de longe, uma relação de sobreposição de um polo sobre o outro. Muito menos pode se considerar os polos como se fossem homogêneos em si mesmos. Já ficou claro que a palavra "saber" nomeia uma miríade de elementos heterogêneos que não convergem para nenhuma unidade. O mesmo vale para "poder" e mais, ficou claro que o fundamento da perspectiva metodológica do autor exige justamente a retirada das sínteses fabricadas, das unidades prévias e assim por diante. Talvez isso possa valer até para a sua própria obra, formada por livros, artigos, conferências, entrevistas, contexto biográfico, entre outros. Sobre os exageros dogmáticos em relação ao binômio saber-poder, ou poder-saber, disse o próprio Foucault:

> Quando eu leio a tese "o saber é poder" ou o "poder é saber" – e sei bem que ela me é atribuída – pouco importa, eu morro de rir. Se fossem duas coisas idênticas, eu não teria que estudar as suas relações e me cansaria bem menos. O simples fato de colocar a questão de suas relações prova seguramente que não as identifico (*Ditos e Escritos*, II, 2013, p. 331).

Esta resposta é dada para uma pergunta que diz coisas como a "Razão é poder", mostrando o quanto que tais afirmações problemáticas são associadas ao filósofo francês. O pior é pressupor que a relação difícil entre o espírito e as formas sensíveis, as formas de racionalidade e a historicização, a transcendentalização e a destranscendentalização do saber são descobertas dos ideólogos do multiculturalismo identitário. Pensar assim é desconhecer quase tudo do que existe em relação ao debate intelectual há milênios, e Foucault sabia muito bem disso. Aliás, estes ideólogos tendem a tratar *condicionantes* sociais, históricos, culturais, cuja explicitação é conhecida há tanto tempo, como se fossem *determinantes* e aí passam a pensar as formas de racionalidade, ou a difícil relação entre saber e poder, de forma dogmática, mecânica, determinista e reducionista ao extremo. Vale tudo para confirmar a "realidade", que se quer a um só tempo objetiva e moral, de suas teses. Ao que parece, a única "novidade" de suas teses é a dogmatização apressada de relações complexas e sabidamente difíceis de serem subsumidas umas nas outras.

Cabe novamente apresentar mais um trecho de texto do próprio Foucault, mostrando mais uma vez o quão distante ele estava deste tipo de concepção. Ainda sobre a relação "saber" e "poder" ressalta o filósofo:

> Eu não disse que os dois se subordinam categoricamente. Desde Platão, sabe-se que o saber não pode existir totalmente independente do poder. Isso não significa que o saber está submetido ao poder, pois um saber de qualidade não pode nascer em tais condições (*Ditos e Escritos*, IV, 2012, p. 269).

Aqui já podemos avançar para a questão do iluminismo, do movimento do esclarecimento, do humanismo, ou melhor, dos humanismos, em suma, na perspectiva do autor a respeito dessas movimentações das formas de racionalidade modernas. Levando em conta o que apresentamos até aqui parece já ficar mais ou menos evidente que teremos os mesmos problemas, os mesmos vícios interpretativos, em suma, o mesmo dogmatismo também nestes casos. O esquema de análise destas novas figurações do poder soberano são muito previsíveis. Agora, é a modernidade, as formas de racionalidade crítica modernas, o iluminismo, a movimentação do esclarecimento, os humanismos que passaram a ser vistos como blocos maciços, homogêneos, opacos, meros epifenômenos de grupos dominantes facilmente definidos, de estruturas de dominação, em suma, dos "ismos estruturais", da "heteronormatividade", do "patriarcado" e, claro, sempre ele, o "homem branco hétero". A isso pode se incluir também o famigerado "eurocentrismo".

Está feito. Obras de autores muito variados; concepções extremamente complexas que exigiriam leituras cuidadosas; formas sutis de expressão do esclarecimento; de repente, não mais que de repente, se transformam, como num passe de mágica algo tétrico, em mera derivação das tais "relações de poder". Claro que para o ambiente subintelectual da publicidade, para a cultura de mercado das corporações transnacionais pode até funcionar, mas não deveria em ambiências com níveis maiores de cuidado conceitual, análise rigorosa, precauções metodológicas e um mínimo de lealdade a procedimentos científicos e lógica conceitual. Infelizmente não é bem o que tem acontecido nos campos acadêmico, cultural e intelectual que, simplesmente, ecoam leituras mais superficiais, se tornando uma espécie de escoadouro dos interesses e, sim, valores, das corporações transnacionais. O que só confirma o curioso quiproquó mencionado mais acima: o campo progressista acaba sendo o lugar de legitimação sociológica, moral, política e cultural do hipercapitalismo contemporâneo.

Existe um texto fundamental de Foucault, "O que são as luzes", em que o filósofo francês mostra as várias aproximações reais do seu grande pensamento ao movimento do esclarecimento, como parte de uma das tarefas da modernidade, unindo a arqueologia do saber, a genealogia do poder, e o trabalho da ética, o distanciando em relação aos disparates do multiculturalismo identitário. Isso fica ainda mais evidente, especialmente mencionando um trecho específico que mostra claramente que a perspectiva de Foucault sobre o iluminismo e a movimentação do esclarecimento não era superficial, como faz crer muitos dos seus comentadores:

> Mas isso não quer dizer que é preciso ser a favor ou contra o esclarecimento. Isso quer dizer precisamente que é necessário recusar tudo que

poderia se apresentar sob a forma de uma alternativa simplista e autoritária: ou vocês aceitam o esclarecimento, e permanecem na tradição do seu racionalismo (o que é considerado por alguns como positivo e, por outros, como uma censura); ou vocês criticam o esclarecimento, e tentam escapar desses princípios de racionalidade (o que pode ser ainda tomado como positivo ou negativo). E não escaparemos dessa chantagem introduzindo nuanças "dialéticas", buscando determinar o que poderia haver de bom ou de mau no esclarecimento (*Ditos e Escritos*, II, 2013, p. 345).

Mas ainda assim, diante da clara superficialidade, do franco dogmatismo, da pobreza de ideias que permeia tais termos e tais concepções a respeito de questões infinitamente mais complexas, difíceis, com muitas ambivalências, e sempre com a exigência de maiores cuidados metodológicos, de pesquisa rigorosa, com rigor e a paciência dos conceitos, por que muitos aderem a elas? Por que fazem delas a base das suas concepções e formas de pensamento e tentam persuadir outros, por vezes nem persuadir, mas impor mesmo, com toda a cantilena vitimária bastante conhecida?

Bom, existem duas dimensões importantes. A primeira é a recompensa simbólica, narcisista, de se colocar na posição de libertador de supostos oprimidos. Por isso é tão comum a soberba, o tom solene, a prepotência em muitas das lideranças intelectuais destes grupos, especialmente no meio acadêmico. Mas tem outra coisa: o valor mercantil. Ganha-se muito com a disseminação destes dogmatismos, vale muito a pena, pessoas conseguem cargos públicos e privados rentáveis, e ainda formam feudos nestes ambientes para colocar seus respectivos rebanhos e assim ir ganhando cada vez mais hegemonia no campo. E isso vai do meio acadêmico às corporações transnacionais, passando pelo campo cultural, o colunismo de jornal e assim por diante.

Ora, uma explicação como essa poderia ser considerada como vinda de grupos opositores, vamos dizer assim, aos profetas da libertação, aos guerreiros da justiça social, com seus desejos de mudar a estrutura... das suas contas bancárias. Mas podemos ver essa crítica no próprio Foucault. Em um livro como *História da Sexualidade, a Vontade de Saber* (2006), ao tratar dos pretensos críticos da repressão sexual ou, nos nossos termos, da "heteronormatividade" ou do "patriarcado", e de toda a pose que fazem para anunciar suas boas intenções morais, diz o filósofo que estas pessoas se colocam, inicialmente, numa confortável posição de quem se acredita estar fora do alcance do poder, de quem se acredita capaz de desordenar a lei e, palavras do autor, antecipar "por menos que seja, a liberdade futura" (Foucault, 2006, p.12). Estamos diante, no fundo, da reativação de "certas velhas funções tradicionais", especialmente o profetismo e a catequese. Em um outro parágrafo, se substituirmos a "opressão sexual" pela "opressão dos ismos estruturais", ou do "homem branco hétero", o sentido fica sendo o mesmo.

> Existe, talvez, uma outra razão que torna para nós tão gratificante formular em termos de repressão as relações do sexo e do poder: é o que se poderia chamar o benefício do locutor. Se o sexo é reprimido, isto é, fadado à proibição, à inexistência e ao mutismo, o simples fato de falar dele e de sua repressão possui como que um ar de transgressão deliberada (*História da Sexualidade*, 2006, (Foucault, 2006, p. 12).

Existe no fundo uma relação direta entre a hipótese da repressão e a lógica de pregação, com caráter de catequese autocongratulatória daqueles que estariam na posição de ideólogos da "luta" ou "resistência" contra a suposta repressão total.

> Falar contra os poderes, dizer a verdade e prometer o gozo; vincular a iluminação, a liberação e a multiplicação de volúpias; empregar um discurso onde confluem o ardor do saber, a vontade de mudar a lei e o esperado jardim de delícias [...] eis o que explica, talvez, o valor mercantil, que se atribui não somente a tudo o que dela diz como, também, ao simples fato de dar atenção àqueles que querem suprimir seus efeitos (*História da Sexualidade*, 2006, p. 13).

No caso deste livro mais precisamente, ambos são sintomas de um processo, este sim estudado de fato por Foucault: a relação entre a sexualidade e a verdade, seja como "repressão", seja como "libertação". Daí que existe uma relação direta entre repressão e transgressão, entre censura e libertação, e não um confronto, como se fossem antípodas. Diz o autor:

A questão que gostaria de colocar não é por que somos reprimidos, mas, por que dizemos, com tanta paixão, tanto rancor contra nosso passado mais próximo, contra nosso presente e contra nós mesmos, que somos reprimidos? [...]. O enunciado da opressão e a forma de pregação referem-se mutuamente; reforçam-se reciprocamente (*História da Sexualidade*, 2006, p. 14).

CONCLUSÃO

Podemos por fim, sem nenhuma dificuldade, incluir aqui todo o conjunto de discurso dogmático que é a base da nossa crítica. O esquema, bastante simplificado e, mesmo, intelectualmente duvidoso, prevê que as formas de racionalidade modernas seriam homogêneas, teriam um vínculo direto com relações de poder, seriam, em suma, meros epifenômenos de estruturas de dominação e, ainda mais, atributos exclusivos de um grupo social específico, considerado, por estas teses, como "dominantes". Este grupo social seria, ainda mais, facilmente identificável: os chamados "homens brancos héteros", pensados como um grupo homogêneo, quase como uma entidade metafísica, responsáveis pela reprodução dos "ismos estruturais", a "heteronormatividade", o "patriarcado" e, pronto, a caricatura está feita!

É uma visão bastante superficial, mas apresentada como se fosse o resultado de teses bem pensadas. Tal visão ignora os móveis heterogêneos da história; a relação extremamente complexa entre formas de racionalidade e saber, e relações sociais ou de "poder"; desconsidera, aliás, também a problemática específica da estética, da arte, que o mesmo Foucault, aliás, fazia questão de analisar como fenômeno à parte, tamanha a sua complexidade. No fundo, acabam por reduzir preguiçosamente tudo isso a "estruturas de dominação" apresentadas de forma caricatural e risível. E, o que nos interessa para este texto, associando tais teses a um autor que organizou seu pensamento em contraponto a elas.

11
PRESENÇA NA IMPRENSA:
ARTIGOS DE DEMÉTRIO MAGNOLI

"MORTE AOS GAYS!"
(*Folha de S. Paulo*, 1/3/2014)

"Homossexuais são, no fundo, mercenários. Eles são heterossexuais mas, porque lhes pagam, dizem que são homossexuais." As sentenças do presidente Yoweri Museveni acompanharam a assinatura de uma das mais drásticas leis homofóbicas do mundo, conhecida no país como "lei da Morte aos *gays*!". Uganda radicalizou, mas está com a maioria: 38 dos 54 países da África criminalizam a homossexualidade. Segundo a narrativa dos dirigentes homofóbicos africanos, a homossexualidade é uma perversão cultural inoculada de fora para dentro na África. Segundo a narrativa de uma corrente de intelectuais "anti-imperialistas", a homofobia é uma perversão política inoculada de fora para dentro na África. As duas narrativas estão erradas – e por um mesmo motivo.

Museveni e seus colegas nos 38 países argumentam que os *gays* desembarcaram na África junto com os colonizadores europeus – isto é, que a homossexualidade é estranha à "cultura africana". Num paradoxo esclarecedor, agentes evangelizadores americanos que operam na África dizem o mesmo. Com a palavra, Stephen Phelan, da ONG católica Human Life International: "Achamos que é importante estarmos na África porque a investida contra os valores africanos naturais pró-vida e pró-família está vindo dos EUA. Então, nos sentimos na obrigação de ajudá-los a entender a ameaça e a reagir a ela com base em seus próprios valores e culturas."

A postulação de uma "cultura africana" nasceu fora da África, no ventre do pan-africanismo, uma doutrina elaborada por intelectuais americanos e caribenhos no anoitecer do século XIX. O pan-africanismo "africanizou-se" no pós-guerra, quando foi adotado por jovens intelectuais africanos que estudavam na Europa e nos EUA. Aqueles intelectuais viriam a liderar os movimentos de independência, convertendo-se em "pais fundadores" das atuais nações africanas. O sonho da unidade política da África esvaiu-se, mas a doutrina pan-africana sobreviveu como discurso legitimador dos novos regimes africanos. Sua pedra de toque é a noção de "cultura africana". Ela proporciona às elites dirigentes o álibi de culpar o "estrangeiro" (o colonizador, no passado; os EUA ou a Europa, no presente) pelos males que afligem seus países.

"Cultura africana", assim no singular, é uma noção enraizada no pensamento racial. Os intelectuais "anti-imperialistas" também a adotam, eximindo os dirigentes africanos da responsabilidade pelas leis homofóbicas. Eles argumentam que o homossexualismo era tolerado em certos povos africanos antes da colonização. É uma verdade de escasso significado: os *gays* não sofreram discriminação em diversas sociedades tradicionais, nos mais diferentes lugares do mundo, ao longo da história. Eles registram, ainda, que as primeiras "leis antissodomia" foram introduzidas na África pelos impérios europeus. Contudo, não se atrevem a explicar por que tais leis são restauradas na África muito depois de sua anulação nas antigas metrópoles europeias.

O homossexualismo não é, evidentemente, "antiafricano" – assim como não é "antiocidental". A homofobia não é "antiafricana" – nem, tampouco, "africana". Como os EUA seriam governados se Stephen Phelan ocupasse o lugar de Barack Obama? O que faria nosso Marcos Feliciano se dispusesse de um poder absoluto? A difusão das leis antigays na África só pode ser entendida se nos desvencilhamos da tese da "cultura africana", uma ideia patrocinada no Brasil pelos arautos das políticas de raça.

O grito de "Morte aos *gays!*" é um fruto do poder despótico de elites políticas não cerceadas pelas instituições da democracia, em sociedades traumatizadas por céleres processos de modernização. As campanhas homofóbicas na África são ferramentas de perseguição política e de cristalização de controle social. Essa abominação nada tem de especificamente "africano".

A MALDIÇÃO DA LINGUAGEM RACIAL
(*O Globo*, 27/3/2014)

Carolus Linnaeus (Lineu), o pai fundador da taxonomia biológica, sugeriu uma divisão da espécie humana em quatro raças: *Europeanus* (brancos), *Asiaticus* (amarelos), *Americanus* (vermelhos) e *Africanus* (negros). Naturalmente, explicou Linnaeus, a raça europeia era formada por indivíduos inteligentes, inventivos e gentis, enquanto os asiáticos experimentavam inatas dificuldades de concentração, os nativos americanos deixavam-se dominar pela teimosia e pela irritação e os africanos dobravam-se à lassidão e à preguiça. Isso foi em meados do século XVIII, na antevéspera do surgimento do "racismo científico". Como admitir que uma linguagem paralela seja utilizada por Ricardo Noblat, um jornalista culto e respeitado, na segunda década do século XXI?

O presidente do STF, Joaquim Barbosa, moveu representação contra Noblat, acusando-o pelos crimes de injúria, difamação e preconceito racial. Três frases numa coluna do jornalista publicada em *O Globo* (18 de agosto de 2013) formam um alvo legítimo da representação criminal: "Para entender melhor Joaquim acrescente-se a cor – sua cor. Há negros que padecem do complexo de inferioridade. Outros assumem uma postura radicalmente oposta para enfrentar a discriminação." Noblat resolveu "explicar" Joaquim Barbosa a partir de presumidos traços gerais do caráter dos "negros": é Lineu, no século errado...

As três frases deploráveis – e preconceituosas, sim! – oferecem aos "negros" as alternativas de sofrerem de "complexo de inferioridade" ou de arrogância, que seria a "postura radicalmente oposta". Contudo, no conjunto do raciocínio, há algo pior: a cassação da personalidade de Joaquim Barbosa, a anulação de sua individualidade. Joaquim não existe como indivíduo, mas como representação simbólica de uma "raça"; ele é o que é pois "sua cor" esculpe sua alma – eis a mensagem de Noblat. Podemos aceitar assertivas sobre caráter e atitudes baseadas na "raça" dos indivíduos? Essa é a questão que Joaquim Barbosa decidiu repassar para tribunais criminais.

O problema de fundo da representação é que o Estado brasileiro oficializou as "raças", por meio de políticas raciais adotadas pelo Executivo, votadas pelo Congresso e avalizadas pelo Judiciário – inclusive, pessoal e diretamente, por Joaquim Barbosa. De acordo com as políticas raciais em vigor, fundaram-se "direitos raciais" ligados ao ingresso no ensino superior, na pós-graduação e em carreiras do funcionalismo público. Os indivíduos beneficiários das cotas privilegiadas são descritos como "representantes" de uma "raça" – do presente e, também, do passado histórico dos "negros". Foi o próprio Estado que introduziu a "raça" (e, com ela, a linguagem racial!) no ordenamento político brasileiro. Os juízes que darão um veredicto sobre a ação contra Noblat provavelmente circundarão o problema de princípio – mas isso não o suprime.

Na democracia, a linguagem tem importância maior que a força. A linguagem racial introduziu-se entre nós, a partir do alto. Pais são compelidos a definir a "raça" de seus filhos nas fichas de matrícula na escola. Jovens estudantes devem declarar uma "raça" nos umbrais de acesso às universidades. Na política, a cor e a "raça" converteram-se em referências corriqueiras. Lula da Silva invocou a cor da pele de Joaquim Barbosa como motivação para sua indicação ao Supremo (algo mencionado, aliás, em outra linha da coluna de Noblat). "Brancos" e "negros", essas entidades da imaginação racial, transformaram-se em objetos discursivos oficializados. Joaquim Barbosa tem sua parcela de responsabilidade nisso, junto com seus colegas do STF.

Cotas raciais não existem para promover justiça social, mas para convencer as pessoas a usarem rótulos de identidade racial. Anos atrás, um amigo dileto confessou-me que, para produzir artigos contrários às políticas de raça, tinha de superar uma profunda contrariedade íntima. Perdemos cada vez que escrevemos as palavras "branco" e "negro", explicou-me com sabedoria, pois contribuímos involuntariamente na difusão da linguagem racial. Raças não existem – mas passam a existir na consciência dos indivíduos quando se cristalizam na linguagem cotidiana. Caminhamos bastante na estrada maldita da naturalização das raças, como atesta a coluna de Noblat.

Na sua defesa, Noblat talvez argumente que apenas jogou de acordo com as regras implícitas nas políticas de raça julgadas constitucionais por um STF pronto a ignorar as palavras da Lei sobre a igualdade entre os cidadãos. Seu advogado poderia dizer que o jornalista não inventou a moda de julgar as pessoas pela cor da pele – que isso, agora, é prática corrente das autoridades públicas e das universidades. Mas ele continuará errado: a resistência à racialização da sociedade brasileira exige, antes de tudo, que se rejeite a linguagem racial. Temos a obrigação de ser subversivos, de praticar a desobediência civil, de colocar os termos "raça", "bancos" e "negros" entre as devidas aspas.

A "pedagogia da raça" entranhou-se nas políticas de Estado. Dez anos atrás, um Parecer do Conselho Nacional de Educação, que instruiu o "Ensino de História e Cultura Afro-Brasileira e Africana", alertou os professores sobre "equívocos quanto a uma identidade humana universal". Segundo o MEC, os princípios da Declaração Universal dos Direitos Humanos constituem, portanto, "equívocos": humanidade é uma abstração; a realidade encontra-se nas "raças". As três frases de Noblat, que abolem a individualidade de Joaquim Barbosa, situam-se no campo de força daquele Parecer. A resposta antirracial a elas pode ser formulada em duas frases simples – mas, hoje, subversivas: 1) Joaquim Barbosa é igual a todos os demais seres humanos, pois existe, sim, "uma identidade humana universal"; 2) Joaquim Barbosa é um indivíduo singular, diferente de todos os demais seres humanos, que são diferentes entre si.

O BRASIL E A "NAÇÃO DIASPÓRICA"
(*O Globo*, 7/11/2013)

A gloriosa Comissão de Constituição e Justiça (CCJ) da Câmara dos Deputados aprovou uma Proposta de Emenda à Constituição (PEC) que estabelece cotas raciais na representação parlamentar do povo. Ignorando tanto a Constituição quanto a Justiça, a CCJ aprova qualquer coisa que emane de um grupo de interesse organizado, o que é um sintoma clamoroso da desmoralização do Congresso. Nesse caso, viola-se diretamente o princípio fundamental da liberdade de voto. Por isso, a PEC de autoria dos petistas João Paulo Cunha (SP) e Luiz Alberto (BA) provavelmente dormirá o longo sono dos disparates nos escaninhos da Câmara. Mas ela cumpre uma função útil: evidencia o verdadeiro programa do racialismo, rasgando a fantasia com que se adorna no debate público.

O argumento ilusionista para a introdução de cotas raciais no ingresso às universidades residia na suposta desvantagem escolar prévia dos "negros" – algo que, de fato, é uma desvantagem prévia dos pobres de todas as cores de pele. A fantasia da compensação social começou a esgarçar-se com a extensão das cotas raciais para cursos de pós-graduação, cujas vagas são disputadas por detentores de diplomas universitários. A PEC aprovada na CCJ comprova que as políticas de raça não são motivadas por um desejo de corrigir distorções derivadas da renda. O racialismo exibe-se, agora, como ele realmente é: um programa de divisão dos brasileiros segundo o critério envenenado da raça.

De acordo com a PEC, na Câmara dos Deputados e nas Assembleias Legislativas estaduais, será reservada uma parcela de cadeiras para parlamentares "negros" equivalente a dois terços do percentual de pessoas que se declaram pretas ou pardas no mais recente censo demográfico. As bancadas "negras" não serão inferiores a um quinto ou superiores à metade do total de cadeiras. Os deputados proponentes operam como despachantes de ONGs racialistas e expressam, na PEC, a convicção política que as anima: o Brasil não é uma nação, mas um espaço geopolítico no qual, sob a hegemonia dos "brancos", pulsa uma "nação africana" diaspórica. A presença parlamentar de bancadas "negras" representaria o reconhecimento tácito tanto da inexistência de uma nação brasileira quanto da existência dessa nação na diáspora.

Os eleitores, reza a PEC, darão dois votos: o primeiro, para um candidato de uma lista geral; o segundo, para um candidato de uma lista de "negros". A proposta desvia-se, nesse ponto, de uma férrea lógica racialista. Segundo tal lógica, os eleitores deveriam ser, eles também, bipartidos pela fronteira da raça: os "negros" votariam apenas na lista de candidatos "negros" e os demais, apenas na lista geral. A hipótese coerente não violaria o princípio da liberdade de voto pois estaria ancorada num contrato constitucional de reconhecimento da nação diaspórica. Como inexiste esse contrato, os racialistas optaram por um atalho esdrúxulo, que escarnece da liberdade de voto com a finalidade de, disfarçadamente, inscrever a nação diaspórica no ordenamento político e jurídico do país.

Nações não são montanhas, rios ou vales: não existem como componentes do mundo natural. Na expressão certeira de Benedict Anderson, nações são "comunidades imaginadas": elas podem ser fabricadas na esfera da política, por meio das ferramentas do nacionalismo. A PEC não caiu do céu. A "nação africana" na diáspora surgiu no nacionalismo negro do início do século XX com o americano W. E. B. Du Bois e o jamaicano Marcus Garvey. No Brasil, aportou cerca de três décadas atrás, pela nau do Movimento Negro Unificado, entre cujos fundadores estava Luiz Alberto. No início, a versão brasileira do nacionalismo negro tingia-se com as cores do anticapitalismo. Depois, a partir da preparação da Conferência de Durban, da ONU, em 2001, adaptou-se à ordem vigente, aninhando-se no colo bilionário da Fundação Ford. "Afro-americanos", nos EUA, e "afrodescendentes", no Brasil, são produtos identitários paralelos dessa vertente narrativa.

O acento americano do discurso racialista brasileiro é tão óbvio quanto problemático. Nos EUA, o projeto político de uma identidade negra separada tem alicerces sólidos, fincados nas leis de segregação que, depois da Guerra de Secessão, traçaram uma linha oficial entre "brancos" e "negros", suprimindo no nascedouro a possibilidade de construção de identidades intermediárias. No Brasil, em contraste, esse projeto choca-se com a noção de mestiçagem, que funciona como poderoso obstáculo no caminho da fabricação política de raças. A solução dos porta-bandeiras do nacionalismo negro é impor, de cima para baixo, a divisão dos brasileiros em "brancos" e "negros". As leis de cotas raciais servem para isso, exclusivamente.

As diferenças históricas entre EUA e Brasil têm implicação direta na gramática do discurso político. Lá, o nacionalismo negro é uma proposição clara, que provoca um debate público informado – e, quando Barack Obama se define como mestiço, emerge uma resposta desconcertante no cenário conhecido da polaridade racial. Aqui, os arautos do nacionalismo negro operam por meio de subterfúgios, escondendo-se atrás do pretexto fácil da desigualdade social – e encontram políticos oportunistas, juízes populistas e intelectuais preguiçosos o suficiente para conceder-lhes o privilégio da prestidigitação.

"Tirem a máscara!" – eis a exigência que deve ser dirigida aos nossos racialistas, na hora em que apresentam a PEC do Parlamento Racial. Saiam à luz do dia e conclamem o Brasil a escrever uma nova Constituição, redefinindo-se como um Estado binacional. Digam aos brasileiros que vocês não querem direitos iguais e oportunidades para todos numa república democrática, mas almejam apenas a condição de líderes políticos de um movimento racial. Vocês não têm vergonha de ocultar seu programa retrógrado à sombra da persistente ruína de nossas escolas públicas?

RAÇA COMO OFÍCIO
(*O Globo*, 18/6/2015)

A professora disse que não. "Acho que devemos perguntar a outro estudante", decidiu Rachel Dolezal, rejeitando a participação de uma jovem hispânica de pele clara no exercício pedagógico destinado a expor a classe a "experiências raciais e culturais". Por que não? "Rachel argumentou que eu não parecia hispânica e que, por isso, duvidava da minha capacidade de partilhar experiências de discriminação racial". O episódio ocorreu anos atrás, na Eastern Washington University, e não viria à luz se a identidade racial da própria professora não tivesse sido impugnada. Dolezal não é negra, mas branca, esclareceram seus pais, provocando um pequeno escândalo que se concluiu pela renúncia da ativista afro-americana a seu cargo na NAACP, a venerável organização negra fundada em 1909. A fraude diz algo sobre a ativista – mas muito mais sobre as engrenagens perversas das políticas de raça.

"Eu não simulo um rosto negro como *performance*", defende-se Dolezal. "Identifico-me como negra. Isso se dá num nível muito conectado e real, ligado a uma vivência, não é uma mera representação visual." Ela nasceu em 1977, numa família de origens alemãs, tchecas e suecas. Seus pais, missionários cristãos, adotaram três crianças afro-americanas e uma haitiana durante sua adolescência. Nas fotos da época, Rachel aparece como uma garota branca e sardenta, de olhos verdes e cabelo claro.

Se a aparência é igual à essência, como ela sustentaria diante da estudante hispânica, aquela Rachel jamais poderia oferecer testemunhos sobre discriminação. Mas, obviamente, o corpo humano tem alguma maleabilidade. "Certamente não me escondo do sol", admite a ativista, reconhecendo que "estilistas de cabelos negros estilizaram meu cabelo de muitos modos diferentes". Nas fotos atuais, Dolezal é suficientemente negra para discorrer sobre suas dolorosas experiências pessoais de discriminação – e, ainda, para julgar a veracidade da identidade racial de outros.

Nos EUA, as leis de discriminação racial separaram a essência da aparência. Sob a regra da gota de sangue única, consolidada na Lei da Integridade Racial do estado da Virgínia, em 1924, a existência de um único ancestral não branco excluía o indivíduo da categoria dos brancos. Nessa regra, que aboliu oficialmente a miscigenação, encontra-se a base do sistema de classificação racial do país. Como efeito dela, surgiram negros de pele relativamente clara. Um deles, Walter Francis White, olhos azuis e cabelos loiros, chefe-executivo da NAACP entre 1929 e 1955, passou-se por branco para investigar os linchamentos da Ku Klux Klan e reuniu as evidências que possibilitariam o banimento da organização. Muitos milhares de outros, para escapar à discriminação, fizeram o *passing* definitivo, isto é, queimaram seus documentos, apagaram os rastros de suas ancestralidades e desapareceram no universo dos brancos. Numa época diferente, Dolezal tentou o salto inverso, fazendo o *passing* na direção da militância afro-americana.

O caminho começou a ser trilhado em 2000, quando Dolezal ingressou na Howard University, uma instituição voltada historicamente para os negros, com um pedido de admissão que sugeria a identidade afro-americana. Dois anos depois, alegando que sua família branca poderia arcar com as anuidades, a universidade cortou sua bolsa de estudos. Ela ainda não tinha "um rosto negro" – e processou a Howard por discriminação "com a finalidade de favorecer estudantes afro-americanos". Na sequência, converteu-se em ativista afro-americana, galgou a hieraquia da seção local da NA-

ACP e passou a lecionar em diversos cursos acadêmicos focados em temas raciais. "Minha vida tem sido uma sobrevivência, e as decisões que tomei ao longo do percurso, incluindo minha identificação racial, foram adotadas para sobreviver".

Verdade e mentira não são preto no branco, quando se trata de raça. Uma amarga disputa judicial distanciou Dolezal de seus pais: em 2010, ela obteve a guarda de um dos irmãos adotivos, que cria como se fosse seu filho num "ambiente de celebração da cultura afro-americana". Nos formulários administrativos, ela declara ancestralidades negra, indígena e branca. Segundo seus pais, haveria algum antepassado indígena na família, mas nenhum negro. A ativista afirma que viveu numa tenda indígena, na infância. Algo assim ocorreu de fato, brevemente – mas com seus pais, três anos antes dela nascer. De certo modo, a fraude continuada sedimentou-se como experiência e identidade.

Aparência é essência? No Brasil, o triunfo do racialismo depende da abolição da consciência da mistura. Nossas leis raciais têm a mesma meta que a Lei da Integridade Racial da Virgínia: traçar uma fronteira nítida, indelével, entre "brancos" e "negros". Contudo, na falta da tradição de discriminação estatal americana, o expediente utilizado baseia-se na aparência. Para efeitos de concursos de ingresso ao ensino superior e ao funcionalismo público, serão negros os que assim se declararem – e forem aceitos como tais por improvisados "tribunais raciais". Nesse sistema, não há fraude, mas uma operação social de reinvenção identitária: todos os que puderem exibir convincentemente "um rosto negro" serão rotulados como negros.

Se existem transgêneros, o que impede o advento de indivíduos transraciais? Dolezal, tudo indica, articulou uma estratégia de "sobrevivência" em torno de sua nova identidade racial. O "rosto negro" abriu-lhe veredas para conquistar prestígio político e ascender profissionalmente, numa sociedade que continua a distinguir as pessoas "pela cor de sua pele", não pelo "conteúdo de seu caráter". Por aqui, a expansão das leis raciais não provoca mudança alguma nos nossos ossificados padrões de exclusão social – mas oferece múltiplas oportunidades individuais, na vida acadêmica ou na carreira profissional. A raça torna-se ofício.

RECEITA PARA REELEGER TRUMP
(*O Globo*, 15/7/2019)

"Havia uma criança na Califórnia, que pertencia à segunda turma da integração das escolas públicas, e ela foi conduzida de ônibus à escola todos os dias. Essa criança era eu." O depoimento da senadora Kamala Harris, 55 anos, deixou uma marca no primeiro debate televisionado entre os pré-candidatos presidenciais democratas nos EUA. Os democratas movem-se para a esquerda, sob aplausos da militância mobilizada, sinalizando o caminho da reeleição de Donald Trump.

O chamado "busing" foi um expediente amparado pelos tribunais para promover a dessegregação racial nas escolas, a partir do final da década de 1960. Crianças negras eram transportadas a escolas antes segregadas em ônibus gratuitos. Harris não recordou sua infância para celebrar o movimento pelos direitos civis mas para cravar uma seta no rival Joe Biden, o vice de Barack Obama e ainda favorito à nomeação partidária. Biden, um moderado de 76 anos, começou sua carreira política durante a difícil ruptura de seu partido com as políticas segregacionistas. Mais de quatro décadas atrás, ele apresentou um projeto de lei contrário ao "busing". Os democratas que tentam puni-lo pelo pecado do passado distante nada aprenderam da tragédia eleitoral de 2016.

A lição estava clara para Obama. Na encruzilhada decisiva de sua primeira campanha à Casa Branca, em março de 2008, ele pronunciou o discurso "Uma Mais Perfeita União", que respondia a controversas declarações de seu antigo pastor, Jeremiah Wright. Nele, o "candidato negro" conclamou os americanos à unidade para enfrentar dilemas "que não são negros ou brancos ou latinos ou asiáticos mas que nos confrontam a todos". Hillary Clinton não soube seguir a trilha desmatada por Obama, sucumbindo à pressão multiculturalista da militância partidária. Cairão os democratas na mesma armadilha uma segunda vez?

Não que só Biden seja capaz de derrotar Trump. Três anos atrás, Trump chegou à Casa Branca perdendo no voto popular por margem de quase 3 milhões de votos. As sondagens indicam que, apesar do ciclo de crescimento econômico, o presidente experimenta consistente reprovação majoritária. Há uma maioria que rejeita, por princípio, o nacionalismo extremado, a arrogância isolacionista, os modos repugnantes e os discursos asquerosos do herói de Bolsonaro. Mas isso não garante o triunfo democrata no Colégio Eleitoral de 2020.

Obama descreveu-se como mestiço e, com a Constituição entre as mãos, falou para todos os americanos. Harris, filha da união de uma indiana com um jamaicano, descreve-se exclusivamente como negra, desperdiçando a oportunidade de falar, em primeira pessoa, sobre os cruzamentos de histórias e origens que formaram a nação americana. A submissão ao discurso identitário conduz os democratas ao labirinto da política de minorias: negros, latinos, asiáticos, nativos, mulheres, LGBT. No imenso vácuo aberto pela religião secular do multiculturalismo, Trump dirige-se à maioria de americanos brancos agitando a bandeira nacional e o "America First". A receita testada pode funcionar novamente.

Não é uma questão de esquerda ou direita. A jovem deputada Alexandria Ocasio-Cortez define-se como socialista e defende ideias típicas da social-democracia europeia, mas escapa ao molde do discurso identitário. Numa entrevista ao *The New York Times*, ela revelou que seus ancestrais distantes, judeus sefarditas, fugiram da Inquisição espanhola, estabelecendo-se em Porto Rico. E descreveu os porto-riquenhos como uma complexa mistura: "Não somos uma coisa única. Somos negros, indígenas, hispânicos, europeus." Não há ideia mais corrosiva para o nacionalismo reacionário e nativista que a de mistura. Mas, para sorte de Trump, a militância democrata continua seduzida pela aquarela fragmentária do multiculturalismo.

Há muito em jogo na eleição presidencial americana de 2020. A reeleição de Trump dissolveria de vez o consenso ocidental do pós-guerra que sustenta as sociedades abertas, plurais e tolerantes. A economia, por si mesma, não assegurará um novo triunfo trumpiano. Para tanto, será preciso o concurso de Kamala Harris e dos seus.

AS CORES DA FRANÇA
(*Folha de S. Paulo*, 21/7/2018)

A charge do cartunista jordaniano Mahmoud Rifai correu mundo, difundida por *sites* e *blogs* de esquerda. Intitulada "Quem conquistou a Copa pela França", exibe um barco de refugiados africanos do qual emerge um punho negro segurando a taça da FIFA – e, acima dele, a bandeira francesa da qual salta uma mão que se apropria do troféu. Superficialmente, trata-se de uma crítica da xenofobia e do racismo, tão comuns na Europa de hoje. De fato, é outra coisa, repetida sob formas similares em incontáveis textos e imagens.

A direita sempre diz que os terroristas são estrangeiros – mesmo quando se sabe que, em quase todos os casos, são cidadãos nacionais. Agora, a esquerda resolveu dizer que os jogadores da seleção francesa campeã mundial são estrangeiros – mesmo quando se sabe que todos são, obviamente, cidadãos franceses. Entre os campeões, apenas dois nasceram fora da França: o goleiro Mandanda, na República Democrática do Congo, e Umtiti, em Camarões. Na sua maioria, os demais são filhos de imigrantes – e nenhum deles pertence a famílias de refugiados. Sugerir que são estrangeiros equivale a identificar a nação à "raça", à cor da pele.

A mania nada tem de novo. Jean-Marie Le Pen, fundador da Frente Nacional e pai da atual líder do partido ultranacionalista, acusou os vice-campeões mundiais de 2006 de não representarem a "França verdadeira". Na ocasião, o zagueiro Thuram deu-lhe a resposta precisa: "Le Pen deveria saber que, assim como existem negros franceses, existem loiros e morenos, e não são convocados para a seleção por sua cor, mas por serem franceses". E concluiu reivindicando a "França verdadeira" da Revolução de 1789, em contraponto à "França eterna" da direita xenófoba. Agora, sua lição de história (e de política) deve ser ensinada à esquerda.

No fundo, a esquerda diz o mesmo que a direita, mas o faz com um sorriso no rosto. Para a direita, o "diferente" é o veneno que contamina a nação; para a esquerda, é o eterno estrangeiro, africano ou árabe, discriminado pela maléfica potência europeia. A seleção campeã de Mbappé e Pogba não serve para apagar as discriminações reais sofridas pelos imigrantes na França, nem absolve o governo francês de sua resistência a partilhar com a Alemanha a responsabilidade de dar abrigo ao fluxo de refugiados que cruzaram o Mediterrâneo. Mas também não deveria servir para, sob a cobertura do discurso anti-imperialista, reforçar a mitologia do sangue e da raça.

A França, ao contrário dos EUA, não coleta informações censitárias sobre a origem étnica de seus cidadãos. A "cegueira estatal" deita raízes na tradição de 1789: a cidadania é um contrato político, não um privilégio derivado da "raça" ou da religião. Mesmo se não funciona como varinha mágica capaz de abolir o racismo ou a exclusão social, tal afirmação radical da igualdade política e jurídica é uma valiosa fronteira simbólica. O comediante sul-africano Trevor Noah, que comanda o americano Daily Show, deu publicidade à charge de Rifai e qualificou os jogadores campeões como africanos. Numa carta aguda, o embaixador francês nos EUA retrucou que "isto legitima a ideologia que reclama a branquitude como definição exclusiva da identidade francesa".

A seleção brasileira campeã sul-americana de 1919 tinha ao menos cinco titulares oriundos de famílias de imigrantes, entre os quais o craque Arthur Friedenreich, neto de um alemão e filho de uma professora primária negra. Na época, a esquerda era universalista e não lhe ocorriam as ideias racialistas de qualificar o atacante como "alemão" ou "africano". A esquerda mudou, para pior. Hoje, integra o coral da "nação do sangue", compartilhando com a direita uma esquina suja que leva os nomes alternativos de "anti-imperialismo" ou "antiglobalismo".

Le Pen pode descansar. Três Copas depois, a esquerda fala por ele.

FLOYD, BRANCO
(*O Globo*, 13/12/2021)

"Temos de estar atentos ao discurso da direita. Por que essa gente voltou a convencer uma parcela da sociedade?", indagou Lula num evento do partido espanhol Podemos, durante sua recente turnê europeia. A pergunta, sábia, tem abrangência internacional. Há, claro, inúmeras respostas não excludentes. Uma delas emerge da constatação de que George Floyd não é, necessariamente, negro.

Em 2020, das 1.021 pessoas mortas pelas polícias dos EUA, 459 eram brancos, 241, negros e 169, hispânicos. Não foi um ano atípico: estatísticas similares repetem-se com regularidade. Contudo, contrastam com a percepção de que o uso de força letal pela polícia americana é um problema da minoria negra. Floyds têm todas as cores – e, na sua maioria, são brancos.

Negros perfazem 13% da população dos EUA. Certamente, a chance de um negro ser morto por policiais é maior – mais de duas vezes maior – que a de um branco. Mas, por si só, a desproporção não prova racismo: os negros concentram-se em bairros mais pobres, que são focos principais de criminalidade.

Diversos estudos comprovam que as polícias discriminam negros ao selecionar motoristas ou pedestres para revistas. Abusos verbais de policiais são dirigidos especialmente contra negros. Mas estudos controlados dirigidos pelo economista Robert Fryer, de Harvard, em 2016, revelam que, levando-se em conta fatores como a posse de arma pelos suspeitos, inexiste predisposição racial nas mortes a tiros.

Sob os paradigmas do policiamento militarizado e da "guerra ao crime" vigentes nos EUA, os agentes não escolhem a cor dos alvos de ações letais. Escolhem, porém, a classe social: quase todas as vítimas fatais são pobres. Só que essa parte crucial da história fica praticamente ausente de um noticiário cujo foco é, sempre, racial.

O fluxo de notícias deriva menos de estudos científicos do que da temperatura política. A justa indignação provocada pelo assassinato de George Floyd acentuou a tendência a conectar a violência policial à cor da pele – e a deixar na sombra o fator classe social. Tudo se passa como se brancos pobres nada tivessem a temer quando, de fato, são as vítimas mais numerosas de disparos de policiais.

O olhar enviesado reflete a radical mudança de paradigmas. Sob o impulso de sua ala esquerda, o Partido Democrata esqueceu que existem classes sociais, substituindo-as por marcadores identitários: cor da pele, origem, herança cultural, gênero, orientação sexual. O discurso político prevalecente dirige-se às "minorias", ou seja, negros, latinos, mulheres, LGBT. De modo mais ou menos camuflado, os brancos em geral – e, em especial, os homens brancos – passaram a ser tratados como uma espécie de classe dominante.

No seminário do Podemos, Lula refinou sua pergunta, interrogando-se sobre os erros da esquerda que permitiram o triunfo de Donald Trump em 2016. Suspeito que o núcleo da resposta tenha relação com os Floyds brancos. Trump moldou seu discurso ao "americano esquecido", falando à maioria, enquanto os democratas apelavam a uma coleção de "minorias". Venceu porque obteve imenso sucesso entre os brancos sem diploma universitário – e, em 2020, provou na derrota que a política de maioria tem forte apelo entre a vasta "minoria" de hispânicos.

A política identitária alastrou-se mundo afora. Os partidos de esquerda renunciaram às pautas tradicionais, focadas nas desigualdades sociais. A direita nacionalista ocupou o vácuo, falando ao "povo" – ou seja, à maioria. Nos EUA e na Europa, o voto de esquerda tornou-se típico das elites urbanas com educação superior, enquanto a massa de trabalhadores girou à direita. É por isso que "essa gente" – ou seja, a direita – experimentou triunfos eleitorais chocantes.

O cenário brasileiro não é uma reprodução do americano ou do europeu. Por aqui, o PT, maior partido de esquerda, conservou seu foco no tema das desigualdades. Bolsonaro venceu, nas condições excepcionais da depressão econômica, falando sobre corrupção. Mas que ninguém se engane: a extrema direita também surfa na oposição ao discurso identitário que enxerga cores onde existem classes.

A ÁFRICA É UM PAÍS
(*Folha de S. Paulo*, 7/3/2020)

"A África não é um país", avisa a camiseta criada por Vensam Iala, imigrante da Guiné-Bissau (*Folha*, 4/3). Iala tem razão em alertar para a diversidade africana. Mais ainda, em perfurar a espessa camada de preconceitos que envolve a imagem dos povos do continente. Mas errava ao atribuir ao imperialismo a noção que contesta. De fato, as potências coloniais traçaram as fronteiras políticas africanas, fabricando quase todos os seus 54 países, inclusive a Guiné-Bissau. Foram africanos os que difundiram a ideia da África como um só país.

A semente foi plantada em meados do século XIX pelo missionário americano Alexander Crummell, filho de escravo e negra livre, que definiu a África como a pátria da "raça negra". O pan-africanismo ganhou um arauto de peso em W. E. B. Du Bois, fundador da NAACP, a grande organização social negra dos EUA: "Somos negros, membros de uma vasta raça histórica que começa a acordar nas florestas escuras de sua pátria africana", escreveu em 1897. O grito ecoou na Jamaica, em 1914, pela voz de Marcus Garvey, rival de Du Bois, que sonhava "unir todos os povos negros do mundo para estabelecer um país e um governo absolutamente seus".

A utopia da unidade geopolítica africana chegou, finalmente, à África por meio dos líderes das lutas anticoloniais. Muitos deles estudaram na Europa ou nos EUA, onde formaram suas convicções pan-africanistas. "A África é um país": a inscrição certamente estaria numa camiseta concebida pelos futuros chefes dos primeiros governos soberanos de Gana (Nkrumah), do Quênia (Kenyatta), da Nigéria (Azikiwe), de Malawi (Banda), do Senegal (Senghor), do Congo (Lumumba) e da Guiné-Bissau (Luís Cabral, meio-irmão do intelectual pan-africanista Amílcar Cabral).

Ironicamente, os líderes africanos renunciaram à meta unitária logo depois da onda inicial das independências. Na sua carta de fundação, de 1963, a Organização da Unidade Africana (OUA) proclamou o princípio do "respeito pela soberania e integridade territorial de cada Estado", que implicava a eternização das fronteiras inventadas pelas potências imperiais. As novas elites não sacrificariam seu poder estatal no altar da imaginada Pátria-África. Mas, igualmente, não deixariam jamais de usar a linguagem do pan-africanismo, impressa no próprio nome da OUA.

O discurso pan-africanista tem mil e uma utilidades para os governantes africanos. Confere legitimidade a ditadores que, por ele, se vinculam à saga da luta anticolonial. Serve de pretexto para a repressão a opositores, rotulados como antiafricanos. Abre caminho para responsabilizar atores externos – as antigas potências coloniais e o imperialismo – pelas tragédias sociais do presente. Os regimes africanos que perseguem *gays* têm o hábito de invocar uma suposta "cultura africana" para justificar suas leis homofóbicas (que, por sinal, geralmente originaram-se das administrações coloniais do passado).

"A África é um país" – a ideia nasceu fora da África, aclimatou-se na África e, depois, viajou novamente para fora da África, convertendo-se em inspiração para movimentos negros. Nos EUA, uma corrente substancial do movimento negro invoca o espírito de Du Bois para descrever os "afro-americanos" como uma nação diaspórica. Como tantas mercadorias *pop*, essa também foi importada no Brasil, especialmente pelo Movimento Negro Unificado. Dela surgiu o estandarte da "reparação histórica", que acabaria sendo traduzido pela reivindicação de cotas raciais.

Na África, a camiseta de Iala seria vista como crítica do pan-africanismo – e, em certos países, poderia torná-lo alvo de repressão. No Brasil, lida corretamente, é uma crítica da ideologia de movimentos negros. Mas Iala evita o tema desconfortável, apoiando-se na bengala pan-africanista para sugerir que é uma crítica ao imperialismo. A chama nunca se apaga.

A COR COMO IDEOLOGIA
(*Folha de S. Paulo*, 4/7/2020)

Nos EUA, correntes minoritárias do Black Lives Matter deploram a vasta adesão de brancos aos protestos antirracistas, alegando que eles estariam se divertindo com uma nova moda. No Brasil, setores do movimento negro acusam o ex-quase-ministro Carlos Decotelli de ser algo como um "negro falso", por não seguir a cartilha política e cultural que eles defendem. Lá, cor define ideologia; aqui, ideologia define cor.

A acusação parte de várias vozes, mas é melhor ilustrada por um artigo de Dodô Azevedo (*Folha*, 1/7). Decotelli seria um "negro conveniente", um "desertor". Mas como identificar esse personagem abominável?

Primeiro, por desvios de caráter derivados do desejo de assimilação. "Esses negros começam a agir como se desfrutassem dos mesmos privilégios que os brancos" e, por isso, "roubam, matam, mentem". Ficamos sabendo assim que os indivíduos desapareceram, convertendo-se em meras representações raciais. Se Decotelli fosse um "negro inconveniente", seria necessariamente reto, justo e puro. Tudo, inclusive o caráter pessoal, depende da ideologia.

Segundo, pela fé religiosa. Decotelli, "cristão batista, é um negacionista do sistema de crenças de suas avós e bisavós e tetravós". A liberdade de escolher uma fé está aberta a todos, menos aos negros. Isso porque "mentira e injustiça não seriam toleradas" nas religiões de matriz africana. François Duvalier, sanguinário ditador do Haiti, fez do vodu o pilar de seu poder, em nome da "autenticidade" africana. Martin Luther King era pastor batista – e, portanto, segundo Dodô, um monstro potencial.

Terceiro, pela carreira profissional. Decotelli teria escolhido a carreira militar "para tentar não ser negro". Se, como Dodô, tivesse optado pelo jornalismo, o cinema, a história e a filosofia, talvez se aproximasse do pódio de "negro legítimo". Nessa linha de raciocínio, como fica o marinheiro João Cândido, líder da Revolta da Chibata? E o jornalista, filho de escritor e irmão de músico Sérgio Camargo, presidente ultra-bolsonarista da Fundação Palmares?

"Se fosse de esquerda...": Elizabeth Guedes, presidente da associação das universidades particulares e irmã do ministro da Economia, reclama do movimento negro a defesa de Decotelli. Dodô replica: um "negro inconveniente" jamais inflaria seu currículo, pois saberia que, se ousasse "mentir como um ancestral de imigrantes", não teria o privilégio do perdão social concedido a ele. A implicação lógica do argumento é que o racismo opera como ferramenta positiva, moldando negros virtuosos. A política identitária precisa da discriminação racial que alega combater.

"Um negro que migra para um país assimilacionista esquece a que matriz pertence", escreve Dodô. O atacante Eusébio, nascido na Moçambique colonial, artilheiro de Portugal na Copa de 1966, identificava-se como português. O escritor moçambicano Mia Couto não o reprovou. "Se existem brancos que são africanos, se existem negros que são americanos, por que os pretos africanos não podem ser europeus?". E segue: negros de origem africana, como Eusébio, terão filhos e netos nascidos na Europa e "não podem cair na armadilha de reivindicar um gueto, uma cidadania de segunda classe". Mas o "gueto", a "matriz", é exatamente o que exige Dodô, sob pena de excomunhão eterna.

"Nós dois lemos a Bíblia dia e noite, mas tu lês negro onde eu leio branco" (William Blake). A obsessão essencialista pela tradição é o traço crucial que aproxima Dodô de Damares Alves. A ministra, pastora evangélica, também teme o "assimilacionismo", o esquecimento das "raízes", das "crenças ancestrais". Os dois, donos da régua do Bem e do Mal, falam em nome de cruzadas purificadoras simétricas.

Ainda bem que brancos engajaram-se nos protestos antirracistas nos EUA. O racismo degrada-nos a todos, fazendo-nos ver raças onde existem indivíduos.

O VOTO SOB TUTELA
(*Folha de S. Paulo*, 5/9/2020)

"Estaremos do lado dos que querem escrever a história do Brasil com tintas de todas as cores". O ministro Luís Roberto Barroso anunciou, por essa frase capciosa, a pretensão dos altos tribunais de tutelar os partidos políticos e os eleitores, determinando uma distribuição racial dos fundos públicos eleitorais. O inevitável avanço da doutrina racialista para a esfera da representação política golpeia o conceito de soberania popular, que é o pilar da democracia.

A discussão jurídica nasceu de um pedido aos tribunais da deputada Benedita da Silva (PT-RJ), pelo estabelecimento de cota de 30% de "candidaturas negras" em cada partido. Barroso disse "não", argumentando que só o Congresso tem a prerrogativa de legislar. Mas, como é de seu feitio, prontificou-se a legislar de outro jeito, no mesmo rumo racialista, gerenciando o caixa dos partidos com vistas a um "equilíbrio racial".

As leis de cotas raciais para ingresso nas universidades apoiam-se na justificativa da promoção social de grupos excluídos. As cotas raciais dividem os estudantes de escolas públicas segundo a cor da pele, alavancando ressentimentos que nutrem o racismo. O consenso partidário formado em torno delas destina-se a mascarar a ruína do ensino público, raiz da desigualdade de oportunidades no umbral das universidades. Quando a raça chega ao terreno do voto, o racialismo retira sua máscara, exibindo a face que precisava ocultar.

Benedita e Barroso tratam o acesso a cargos parlamentares como o ingresso na universidade – ou seja, como uma carreira. A política é definida, aí, como profissão: meio de ganhar a vida e produzir patrimônio. "Escrever a história do Brasil com tintas de todas as cores" significa, para eles, alçar "negros" a empregos bem remunerados. O problema do raciocínio é que, no fim, a seleção desses "profissionais" depende dos eleitores. Que tal, então, dirigir a mão que digita o voto para o lugar "certo"?

Os programas pioneiros de cotas raciais nas universidades foram introduzidos em 2003. Seus defensores alegavam, à época, que o expediente seria provisório, esgotando-se no horizonte de 10 ou, no máximo 20 anos. Hoje, quase duas décadas depois, não só esqueceram-se do prazo limítrofe como engajaram-se na introdução de cotas raciais na pós-graduação e na administração pública.

A fraude da vontade popular na esfera eleitoral também caminhará por etapas. A primeira, em curso, define a distribuição de fundos de campanha. Numa segunda, cotas "raciais" dentro dos partidos. A conclusiva, pelo estabelecimento de cotas raciais nos próprios órgãos legislativos. No Líbano, a representação parlamentar é repartida segundo linhas sectárias, com a divisão de cadeiras entre cristãos, sunitas e xiitas. No Brasil, a lógica racialista aponta para uma divisão entre as "raças oficiais" – isto é, basicamente, entre "brancos" e "negros", pois os autodeclarados "pardos" já foram administrativamente suprimidos do universo legal.

A "voz dos negros" deve ser ouvida – eis a tradução conceitual da frase de Barroso. Os "negros", porém, participam de diferentes partidos, exprimindo ideologias diversas. Quem é a "voz dos negros"? Benedita, que é uma "voz de Lula", ou Sérgio Camargo, uma "voz de Bolsonaro"? A racialização dos órgãos legislativos nada tem a ver com a "voz dos negros". Expressa a voz das elites brasileiras que recobrem, com uma mão de tinta fresca, o racismo institucional praticado pelas polícias e a exclusão social de pobres de todas as cores.

A política é o campo dos valores, das visões de mundo – não das raças. A "voz dos negros" exigiria a constituição de um Partido Negro. Os arautos do racialismo não vão criá-lo, pois sabem que seriam rejeitados inclusive pelo eleitorado não branco. A estratégia deles é tutelar o voto por meio de leis restritivas da soberania popular.

UMA ILUSÃO DE COR
(Folha de S. Paulo, 9/10/2021)

Fazendeiro branco, escravo negro: a imagem icônica produz a ilusão de que a escravidão moderna foi um sistema de dominação racial. De fato, porém, foi um sistema econômico.

A escravidão acompanhou a humanidade durante milênios. Nas mais diferentes sociedades, inclusive na África, gente de todas as cores escravizou gente de todas as cores. O capitalismo mercantil acelerou a produção e o comércio de incontáveis mercadorias – e, também, de escravos. Na sua moldura, o tráfico atlântico forneceu africanos escravizados para as Américas.

Nas Américas, o largo predomínio de escravos africanos resultou da circunstância econômica de que o tráfico transatlântico garantia oferta regular e barata de cativos. Africanos não foram convertidos em escravos por serem negros, mas porque o comércio oceânico despontou como um dos maiores negócios da época.

Na África, reinos poderosos escravizavam seres humanos, conduzindo-os a entrepostos litorâneos para vendê-los aos agentes do tráfico atlântico. Os cativos eram transportados em navios europeus ou norte-americanos. No Brasil do século XIX, ricos traficantes circulavam na Corte como respeitáveis homens de negócios. Alguns eram "negros", segundo a atual linguagem binária do racialismo.

A escravidão era a norma. O escravo figurava como ativo patrimonial e, além disso, sinalizava a condição social do proprietário.

Por isso, os raros ex-escravos que conseguiam ascender socialmente compravam escravos: o teu cativeiro simboliza a minha liberdade e a minha prosperidade.

Nada disso é novidade. Tudo o que vai acima emana da pesquisa histórica consagrada, escrita por autores de todas as cores. Os militantes da política identitária escolheram, porém, definir a historiografia da escravidão moderna como uma aberração moral. Eles exigem que o sistema econômico escravista seja reinterpretado como um sistema de dominação racial. Trata-se de uma operação política, não de um esforço acadêmico de revisionismo. Afinal, se a escravidão foi um crime racial cometido por "brancos" contra "negros", torna-se razoável requisitar de todos os "brancos" o pagamento de "reparações históricas".

Escravidão e racismo são fenômenos distintos – e até certo ponto contraditórios. O racismo não era necessário para a existência de escravidão. Bastava a força, como atestam séculos de escravização de europeus por europeus, na Europa, e de africanos por africanos, na África.

O racismo floresceu no outono da escravidão, como ferramenta para circundar o princípio da igualdade natural entre os seres humanos e subjugar pessoas juridicamente livres. Otelo só é "negro" na linguagem atual, moldada pelas noções raciais; na época de Shakespeare, era um príncipe mouro e um general de Veneza. Contudo, a distinção entre escravidão e racismo é qualificada como abominação pela militância racialista, pois assim pode-se acusar os "brancos" de persistir até hoje num crime deflagrado pelo primeiro navio negreiro que cruzou o Atlântico.

Caracterizar a escravidão como sistema econômico é o contrário de relativizá-la ou legitimá-la. No sistema escravista, ex-escravos ("negros") tinham a possibilidade de comprar escravos ("negros") – e o faziam, quando podiam. A férrea lógica do escravismo tendia a provocar, portanto, a extinção de sentimentos básicos de solidariedade entre pessoas que haviam compartilhado a mais terrível experiência de desumanização. Não existe maior condenação moral da escravidão do que tal constatação.

A escravidão acabou; o racismo, não. O discurso identitário que divide a sociedade em raças e acusa o contigente "branco" da população de ser coletivamente responsável pelo crime da escravidão não erra apenas historicamente. No plano político, a acusação (i) moral semeia rancores sociais que fertilizam o solo no qual cresce a erva venenosa do racismo.

LÉXICO DA VIOLÊNCIA
(*Folha de S. Paulo*, 22/1/2022)

Sentença 1: "O PT propõe revogar a reforma trabalhista conduzida pelo governo Temer". Sentença 2: "A classe trabalhadora exige a derrubada da reforma trabalhista imposta pela burguesia". A primeira menciona sujeitos específicos (PT, governo Temer). A segunda, que prefere indicar coletividades genéricas (classe trabalhadora, burguesia), pertence ao léxico da violência.

Quem é o "sujeito da História"? Segundo os marxistas, "a história de todas as sociedades até hoje existentes é a história da luta de classes". Inflada até o limite, a ideia produziu extermínios de classes sociais inteiras: o Holodomor, na Ucrânia, pelo regime soviético; a implantação das comunas populares, pelo regime maoísta; a ruralização da população urbana pelo regime de Pol Pot no Camboja.

"Jihad: guerra aos infiéis!". Segundo os fundamentalistas, que existem em todas as religiões, o sujeito da História é a comunidade de fiéis. De Maomé às Cruzadas, e delas às guerras de religião na França, a fé produziu rios de sangue que atravessam os tempos. A pulsão do massacre chega aos nossos dias, nas formas do jihadismo, dos atos de terror de cristãos fanáticos, das limpezas étnicas contra muçulmanos.

O "fardo do homem branco". Segundo Kipling, porta-voz do pensamento imperialista, o sujeito da História é a raça. O racismo branco serviu para justificar a divisão colonial da África, as leis de discriminação nos EUA, o *apartheid* na África do Sul. (Mas não a escravidão moderna, que prescindiu do conceito de raça.) Numa interpretação singular, que identificou raça e nação, funcionou como alicerce para o nazismo.

Racismo não exige diferença de cor. "Baratas" – assim a ditadura hutu qualificou os tutsis, preparando um genocídio inteiramente baseado em teorias raciais. Na hecatombe de exterminismo em Ruanda, algozes e vítimas eram negros.

"A história do mundo não é a história de indivíduos, mas de grupos, não a de nações, mas a de raças – e aquele que ignora ou tenta borrar a ideia de raça na história humana ignora e borra o conceito central de toda a história". W.E.B. Du Bois, pai-fundador do movimento negro nos EUA, concordava parcialmente com Kipling. Ele não acreditava na noção de hierarquias raciais, mas estava de acordo sobre a questão do "sujeito da História".

Du Bois desenrolou um fio ideológico que se estende até os racialistas atuais. Dele, nasceu uma caricatura grotesca do Brasil. A sociedade divide-se em duas raças estanques: brancos e negros. Os brancos descendem de proprietários de escravos (sumiram a massa de brancos pobres e os imigrantes). Os negros descendem de escravos (sumiram os negros traficantes ou proprietários de cativos do Império). Os indivíduos do presente representam, pela cor da pele, escravizadores ou escravizados.

A Igreja distribui culpas – e as cobra, via confissão e dízimo. Os racialistas imitam seu método, cobrando da população branca "reparações de guerra" pelos crimes de antepassados imaginários. Mais: por meio da expressão "racismo estrutural", acusam os brancos em geral de exercitarem o racismo. Divide-se a nação entre criminosos e vítimas – e sugere-se que a redenção depende de uma vingança. Os inventores dos sujeitos coletivos da História nomeiam inimigos igualmente abrangentes e difusos, compondo um léxico da violência.

Mas, paradoxalmente, o racialismo opera como anestésico, atrasando as mais vitais reformas sociais. Quando a polícia exercita o arbítrio na periferia, ignora-se o racismo institucional em nome do "racismo estrutural": a culpa é dos brancos, não do aparato político que sustenta um policiamento racista. Quando exames internacionais constatam o fracasso perene da educação pública, circunda-se a chaga do *apartheid* educacional por meio da "solução" das cotas raciais. O léxico da violência é, também, a linguagem do entorpecimento.

"IR MAIS FUNDO QUE A RAÇA"
(*Folha de S. Paulo*, 29/1/2022)

"Hoje, incontáveis 'remédios' – como a Teoria Crítica da Raça, a abordagem pós-marxista e pós-moderna da moda que analisa a sociedade como estruturas de poder institucional de grupos [...] – nos conduzem à direção errada: a separação até de crianças da escola elementar em categorias raciais explícitas, enfatizando diferenças ao invés de similaridades. A resposta é ir mais fundo que a raça, que a renda, que a identidade étnica ou de gênero. Ensinar a nós mesmos a compreender cada pessoa não como símbolo de um grupo, mas como um indivíduo singular, especial, no contexto de uma humanidade compartilhada."

Calminha, sacerdotes iracundos da IRUD, a Igreja do Racialismo dos Últimos Dias. Esperem um instante antes de caluniar o autor do texto acima, rotulando-o como supremacista. Contenham-se, ativistas da IRUD nas redes sociais. Não utilizem "brankkko", o termo infame que aprenderam com seus sacerdotes a empregar, para associá-lo à Ku Klux Klan (e, quando descobrirem a cor da sua pele, abstenham-se da rotina de qualificá-lo como "capataz da Casa-Grande"). Aguardem, integrantes do grupo Jornalistas Pela Censura Virtuosa: evitem escrever um manifesto identificando suas palavras à negação do Holocausto.

O autor principal do trecho entre aspas é Wyatt Tee Walker, braço direito de Martin Luther King no movimentos pelos direitos civis, organizador da campanha antissegregacionista de Birmingham (1963), uma das mais destacadas vozes no combate ao racismo durante seis décadas. Quando Walker morreu, em 2018, aos 88, Al Sharpton deu a notícia da seguinte forma: "uma árvore imensa caiu". Sugiro que a IRUD e o Jornalistas pela Censura Virtuosa respeitem-no o suficiente para, ao menos, suportar a publicação de suas ideias.

As sentenças entre aspas estão no artigo "A Light Shines in Harlem", de 2015, que celebrava os 16 anos da Escola Sisulu do Harlem, instituição público-privada voltada para alunos de baixa renda. Nele, Walker declarava sua rejeição às políticas identitárias racialistas.

Walker nunca abandonou a luta antirracista. 1999, ano da fundação de sua escola, começou com o assassinato do imigrante da Guiné Amadou Diallo pela polícia de Nova York. Então, o septuagenário Walker perfilou-se ao lado de Sharpton em manifestações de protesto em Wall Street e na ponte do Brooklyn. Ele abominava a ideia de classificar jovens estudantes segundo o critério da raça exatamente porque sabia identificar o inimigo.

Um relatório de 1964 da comissão legislativa do Alabama que investigava militantes dos direitos civis descreveu Walker como "o verdadeiro líder do movimento negro". O líder intelectual era, claro, King: "Eu tenho um sonho de que um dia, no Alabama, meninos negros e meninas negras poderão unir as mãos com meninos brancos e meninas brancas, como irmãs e irmãos". Na linha deles, opino que:

1. O racismo, chaga comparável ao ódio étnico, à intolerância religiosa e à xenofobia, não se combate pela inscrição da raça na lei, pela separação das pessoas segundo a cor da pele, pela introdução de cotas raciais;

2. Combate-se o racismo indo "mais fundo que a raça" – isto é, afirmando nossa "humanidade compartilhada". Por meio da aplicação das leis antirracistas, pela reforma da educação pública, pela reorganização radical da polícia, pela descriminalização das drogas leves, por legislações destinadas a reduzir a segregação espacial urbana.

King, Walker e Sharpton triunfaram falando em igualdade e união. Fizeram os EUA andar para frente, conquistando as leis dos Direitos Civis e dos Direitos de Voto. Mais: empurraram o mundo adiante, enraizando o antirracismo nas consciências. A IRUD, ao contrário, segmenta e separa. Breca o mundo ao dividir os antirracistas, conduzir operações de policiamento cultural e regar, entre brancos e negros, as sementes do racismo popular.

GUERRA CULTURAL É CONFLITO ASSIMÉTRICO
(*Folha de S. Paulo*, 19/2/2022)

Qual é a treta do dia? O cancelamento da semana? Quando as expedições de policiamento identitário típicas das redes sociais transbordam cotidianamente, como lava tóxica, às páginas da *Folha*, não duvide: as guerras culturais tornaram-se um traço dominante da política nacional.

Há décadas, o Ocidente oscila no ritmo das guerras culturais. A direita inventou o artefato; a esquerda pós-marxista resolveu imitá-la. Tais conflitos organizam-se não sobre "o que fazer?", a interrogação política clássica, mas sobre "quem somos?", uma pergunta muito mais divisiva.

Na superfície, tudo parece simétrico. Direita e esquerda definem-se pela sintaxe identitária. Numa ponta, identidades nativistas (o "sangue francês", o "americano legítimo"), culturais (a "civilização judaico-cristã") ou religiosas (o cristianismo, os "valores da família"). Na ponta oposta, pela esquerda, identidades de grupo (raça, gênero, orientação sexual).

As simetrias estendem-se aos domínios da estratégia e da tática. Vitimismo: a "grande substituição", a "invasão do Islã", a "cristofobia" – ou o "racismo estrutural", o "genocídio negro", o "patriarcalismo". Autoritarismo: o adversário é um inimigo existencial, a ser calado ou encarcerado.

Abaixo da superfície, porém, despontam as assimetrias. São elas que explicam o resultado inevitável das guerras culturais: o triunfo da direita.

A direita opera identitarismos abertos, com ambições majoritárias. Todos os cidadãos dos EUA podem definir a si mesmos como "americanos legítimos", inclusive imigrantes e negros. A maioria dos europeus tem a opção de enxergar sua imagem no espelho do cristianismo. O chapéu enganoso dos "valores da família" pode ser usado por qualquer brasileiro.

A esquerda, pelo contrário, opera identitarismos fechados cuja vocação minoritária é exponencializada pela ferramenta polêmica do "lugar de fala". Os "negros", mas não todos: somente os que aceitam descrever-se como uma nação africana no exílio e estabelecer beligerância perene com os não negros. As mulheres, mas somente as que estão prontas a classificar os homens como uma população de potenciais estupradores.

Assimetria. Os ativistas da direita identitária procedem de partidos e igrejas; os da esquerda identitária, das universidades.

A origem determina o plano de guerra: o objetivo principal dos primeiros é ocupar as instituições políticas representativas; o dos segundos, ocupar as instituições culturais. Uma bancada no Congresso ou o controle sobre reitorias? Senadores ou artigos de opinião no jornal da classe média? Deputados ou o palanque da Flip? Cadeiras no STF ou comissões da OAB?

Nos EUA, pátria das guerras culturais, só a pandemia evitou a reeleição de Trump, os republicanos controlam o Supremo, devem vencer as eleições legislativas e avançam sobre o voto hispânico. Na Europa, o pêndulo inclina-se à direita, emergem fortes partidos nacionalistas, a xenofobia e a islamofobia envenenam até os partidos social-democratas. A esquerda não tem chance no jogo do conflito assimétrico.

No Brasil, onde a guerra cultural semeou um movimento de ultradireita em solo virgem, o cenário não é tão diferente. Lula, que reserva o discurso identitário apenas para feriados, provavelmente vencerá. No Congresso, porém, a paisagem é outra.

Como triunfar na arena eleitoral acusando os brancos em geral de serem racistas, "mesmo se não têm consciência disso"? Qual é o resultado de um discurso fundado no pecado original da cor da pele, que distribui culpas e punições? Como persuadir uma maioria sentenciada de antemão por crimes odiosos que não cometeu? O cortejo da direita, encabeçado pelos bispos de negócios, não poderia sonhar com adversários melhores que os sacerdotes da Igreja Racialista e suas falanges de Censores do Bem. A esquerda identitária elege a direita identitária.

12

DJAMILA RIBEIRO PROVA QUE EM RH SÓ TEM IGNORANTE

Bruna Frascolla

Por mais que reclamemos do atual estado de coisas na universidade, fato é que os quadros das ciências humanas sempre comportaram, e ainda comportam, mais diversidade de ideias do que fazem crer as megacorporações, aí incluídas as de jornalismo. O mundo corporativo, sim, abraçou a ideologia da esquerda identitária – também designada pelos nomes de nova esquerda, progressismo, globalismo, *wokeism*, lacração, interseccionalidade, etc. Há tantos nomes para isto quanto para o diabo.

A universidade brasileira de fato não tem o melhor histórico de diversidade de ideias. Ainda assim, nos períodos de maior uniformização do pensamento, a ideologia dominante era o marxismo propriamente dito, economicista, que não tinha nada a ver com demandas por modelos negras em capas de revista de moda em nome da "representatividade". No Brasil, o CEBRAP, financiado pela Fundação Ford, foi pioneiro na introdução do progressismo, que era então acusado pela esquerda dominante de ser direitista e estar a serviço da CIA.

O que passa por um problema acadêmico está mais para um problema advindo das megacorporações. Os famigerados "especialistas" em interseccionalidade são figuras periféricas da academia. No entanto, seus livros são adotados por RHs como bíblias contendo a Verdade Revelada. Nos Estados Unidos, as corporações alçaram à condição de papa e papisa em questões raciais o mulato Ibram Kendi e a branca Robin DiAngelo. No Brasil, em vez de se traduzir esse povo, as corporações trataram Djamila Ribeiro como sumidade intelectual.

Trata-se de uma acadêmica da filosofia, filiada ao PT, que estudou até o mestrado e ocupou a secretaria de direitos humanos paulistana do prefeito Haddad. A gestão terminou em 2016. É dessa fase acadêmico-burocrática o seu livro *O que É Lugar de Fala?*, lançado em 2017 pela editora mineira Letramento[1]. É uma obra interseccional de estilo acadêmico feita por uma militante petista.

No ano seguinte, Djamila migra para a Companhia das Letras, da antropóloga identitária Lilia Schwarcz. Em 2018 sai *Quem Tem Medo do Feminismo Negro?*, uma coletânea de artigos para a *Carta Capital*; e, em 2019, o *Pequeno Manual Antirracista*. Este é talhado para RHs de corporações e chega à lista de mais vendidos.

Em 2020, fiz três artigos para a *Gazeta do Povo* sobre o primeiro e o último livro. Aqui reunidos e fundidos, mostram que os mantras dados como verdade absoluta na imprensa comum e em várias empresas são incorretos e inconsistentes.

1. LUGAR DE FALA É JABUTICABA[2]

Todo conceito difundido no mundo acadêmico tem tradução; afinal, a academia é uma comunidade global em que indivíduos da espécie humana tentam mostrar uns aos outros as descobertas que fizeram. Se "lugar de fala" fosse um conceito acadêmico, haveria traduções suas de uso corrente no inglês e nas outras línguas latinas. O leitor pode fazer um teste com a tradução mais intuitiva, "lugar de habla", e lançá-lo no buscador. Feito isto, encontrará menos de meia dúzia de resultados com a conotação acadêmica que conhecemos, e todos de autores brasileiros. Só por isto, é muito improvável que lugar de fala seja um conceito acadêmico.

Mas, para tirar a prova dos nove, resta ler o livro de divulgação do conceito, feito por uma acadêmica mestre em filosofia. O livro

---

[1] Em 2019, um livro praticamente igual chamado *Lugar de Fala* seria lançado pela paulista Pólen sem qualquer referência ao livro mineiro. A diferença entre ambos parece ser a de o segundo ter uma revisão ortográfica melhor e não contar mais com o nome dos editores mineiros nos agradecimentos.

[2] Aqui começa o artigo publicado no dia 21 de fevereiro de 2020 com o título "'Lugar de fala': a invenção acadêmica de uma militante brasileira".

é *O que É Lugar de Fala?* (Letramento, 2017), e a mestre é Djamila Ribeiro – aquela, que foi paga pelo contribuinte paulistano durante a gestão Haddad para ficar falando que racismo é relação de poder, e portanto o militante racialista negro, mesmo encastelado na máquina burocrática, pode pintar e bordar sem ser chamado de racista nunca.

O livro é de dimensões pequenas, com as letras normais. Deve dar umas 50 páginas de Word. Leitura leve? A autora até promete um livro acessível, mas com estas palavras:

> Entendendo a linguagem como mecanismo de manutenção de poder, um dos objetivos da coleção [que o livro abre] é o compromisso com uma linguagem didática, atentas a um léxico que dê conta de pensar nossas produções e articulações políticas de um modo que seja acessível, como nos ensina muitas feministas negras. (p. 14).

Um compromisso (já firmado) é um objetivo? Esse "atentas" está no plural por quê? O plural sobrou aí, e faltou no "ensina", pois "muitas feministas negras" ensinam. A linguagem é tão prolixa que a própria autora se perde. Poderia ter dito assim: "Falar difícil só ajuda os poderosos, então vou escrever de um jeito que todo mundo entenda." São só umas 50 páginas de Word, mas mereço adicional de insalubridade.

A parte do livreto que resolve a nossa questão, a seção "O que é lugar de fala?", também é muito fácil de ser resumida: o termo lugar de fala só tem um precedente acadêmico, e não é identitário. Foi cunhado numa tese de Comunicação sobre o *Diário Gaúcho*. Assim, o máximo que se pode dizer para defender seu *pedigree* acadêmico é apontar semelhanças entre "lugar de fala" e *"feminist stand point"* (ponto de vista feminista), que é um termo feminista acadêmico, para dizer que são a mesma coisa, quando claramente não são (afinal, lugar de fala não vale só pra feminista, e as negras não se estimam apenas feministas). Se o uso do termo "lugar de fala" só se dá em barracos de militantes nas redes sociais[3], isso sig-

---

[3] Cito a própria Djamila, p. 56: "Acredito que muitas pessoas ligadas a movimentos sociais, em discussões nas redes sociais já devem ter ouvido a seguinte frase 'fique quieto, esse não é seu lugar de fala', ou já deve ter lido textos criticando a teoria sem base alguma com o único intuito de criar polêmica

nifica que os pobrezinhos usam um conceito inerentemente acadêmico, só que fora da academia, porque são excluídos e oprimidos por essa sociedade machista e *supremacista branca*. E zé fini. Para não dizer que a única citação do termo lugar de fala é a da tese de comunicação, há uma referência a certx Jota Mombaça, que consta assim: "MOMBAÇA, Jota. *Notas estratégicas quanto ao uso político do conceito de lugar de fala*. Disponível em: <https://goo.gl/DpQxZx>. Acesso em: 15 set. 2017." Pra quem tem passagem pelo mundo acadêmico, o itálico faz parecer que é um livro com referência incompleta. A URL encurtada ajuda a dar essa impressão: será que vamos digitar o endereço e encontrar um PDF? Não. É só textão de blogue. E Jota Mombaça, é alguém de autoridade intelectual respeitável? Resposta: é o autor de "Pode um cu mestiço falar?", publicado na rede social de textões chamada Medium.

1.1 – Lugar de fala é *pedigree*

Acadêmico, o termo não é; ao menos, não fora do Brasil. (Não que ser acadêmico seja lá grande coisa; afinal, como provou Sokal, a academia é cheia de embusteiros.) Mas será que é um conceito útil? O que é, afinal, lugar de fala segundo Djamila Ribeiro?

Não posso transcrever a definição, porque ela não apresenta nenhuma. Não há nenhuma formulação que diga "lugar de fala é isso e isso". Há argumentos na defensiva, sobre lugar de fala não ser "mimimi", nem ser errado o personalismo que ele porventura implique. Concluo, então, que lugar de fala é um trunfo, e que no livro Djamila Ribeiro oferece suas regras de uso.

Passemos a elas. Para ficar mais claro, acrescento o conceito "*pedigree* identitário". Existem três tipos desse *pedigree*: raça, sexo e relativo à sigla LGBTT (sic)[4]. Todo mundo que não for um homem branco cis hétero tem algum *pedigree*. Em seguida, se (e somente se)

---

vazia. Não se trata aqui de diminuir a militância feita no mundo virtual, ao contrário, mas de ilustrar o quanto muitas vezes há um esvaziamento de conceitos importantes por conta dessa urgência que as redes geram."

[4] A versão original deste texto foi escrita em 2020. No ano 2022, LGBTT sumiu, e têm aparecido os caracteres Q, I, A, P, I, +. Desde 2021, por via das dúvidas, tenho usado a expressão jocosa LGBTQUIABO.

um indivíduo estiver interessado em carreira política, acadêmica, literária ou artística, ele poderá se dirigir a uma espécie de cartório filosófico para expedir um certificado de seu *pedigree* de negro, *gay*, mulher, etc. Esse cartório pode ser a opinião pública de alguém com um *pedigree* inquestionável, como a própria Djamila, ou um tribunal racial constituído para alguma seleção de vagas e cargos públicos. A concessão desse certificado não é baseada no critério objetivo da cor ou do sexo de alguém, pois nem todos têm "consciência discursiva" (p. 69). De fato, Djamila concorda que nem todo negro tem lugar de fala de negro – Fernando Holiday e Heraldo Pereira que o digam. Para ter lugar de fala, é preciso ter a tal "consciência discursiva", que consiste em aceitar as teses da militância identitária. Uma vez quites com o cartório identitário, o dono do *pedigree* fica livre para falar todas as baboseiras sobre o seu *pedigree* sem ser importunado, e fazer disso o seu ganha-pão. Um negro pode falar bobagem sobre O Negro, mas não sobre A Mulher; e, se alguém lhe contraditar as bobagens racialistas, será descartado como racista sem sequer ter os argumentos analisados. Apenas por isto, o lugar de fala já é bastante nocivo ao projeto humano de construir conhecimento e sabota as discussões das democracias.

1.2 – Exemplos simples de bobagens

Lélia Gonzalez é um nome muito citado por racialistas. Com Djamila, descobri que ela acredita que negros brasileiros falam "pretuguês", porque preto não fala L. Cito Djamila, que cita Lélia:

> Gonzalez refletiu sobre o modo pelo qual as pessoas que falavam "errado", dentro do que entendemos por norma culta, eram tratadas com desdém e condescendência e nomeou como "pretuguês" a valorização da linguagem falada pelos povos negros africanos escravizados no Brasil. "É engraçado como eles [sociedade branca elitista] gozam a gente quando a gente diz que é Framengo. Chamam a gente de ignorante dizendo que a gente fala errado. E de repente ignoram que a presença desse r no lugar do l nada mais é do que a marca linguística de um idioma africano, no qual o l inexiste. Afinal quem é o ignorante?" (p. 26-27).

Apenas dois parágrafos depois, Djamila menciona ialorixás e babalorixás, palavras com L do idioma iorubá que significam respectivamente pai de santo e mãe de santo. Pajubá cai no Enem, e o vocábulo "ilê", com L, é tomado do iorubá e significa "casa"[5]. Vá lá que, em meio ao vasto continente africano, exista um idioma sem L: que ela ao menos o nomeasse, para sabermos se veio para o Brasil e se espalhou por aqui de modo a competir com línguas que têm L, tais como o português e o iorubá. Depois, teria como concorrente no campo das sem L o tupi: porque os brasileiros pobres falariam pretuguês, e não tupiguês?

Lélia pretende menosprezar o ensino do português culto, fazendo crer que ele nada mais é que uma conspiração de gramáticos opressores. Marcos Bagno, autor de *Preconceito Linguístico*, defende essa tese da maneira mais convincente possível citando o mesmo exemplo da troca de L por R, chamada pelos linguistas de *rotacismo*. O rotacismo é uma marca do português medieval. Camões clama às musas: "Dai-me hua fúria grande e sonorosa/ E não de agreste avena ou frauta ruda". Frauta é flauta. Camões falava pretuguês? Sugiro que Djamila invente um escravo preto que escrevia poesias a mando de Camões, e em seguida vá brigar com Marcos Bagno.

Com Djamila, descobri também que a lenda da Santa Escrava Anastácia foi laicizada e globalizada. Uma identitária portuguesa, Grada Kilomba, escreve em inglês que a Escrava Anastácia foi torturada com uma máscara que a impedia de falar. Pouco antes de ler isto, eu tomara ciência desse folclore carioca durante palestra do Prof. Luiz Mott[6] sobre santos negros: o povo viu a imagem de uma escrava com uma máscara fechando-lhe a boca, desenhada por um viajante no séc. XIX para ilustrar castigos de escravos no Brasil, e inventou nome e biografia para a mulher retratada. Seria uma princesa africana virgem que foi escravizada, recusou-se a ser amante do senhor e foi punida com o uso daquela máscara[7]. A

---

[5] Em 2018, aparecera no Enem uma questão sobre pajubá, dialeto de travestis.
[6] A palestra "Santos e Santas Negros: Mitos e Verdades" fora realizada na Igreja de Nossa Senhora do Rosário dos Pretos em fevereiro de 2020, no Centro Histórico de Salvador.
[7] A lenda parece ser coisa do Rio de Janeiro, pois estava na Igreja carioca do Rosário dos Pretos a imagem cultuada. Quem quiser ter uma dimensão da

máscara, porém, era comum entre escravas que lidavam com comida, e era uma punição para tagarelice ou maledicência. Faltando-nos o *pedigree* de mulher negra com consciência discursiva, como nós, enquanto sociedade, podemos dizer que a Escrava Anastácia é mito popular e não verdade histórica?

1.3 – Exemplos complexos de bobagens

Dar o poder de determinar verdades factuais é entregar os dedos; depois dos dedos, vêm os braços, que são os favores do Estado. A linha de argumentação geral do livro é que ser mulher é ruim e que ser negro é horrível; e ser mulher e negra ao mesmo tempo é uma hecatombe em qualquer circunstância. Independe mesmo de contexto: são enquadradas na condição estanque de mulher negra uma ex-escrava do séc. XIX (Sojourner Truth) e uma acadêmica de sucesso do séc. XXI (Grada Kilomba), sem nenhuma observação acerca do abismo social que separa duas. Truth e Kilomba são mulheres negras; logo, sofrem opressão – se uma foi escrava e outra dá palestras pelo mundo, não vem ao caso. Lemos que Truth era uma abolicionista, mas, no que depender de Djamila, não saberemos o que significa isso, nem se teve efeitos no Brasil. Por mais que galgue respeito, uma mulher negra é uma oprimida, e ponto final. Chega a ser ofensivo:

> as mulheres negras ao mesmo tempo em que fazem parte de algumas instituições, não são consideradas como iguais, [vide] o exemplo das trabalhadoras domésticas que trabalham em casa de família. Há a tentativa das pessoas brancas em dizer o quanto elas são importantes e "quase da família", ao mesmo tempo em que elas ainda seguem ocupando um lugar de marginalidade. (p. 46).

Todos os pesquisadores têm vínculo empregatício com uma instituição; num lar, só a empregada tem vínculo empregatício com o chefe da família. Mas Djamila nos ensina que, seja doméstica ou doutora, uma negra está sempre em condição socialmente inferior aos seus pares.

---

lenda pode ler o ensaio de Peter Fry em *O Fio da Memória* (7Letras, 2018). Na Bahia, nunca vi esse culto.

Por todo o livro, a autoridade de negras (com consciência discursiva) é apresentada acriticamente, e está tácito que não existe nenhuma discordância entre elas. (Truth era uma fervorosa adventista, mas isso se omite.) Se uma mulher negra falou, do alto de seu duplo *pedigree* de oprimida, então é verdade, e quem discorda é imoral.

Assim, política pública vira ocasião para chantagem emocional. Toda política pública deve ser pensada tendo referência mulheres negras, porque elas são as mais oprimidas de todas:

> Quando muitas vezes é apresentada a importância de se pensar políticas públicas para mulheres, comumente ouvimos que as políticas devem ser para todos. Mas quem são esses "todos" ou quantos cabem nesses "todos"? Se mulheres, sobretudo negras, estão num lugar de maior vulnerabilidade social justamente porque essa sociedade produz essas desigualdades, se não se olhar atentamente para elas, se impossibilita o avanço de modo mais profundo. (p. 41).

Nada contra olhar atentamente; afinal, é possível alguém olhar atentamente para um grupo (os amigos, por exemplo) sem propor políticas públicas específicas para eles. A falta de clareza e objetividade, misturada ao dramalhão feito em cima da condição de negra, faz passar o subtexto de que só negras devem ter políticas públicas para si, por uma questão moral à qual a eficácia não diz respeito. Se o Bolsa Família tivesse sido proposto na era do identitarismo, não passava! Um homem branco cis hétero, fruto da invasão holandesa, passa fome no semiárido. Enquanto isso, Djamila Ribeiro pode mandar beijos de Paris e dar piruetas argumentativas semiletradas para dizer que nascer negra é a pior coisa que pode acontecer a alguém no Brasil.

Quem for discutir políticas públicas com uma Djamila, tenha em mente que ela raciocina assim:

> ainda é muito comum a gente ouvir a seguinte afirmação: "mulheres ganham 30% a menos do que homens no Brasil", quando a discussão é desigualdade salarial. Essa afirmação está incorreta? Logicamente, não, mas sim do ponto de vista ético. Explico: mulheres brancas ganham 30% a menos do que homens brancos. Homens negros ganham

menos do que mulheres brancas e mulheres negras ganham menos do que todos. (p. 40, ênfase minha).

Fatos não são fatos que podem ser destrinchados. Fatos têm que ser corretos do ponto de vista ético. Enquanto ela citava a calamidade da violência sofrida por mulheres negras, não deixei de me perguntar onde estavam os homens negros, de mortalidade altíssima por causa de guerras do tráfico. Na certa, dizer que homens negros tenham um problema maior do que negras é eticamente incorreto.

Há como ter uma discussão produtiva com stalinistas?

1.4 – O xis da questão: bacharelismo

A coisa mais confusa acerca do lugar de fala é ele implicar a existência.

> O falar não se restringe ao ato de emitir palavras, mas de poder existir. Pensamos lugar de fala como refutar a historiografia tradicional e a hierarquização de saberes consequente da hierarquia social. Quando falamos de direito à existência digna, à voz, estamos falando de *locus* social, de como esse lugar imposto dificulta a possibilidade de transcendência. (p. 64).

Para o senso comum, quem fala? Quem não é mudo. Aqui, porém, falar implica meter-se com historiografia, coisa que muito pouca gente de cordas vocais saudáveis faz. "Falar", em djamilês, significa exercer atividades acadêmicas ou afins. Só tem existência digna quem exerce esse tipo de atividade. Isso nem tem a ver com classe social, pois o dono de uma cadeia de supermercados não tem "fala" nem "existência digna" se está apenas preocupado em aumentar os lucros.

O coelho que se esconde no fundo da cartola tem nome: bacharelismo. Em países de tradição capitalista, a panaceia identitária se chama "paridade de gênero" (pretende colocar mulheres em 50% dos cargos de chefia), e é seguida pela "diversidade" (que consiste em colocar minorias étnicas e LGBT nos quadros). O Brasil não tem essa tradição. Entre nós, o *status* reside no anel de doutor, no emprego público, no gênio literário, na condição de bem-nascido, na de brilhante político. O lugar de fala é o meio de obter tudo isso, na marra e no grito.

Quem for besta, que engula.

2. PRELIMINARES PARA RESENHA DO *PEQUENO MANUAL ANTIRRACISTA*[8]

Eu ia resenhar agora o *Pequeno Manual Antirracista* de Djamila Ribeiro, mas é muito difícil. Primeiro, porque há erros demais e incoerências demais. Se Stanislaw Ponte Preta ainda vivesse, poderia dedicar um volume inteirinho de sua obra ao comentário da luminar Djamila Ribeiro. Outro motivo é militantes identitários viverem numa realidade alternativa. Ao ler forasteiros que tratam do seu mundo, é preciso tomar pé, conhecer a história e demografia do lugar. Assim, antes de resenhar o *Manual* de Djamila Ribeiro, vou deixar aqui o beabá da história e demografia da qual partem os militantes identitários brasileiros – esses que só querem saber de enquadrar as pessoas pela raça, sexo e orientação sexual. Na minha resenha, os leitores verão que não estou exagerando.

2.1 – A história do Brasil tem uns 250 anos

O Brasil é descoberto em 1500, os negros vivem em ambiente rural ali pelo XVII, e corta para a ditadura militar. Os séculos XVIII e XIX praticamente não existem, e o XX começa em 1964. Um belo dia, lá por 1500, os brancos saíram da Europa de navio e chegaram até aqui. Por quê? Por pura maldade. Isto aqui era uma espécie de *gulag* tropical aonde os brancos transportavam os negros que eles sequestravam na África. Desde então, os brancos têm feito complôs para manterem os negros submissos e exercer o seu sadismo. Não há índios nessa história. Se tinha algum, os brancos mataram, e dos tupis não ficou nenhum legado.

Os portugueses são referidos como "os brancos". Não vem ao caso que os colonizadores tenham sido portugueses, e não espa-

---

[8] Aqui começa o artigo publicado no dia 7 de julho de 2020 com o título "Manual de História Burra: O 'Pequeno Manual Antirracista' de Djamila Ribeiro".

nhóis ou ingleses. As pessoas são categorizadas conforme raça, sexo e orientação sexual. Não há nenhuma diferença entre um senhor de engenho e um degredado, entre uma baronesa e uma quituteira. Se é que existem degredados e quituteiras... Na verdade, todo branco vivia na casa-grande.

O Brasil colônia se resumia à região da Zona da Mata do Nordeste durante o ápice da cana-de-açúcar. São Paulo, com seus bravos mamelucos insubmissos à Coroa, não existe. (Os bandeirantes só são lembrados ocasionalmente, quando militantes paulistas querem brigar com o monumento às Bandeiras. Aí dizem que os bandeirantes eram brancos, talvez até da KKK.) O semiárido, com seus vaqueiros, tampouco existe. O Brasil colônia é um lugar onde existem negros na senzala e brancos na casa-grande. Os negros que não estão na senzala são os que se revoltaram e fundaram quilombos. Cidades não existem, só há um *gulag*. Em nenhum momento somos informados do que os negros estavam fazendo no Brasil, nem há uma palavra sobre o ciclo da cana-de-açúcar. Os brancos se deram ao trabalho de vir à América com um monte de negros apenas para ficar fazendo complôs racistas. A escravidão, diga-se de passagem, era uma invenção maquiavélica dos brancos para oprimir os negros: não um fato recorrente na história da humanidade, que afligiu e aflige gente de toda cor.

Os índios são uma meia dúzia que mora lá longe, na Amazônia, e não têm nada a ver com a história. Afinal, não estão na casa-grande, nem na senzala, nem no quilombo, e não são pretos nem brancos. No máximo, menciona-se que foram mortos por brancos malvados. Nem uma palavra sobre Arariboia ou Catarina Paraguaçu (que aliás foi interpretada por Camila Pitanga no cinema, que hoje se declara negra e os tribunais raciais da militância aceitam).

O século Dúvida: XIX (?) só é lembrado por causa do Levante dos Malês, movimento de hauçás que queria transformar a Bahia num Califado. A Inconfidência Mineira e a Confederação do Equador não existiram. A Revolta dos Alfaiates, movimento por uma independência temporária da Bahia que incluía militares mulatos e o intelectual Cipriano Barata, foi transformada numa luta racial e rebatizada com o nome de Revolta dos Búzios. O século XIX só é lembrado para falar mal da Abolição e da Família Real. Toda a produção cultural do Império, na qual se destacaram muitos mulatos, e até um negro retinto, não existe. Machado de Assis e Lima Barreto não existem. Cruz e Souza não existe. José do Patrocínio não existe. Theodoro Sampaio não existe. Os irmãos Rebouças não existem. O pai deles, deputado no Império, não existe. O Visconde de Cayru não existe.

Ademais, mestiçagem é coisa feia, e fruto invariável de estupro. Os brasileiros hoje são mestiços (de branco e negra, frise-se) porque neste *gulag* canavieiro, séculos atrás, os brancos da casa-grande defloraram as negras das senzalas. Como disse Antonio Risério, a história "se congela na cena traumática original da escrava preta violada pelo senhor branco. E, a partir daí, deixa também de existir. Tudo é violação"[9]

2.2 – Na Amazônia e no Nordeste só tem negão

No início do governo Lula, por pressão de ideólogos que já atuavam sob FHC, o IBGE passou a considerar que o termo "negro" significa o somatório de "pretos" e "pardos". O historiador José Murilo de Carvalho chegou a escrever, à época, um artigo intitulado "Genocídio racial estatístico" para denunciar a exclusão dos índios da composição populacional brasileira. "Pardo" é usado há muito para descrever descendentes de índios, miscigenados ou não. Em Manaus, um cristão dificilmente dirá que é índio, pois não vive em aldeia indígena e tem o português como língua materna. Nordeste adentro, fora da Zona da Mata, não houve grande presença negra; por isso, não é de admirar que muitos sertanejos, descendentes de índios, portugueses, holandeses e uns poucos negros, se declarem pardos, sem terem nenhum aspecto africano. (Tem até sertanejo branco, como Lula!) Resultado? Inflação de "negros" em estatísticas.

E que estatísticas! A Amazônia e o semiárido não são regiões prósperas nem pacíficas. O semiárido tem um longo histórico de inanição. O município de Altamira, no Pará, é o mais violento do país. Para quem sabe História, não é de admirar que as regiões do

---
[9] *Sobre o Relativismo Pós-Moderno da Esquerda Identitária*, p. 63.

país com grande presença africana sejam relativamente desenvolvidas; afinal, escravo importado custava caro. O escravo da terra, o índio, era muito mais barato. Por isso os negros vieram para as regiões mais capitalizadas do país; afinal, não ia haver no semiárido muita gente com dinheiro para comprar escravo importado. Aquela frase clichê de militante, "A carne negra é a mais barata no mercado", é falsa. Na nossa história, negro é caro e índio é barato. Ao cabo, ficamos assim: militantes negros e mulatos das áreas urbanas e ricas do país, matriculados em programas de pós-graduação, *se aproveitam da miséria* de populações acabocladas dos rincões do Brasil para dizer que eles próprios são uns pobres coitados. Cada defunto do faroeste caboclo ao sul do Pará é capitalizado pela mana com livro de Angela Davis no sovaco e iPhone na mão. Cada nordestino miserável sem água na seca é usado como prova de que um uspiano concursado sofre muito, coitado, porque é negro.

2.3 – A cultura surgiu há menos de 100 anos, com a televisão

Ao tratar de cultura – sempre para reclamar "representatividade" ou cotas, nunca para apreciações intelectuais ou estéticas –, os exemplos são sempre recentes. O Padre Quevedo, ao contrário de Machado de Assis, ecziste. As problematizações são sobre o clipe da diva *pop*, não sobre Hamlet. A produção artística brasileira consiste em... novelas. E termino esta curtíssima explanação sobre cultura com um espóiler, uma citação da seção "Questione a cultura que você consome", do *Pequeno Manual Antirracista* da luminar Djamila Ribeiro: "Na novela 'A escrava Isaura', por exemplo, uma adaptação de Gilberto Braga do romance homônimo de Bernardo Guimarães (1875), apesar de no livro a personagem-título ser uma mulher negra, a atriz que a interpretou foi Lucélia Santos, uma mulher branca." Sim, é isso mesmo. Ela acha que Gilberto Braga inventou a Isaura branca.

2.4 – Resumo do resumo

A história do Brasil pode ser dividida em fase 1 e fase 2. Na fase 1, o Brasil era um *gulag* canavieiro onde os brancos viviam na casa-grande e estupravam as negras que viviam na senzala junto com os negros. Gilberto Freyre, o único estudioso de história do Brasil que há, é mau porque diz que isso tudo é muito bom e é democracia racial. Na fase 2, houve um golpe militar muito malvado que os brancos daqui deram porque os brancos Estados Unidos mandaram. Foi a única ditadura da história do Brasil. Depois Lula, um nordestino de cor desconhecida, chegou ao poder representando a democracia e deu cotas raciais aos negros, o que faz dele um homem muito bom e democrático. Afinal, a história do Brasil nada mais é que a luta dos brancos, que estão todos na casa-grande, contra os negros, que estão na senzala ou no quilombo.

Pronto, esta é a bagagem cultural necessária para entender os textos dos militantes identitários.

3. CRÍTICA NÃO EXAUSTIVA DO *MANUAL* DE DJAMILA RIBEIRO

Ler o *Pequeno Manual Antirracista* de Djamila Ribeiro deveria ser aflitivo para quem tenha os conhecimentos de um bom aluno do ensino médio. É, de fato, lastimável que alguém com esse nível de cultura ganhe *status* de intelectual, e que os eruditos em geral se deixem intimidar pelo *pedigree* de mulher negra.

O manual de Djamila não deveria se chamar "manual", mas sim ordens. Pois, excetuada a Introdução, as seções do livro são somente ordens: "Informe-se sobre o racismo", "Enxergue a negritude", "Reconheça os privilégios da branquitude", "Perceba o racismo internalizado em você", "Apoie políticas educacionais afirmativas", "Transforme seu ambiente de trabalho", "Leia autores negros", "Questione a cultura que você consome", "Conheça seus desejos e afetos", "Combata a violência racial" e "Sejamos todos antirracistas".

3.1 – Bobagens da Introdução

A Introdução é a parte do livro onde ela tenta com mais precisão falar de História do Brasil. Já no primeiro parágrafo, entrega a ignorância:

Quando criança, fui ensinada que a população negra havia sido escrava e ponto, como se não tivesse existido uma vida anterior nas regiões de onde essas pessoas foram tiradas à força. [...]. Também me contaram que a princesa Isabel havia sido sua grande redentora. [...]. O que não me contaram é que o Quilombo dos Palmares, na serra da Barriga, em Alagoas, perdurou por mais de um século, e que se organizaram vários levantes como forma de resistência à escravidão, como a Revolta dos Malês e a Revolta da Chibata.

Aqui será como no livro todo: as experiências pessoais dela são fonte de autoridade – ela nunca explica quem é essa terceira pessoa do plural que fez essas maldades –, e ela não é capaz de enxergar complexidade nos fenômenos históricos, preferindo antes rotulá-los como brancos ou negros. Todos os eventos citados fazem parte do currículo escolar. A Abolição de fato costuma receber uma descrição muito pobre. Não é verdade que a Princesa Isabel fez tudo sozinha. André Rebouças (que ela nem deve saber quem é) foi personagem-chave nos bastidores. Por outro lado, tornar Zumbi e os malês o campeões da luta contra a escravidão é uma falsificação histórica, uma vez que eles não eram abolicionistas.

A Revolta da Chibata, ocorrida após a escravidão, não pode ser rotulada como luta racial, uma vez que era uma pauta de militares (de todas as cores) contra castigos corporais. O Marechal Rondon, que não é branco nem negro, aplicava o "processo do Conde de Lippe" (como chamava as chibatadas) nos subordinados, e chegou até mesmo a causar a morte de um, quando o bambu perfurou o pulmão[10]. A tradição de surrar com vara fora introduzida por um militar prussiano (o Conde de Lippe) em Portugal, cujo exército fora encarregado de treinar. A prática afligiu lombos lusitanos antes atravessar o Atlântico e enfrentar, no Rio de Janeiro, o motim liderado pelo valente marinheiro João Cândido, brasileiro negro do Rio Grande do Sul.

Em seguida, trata das questões agrária e educacional como se fossem calcadas na raça. A Constituição de 1824 de fato assegurava o direito ao ensino primário para todos os cidadãos (brancos ou não). Esse direito era letra morta. Em 1890, 82,6% dos brasilei-

---

[10] Cf. Rohter, *Rondon*, p. 104.

ros eram analfabetos[11]. A massificação da escola pública ocorreria somente no regime militar. Por muito tempo, a alfabetização dos brasileiros foi feita em casa, em ensino privado. Não havia nenhum recorte racial nisso: Machado de Assis, mulato nascido em 1839, aprendeu a ler e escrever. Cruz e Souza, preto, filho biológico de escravos (que Djamila não deve saber quem é), nasceu em 1861. Thales de Azevedo, formado em medicina em 1927, tivera como professor ainda no ginásio "Gustavo dos Santos, o elegante médico preto"[12] A Faculdade de Medicina da Bahia foi criada em 1808. Alfabetização era para poucos. E o Brasil, bem ou mal, tinha uma mobilidade social que permitia coexistência descendentes de africanos no Baile da Ilha Fiscal e na senzala. É difícil crer que 82,6% da população fossem negros e analfabetos, e 17,4% fossem brancos e alfabetizados. Haja negro neste país!

A Constituição de 1824 reza que todo cidadão tem direito à educação, mas, como era comum na época, a participação política exigia requisitos censitários. Djamila joga tudo num balaio só:

> É importante lembrar que, apesar de a Constituição do Império de 1824 determinar que a educação era um direito de todos os cidadãos, a escola estava vetada para pessoas negras escravizadas. A cidadania se estendia a portugueses e aos nascidos em solo brasileiro, inclusive a negros libertos. Mas esses direitos estavam condicionados a posses e rendimentos, justamente para dificultar aos libertos o acesso à educação.

Ela não entendeu o que é um direito político.

Em seguida, afirma que a Lei de Terras de 1850 foi feita para dar terras aos brancos, como se a vida de todo imigrante fosse fácil. O fato de a terra supostamente se transformar em mercadoria também é horrível para ela. Se ela tivesse alguma curiosidade sobre o grande ciclo migratório, poderia aprender sobre a complexidade desse fenômeno. Em *Italianos e Gaúchos*, Thales de Azevedo aponta a diversidade dos estados brasileiros. Ainda no período imperial, havia no governo gaúcho quem quisesse dar terras apenas a raças superiores, e não a brasileiros *de qualquer cor*. O projeto não foi adiante. A Prús-

---

[11] Cf. Lynch, *Da Monarquia à Oligarquia*, p. 112.
[12] Thales de Azevedo, "Colégio dos Jesuítas", p. 26.

sia, recebendo muitas notícias de maus-tratos dos seus súditos por aqui, proibiu a emigração para todo o Império do Brasil, mas depois restringiu a proibição a São Paulo – onde os patrões acabavam de perder os seus escravos e não sabiam direito o que era um trabalhador livre. A falta de alemães terminou por implicar, em São Paulo, maior migração de italianos. Por que estes se submetiam ao trabalho em condições precárias sob patrões terríveis? Porque passavam fome na Itália, padeciam de pelagra, e, por mais que poupassem, não era possível comprar terras, porque lá a terra não era mercadoria e vigia um sistema de origem feudal. Falar só mal do Brasil e da "branquitude" implica esquecer o sonho que o nosso país representou na Itália para os republicanos, como Garibaldi.

Por fim, a introdução dá a esdrúxula condição em que o leitor se achará: ele é racista, é impossível não ser racista (porque o racismo é "estrutural"), mas ele deve ser um antirracista.

Sem fazer piada, pode-se dizer que é o livro dos racistas antirracistas. "Mesmo que uma pessoa pudesse se afirmar como não racista (o que é difícil, ou mesmo impossível, já que se trata de uma estrutura social enraizada), isso não seria suficiente", diz ela, para concluir dois parágrafos depois que "o antirracismo é uma luta de todas e todos".

3.2 – Seções "Informe-se" e "Enxergue"

Na primeira seção, Djamila repete a tese de Florestan Fernandes sem falar que é dele, a saber: que Freyre é satanás porque prega que vivemos numa democracia racial, pois na verdade o Brasil é no mínimo tão ruim quanto os EUA, porque tem um racismo velado. Freyre nunca sequer usou a expressão "democracia racial" em sua vasta obra; e, se eu fosse escolher algum povo difamado por ele, ficaria com os indígenas. Freyre foca nos índios picando o pênis com peçonha para ficarem inchados, atribuindo a isso uma falta de vigor sexual. Mas ela não deve saber disso, porque não deve ter lido mais que o título de um dos livros de Freyre e um par de citações. Ao menos ela mudou um pouco o disco, e reconheceu que Freyre fez muito bem em defender que a miscigenação não produzia degenerados.

Na segunda seção, aprendemos que Djamila é uma autoridade intelectual desde os 6 anos de idade. Os relatos de búlim sofrido por ela mesma e colegas de ativismo na infância são provas de todas as mazelas raciais que o movimento aponta no Brasil. Porém, se relatos de búlim substituírem ciência social, a minha infância provará que no Brasil existe um abominável racismo estrutural contra branquelos. Qualquer um que tenha sido o branquelo da turma, sobretudo nas regiões Norte e Nordeste, poderá confirmar minhas impressões. Obviamente, minha sociologia baseada em experiência infantil seria furada; afinal, não é à toa que crianças não saem da alfabetização com diploma de sociólogas. Mas por que Djamila é socióloga aos 6 anos e eu não, embora tenhamos ambas sofrido búlim? Porque ela é negra, óbvio. Diz ela: "Eu reparava que minhas colegas brancas não precisavam pensar o lugar social da branquitude". Admito. Aos 6 anos, eu não pensava o lugar social da branquitude. Eu nem sabia o que era "lugar social"; estava mais interessada no Pluto.

Aprendemos ainda que sambista não é sujeito, é objeto:

> Meu irmão mais velho tocou trompete por muitos anos, fazendo inclusive parte da Sinfônica de Cubatão, na Baixada Santista. Toda vez que dizia ser músico, perguntavam se ele tocava pandeiro ou outro instrumento relacionado ao samba. Não teria problema se ele tocasse, a questão é pensar que homens negros só podem ocupar esse lugar. Simone de Beauvoir afirmava que não há crime maior do que destituir um ser humano de sua própria humanidade, reduzindo-o à condição de objeto.

Em minha opinião, ainda que fosse verdade que todo músico negro fosse sambista, isso não significaria que os negros foram transformados em objetos, porque sambista não é objeto. Pelo contrário: o samba é uma das grandes realizações musicais da humanidade. Se um sambista de traços orientais passasse sempre por músico de *k-pop*, aí sim, eu entenderia a choradeira. O que incomoda Djamila é o samba estar associado à pobreza. Justiça social será quando, ao lado de um Caco Antibes se gabando do seu nariz dinamarquês, houver uma madame se gabando do seu crespo nigeriano.

O universo estético do samba não é indissociável dos negros, que começaram esse estilo musical com suas umbigadas no Recôncavo? É. Mas, para Djamila, a estética brasileira é branca e os negros são excluídos. A coisa só teria melhorado na década de 1940 do século XX, quando Abdias do Nascimento criou o Teatro Experimental Negro. Nada de samba, que samba é coisa de pobre. Abdias é um intelectual. Intelectual é chique, por isso conta.

3.3 – Seções "Reconheça" e "Perceba"

Em "Reconheça os privilégios da branquitude", Djamila usa aquelas estatísticas que entopem a Amazônia de negão para dizer que a maioria da população brasileira não está representada nos currículos dos cursos que... bem, no mais das vezes tratam de coisas mundiais, de modo que os chineses é que teriam de reclamar da sua pouca presença em bibliografias. Os cursos de química que se virem na cota por nacionalidade para encaixar Marie Curie, nascida num país que não chega a 1% da população mundial. No mais, aprendemos que "a branquitude também é um traço identitário, porém marcado por privilégios construídos a partir da opressão de outros grupos." Que isso quer dizer? Nada de inteligível. Ou faz sentido dizer que "o conceito [...] discute"? Não faz. São só palavras que intelectuais costumam usar, então basta jogar tudo num livro, fazer de conta que faz sentido, e chamar de racista quem disser que não faz. De todo modo, o que a branquitude deve fazer é se tornar antirracista, mesmo que seja inevitavelmente racista, e vire racista antirracista, porque a culpa do racismo é dos brancos:

> o racismo foi inventado pela branquitude, que como criadora deve se responsabilizar por ele. Para além de se entender como privilegiado, o branco deve ter atitudes antirracistas. Não se trata de se sentir culpado por ser branco: a questão é se responsabilizar. Diferente da culpa, que leva à inércia, a responsabilidade leva à ação. Dessa forma, se o primeiro passo é desnaturalizar o olhar condicionado pelo racismo, o segundo é criar espaços, sobretudo em lugares que pessoas negras não costumam acessar.

Muita gente faz as coisas movida por culpa. Então, trocando em miúdos, é para os brancos se sentirem culpados e ficarem concedendo ou exigindo cota pra negro em tudo, para se redimirem da culpa coletiva.

Na seção seguinte, aprendemos que falar negão é racismo, porque ninguém fala brancão. (Não existe um equivalente negro de branquelo, logo...?) Na Bahia, ao menos, "negão" é quase pronome de tratamento entre amigos, e independe de cor. Quero ver se ela vem aqui falar para os negões que não pode falar negão.

3.4 – Seções "Apoie" e "Transforme"

A primeira destas é mandando apoiar cota racial pra tudo, em concursos públicos e iniciativa privada. Esta frase merece ser desmentida: "Na época em que o debate sobre ações afirmativas estava acalorado, um dos principais argumentos contrários à implementação de cotas raciais nas universidades era 'as pessoas negras vão roubar a minha vaga'". Desconheço as companhias de Djamila e o seu material de leitura, mas quem não sofrer de amnésia há de se lembrar que a maior questão na imprensa era a classificação racial de indivíduos num país mestiço, e se não era imoral inventar um tribunal racial. Quem estiver interessado nas argumentações contrárias às cotas, procure *Divisões Perigosas: Políticas Raciais no Brasil Contemporâneo*, organizado por cientistas sociais de universidades federais brasileiras. É um excelente registro das leis que vingaram e das que não vingaram (como uma ficha racial a acompanhar crianças desde a escola).

Ela informa também haver uma violência estrutural na academia brasileira. De minha parte, a única experiência violenta de que tive ciência em minha universidade foi quando militantes do PCO se organizaram para surrar olavetes que iam exibir um filme[13]

Na seção seguinte, intitulada "Transforme o seu ambiente de trabalho", aprendemos que "a branquitude" tem uma conspiração ao longo da História para *parecer* que não é racista:

> Historicamente, a branquitude desenvolveu métodos de manutenção do que seria politicamente correto em relação à pauta racial e à reserva de espaço para o "negro único", o que é certamente uma de suas estratégias mais clássicas. Argumenta-se da seguinte forma: "Veja só,

não somos racistas, temos o Fulano, que é negro, trabalhando em tal departamento e, inclusive, ele adora trabalhar aqui, não é mesmo, Fulano?". E o Fulano, talvez para manter seu emprego, talvez por que aprendeu a reproduzir o discurso da empresa, concorda.

Será que a branquitude faz reuniões anuais em salinhas da casa-grande para discutir como oprimir os negros? Em seguida, há uma frase de raro bom senso que é oportuno citar para lembrar depois: "pessoas negras não são todas iguais, e Fulano, por melhor que seja, não pode representar todos os negros.".

A maneira de transformar o local de trabalho é baixar o nível para receber negros, pois a medida antirracista é presumir que os negros sejam de baixo nível. Exigir inglês e diploma universitário é racismo. Se você estiver preocupado com a perspectiva de encher a sua empresa de, sei lá, programação de *softwares* para multinacionais, com peões batedores de lage, fique tranquilo: estudos apontam que "uma equipe diversificada aumenta seu potencial produtivo". Por que uma empresa pediria inglês, afinal? Por causa do "pacto narcísico da branquitude – expressão desenvolvida por Cida Bento em sua tese de doutorado, usada para definir como pessoas brancas anuem entre si para a manutenção de privilégios". É dou-to-ra, viu? Eu também, então carteirada comigo não cola.

É preciso também coibir a *violência racial* no local de trabalho. O exemplo de violência racial dado por ela é o de um funcionário que ganhou o concurso de fantasia da empresa vestido de negão do WhatsApp. Não consta que a parte comprida da fantasia tenha atingido ninguém. O funcionário e aqueles que ousaram defendê-lo foram demitidos após linchamento moral promovido por pessoas como Djamila.

Por fim, é preciso deixar registrado que emprego não acadêmico é subemprego: "A situação é ainda mais grave para mulheres negras, que são muitas vezes destinadas ao subemprego: quantas físicas, biólogas, juízas, sociólogas etc. estamos perdendo?" Por isso mesmo, é preciso contratar uma doutora dessas para ser censora paga e ficar enchendo o saco da empresa, prestando "consultoria de diversidade".

3.5 – Seções "Leia" e "Questione"

A primeira destas seções se chama "Leia autores negros", e manda ler só autores negros que pensam igual a ela e só escrevem sobre coisa de raça, embora ela tenha dito logo acima que os negros não são todos iguais. É importante ler negros porque um português branco doutor disse que é epistemicídio os negros não terem a sua própria ciência – e você aí achando que era antirracista por crer que a Ciência é um patrimônio universal da humanidade. Antirracistas, ao que parece, têm que achar que todo negro tem as capacidades cognitivas de Djamila Ribeiro.

Segundo ela, esse epistemicídio apagou a produção intelectual de negros. Quem apaga a produção de um Theodoro Sampaio (que ela nem deve saber quem é) é o movimento negro. Alguém como ele é inimaginável dentro desse esquema simplório: ele conquistou todo respeito no Império mesmo sendo filho de uma escrava com um padre, comprou a liberdade dos irmãos, e seus interesses abrangiam desde a geologia até a gramática tupi. A sacada de que os paulistas falavam tupi foi dele, que percebeu que os topônimos dos locais conquistados pelos bandeirantes não eram de línguas faladas pelos índios dos locais. Mas, no que depender de Djamila Ribeiro, o idioma tupi nem existe, porque no Brasil só tem preto e branco.

Eu poderia reclamar de que a lista racial de autores que ela manda ler não incluir o gigante Thomas Sowell, mas o que esperar de uma lista brasileira que ignora Machado de Assis?

No mais, aqui repete que tem que ter cota no currículo porque negros são maioria da população brasileira segundo aquela estatística que bota negão na Amazônia.

A última seção é "Questione a cultura". É nesta que ela atribui a Gilberto Braga a invenção da escrava Isaura branca, como mencionei acima. Trata também de apropriação cultural. Djamila se empenha em negar que militantes tenham maltratado uma branca que usava um turbante para cobrir a careca da quimioterapia, e autoriza o uso de turbante, com restrições. O que importa é que se tenha consideração pela cultura que produziu aquilo, de modo que os militantes negros deveriam estar proibidos de comer beiju de tapioca (dos índios) com manteiga (dos europeus) até pararem de usar caboclos pra inflar dados. Consta que um Polzonoff chora toda vez que um Strogonoff é comido sem respeito pela cultura eslava.

3.6 – Seções "Conheça" e "Combata"

Na seção que manda conhecer os afetos, Djamila chora porque as mulheres negras supostamente não arranjam marido. Culpa do racismo estrutural. Falar "nega" é racismo também. De novo fala de Freyre, que é malvado por sexualizar as negras. Uma coisa engraçada nessa história é que, se a branca é pra casar e a mulata é pra transar, isso implica que ser branca é andar com um par de chifres, e as militantes acham que ser branca é uma beleza mesmo assim.

Na seção que manda combater a violência racial, as estatísticas que enchem a Amazônia de negões (e negas) são usadas pra dizer que no Brasil só morre preto. Isso me lembra a lapidar frase do *Atlas da Violência de 2016*, que, comentando as mortes em Alagoas, sai-se com esta: "justo na terra de Zumbi dos Palmares, para cada não negro assassinado, outros 10,6 negros eram mortos, em 2014" (p. 39). Me admira que ninguém tenha proposto uma quota de assassinatos de brancos para resolver esse problema terrível. O mapa da violência seguinte, depois de Temer despetizar a coisa, passou a falar de facção de narcotráfico como causa (óbvia ululante) de violência. Como Djamila Ribeiro é a ex-secretária de direitos humanos do ex-prefeito Haddad, é vão procurar o narcotráfico como causa de violência. A culpa das mortes todas é do Estado, que é racista, e faz uma coisa terrível com os negros: prende! Então a violência se explica por racismo, e as prisões também.

É isso. Depois do livro, vem uma listinha promocional de autores da cor certa para ler. Assim a Companhia das Letras consegue fazer o macérrimo texto de Djamila render um livro de mais de cem páginas. Isso, e o formato diminuto do livro.

REFERÊNCIAS

Azevedo, Thales. *Italianos e Gaúchos*: Os Anos Pioneiros da Colonização Italiana no Rio Grande do Sul. 2 ed. Rio de Janeiro: Cátedra; Brasília, INL: 1982.

_____. "Colégio dos Jesuítas". In: Azevedo, Paulo Ormindo. (Org.) *Thales de Azevedo*: A arte de Escrever e Pintar. Salvador: Edufba, 2015.

Carvalho, José Murilo de. "Genocídio Racial Estatístico". *Academia Brasileira de Letras*, 2007. Disponível em: <http://www.academia.org.br/artigos/genocidio-racial-estatistico>. Acesso em: 31 jan. 2022.

Cerqueira, Daniel et al. *Atlas da Violência 2016*. Brasília: Ipea; FBSP, 2016.

Frascolla, Bruna. "'Lugar de fala': a invenção acadêmica de uma militante brasileira". *Gazeta do Povo*, Curitiba, 21 fev. 2020. Disponível em: <https://www.gazetadopovo.com.br/ideias/lugar-de-fala-a-invencao-academica-de-uma-militante-brasileira/>. Acesso em: 4 fev. 2022.

_____. "O 'Pequeno Manual Antirracista' de Djamila Ribeiro". *Gazeta do Povo*, Curitiba, 7 jul. 2022. Disponível em: <https://www.gazetadopovo.com.br/ideias/manual-de-historia-burra-o-pequeno-manual-antirracista-de-djamila-ribeiro/>. Acesso em: 4 fev. 2022.

_____. "Crítica não exaustiva do 'Pequeno Manual Antirracista' de Djamila Ribeiro". *Gazeta do Povo*, Curitiba, 21 jul. 2022. Disponível em: <https://www.gazetadopovo.com.br/ideias/critica-nao-exaustiva-do-pequeno-manual-antirracista-de-djamila-ribeiro/>. Acesso em: 4 fev. 2022.

Fry Peter. "O Banzo de Eduardo Coutinho: Um Ensaio sobre *O Fio da Memória*". In: Fry Peter & Pizzini, Joel. *O Fio da Memória*. Rio de Janeiro: 7Letras, 2018.

Fry Peter; Maggie, Yvonne; Chor Maio, Marcos; Monteiro, Simone; Ventura Santos, Marcos. (Org.) *Divisões Perigosas: Políticas Raciais no Brasil Contemporâneo*. Rio de Janeiro: Civilização Brasileira, 2007.

Lynch, Christian. *Da Monarquia à Oligarquia*: História Institucional e Pensamento Político Brasileiro (1822-1930). São Paulo: Alameda, 2014.

Ribeiro, Djamila. *O que É Lugar de Fala?* Belo Horizonte: Letramento, 2017.

_____. *Lugar de Fala*. São Paulo: Pólen, 2019.

_____. *Pequeno Manual Antirracista*. São Paulo: Companhia das Letras, 2019.

Risério, Antonio. *Sobre o Relativismo Pós-Moderno e a Fantasia Fascista da Esquerda Identitária*. Rio de Janeiro: Topbooks, 2019.

Rohter, Larry. *Rondon: Uma Biografia*. São Paulo: Companhia das Letras, 2019.

13

PARA DAR UM FIM AO JUÍZO MILITANTE: FRONTEIRA, PURIFICAÇÃO E CENSURA NAS GUERRAS CULTURAIS

Jeudiel Martinez

> imaginemos "o inimigo" tal como o concebe o homem do ressentimento – e precisamente nisso está seu feito, sua criação: ele concebeu "o inimigo mau", "o mau", e isto como conceito básico, a partir do qual também elabora, como imagem equivalente, um "bom" – ele mesmo!...
> Friedrich Nietzsche. *Genealogia da Moral*.

CANCEL CULTURE

Karen White, um estuprador inglês com múltiplos antecedentes de violência, foi condenado a oito anos e meio de prisão. O juiz chamou-o de risco para mulheres e crianças. Porém, White havia começado a usar roupa feminina, declarou-se mulher e encontrar-se no processo de mudança de sexo. Sem verificar se isso era verdade (pois na Inglaterra sua declaração de gênero tem que ser legal e moralmente aceita) White, com seu pênis intacto e funcional, sem ter passado por nenhuma cirurgia, nem recebido hormônios femininos, foi introduzido numa prisão de mulheres onde tentou agredir uma prisioneira[1].

Do outro lado do mundo, na Universidade Estatal de São Francisco, um vídeo registrou como um estudante branco foi parado no corredor por uma estudante negra, que o acusou por ele usar

---

[1] Parveen, N. "Transgender prisoner who sexually assaulted inmates jailed for life". *The guardian*, 11/10/2018. Disponível em: <https://www.theguardian.com/uk-news/2018/oct/11/transgender-prisoner-who-sexually-assaulted-inmates-jailed-for-life>.

dreadlocks no cabelo; ela dizia que eles eram de **sua cultura** e o garoto não tinha direito a usá-los[2]. Os gestos e posturas corporais da jovem não só eram agressivos, mas lembravam os da polícia em circunstâncias parecidas.

Embora relativamente isolados, ambos os casos mostram dramaticamente como as políticas identitárias mudaram nos últimos anos os parâmetros do que é considerado não apenas aceitável, mas também razoável. White manipulou o sistema penal porque a ideia do gênero como uma experiência totalmente espiritual e alheia ao corpo havia sido integrada não só à lei, mas também na mente de legisladores e funcionários de justiça. A mistura da inércia burocrática e a chantagem moral dos ativistas *trans* levaram a uma situação tão absurda que, em outra época, poderia ter sido só mais um *sketch* do Monty Phyton.

De sua parte, a moça da universidade se acreditou com a autoridade para interceptar o garoto com *dreadlocks* porque a noção da *apropriação cultural* fez justa e razoável uma polícia dos hábitos e costumes das outras pessoas – inclusive no meio universitário. Na realidade, questionou-se mais a autoridade dela para interpelar o moço do que a noção de que existem modas "inapropriadas" para certos grupos.

Que um estuprador tenha direito a entrar em uma prisão de mulheres, mas um garoto não tenha o direito de usar *dreadlocks* mostra as grandes mudanças de mentalidade ocorridas nos últimos anos. Porém, nesses dois casos também aconteceram impasses entre a racionalidade identitária e outras racionalidades, e normas preexistentes: a presença de White numa prisão feminina é tão absurda como um civil revistando e interrogando o outro de forma arbitrária.

Mas existem outros casos em que aplicações semelhantes da racionalidade e das normas identitárias ganham algo muito parecido com uma força de lei. Esses casos definem a chamada "cultura do cancelamento", que consiste em uma série de ações de policia-

---

[2] Moffitt M. "White SF State student with dreads accused of 'cultural appropriation' (VIDEO)". Disponível em: <https://www.sfgate.com/bayarea/article/White-SF-St-student-with-dreads-accused-of-7215259.php>. Acesso em: 1/2/2022.

mento individuais e coletivas nas quais os indivíduos controlam mutuamente seus comportamentos e, inclusive, suas opiniões. As sanções coletivas tomam, às vezes, a forma de "linchamentos" midiáticos, ameaças, etc., mas também de sanções legais ou castigos no seio das empresas, organizações, etc. Chama-se "cancelada" a pessoa cujas relações laborais, empresariais, políticas, etc. são cortadas como consequência dessas sanções.

Os repentinos descréditos de celebridades amadas e carismáticas são os exemplos paradigmáticos do cancelamento. Esse foi o caso da atriz Gina Carano, antiga lutadora de Artes Marciais Mistas, e muito popular após sua participação em vários filmes, e na série *The Mandalorian*, que comparou a situação dos conservadores dos Estados Unidos com aquela dos judeus sob o nazismo. O comentário, absurdo, em outros tempos só teria causado ridículo, piadas ou rejeição, mas Carano foi "cancelada" pela Disney que, obviamente, não tinha interesse em ser vinculada à *Alt-Right*.

Carano virou uma heroína no mesmo tipo de círculos que haviam acreditado nas teorias conspiratórias do *Pizzagate*, mas para os democratas, Carano é uma antissemita. O interessante é que ela não disse nada antissemita; pelo contrário, tentou criar simpatias face aos conservadores e trumpistas ao compará-los com os judeus perseguidos...; mas só **o fato de ter mencionado os judeus** já desencadeou acusações de antissemitismo. Porém, quando falamos que Carano foi "cancelada" não é no sentido de que ela foi detida, como poderia acontecer na China; também não foi censurada, nem pelo Twitter. Na prática, só foi **estigmatizada** de um jeito que limita muito sua carreira futura.

O caso da escritora J.K. Rowling, autora da saga *Harry Potter*, é ainda mais significativo. Até há poucos anos ela foi mimada e adorada pelo progressismo anglo-saxão, principalmente por ter introduzido personagens homossexuais, como Dumbledore, em seus romances. Porém, a queda de Rowling aconteceu logo depois de zombar da ideia e "pessoas menstruantes", e por duvidar de que as mulheres *trans* fossem realmente mulheres. Na realidade, Rowling não demonstrou nunca nenhuma homofobia ou transfobia, mas suas posições foram consideradas semelhantes a aquelas das

"Terf"[3] ("trans-exclusionary radical feminist"). O problema com Rowling é que, na medida em que não aceita o termo "pessoas menstruantes", ela seria transfóbica, e a transfobia é um crime...

O que se pede não é só que se aceite que as variações hormonais das mulheres *trans* equivalem a uma menstruação, mas que se acredite que homens *trans* que ainda menstruam são mesmo homens, sem importar suas estruturas e funções corporais. Não é uma questão fácil que possa ser resolvida com reducionismo biológico (mulheres menopausadas não são mulheres?, homens castrados não são homens?), mas a **supressão total** do sexo, do corpo e da natureza (ou sua ocultação por trás do véu do discurso), no estilo das teorias *queer* de Judith Butler, deixou de ser uma teoria falseável, criticável ou debatível e virou um padrão, a configuração por *default* não só para qualquer política dita progressista, mas para qualquer política pública; sem falar que se tornou o padrão-ouro da *common decency*. Não só é preciso acreditar que há mulheres com pênis e pessoas menstruantes, mas **é incorreto, quase criminoso, não acreditar**.

Porém, não parece haver nenhuma transfobia em Rowling, só uma diferença com relação às teorias *mainstream* do gênero: "*A ideia de que mulheres como eu, [...] 'odeiam' as pessoas trans porque pensam que o sexo é real e tem consequências vividas – é um absurdo*"[4]. O estranho caso de Rowling tornou-se ainda mais sintomático pelo fato de que a Warner Bros, os fãs, e até os *woke* que pediram o cancelamento da autora, não pediram o cancelamento de *Harry Potter*, demonstrando que o autor é, sim, separável da obra – embora seja só pela magia *muggle* dos direitos de adaptação.

Ao contrário das interpretações catastrofistas da direita e dos conservadores, é pouco provável que no futuro seja comum que estupradores com pênis funcionais entrem em prisões femininas, ou que seja criada uma verdadeira *fashion police* que fique de olho nas roupas e penteados das pessoas. A "ditadura do politicamente correto" é uma noção ridícula que embaça a visão dos funciona-

---

[3] Levine, N. "This is why J.K. Rowling is being accused of transphobia (again)". Disponível em: <https://www.refinery29.com/en-gb/jk-rowling-transophobia-twitter-row >. Acesso em: 1/2/2022.
[4] Ibidem.

mentos das políticas identitárias. Na realidade, existem muitos inconvenientes práticos para a aplicação de microdogmas como "as mulheres *trans* são mulheres", ou "as pessoas negras não podem ser racistas" – e as regras esquisitas sabotam-se a si mesmas, não só pelo fato de serem esquisitas, mas por serem muitas...

O sucesso da "cultura do cancelamento" (que na realidade é uma cultura do estigma, do *labelling*, da letra escarlate) fica na produção de uma mentalidade ativista, militante, acadêmica, mas também empresarial e publicitária de vocação normativa e moral que informa todo o campo de comunicação social. Fica também na sua capacidade de substituir as formas antigas de censura por outras, mais discretas e pontuais, que agem como uma **edição contínua** do discurso público: todos policiam os discursos e gestos uns dos outros.

A "cultura do cancelamento", na realidade, é um método para criar uma consciência ou mente interconectada, cooperativa, pública, que opera *"por intermédio de um ambiente comum compartilhado"*[5]. Além do seu tópico ou matéria, o identitário passa a ser uma forma de controle do discurso público baseada em: 1) **estigmatização ou rotulação; 2) inibição; e 3) 'microdogmas'**. Esse propósito de controle se manifesta não como censura tradicional, mas como edição em tempo real do discurso público. É um **policiamento mútuo** do público que substitui a censura "desde cima". Nesse sentido, é muito comum dizer que este ou aquele livro ou filme não seria publicável na nova atmosfera moral do mundo pós-#-*MeToo*. Efetivamente, logo esse movimento, que se iniciou como uma espécie de revolta contra as relações de trabalho servis em Hollywood, e as desigualdades entre homens e mulheres na indústria, pareceu cristalizar uma nova moral própria das "sociedades de controle" que estava fermentando desde os anos 1980. A nova moral, baseada na noção de *opressão* ou *vitimização,* parece surgir na medida em que a moral do pecado (ofensa ao Deus soberano) vira um simples neoarcaísmo, e a noção de desvio (afastamento,

---

[5] Lévy P.; Farley, A.; Lollini, M. "Collective intelligence, the future of Internet and the IEML: Interview to Pierre Lévy by Art Farley and Massimo Lollini". In: *Humanist studies & the digital age,* v. 6, nº 1, 2019, p. 5-31.

da ordem natural) perde sentido; Aí, só a **geração de sofrimento** e a negação dos outros, parece funcionar como critério moral para separar o bem do mal.

O *#MeToo* começou como uma dinâmica de denúncias multitudinárias que, indubitavelmente, é de grande importância na história das lutas pelos direitos das mulheres. Nenhuma autoridade estabelecida ou governo coordenou ou dirigiu esse movimento, que pode ser chamado de espontâneo e de autônomo; porém, em poucas semanas, as porta-vozes do movimento se tornavam grandes celebridades (como Gwyneth Paltrow), ao mesmo tempo que se consolidava a tendência do *showbiz* norte-americano e, em geral, das empresas, de adotar a política da identidade e a "correção política" como padrão.

A identidade, então, tornou-se definitivamente matriz normativa na gestão dos Recursos Humanos, e também ideia reguladora no campo da publicidade, abrangendo mesmo as Relações Públicas das empresas e organizações como o *Advertising*. Assim, num período marcado pelas grandes franquias cinematográficas e televisivas, em que a extração de valor de outras indústrias mediante as adaptações ou dos *remakes* é tendência e padrão, o identitário virou motivo, formato, racionalidade e justificação. Já não é preciso fazer, como o roteirista Dwayne Mcduffie, uma versão negra do Super-Homem criando um novo personagem, *Icon*, mas só versões negras, chinesas ou bissexuais dele; um filme medíocre como *Matrix Resurrections* pode ser apresentado como um manifesto *trans*, e aqueles que não gostarem já podem ser acusados, como Rowling, de transfobia.

Desde a consolidação das redes sociais, o identitário estabeleceu uma nova relação do ativismo (as mídias ninja), virtualizado nas redes – especialmente, no Twitter – com a empresa e as novas formas de partido, que têm características empresariais ou privadas mais do que públicas. A tendência não é nova; na realidade, desde os anos 1990 as empresas já estavam informando, mudando, a vida pública.

[...] a publicidade não serve somente para informar sobre o mercado, mas para constituí-lo. Entra em relação "interativa" com o consumidor, voltando-se não só às suas necessidades, mas sobretudo aos seus desejos. Não se volta somente às suas paixões e às suas emoções, mas interpela diretamente a razão "política"[6]

Corporações como a Benetton e a Disney, que abraçaram respectivamente o antirracismo e a causa *gay* há quase 30 anos, entenderam que a empresa se insere na vida política mediante uma publicidade que:

> Dialoga com as suas convicções, os seus valores, as suas opiniões, tem a coragem de interpelá-lo lá onde a política tem medo de entrar [...]. A distinção entre cidadão e consumidor pertence à outra época, e a publicidade Benetton faz escândalo porque nos diz que entramos na era dos bens imateriais, "psi", "espirituais", que derrubam as fronteiras entre o econômico e o político[7].

Essa interpelação constante do cidadão-consumidor pela publicidade cristalizou-se na noção da ESG (*Environmental, Social and Corporate Governance*)[8], que incorpora os valores como critérios de investimento junto à lucratividade e ao risco. Assim, a virada que acontece logo após o esgotamento do movimento *blogger*, e dos *media* alternativos, e a ascensão das plataformas consolida-se com o *#MeToo*: a identidade torna-se o principal valor e, portanto, o principal elemento dos "bens imateriais". Mas isso não é verdade só para a Warner e a Disney, mas para partidos como o Podemos da Espanha, os Democratas americanos, para o PT, e também para os governos da Onda Rosada e seus Amados Líderes: o ativismo puramente identitário liga as empresas politizadas e os partidos privatizados num *continuum* de governança publicitária. Porém, embora o produto ou serviço identitário tenha nascido das formas da publicidade surgidas nos anos 1980 e 1990, as políticas de identidade têm uma história bem mais longa e complexa.

POLÍTICAS DO RESSENTIMENTO

Podemos chamar de identitária a relação entre grupos que se autopercebem ao mesmo tempo **absolutamente homogêneos, de** um ponto de vista interno, e absolutamente heterogêneos e incomensuráveis com aqueles que não pertencem a esse grupo, de um ponto de vista externo. Política identitária é, então, o contínuo esforço por tentar produzir essa pureza impossível mediante distintas técnicas de **purificação**.

É geralmente aceito que a ideia de uma política da identidade como é entendida hoje foi cunhada com *The Combahee River Collective Statement* e, embora sua orientação de extrema esquerda, tornou-se quase axiomática para um espectro político muito mais abrangente.

> Este enfoque sobre nossa própria opressão está corporizado no conceito de política de identidade. Acreditamos que a política mais profunda e potencialmente mais radical vem diretamente de nossa própria identidade, em oposição a trabalhar para acabar com a opressão de outra pessoa[9].

O manifesto é um verdadeiro documento histórico que lança luzes sobre a gênese da política identitária: o incrível machismo dos líderes do movimento negro, a resistência das feministas brancas a reconhecer as diferenças entre as mulheres, especialmente as raciais, o uso das diferenças do corpo feminino e masculino como justificativa da inferioridade da mulher, as micropolíticas da humilhação; inclusive a frase *"em oposição a trabalhar para acabar com a opressão de outra pessoa"*, que parece mostrar uma visão idiossincrática ou mesquinha da política, na realidade, denuncia aos exploradores das lutas: a mulher branca de classe média, ou inclusive da elite, que não reconhece seu privilégio e sua diferença, e a liderança negra machista que não renuncia a submeter e explorar a mulher negra. Mesmo a ideia da identidade interseccional nascerá dessa posição transversal das mulheres negras expressando uma ambiguidade que atravessa a política anglo-americana contemporânea.

---

[9] BlackPast (1977) *The Combahee River Collective Statement.* Disponível em: <https://www.blackpast.org/african-american-history/combahee-river-collective-statement-1977/>. Acesso em: 1/2/2022.

No documento, uma declaração magnífica: "Lutamos junto com homens negros contra o racismo, enquanto também lutamos com homens negros sobre sexismo". Porém, esse *insight* de uma visão pluralista da luta política perdeu a batalha diante fórmulas simplistas como "O pessoal é político", a identidade entre poder e opressão, as regras esquisitas e o fantoche do "homem branco hétero" como inimigo mau. Enfim, toda uma atmosfera que o Nietzsche de *Genealogia da Moral* teria reconhecido rapidamente: na realidade, as identidades não são mais do que "máscaras" do Bem e do Mal, ou mais precisamente, são formas com as quais o Bem e o Mal aparecem na política, no jornalismo e nas ciências sociais.

Mas é um erro considerar que as políticas identitárias, mesmo como os terraplanismos e teorias conspiratórias, são causas da situação atual. Pelo contrário, eles parecem ser efeitos, padrões, **emergências** no contexto do "triunfo dos conceitos reativos". Isto é, a identidade é como as células de convecção que emergem nas tormentas: ela é produto de uma distribuição ou ação das forças e das energias; neste caso, de forças polarizadas **pelo duelo do amigo bom e do inimigo mau.** Isto é, primeiro vem a inimizade, e logo a identidade.

Na realidade nem é preciso que a inimizade seja real, frequentemente ela é exagerada, falsa, quase ritualizada como nas cerimônias religiosas. Chávez, ao chamar os Estados Unidos de Diabo na ONU, tornou o já ancião anti-imperialismo de discurso histórico-político uma metafísica ou uma demonologia que nada tinha a ver com as relações diplomáticas e comerciais **reais** da Venezuela chavista com os Estados Unidos, que só foram interrompidas muito depois de sua morte, e num processo muito longo e complexo[10] (de fato Chávez

---

[10] Até 2015, dois anos após a morte de Chávez, não houve sanções aos funcionários venezuelanos. Até julho de 2017, nenhuma sanção americana afetou a economia venezuelana. Até 2019, houve relações comerciais relativamente normais. Ver *"EEUU aplica sanciones jurídicas y financieras a Maduro por ruptura del orden constitucional en Venezuela"*. Disponível em: <https://web.archive.org/web/20180714193310/http://www.panorama.com.ve/politicayeconomia/EE-UU-aplica-sanciones-juridicas-y-financieras-a-Maduro-por-ruptura-del-orden-constitucional-en-Venezuela-20170731-0075.html>. Acesso em: 2/2/2022.

fez um acordo com Carter[11] que regulou as relações entre Estados Unidos e Venezuela por dez anos). Essa diferença entre a dinâmica física ou material do conflito político e a dinâmica publicitária do ESG define o campo de ação do identitário como um método para moldar o que em inglês é chamado *the public mind*.

Daí que as guerras culturais estejam cheias de grandes rituais, de gestos bombásticos contra o patriarcado, o marxismo cultural, o imperialismo, a pós-modernidade, a esquerda e a direita. Com suas posturas e gestos, o militante identitário muitas vezes lembra as *Sailor Senshi* e os *Power Rangers*: combatendo estruturas já não sociais, mas metafísicas (patriarcado, eurocentrismo, colonialismo, ou até marxismo cultural ou a pós-modernidade como Dragões do Mal), com armas tão ridículas como a interdição de palavras e o uso do "todes". O histrionismo é já uma forma de trabalho imaterial altamente valorada nos círculos intelectuais e acadêmicos onde as *drama queens* são mesmo rainhas.

Nesse contexto, o patriarcado do discurso feminista tem pouco a ver com o patriarcado como regime histórico. O mesmo acontece com o colonialismo, o imperialismo, o comunismo e a pós-modernidade. Mas o interessante é que inclusive o *wokismo* e o identitário podem virar o inimigo mau de um identitarismo reverso atrapalhado em jogos de espelhos (como fazem alguns conservadores). Na realidade, basta que seja "elaborada como imagem equivalente" a figura do inimigo, e a relação com ele numa dicotomia que é baseada no puramente negativo: o branco é tudo o que o negro não é; a mulher é tudo o que o homem não é; o *queer*, tudo o que o *cis* não é. Portanto, como poderia uma pessoa negra ser racista? Diante dessas dicotomias, noções como aquela do "racismo estrutural" (uma versão subvalorizada e metafísica do racismo institucional de Stokely Carmichael[12]) são simples racionalizações *a posteriori*.

Conceitualmente, a identidade só é pensável quando pensamos as coisas do ponto de vista daquilo que não muda, que não tem,

---

[11] *"President Carter to advance Venezuela peace and democracy accord (English and Spanish)"*. (n.d.). Cartercenter.Org. Disponível em: <https://www.cartercenter.org/news/documents/doc1601.html>. Acesso em: 8/2/2022.

[12] Carmichael, S. *Black Power: The Politics of Liberation in America*. Vintage Books, 1992.

ou produz, diferença ao longo do tempo – nem entre diferentes indivíduos. Essa concepção pode ter uma série de usos, sobretudo pragmáticos (reconhecer pessoas ou encontrar objetos), mas só se pode impor como norma, padrão ou ideia reguladora numa "guerra fria", na qual as relações entre os termos são absolutamente negativas e a identidade aparece por contraste violento na polarização entre dois termos antagônicos.

Polarizar, neste contexto, significa bipolarizar, não multiplicar as polaridades, mas reduzi-las. No seu livro clássico sobre os partidos políticos, Duverger percebeu que o multipartidarismo é produto da proliferação de dualismos (jovens/velhos, norte/sul, operários/burgueses, campo/cidade) que *"resulta da falta de coincidência entre os grandes dualismos de opiniões"*[13]. Na realidade, para que persista a polarização entre democratas e republicanos nos Estados Unidos, é preciso um grande número de mecanismos que começam pelo anacronismo, talvez deliberado, do sistema eleitoral, a falta de representação proporcional e de segundo turno das eleições presidenciais, e se prolongam por todo o campo social dos Estados Unidos.

Então, uma guerra fria ou guerra cultural supõe que, em um campo determinado (o feminismo, por exemplo) tenha sido imposto um dualismo reduzindo os múltiplos polos a apenas dois em contínua retroalimentação. Porém, esse não é, de forma alguma, um processo necessário: mesmo a luta e a guerra são mais parecidas com *Game of Thrones* que com *Senhor dos Anéis*, nem todas as diferenças e conflitos são inimizades (pois existe a rivalidade, o agonismo, a competição, etc.), e nem todas as inimizades são metafísicas e tomam *o aspecto de uma guerra de religiões,* como disse Duverger.

A crítica do identitário começa, então, por revelar que a identidade é sempre um produto. É a escravidão o que gera o racismo, e não o contrário; é a submissão da mulher o que gera o machismo, e não ao revés. Mas é o ressentimento contra pessoas brancas ou homens o que gera os antirracismos racistas e os feminismos

---

[13] Duverger, M. *Los Partidos Políticos*. [s.l.] Fondo de Cultura Económica, 2006.

andrófobos. Então, como Nietzsche percebeu, a inimizade metafísica, moral, é ela mesma uma estratégia, ou comporta uma dimensão estratégica. Podemos chamar de "guerra fria" a estratégia gue estabelece os dualismos, e de "Guerra Cultural" a expressão **informacional** dessa estratégia em imagens, sinais, afetos, discursos, etc. Em tudo o que convence as pessoas adultas a serem soldados metafísicos numa guerra de religiões, cavaleiros da luz na luta contra o Dragão do Mal e não operadores físicos no Jogo de Tronos (ou contra os tronos).

Como em *1984*, a construção constante da inimizade metafísica é, simplesmente, um arcano de governo, uma técnica de aglutinação, exercida para dentro, mais do que para fora. Valorizar uma identidade inimiga ou opressora como ameaça aumenta a utilidade marginal da identidade boa (daí a utilidade do bloqueio dos Estados Unidos, que é a única legitimidade que, neste ponto da história, o castrismo pode ter). Nesse contexto, os terraplanismos são produto da imposição dessa lógica totalmente dualista: "a terra é plana" e "as vacinas têm *chips*" não são hipóteses erradas ou simples preconceitos. A Terra é plana e a Lua é inalcançável na medida em que a Nasa participa de uma conspiração; as vacinas tornam-se perigosas na medida em que são a arma ou bandeira de um inimigo. Construir a vacina ou a ciência como inimigos, produzir a inimizade metafísica, a negatividade pura, frequentemente é mais importante do que produzir a identidade boa que, na realidade, é vazia. Mas não há muita diferença entre esses novos delírios e a associação, na propaganda stalinista, dos trotskistas com Hitler, ou a convicção do FBI e da CIA de que Jacobo Arbenz ou Orson Welles eram comunistas.

Logo do fim da Segunda Guerra, o que trouxe à guerra fria entre Estados Unidos e a extinta URSS, não foi só um alcance totalmente planetário da polarização e do dualismo, mas toda uma "computação" ou "informática" do ressentimento que procura definir o que se tornou cada vez mais difícil determinar: quem é o inimigo? Capitalismo, imperialismo, comunismo, populismo – e, sobretudo, esquerda e direita viraram caixas vazias onde cabia qualquer coisa, o lar do inimigo qualquer. Em El Salvador, os sacerdotes que trabalhavam com os pobres ou criticavam o militarismo eram chamados de comunistas[14]; em Cuba, o homossexual e até o jovem que usava o cabelo longo era um contrarrevolucionário[15].

Destruir, e destruir um inimigo anônimo, intercambiável, um inimigo qualquer, tornou-se o ato mais essencial da nova justiça. Consignar o inimigo qualquer como aquele que não está em conformidade com a ordem de Deus[16].

Nossa época é caracterizada pelo catastrofismo e pelo apocalipse. Embora eles sejam frequentemente confundidos, são de fato bem diferentes. O catastrofismo é um niilismo que surge quando se pensa desde a **inevitabilidade** da morte cósmica, quando a angústia e a impotência diante das notícias sobre a extinção massiva ou as grandes queimadas nas florestas se resolvem como resignação ou passividade. O apocalipse, pelo contrário, é a política do juízo final que traz uma relação nova entre o juízo, a identidade e a guerra:

A modernidade do Apocalipse não está nas catástrofes anunciadas, mas na autoglorificação programada, na instituição da glória da Nova Jerusalém, na instauração demente de um poder último, judiciário e moral[17].

Nossas guerras culturais talvez tenham começado em 1918, logo depois da vitória bolchevique, e se amplificaram ao longo do século XX, especialmente com o começo da guerra fria. Não houve, então, uma clara descontinuidade com o período seguinte (como esperavam Fukuyama e os defensores do multiculturalismo) numa *Pax Americana* ou uma Idade de Ouro; pelo contrário, entramos na

---

[14] "La justicia de El Salvador reabrirá el caso por la matanza de cinco jesuitas españoles en 1989". Disponível em: <https://elpais.com/internacional/2022-01-07/la-justicia-de-el-salvador-reabrira-el-caso-por-la-matanza-de-cinco-jesuitas-espanoles-en-1989.html>. Acesso em: 3/3/2022.

[15] Em torno da repressão dos homossexuais em Cuba: SAM. Conducta Impropia Documental sobre la represion al homosexualismo en Cuba. Disponível em: <https://www.youtube.com/watch?v=0W50JqHYwO8>. Acesso em: 3/3/2022.

[16] Deleuze, G. *Crítica e Clínica*. Pelbart.[s37] 1997, p. 55.

[17] Ibid.

era do Império da Desordem[18]. A política da identidade, tal como existe hoje, parece o resultado dessa flexibilização da "guerra fria", macroscópica, numa proliferação de "guerras frias" microscópicas espalhadas pelo mundo em meio à incerteza sobre a realidade de amigos e inimigos. Então, o surgimento desse tom apocalíptico na cultura e na política é produto da implantação geral de um **sistema do juízo** que, ao mesmo tempo, traça a fronteira entre identidades boas e ruins e julga qualquer um que fique além da fronteira.

A MORAL REDESCOBERTA

"O acima é como no abaixo", diz a Bíblia, e no caso das políticas identitárias, acontece que "O macro é como no micro"; isto é, o mesmo método, com variantes, é aplicado para construir as grandes identidades sintéticas do populismo e para definir as inumeráveis identidades fractais das políticas *woke*.

O teórico argentino Ernesto Laclau definiu o método do identitário no nível macropolítico, enquanto Judith Butler, a teórica feminista dos Estados Unidos, fez o mesmo no micro. Laclau, em seu livro *Hegemonía y Estrategia Socialista*, ao formalizar e abstrair os procedimentos do *caudillismo* peronista num método (o populismo) entendeu perfeitamente como uma formação política (partido, bando, aliança) *"só consegue significar-se – isto é, constituir-se como tal – transformando limites em fronteiras, constituindo uma cadeia de equivalências que constrói o que está além dos limites, como o que ela não é..."*[19].

Embora acreditasse estar formulando uma "democracia radical", na realidade ele havia descrito uma "razão populista". E Laclau descreveu não apenas a lógica de Perón, mas dos Trumps, Chávez, Bolsonaros e Lulas do mundo cujo método é "transformar os limites em fronteiras". Na realidade, Laclau não estava interessado nem no *caudillismo*, nem no identitário. Ele achava que seu "significante vazio" (o símbolo ao redor do qual demandas distin-

---

[18] Joxe, A. *The Empire of Disorder*. Senuitext(e), 2002.
[19] Laclau, E.; Mouffe, C. *Hegemonía y Estrategia Socialista*. [s.l.] Fondo de Cultura Económica, 2004.

tas são agrupadas) podia ser qualquer *slogan*, bandeira ou projeto que permitisse passar das identidades às "equivalências". Por exemplo, na luta anticolonial, os operários, intelectuais e camponeses **só têm em comum o inimigo**, o colonialismo, e nessa luta perdem sua diferença e tornam-se equivalentes. Mas como a história do Peronismo, o Chavismo – e suas variantes brasileiras – demonstra que essas equivalências, ao serem negativas, do tipo "o inimigo de meu inimigo é meu amigo", logo se desfazem, ou viram identidades.

Com Laclau, a física do ressentimento é formulada numa lógica – ou pelo menos numa racionalidade ou num método – do puramente negativo; mas sua teoria, embora explicasse perfeitamente o funcionamento dos populismos, não surtiu efeitos fora da academia. Talvez porque nem os políticos populistas precisavam da explicação, ou porque revelar o método do populismo tinha o mesmo efeito que revelar os truques de mágicos. Mas no nível macropolítico das políticas identitárias, a teoria *queer* de Judith Butler, pelo contrário, teve um imenso sucesso, até o ponto em que Butler virou uma figura parecida com São Paulo ou Lênin, na medida em que ela forneceu um método e uma moral a várias gerações de ativistas.

Butler e Laclau têm em comum o fato de serem desdobramentos do novo idealismo do psicanalista francês Jacques Lacan e seu *slogan* "O real é o impossível"[20]. O idealismo moderno, que é de linhagem neokantiana, simplesmente afirma **que o real é sempre inacessível** e ficamos confinados no campo do discurso, do simbólico, como se estivéssemos do outro lado de uma vitrine irrompível. No caso de Butler, sua visão reducionista (e poder-se-ia dizer desdenhosa) da carne, do corpo, do sexo e da natureza significou não só uma revalorização do idealismo, mas uma renovação do **puritanismo** americano que sempre vinculou um "ideal ascético" de desprezo pelo corpo, reformismo político e social, e o furor religioso. Como Case, o protagonista do *Neuromancer*, os ativistas *queer* temem "cair na prisão de sua própria carne"[21] e buscam no gênero, além da natureza-prisão, sua liberdade.

---

[20] Lacan, J. *O Seminário, Livro XIX: ...Ou Pior*. Rio de Janeiro: Zahar, 2012.
[21] Gibson, W. *Neuromancer*. Penguin Books., 2016.

Puritano já era o sufragismo, um feminismo da primeira onda, mas a novidade do butlerismo foi puritanizar também a esquerda e o liberalismo laicos, desenhando **dentro dos seres humanos** a fronteira entre o bem e o mal: a diversidade, liberdade e multmiplicidade de gêneros se afirma na negação da vida biológica e da **física** ou da materialidade do corpo. O limite entre mente e corpo vira a fronteira entre o Bem (o gênero) e o Mal (o sexo) que faz possíveis as equivalências entre os gêneros bons e o heteropatriacado mau que quer as pessoas caídas na prisão da sua própria carne. Mas as identidades *queer* são tão fixas como as ideias platônicas. Um homem não vira mulher; na realidade, já não há possibilidade de transmutação ou mudança quando **ele sempre foi mulher** e decide conformar sua carne teimosa aos ditados de seu espírito.

Como a rejeição forte da carne na cultura puritana já não é possível após a contracultura e a revolução sexual, então o butlerismo propõe uma alternativa *soft*: o corpo é uma prisão. Ele tem que virar discurso. E o erotismo, embora múltiplo, tem que ser fortemente regulado para não gerar dominação. O fato de que a variante da teoria *queer* bem mais avançada de Karen Barad[22], em que a matéria importa e se fala da performatividade **da natureza,** não tem qualquer influência fora da academia, talvez demonstre que o projeto identitário precisa de fronteiras rígidas, dicotomias que separam o **bem** do **mal** e, portanto, permitem pensar a política de um jeito moral.

Em grande medida, os avanços do "culturalismo", o discurso anticiência e os "construcionismos" são produtos do projeto de desenhar uma fronteira rígida entre natureza e cultura. Embora para a teoria *queer* a natureza seja **o mal**, para o ecologismo é **o bem**, porque, na realidade, o identitarismo é um método e uma racionalidade absurdamente formalista: o importante é ter uma natureza e uma cultura puras, não contaminadas, totalmente separadas uma da outra.

A hilária oposição entre o binário e o "não binário" que tenta questionar a lógica binária **desde o binário** (isto é, desde uma di-

---

[22] Barad, K. "Posthumanist Performativity: Toward an Understanding of How Matter Comes to Matter". In: *Signs, vol. 28, nº 3*, 2003, p. 801-831. Disponível em: <https://doi.org/10.1086/345321>.

cotomia excludente binário/não binário) mostra, de forma muito engraçada, os funcionamentos de uma política que vai gerando constantemente dicotomias:

> o dualismo mudou, não mais diz respeito a elementos simultâneos a serem escolhidos, mas eleições sucessivas: se você não é preto ou branco, você é mestiço; se você não é homem ou mulher, você é um travesti: a máquina de elementos binários sempre produzirá escolhas binárias.[23]

Porém, parece que a máquina pode funcionar nos dois sentidos: como operação populista, **sintética**, para criar um povo, e a operação "woke", **analítica**, da reinvenção da moral. (Mulheres, mulheres negras, mulheres negras da favela, mulheres negras lésbicas da favela, mulheres negras lésbicas nordestinas da favela...) Porém, em todos os casos, se mantém a relação entre **o totalmente homogêneo e o totalmente heterogêneo** mediante as dicotomias de uma ração xenofóbica e purista que rejeita migrações e miscigenações: o triste *slogan* "a mestiçagem é genocídio" dos ativistas negros brasileiros não é acidente ou confusão.

Mas é importante separar o nível no qual operam os populismos e os *wokismos*. No primeiro caso, trata-se de fusionar todas as identidades boas numa grande síntese; portanto, o populismo é uma forma de criar Estado, poder estatal. No segundo caso, as identidades boas são multiplicadas, e se trata de fragmentá-las e regular suas relações. É aí que o wokismo toma a forma de uma polícia moral: populismo e wokismo se diferenciam como exército e polícia.

Como a realidade que encontramos todos os dias é complexa, miscigenada, misturada, todo identitarismo precisa traçar a linha marcando aquilo que pertence ao inimigo. Mas é como traçar uma fronteira dentro de uma cidade, com suas diferentes texturas e volumes: é preciso **rotular**, marcar, codificar as coisas para traçar a fronteira (no caso da Venezuela, tudo aquilo relacionado com o governo chavista foi literalmente pintado de vermelho e codificado com o rosto do líder; nos últimos dias do caudilho, nas ruas,

---

[23] Deleuze, G.; Parnet, C. *Diálogos*. [s.l.] Pre-Textos, 1997.

máscaras com o rosto do Comandante Presidente acompanharam o estarrecedor *slogan todos somos Chávez*[24]).

Mas para o *wokismo*, que frequentemente não tem autoridade política ou força de lei (só o poder de influenciar, inibir e estigmatizar), mesmo crimes e opressões como atos totalmente banais são rotulados. As lutas por legalizar o aborto ou contra a violência às mulheres são tão importantes como o uso da "linguagem inclusiva"; a violência policial tem a mesma importância de evitar a "apropriação cultural" – talvez até importância menor, porque o problema já foi deslocado das questões físicas ou materiais (pobreza, violência, exclusão) à posição das pessoas diante dessas questões e às formas de representá-las.

Então, essa purificação constante exige a censura: mesmo porque tudo o que é ruim tem que ser rotulado com a letra vermelha, ao mesmo tempo que o rotulado tem que permanecer puro, inquestionado, e as mesmas críticas têm que ser marcadas, sinalizadas como coisas do Mal, em uma operação que, na realidade, é constante como um serviço e opera com um automatismo quase-algorítmico. Daí a necessidade de "linchar" periodicamente quem questiona o rotulado, pois isso permite, ao mesmo tempo, inibir a crítica e implantar os microdogmas que são simplesmente os critérios por trás da rotulagem (Rowling seria **transfóbica** porque não aceita que "as mulheres *trans* são mulheres"; Risério é **racista** porque não aceita que "as pessoas negras não podem ser racistas").

Mas como essa censura não é uma simples interdição do governo, mas um julgamento, estimativa, medição constante, recupera seu sentido mais antigo e radical[25] em meio à cooperação de uma inteligência coletiva[26] que, de fato, é uma corrupção ou degradação da faculdade crítica e das dinâmicas democráticas e não sua

---

[24] Radio, C. *Yo soy Chávez, todos somos Chávez, aquí tiene un pueblo con decisión absoluta: Maduro*. Disponível em: <https://caracol.com.co/radio/2013/01/10/internacional/1357814040_822335.html>. Acesso em: 2/2/2022.
[25] *Lewis, Charlton T. An Elementary Latin Dictionary*. Disponível em: <http://www.perseus.tufts.edu/hopper/text?doc=Perseus:text:1999.04.0060:entry=censeo>. Acesso em: 2/2/2022.
[26] Lévy, P.; Farley, A.; Lollini, M. "Collective intelligence, the future of Internet and the IEML: Interview to Pierre Lévy by Art Farley and Massimo Lollini". In: *Humanist studies & the digital age*, v. 6, nº 1, 2019, p. 5-31..

simples negação. O identitário, especialmente em sua forma micropolítica, é mais um câncer da democracia do que uma toxina antidemocrática, um crescimento patológico que diminui as possibilidades da esfera pública ao reduzir a complexidade do político a regras morais, e a complexidade de toda crítica na simples decisão entre o bom e o mau. Nesse sentido, é um regime de redução de informação que faz dos "dodecaedros" políticos e éticos da vida simples alternativas morais entre "cara e coroa".

A LETRA ESCARLATE

Na história dos Estados Unidos, a passagem da censura "desde acima" para a autocensura e a da autocensura para a **censura cooperativa** sinalizam o nascimento de uma nova ordem moral.

O *Almoço Nu*, de Burroughs, foi o último livro levado a juízo por indecência, e sua vitória é uma das marcas do fim da "sociedade disciplinar" nos EUA. No juízo, formas tradicionais de censura baseadas na restrição da circulação estavam em jogo, e a censura funcionava como um complexo de ações locais de autoridades que **retiravam os livros de circulação** e prendiam os vendedores como pornógrafos. Mas os argumentos já não tinham nada a ver com o gosto ou a moral religiosa. Burroughs ganhou em juízo precisamente porque os juízes já não encontravam razões para censurar nada, e não podiam negar que o livro tinha potencial educativo.

Porém, o *cancelling* (na realidade *labelling*, rotulagem) é o herdeiro de um método mais parecido com técnicas de autocensura que não requerem nenhum tipo de repressão. Em 1954, o Dr. Fredric Wertham publicou *A Sedução do Inocente*, um livro no qual denunciava a influência corruptora dos quadrinhos sobre a juventude. Essa leitura era, segundo o doutor, o fator em comum entre todos os delinquentes juvenis[27]. Naquele mesmo ano, o subcomitê do Senado para a delinquência juvenil convocou Whertham para fazer uma declaração; mas também testemunhou William Gaines,

---

[27] *Comics Code History: The Seal of Approval*. Disponível em: <http://cbldf.org/comics-code-history-the-seal-of-approval/>. Acesso em: 1/2/2022.

lendário editor da EC Comics, cujos quadrinhos de horror e ficção científica eram dos mais polêmicos. De fato, a rotulagem funcionou e os quadrinhos foram estigmatizados como perigosos.

Embora Gaines acreditasse que a indústria se reuniria ao redor da EC na defesa da liberdade de expressão, em outubro de 1954, as editoras formaram a Comics Magazine Association of America (CMAA) e adotaram **um código regulatório** que implicava na exclusão de uma variedade de temas que iam desde os vampiros e zumbis até a religião, a raça e as drogas. Não ter o carimbo do Comics Code Authority virou um estigma por *default*: os distribuidores recusavam-se a fazer circular qualquer magazine que não fosse aprovado pelo código.

Gaines tratou de trabalhar com a CMAA, mas finalmente recuou e criou a revista *Mad*, para adultos, que não estava sujeita à autoridade do código de quadrinhos – demonstrando que o problema não era uma restrição absoluta da circulação, **mas uma regulação de como os quadrinhos circulavam e quem os iria receber**. O método da autocensura ficou ainda mais claro quando, em 1971, Stan Lee tratou de publicar um quadrinho do Homem-Aranha contra as drogas. Embora condenasse o consumo, seguindo o código, elas não podiam ser mencionadas de jeito nenhum. Lee publicou a história sem o selo de aprovação da CMAA, e então começou a longa decadência do Comics Code Authority, e os lobisomens e vampiros voltaram aos quadrinhos sem problemas nos anos setenta.

Décadas depois, Howard Chaykin, um autor de quadrinhos considerado um ícone da contracultura nos anos 1970 e 1980, ao apresentar em sua série de quadrinhos *Divided States of Histeria* cenas de violência contra um transexual e um linchamento de um indiano, encontrou uma total reversão da sensibilidade: *"Achei o trabalho incrivelmente desagradável [...] moralmente duvidoso, na melhor das hipóteses, e abominável, na pior das hipóteses"*[28]. Os novos censores, agora jovens "millennials" fazendo *reviews* de quadrinhos, livros e filmes, reinventaram a censura e a moral da ocultação na era do

---

[28] Glass, J. *HowardChaykin responds to controversy*. Disponível em: <https://bleedingcool.com/comics/howard-chaykin-responds-controversy/>. Acesso em: 1/2/2022.

ESG. Não há um jeito bom de mostrar as coisas ruins, elas não devem ser mostradas; as histórias precisam de uma moral; o provedor de conteúdos tem que investir em valores etc.

Seria uma tarefa interminável fazer a lista de todas as coisas que, nos últimos anos, tornaram-se inapropriadas, embora até o 2013 ou 2014 não se encontrassem muitas objeções. Os fãs da cultura *pop*, acostumados a longas décadas de personagens femininos formidáveis e elencos multiétnicos se deram conta de que os ativistas condenavam a cultura *pop* por ser absolutamente branca e masculina, e um juízo constante sobre o inapropriado de qualquer coisa se fez rotina nas redes sociais. O velho argumento conservador de que as mídias causam crimes e "desvios" foi reinventado pela cultura *woke* junto a inumeráveis regras identitárias impostas sobre a atuação, a tradução e a escrita. Então, só negros podem falar de negros, só negros podem fazer as vozes de negros e nem poemas de negros podem ser traduzidos por brancos[29]: uma obsessão com a pureza racial e moral satura o mundo pós-*#MeToo*.

Mas quando *Pepe Le Pew*, ou os livros do Dr. Seuss são "cancelados", eles podem circular, e talvez circulem ainda mais, numa esfera pública cibernética onde é impossível censurar o que quer que seja. E o que acontece? Estigmas ou rótulos são colocados sobre qualquer objeto, numa purificação permanente, estabelecendo os parâmetros do que é ou não apropriado e, portanto, marcando a fronteira entre o bem e o mal. Este voto de censura cotidiano, julgamento interminável, não é tanto uma operação de interdição ou de repressão, mas de "subjetivação" pela via de estabelecer mentalidades, atitudes, hábitos, padrões de conduta e pensamento, que se associam a fortes reações emocionais. A nova censura não passa de edição do discurso e treino para o público criando até mesmo atos reflexos: "*a fúria da ralé no linchamento é ditada pelo condicionamento*"[30].

---

[29] Berger, M. "*White translator removed from Amanda Gorman poem, amid controversy in Europe*". Disponível em: <https://www.washingtonpost.com/world/2021/03/11/amanda-gorman-white-translator-spain/>. Acesso em: 1/2/2022.

[30] Burroughs, W. S.: "*Hermosa, la ira de un gato ardiendo con puro fuego felino*". Disponível em: <https://www.lainsignia.org/2001/abril/cul_051.htm>. Acesso em: 2/2/2022.

Uma vez que os focos mais potentes da política identitária ficam no mundo anglo-americano, seria muito simples atribuir nossa deriva identitária à influência desse mundo que, efetivamente, aumentou consideravelmente nos últimos anos. O fato é que inclusive os grupos marxistas ou nacional-populares que gritam histericamente contra o imperialismo recebem o identitarismo anglo-americano como uma "configuração padrão" do progressismo, e não perceberam a contradição: para eles, o novo paradigma, totalmente ancorado na realidade, são as tradições norteamericanas e o "politicamente correto", indiscutível e universalmente válido.

Porém, não se pode voltar aos velhos discursos contra as influências estrangeiras e a transculturação: a história da América Latina é atravessada por esses processos de assimilação ou devoração que vão desde os esportes até as ideias marxistas e da Revolução Francesa. De fato, a América Latina é o continente dos "jacobinos negros", do "rock en español", do jiu-jítsu brasileiro e do "beisebol caribenho". O fato é que a América Latina já tinha sua própria "deriva identitária" desde os anos 1980: o discurso castrista recolocou os debates da tradição cubana sobre a transculturação e o barroco no terreno de uma absurda "identidade latino-americana"; o decolonialismo, a pretexto de questionar a "colonialidade do poder", amplificou a definição do colonial e do Ocidente até o ponto de fazê-lo um inimigo metafísico, e não um fenômeno histórico ou político concreto – por exemplo, o caráter mestiço da Europa e os séculos de hibridizações com as culturas árabes, hebraicas, norte-africanas, e inclusive as influências chinesas e dos indígenas das Américas foram apagadas e esquecidas.

No terreno político, a fabricação do povo pelo Estado como uma grande identidade sintética tem, evidentemente, uma longa e fortíssima tradição nos grandes populismos cesaristas como o varguismo, o cardenismo, o peronismo, o castrismo, e também nos grandes partidos corporativos como o APRA peruano, o PRI mexicano e a Acción Democrática venezuelana. Essa tradição da Grande Identidade se reativou com os movimentos populistas da Onda Rosada, que como no caso paradigmático do chavismo, revalorizaram a questão da identidade nacional e mobilizaram eficazmente atavismos[31] e neoarcaismos nacionalistas e religiosos, com suas condições particulares.

É nesse contexto que, desde os anos 1990, foram implantados e "crioulizados" discursos identitários europeus e norte-americanos. Bolívia, Chile e, especialmente, Argentina foram fortemente influenciados pela teoria *queer* de Judith Butler e as teorias de gênero de fato viraram praticamente uma **monocultura** nas faculdades da América Latina. No caso do feminismo, da implantação da ideia de gênero nasceu a Perspectiva de Gênero como desdobramento local do butlerismo que virou o padrão de uma geração inteira de políticas públicas e estabeleceu uma série de microdogmas.

Em países como Argentina, a influência das tradições políticas e culturais locais significou que o identitarismo que nasceu era de fato híbrido, incluindo elementos do peronismo, do radicalismo, do trotskismo, mas também dos discursos da autoajuda e das terapias[32].

Porém, a sorte das lutas feministas ou pelos direitos das mulheres não tem relação alguma com a história da Perspectiva de Gênero. Venezuela, o primeiro país do continente a colocar na Constituição a "linguagem inclusiva", não fez nenhum avanço em termos materiais, mas foi incorporada uma série de termos da Perspectiva de Gênero nas leis venezuelanas, embora o debate sobre a legalização do aborto tenha sido interditado. O entusiasmo do feminismo venezuelano (intelectualmente pobre e politicamente fraco) com a "*Ley Orgánica por el Derecho de las Mujeres a una Vida libre de Violencia*"[33], que legalizou o termo "feminicídio", contrasta com o vertiginoso aumento desses crimes nos anos seguintes[34].

---

[31] Duno-Gottberg, L. "Disputando o Corpo de Bolívar, e os Usos do Bolivarianismo na Política Contemporânea Venezuelana". In: *Lugar Comum – Estudos de mídia, cultura e democracia*, nº 59, 2021, p. 273-291.
[32] Escobar, A. "Acostarse con un Boludo no es Violencia." Disponível em: <https://panamarevista.com/acostarse-con-un-boludo-no-es-violencia/>. *Panama Revista*, 6 de junho de 2019.
[33] Telesur. "El feminicidio tipificado como delito en Venezuela". Disponível em: <https://www.telesurtv.net/news/El-feminicidio-tipificado-como-delito-en-Venezuela-20141125-0084.html>. Acesso em: 3/2/2022.
[34] Cepaz. "Observatorio Digital de Cepaz registró 233 femicidios en Venezuela de enero a octubre de 2021". Disponível em: <https://cepaz.org/noticias/

"YO TE CREO"

Ao longo do século XXI, a dinâmica do progressismo começou a deslocar-se para as redes e se dissolver no ativismo identitário. Dinâmicas miméticas, puramente imitativas, apareceram na América Latina devido ao fato de que, no "espaço liso" nas redes, as ondas imitativas têm menos interferências. O modelo pode ser anglo-saxão ou latino-americano, mas o que parece ter sido imposto é uma cultura da imitação, da *mimesis*, e do pensamento rápido, automático, preocupado em viralizar com o mínimo de discernimento, sentido crítico e invenção. A recepção do *#MeToo* na América Latina oferece alguns exemplos.

Na América Latina, três países tentaram imitar o *#MeToo* com denúncias massivas e muitas vezes anônimas de abusos sexuais; nos três casos, as denúncias, embora revelassem alguns crimes, também levaram a suicídios. Os países foram México[35] Argentina[36] e Venezuela[37] Nos dois primeiros casos, as vítimas eram inocentes; no último, o indiciado pelas redes confessou sua responsabilidade, mas nunca houve uma investigação formal ou sistemática das denúncias.

O fracasso incrível dessa transculturação pode ser captado não só pela **imitação** servil das dinâmicas dos Estados Unidos, mas pela forma como os modelos foram corrompidos: no caso da Venezuela, "Me Too" foi traduzido não como "Yo también", mas como "Yo te creo" (eu acredito em você), deslocando a ênfase na denúncia

---

observatorio-digital-de-cepaz-registro-235-femicidios-en-venezuela-de-enero-a-octubre-de-2021/>. Acesso em: 3/2/2022.

[35] Porras, A. A. "Tras el suicidio de Armando Vega Gil, el movimiento #MeTooMúsicosMexicanos no publicará más acusaciones". Disponível em: <https://www.france24.com/es/20190404-armando-vega-gil-abuso-sexual>. Acesso em: 1/2/2022.

[36] Télam, A. "La madre del joven de Bariloche que se suicidó dijo que se retira de las redes para hacer su duelo". Disponível em: <https://www.lavoz.com.ar/ciudadanos/madre-del-joven-de-bariloche-que-se-suicido-dijo-que-se-retira-de-redes-para-hacer-su-due/>. Acesso em: 1/2/2022.

[37] Anônimo. "Investigan el suicidio del escritor venezolano Willy McKey: lo habían denunciado por abuso. Disponível em: <https://www.infobae.com/sociedad/policiales/2021/04/29/se-suicido-el-escritor-venezolano-willy-mckey-en-almagro-habia-sido-denunciado-por-abuso-de-una-menor-y-tenia-pedido-de-captura/>. Acesso em: 2/2/2022.

para a obrigação moral de crer sem duvidar em qualquer denúncia de **qualquer** mulher contra **qualquer** homem, inclusive nas anônimas: as vítimas, disse a classe média venezuelana – conhecida pela sua *bêtise* –, não têm razões para inventar histórias... Em um país sem Estado de Direito, como a Venezuela, o fato de que apareceram misteriosas denúncias **anônimas** de mulheres contra jornalistas de oposição[38] não causou suspeitas nas belas almas que recusaram considerar a conveniência das acusações anônimas para um governo autoritário, e se as ações das pessoas "de bem" podem ter efeitos maus.

Na Argentina, com uma cultura política bem mas rica, a guru feminista Rita Segato fez uma distinção entre métodos autônomos de justiça da tradição argentina, como os *escraches* e os linchamentos e cancelamentos nas redes: *"no feminismo poderia haver uma instância de julgamento justo [...] como uma assembleia, para que a situação não seja um linchamento sem um sumário [...]. Se defendemos o direito ao processo de justiça, nosso movimento não pode proceder da maneira que condenou"*[39] – mas sua fala foi ignorada.

A função decisiva da imitação na vida social já foi objeto de amplos estudos como os clássicos de Gabriel Tarde[40] a imitação não é ruim em si; de fato, é um vetor de polinização, de aprendizagem, mas só se ela estiver regulada por outras dinâmicas, especialmente por invenções[41] De fato, a mudança entre a multidão de denúncias no *#MeToo* e a série de boatos e fofocas no "Yo Te Creo" não só

---

[38] E a procuradoria, usualmente indiferente à violência contra as mulheres, logo anunciou investigações contra esses jornalistas. Ver, por exemplo, Analítica, "César Batiz acusado de acoso pide respeto al Estado de derecho". Disponível em: <https://www.analitica.com/actualidad/actualidad-nacional/sucesos/cesar-batiz-acusado-de-acoso-pide-respeto-al-estado-de-derecho/>. Acesso em: 2/2/2022.

[39] De León, V. S. et al. Rita Segato: "El feminismo punitivista puede hacer caer por tierra una gran cantidad de conquistas" – Rebelión. Disponível em: <https://rebelion.org/rita-segato-el-feminismo-punitivista-puede-hacer-caer-por-tierra-una-gran-cantidad-de-conquistas/>. Acesso em: 1/2/2022.

[40] Como no caso de Tarde, G. *The Laws of Imitation*, Nabu Press, 2011, e de seu discípulo Maurizio Lazzarato, Potencias de la Invención Mau, Editorial Cactus, 2019. <https://editorialcactus.com.ar/libro/potencias-de-la-invencion-mauricio-lazzarato/>.

[41] Ibid.

mostra como a imitação sempre traz variações – embora seja uma corrupção ou erro de tradução como neste caso –, mas indica que, nas culturas do progressismo latino-americano, há um predomínio do que os cognitivistas chamam de Sistema 1: hábitos mentais, respostas automáticas baseadas em modelos heurísticos que simplificam a realidade[42]. Assim, "eu acredito em você, irmã" é uma instrução que implica uma ordem que gera um "reflexo": você tem que acreditar em toda denúncia que encontra e sentir raiva contra aquele que a coloque em dúvida.

Se as guerras culturais dos Estados Unidos e suas obsessões identitárias viraram referência é porque a racionalidade identitária já se tinha estabelecido na América Latina: o wokismo anglo-americano e, inclusive, o puritanismo se implantaram do mesmo jeito que o *rock* e o pentecostalismo porque encontraram, aqui, as condições adequadas: um contexto em que as guerras culturais servem de método para a governança da mente pública – das mentes ou cérebros em rede – em que, por muitas razões, a luta política se deslocou para o terreno simbólico e retórico, no qual os princípios reativos se impuseram.

Nesse contexto, "muitas coisas são redescobertas e muitas semelhanças são produzidas"; por exemplo, a velha "obscenidade" do cristianismo parece ter renascido como objectualização feminista:

> No passado, a censura de imagens explícitas era muitas vezes motivada por valores conservadores e religiosos e por temores de corrupção moral. Em contraste, as feministas que desafiam a objetivação da imagem sexual querem direitos iguais para as mulheres, e temem que a propagação de imagens objetivadoras seja prejudicial a essa causa.[43]

Essa declaração é um bom exemplo do que o filósofo Gilles Deleuze chamou "a produção do semelhante por meios não semelhantes"[44]. Não é que a moral identitária imite a moral cristã, mas

---

[42] Kahneman, D. *Thinking, Fast and Slow*. Harlow, England: Penguin Books, 2012.
[43] Enfield, L. "The fine line between art and pornography". BBC. Disponível em: <https://www.bbc.com/culture/article/20200917-the-fine-line-between-art-and-pornography>.
[44] Deleuze, G. *Francis bacon: TheLogic of Sensation*. [s.l.] Continuum International Publishing Group, 2003, p. 11.

ela redescobre suas formas em sua própria busca de uma pureza absoluta, de uma fronteira definitiva.

Ninguém tem uma fórmula para acabar com o juízo dos militantes, mas as chaves para encontrar uma saída são evidentes: entender que o identitário é uma consequência da transformação da política em política do ressentimento, do triunfo do reativo e, portanto, do deslocamento da política e da ética pela moral. Aí, polarizar contra o identitário como o novo Inimigo Mau já é um fracasso tão grande quanto opor o binário ao não binário. O identitário é um método para a governança das mentes, que só consegue operar onde a faculdade crítica se encontra atrofiada. Por isso, o pensamento precisa recuperar a capacidade de encontrar um ritmo entre o rápido e o devagar; sua própria dinâmica, independente daquelas das lutas políticas e sociais. Eis o que torna preciso desmascarar o ativista identitário disfarçado de lutador político ou social.

Se as políticas identitárias – sejam as macroscópicas da Grande Identidade populista ou as microscópicas da pequena identidade "woke" – expressam simplesmente as estratégias das elites, das corporações e dos governos que agora, através do ativismo identitário e das guerras culturais, se apresentam como campeões do povo ou das minorias oprimidas; se o ativista identitário – herdeiro da triste militância autoritária – pretende estar acordado enquanto os outros dormem, a fim de ter o direito de julgá-los, de puni-los, o problema, então, não é só denunciar o caráter narrativo ou ideológico do identitário. Trata-se de por a nu os interesses por trás das ESG e suas narrativas, demandar uma luta física contra inimigos e adversários reais, e não uma metafísica contra o Mal. Trata-se, ainda, de lembrar que cada grande política vai gerar seu próprio bem e seu próprio mal, suas próprias formas de renovar o mundo e também de corrompê-lo. Isso inclui a democracia que, como método de governo mútuo, arrisca se tornar policiamento mútuo, linchamento moral ou desejo de uma autoridade superior que nos julgue.

Além disso, seria preciso questionar a permanência – ou a reinvenção – da velha ideia leninista (e cristã) de que o mundo se divide entre os acordados que têm a capacidade de "enxergar a

Matrix" e os coitados que ainda estão dormindo e se tem que educar ou desconstruir, tomar a pílula vermelha. Trata-se da ideia de que o erro e o desentendimento são efeito, se não da maldade, da "falsa consciência" ou ignorância dos outros, e que os conscientes e despertos têm o direito de julgar os maus e censurar os errados.

Isso não implica renunciar à luta política, nem à ideia de verdade ou de justiça; nem mesmo equivale a renunciar a indicar os erros dos outros e polemizar com eles agressivamente (os identitários não conhecem o combate das ideias, nem sua produtividade – só os linchamentos que fazem a luta impossível). Diante disso, não é preciso ter respostas, mas sustentar o estatuto problemático das perguntas: é possível a luta sem a militância? É possível a justiça sem o juízo, ou sem juízes que não podem ser julgados por ninguém? Claro que colocar essas questões não é suficiente, mas é necessário que alguém o faça.

No entremeio dos inumeráveis tiroteios semióticos das guerras culturais, a elegia do jovem tradutor que foi sacado de um projeto por não ser uma mulher negra merece ser recordada:

> Mas se não posso traduzir um poeta porque ela é uma mulher, jovem, negra, americana do século XXI, não posso traduzir Homero porque não sou um grego do século VIII a.C. Ou não posso traduzir Shakespeare porque não sou um inglês do século XV.[45]

---

[45] Berger, M. "White translator removed from Amanda Gorman poem, amid controversy in Europe". Disponível em: <https://www.washingtonpost.com/world/2021/03/11/amanda-gorman-white-translator-spain/>. Acesso em: 1/2/2022.

14
"DIVERSIDADE", MESMICE E INTOLERÂNCIA

Antonio Risério

"O marxismo identitário tem servido... para a legitimação da perseguição da diferença e do linchamento como não apenas aceitáveis, mas como comportamentos meritórios na vida social. O que nós levamos séculos para aprender – que justiça se faz com instituições neutras e imparciais, e não com justiçamentos públicos –, a esquerda tem levado apenas algumas décadas para destruir. [...]. De certa forma, no entanto, o marxismo identitário é até parecido com o marxismo tradicional: ele obtém exatamente o contrário do que promete realizar; promete diversidade e lirismo, mas obtém apenas mesmice e autoritarismo; promete altruísmo e generosidade, mas provoca apenas os comportamentos mais narcisistas e egocêntricos; e promete diálogo e tolerância, mas obstaculiza qualquer dissenso e qualquer questionamento às premissas de sua ideologia" (Gustavo Maultasch, "Todes Bolchehipsters Constrangides com o BBB"). Tudo isso me interessa. Mas quero destacar aqui o tópico da promessa da diversidade gerando apenas mesmice. Contudo, antes de entrar em qualquer conversa sobre "diversidade", esse imenso fetiche conceitual das primeiras décadas do século XXI, devemos apontar um exclusivismo muito suspeito: ninguém reivindica *diversidade* com relação a países islâmicos, negroafricanos e mesmo asiáticos. Diversidade na China? Diversidade na Nigéria? Diversidade na Índia? Diversidade no Japão, com os okinawanos? *Nein*. O problema, como de praxe no multicultural-identitarismo neocaritativo, só existe no nosso já tão enxovalhado "Ocidente Branco", com todas as suas autocríticas devastadoras e sua incontestável vocação masoquista. Mas deixemos isso de parte. A existência de várias etnias na China só pode ser miragem, ilusão de ótica, ou propaganda ocidental mentirosa para conspurcar a imagem do ex-paraíso maoísta. Logo, vamos em frente.

A "diversidade" parece ser mais sagrada para um militante ou simpatizante do multicultural-identitarismo do que a santíssima trindade para um católico sério e praticante. Especialmente, quando o que temos, no caso brasileiro, é cópia atrasadíssima do que aconteceu nos Estados Unidos. O que lá floresceu nas décadas de 1980/1990, aqui se espalha agora. O que lá é coisa antiga, aqui é recente. Coisa de "cristão-novo". E, como se sabe, cristão-novo não só não larga o catecismo, como costuma rezar com mais fervor do que o cristão antigo. A empresa que é proprietária da *Folha de S. Paulo* e do UOL sai por aí contratando colunistas e outros colaboradores não brancos. Não importa que as pessoas não tenham talento ou sejam especialmente talentosas. Isso não conta. O que importa, acima de tudo, é que não sejam brancas. A Rede Globo, que agora anuncia que vai aumentar a participação de "atrizes transexuais" em suas telenovelas, toma o mesmo caminho dogmático dessa "diversidade" superficial, seja ela "diversidade" de "campo" (sexo) ou "diversidade" fenotípica (cor). Mas toda essa "diversidade" tem um fundo falso. Ou um buraco negro que engole diferença por diferença, indiscriminadamente. Me explico. Penso que o propósito de enriquecer a mídia pela via da diversidade seria, em princípio, altamente louvável. O problema é que isto vem sendo feito através não da *diversidade*, mas da "diversidade" – entre aspas. Não através de uma diversidade verdadeira, genuína, mas de uma pseudodiversidade. Ou, por outra, sob a capa da diversidade, nos deparamos com seu avesso: a homogeneidade. Com uma espécie de *pasteurização progressista* da elite midiática nacional. Mais amplamente, com a pasteurização progressista da esquerda, da universidade e de boa parte do meio empresarial. Didaticamente, podemos examinar o assunto tanto em plano teórico-ideológico, por assim dizer, quanto em plano prático.

1

Em 1995, no texto "Em Defesa da Semiodiversidade", que foi minha intervenção como debatedor numa conferência feita por Tzvetan Todorov em São Paulo, escrevi: "Vejo a questão da diversidade cultural num contexto amplo. Em meio ao imenso rol de problemas e desequilíbrios planetários, com o açoite da pobreza queimando no corpo do mundo, vou me dar ao luxo de destacar aqui três grandes questões. Preservar um humano é uma delas. Preservar a biosfera é outra. Mas, além da biodiversidade, temos de preservar também a semiodiversidade. Quando falo na preservação de uma natureza humana, penso no perigo que estamos desconsiderando, ao subestimar as perspectivas da engenharia biológica. Admitindo que o planeta dure mais cem anos, alguém tem ideia do que poderá acontecer? E se o planeta durar mais cinco séculos? O sociobiólogo Edward O. Wilson... acha que estamos no limiar da decisão do quanto desejamos permanecer humanos. Sem saber o que vem por aí, temos que nos antecipar com base até mesmo no que Hans Jonas chama 'heurística do medo'. Quanto ao problema ecológico, concordo com os que pensam que fantasias arcaizantes estão fadadas ao fracasso: não é possível pensar na preservação/reconstrução da natureza fora do quadro dos recursos tecnológicos hoje disponíveis. Mas – e aí é que está o ponto central – essas questões passam pela cultura. Pela dimensão simbólica da vida social. Para dizer o óbvio, liberdade e ética inexistem fora do reino dos signos. Toda ética traz, como seu fundamento, uma construção antropológica. E é justamente a semiodiversidade, a existência neobabélica, que faz a amplitude do arco de perguntas e respostas possíveis, coisa fundamental nesse momento da aventura humana na Terra. [...]. Vivemos um momento em que, ao invés de apostar numa utopia terrorista da verdade única, me parece mais sensato atentar para o velho Helvétius, quando ele diz que o que cada povo julga ser a sabedoria nada mais é do que a loucura que lhe é peculiar. Mas, ao recitar aqui a declaração helveciana, não pretendo defender que as metas e os significados tenham evaporado diante de milhares de sóis insaciáveis, ou que os valores tenham perdido a sua razão de ser num carrossel entrópico das criações humanas. Não posso aceitar o 'relativismo permissivo', nem arquivar o espírito crítico. É claro que não creio em critérios absolutos. Todo critério é histórico. O que busco são respostas provisórias para questões também transitórias. Mas isso não é igual a aceitar sacrifícios rituais humanos, ou a achar que Hitler foi apenas um sujeito extravagante. Abertura relativista, diálogo de culturas, significam, para mim, enriquecimento dialético, jamais complacência diante de uma incontrolável profusão barroca de 'verdades' que, para serem verdadeiras, teriam apenas que existir. A preservação da semiodiversidade me interessa na medida em que ela é fundamental para a preservação da biosfera – e para que, nos termos de Wilson, saibamos escolher o quão humanos desejamos permanecer".

Mais tarde, fui me reconhecer no livrinho de Zygmunt Bauman intitulado *Comunidade*, quando ele questiona que a diferença seja, em princípio, um valor em si mesma: "... a lógica das 'guerras pelo reconhecimento' prepara os combatentes para a absolutização da diferença. Há um traço fundamentalista difícil de reduzir, e menos ainda silenciar, em qualquer reivindicação de reconhecimento [da diferença]... As demandas por redistribuição feitas em nome da igualdade [social] são veículos de integração, enquanto que as demandas por reconhecimento em meros termos de distinção cultural promovem a divisão, a separação e acabam na interrupção do diálogo [...] juntar as 'guerras pelo reconhecimento' à demanda por igualdade pode também deter o reconhecimento da diferença à beira do precipício relativista. De fato se o 'reconhecimento' for definido como o direito à participação na interação social em condições de igualdade, e se esse direito for por sua vez concebido como uma questão de justiça social, isso não quer dizer que (citando Nancy Fraser uma vez mais) 'todos tenham direitos iguais à estima social' (ou que, em outras palavras, todos os valores sejam iguais e que cada uma das diferenças mereça ser cultivada simplesmente por ser uma diferença), mas apenas que 'todos têm direito de procurar a estima social em condições de igualdade'. [...]. Castoriadis se esforça por sublinhar que não 'respeita a diferença dos outros simplesmente enquanto diferença e sem consideração pelo que eles são e pelo que fazem'. O reconhecimento do 'direito humano', o direito de lutar pelo reconhecimento, não é o mesmo que assinar um cheque em branco e não implica uma aceitação *a priori* do modo de vida cujo reconhecimento foi ou está para ser pleiteado. O reconhecimento de tal direito é, isto sim, um convite para um diálogo no curso do qual os méritos e deméritos da diferença em questão possam ser discutidos e (esperemos) acordados, e assim difere radicalmente não só do fundamentalismo universalista que se recusa a reconhecer a pluralidade de formas que a humanidade pode assumir, mas também do tipo de tolerância promovido por certas variedades de uma política dita 'multiculturalista', que supõe a natureza essencialista das diferenças e, portanto, também a futilidade da negociação entre diferentes modos de vida".

E daqui podemos partir de uma distinção feita por Amartya Sen, que nos adverte para não misturar as bolas, confundindo "multiculturalismo" – *as a powerful slogan* – e liberdade cultural. Para Sen, a liberdade cultural, que alimenta a verdadeira diversidade, nada tem a ver com a celebração indistinta de toda e qualquer herança de cultura, se as pessoas envolvidas na escolha de determinadas práticas não tiverem a oportunidade de submeter o que herdam a um escrutínio crítico – ou de conhecer alternativas ao existente. É um excelente ponto de partida. Porque, de modo inflexível e invariável, o multicultural-identitarismo está totalmente voltado para o passado. É uma postura estática, museológica, centrada na conservação – e nunca na mescla ou na mudança – cultural. "A liberdade cultural tem de incluir, entre outras prioridades, a liberdade de questionar o endosso automático a tradições passadas, sempre que as pessoas – particularmente, os jovens – vejam uma razão para mudar seus modos de vida". O equívoco do multicultural-identitarismo é o dogma preservacionista – que implica isolamento, segregação, esforço para congelar ou para manter hermeticamente fechados os sistemas tradicionais de cultura, como se não fossem (e se não fôssemos) entidades complexas, mas formulários preenchidos de uma vez e para sempre. Mas sabemos que nem todo passado é sagrado ou digno de sacralização. Voltando a Sen, ele está mais do que certo ao dizer que a diversidade cultural tem tudo para se acentuar quando as pessoas não apenas podem – mas são estimuladas a – viver a vida que acham que vale a pena viver, em vez de serem forçadas a se encerrar no circuito das tradições. Sen: a liberdade de procurar e curtir coisas etnicamente diversas, na música ou na culinária, por exemplo, pode tornar uma sociedade mais diversa culturalmente, justamente como resultado da liberdade cultural, que, para o multicultural-identitarismo, é inadmissível – neste caso, a diversidade cultural decorrerá do valor conferido à liberdade cultural, desde que aquela será consequência desta. É o avesso mesmo do multicultural-identitarismo que, com seu afã de *apartheids* e a basbaquice do combate à "apropriação cultural", fechou um curso de ioga numa universidade norte-americana, alegando que alunos não indianos estavam frequentando as aulas. O indiano Sen, em outro extremo, sabe que o *curry*, tão típico da culinária indiana, não existiria sem a presença portuguesa na Índia, seguindo o caminho aberto por Vasco da Gama no final do século XV. Vale dizer, enquanto Sen aposta na abertura e na liberdade para avivar a diversidade cultural, o multicultural-identitarismo bota todas as suas fichas na clausura. No autismo antropológico. Na produção da mesmice em si (e por si) mesma.

Sen: se nosso foco se concentra na *liberdade* – onde se inclui, obviamente, a liberdade cultural – "a significância da diversidade cultural não pode ser incondicional". Varia até na sua função de auxiliar as pessoas a tomar decisões. "De fato, a relação entre liberdade cultural e diversidade cultural não necessita ser uniformemente positiva". Nesse caso, o multicultural-identitarismo se coloca francamente no campo contrário ao da liberdade. Celebrar a diversidade em si mesma, a diversidade pela diversidade, implica *conservadorismo cultural* – e a exigência absurda de que as pessoas permaneçam para sempre presas ao seu cenário ou contexto original de cultura, impedidas de levar em conta a possibilidade de incorporação de outros estilos de vida, mesmo que tenham boas razões para fazer isso. Se colocamos a liberdade em primeiro lugar, prossegue Sen, então a valorização da diversidade deve assumir uma forma contingente e condicional. Não podemos louvar a diversidade apenas por se tratar de uma herança. Esta é uma postura que nada tem a ver com liberdade. Herança não é escolha – mas algo que se recebe por força do nascimento nesta ou naquela comunidade. É marca de nascença, não flor que se colhe em andanças ao ar livre. "Nada pode ser justificado em nome da liberdade sem que realmente se dê às pessoas a oportunidade de exercer esta liberdade". A ideologia multicultural-identitária, ao contrário, celebra a diversidade como um valor em si mesma. Cobre-se enganadora (ou autoenganadoramente) com o manto libertário, mas é tirania da conservação, ditadura do conformismo, imposição da permanência, louvação do mesmo e produção da mesmice (no sentido de que todos os adeptos desta religião política repetem *ad nauseam* o mesmo discurso diversitário, que, curiosamente, é especificamente ocidental – moderno, contemporâneo). E isso para não falar do quanto o pseudotradicionalismo passa por tradição, graças à ignorância histórico-antropológica de nossos diversidentitários, como aprendemos, por exemplo, no livro de Maajid Nawaz sobre o extremismo islâmico, *Radical*: "Embora tivéssemos determinado o estabelecimento de um 'Estado islâmico' e a 'implementação' da xaria como lei, acima até dos rituais mais religiosos, não pude deixar de reparar que no Corão não havia uma única referência às palavras 'lei', 'Estado' ou 'constituição'. Quando aprofundei esse pensamento, fez todo o sentido em termos históricos. O Corão era um texto antigo, ao passo que ideias políticas como 'sistema judicial unitário', 'direito codificado', 'soberania' e 'constituição' eram conceitos políticos modernos: não existiam na época em que o Corão foi escrito. [...]. A 'adoção' específica da interpretação da xaria como lei por um governante não era obrigatória em termos religiosos e não aconteceu na história. Os sistemas judiciais unitários foram uma ideia europeia e, pior, o desejo de fundir a lei com os cânones religiosos foi uma ideia específica da pré-Reforma católica. Essa percepção teve implicações profundas nas minhas crenças. Em vez de a justiça – no sentido de consistência legal – derivar do islamismo, o islamismo se baseou em conceitos ocidentais de justiça... Enterrei a cabeça nas mãos conforme fui me dando conta pouco a pouco... Nós, islamitas, éramos os filhos bastardos do colonialismo".

Mas retornemos a Sen, que formula perguntas fundamentais, como as que seguem. Devemos categorizar e enquadrar as pessoas, em termos estanques, no âmbito das tradições que elas herdam (a religião, em particular) simplesmente por terem nascido em determinado lugar, considerando que esta *unchosen identity*, esta identidade compulsória, tem prioridade automática sobre outras conexões possíveis, envolvendo política, profissão, classe, gênero, língua, literatura e arte, vinculações sociais, etc.? Ou as pessoas devem ser vistas a partir dos múltiplos vínculos e associações que voluntariamente escolhem e priorizam – vale dizer, assumem a partir de seus pensamentos e decisões? Enfim, voltamos à tecla: devemos garantir a compartimentação cultural sonhada pelo identitarismo ou assegurar a possibilidade da escolha, através de oportunidades nos campos da educação, da participação na sociedade civil e nos processos políticos e econômicos que se desdobram no conjunto da vida social? O direito de escolha não deve ser negado a ninguém. Colocar tapumes entre culturas, a fim de bloquear contágios e intersecções, é o que transforma a ideologia multicultural-identitária, mais propriamente, como a define Sen, num *plural monoculturalism*. Claro. Afinal, o que vemos aí mais não é do que um horizonte ideológico no qual culturas diversas teriam de passar umas ao largo das outras "como navios no meio da noite". Ora, se temos sistemas, estilos ou tradições culturais distintas coexistindo lado a lado – mas sem quaisquer pontos de encontro, diálogo, interpenetração, sincretismo –, isto só pode ser definido como monoculturalismo plural. Como isolacionismo identitário. E nada mais.

Mas devo fazer ainda mais um registro. Para sublinhar que existe, hoje, uma convergência espantosa, embora não de todo surpreendente, entre as posições da esquerda identitária e da extrema direita, também na matéria que examinamos. Não é a primeira, nem será a última. Esses polos supostamente opostos coincidem no combate racista à miscigenação e às mestiçagens – e o fazem com o mesmíssimo argumento: mestiçagem é genocídio. É um discurso de preservação racial, que aponta, em última análise, para a defesa e instauração de *apartheids*. E também aqui, no campo da cultura, esquerda identitária e extrema direita coincidem fundamentalmente na mesma postura preservacionista e isolacionista, igualmente conduzindo a *apartheids*. É o casamento do multiculturalismo e do "etnopluralismo", filhos de pais que se dizem inimigos. Vejam: a ideologia multicultural-identitária da esquerda e a ideologia etnopluralista da direita (formulada, ao que se diz, pela *nouvelle droite* francesa e hoje acionada pela direita radical tanto na Europa como nos Estados Unidos, em resposta ao adensamento das movimentações migratórias não brancas) partem de premissas bem distintas, mas para chegar à mesma conclusão: a necessidade de impor isolamentos, *apartheids* simbólico-culturais. É o neossegregacionismo contemporâneo em cena, expressando-se em extremos supostamente opostos do espectro político, aqui irmanados no preservacionismo tradicionalista, no racismo e no autoritarismo. Militantes racialistas negros e militantes racialistas brancos, de resto, também se dão as mãos para detonar a ideia de *melting pot*, como uma miragem forjada pelo *establishment*. O que tanto um extremo quanto o outro querem, para lembrar palavras de Michele Prado em *Tempestade Ideológica*, é "um retorno à tradição, às comunidades homogêneas e aos valores culturais (sistemas patriarcais e hierárquicos) que foram destruídos, segundo seus crentes, pelo liberalismo [e a globalização]". É a mesma ânsia, o mesmo afã, portanto, na esquerda identitária como na direita radical, em porta-vozes do multiculturalismo como em Marine Le Pen, de impedir contatos, impugnar misturas, bloquear escolhas. É a mesma guerra para sitiar "comunidades" e barrar contágios, em regime de autismo antropológico. Enfim, temos o identitarismo de esquerda e o identitarismo de direita como irmãos gêmeos inimigos um do outro, como siameses que pensam e querem a mesma coisa, ainda que se odiando mortalmente. E a liberdade cultural é o que há para ser destruído. Sim. Num caso, como no outro, a mesma coisa é ameaçada, reprimida, sufocada: a liberdade, em seu sentido mais amplo – dentro da qual devemos sublinhar a liberdade das escolhas culturais.

2

Passemos então ao que denominei, ocasionalmente, como plano prático, examinando sob este prisma a *pasteurização progressista* resultante do culto multicultural-identitário à diversidade, que tomou conta da mídia. Aqui, entende-se "diversidade" como um incremento da presença de certos grupos "oprimidos" – por causa de raça, gênero, orientação sexual, falsa unidade etnocultural (como no caso de "latino" ou "asiático", na baixa antropologia multiculturalista praticada hoje nos Estados Unidos, por exemplo), etc. – no elenco de editores, apresentadores, repórteres, colunistas ou comentadores das empresas midiáticas. Ou seja: é uma "diversidade" meramente numérica, representacional – de superfície, não de substância. Como disse um jornalista do *Philadelphia Inquirer*, a coisa mais parece uma *"Benetton advertisement vision of diversity"*. Uma "diversidade" epidérmica, facial, cosmética ou genital. Não uma verdadeira diversidade intelectual, cultural ou ideológica. Porque todos – pretos, feministas, amarelos, veados, lésbicas, *trans*, etc. – comungam a mesma doxa. Partilham os mesmos princípios, cultuam as mesmas crenças, defendem as mesmas posições, batem nas mesmas teclas, negritam os mesmos tópicos, repetem os mesmos clichês. E o resultado, então, é que o produto último do multiculturalismo tem sido mesmo, sectária e paradoxalmente, o monoculturalismo. São todos a favor do aborto, por exemplo. Condenam com veemência a violência contra as mulheres (só em Cabo Verde, que eu saiba, também os homens se protegeram legalmente contra a violência de suas mulheres). Só veem os fatos que confirmam suas crenças. Discursam contra o machismo. Adotam o padrão racial dicotômico importado dos Estados Unidos. Veem racismo e/ou fascismo em posturas que mais não são do que objeções ao autoritarismo ou simples divergências de pontos de vista. Concordam que mestiços não existem. Abominam sexo com menores de idade. Fecham os olhos para crimes cometidos por "oprimidos". Afiançam que palavras abrem feridas fundas. Acham que discordâncias e ofensas são a mesma coisa. Verberam contra a homofobia. São a favor de tudo que é *trans*. Espumejam contra o racismo. Não dão a menor bola para o racismo contra amarelos. Recusam-se a reconhecer a existência do racismo negro. Fecham os olhos para qualquer expressão preta de racismo antibranco. Esbravejam contra o feminicídio. Consideram que, na noite brasileira, gatos ou não, todos os pardos são pretos. Acreditam em entidades como "racismo estrutural". E, principalmente, juram de morte o Ocidente judaico-cristão e o macho patriarcal branco (machos patriarcais de outras cores, tudo bem), únicos responsáveis por todos os pecados e crimes cometidos no planeta. Em suma: parece haver uma unanimidade total de pontos de vista quando o que está em tela são tais questões. Unanimidade que chega até a ser cansativa, pelo altíssimo grau de redundância discursiva. De modo que a palavra "diversidade", aqui, só pode ser usada entre aspas. Sem elas, a expressão se torna inteiramente inadequada, totalmente falaciosa. Mero sofisma, burla, tramoia ou fantasmagoria ideológica, que não encontra correspondência real no ambiente das redações midiáticas.

Por que essa pasteurização progressista? Quem já andou examinando o assunto costuma destacar pelo menos quatro pontos. Primeiro, todos esses jornalistas foram formados em faculdades mentalmente semelhantes, praticamente idênticas. No cardápio, um único prato: o politicamente correto. Com os ingredientes também invariáveis do relativismo pós-moderno, do "desconstrucionismo" francês, da onipresença foucaultiana do poder, do multiculturalismo. Tudo sob a batuta *repepetititiva* de professores "de esquerda" – vale dizer, da esquerda cultural ou esquerda acadêmica norte-americana, que o sistema universitário brasileiro importou sem alterar meia vírgula. Esses elementos norteadores do multicultural-identitarismo foram incorporados, pela massa estudantil, como verdades absolutas. E quem se acha dono da verdade não tem mais o que aprender com o mundo ou com a vida. Como só existe um único e exclusivo modo de encarar o mundo, o credo se torna inquestionável e imutável. A verdade foi finalmente revelada – e pronto: não há mais lugar para dúvidas, questionamentos, dissensos. Estamos no reino do fundamentalismo identitário. Bem. Daqui ao autoritarismo, a distância é menor do que um passo – e ele foi dado. Chega-se assim ao preconceito, à intolerância, ao sectarismo. Aos exageros caricaturais do neofeminismo. Ao racifascismo negro e neonegro. Com isso, como muitas pessoas assim formadas (ou deformadas) migram para a mídia, as "redações" (*newsrooms*, salas de notícia, como ainda hoje se diz em inglês) se reconfiguram como entidades homogêneas. Monolíticas. Unidimensionais. Sem espaço algum para coisas do passado como diálogo e dialética. Não me lembro quem disse que, nesse ambiente impositivo, de mão única, ditatorial mesmo, os conservadores ou dissidentes se calam, esquivam-se de dizer o que pensam, se disfarçam – assim como décadas atrás homossexuais escondiam que eram veados. E é isso mesmo. A comparação é perfeita.

Destaca-se ainda um terceiro ponto ou aspecto concorrendo para a pasteurização progressista. Como se acha portadora do bem, responsável pela regeneração-purificação-salvação da humanidade e pelo futuro do mundo, essa gente identitária, que não se desgruda de seus óculos unifocais, considera que qualquer incerteza com relação a seus dogmas, qualquer discordância ou negação, é coisa de traidores, de agentes demoníacos, de inimigos da felicidade humana. O mundo midiático se dividiria então entre jornalistas do bem, todos devidamente aureolados, e jornalistas do mal, sempre com um tridente oculto na gaveta. E estes últimos se veem encurralados: ou se calam – ou serão silenciados. O viés (ou mesmo o programa) identitário-multicultural ou diversitário passa então a reinar soberano. Viés que pode até ser, como quer o jornalista John Leo, um subproduto inconsciente da formação universitária – vale dizer, da cultura de *campus* – dessa elite jornalística. Um quarto fator concorrendo para a pasteurização progressista da maior parte da grande mídia é drástico: quem não se ajoelha diante do altar do identitarismo, recitando direitinho os rabiscos da cartilha, vê sua carreira profissional em risco. O dever principal da imprensa já não é informar, mas se engajar na luta em defesa dos "oprimidos" e contra o "macho branco do Ocidente". Jornalismo deixa de ser jornalismo, vira militância – e militância autoritária, repressiva, fascista mesmo. Quem não diz amém, ou não ganha o sonhado emprego ou sente-se sempre na véspera de perdê-lo – e muitos preferem se calar. William McGowan está certo. Assim como na universidade, também no âmbito da elite midiática os críticos aprendem que só existe um caminho para garantir de fato a sobrevivência pessoal: morder a própria língua.

Mas existe ainda um quinto fator concorrendo para a mesmice e a rejeição da verdadeira diversidade. Em *The Rise of Victimhood Culture*, Campbell e Manning enfatizaram este aspecto, com relação aos Estados Unidos. Sociologizaram o tema. Observando, antes de tudo, padrões classistas na origem e disseminação do multicultural-identitarismo. Verificaram que a ideologia se formou e se desenvolveu em instituições de ensino superior. E mais, em livre tradução: estudantes que frequentam *colleges* e universidades são originários, em sua grande maioria, do topo da hierarquia da distribuição social de *status*. Vêm de famílias ricas ou relativamente ricas. Regra geral, seus pais também cursaram instituições caras do ensino superior. "E, como um certo grau educacional prediz sucesso financeiro, os estudantes dessas instituições, depois que se formam, tendem a permanecer nas classes mais altas da população". Verdade que o identitarismo se espalhou por todo o mundo universitário, mas se firmou originalmente e de modo mais proeminente em instituições caras e altamente seletivas. Colégios privados como Oberlin e Brown estiveram na linha de frente da *victimhood culture*. Assim como Yale, cuja população estudantil vem de segmentos ricos da sociedade. Enfim, essas coisas começaram concentradas num meio social que vai da alta classe média para cima. Com as inevitáveis consequências e implicações desse desenho classista, claro. Como os graduados por universidades de elite acabam ocupando posições influentes no mundo dos negócios, dos governos e da mídia, não é surpresa que ideias e ideais multicultural-identitários tenham assumido influência cada vez maior em nosso tempo. A adesão das elites impulsiona a expansão desses projetos e modas, desde que, como ensinavam Marx e Engels em *A Ideologia Alemã*, as ideias da classe dominante sempre se tornam socialmente hegemônicas. As elites funcionam como ímãs poderosamente atrativos para aqueles que se encontram imediatamente abaixo delas na estrutura de *status* ou hierarquia social. "Aqueles que procuram a mobilidade ascensional acham-se especialmente prontos para emular a cultura do *stratum* a que aspiram pertencer". Pessoas ambiciosas, mas que não adotam elementos da cultura da elite, dos que se acham no topo da estrutura de *status*, encontram maiores dificuldades no caminho e veem sua mobilidade limitada. O conhecimento dos princípios ideológicos e dos códigos de conduta e a adesão à doxa multicultural-identitária – "incluindo seu jargão moral e suas regras sobre o que pode e o que não pode ser dito" – configuram o chamado "capital cultural", que abre caminho à mobilidade social ascendente. Como alguém chegou a dizer, o conhecimento das regras do "politicamente correto" é como saber usar o garfo numa refeição, procedimento pelo qual pessoas de *status* elevado se reconhecem umas às outras (não por acaso, adeptos de Trump combatiam o politicamente correto como um *body of elite-enforced speech codes*). Se jornalistas querem mesmo subir na vida, e chegar a girar por tais círculos e circuitos, têm de se render ao dogma e se ajustar no genuflexório, diante do altar do identitarismo.

Da parte deste, só a mesmice cultural é aceitável, embora preguem o contrário. A discordância deveria ser encaminhada sempre a fogueiras inquisitoriais. É a intolerância de quem prega a tolerância – a recusa brutal do diverso e do dissenso por parte de quem vive falando de diversidade, diferença e abertura. O mesmo McGowan já denunciava isso: "... os empenhos para expandir a representação por etnicidade, gênero e raça nas redações nunca foi acompanhado por nenhum empenho correspondente para expandir a diversidade intelectual ou ideológica". Bernard Goldberg também apontou a contradição no seu livro *Bias*: "Amam a diversidade de cor, a diversidade de gênero, a diversidade de orientação sexual. Mas Deus proíba que alguém, em sua diversa sala de redação, tenha um pensamento diverso acerca da maneira como as notícias devem ser apresentadas. Quando isso acontece, esses campeões da diversidade tremem na base e praticamente cagam nas calças [de medo das pressões externas da "comunidade"]". Com essa indisposição essencial para o diferente, o que temos é sempre mais do mesmo. Ou seja: a tal da diversidade resulta na mais impecável uniformidade. Ou ainda, na prática, diversidade e uniformidade se revelam iguais – quando nada, *siamesmas*, para lembrar o James Joyce do *Finnegans Wake*. Repetindo. Temos a diversidade de cor (ou de "raça", se preferirem). Diversidade de representantes de correntes migratórias secundárias (descendentes de árabes, coreanos, "latinos", etc.). Diversidade de sexo (ou de "gênero", segundo a gíria ainda em voga) – na Globonews, aliás, parece que com bem mais fêmeas do que machos. Diversidade de "orientação sexual". E o que mais de diverso houver, haja e possa haver. Falta apenas uma, uma só diversidade, no baile de máscaras desse clube de elite. É a *diversidade de pensamento*. E ela faz falta. Muita falta.

McGowan, de resto, já indigitava um *perverse Orwellian twist* no discurso diversitário, que fala sempre em ampliar a gama de opiniões e perspectivas, mas na verdade reduz toda e qualquer conversa ao mínimo múltiplo comum do multicultural-identitarismo. De qualquer sorte, cabe aqui uma ressalva. Nos Estados Unidos, o identitarismo se expandiu a partir da elite estudantil em universidades caras. No Brasil, o sistema foi simplesmente importado *in totum* pela universidade pública, que já não é mais um espaço de elite, desde que a política de cotas mudou o perfil econômico desta faixa de nosso sistema universitário: o que imperou, aqui, foi a colonização mental de nossos professores e estudantes. E daí chegamos à mídia. O que se mantém, de uma ponta a outra, é o caráter ditatorial do identitarismo. *Über kurz oder lang*, todavia, precisaremos contar com um discurso midiático realmente *unbiased*, para fortalecer a viagem democrática que temos pela frente, se de fato a desejarmos, do que, confesso, não ando muito certo ultimamente.

Pior. Ao lado do elogio e da prática da pseudodiversidade – que abole o contraditório, suprime propostas e projetos alternativos e restringe o espectro e o alcance do pensamento –, temos uma nova censura, exercida agora, paradoxalmente, em nome dos mais altos e dos mais nobres ideais "progressistas". São as *nouvelles formes de censure*, de que falou outro dia a filósofa francesa Monique Canto-Sperber, em entrevista ao *Libération*, a propósito do lançamento de seu mais novo livro, intitulado justamente *Sauver la Liberté d'Expression*, viagem a partir do pensamento de John Stuart Mill. O problema é que não estamos mais simplesmente diante daquela hipersensibilidade neurótica do politicamente correto diante de certas palavras ou expressões. Não. A coisa avançou bem além disso. Pessoas são silenciadas nas universidades. Objeções são terminantemente combatidas e condenadas, apenas por serem objeções. Acusações irresponsáveis e disparatadas voam dos pentes das mais variadas metralhadoras giratórias. Trata-se, enfim, de cercear a palavra dissidente. E tudo converge para esterilizar o pensamento e fixar dogmas. Para Monique Canto-Sperber, o objetivo deste movimento que se posiciona à esquerda (assim como o de sua contrapartida direitista na "retórica do ódio", sempre na fronteira da transgressão penal) é um só: instalar uma hegemonia no espaço da palavra pública, com os identitários decretando que só eles podem administrar a diversidade e definindo o que é permitido e o que não é permitido dizer. Isto é: à direita, temos uma versão grotesca e pornográfica de banir quaisquer limites discursivos, geralmente com o propósito de agredir, caluniar e intimidar os outros. À esquerda, o objetivo é pisar na garganta – se possível, arrancar as cordas vocais – de quem pensa por si mesmo, sem temer ser erigido em alvo das chuvas de pedras do fascismo identitário. De uma parte, o excesso criminoso. De outra, o sequestro da palavra, a luta sem tréguas para fechar o acesso do pensamento independente ao espaço público. Uma quer ampliar escandalosamente sua ânsia de xingar e a outra quer restringir absurdamente o desejo de pensar. Deste derradeiro ponto de vista, a sociedade perfeita seria aquela em que a palavra e o discurso fossem propriedade privada de ideólogos e militantes de grupos sociais "humilhados e ofendidos" (sempre em busca de "reconhecimento") – e da elite midiática e empresarial comprometida com tal "ideário", obviamente.

Acontece que o direito de expressar livremente minhas convicções, sem humilhar ou ofender ninguém (atentando para a diferença estabelecida por um filósofo norte-americano, em boa hora lembrada por Monique, entre *intelectual harm* e *dignitary harm*; cometo a primeira, não a segunda), é uma conquista do século XVIII que não deve ser bloqueada em nome de ansiedades sociais. Nem de projetos políticos autoritários ou até supremacistas. E está, como se sabe, no rol dos direitos humanos. Para mim, a divergência e o diálogo são sagrados. Assim como a livre circulação de ideias e opiniões. Mas o identitarismo, com a cobertura pontual e infalível da elite midiática, já nem mais faz questão de fingir que acredita nisso. Daí que, tendo em vista a baixaria generalizada da extrema direita e o antidialogismo quase sempre feroz da esquerda multicultural-identitária, o Estado e a sociedade, a menos que entrem em parafuso antes, acabarão se vendo obrigados a definir regras de funcionamento para as redes sociais. As universidades, se quiserem, prossigam em seus delírios reacionários e autodesmoralizantes – e deem as mãos à direita na guerra à ciência, à racionalidade e à clareza, contribuindo assim para a consolidação do domínio do debate pela propaganda ideológica. A mídia, bem, a mídia vai com as outras. Em todo caso, ainda há sinais de vida inteligente, mesmo que tendendo à semiclandestinidade, no espaço universitário. Em todo o mundo democrático-ocidental. Veja-se a reportagem assinada por Tom Whipple (editor de ciência), no jornal londrino *The Times*, final de abril de 2021: "*Academic Journal Dares To Print the Unsayable*" ("Publicação Acadêmica Ousa Dizer o Indizível"). A abertura da matéria diz tudo: um texto investiga quando uma cara preta (ou um rosto negro, se preferirem) é considerado aceitável; outro examina a noção de "fêmea humana adulta" em contexto transgênero; etc. Onde isto seria possível? No recém-lançado *Journal of Controversial Ideas*, periódico dedicado a temas hoje considerados impalatáveis pela ideologia dominante no mundo acadêmico-midiático – e que aceita colaboração *anônima* de acadêmicos mais tímidos ou temerosos, que jamais teriam coragem de expor seus pontos de vista diante de uma plateia hoje praticamente composta de identitários tão estreitos quanto ferozes, apresentando, em graus pouco variáveis, sintomas patológicos de fascismo crônico. Justificando a existência da publicação, os editores argumentam que o *journal* é necessário pelo simples fato de que "a liberdade de pensamento e discussão, nas universidades, já não é tida como um valor universal, mesmo entre acadêmicos". Seus fundadores: Francesca Minerva, da Universidade de Milão, Jeff McMaham (que se define, politicamente, na extrema esquerda), professor de filosofia em Oxford, e Peter Singer, professor de bioética em Princeton. No editorial do número de estreia, eles dizem que a *freedom of speech* (a democrática liberdade de fala, bem distinta do fascista lugar de fala) está tão ameaçada no sistema universitário, que já não há condições de checar criticamente teses e hipóteses, em tempos de parlapatice patafísica. "Algumas de nossas falsas crenças não serão mostradas em sua falsidade, enquanto algumas de nossas crenças verazes tornar-se-ão dogmas mortos e mais vulneráveis ao ataque". Claro que não faltam críticas identitárias ao trio. Dentro da redundância de praxe, com a evitação sistemática de qualquer debate intelectual um pouco mais sério.

Os supostos críticos (na verdade, a polícia acadêmica contra o pensamento independente) não discutem se os argumentos do trio estão certos ou errados, contam ou não com fundamentos factuais, etc. Não. O que se diz é que seus princípios não resistem ao "escrutínio moral". É a filhadaputice de sempre: prevalecem o moralismo, o fascismo, a intelectofobia. E esses ataques vêm da esquerda. O filósofo McMahan, esquerdista, se mostra algo perplexo: "... se você está interessado na liberdade de pensamento e expressão e não quer reprimir as pessoas, acham que você só pode ser de direita. Isso me parece profundamente alarmante". E é. Francesca Minerva, por sua vez: "Se você não se alinha com o pensamento acadêmico atualmente hegemônico, sua vida não será nada fácil. Você não terá como se realizar no mundo universitário. A academia está selecionando pessoas em função do quão incontroversas elas são. Sempre pensei que a universidade fosse o lugar para todas as conversas excitantes acerca de todos os tipos de ideias, mas não é isso o que vigora agora. A academia não quer saber de debates. Seleciona pessoas que não estão abertas ao debate. Então, o que vai acontecer à universidade?". Simples. É o que já está acontecendo, Francesca. Tanto aí em Londres, quanto aqui na Bahia. Em todo o mundo ocidental democrático. É um celerado e acelerado processo de autodesmoralização mental. E não devemos em momento algum nos esquecer de que esta é, de fato, uma das metas prioritárias do multicultural-identitarismo: desmoralizar o sistema educacional, desmantelar e, se possível, destruir a escola. Nem é por outro motivo que agora estão inventando até "cotas epistêmicas". As chamadas "humanidades" se fazem cada vez mais ridículas e ridicularizáveis. E o objetivo é mesmo esfrangalhar as faculdades. Explodir ou pulverizar o *campus*.

Pós-Escrito. Como não resisto e vou atrás, acabo de passar os olhos pelo número inaugural do *Journal of Controversial Ideas* e de ler um texto desta edição: "*The Epistemology of No Platforming: Defending the Defense of Stupid Ideas on University Campuses*", de Michael Veber. *No Platforming* é a atual fórmula verbal em inglês para dizer que vai-se negar espaço público a alguma coisa ou a alguém. No dizer de Veber, é a prática de proibir alguém de contribuir para o debate público porque, do ponto de vista identitário-politicamente correto, a pessoa sustenta posições consideradas insustentáveis.

De um modo geral, a justificativa para não dar espaço a alguém se ergue a partir do moralismo rastaquera que orienta o policiamento mental praticado pelas milícias do multicultural-identitarismo. Mas, às vezes, argumentos epistêmicos são convocados para legitimar a censura. Aqui e ali, moralismo e epistemofilismo furado se conjugam, como na iniciativa para impedir que Steve Bannon participasse de um debate público na Universidade de Chicago. Do ponto de vista moral, o que se disse foi que Bannon, um cultor da *hate speech*, da "retórica do ódio", é portador de um discurso que "desumaniza pessoas marginalizadas". Do ponto de vista epistêmico, que suas "posições políticas" não são razoáveis, nem se sustentam em qualquer "pesquisa intelectual rigorosa". Curiosamente, os mesmos argumentos poderiam ser acionados contra nossos identitários. Eles disparam a *hate speech* contra quem não partilha seus dogmas. E, se o critério de pesquisa intelectual rigorosa for aplicado no setor de "ciências humanas" de nossas faculdades, praticamente todo mundo terá de ficar com o bico calado. É preciso salientar, ainda, que a militância politicamente correta cancela a pessoa em função de seu ponto de vista sobre determinado assunto, ao tempo em que promove outra pessoa em função de seu ponto de vista sobre o mesmo assunto. É cancelado o ponto de vista que diverge e promovido o ponto de vista que converge. O nome disso é censura, obviamente. E não adianta vir com discurso moralista pró-"oprimido": a censura é que é imoral. Bem. Não vou repetir aqui a argumentação epistemológica de Veber desmontando a falácia fascista do identitarismo, a partir do texto clássico de Mill, *On Liberty*. O texto está no *site* do *Journal of Controversial Ideas* – e o acesso é total. Limito-me a dizer que, na minha modesta e pragmática opinião, só existe um tipo de gente que merece ser censurada (num sentido preciso da palavra: condenada) – é a que defende/pratica a censura. E é impressionante isso. Na teoria, o identitarismo parece estimular e encorajar o avivamento de todas as diferenças de pensamento. Na prática, o que se vê é o contrário: a repressão brutal à divergência. O culto – escancarado – à censura.

15
O IDENTITARISMO E O MUNDO REAL – AS IMPLICAÇÕES PRÁTICAS DE UMA TEORIA

Pedro Franco

INTRODUÇÃO: QUANTIDADE VS. QUALIDADE

Quando se tenta explicar a profunda mudança cultural que estamos vendo em torno das chamadas 'pautas identitárias', um diagnóstico comum entre comentaristas e formadores de opinião é que a sociedade está simplesmente *mais* interessada nesses temas, *mais* empenhada em combater o racismo, a homofobia, o machismo e outras formas de preconceito. Trata-se, enfim, de uma diferença fundamentalmente quantitativa e, é claro, fundamentalmente bem-vinda. Não havendo dúvidas de que o preconceito é algo moralmente condenável, quanto mais esforço empreendemos para eliminá-lo, melhor.

É fácil ver o atrativo desse modo de ver as coisas. Seria realmente muito mais simples se o sucesso da nossa luta contra o preconceito dependesse apenas da quantidade de esforço que empreendemos nela, se não tivéssemos que nos preocupar com todo tipo de pergunta inconveniente sobre a eficácia dos nossos métodos, sobre a adequação das nossas teorias e sobre efeitos impremeditados de ações bem-intencionadas. Infelizmente, como sabemos, a realidade não é tão simples. Inúmeros exemplos ao longo da história mostram que esforços bem-intencionados podem perfeitamente ser mal direcionados, e convicção moral não é garantia nenhuma de resultados moralmente desejáveis.

Reconhecendo isso, torna-se mais fácil reconhecer também que a mudança que ocorreu nos últimos tempos em torno do 'debate identitário' não foi apenas quantitativa mas também qualitativa. Em outras palavras, não estamos vendo apenas um interesse *maior* da sociedade em enfrentar o racismo, machismo, homofobia, etc., mas também o surgimento de uma proposta *fundamentalmente nova e diferente* para se compreender e lidar com esses problemas – uma proposta que está direcionando nossos esforços em direções muito particulares, e é bom que saibamos que direções são essas.

Boa parte das ideias basilares que compõem essa proposta se desenvolveu no mundo anglo-saxão, e lá ela já recebeu diversos nomes: interseccionalidade ideológica[46] pós-modernismo aplicado[47] progressismo fundamentalista[48] ideologia da justiça social[49] ideologia sucessora[50] e ideologia *woke*[51] entre outras denominações. Seja como for, 'identitarismo' é o nome que vem se consolidando no Brasil para se referir a essa proposta, o que remete à sua relação com a chamada *'identity politics'*, isto é, à política voltada a classificações grupais como raça/cor, gênero e orientação sexual. No entanto, como veremos ao longo desse texto, o que torna essa proposta tão radicalmente diferente não é necessariamente a ênfase nessas classificações. Na verdade, é perfeitamente possível pensar em políticas voltadas para combater o racismo, machismo e homofobia sem aderir a essa proposta em particular. É importante entendermos, portanto, que o que torna o identitarismo verdadeiramente único não é a ênfase em grupos marginalizados, mas sim certos pressupostos filosóficos e sociológicos que induzem uma maneira muito particular de ver e agir no mundo[52].

Muito já foi escrito sobre como esse conjunto de ideias se formou, suas origens dentro de discussões acadêmicas especializadas e a longa marcha que as trouxeram para o *mainstream* cultural. Entusiastas das chamadas 'guerras culturais' talvez já tenham alguma familiaridade com essa história, mas ela foi em grande parte ignorada por pessoas mais 'pragmáticas', isto é, pessoas menos inte-

---

[46] Soave, 2019.
[47] Pluckrose & Lindsay, 2021.
[48] Kaufmann E., 2020.
[49] Murray, 2021.
[50] Douthat, Hughes, Yang & Salam, 2020.
[51] Yglesias, 2019.
[52] Talvez a melhor exposição das origens intelectuais e preceitos teóricos do identitarismo encontra-se em Pluckrose & Lindsay (2020).

ressadas em herméticas teorias sociológicas do que na concretude do mundo real. É principalmente para essas pessoas – as pessoas do 'mundo real' – que escrevo esse texto. A esse público, venho percebendo, raramente é oferecida uma exposição aberta e honesta da proposta identitária. Tenho a impressão de que isso se dá pelo fato de que tal exposição, quanto oferecida, é feita de uma de duas maneiras: ou envolta por um linguajar acadêmico indecifrável, ou então, nas tentativas de popularizar a proposta, por *slogans* e platitudes absolutamente ambíguas.

Seja como for, gostando ou não e apesar de seu desinteresse por teoria social, é esse público que decidirá, no final do dia, se a proposta identitária vingará no mundo real. Sendo assim, nesse texto pretendo me basear em estudos empíricos e exemplos concretos de ocasiões em que esse conjunto de ideias de fato serviu para guiar ações no mundo real, e focarei nos aspectos teóricos do identitarismo somente na medida em que for necessário para esclarecer as *implicações práticas* dessa proposta. Muitos teóricos poderão dizer, portanto, que eu estou 'simplificando' ou 'vulgarizando' a teoria por trás do identitarismo. Isso pode ser verdade, mas faço isso não só para economizar espaço, mas também pelo fato de que, quando é a versão simples e vulgar da teoria que é colocada em prática, é essa a versão que nos interessa.

A apresentação das implicações práticas do identitarismo, e conteúdo central desse texto, será precedida por uma nota metodológica, uma descrição introdutória do 'mercado' que se firmou em torno de ideias identitárias e, finalmente, algumas reflexões sobre como o clima de debate em torno desses temas afeta a sua qualidade. Concluo com um resumo das principais consequências práticas que identifiquei no meu estudo, e com um apelo para que as futuras discussões sobre esses temas sejam pautadas pela boa-fé e pelo espírito de caridade.

NOTA METODOLÓGICA

Antes de começar minha exposição das implicações práticas das ideias identitárias, vale me antecipar a uma crítica de ordem metodológica que esse texto poderá sofrer. Alguns dos exemplos que vou dar poderão soar como casos extremos, ocasiões isoladas em que determinada ideia foi levada 'longe demais'. A crítica, portanto, poderia ser a de que as ideias que estou tratando não resultarão *necessariamente* nas ações, atitudes e comportamentos que estou associando a elas.

Há verdade nessa crítica. De fato, prever como ideias irão se manifestar em ações concretas no mundo real não é fácil, por vários motivos. Um deles é o fato de que ideias têm graus variados de aderência, e as pessoas podem aplicá-las em alguns contextos e não a outros. Uma pessoa que leu Platão e repete algumas das suas ideias aqui e ali não se tornou necessariamente um platonista, assim como uma pessoa que leu Djamila Ribeiro não se torna necessariamente um 'identitarista'.

Admito, portanto, que existe algo como um 'consumidor casual' de ideias identitárias que não necessariamente levará essas ideias às últimas consequências. Esse aviso é relevante para alinhar expectativas em relação a esse texto, mas também para evitar um risco sempre presente em tempos polarizados. Muitas pessoas 'do meu lado' (isso é, críticas ao identitarismo) podem facilmente se encontrar no impulso de rotular pessoas do 'outro lado' por causa de frases soltas que proferiram aqui e ali e, a partir disso, assumir que podemos fazer todo tipo de dedução sobre o que pensam e como agem, sobre seu caráter intelectual e moral. Saibam então que não considero essa atitude produtiva, e não estou aqui para traçar o perfil psicológico de quem consome ideias identitárias.

Dito isso, minha intenção ao expor casos 'extremos' não é argumentar que essas ideias *sempre* serão lidas dessa mesma maneira. Tais casos servem apenas para apontar o *potencial* dessas ideias, para o fato de que elas *podem* gerar certos comportamentos e de fato *já os geraram*, de forma reiterada e compatível com a lógica interna dessas ideias. Além do mais, como vocês verão, os exemplos que dou se encontram em renomadas instituições acadêmicas, culturais, políticas e empresariais. Ou seja, longe de serem casos isolados ou à margem, eles apontam tendências que muitas vezes dão o tom das práticas institucionais que se fazem presente na nossa sociedade em várias esferas.

Sendo assim, considero que quem consome essas ideias – e principalmente quem pretende usá-las para guiar ações no mundo real – deve se informar sobre essas consequências quando lhe é oferecida a oportunidade. Caso resolvam continuar consumindo essas ideias, que tornem explícito se essas consequências lhes são desejáveis ou não. Se não forem, que tornem explícito, também, como pretendem evitá-las. Espero, portanto, que esse texto sirva como pequena contribuição no sentido de permitir essas reflexões, e que os consumidores desse confuso mercado de ideias adquiram um pouco mais de consciência sobre o que exatamente estão comprando.

THE 'WOKE-INDUSTRIAL COMPLEX'

O uso da palavra 'mercado' na seção anterior não é totalmente metafórico. Não é de hoje que pequenas e grandes empresas buscam incorporar 'valores humanos' em seu *modus operandi* – e, de fato, com a consolidação das avaliações de ESG, seu sucesso financeiro pode estar cada vez mais atrelado à maneira como elas sinalizam seu comprometimento a esses valores[53]. Em consonância com o clima cultural e as demandas morais dos nossos tempos, o combate à discriminação e ao preconceito se tornou um valor altamente cobiçado por inúmeras empresas. Para atender a essa demanda, uma vigorosa indústria se formou em torno de consultorias e programas dedicados a ensinar empresas a melhor maneira de incorporar esses valores. Esse mercado se tornou tão gigantesco e influente que muitos nos EUA o apelidaram de *'the woke-industrial complex'*[54].

Os serviços da indústria de diversidade e inclusão são oferecidos através de vários meios, muitos dos quais focam em questões orga-

---

[53] *Environmental, Social and Governance* (ESG) é uma avaliação desenvolvida usando métricas diversas para determinar o comprometimento de uma empresa com valores ambientais, sociais e de governança corporativa. Ver: Bethônico (2021).
[54] Ver: Ramaswamy (2021). O termo é uma variação de *'military-industrial complex'*, que se refere ao influente conluio entre as Forças Armadas americanas e a indústria armamentista.

nizacionais como programas de mentoria ou estratégias de recrutamento que têm pouca ou nenhuma relação com uma perspectiva ideológica em particular. No entanto, uma parte crescente desse mercado vem se dedicando a tentar modificar atitudes e comportamentos dentro de empresas e comunidades através do que os agentes desse mercado muitas vezes chamam, simplesmente, de 'ideias antirracistas'. O termo praticamente se tornou sinônimo do conjunto de ideias que estamos chamando aqui de identitarismo, tamanho é o domínio dessa ideologia sobre as palestras, cursos, programas de treinamento e clubes de leitura hoje oferecidos no meio corporativo sobre o tema. De fato, é seguro dizer que boa parte dos empresários responsáveis por contratar esses serviços sequer toma notícia da existência de 'ideias antirracistas' que *não* operam sob pressupostos identitaristas.

A penetração do identitarismo no meio corporativo é particularmente relevante, pois demonstra o quão definitivamente essa proposta meteu o pé na porta do 'mundo real'. Afinal, talvez não haja esfera da sociedade mais conhecida pelo seu pragmatismo, pela sua valorização da eficácia em vista de metas objetivas, pela sua gravitação inevitável em torno de resultados concretos do que o meio corporativo. Mas o que dizem as pesquisas sobre os resultados concretos dos produtos oferecidos no mercado de diversidade e inclusão? Nada muito animador. Em sua imensa maioria, programas de treinamento em diversidade e inclusão parecem entregar resultados muito aquém do prometido, por vezes até *diminuindo* a presença de minorias no escritório, *aumentando* o preconceito que pretendiam combater e, de forma geral, *deteriorando* relacionamentos entre grupos e indivíduos no local de trabalho[55]. Ou seja, apesar do prestígio avassalador e investimento faraônico que angariou nos últimos anos, a maioria dos programas corporativos de inclusão e diversidade – principalmente os que envolvem tentativas de modificar atitudes raciais por meio de 'ideias antirracistas' – entrega o *oposto* do que promete. Talvez não haja exemplo mais gritante, portanto, da incômoda diferença entre quantidade e qualidade que assola esforços contemporâneos para combater o preconceito.

---

[55] Ver: Dobbin & Kalev (2018) Dobbin, Schrage & Kalev (2015) e Folz (2016).

Antes de nos perguntarmos o que o identitarismo pode ter a ver com esse fracasso, vale a pergunta: em vista de sua evidente ineficácia, o que explica o astronômico investimento que nossos titãs corporativos fazem nesses programas? A não ser que estejam agindo de forma irracional ou por pura ignorância, a única conclusão que resta é que o incentivo por trás da contratação desses serviços não é exatamente a promoção de ambientes diversos e inclusivos. Na verdade a prática parece mais uma gestão de relações públicas do que qualquer outra coisa. Empresas, principalmente as grandes e com maior exposição, acatam pressões exteriores e buscam dar sinais de que estão 'fazendo alguma coisa' em relação a pautas identitárias. Infelizmente, como já sabemos, 'fazer alguma coisa' não significa fazer a coisa *certa*, e, apesar de todas as evidências disponíveis sobre o assunto, empresas não costumam pesquisar muito sobre os programas que contratam para além dos seus efeitos publicitários[56].

Se há, portanto, cálculo racional na contratação desses serviços, ele é, para dizer o mínimo, apenas secundariamente interessado na sua eficácia em atingir seus objetivos declarados. Claro que existem interesses diversos nos diferentes níveis de qualquer corporação, e com certeza existem muitos tomadores de decisão genuinamente preocupados em promover ambientes mais inclusivos para minorias desfavorecidas. De toda forma, o importante para se ter em mente aqui é que as ideias circulando nesse mercado não estão necessariamente sendo recompensadas pela sua real eficácia na luta contra o preconceito, mas principalmente pela sua eficácia em afastar acusações incômodas. Sendo assim, ideias identitárias não devem ser consideradas acima de qualquer suspeita só porque dominaram esse mercado – muito pelo contrário, considerando o histórico disponível até agora.

OS CUSTOS DA AUTOCENSURA

Relacionado à necessidade de evitar acusações incômodas, é importante trazer atenção a outra evidente distorção no controle

---
[56] Ver: Kalev, Dobbin & Kelly (2006) e Paluck & Green (2009).

de qualidade das ideias que circulam nesse mercado: o fato de que existe, afinal, pouquíssimo incentivo para criticá-las. Todos sabem que acusações de racismo, machismo e homofobia hoje carregam um peso que jamais carregaram na história da humanidade – e por mais que isso seja sinal de progresso em muitos sentidos, um efeito paradoxal desse avanço é que as pessoas se tornam dispostas a aturar um nível de dissonância cognitiva muito maior para evitar tais acusações. Em outras palavras, diante do risco de serem vistas como um racista, machista ou homofóbico, muitas pessoas acabam aceitando ou 'deixando passar' ideias que são demonstravelmente falsas, ineficazes ou até mesmo prejudiciais aos próprios grupos desfavorecidos que essas ideias pretendem ajudar[57]. Naturalmente, quem mais tem a perder com isso são justamente esses grupos. Simplesmente não há como escapar: apesar das boas intenções com as quais censura e autocensura frequentemente se vestem, quando sufocamos a livre circulação da crítica e do contraditório, perdemos qualquer garantia de que as ideias ganhando espaço no debate público são, de fato, as melhores ideias.

Além da queda em rigor intelectual, a autocensura pode cobrar um preço altíssimo na moral e saúde psicológica de uma comunidade. Na medida em que pessoas se envolvem regularmente em estratégias interpessoais que envolvem autossilenciamento, auto-obscurecimento ou autodistorção das próprias ideias e opiniões, elas se tornam vulneráveis ao senso de alienação, têm maior dificuldade em criar relacionamentos com outros membros da comunidade, comprometimento diminuído com o sucesso da comunidade, motivação diminuída para obter sucesso pessoal dentro da comunidade, sensação diminuída de autonomia e tendências depressivas[58]. Qualquer conjunto de ideias que induz uma comunidade à autocensura está, portanto, expondo essa comunidade a esses efeitos – e esse tem se mostrado cada vez mais

---

[57] Inúmeros estudos demonstram a inevitável queda de qualidade intelectual em ambientes onde pessoas não se sentem livres para expressar suas ideias de forma aberta e honesta. Ver, por exemplo: Duarte, et al. (2015) Rosenkranz (2014); Martin (2015); Maranto, Redding & Hess (2009).
[58] Ver: Patrick, Stockbridge, Roosa & Edelson (2019); Jack (1991) e Jack & Ali (2010).

o caso com o identitarismo, nos diversos ambientes onde ele tem se introduzido.

Outro grande risco da censura/autocensura é de natureza política, e envolve o que especialistas de opinião pública chamam de *cascata de preferência*[59]. É o que ocorre quando indivíduos que estavam ocultando suas opiniões finalmente descobrem que 'não estão sozinhos', isto é, quando percebem que outras pessoas também compartilham inquietações em relação à ortodoxia reinante. A depender de quanta energia reprimida é repentinamente liberada nesse movimento, isso pode resultar em uma resposta violenta, lançando o pêndulo da opinião pública ao extremo do outro lado. No caso do identitarismo, isso pode levar a uma reação não somente contra essa proposta em particular mas contra todo e qualquer esforço de combater o preconceito. É fundamental, portanto, acolher dissidências e considerar ideias heterodoxas antes que se transformem em algo mais sombrio no subterrâneo do debate público. Quando estimulamos a autocensura, nós não só nos privamos de um termômetro realista do clima de opinião, mas também impedimos que as forças do contraditório se encontrem à luz do dia, alimentamos ressentimentos e extremismos e diminuímos a chance de que juízos equilibrados prevaleçam.

LUGAR DE FALA

Vamos tratar agora de um problema relacionado à censura/autocensura que se manifesta especificamente no debate identitário – e que necessita, portanto, que comecemos a esclarecer certos componentes da teoria por trás dessa proposta. Muitos, com certeza, já ouviram falar do termo 'lugar de fala'. Ele adquire sentidos diferentes em determinados contextos, e muitas vezes a interpretação popular diverge um pouco daquela que acadêmicos e intelectuais dão ao termo. Seja como for, a atitude que vem se consolidando em torno do conceito é a de que membros de grupos dominantes (brancos, homens, heterossexuais, etc.) não devem opinar sobre

---
[59] Ver: Kuran (1997).

questões identitárias, pois não são eles que experimentam esses problemas em primeira mão.

Essa atitude normalmente é justificada por duas vias, uma moral e a outra epistemológica. Vou começar pela segunda, pois o palavrão (prometo que não haverá muitos outros) muitas vezes causa estranhamento. A *epistemologia* se trata, basicamente, do estudo da natureza, origem e limites do conhecimento humano. Há muitas teorias diferentes dentro da epistemologia, e o identitarismo adere a uma em particular. A epistemologia identitarista rejeita a noção de conhecimento 'objetivo', pois tudo o que conhecemos é mediado por símbolos culturais e experiências sociais particulares – ou seja, o conhecimento é sempre *socialmente construído*. Isso significa, portanto, que tudo o que somos capazes de conhecer é em última instância determinado pela nossa posição social. Como grupos socialmente privilegiados se beneficiam da dinâmica de poder e opressão que estabelecem a sua posição social, eles têm uma visão distorcida da realidade que oculta relações de poder e opressão. Grupos desfavorecidos, por outro lado, têm acesso mais completo à realidade devido à sua experiência imediata da opressão. Sendo assim, cada grupo social e seus respectivos membros têm acesso a uma 'verdade' diferente, sendo os grupos oprimidos mais próximos, digamos assim, da verdade 'verdadeira'[60].

Certamente o tema do conhecimento objetivo e seus limites rende debates filosóficos interessantes, mas vamos logo aos problemas mais práticos dessa teoria. O primeiro diz respeito a como lidar com o fato de que membros de uma única categoria grupal (sejam negros, mulheres, *gays* ou o que seja) normalmente têm opiniões e experiências de vida infinitamente variadas entre si. A possibilidade, portanto, de que dois negros possam ter opiniões diametralmente opostas sobre questões sociais torna-se um dado um tanto incômodo para a epistemologia identitária. Não à toa, negros cujas opiniões *não* harmonizam com pressupostos identitários são muitas vezes tratados como aberrações, traidores, 'brancos por dentro', 'politicamente brancos', 'capitães do mato' ou outras

---

[60] Para uma exposição mais completa da epistemologia identitária, ver Pluckrose & Lindsay (2021).

expressões de infâmia que superam até mesmo aquelas reservadas a brancos que discordam da proposta identitária. Fica claro portanto que, no mundo real, para além de elaboradas teorias epistemológicas, o critério que acaba prevalecendo dentro da proposta identitária para se determinar quem está mais próximo da verdade é, em última instância, a concordância com a proposta identitária, e não a posição social de quem quer que seja.

O fato de que negros frequentemente discordam entre si sobre questões sociais e raciais também pode ser extremamente desconfortável para o branco. Isso porque, na medida em que esse último aceita a teoria epistemológica do 'lugar de fala', ele se exime de qualquer obrigação de pensar sobre essas questões por conta própria. Afinal, basta delegar essa função para quem tem lugar de fala. Mas a diversidade do pensamento negro imediatamente quebra o feitiço: afinal, quem tem mais lugar de fala, Silvio Almeida ou Paulo Cruz? Ao perceber que esses dois indivíduos têm experiências e opiniões absolutamente irreconciliáveis – apesar de ambos serem negros – a responsabilidade de pensar criticamente sobre a questão inevitavelmente recai, novamente, sobre você. O conceito de lugar de fala portanto oferece ao branco o conforto de nunca ter que assumir responsabilidade intelectual pelas próprias ideias, mas *só enquanto* ele acreditar que todos os negros, *gays* e mulheres pensam (ou deveriam pensar) da mesma maneira.

Existe, no entanto, uma outra justificativa para levarmos a sério a noção de lugar de fala, e essa é de natureza moral. De acordo com essa justificativa, membros de grupos dominantes deveriam dar prioridade às vozes de membros de grupos desfavorecidos como forma de demonstrar respeito e empatia às suas experiências vividas. Aqui, certamente há alguma verdade. Membros de grupos favorecidos jamais terão acesso direto à experiência de membros de grupos desfavorecidos, exceto através de seus próprios relatos, e certamente há momentos – talvez a maior parte dos momentos da nossa vida, para falar a verdade – em que a escuta, a empatia e a solidariedade superam profundamente a importância de um 'debate de ideias'[61].

---

[61] Vale notar também que, até mesmo em situações de debate, em que a persuasão é o objetivo, a escuta ativa e a empatia são frequentemente

Mas é preciso saber separar as coisas. A partir do momento em que *estamos* no terreno do debate, devemos dar ouvidos também à lógica e às relações objetivas de causa e efeito – e esse é o lugar de fala de todo ser humano dotado de razão. Além do mais, qual é o valor moral do 'silêncio benevolente' quando um debate diz respeito a ações concretas a serem tomadas para solucionar problemas no mundo real? Aqui, nesse terreno, a solidariedade e a empatia estão inexoravelmente ligadas ao rigor intelectual, e abdicar desse rigor arrisca dar consentimento a ideias e medidas que podem levar a consequências desastrosas aos próprios grupos desfavorecidos que gostaríamos de ajudar.

Além do risco de corromper a qualidade de um debate com consequências importantes, esse 'silêncio benevolente' pode nos induzir ainda a outra atitude moralmente problemática. O escritor e comentarista afro-americano Coleman Hughes explica: "Dizer que você nunca vai discordar de nada que eu diga é uma maneira muito estranha de mostrar que você me respeita como uma pessoa negra. Ao fazer isso você na verdade está implicitamente me tratando como uma criança petulante que não pode ser contrariada porque sou inalcançável pela razão."[62] De acordo com Hughes, portanto, a recusa em contestar vozes negras no debate intelectual pode facilmente se transformar em infantilização, disfarçada de respeito.

Com base nisso, posso encerrar minhas reflexões sobre esse tema esclarecendo então como enxergo meu próprio lugar de fala nesse debate. Começo parafraseando o matemático Eric Weinstein[63], dizendo a vocês, meus irmãos e irmãs, homens e mulheres, negros, mulatos, índios, *gays*, héteros ou transexuais: se eu não posso falar de forma franca e aberta quando eu acho que vocês estão errados, nós não somos iguais. Se eu não posso apontar minhas críticas com respeito e boa-fé, nós não somos irmãos. No campo do debate de ideias, portanto, a maior forma de respeito que posso oferecer a vocês são as críticas que vocês encontram nessas páginas. Entendo

---

práticas mais produtivas do que a argumentação racional. Ver: Boghossian & Lindsay (2019).
[62] Hughes, Loury & Barnes, 2020.
[63] Weinstein, 2021.

o risco que corro ao fazer isso, portanto acreditem: ofereço-as de boa-fé, e com o coração aberto. É só isso que tenho a dizer sobre meu lugar de fala.

REDEFININDO TERMOS

Talvez uma das principais características da proposta identitária que precise ser esclarecida é a radical redefinição que ela propõe de certos termos correntes no léxico popular. A palavra 'racismo', por exemplo, adquire dentro dessa proposta um significado inteiramente diferente da noção tradicional e de senso comum que normalmente se tem do termo. A essa noção de senso comum, os teóricos do identitarismo costumam chamar de *concepção individualista* do racismo, o que significa o entendimento de que o racismo é um atributo atrelado a atos ou atitudes individuais. Em outras palavras, o cidadão comum entende que o racismo ocorre quando um indivíduo comete atos de preconceito e discriminação contra outros indivíduos com base na sua raça ou cor da pele[64].

De acordo com os teóricos identitários, no entanto, essa não é uma concepção adequada do racismo, pois, como ensina Djamila Ribeiro, "o que está em questão não é um posicionamento moral, individual, mas um problema *estrutural*."[65] O racismo, de acordo com a ótica identitária, "é um *sistema* de opressão... não um simples ato de vontade de um indivíduo". Indivíduos só agem de maneira racista porque existem estruturas sociais que permitem um grupo exercer domínio sobre outro. Não se pode compreender atos individuais de racismo, portanto, a não ser como instanciações do *racismo estrutural* que permeia a sociedade como um todo. Em suma, *"todo racismo é racismo estrutural"*.

A formulação pode parecer um pouco abstrata à primeira vista, mas ela se torna mais clara quando passamos às suas implicações práticas. A primeira a ser enfatizada é que o critério, para avaliarmos se alguém é racista ou não, deixa de ser a atitude desse indi-

---

[64] Almeida, 2019.
[65] Ribeiro, 2019.

víduo perante outros indivíduos, mas sim a sua atitude perante *estruturas sociais racistas*. É por esse motivo que pessoas brancas frequentemente se tornam objeto de escárnio por parte de adeptos da teoria identitária quando elas procuram se defender de acusações de racismo alegando que têm amigos negros ou que nunca discriminaram ninguém pela cor da pele. Dentro da proposta identitária, essa é uma defesa totalmente despropositada para a acusação, pois só podemos nos considerar verdadeiramente antirracistas se estamos trabalhando ativamente para desmantelar estruturas sociais racistas. Se estamos agindo para perpetuar essas estruturas, estamos sendo racistas, independentemente do histórico das nossas atitudes perante nossos irmãos negros, de forma individual.

Veremos mais à frente o que devemos entender por 'estruturas sociais racistas', mas antes cabe observar alguns outros efeitos que essa redefinição de termos vem tendo no debate público em geral. Em qualquer situação em que a mesma palavra passa a ter, de uma hora para outra, dois significados radicalmente diferentes, é de se esperar alguma confusão. Não à toa, discussões sobre, por exemplo, se existe 'racismo reverso' ou não, se todos os brancos são racistas ou não, ou se determinado indivíduo é racista ou não se tornaram insuportavelmente improdutivas, entre outros motivos, justamente porque essa pequena (porém essencial) pergunta é tão frequentemente deixada de fora da discussão: '*O que você quer dizer, exatamente, com Racismo?*'.

Para tentar evitar um pouco dessa confusão ao longo desse texto, sempre que possível usarei a palavra 'racismo' no sentido tradicional do termo e a palavra Racismo, com 'R' maiúsculo, para me referir à concepção identitária do termo. Seja como for, independentemente de qual das duas consideramos a definição mais adequada, é certo que o identitarismo repentinamente injetou um grau de instabilidade semântica absolutamente alucinante nas nossas discussões sobre raça e racismo. E é certo também que, sem algum grau de consenso sobre o significado das palavras que estamos usando, é fútil esperar discussões produtivas sobre qualquer coisa que seja.

Um dos efeitos problemáticos dessa confusão se torna particularmente claro quando o componente conotativo de uma definição é misturado com o componente prescritivo da outra. Por exemplo: em um momento escutamos que *o racismo é um crime imperdoável que deve ser punido com extrema severidade*. Em outro momento, escutamos que *todas as pessoas brancas reproduzem o Racismo*[66]. Isso significa então que todas as pessoas brancas são criminosas que merecem ser punidas com extrema severidade pelo fato de serem brancas? A confusão só se desfaz quando entendemos que dois significados inteiramente diferentes estão sendo operacionalizados em cada uma dessas afirmações, mas isso raramente é esclarecido.

O problema principal dessa confusão, no entanto, aparece quando refletimos sobre os caminhos possíveis que a opinião pública pode trilhar para resolver a tensão entre definições conflitantes de racismo. No caso das duas afirmações colocadas acima (*o racismo é absolutamente condenável / todos os brancos são racistas*) a tensão pode ser resolvida de duas maneiras: 1) se todas as pessoas brancas são racistas, talvez o racismo não seja algo tão grave assim e, portanto, não devemos condená-lo tão severamente. Ou 2) se todas as pessoas brancas são racistas, devemos condenar moralmente todas as pessoas brancas. A primeira opção significa esvaziar o conteúdo moral da luta contra o racismo, a segunda significa um acirramento completo da polarização racial.

Mais abaixo darei alguns exemplos desses dois modos de raciocínio se materializando, mas, de qualquer forma, se nenhuma das opções parece particularmente atrativa, podemos nos perguntar o quão útil é estimularmos a tensão semântica que induz esses raciocínios. Seja como for, infelizmente não podemos esperar da população em geral o instinto socrático de começar cada debate com um meticuloso processo de elucidação conceitual. O mais provável então é que, enquanto adeptos da teoria identitária insistirem em atribuir novos significados a termos já consolidados no léxico corrente, cada um usará a definição que em dado momento lhe convir, a confusão permanecerá, e

---

[66] Essa frase foi publicada em uma campanha publicitária da academia Bodytech para promover atitudes antirracistas, sobre a qual discutiremos mais adiante.

debates sobre raça e racismo resultarão mais frequentemente em brigas e desentendimentos do que em avanços concretos no nosso entendimento sobre o tema.

ESTRUTURAS SOCIAIS RACISTAS, OBJETIVOS VAGOS E EXCLUSIVISMO POLÍTICO

Como já expliquei, dentro da proposta identitária não é a nossa atitude perante indivíduos o que determina nosso *status* moral, mas sim nossa atitude perante estruturas sociais racistas. Isso significa, portanto, que precisamos tentar definir o que são exatamente 'estruturas sociais racistas'. Infelizmente, vasculhando a literatura identitária e as tentativas de colocar a proposta em prática, a questão permanece um tanto ambígua. Na literatura, frequentemente lemos que *todas* as estruturas da sociedade ocidental são permeadas pelo racismo. Lemos que o racismo estrutural é o estado *normal* da sociedade em que vivemos, que o contrato social fundante da civilização ocidental moderna se baseia *inteiramente* no racismo, que racismo é constante em *todos* os níveis do pensamento do homem ocidental e outras descrições semelhantes que indicam a total onipresença do racismo nas nossas estruturas sociais. Em suma, não há muito freio para a expansividade do conceito, pois, na teoria, *toda* a nossa sociedade é composta por estruturas sociais racistas. O racismo estrutural é, portanto, algo que podemos chamar de 'conceito-esponja', capaz de absorver cada vez mais aspectos da realidade social dentro do seu escopo.

Como eu já mencionei, ideias podem ser aderidas em graus bastante variados, e certamente nem todo mundo deduzirá, a partir da tese do racismo estrutural, que a luta contra o racismo exige o desmantelamento da totalidade das nossas estruturas sociais[67]. No

---

[67] Vale notar, no entanto, que tal atitude pertence a uma classe de experiências muito comuns na teoria política revolucionária e que não se restringe apenas ao identitarismo. Certamente, todos nós já ouvimos alguém dizer (ou já sentimos, nós mesmos) que a sociedade atual é tão corrupta que a única solução seria 'começar do zero'. Talvez uma das teorias políticas mais fiéis a esse sentimento tenha sido o anarquismo de Mikhail Bakunin, a qual o filósofo político Eric Voegelin (1975) analisa na obra *From Enlightenment to Revolution*.

entanto, o que fica claro tanto na formulação teórica quanto em diversas instâncias da sua aplicação prática é que não há muitas ressalvas embutidas na teoria identitária para deter essa leitura mais extremada. Inúmeros casos exemplificam isso. Proponentes da teoria frequentemente dirão, por exemplo, que é impossível combater o racismo sem combater também o capitalismo, o patriarcado, a heteronormatividade, o liberalismo, ou outras macroestruturas sociais que estariam, de acordo com a teoria, intrinsecamente ligadas a estruturas sociais racistas. Quando transposto para o campo da prática, portanto, vemos então que o 'antirracismo' identitário facilmente se transforma em um projeto de reforma social com limites totalmente indefinidos, e disso decorrem algumas consequências problemáticas para a luta contra o racismo.

Uma dessas consequências é a dificuldade de estabelecer metas objetivas para qualquer programa antirracista que adota essa proposta. Esse, de fato, é um dos motivos que ajuda a explicar o fracasso desses programas no meio corporativo, pois o identitarismo não proporciona uma métrica estável que possa servir para acompanhar o eventual sucesso desses programas. Na falta dessa métrica, muitas vezes organizações e comunidades em geral simplesmente adotam como meta a adoção de um 'discurso antirracista', cujas consequências na cultura organizacional da empresa simplesmente não são monitoradas (vamos tratar delas mais abaixo). Esforços são direcionados então para programas de controle da linguagem, o que leva a mais autocensura e menos esforços para efetivamente corrigir desigualdades, melhorar o clima organizacional e o moral dos funcionários, aumentar a colaboração entre as linhas de diferença, promover a livre troca de ideias ou melhorar a contratação, retenção e promoção de candidatos diversificados. Em suma, *slogans* identitários passam a servir à função de sinalizar o comprometimento da organização com o combate ao racismo, ao passo que a empresa se isenta da responsabilidade de tomar qualquer medida para abordar problemas concretos[68].

---

[68] Nos Estados Unidos, essa prática passou a ser rotulada de 'woke-washing'. Ver: Jones (2019).

Outra consequência de tratar o antirracismo como um projeto político de revolução abrangente é o que podemos chamar de *exclusivismo político*. Um caso que exemplifica esse fenômeno foi uma polêmica envolvendo o movimento Black Lives Matter em 2020. Quando o movimento começou a angariar atenção por ocasião da morte de George Floyd, um elemento curioso do *site* oficial do movimento chamou a atenção de muitos. Na sua declaração de princípios encontrava-se listada entre os propósitos do movimento, além de algumas platitudes meio ambíguas, a seguinte proposta: *"romper com a estrutura familiar nuclear prescrita pela norma ocidental."*[69] A frase atraiu críticas não só de conservadores, mas também de muitos liberais e progressistas que não vislumbravam a conexão exata entre combater o racismo e romper com 'estruturas familiares prescritas pela norma ocidental'. Apesar de o *site* ter removido a frase e muitos tentarem explicar que ela foi tirada do contexto, a polêmica desgastou o movimento e afastou muitos observadores que, embora dispostos a contribuir no combate contra o racismo, se tornaram céticos quanto à orientação ideológica do BLM[70].

É evidente, portanto, que a fusão da causa antirracista com uma causa política revolucionária significa alienar desse combate (ou, possivelmente, evocar resistência de) todos aqueles que não se identificam com a ala revolucionária da esquerda cultural. A título de comparação, podemos olhar para a proposta humanista que dominou o combate antirracista da segunda metade do século XX. Tal proposta é característica por ser ideologicamente inclusiva, permitindo aliados de todo o espectro político, do socialista Bayard Rustin ao conservador Thomas Sowell. A proposta identitária, por outro lado, limita seu apelo apenas à esquerda – e mesmo assim a uma parte restrita da esquerda, avessa à ideia de progresso incremental e descontente com qualquer medida que não aponte na direção de uma revolução integral das nossas estruturas sociais.

Em suma: são muitas as pessoas que querem combater o racismo, mas não tantas entre elas estão empenhadas em fazer ruir os pilares da sociedade ocidental. Ao escutar que se juntar à luta contra o

---

[69] Miller, 2020
[70] Kertscher & Sherman, 2020.

racismo implica também lutar contra o capitalismo, o liberalismo, a família nuclear, o cristianismo ou outros pilares estruturais da nossa sociedade e cultura, a coalização antirracista inevitavelmente diminui. Quanto mais o identitarismo se entranha nos nossos esforços de combater o preconceito racial, portanto, mais esses esforços arriscam se dispersar nos becos sem saída das guerras culturais[71].

BRANQUITUDE, ASSIMILACIONISMO E AS 'FERRAMENTAS DO SINHÔ'

Em 2020, a Smithsonian, uma das maiores instituições culturais do mundo, publicou uma lista do que chamava os "aspectos e pressupostos da branquitude"[72]. A 'branquitude' ou 'cultura branca' são termos que aparecem com frequência do discurso identitário, significando uma série de normas, valores ou práticas que aparentemente nada têm a ver com raça mas que, de acordo com a teoria, vigoram em nossa sociedade tendo por fim a perpetuação de desigualdades raciais.

Certamente existem normas que, mesmo não tendo a população negra como alvo explícito, afetam desproporcionalmente essas populações – e é importante nos mantermos atentos a isso[73]. No entanto, quando olhamos a lista da Smithsonian, percebe-se rapidamente algo de estranho. Nela encontramos atributos como: pontualidade, objetividade, a busca de relações de causa e efeito, valorização do trabalho duro como caminho para o sucesso, o método científico, valorização da autonomia, proteção da propriedade, a família nuclear tradicional, tradição escrita, planejamento futuro e polidez. Dentro da proposta adotada pela instituição, todos esses seriam então elementos da 'cultura branca' que sustentam o racismo estrutural.

---

[71] Ver também o excelente artigo do sociólogo Bradley Campbell (2020), sobre a ineficácia da 'reeducação cultural' no contexto corporativo.
[72] Sobre o caso, ver: Koop (2020). Sobre o conceito de 'branquitude' ('whiteness'), ver: Sensoy & DiAngelo (2017). Para uma visão crítica, ver: Lindsay (2020b).
[73] É o que McWhorter (2021) argumenta sobre, por exemplo, a política de 'guerra às drogas' e políticas de alfabetização que desprezam o método fônico. Sobre esse último assunto, ver Benedetti (2020).

A instituição sofreu duras críticas e acabou tirando a lista do ar. Muitos negros teriam se sentido ofendidos – e não sem razão – com a sugestão de que os atributos apontados na lista sejam propriedade exclusiva de gente branca. Muitos ainda consideraram absurda a noção de que incentivar pessoas, de qualquer grupo, a desvalorizar qualidades como pontualidade, planejamento futuro, polidez ou objetividade possa ajudá-las a prosperar em qualquer área que seja.

O raciocínio da Smithsonian ao montar a lista, no entanto, decorre de preceitos identitários que vêm se manifestando em graus variados em inúmeras outras iniciativas. O raciocínio é encapsulado em uma frase que se tornou icônica entre adeptos da teoria: *Não podemos derrubar a casa-grande usando as ferramentas do sinhô*[74]. Trata-se de um *slogan* que resume uma intricada teoria social. Grosso modo, o que está se dizendo é que ao valorizar ferramentas que prometem sucesso dentro de um determinado sistema social (tais como objetividade, pontualidade ou polidez), solidificamos a posse dessas ferramentas como métrica de sucesso dentro desse sistema. Ao utilizar essas ferramentas, acabamos então por fortalecer as estruturas sociais existentes ao invés de desmantelá-las. Como negros têm acesso limitado a essas ferramentas, a igualdade racial só poderá ser alcançada se desmantelarmos essas métricas de sucesso assim como as estruturas sociais que se formaram através dessas ferramentas. Em suma, ao ensinar negros a valorizar normas da branquitude (tais como objetividade, pontualidade ou polidez) estaríamos *assimilando-os* à cultura branca e, portanto, fortalecendo essa cultura quando nosso objetivo deveria ser desconstruí-la.

Para sermos justos, o antiassimilacionismo não é exclusivo à ideologia identitarista. Vários grupos étnicos ao longo da história foram desestimulados (normalmente por intelectuais buscando preservar a identidade étnica desse grupo) a aprender línguas estrangeiras ou a se especializar em ofícios tradicionalmente ocupados por grupos dominantes. O economista Thomas Sowell mostra o quanto o antiassimilacionismo radical frequentemente leva não somente ao atraso econômico dos grupos que o adotam, mas tam-

---

[74] Ver: Lorde (1984) e Calixto (2021).

bém à hostilidade e polarização étnica, às vezes até mesmo à guerra civil e genocídio[75]. Em contraste a essa atitude, o escocês David Hume foi um dos poucos intelectuais no século XVIII que estimulou seus compatriotas – que há séculos eram subalternos dos ingleses – a obter domínio da língua e cultura inglesas. Seguindo o conselho, no espaço de poucas décadas os escoceses obtiveram um disparo técnico de fazer inveja aos ingleses, eventualmente superando esses últimos nos campos da engenharia e da medicina, e, de quebra, trazendo à tona uma era de harmonia cultural e política entre os dois povos.

Como vimos, no entanto, o identitarismo tende a sugerir o extremo oposto do que Hume sugeriu aos escoceses. A atitude se manifesta principalmente no campo da educação, através de propostas pedagógicas que buscam evitar a transmissão dos 'instrumentos do sinhô' para alunos negros. Isso porque, como diz o teórico identitarista Wesley Leonard, "jogar o jogo – e mesmo ganhar o jogo – não é o mesmo que mudar o jogo"[76] – e a prioridade do identitarismo é 'mudar o jogo', isto é, o desmantelamento das estruturas sociais que demandam que grupos desfavorecidos obtenham as ferramentas de grupos favorecidos. Adquirir uma consciência revolucionária, portanto, toma precedência sobre a posse de instrumentos de ascensão social[77].

Erec Smith, professor de retórica e escrita da *York College* na Pensilvânia, é um dos muitos que alertam sobre os perigos embutidos nas modernas 'pedagogias antirracistas'. Ao tratar ferramentas que prometem ascensão social como 'ferramentas do sinhô', incontáveis alunos negros estariam sendo privados dos instrumentos que poderiam fortalecer sua capacitação técnica e senso de agência individual – tudo sob o pretexto de evitar que esses alunos sejam

---

[75] Sowell, 2013.
[76] Leonard, 2021.
[77] Vale notar que essa atitude se assemelha muito ao que Ronai Rocha chama de 'populismo pedagógico', isto é, à polarização entre o conhecimento 'popular' e o conhecimento 'especializado', acompanhado da romantização ou supervalorização do primeiro em detrimento do segundo. Sobre a presença dessa atitude na pedagogia de Paulo Freire, ver: Rocha (2017). Sobre a influência de Freire nas novas correntes de pedagogia identitária que dominaram as faculdades de educação nos Estados Unidos, ver: Lindsay (2020a).

'assimilados' à 'cultura branca'. Balizado pelo legado de gigantes intelectuais afro-americanos como Fredrick Douglass e W.E.B Dubois, Smith argumenta que é perfeitamente possível preservar a autenticidade cultural da população negra sem rejeitar aquilo que a cultura dominante do Ocidente tem a oferecer. De fato, a união dessas culturas, e aprender a navegar por suas contradições, é o que traz a promessa mais certeira de fortalecer o povo negro culturalmente, intelectualmente, psicologicamente, economicamente e politicamente. Quanto ao antiassimilacionismo radical da proposta identitária, é difícil vislumbrar outro efeito que não vá na direção contrária em todas essas frentes.

MICROAGRESSÕES, NEGATIVISMO PSICOSSOCIAL E A IRRELEVÂNCIA DAS INTENÇÕES

Em 2014, uma conferência contando com a presença de alguns dos mais influentes intelectuais na área de diversidade e inclusão elaborou uma lista dos 'princípios fundamentais da pedagogia e ativismo antirracista'. A lista hoje circula em inúmeras iniciativas antirracistas, norteando políticas de inclusão e diversidade na educação e no meio corporativo. Entre esses princípios fundamentais, encontramos: "A pergunta nunca é *se* o racismo ocorreu, mas *como* o racismo se manifestou em determinada situação."[78]

Talvez uma das aplicações mais consistentes desse princípio se encontre em programas de pesquisa e intervenções baseadas no conceito de 'microagressão'. O termo ganhou popularidade com o artigo do psicólogo Derald Wing Sue, que descreve microagressões como "indignidades diárias, breves e banais, verbais, comportamentais ou ambientais, intencionais ou não, que transmitem insultos raciais leves, hostis, derrogatórios ou negativos contra pessoas de cor."[79] Uma parte crescente dos treinamentos de diversidade e inclusão se dedica então a conscientizar os participantes

---

[78] Pluckrose & Lindsay, 2019.
[79] Tradução de: "*Racial microaggressions are brief and commonplace daily verbal, behavioral, or environmental indignities, whether intentional or unintentional, that communicate hostile, derogatory, or negative racial slights and insults toward people of color.*" (Sue et al., 2007).

dos atos, gestos ou palavras aparentemente inofensivas que podem ser caracterizados como microagressões e, portanto, prejudiciais a membros de grupos oprimidos.

É difícil contestar que atos aparentemente inofensivos às vezes podem, de fato, comunicar mensagens ofensivas independentemente das intenções por trás deles, e devemos permanecer atentos a isso caso queiramos promover ambientes inclusivos para grupos desfavorecidos. No entanto, cada vez mais psicólogos alertam que a maneira como o conceito de 'microagressão' tende a ser operacionalizado carece substancialmente de validade científica e que a sua aplicação pode acabar prejudicando membros de grupos desfavorecidos mais do que ajudá-los[80]. Embora o termo 'microagressão' ainda não tenha se popularizado no Brasil da mesma forma como ocorreu nos Estados Unidos[81], a atitude geral que o conceito induz certamente é familiar a muitos por aqui; então a discussão em torno dele nos é extremamente relevante.

Praticamente todos os gestos que observamos nas nossas interações sociais contêm alguma dose de ambiguidade e, portanto, podem ser interpretados de maneiras completamente distintas. A literatura que se gerou em torno do conceito de microagressão tem então como missão catalogar e expor todo e qualquer gesto que *pode* ser interpretado como se contivesse uma mensagem racista ou preconceituosa. Lendo esses catálogos, no entanto, percebemos facilmente que eles listam dentro da mesma categoria atos que contêm mensagens explicitamente racistas, atos que são simplesmente ambíguos e atos que apenas uma pequena minoria da população negra consideraria ofensivos[82]. Ao colocar todos esses atos na mesma categoria, essa literatura e as intervenções

---

[80] Scott Lilienfeld (2017) escreve uma extensa e minuciosa crítica de vários aspectos do conceito de microagressão, à qual Derald Wing Sue (2017) responde. Musa Al-Gharbi (2017) critica a resposta de Derald Wing Sue por não abordar nenhum dos vários pontos levantados por Lilienfeld. Uma nova e mais vigorosa tentativa de defender o conceito das críticas de Lilienfeld é feita por Monnica T. Williams (2020), à qual Lilienfeld (2020) responde.
[81] 'Microaggression' chegou a ser considerada a 'palavra do ano' em 2015 pela Global Language Monitor.
[82] Ekins, 2017.

que se baseiam nelas induzem um processo que psicólogos chamam de 'contágio semântico', através do qual palavras ou atos distintos passam a adquirir a mesma conotação por terem sido colocados na mesma classificação.

Por exemplo, imagine um catálogo onde encontramos duas frases: 1) "Você é muito inteligente!" e 2) "Eu não esperava que um negro fosse ser tão inteligente!". A segunda frase obviamente contém uma mensagem explicitamente racista, sem muita margem para interpretação. A primeira frase, o catálogo nos informa, *pode* comunicar uma mensagem racista quando dita a um negro. Isso porque uma das interpretações *possíveis* para essa frase é a sugestão de que um negro inteligente é motivo de surpresa – ou seja, a primeira frase *pode* ser interpretada como se contivesse, implicitamente, a mensagem que a segunda frase comunica explicitamente. Quando as duas frases são classificadas na mesma categoria (isto é, ambas são microagressões), o contágio semântico induz uma interpretação equivalente das duas frases. Em suma, o conceito de microagressão e a literatura gerada em torno dele induzem a interpretação de inúmeros atos que *possivelmente* contêm uma mensagem racista como se *necessariamente* contivessem uma mensagem racista, independente de contexto ou intenção. Treinamentos que giram em torno desse conceito nos ensinam, portanto, a agir de acordo com o princípio fundamental do antirracismo identitário: jamais perguntar *se* o racismo ocorreu, mas *como*.

O sociólogo Musa Al-Gharbi ilustra o dilema que o conceito de microagressão impõe a qualquer interação social envolvendo brancos e não brancos:

> No momento, o conceito é tão inclusivo que mesmo aqueles comprometidos em fazer a 'coisa certa' muitas vezes se encontram em situações impossíveis: suponha que um professor branco faça uma pergunta e vários alunos levantem a mão em resposta – incluindo um aluno não branco. De acordo com a literatura sobre microagressões, se o professor não chamar o aluno não-branco, isso pode ser interpretado como uma microagressão. No entanto, chamar o aluno não branco apenas criaria um novo dilema: se o instrutor criticar ou contestar qualquer aspecto da resposta do aluno, isso também pode ser interpretado como uma microagressão. Por outro lado, se o

professor elogia a resposta do aluno ... isso *também* pode ser considerado uma microagressão.[83]

Devemos, portanto, salientar dois efeitos induzidos pela ênfase em microagressões e a atitude geral atrelada ao conceito. Um é a barreira criada para o desenvolvimento de relações autênticas e espontâneas entre membros de grupos diferentes – e aqui podemos começar observando a questão pelo lado do grupo dominante. Quando brancos são incentivados a escrutinar minuciosamente cada uma das suas interações com não brancos e a salientar impiedosamente a possibilidade de que essas interações comunicarão mensagens racistas independente das suas intenções, isso muitas vezes os incentiva a simplesmente evitar o risco e interagir apenas com outros brancos. As pesquisas disponíveis de fato mostram que, apesar das boas intenções por trás de intervenções que buscam mitigar os efeitos negativos das microagressões, essas intervenções tendem a fomentar incerteza e ansiedade em relação a como interagir com membros de outros grupos, e a fortalecer uma imagem estereotipada de grupos desfavorecidos como sendo frágeis e facilmente ofendidos. Essas intervenções tendem então a produzir mais segregação, mais conflito e menos canais de comunicação efetiva entre grupos e indivíduos onde quer que sejam implementadas[84].

Outra consequência dessas intervenções diz respeito não apenas a perdas sociais, mas também à saúde psicológica de membros de grupos minoritários. O psicólogo Jonathan Haidt faz o argumento de maneira forçosa no indispensável *The Coddling of the American Mind*. Haidt argumenta que a teoria da microagressão incentiva padrões cognitivos patológicos que vão diretamente contra

---

[83] Al-Gharbi, 2017. Uma dinâmica parecida ocorre no *Pequeno Manual Antirracista* de Djamila Ribeiro. A autora narra, por exemplo, uma ocasião em que foi elogiada no trabalho por um *e-mail* que escreveu. Para ela, tal elogio é evidente manifestação de racismo pois o fato do seu chefe ficar surpreso com a qualidade do *e-mail* mostra que ele não esperaria tal qualidade de escritoras negras. Em outra parte do livro, a autora narra ocasiões em que seus artigos foram criticados por colegas de trabalho. Tais casos *também* são apresentados como prova de racismo. Ou seja, tanto o elogio quanto a crítica estão sempre sob suspeita.
[84] Ver: Ely, Meyerson & Davidson (2006) e Graso, Reynolds & Glover (2020).

algumas das práticas mais bem estabelecidas pela terapia cognitivo-comportamental (CBT) para tratar ansiedade e depressão. Não precisamos elucidar aqui os princípios da CBT para entendermos o motivo. É de senso comum que qualquer pessoa empenhada em interpretar suas interações sociais sempre da pior maneira possível ("a pergunta não é *se* o racismo ocorreu, mas *como*") arrisca navegar pela vida com um constante sentimento de perseguição, atraindo para si o risco de ansiedade, depressão e uma série de relacionamentos fraturados[85].

Outra prática comum em intervenções antirracistas que pode ser criticada da mesma forma são as listas de 'expressões racistas' que supostamente deveríamos evitar. Tais listas são publicadas não apenas em programas de inclusão e diversidade mas em grandes e prestigiosas publicações midiáticas, que, assim como os catálogos de microagressões, juntam na mesma categoria expressões explicitamente racistas e expressões que jamais tiveram qualquer conotação racial[86]. A jornalista Madeleine Lacsko já chamou a prática de 'etimologia freestyle', por onde fabrica-se, sem qualquer embasamento histórico ou etimológico, conotações racistas em um número cada vez maior de expressões do dia a dia. Embora censurar tais expressões dê alguma sensação de se estar combatendo o racismo, o mais provável é que essa prática tenha efeito parecido com o demonstrado em treinamentos de microagressão. Ao infundir cada vez mais gestos (como críticas ou elogios) ou expressões inócuas (como 'denegrir' ou 'feito nas coxas') com significação psicológica equivalente a atos de racismo, o identitarismo constrói para negros e outras minorias um ambiente cultural cada vez mais hostil, repleto de gatilhos psicológicos desnecessariamente negativos que, acumulados, podem ser catastróficos para sua saúde psicológica e relações sociais.

É importante, no entanto, deixar claro: a crítica acima não significa fazer pouco caso do sofrimento real que essas interações ambíguas podem causar a negros e membros de outros grupos desfavorecidos. Pesquisas realmente mostram que a *percepção* de

---

[85] Ver: Haidt (2017) e Lukianoff & Haidt (2018).
[86] Ver, por exemplo: BBC (2021).

preconceito pode ser tão psicologicamente taxante para membros de grupos desfavorecidos quanto atos reais de discriminação[87]. Seja como for, o fato é que intervenções e treinamentos que buscam alertar sobre 'microagressões' e supostas 'expressões racistas' são frequentemente os maiores responsáveis por induzir essas percepções ao estimular uma forma desenfreada de negativismo psicossocial.

Outro fator que induz o negativismo psicossocial é um preceito embutido em treinamentos de microagressão sobre o papel da intencionalidade. Muitas vezes os termos que tais treinamentos usam – como o próprio termo 'migroagressão', por exemplo – sugerem que quem os comete é um *'agressor'*, o que implica algum grau de malevolência por trás do ato. De fato, um componente que tradicionalmente consideraríamos necessário para constituir um ato de agressão é a *intenção* de fazer mal à vítima. Os treinamentos e intervenções identitaristas, no entanto, frequentemente nos induzem – ou, às vezes, explicitamente *nos instruem* – a tratar a intenção como um componente secundário ou até mesmo irrelevante para estabelecer atos de agressão[88].

Determinar que a intenção por trás de atos que ofendem ou causam desconforto é irrelevante traz alguns efeitos problemáticos. Primeiramente porque ignorar ou desprezar a mensagem pretendida de um interlocutor vai absolutamente contra melhores práticas de comunicação efetiva e resolução de conflitos[89]. Os motivos também são de senso comum: se não somos capazes de separar a mensagem que chega até nós daquilo que o interlocutor pretendeu comunicar, aumentamos dramaticamente a chance de mal-entendidos, de provocar reações defensivas no interlocutor e de desencadear uma espiral de conflito destrutiva. Embora treinamentos em microagressões por vezes cheguem a mencionar que é importante "separar a intenção do impacto" na hora de confrontar um 'microagressor', eles colocam notável ênfase no impacto e desprezam a possibilidade de que ressaltar a intenção poderia ajudar a mitigar esse impacto.

---

[87] Anderson (2012) Pascoe & Richman (2009) e Downs (2016).
[88] Ver: Bastian (2019).
[89] Krauss & Morsella (2006, p. 148).

Tanto a CBT quanto as melhores práticas de resolução de conflito nos ensinam, por outro lado, que dar importância e consideração à intenção do interlocutor nos ajuda não somente a nos proteger psicologicamente de atos que poderiam nos ofender, mas também nos motiva a adotar estratégias de comunicação mais efetivas ao confrontar aqueles que nos ofenderam. Daí que, na mesma linha proposta por Haidt e outros adeptos da CBT, Erec Smith argumenta que uma atitude positiva que confere a situações ambíguas o benefício da dúvida é mais do que uma marca de otimismo ingênuo. Trata-se de um poderoso hábito psicossocial que propicia o pensamento crítico e equilibrado na medida em que nos abre para o contato com diferentes ideias, culturas, pessoas e possibilidades. O negativismo psicossocial, por sua vez, leva mais frequentemente à depressão, apatia e desespero[90].

Nada disso significa dizer que ofensas sutis que membros de grupos marginalizados sofrem no dia a dia são um problema a ser ignorado ou desprezado. No entanto, o que fica claro no histórico das intervenções aplicadas tomando preceitos identitaristas como base é que tais intervenções tendem a causar ainda mais danos psicossociais aos grupos e indivíduos que pretende proteger. É urgente considerar alternativas caso queiramos abordar esse problema de forma responsável e mitigar os danos já causados.

REDUCIONISMO SOCIOLÓGICO OU 'CULPAR A VÍTIMA': UMA FALSA DICOTOMIA

Ibram Kendi, um dos mais famosos autores identitários dos EUA, define como Racismo qualquer estrutura social – seja na forma de leis escritas ou não escritas, regras, procedimentos, processos ou regulamentos – que produza resultados díspares entre grupos raciais. O identitarismo proporciona, portanto, um revestimento teórico para uma prática que já estava em vias de se consolidar no debate público: a de apontar disparidades socioeconômicas entre

---

[90] Parafraseando: "*A positive outlook is embraced not merely as wishful thinking, but as a pragmatic and necessary aspect of fair-minded critical thinking, for it opens the person to consider various ideas and viewpoints, whereas a negative outlook would close one off to new and innovative possibilities.*" (Smith, 2021).

grupos raciais como evidência incontestável de racismo. Por exemplo, se há desproporção entre brancos e negros em um determinado ambiente, frequentemente assumimos que o racismo é a única explicação possível para essa situação – e, portanto, combater o racismo seria a única solução possível para corrigir a situação.

Vamos tratar primeiro do reducionismo diagnóstico que isso induz. Embora disparidades entre grupos raciais certamente *possam* ser causadas por preconceito racial (e muitas vezes o são), inúmeros exemplos demonstram que essa é longe de ser o único fator causal a ser considerado. No livro, *Discriminação e Disparidades*[91], Thomas Sowell examina vários casos de disparidade entre grupos étnicos e raciais, apontando para os inúmeros fatores além do preconceito que estão em jogo nessas situações. Sem entrar muito a fundo nesses fatores, talvez o exemplo mais ilustrativo do argumento seja o caso das disparidades estatísticas observadas entre a população branca e a população asiática nos Estados Unidos. Quando observamos que a população asiática tem índices de pobreza menores e desempenho acadêmico melhor do que a média dos americanos brancos, consideraríamos absurda a sugestão de que essa disparidade é causada pelo racismo contra brancos – e mais absurda ainda a proposta de que o caminho para que brancos obtenham resultados parecidos com os asiáticos nessas áreas seria o de combater o preconceito antibranco. Quando a mesma disparidade é observada entre brancos e negros, no entanto, a explicação é frequentemente aceita como óbvia e a solução também proposta como óbvia é a de combater o preconceito racial contra negros.

O identitarista poderia responder, no entanto, que a causa da disparidade entre negros e brancos não é o racismo mas o Racismo – isto é, *o Racismo estrutural* é o culpado, e não necessariamente o *preconceito racial*. Há dois problemas com essa resposta. Primeiro que, como estamos cansados de ver, a confusão semântica é raramente esclarecida de forma tão explícita. Segundo que, mesmo se aceitarmos que o Racismo *estrutural* é responsável pela disparidade, o diagnóstico permanece tão vago quanto o conceito. Como vimos acima, uma das definições menos ambíguas que a literatura

---

[91] Sowell, 2019.

identitarista tem a oferecer de 'Racismo' é: qualquer coisa – sejam atitudes intencionais ou não intencionais, sejam normas e leis ou práticas e processos – que gere disparidades entre brancos e negros. A utilidade diagnóstica dessa definição se torna clara quando pegamos a frase *'A disparidade entre negros e brancos é causada pelo Racismo'* e trocamos a palavra 'Racismo' por essa definição. O resultado é a esplêndida conclusão de que: *'A disparidade entre negros e brancos é causada por aquilo que causa a disparidade entre negros e brancos'*. Isso não é diagnóstico. É tautologia pseudossociológica (muitas vezes vendida a preço de ouro, não custa lembrar).

John McWhorter, linguista da Universidade Columbia, e Glenn Loury, economista da Brown, tocam frequentemente nesse ponto em suas imperdíveis conversas sobre a questão racial nos Estados Unidos[92]. Além do reducionismo sociológico, eles e outros intelectuais negros criticam também o fato de que tratar o Racismo como causa de toda e qualquer disparidade entre negros e brancos transmite uma mensagem desmoralizante para negros que acaba por apagar o seu próprio poder de agência. Isso porque, argumentam esses autores, essa visão tende sempre a dotar os brancos com o poder de mudar a si mesmos enquanto retrata os negros como sujeitos passivos cujo destino depende inteiramente da boa vontade de pessoas brancas[93]

De acordo com Chloé Valdary, sustentar essa visão do desamparo negro perante um opressor onipotente não é apenas psicologicamente desmoralizante, mas significa apagar da história os inúmeros casos em que o empreendedorismo da população negra deixou marcas poderosíssimas na economia, na cultura e na arte, apesar das forças opressivas que se impunham sobre ela:

---

[92] Sobre essa discussão em particular, ver: Loury & McWhorter (2021).
[93] Ver: Doubek (2020). Glenn Loury condena, sem meias palavras, a atitude de brancos que legitimam essa mensagem: "Infelizmente, muitos no *establishment* midiático e acadêmico estão dispostos a jogar esse jogo... [Mas] quando se trata dos *seus próprios* filhos, das *suas próprias* vidas, eles defenderão e procurarão estimular os comportamentos que sabem ser essenciais para o desenvolvimento e sucesso das pessoas com as quais se importam. Mas quando se trata de você e o seu povo [i.e. negros], eles estão dispostos a validar essa bobagem." (Loury, 2019).

> [O] racismo simplesmente não pode ser responsabilizado como a única ou principal razão para as disparidades no acesso a recursos financeiros e ao poder político. O registro histórico mostra [...] que diante de um racismo muito pior do que o de hoje, a comunidade negra [...] conseguiu superar adversidades e, em muitos casos, prosperar [...]. Nada disso significa descartar o racismo e a intolerância cruel que flagelou a história de nossa nação [...]. Mas devemos ser cautelosos ao enfatizar demais esse fator [...]. Tal movimento ameaça distorcer nossa compreensão coletiva da vida negra e reduzi-la a nada mais do que um ciclo interminável de degradação e desespero.[94]

Daí que o professor Paulo Cruz também se coloca entre aqueles que acreditam que corrigir disparidades raciais entre brancos e negros não implica focar apenas no papel causal do branco e do racismo, mas também no espírito empreendedor da população negra e na sua capacidade de vencer e prosperar apesar das adversidades, demonstrada diversas vezes ao longo da história. Cruz rejeita a ideia de racismo estrutural não apenas por causa da sua debilidade sociológica, mas porque ele percebe em sua própria prática docente o quanto o conceito gera desânimo entre jovens negros perante suas possibilidades de vida. "Veja, [...] em termos práticos, eu dizer a um jovem negro que o racismo é estrutural não lhe dará vantagem ou ferramental algum na hora de lutar por melhorar a sua vida; o efeito psicológico prático, ainda que indesejado, é fazê-lo ver o problema como insolúvel ou a solução como inalcançável, e que ele mesmo nada pode fazer."[95] Corroborando o argumento de Cruz, o cientista político Eric Kaufman revela, em pesquisa publicada pelo Manhattan Institute, que participantes negros apresentam uma significativa queda em sua autoconfiança e senso de agência após serem expostos a trechos de literatura identitária sobre a onipresença do racismo estrutural[96].

Muitos, no entanto, rebatem essa crítica com a noção de que, ao apontarmos para a agência que a população negra é capaz de exercer sobre o próprio destino, arriscamos responsabilizá-la pelas

---

[94] (Valdary, 2021)
[95] (Cruz, 2020)
[96] Kaufmann, 2021.

mazelas que ela hoje sofre. Em outras palavras, ao atribuir agência à população negra, estaríamos *'culpando a vítima'* por não ter sido capaz de prosperar. Essa resposta se trata, evidentemente, de uma falsa dicotomia[97]. Certamente, o 'meritocracismo' ingênuo pode nos levar a diagnósticos no mínimo tão distorcidos (sociologicamente e moralmente) quanto o determinismo identitário – mas não precisamos nos restringir a essas duas visões. Não pretendo, neste texto, apontar exatamente onde está o meio-termo por onde sejamos capazes de reconhecer os obstáculos que se impõem sobre a população negra, por um lado, sem que a desmoralizemos a ponto de negar o seu poder de agência, por outro. Seja como for, é fácil ver que não precisamos aceitar essa falsa dicotomia se quisermos obter uma leitura apropriada das nossas desigualdades sociais, nem se quisermos apontar soluções efetivas para as injustiças que elas refletem.

SOMOS TODOS RACISTAS

No Dia da Consciência Negra de 2021, o perfil de Instagram da rede de academias Bodytech publicou uma série de postagens com a intenção de transmitir a mensagem de que "a luta antirracista é de todo mundo". Entre as postagens, que buscavam explicar o que significa ingressar na 'luta antirracista' proposta pela campanha, lia-se uma frase que acabou gerando revolta entre clientes: *"Todas as pessoas brancas reproduzem o racismo"*. Muitos clientes brancos, sentindo-se acusados de racismo simplesmente por serem brancos, tomaram as redes sociais em protesto. Pressionada, a empresa apagou a postagem e lançou uma nota de esclarecimento em que dizia que a mensagem havia sido 'tirada de contexto'[98].

---

[97] Sobre como o chavão 'culpar a vítima' obscurece diversos aspectos do inquérito sociológico, ver: Felson (1991).

[98] Sobre o caso, ver matéria do portal Poder360 (2022). É curioso e digno de nota, no entanto, que o esclarecimento publicado pela Bodytech jamais deixa explícito que sua intenção *não* era a de acusar seus clientes brancos de serem racistas. Dado que foi essa a interpretação que gerou tanta revolta entre os clientes, era de se esperar que o esclarecimento da empresa buscasse eliminar qualquer dúvida sobre esse ponto.

O caso pode parecer uma malfadada campanha de *marketing* – e sem dúvida o foi – mas a postagem polêmica foi também a expressão de um princípio identitário que decorre diretamente da teoria do racismo estrutural. Dentro desse quadro teórico, o mero fato de uma pessoa branca viver em uma sociedade composta por estruturas sociais racistas significa que é impossível que essa pessoa não atue para perpetuar essas estruturas em algum nível. Sendo assim, todas as pessoas brancas reproduzem o Racismo e se beneficiam dele. Daí que Djamila Ribeira nos instrui, caso queiramos ser antirracistas, a nunca nos defendermos de acusações de racismo. "É *impossível* não ser racista tendo sido criado em uma sociedade racista", diz a autora. Quer você se considere racista ou não, *a sociedade é racista e você faz parte dessa sociedade, logo o racismo faz parte de você, quer você queira ou não.*

Muitas vezes não é exatamente claro se essa conclusão significa que todos os brancos são racistas ou Racistas, isto é, se todos os brancos são de fato preconceituosos contra negros ou se todos eles agem para perpetuar estruturas sociais racistas. A ambiguidade nesse ponto, como vimos, é marca do discurso identitário – o que sempre permite a seus adeptos apelar para uma estratégia retórica que o filósofo Nicholas Shackel chama de 'castelo de mota'[99] – ou seja, substituir algo que tem sentido condenável por algo mais palatável e aparentemente inofensivo. Por exemplo, acusa-se todos os brancos de serem racistas e, após a reação negativa, diz-se que estava apenas tentando 'conscientizar a sociedade sobre o Racismo'. Thomas Sowell também descreve essa estratégia como "ocultar especificidades controversas dentro de generalidades inócuas"[100].

Seja como for, afirmações generalizantes sobre todos os brancos serem racistas, tal como vemos na postagem da Bodytech, ocorrem em decorrência lógica dos pressupostos teóricos do identitarismo e, portanto, tendem a se manifestar em qualquer estratégia antirracista que tem esse ideário como base. Um dos efeitos práticos mais evidentes que isso tem foi exemplificado pela reação gerada pela campanha da Bodytech: aparentemente muitas pessoas não

---

[99] Shackel, 2005.
[100] Sowell, 1995.

gostam de ser acusadas de racismo simplesmente em função de serem brancas. Lançar essa acusação de forma genérica, portanto, corre o risco de afastar e enfurecer essas pessoas, gerar ressentimentos e desestimular a colaboração multirracial em torno de programas antirracistas.

Mas há também outro efeito curioso e menos óbvio dessa prática que deve ser enfatizado. Muitos brancos – cada vez mais, inclusive – parecem não se incomodar tanto assim com a tese de que eles são racistas. De fato, hoje em dia é cada vez mais comum observar um curioso ritual através do qual pessoas brancas são respaldadas e louvadas justamente por admitirem que são racistas. Em 2020, a escola de Direito da Northwestern University começou uma reunião entre professores e reitoria após os presentes denunciarem a si mesmos como sendo racistas[101]. No mesmo ano, o comediante brasileiro Fábio Porchat se declarou, em rede nacional, "um racista em desconstrução"[102]. Uma das consultoras de diversidade e inclusão mais prestigiadas do mundo, Robin DiAngelo (ela mesma uma mulher branca), inclui o ritual de confissão em seus *workshops*, pelos quais empresas predominantemente brancas pagam dezenas de milhares de dólares[103]. Até mesmo escolas primárias estão considerando, com cada vez mais frequência, de suma importância que crianças reconheçam seu privilégio branco (e, portanto, seu Racismo) antes mesmo de aprenderem a ler e escrever[104].

Antes de nos perguntarmos o que isso tudo faz para ajudar populações negras, podemos nos perguntar qual é exatamente o atrativo que esse tipo de prática tem para brancos.[105] Uma hipótese é levantada por John McWhorter, que, comparando o identitarismo a certas formas de religiosidade, sugere que Racismo cumpre den-

---

[101] Ortiz-Lytle, 2020.
[102] Padiglione, 2020.
[103] Bergner, 2021.
[104] Snyder, 2021.
[105] De fato, é digno de nota que a ascensão monumental da ideologia identitária nos últimos anos foi um fenômeno impulsionado principalmente por uma mudança de atitudes entre a população branca de elite. Sobre isso, ver: Goldberg (2020).

tro do identitarismo uma função análoga ao 'Pecado Original' da religião cristã. Longe de ser uma autocondenação, admitir o Pecado traz consigo a promessa de salvação e glorifica o destino do pecador. Para o branco que aceita o batismo identitário, o ritual de confissão o eleva e exalta. "Ele agora não é mais responsável apenas por si próprio e por aqueles a sua volta – ele se torna representante dos vivos e dos mortos, ao mesmo tempo portador de um fardo histórico terrível e potencial redentor da humanidade. Antes ele não era ninguém, agora ele é alguém."[106]

Comparar o identitarismo com fenômenos de ordem religiosa pode parecer mero floreio retórico, mas comunicar a força da catarse psicológica desses rituais é relevante por alguns motivos. Entre eles está o fato de que muitos dos exercícios que programas de diversidade e inclusão utilizam para 'conscientizar' participantes do seu privilégio ou 'persuadi-los' a confessar seu Racismo foram deliberadamente desenhados para subverter processos cognitivos racionais e induzir experiências análogas à conversão religiosa. É o caso, por exemplo, da famosa 'caminhada do privilégio', em que participantes dão um passo para frente ou para trás de acordo com seus marcadores sociais de privilégio ou opressão. Por incrível que pareça, o exercício – que hoje figura em inúmeros *workshops* corporativos de diversidade e inclusão – tem suas origens no trabalho de Erica Sherover-Marcuse, que desenvolveu a prática tendo como base o mesmo instrumental psicológico desenvolvido para converter pessoas ao culto da cientologia, uma seita famosa por suas técnicas de lavagem cerebral[107].

O impacto psicológico gerado pela autoconfissão de racismo é relevante também pela maneira como gera no confessor a impressão de que algo de suma importância acabou de acontecer. De fato, dentro da proposta identitária, a conscientização do próprio privilégio e/ou Racismo é frequentemente apresentada

---

[106] Parafraseando Douglas Murray, citado por John McWhorter (2021): "*It lifts them up and exalts them. Rather than being people responsible for themselves and answerable to those they know, they become the self-appointed representatives of the living and dead, the bearers of a terrible history as well as the potential redeemers of mankind. From being a nobody one becomes a somebody.*"
[107] Ver: Parenti (2021).

como o passo mais importante que alguém poderia dar para começarmos a corrigir nossas injustiças sociais. Daí que, na cultura americana, o identitarista é frequentemente referido como '*woke*', isto é, alguém que 'acordou' para o fato da opressão estrutural da nossa sociedade.

Os resultados práticos do 'despertar' proporcionado por esses rituais e exercícios, no entanto, são dúbios. Na verdade, tanta importância é dada a ele dentro da proposta identitária que muitas vezes o ritual serve apenas para dar ao 'batizado' uma forte sensação de dever cumprido. Sem nenhuma ação concreta ou mudança de atitude tangível, o branco que confessa o seu Racismo já pode voltar para casa com a consciência limpa. Estou, é claro, generalizando um campo de atitudes individuais que podem variar bastante, mas há poucas evidências de que a confissão do próprio racismo ou a conscientização dos próprios privilégios causem, a nível psicológico, qualquer tipo de mudança tangível em atitudes direcionadas a membros de grupos desfavorecidos[108].

Sob o ponto de vista social e organizacional, adotar esse tipo de ritual parece ter efeito parecido com os esforços de controle de linguagem que mencionei mais acima. Eles servem para sinalizar comprometimento com o antirracismo, mas sem que medidas concretas precisem ser tomadas. Externamente, eles podem gerar aprovação de certos setores da sociedade, reprovação de outros. Internamente, também haverá cisão entre aqueles que de um lado aderem à evangelização identitária e participam do ritual de peito aberto e, do outro, aqueles que cultivam ressentimento por serem forçados a confessar falhas morais que eles não consideram possuir. O ritual gera, portanto, um efeito cismático nas empresas e comunidades onde são praticados, acirrando a polarização e deteriorando a harmonia organizacional.

---

[108] Ver: Cooley et al. (2019). Esse estudo parece mostrar que rituais de 'conscientização' não têm efeito significativo na simpatia que brancos sentem em relação a negros. O único efeito significativo decorrente de lições sobre privilégios raciais entre brancos foi uma *queda* de simpatia por *brancos pobres* – já que, presumivelmente, brancos pobres não foram competentes o suficientes para capitalizar o seu privilégio racial.

CONSCIÊNCIA RACIAL E LUTA POR PODER

Uma das perguntas que sempre rodeia o debate sobre raça e racismo é: quanta importância devemos dar, afinal, para categorias raciais como 'negro', 'branco', 'marrom', 'amarelo' ou o que quer que seja? Devemos ignorá-las ou enfatizá-las? Superá-las ou aprofundá-las? De um lado, muitos acreditam que dar importância a essas categorias arrisca alimentar uma ou outra forma de *essencialismo racial*, isto é, a ideia de que categorias raciais estão relacionadas a certas características culturais, intelectuais ou psicológicas essenciais e imutáveis (algo que muitos consideram a definição mesma de 'racismo'). De outro lado, muitos acreditam que diminuir a importância dessas categorias seria uma forma de apagar ou 'passar pano' para as realidades radicalmente distintas vividas por pessoas de cores diferentes, dificultando a conscientização e organização social em torno de pautas que são especialmente urgentes para a população negra (algo que muitos consideram a definição mesma de 'Racismo'). A primeira posição é normalmente associada à direita política, enquanto esta última tende a ser associada à esquerda.

Não pretendo aqui oferecer uma solução para esse debate tão sensível e complexo, mas apenas salientar que há dimensões frequentemente ignoradas em torno dele. Como é comum em tempos de 'guerras culturais', as posições à direita e à esquerda são frequentemente apontadas como mutuamente exclusivas, extremos opostos em um espectro unidimensional: Ou damos importância à raça, ou não. Percebemos, no entanto, que a questão é mais complicada do que isso quando vemos alguém como Paulo Cruz – que não é nem de esquerda nem adepto da teoria do racismo estrutural – rejeitar a visão normalmente associada à direita, isto é, de que a 'consciência negra' seria algo condenável ou absurdo. Isso porque, como ele coloca de forma sucinta e forçosa: *"ser negro no Brasil é diferente de não ser, e isso não é mimimi, não é exagero"*[109]. Daí que Cruz exorta a direita brasileira a "oferecer alternativas e compre-

---
[109] Cruz, 2021.

ender que espalhar, à exaustão, o vídeo de Morgan Freeman[110]... não ajuda, antes acirra os ânimos e dá razão à fama de meros defensores do *status quo*," pois a chaga do racismo "não desaparecerá simplesmente se pararmos de falar nela".

Menciono a posição de Cruz apenas para apontar que existe mais uma falsa dicotomia implícita na ideia de que o debate sobre 'consciência racial' se encerra ao constatarmos que simplesmente não é possível ignorar que negros e brancos vivem realidades distintas. Não pretendo aqui argumentar que a consciência racial seja, *em si mesma*, algo bom ou ruim. Precisamos apenas reconhecer que, mesmo que tratemos como válido ou desejável o cultivo de algo que poderíamos chamar de 'consciência racial', ainda resta a questão do *tipo* de consciência racial que estamos falando. Não pretendo, nem de longe, oferecer aqui um caminho derradeiro para essa questão, mas apenas apontar para certas características da consciência racial *tal como preconizada pelo identitarismo* e algumas das suas consequências práticas.

Lembro novamente ao leitor que esses princípios se encontram em graus diferentes de aderência nas comunidades que entram em contato com o identitarismo – mas, de qualquer forma, há pelo menos alguns exemplos úteis do que poderíamos considerar comunidades identitárias em 'estado puro', onde esses princípios se manifestam com força total. É o caso de um grupo de manifestantes que tomou controle da Universidade Estadual de Evergreen, nos Estados Unidos, em maio de 2017. O cientista social Sean Cammack empreendeu um minucioso estudo antropológico dessa comunidade identitária – seus rituais, códigos morais, como seus comportamentos derivavam de crenças fundamentais – algo como se fosse uma espécie de 'tribo'[111]. Inúmeras interações regis-

---

[110] O vídeo, que sempre viraliza no Dia da Consciência Negra, pode ser encontrado no YouTube: "Morgan Freeman e o Mês da Consciência Negra (legendado)" em: <https://www.youtube.com/watch?v=Amlosa7Lpnc>.

[111] Ver: Cammack (2020). Apesar da utilidade desse estudo, ainda é preciso ver para crer o estado de caos e anarquia que se instaurou em Evergreen durante os dias do protesto identitário. O documentário dirigido por Mike Nayna, disponível no YouTube, é um registro indispensável de como o identitarismo pode levar à decomposição de uma comunidade que adere aos seus princípios ao pé da letra. Ver: Nayna (2019a, 2019b, 2019c).

tradas por Cammack dão evidência da inabalável primazia dada a categorias raciais, resumida pela fala proferida por uma estudante durante as manifestações, sob aplausos efusivos: "A cada momento de cada dia, sei que sou negra e que isso importa. Sou uma mulher negra antes de meu nome ser Sara Jackson, sou uma mulher negra antes de ser estudante, sou uma mulher negra antes de ser cidadã dos Estados Unidos da América".

Além da dramática e assertiva sobreposição da identidade racial acima de qualquer outro marcador de identidade, Cammack também demonstra como a consciência racial identitária induz a uma clara hierarquização de categorias raciais. Tanto em Evergreen quanto em outros ambientes onde o identitarismo se propaga, a cor da pele de um indivíduo determina quase inteiramente a autoridade cognitiva, mérito moral, validação emocional e acesso à simpatia de terceiros ao qual esse indivíduo tem acesso[112]. Resulta daí o que Cammack chama uma "ordem social racialmente hierarquizada" – algo que chama a atenção, entre outros motivos, porque se entendemos "que o *status quo* normalmente tem brancos no topo e não brancos na parte inferior, então Evergreen parece ter virado o mundo de cabeça para baixo".

Podemos notar alguns efeitos importantes dessa 'reviravolta' do *status quo* racial. O primeiro é que ela tende a gerar resistência de brancos que não gostam da ideia de ter sua autoridade cognitiva, mérito moral, validação emocional e acesso à simpatia de terceiros totalmente pulverizados apenas em função da cor da sua pele. Já falamos sobre essa resistência mais acima, mas vale notar que a proposição foi levada a tal extremo em Evergreen que ela chegou a evocar resistência de muitos negros também[113]. O mais importante a ser considerado aqui, no entanto, é que a proposta identitária considera a 'reviravolta' da hierarquia racial como justa compensação por injustiças raciais históricas e estruturais. Qualquer apelo, queixa ou contestação feitos por brancos nesse contexto são vistos,

---

[112] A única exceção a essa regra ocorre quando um negro dissente da proposta identitária. Nesse caso, ele perde sua autoridade cognitiva, mérito moral, validação emocional e acesso à simpatia de terceiros – ou seja, ele adquire o *status* inferior ao de um branco que aceita preceitos identitários.
[113] Ver a nota anterior sobre o tratamento reservado a esses dissidentes.

portanto, como moralmente injustificáveis em vista da opressão infinitamente maior à qual o povo negro foi submetido.

A questão aqui não é argumentar pela existência de um 'racismo reverso' (tratarei especificamente desse tema na próxima seção). O que quero salientar são algumas das premissas subjacentes a essa atitude, e alguns outros resultados práticos dessas premissas. Um dos pressupostos teóricos fundamentais através do qual o identitarismo enxerga a nossa realidade social é o que podemos chamar de a *primazia do político*. Dentro da proposta identitarista, *tudo é político*, o que significa dizer que todas as nossas relações e interações sociais, todos os nossos gestos e palavras, hábitos e costumes, gostos, preferências, saberes, enfim, tudo o que somos e fazemos, em última análise, reflete e manifesta *relações de poder e opressão*[114]. Essa premissa se manifesta em vários temas que tratamos mais acima, mas no caso da 'consciência racial', ela se traduz no entendimento que a relação entre negros e brancos deve ser vista sempre, primariamente, como uma *disputa de poder*. A 'consciência racial' preconizada pelo identitarismo não se trata tanto então de um reconhecimento das realidades distintas vividas por negros e brancos, mas da adoção de uma identidade *política* que busca subverter as estruturas de poder existentes. Daí que negros que não adotam essa postura política são frequentemente referidos como 'negros falsos' ou 'politicamente brancos'.

Quando colocada em prática em comunidades identitárias como Evergreen, a primazia do político frequentemente se assemelha ao que especialistas no campo da análise e resolução de conflito chamam de *mentalidade 'jogo de soma zero'*. Isso significa a tendência a ignorar a possibilidade de colaboração entre as partes de um conflito, e a achar que os ganhos de uma parte devem significar, necessariamente, perdas para a outra[115]. Rebaixar um significa elevar o outro, defender um significa atacar o outro, e

---

[114] Esse preceito teórico está relacionado às raízes pós-modernistas do identitarismo, que tendem à intepretação de que, já que todo conhecimento é socialmente construído através do poder social, a única realidade que podemos ter certeza que existe é, em última análise, o poder. Sobre o assunto, ver: Pluckrose & Lindsay (2019).
[115] Ver: Pruitt & Sung (2004).

assim por diante. Essa mentalidade está fortemente embutida em um dos princípios fundamentais do antirracismo identitário: "O *status quo* racial é confortável para a maioria dos brancos. Portanto, *qualquer coisa que mantenha o conforto branco é suspeita*"[116]. Daí que criticar a subalternização e humilhação de pessoas brancas (como ocorreu em Evergreen) é visto como uma ofensa, pois presume-se que o negro tem sempre a ganhar quando o branco está perdendo.

O sociólogo George Yancey nos alerta também que a ênfase no poder como o único fator regulando relações sociais instiga situações de conflito pois essa ênfase atua sempre como um desincentivo ao uso da persuasão moral[117]. Daí que o identitarismo dificilmente consegue evitar a ameaça, a intimidação e a pressão social como técnicas preferenciais para atingir seus objetivos – isso se torna claro tanto na sociedade identitária em Evergreen quanto nos diversos ambientes onde o identitarismo adquire influência suficiente para exercer tais pressões. Sendo o poder o fator que regula todas as relações sociais entre grupos, inevitavelmente as táticas políticas do identitarismo se voltam para o exercício do poder ao invés da argumentação e da persuasão moral. Yancey argumenta, no entanto, que embora táticas de poder possam ser eficazes em atingir objetivos de curto prazo, elas raramente são suficientes para produzir mudanças sociais duradouras. Isso porque a intimidação pode silenciar oponentes, mas ela não conquista os seus corações. Os ressentimentos gerados ao longo do caminho na sua conquista do poder podem, enfim, acabar gerando adversários fervorosos no futuro.

'RACISMO REVERSO' E ÁGAPE – UMA ALTERNATIVA PRÁTICA

Talvez nenhum termo tenha conseguido atrair tanta repugnância e aversão dos adeptos da proposta identitária quanto *'racismo reverso'*. Todos já devem ter ouvido alguém pontificar, de forma a encerrar qualquer debate sobre a questão, que *não existe racismo*

---

[116] Pluckrose & Lindsay, 2019.
[117] Yancey, 2022.

reverso. Não pretendo aqui deliberar sobre a veracidade dessa frase pois, como o leitor já deve ser capaz de discernir, ela depende inteiramente do sentido que estamos atribuindo à palavra 'racismo'. Vale apenas mencionar, novamente, que a confusão semântica é certamente um dos motivos pelos quais o debate em torno do termo se tornou especialmente tóxico. De qualquer forma, é perfeitamente possível descrever os fatos relevantes da questão sem utilizar esse termo como conceito descritivo, então é isso que vou fazer.

Antes de tratar das consequências que decorrem da posição identitária em relação a esse tema, vale tentarmos entender exatamente o motivo pelo qual o identitarismo rejeita a ideia de 'racismo reverso'. De acordo com a teoria, é impossível que negros sejam racistas contra brancos, pois o Racismo só ocorre quando existe uma estrutura de poder que permite ao preconceito se materializar em atos concretos de opressão. Como não há estruturas de poder na nossa sociedade que permitam que negros oprimam brancos, é impossível haver Racismo de negros contra brancos.

Novamente, não estou interessado na veracidade da teoria, mas apenas em suas consequências. Para isso, podemos começar com um caso hipotético (mas nem tanto). Suponhamos que alguém publique um texto dando exemplos de vários momentos em que negros discriminaram ou foram preconceituosos contra pessoas brancas. Mesmo que o texto sequer tenha utilizado o termo maldito, é praticamente impossível evitar que tal texto receba a réplica de que *'racismo reverso' não existe*. Dada a confusão semântica, há duas interpretações possíveis para essa réplica. Ou ela quer dizer que os casos de discriminação listados no texto não ocorreram e jamais poderiam ocorrer, ou ela quer dizer que, embora os casos tenham de fato ocorrido, eles não devem ser considerados 'Racismo'.

Apesar da simplicidade aparente da questão, eu mesmo já tive dificuldade em extrair claramente um desses dois significados de pessoas que enunciam a frase 'racismo reverso não existe'. Isso sugere a terceira possibilidade de que o enunciador proferiu a frase apenas como expressão de indignação moral, sem muita consciência do que está querendo dizer exatamente. Seja como for, há uma mensagem em comum que subjaz a todas essas possibilidades interpretativas: o preconceito de negros contra brancos *simplesmente não é um problema com o qual devemos nos preocupar.*

Novamente devemos reconhecer alguma validade por trás dessa mensagem. De fato, simplesmente não há comparação entre qualquer forma de discriminação que brancos tenham ocasionalmente vindo a sofrer pelo fato de serem brancos e as desvantagens históricas que o racismo impôs à população negra. No entanto, se estamos preocupados em corrigir essas desvantagens, esse fato histórico incontestável não nos exime da responsabilidade de lançar um olhar crítico sobre as atitudes fomentadas pela ideia de que o preconceito contra brancos é algo a ser ignorado e de avaliar se essas atitudes são de fato benéficas para a população negra.

Podemos começar apontando algumas tendências comportamentais que são comuns a todos os seres humanos, demonstradas por inúmeras pesquisas psicológicas. Por exemplo: as pessoas quase sempre gravitam em torno de outras pessoas que são 'parecidas' com elas. Muitas vezes elas mantêm atitudes negativas e se mostram dispostas a discriminar aqueles que aparentam ser 'diferentes'. Pessoas tendem a fazer julgamentos imediatos sobre os outros com base em como se apresentam, no contexto do encontro e em suas experiências anteriores. As pessoas naturalmente buscam informações que confirmam suas crenças anteriores e são céticas em relação a informações que desafiem essas preconcepções. Mais importante: essas são tendências universais e influenciam as percepções e interações sociais de todos os seres humanos[118].

Antes de prosseguir o argumento, vale reconhecer o óbvio: comparados a grupos socialmente desfavorecidos, grupos em posição de poder e privilégio exercem impacto muito maior na nossa sociedade quando manifestam essas tendências sociocognitivas. Isso é fato. Independentemente disso, no entanto, nada indica que *ceder* a esses impulsos de forma acrítica traga *vantagens* efetivas para os grupos e indivíduos que os cultivam, estejam eles em posições de poder ou não. Isso porque esses impulsos não apenas solapam

---

[118] Essas tendências estão documentadas no estudo de Brubaker, Loveman & Stamatov (2004) sobre a 'virada cognitiva' no estudo das etnias.

nossa capacidade de exercer raciocínios críticos e imparciais, mas também levam a hábitos socioemocionais patológicos, reduzindo nossa capacidade de construir relacionamentos colaborativos e de resolver conflitos de forma produtiva[119]. Tomar conhecimento desses impulsos, portanto, promete benefícios psicossociais a qualquer pessoa que aprende a lidar com eles de forma consciente[120].

A proposta identitária, no entanto, tende a tratar esses impulsos como patologias exclusivas a indivíduos privilegiados. Dessa forma, ela estimula indivíduos privilegiados a se manterem vigilantes contra esses impulsos e sugere que membros de grupos desfavorecidos não devem se preocupar tanto assim com eles. De forma um tanto quanto irônica, portanto, o identitarismo tende a direcionar ferramentas psicossociais potencialmente valiosíssimas para membros de grupos dominantes, ao passo que recusa (às vezes violentamente) oferecê-los para membros de grupos desfavorecidos.

Daí que Musa Al-Gharbi sugere que programas de inclusão e diversidade devam tratar o racismo, o machismo e a homofobia como instâncias particulares de tendências cognitivas mais amplas, e não como patologias exclusivas a membros de grupos específicos[121]. Essa abordagem não apenas ofereceria um caminho muito mais promissor para coibir preconceitos de membros de grupos dominantes do que obrigá-los a aceitar herméticas teorias sociológicas que os retratam como opressores irredimíveis, mas também convidaria negros e outras minorias a adquirirem hábitos e ferramentas psicológicas benéficas para sua vida social, raciocínio crítico e saúde psicológica.

Colocando de forma mais clara: há evidências o suficiente para demonstrar que o preconceito não prejudica apenas quem o sofre, mas também quem o pratica. Dizer à população negra que os seus vieses e preconceitos são algo a ser ignorado pode parecer uma forma de 'compensar' injustiças históricas, mas isso de fato não traz nenhuma vantagem concreta para essa população.

---

[119] Sowell (2019) também reflete sobre os vários custos econômicos impostos a empresas, governos e sociedades que praticam o preconceito, muito antes de se inventar avaliações de ESG.
[120] Ver: Openmind Library (2022).
[121] Al-Gharbi, 2020.

Curiosamente, apesar das pesquisas citadas acima serem relativamente recentes, nada disso é informação nova. Na verdade, os movimentos antirracistas do século XX tinham uma consciência extremamente sofisticada desse problema, e isso se manifesta de maneira absolutamente clara no pensamento do lendário líder do movimento dos Direitos Civis, o Dr. Martin Luther King – e vale aqui nos aprofundarmos um pouco na proposta de King de forma a contrastá-la com a proposta identitária.

Embora King trate desses problemas em uma clave mais espiritualista do que psicológica ou cientificista, isso não significa que suas reflexões sobre o tema sejam menos válidas ou convincentes – muito pelo contrário. King entendia que o racismo não é apenas um fenômeno sociológico ou instanciação de estruturas sociais abstratas. O racismo é uma *doença da alma*, filha do ressentimento e da falta de amor, um veneno espiritual ao qual toda a raça humana é tragicamente vulnerável. Daí que ele entendia o perigo de deixar qualquer pessoa, negra ou branca, beber desse veneno. Daí que ele entendia o amor – no sentido de *Ágape,* isto é, *caridade divina e entrega incondicional* – como a única arma efetiva no combate ao racismo[122]. Daí que ele jamais se deixou enxergar relações raciais como um jogo de soma zero e nem seu trabalho como uma disputa de poder entre negros e brancos. Daí que ele instruiu, em um discurso proferido em 5 de setembro de 1960, na Universidade de DePauw em Greencastle, Indiana, a todos os negros envolvidos na luta contra o racismo:

> Em sua luta, jamais sucumba à tentação do ressentimento. Ao pressionar por justiça, certifique-se de agir com dignidade e disciplina, usando apenas a arma do amor. Jamais permita que nenhum homem te rebaixe a ponto de odiá-lo. Jamais sucumba à tentação de usar a violência. Se você deixar que isso aconteça, você deixará às gerações não nascidas um legado de amargura e uma longa noite de caos sem sentido. Em sua luta por justiça, certifique-se que o seu objetivo não é o de derrotar ou humilhar o homem branco, mas conquistar a sua amizade e compreensão. Em cada ponto deixe claro para ele que você não deseja retribuir as injustiças que ele acumulou sobre você, que você não deseja passar de

---

[122] Sobre a filosofia do Dr. Martin Luther King, ver: Smith & Zep (1998).

uma posição de desvantagem para uma posição de vantagem sobre ele, subvertendo assim o sentido verdadeiro da justiça. Faça com que ele saiba que você está buscando democracia e justiça para você e para ele. Entenda que a supremacia negra é tão perigosa quanto a supremacia branca, e que Deus não está interessado meramente na liberdade de homens negros, marrons e amarelos. Deus está interessado na liberdade de toda a raça humana e na criação de uma sociedade onde todos possam viver juntos como irmãos, e onde todos respeitarão a dignidade e o valor de toda personalidade humana. Portanto você deve deixar claro que a sua luta é uma luta por democracia, por justiça, pela verdade e pela bondade, e que a espada purulenta da segregação é debilitante tanto para o branco quanto para o negro.

Pessoalmente, considero um escândalo que possivelmente o pensador e ativista negro mais importante dos últimos cem anos seja sistematicamente ignorado em nossos debates sobre raça e racismo. Mas é, de toda forma, compreensível. Como esse trecho mostra, seu pensamento é radicalmente antitético ao espírito que hoje domina esse debate.

Chloé Valdary é uma das poucas profissionais na área de diversidade e inclusão que busca imbuir o seu programa antirracista com o espírito do Dr. King. É desse espírito que ela extrai um dos princípios basilares do seu programa, dificilmente encontrado no ideário identitarista: *enraíze tudo o que você faz no amor e na compaixão*[123]. Isso pode soar como idealismo ingênuo para quem acredita que o poder e a opressão são as únicas forças motoras da nossa sociedade e das nossas vidas – mas *todos nós sabemos*, no íntimo dos nossos corações, que essa é uma visão cínica e demonstravelmente falsa da natureza humana. Além do mais, quem ousaria chamar Martin Luther King de idealista ingênuo? Mesmo enfrentando um inimigo mais poderoso e terrível do que o que enfrentamos hoje, seu projeto não apenas elevou de forma grandiosa a nobreza do espírito humano, mas também conquistou vitórias mais concretas e significativas do que qualquer coisa que o identitarismo tenha produzido em nosso tempo.

---

[123] Ver: Friedersdorf (2021). Recomendo explorar o trabalho de Valdary em: <www.theoryofenchantment.com>.

Sem dúvida, ensinar o amor é muito mais difícil que ensinar o ódio. Um programa como o de Chloé Valdary exige, portanto, um esforço tremendamente maior de seus clientes do que o identitarismo e sua leniência aos impulsos mais sombrios da nossa natureza. Temos, no entanto, que reconhecer que esses impulsos são reais e poderosos, e muitas vezes somos indefesos contra eles. Por isso mesmo, encerro esse tema com a exposição de um exercício prático que eu aprendi com Chloé, e que pode ser útil a todos nós nessa era furiosa em que vivemos.

Trata-se de uma estratégia que King usava para inculcar em seus seguidores o estado de espírito necessário para que suas manifestações tivessem máximo impacto em meio à sociedade racista na qual eles se encontravam. No dia antes de qualquer protesto, ele reunia seus tenentes e apoiadores e os instruía a realizar um intenso exercício de autorreflexão. Ele pedia a eles que, antes que fossem dormir, fizessem uma pergunta e respondessem com brutal honestidade: 'Eu estou cultivando qualquer tipo de ressentimento contra meus oponentes? Raiva? Nojo? Desprezo? Penso neles como se fossem algo menos que meus irmãos?'. Se a resposta fosse 'sim', ele dizia: *fique em casa*. Não saia para protestar. Hoje você não vai ajudar a causa.

... Imaginem só.

Se apenas esse exercício se tornasse mais comum antes das nossas próprias manifestações, antes das nossas críticas, antes dos juízos que fazemos uns dos outros, talvez muitas doenças da alma que assolam nossos tempos se tornariam mais escassas, inclusive – mas não apenas – o racismo.

CONCLUSÃO

Nesse texto busquei argumentar que muitos dos fenômenos que observamos em torno do debate sobre questões raciais decorrem da proliferação de um conjunto de ideias em particular que estamos chamando de identitarismo. Argumento que esse conjunto de ideias é frequentemente apresentado como a única proposta legítima para abordar essas questões, e que, ao rejeitar qualquer crítica que se faça dela como evidência de racismo, ele oferece poucas salvaguardas para a leituras extremadas dos seus preceitos.

Argumentei também que, apesar da pouquíssima liberdade oferecida para avaliar criticamente a proposta identitária, ela atingiu prestígio avassalador no cenário acadêmico, cultural, político e corporativo. Argumentei que, por servir de base para inúmeras campanhas e programas de inclusão e diversidade em várias esferas sociais, essa proposta desencadeou inúmeras consequências práticas que decorrem diretamente dos seus preceitos teóricos fundamentais. Argumentei também que muitas dessas consequências são especialmente danosas justamente para os grupos desfavorecidos que programas de diversidade e inclusão pretendem ajudar. Entre os efeitos que avalio, podemos listar:

- Autocensura prevalente que leva ao rebaixamento do debate intelectual, à desmoralização psicológica de comunidades, ao ressentimento de indivíduos censurados e à infantilização de membros de grupos desfavorecidos.
- Confusão e ambiguidade semântica que leva ao desentendimento e debates improdutivos, além de atrofiar a conotação moral por trás da palavra 'racismo'.
- Dificuldade em estabelecer metas concretas para programas de diversidade e inclusão, que muitas vezes se contentam apenas com a adoção do discurso identitário e projetos de controle da linguagem que evocam resistência e ressentimento.
- Reorientação política da causa antirracista para o ideologismo revolucionário, dificultando a formação de coalizões politicamente diversas na causa antirracista.
- Fomento ao antiassimilacionismo radical que priva populações desfavorecidas de instrumentos de ascensão social.
- Fragilização psicológica de membros de grupos desfavorecidos através da exacerbação psicológica de 'microagressões' e do incentivo a atitudes demonstravelmente contrárias às melhores práticas no tratamento da depressão e ansiedade.
-

- Fomento ao essencialismo racial, atribuindo mérito moral, autoridade cognitiva e outras características imutáveis a indivíduos com base em sua raça.
- Incentivo à mentalidade de 'jogo de soma zero' e outras atitudes propícias ao escalamento de conflitos grupais.
- Confusão entre causas e efeitos em análises sociológicas, dificultando o diagnóstico e planejamento para lidar com situações de disparidade racial.
- Incentivo a táticas de intimidação e violência em detrimento da argumentação e persuasão moral.
- Desmoralização e rebaixamento do senso de agência da população negra e de indivíduos negros.
- Subversão de processos cognitivos racionais com o propósito de 'evangelizar' brancos em uma ideologia irracional, levando à polarização e cisões comunitárias.
- Fomento ao ressentimento racial mútuo entre brancos e negros.
- Estímulo a membros de populações desfavorecidas a não empreender autorreflexões para mitigar seus preconceitos e vieses cognitivos – ignorando melhores práticas da socialização positiva e do pensamento crítico.
- Rejeição de táticas e preceitos fundamentais das lutas antirracistas bem-sucedidas do passado.

Novamente repito que as consequências práticas de um determinado conjunto de ideias estão sempre sujeitas à variação a depender dos diferentes graus de aderência dessas ideias. Seja como for, argumento aqui que quanto mais enraizada em princípios identitaristas uma iniciativa, comunidade ou organização estiver, mais elas estarão sujeitas às consequências listadas acima. Vale notar, no entanto: se existe uma diferença entre um identitarismo 'radical' e um identitarismo 'moderado' – sendo o primeiro responsável pelas consequências que listei, e o segundo não – cabe aos 'moderados' delimitar a fronteira entre os dois e explicitar exatamente onde é que os 'radicais' foram longe demais. Qualquer movimento que se recusa a denunciar os radicais em seu meio arrisca se tornar, ele próprio, um movimento radical, e coloca em risco todos os princípios que pretende defender.

Certamente as evidências que apresento e os argumentos que construo em torno delas se prestam a críticas e contestações. Não presumo, nem de longe, que esse texto seja a palavra final sobre nenhum dos temas que levantei. Sendo assim, encerro com um apelo: critiquem o que precisa ser criticado, contestem o que precisa ser contestado – nosso entendimento sobre esses temas só tem a ganhar com isso. Espero apenas que críticas venham de forma a propiciar um diálogo calcado no espírito de caridade, que contestações sejam motivadas pelo amor à verdade assim como pelo desejo de justiça, e que aqueles que venham participar da discussão busquem aprofundar nosso senso de irmandade e humanidade em comum.

Eu posso estar errado sobre todo o resto, mas *não podemos nos deixar acreditar* que esse apelo seja algo impossível. Se deixarmos, estamos todos perdidos.

REFERÊNCIAS

Al-Gharbi, M. "Microaggressions: Strong Claims, Inadequate Evidence". *Heterodox Academy*, 2017.

_____. "'Diversity Training' Doesn't Work. This Might". *Heterodox Academy*, 2020.

Almeida, S. *Racismo Estrutural*. São Paulo: Editora Jandaíra, 2019.

Anderson, K. F. "Diagnosing Discrimination: Stress from Perceived Racism and the Mental and Physical Health Effects". *Sociological Inquiry*, 2012.

Ballinger, T., & Crocker, J. "Understanding Whites' Perceptions of Multicultural Policies: A (Non)Zero-Sum Framework?". *Journal of Personality and Social Psychology: Interpersonal Relations and Group Processes*, 2020.

Bastian, R. "Microaggressions: Good intent is not good enough". *Forbes*, 2019.

BBC. "Dia da Consciência Negra: 10 expressões do português que geram controvérsia sobre racismo". *BBC*, 2021.

Benedetti, K. S. *A Falácia Socioconstrutivista: por que os alunos brasileiros deixaram de aprender a ler e escrever*. Kírion, 2020.

Bergner, D. "'White Fragility' Is Everywhere. But Does Antiracism Training Work?". *The New York Times*, 2021.

Bethônico, T. "Entenda o que é ESG e por que a sigla virou febre no mundo dos negócios". *Folha de S. Paulo*, 2021.

Boghossian, P., & Lindsay, J. *How to Have Impossible Conversations: A Very Practical Guide*. Da Capo Lifelong Books, 2019.

Brubaker, R.; Loveman, M. & Stamatov, P. "Ethnicity as cognition". *Theory and Society*, 2004.

Calixto, R. "As ferramentas do sinhô nunca vão derrubar a casa grande: análise discursiva de uma tradução marginal". *Íkala*, 2021.

Cammack, S. *The Evergreen Affair: A Social Justice Society*. Chicago: Univeristy of Chicago, 2020.

Campbell, B. "Diversity Training and Moral Education". *Minding the Campus*, 20 de novembro de 2020.

Cooley, E.; Brown-Iannuzzi, L. J.; Lei, R. F. & Cipolli, W. "Complex intersections of race and class: Among social liberals, learning about White privilege reduces sympathy, increases blame, and decreases external attributions for White people struggling with poverty". *Journal of Experimental Psychology: General*, 2019.

Cruz, P. "Roda Viva: respondendo às minhas próprias perguntas". *Gazeta do Povo*, 2020.

_____. "A famigerada 'consciência negra'". *Gazeta do Povo*, 2021.

Dobbin, F. & Kalev, A. "Why Doesn't Diversity Training Work? The Challenge for Industry and Academia". *Uncommon Sense*, 2018, p. 58-55.

Dobbin, F.; Schrage, D. & Kalev, A. "Rage against the Iron Cage: The Varied Effects of Bureaucratic Personnel Reforms on Diversity". *American Sociological Review*, 2015.

Doubek, J. "Linguist John McWhorter Says 'White Fragility' Is Condescending Toward Black People". *NPR.org*, 2020.

Douthat, R.; Hughes, C.; Yang, W. & Salam, R. *The Successor Ideology*. YouTube, 6/8/2020. Disponível em: <https://www.youtube.com/watch?v=T-IU0zRiS-U&t=2s>.

Downs, K. "When black death goes viral, it can trigger PTSD-like trauma". *PBS*, 2016.

Duarte, J.; Crawford, J.; Stern, C.; Haidt, J.; Jussim, L. & Tetlock, P. "Political diversity will improve social psychological science". *Behavioral and Brain Sciences*, 2015.

Ekins, E. "The state of free speech and tolerance in America". *CATO Institute*, 2017.

Ely, R. J.; Meyerson, D. & Davidson, M. N. "Rethinking Political Correctness". *Harvard Business Review*, 2006.

Felson, R. B. "Blame Analysis: Accounting for the Behavior of Protected Groups". *The American Sociologist*, 1991.

Folz, C. "No Evidence That Training Prevents Harassment, Finds EEOC Task Force". *HR NEWS*, 2016.

Friedersdorf, C. "Can Chloé Valdary Sell Skeptics on DEI?". *The Atlantic*, 2021.

Goldberg, Z. "How the Media Led the Great Racial Awakening". *Tablet*, 4/8/2020. Disponível em: <https://www.tabletmag.com/sections/news/articles/media-great-racial-awakening>.

Graso, M.; Reyolds, T. & Grover, S. L. "Allegations of mistreatment in an era of harm avoidance: taboos, challenges, and implications for management". *Academy of Management Perspectives*, 2020.

Haidt, J. "The Unwisest Idea on Campus: Commentary on Lilienfeld". *Perspectives on Psychological Science*, 2017.

Hughes, C.; Loury, G. & Barnes, M. *The Problem of Race: Glenn Loury and Coleman Hughes*. YouTube, 2020. Disponível em: <https://www.youtube.com/watch?v=hkYlSHnaKVM>.

Jack, D. C. *Silencing the Self: Women and Depression*. Cambridge, MA: Harvard University Press, 1991.

Jack, D. & Ali, A. *Silencing the Self across Cultures: Depression and Gender in the Social World*. Nova York: Oxford University Press, 2010.

Jones, O. "Woke-washing: how brands are cashing in on the culture wars". *The Guardian*, 2019.

Kalev, A.; Dobbin, F. & Kelly, E. "Best Practices or Best Guesses? Assessing the Efficacy of Corporate Affirmative Action and Diversity Policies". *American Sociological Review*, 2006.

Kaufmann, E. "Liberal Fundamentalism: A Sociology of Wokeness". *American Affairs*, 2020.

_____. "The Social Construction of Racism in the United States". *Manhattan Institute*, 2021.

Kertscher, T. & Sherman, A. "Ask PolitiFact: Does Black Lives Matter aim to destroy the nuclear family?". *Politifact*, 28/8/2020.

Koop, C. "Smithsonian museum apologizes for saying hard work, rational thought is 'white culture'". *Miami Herald*, 2020.

Krauss, R. M. & Morsella, E. "Communication and conflict". In: M. Deustch; P. T. Coleman & M. E. C., *The handbook of conflict resolution: Theory and practice*. San Francisco: Jossey-Bass, 2006.

Kuran, T. *Private Truths, Public Lies: The Social Consequences of Preference Falsification*. Cambridge, Massachusetts: Harvard University Press, 1997.

Leonard, W. Y. (2021). Toward an Anti-Racist Linguistic Anthropology: An Indigenous Response to White Supremacy. *Journal of Linguistic Anthropology*.

Lilienfeld, S. O. "Microaggressions: Strong Claims, Inadequate Evidence". *Perspectives on Psychological Science*, 2017.

_____. "Microaggression Research and Application: Clarifications, Corrections, and Common Ground". *Perspectives on Psychological Science*, 2020.

Lindsay, J. (2020a). "Critical Pedagogy". *New Discourses*, 2020.

Lindsay, J. (2020b). "Whiteness". *New Discourses*, 2020.

Lorde, A. "The Master's Tools Will Never Dismantle the Master's House". In: A. Lorde, *Sister Outsider: Essays and Speeches by Audre Lorde.* Berkeley: Crossing Press, 1984.

Loury, G. "Barriers To Black Progress: Structural, Cultural, Or Both?". YouTube, 2019. Disponível em: <https://www.youtube.com/watch?v=rzOApVTfT48&t=1201s>.

Loury, G. & McWhorter, J. Systemic Racism vs. Racial Inequities. YouTube, 2021. Disponível em: <https://www.youtube.com/watch?v=gjoL7ZOqCK8>.

Lukianoff, G. & Haidt, J. *The Coddling of the American Mind: How Good Intentions and Bad Ideas are Setting Up a Generation for Failure.* Penguin Press, 2018.

Maranto, R.; Redding, R. E. & Hess, F. M. "The PC Academy Debate: Questions Not Asked". In: *The Politically Correct University: Problems, Scope, and Reforms.* Washington, D.C.: The AEI Press, 2009.

Martin, C. "How Ideology Has Hindered Sociological Insight". *The American Sociologist*, 2015.

McWhorter, J. *Woke Racism: How a new religion has betrayed black america.* Penguin, 2021.

Miller, J. R. "BLM site removes page on 'nuclear family structure' amid NFL vet's criticism". *New York Post*, 24/9/2020.

Morgan Freeman e o Mês da Consciência Negra (legendado). YouTube. Disponível em: <https://www.youtube.com/watch?v=Amlosa7Lpnc>.

Murray, D. *A Loucura das Massas: Gênero, Raça e Identidade.* Rio de Janeiro: Record, 2021.

Nayna, M. (2019a). "PART ONE: Bret Weinstein, Heather Heying & the Evergreen Equity Council". YouTube, 2019. Disponível em: <https://www.youtube.com/watch?v=FH2WeWgcSMk&t=250s>.

_____. (2019b). "PART THREE: The Hunted Individual". YouTube, 2019. Disponível em: <https://www.youtube.com/watch?v=2vyBLCqyUes&t=0s>.

Nayna, M. (2019c). "PART TWO: Teaching to Transgress". YouTube, 2019. Disponível em: <https://www.youtube.com/watch?v=A0W-9QbkX8Cs&t=152s>.

Openmind Library. *"Lesson 1: Explore the inner workings of the mind".*

Openmind.org., 2022. Disponível em: <https://openmindplatform.org/library/explore-the-inner-workings-of-the-mind/>.

Ortiz-Lytle, C. "Northwestern University's interim dean admits to being a 'racist' during digital town hall". *Washington Examiner*, 2020.

Padiglione, C. "Fábio Porchat encabeça campanha pela desconstrução do racismo". *Folha de S. Paulo*, 2020.

Paluck, E. L. & Green, D. P. "Prejudice Reduction: What Works? A Review and Assessment of Research and Practice". *Anual Review of Psychology*, 2009.

Parenti, C. "The First Privilege Walk". *Nonsite.org*, 2021.

Pascoe, E. A. & Richman, L. S. "Perceived Discrimination and Health: A Meta-Analytic Review". *Psycho Bull*, 2009.

Patrick, B. C.; Stockbridge, S.; Roosa, H. V. & Edelson, J. S. "Self-silencing in school: failures in student autonomy and teacher-student relatedness". *Social Psychology of Education*, 2019.

Pluckrose, H. & Lindsay, J. "The Influence of Anti-Racist Scholarship-Activism on Evergreen College". *Areo*, 20/1/2019.

_____. *Teorias Cínicas: Como a Academia e o Ativismo Tornam Raça, Gênero e Identidade o Centro de Tudo – E por queIsso Prejudica Todos*. São Paulo: Avis Rara, 2021..

Poder360. "Campanha da Bodytech sobre racismo é criticada nas redes". *Poder360*, 2022.

Pruitt, D. G. & Sung, K. *Social Conflict: Escalation, Stalemate and Settlement*. New York: McGraw-Hill, 2004.

Ramaswamy, V. *Woke, Inc.: Inside Corporate America's Social Justice Scam*. Center Street, 2021.

Ribeiro, D. *Pequeno Manual Antirracista*. São Paulo: Companhia das Letras, 2019.

Rocha, R. *Quando Ninguém Educa: Questionando Paulo Freire*. São Paulo: Editora Contexto, 2017.

Rosenkranz, N. Q. "Intellectual Diversity in the Legal Academy". *Harvard Journal of Law and Public Policy*, 2014.

Sensoy, Ö. & DiAngelo, R. *Is Everyone Really Equal?: An Introduction to Key Concepts in Social Justice Education*. Teachers College Press, 2017.

Shackel, N. "The Vacuity of Postmodernist Methodology". *Metaphilosophy*, 2005.

Smith, E. *A Critique of Anti-racism in Rhetoric and Composition.* LEX, 2021.

Smith, K. L. & Zepp, I. G. *Search for the Beloved Community: The Thinking of Martin Luther King Jr.* Judson Press, 1998.

Snyder, B. K. *Undoctrinate: How politicized classrooms harm kids and ruin schools – and what we can do about it.* Bombardier Books, 2021.

Soave, R. *Panic attack: Young radicals in the age of Trump.* All Points Books, 2019.

Sowell, T. *The Vision of the Anointed: Self-Congratulation as a Basis for Social Policy.* Basic Books, 1995.

_____. *Intellectuals and Race.* Basic Books, 2013.

_____. *Discrimination and Disparities.* Basic Books, 2019.

Sue, D. W. "Microaggressions and 'Evidence': Empirical or Experiential Reality?" *Perspectives on Psychological Science*, 2017.

Sue, D. W.; Capodilupo, C. M.; Torino, G. C.; Bucceri, J. M.; Holder, A.; Nadal, K. L. & Esquilin, M. "Racial microaggressions in everyday life: Implications for clinical practice". *American Psychologist*, 2007.

Valdary, C. "Black People Are Far More Powerful Than Critical Race Theory Preaches". *Newsweek*, 2021.

Voegelin, E. "Revolutionary Existence: Bakunin". In: E. Voegelin, *From Enlightenment to Revolution.* Durham: Duke University Press, 1975.

Weinstein, E. *Thoughts on the Science Shutdown.* YouTube, 2021. Disponível em: <https://www.youtube.com/watch?v=EQjBZVssr1I&t=1s>.

Williams, M. T. "Microaggressions: Clarification, Evidence, and Impact". *Perspectives on Psychological Science*, 2020.

Yancey, G. "Breaking up Fights and Race Relations". *Patheos*, 2022.

Yglesias, M. "The Great Awokening". *Vox*, 1/4/2019.

16

TERRORISMO RACISTA & "RACISMO ESTRUTURAL"

Bruna Frascolla e Flávio Gordon

CRÍTICA NÃO EXAUSTIVA DO LIVRO *RACISMO ESTRUTURAL*, DE SILVIO ALMEIDA*

O brasileiro está sendo pressionado a aceitar uma nova definição de racismo, segundo a qual os brancos são sempre opressores, os negros são sempre vítimas, e todo mundo é preto ou branco. A primeira a popularizar a ideia foi Djamila Ribeiro, cujos livros já critiquei (vide Capítulo 12). Nesse novo conceito, racismo aparece com o sobrenome estrutural. Seu proponente no Brasil é Silvio Almeida, um acadêmico egresso da USP. Se Djamila Ribeiro é apenas uma mestre em filosofia, Silvio Almeida tem pós-doutorado em Direito e chegou a ministrar cursos num departamento de *grievance studies* na Duke University. Ou seja: se Djamila Ribeiro tem credenciais apenas para ser usada em RHs lacradores, Silvio Almeida tem credenciais acadêmicas bastantes para ser citado como autoridade pelo STF e por legisladores progressistas. Por isso mesmo é necessário que alguém leia o seu livro *Racismo Estrutural* (Jandaíra, 2021) e o critique.

Antes de começarmos, porém, queria deixar claro que temos bases morais antecedentes a todo trabalho acadêmico para rechaçar essa nova definição de racismo. Se dissermos que só os pertencentes a grupos pobres e oprimidos podem ser vítimas dos racistas, então o ódio dirigido contra os judeus alemães antes de 1933 não pode ser chamado de racismo, já que os grandes banqueiros eram judeus e a classe média urbana era cheia de judeus também. Com esse tipo de definição, Hitler não era racista quando redigia o *Mein*

---

* Artigo de Bruna Frascolla, publicado na *Gazeta do Povo*, 6/4/2022.

Kampf, porque era um pobre presidiário espoliado pelo sistema financeiro que escrevia contra a raça dos banqueiros. Simples assim. Logo, não devemos crer nas boas intenções de quem nos proponha esse novo conceito, já que ele serve para limpar a barra de Hitler (e seus imitadores) antes de Hitler (e seus imitadores) chegar ao poder. E bom, depois de chegar ao poder, quem liga para a barra suja ou limpa?

O racismo é normal

O livro de Silvio Almeida é um esforço para normalizar o racismo. Logo na Introdução (p. 21), afirma que "o racismo é a manifestação normal de uma sociedade, e não um fenômeno patológico ou que expressa um tipo de anormalidade". Por isso, todo racismo é estrutural, e um livro sobre racismo estrutural é, na verdade, um livro sobre teoria política. Assim, esse livro sobre racismo trata de política, direito e economia.

Uma coisa que resta inexplicada e sem sentido é como toda sociedade é racista, já que, segundo o próprio Silvio Almeida, "a noção de raça como referência a distintas categorias de seres humanos é um fenômeno da modernidade que remonta aos meados do século XVI" (p. 24). Se essa noção tiver surgido na modernidade, a consequência lógica é que as sociedades pré-modernas não podem ser racistas.

A depender da noção de racismo que tenhamos, é uma evidente falsidade. Se for como o senso comum, é evidente que os povos pré-modernos são racistas, já que tribos escravizam quem não é do seu sangue, e pais não entregam as filhas a homens de qualquer procedência. Lévi-Strauss vê no racismo moderno o resgate do etnocentrismo tribal. Assim, indo no sentido histórico, é uma tautologia dizer que o racismo moderno é moderno, porque se não fosse moderno não seria racismo, mas etnocentrismo.

O que é o racismo, nesse sentido histórico? É o mesmo que racismo científico, a doutrina que estourou no século XIX e só deixou o palco da academia, envergonhada, no pós-guerra. Essa doutrina tem, de fato, suas origens na Modernidade: quando as Grandes

Navegações descobriram índios, popularizou-se na Cristandade a heresia do preadamitismo, isto é, a crença de que existiram os homens pré-adamitas (anteriores a Adão), e de que a Criação não era una. Os índios não eram filhos de Adão; a Humanidade não era uma só família. A Igreja fazia churrasco com esse pessoal. Veio Lutero – sempre os alemães – e essa heresia pôde ser livremente afirmada entre os protestantes. Enquanto a Igreja se achava na obrigação de batizar os índios e os "etíopes" (os negros), pois todos eram igualmente humanos e filhos de Adão, os protestantes não tinham nenhum compromisso com os peles-vermelhas. Abria-se pela primeira vez na História a possibilidade de olhar bem para um homem assustado e perguntar se ele é realmente humano.

Negação da humanidade

Os nazistas levaram isso ao extremo. Vejam bem: é necessária, biologicamente, a capacidade de reconhecer um membro da espécie humana. Não daria para um homem tribal olhar para o de uma tribo inimiga e se perguntar se ele é um homem ou uma arara, sem saber se ele tem as mesmas capacidades de saquear e estuprar que os homens têm e as araras não. Só depois do nazismo filósofos colaboracionistas passaram a dizer que "não existe natureza humana", como mostrei noutro artigo[124].

Pois bem: Silvio Almeida faz parte do distinto time. Segundo ele, "Falar de como a ideia de raça ganha relevância social demanda a compreensão de como o homem foi construído pela filosofia moderna. A noção de homem, que para nós soa quase intuitiva, não é tão óbvia quanto parece: é, na verdade, um dos produtos mais bem-acabados da história moderna e exigiu uma sofisticada e complexa construção filosófica" (p. 25). Isso é uma balela. A noção de homem é intuitiva, e, pelo amor de deus, não é uma invenção da modernidade. Não precisamos nem falar da força milenar do cristianismo, pois a noção de Homem já está presente na parte

---
[124] "A concepção nazista da humanidade vem obtendo sucesso", publicado em 7/3/2022.

hebraica da Bíblia e na filosofia grega (por mais que Heidegger se empenhe em distorcê-la).

Silvio Almeida ignora o cristianismo e diz que a noção de universalidade humana foi inventada no século XVIII: "As revoluções inglesas, a americana e a francesa foram o ápice de um processo de reorganização do mundo, de uma longa e brutal transição das sociedades feudais para uma transição para a sociedade capitalista em que a composição filosófica do homem universal [...] e da razão universal mostrou-se fundamental para a vitória da civilização" (p. 26). Esse senhor precisa ser comunicado da existência de Tomás de Aquino e de sua importância na Idade Média.

Daí para a frente, o que ele faz é repetir a lenga-lenga segundo a qual o homem universal é uma invenção europeia e portanto o homem universal é, na verdade, um branco. Ele chega a dizer que a Revolução Haitiana era iluminista e liberal, e não reconhecia todos os indivíduos como seres humanos. Essa conversa é para lá de esquisita, e a fonte apontada por ele sem maiores explicações é *A Contra-História do Liberalismo*, de Domenico Losurdo, um historiador heideggeriano que se diz marxista nietzschiano e é notório por seu revisionismo pró-Stálin, bem como por sua relativização do Holocausto.

Conceitos para lá de esquisitos

Noves fora um ataque ao Iluminismo ou outro, tudo se passa como se o mundo fosse todo ele protestante e surgido no século XIX. É possível pegar mil referências protestantes à inferioridade intrínseca dos não brancos, porque – tcharam! – os protestantes não são católicos. O colonialismo britânico era racista e esteve atrelado ao florescimento do racismo científico. O fato de o Brasil ter sido colonizado pelo bastião da Contrarreforma, muito antes do colonialismo inglês, não é levado em conta. Aí fica fácil provar que o mundo todo é racista, já que você limitou o mundo ao mundo racista. O fato de ele não atentar ao Brasil é tão gritante que ele chama (à página 53) os latinos de minoria. Bem se vê que sua sede de pensamento são os Estados Unidos, e não o Brasil.

Se Silvio Almeida se limitasse a acusar os racistas de racismo, menos mal. Mas, como sabemos desde o princípio, ele adultera o conceito de racismo.

Vimos já que ele tirou o conceito de homem. Em seu lugar, aparece somente o de sujeito, que é totalmente construído e nada natural: "é no interior das regras institucionais que os indivíduos se tornam sujeitos, visto que suas ações e seus comportamentos são inseridos em um conjunto de significados previamente estabelecidos pela estrutura social. Assim, as instituições moldam o comportamento humano [sic], tanto do ponto de vista das decisões e do cálculo racional, como dos sentimentos e referências" (p. 39). Acrescentei o sic porque ele se esqueceu de abolir a expressão do vocabulário e trocá-la por "das pessoas", como fazem os progressistas. Não existe humanidade; existem indivíduos desprovidos de natureza que são *tabulae rasae* a serem moldadas pelas instituições. Assim, não é de admirar que esses acadêmicos sejam obcecados por poder institucional. Ainda mais no Direito, que, ao contrário das Ciências Sociais, não está obrigado a levar em conta consequências não intencionais. Nessa visão, consequência não intencional não existe, e é um escândalo que isso seja levado a sério fora das faculdades de Direito.

Assim sendo, por que os homens têm raça? Por pura e simples construção social: "O negro é um produto do racismo, 'sobredeterminado pelo exterior'", lemos à página 77. Na 31, lemos que "não há nada na realidade natural que corresponda ao conceito de raça. Os eventos da Segunda Guerra Mundial e o genocídio perpetrado pela Alemanha nazista reforçam o fato de que a raça é um elemento essencialmente político, sem qualquer sentido fora do âmbito socioantropológico". Entre chamar o racismo científico de pseudociência e de delírio coletivo há uma distância. Mas se não há nada de biológico por detrás de alguns homens serem negros e outros judeus, então por que não deveríamos nos empenhar em jogar fora o conceito de raça?

No longo prazo, ele simplesmente não responde. Tendo em vista o curto prazo, é por causa do racismo estrutural.

Todo mundo é racista

Na seção "Preconceito, racismo e discriminação", aprendemos que aquilo que o Código Penal chama de crime de racismo é, para ele, "discriminação direta". "Discriminação indireta" é quando fazemos um processo seletivo que ignora a cor do candidato. Isso é racismo porque negligencia o racismo estrutural que impede o negro de se sair melhor. Se aplicarmos a *colorblindness*, Silvio Almeida tem certeza de que os negros se sairão pior, e por isso é racismo ignorar a raça. Por isso é preciso ter a "discriminação positiva", feita para combater os males do racismo estrutural, que afinal é o único tipo de racismo que existe, já que o racismo é estrutural. Aquilo que chamamos de racismo normalmente é, para ele, "discriminação".

Ou seja, no fim todo mundo é racista, sobretudo quando não pensa em raça, e tem a obrigação de ficar discriminando racialmente o tempo inteiro, porque raça não existe e é socialmente construída. Faz sentido? Não faz!

Meio mundo é nazista, menos Schmitt

Aprendemos ainda que "o Estado moderno ou é o Estado racista – casos da Alemanha nazista, da África do Sul antes de 1994 e dos Estados Unidos antes de 1963 –, ou Estado racial – determinados [sic] estruturalmente pela classificação racial –, não havendo terceira opção" (p. 87). Todo esse pensamento racial do Estado é absolutamente estranho a Marx e à experiência soviética. Para afastá-lo mais ainda do marxismo, lemos que "o Estado é de classe, mas não de uma classe, salvo em condições excepcionais e de profunda anormalidade. Em uma sociedade dividida em classes e grupos sociais [leia-se: raças], o Estado aparece como a unidade possível, em uma vinculação que se vale de mecanismos repressivos e material-ideológicos" (p. 96). Isso é antimarxista em todos os sentidos possíveis. Para Marx, o Estado é a ditadura da burguesia e deve haver uma Revolução para transformá-lo em ditadura do proletariado; depois disso, o Estado iria fenecer e o mundo viveria num paraíso terrestre. Para Lênin, o Estado deveria ser do Partido, e de heterogêneo não teria nada.

O Estado todo-poderoso como unificador de forças heterogêneas foi proposto por Mussolini. De fato, o livro termina apontando para esse tipo de ideal, e seu último parágrafo é: "A superação do racismo passa pela reflexão sobre as formas de sociabilidade que não se alimentem de uma lógica de conflitos, contradições e antagonismos sociais que no máximo podem ser mantidos sob controle, mas nunca resolvidos. Todavia, a busca por uma nova economia e por formas alternativas de organização é tarefa impossível sem que o racismo e outras formas de discriminação [leia-se: machismo, homofobia, etc.] sejam compreendidas como parte essencial dos processos de exploração e opressão que se quer transformar" (p. 207-208). O livro todo não fala de fim da propriedade privada, nem de fim do Estado. Quer uma mudança na economia e nas leis.

Depois de denunciar todo universalismo humano como racista, e até dizer que "a modernização é racista" (p. 193), Silvio Almeida reproduz as ideias do jurista Carl Schmitt. Reconheci as ideias à página 134, na seção "O direito como poder". Reconheci porque me interesso pela história intelectual do nazismo e Carl Schmitt é o jurista do nazismo. Fui olhar a referência daquelas ideias na nota, e lá estava o dito cujo. Avanço mais duas páginas e vejo que a concepção do direito como poder merece críticas – ufa! – mas só por ser vaga. Carl Schmitt ele não chama de nazista.

Em vez de Sowell, eugenista sueco

Por fim, vejamos como as escolhas bibliográficas de Silvio Almeida revelam suas preferências políticas. A única coisa que ele elogia em toda a História recente são as políticas afirmativas dos Estados Unidos e a campanha dos direitos civis (ignorando a *colorblindness* de Luther King). Dentre os interessados pelo tema, até as pedras sabem que esse é um objeto de crítica de Thomas Sowell. Ele é contra o Bem-Estar Social defendido pelo movimento dos direitos civis e atribui a ele a miséria dos negros norte-americanos. Ele é contra as ações afirmativas, porque botam os negros sempre como os piores da sala. Legislador, Silvio Almeida não está nem um pouco interessado pelo estado de coisas dos negros norte-americanos.

Em vez de citar Sowell, que está aí vivo, publicando e cheio de dados, à página 156 vemos que Silvio Almeida prefere um trabalho de 1944 para dar conta do negro de lá. É *The American Dilemma*, do eugenista sueco Gunnar Myrdal, entusiasta das esterilizações compulsórias em seu próprio país[125]. A obra defende a redução populacional dos negros e lastima que os norte-americanos sejam em geral contrários à esterilização compulsória.

Ao tratar da "periferia do capital, formada em sua maioria por negros e indígenas", Silvio Almeida alega ser duvidoso que seja "possível um modelo desenvolvimentista sem o racismo" (p. 194-195), e ao mesmo tempo alega ser um marxista. Em Gana, o comunista Nkrumah destruiu a economia agrícola em prol de uma modernização desenvolvimentista e industrializadora. Ela era racista? Comunistas continuam idolatrando Nkrumah a despeito da fome. É de admirar que Silvio Almeida ignore o célebre ditador-filósofo Nkrumah e escolha elogiar os Estados Unidos, eugenistas inclusos.

As ideias de Silvio Almeida não são boas para o Brasil, e os legisladores não devem manchar suas reputações deixando de se opor a elas.

A TESE DO RACISMO ESTRUTURAL SERVE PARA ACOBERTAR CRIMES DE ÓDIO[*]

Este mês houve um atentado no metrô de Nova York. Frank James vestiu uma máscara de gás, lançou granadas de fumaça e saiu tiroteando a esmo. Colocara também explosivos, que por sorte não detonaram. A polícia o prendeu com certa facilidade. E com certa facilidade a imprensa o escondeu. Afinal, Frank James era um terro-

---

[125] Como mostrei no artigo "A eugenia ignorada de Gunnar Myrdal, idealizador do Estado de Bem-Estar Social", publicado no dia 8/4/2022, Myrdal planejou eficazmente a redução populacional dos negros dos EUA.
[*] Artigo de Bruna Frascolla, publicado na *Gazeta do Povo*, 20/4/2022.

rista negro racialmente motivado. Tinha uma vida *online* bem agitada: pedia ao *"black Jesus"* a morte de todos os *whiteys* (branquelos), reclamava que aquela juíza negra indicada para a Suprema Corte era casada com um branco, defendia que o povo negro não deveria ter nenhum contato com o povo branco. Uma flor de pessoa. O *New York Times*[126] limitou-se a chamar de "material perturbador" e informar que Frank James estava "abertamente preocupado com raça e violência" – uma descrição que pode ser aplicada a qualquer um que se interesse pelas tensões raciais nos EUA.

Nas condições normais de temperatura e pressão, essa seria uma baita pauta. Mas eu, você, a torcida do Flamengo, Roberto Carlos e as baleias sabemos que esse é um fenômeno que não cabe direito na pseudorrealidade que a corporação jornalística gosta de apresentar. Nela, negros são criaturas passivas, vítimas quase eternas que só agora resolveram pedir cota racial. O racismo é sempre culpa do branco – este, sim, é visto como um agente moral capaz. Como um ser humano pleno, na verdade. Negros são vistos como algo menos que isso, mas numa época em que se coloca bicho acima de gente, essa inferioridade tácita é tida por boa coisa.

Qualquer ser humano de bem sabe que os negros são tão gente quanto os brancos. Que, portanto, se um branco é capaz de ser racista, um negro também é – ainda mais numa sociedade racializada como a dos Estados Unidos, e ainda mais com a propaganda progressista incitando ódio dos negros aos brancos.

Precedentes com o terrorismo Antifa

Um dos primeiros a levantar o material extremista de Frank James foi o jornalista independente Andy Ngô – uma figurinha carimbada nas celeumas de terrorismo progressista na América anglófona. Por acaso ele é *gay*, ateu e filho de imigrantes vietnamitas. Mas sua especialização na cobertura dos Antifa e BLM faz com que ele seja tratado como muito conservador e até supremacista

---

[126] "The shooting suspect left troubling videos online", *New York Times*, 12/4/2022.

branco. Os Antifa já conseguiram pegá-lo em 2019: socaram-no, chutaram-no e jogaram na cabeça dele pelo menos um dos seus "*milkshakes*": copos descartáveis cheios de cimento de secagem rápida. Ficou desacordado e foi parar no hospital com hemorragia interna na cabeça. Ninguém foi preso e o governo não atende à sua demanda de considerar o Antifa um grupo terrorista. Eu, você, a torcida do Flamengo, Roberto e as baleias sabemos que isso também seria uma baita pauta.

Se você botar no Google Andy Ngô e *milkshake*, o primeiro resultado que aparecerá tem o título: "Como um *troll* de direita demonizou os Antifa para a mídia comum". O próprio resultado da busca desmente o sucesso de Ngô perante a mídia comum. A matéria da *Rolling Stone* alega que ele manipulou a imprensa e que os Antifa só jogam *milkshakes* comuns. Para encontrar alguma solidariedade, só acrescentando "hemorrhage" na pesquisa. Aí encontramos – bem abaixo da matéria da *Rolling Stone*, que segue no topo – o editorial do *Wall Street Journal* (do dia 1/7/2019) condenando a violência sofrida por ele.

Falemos português claro: o *establishment* progressista – que inclui imprensa, governos e setores do Judiciário – quer que gente como Andy Ngô morra. E quer isso exatamente porque apoia as ideologias violentas denunciadas.

O affair Risério na *Folha*

Este ano Antonio Risério causou celeuma na *Folha* por escrever que negros podem ser racistas, que o identitarismo fomenta o racismo negro, que negros identitários têm histórico de antissemitismo e agora se voltam contra orientais, que a imprensa, ela própria identitária, acoberta esse racismo. Seguiu-se toda uma polêmica na qual o autor não pôde se defender. A *Folha* dizia a Risério que a polêmica estava encerrada e por isso não publicaria sua resposta intitulada "Sem medo de cara feia", mas ao mesmo tempo seguia publicando artigos contra ele. Teve até motim de jornalistas da *Folha*, que fizeram um abaixo-assinado contra o fato de o jornal \ publicar textos de Risério, Narloch e Magnoli – todos críticos desse neorracismo.

O *scholar* Thiago Amparo, colunista identitário que se investe como negro e *gay* oficial da *Folha*, fez um artigo relatando suas sensações relativas ao sistema digestivo, em vez de argumentar. Resumiu bem o nível do debate. Foi todo aquele dramalhão, chantagem emocional, acusação de racismo, etc. E nada de esforço para provar que os exemplos apontados por Risério eram falsos. Mas o pior é que, mesmo sendo verdadeiros, todo esse pessoal trabalha com o conceito de racismo estrutural, que impossibilita chamar tais casos de racismo (porque não é estrutural). A teoria crítica da raça (também conhecida pela sigla em inglês CRT) não nega a possibilidade factual de um negro antibranco assassinar um branco. Nega a possibilidade lógica de isso ser considerado racismo, porque racismo é "relação de poder", é "estrutural", etc. No Brasil, o bispo da igrejinha da CRT é Silvio Almeida, que já critiquei acima.

Com esse caso de Frank James, a turma estilo *Folha* tem, na prática, duas opções: noticiar como "caso raro" de *extremismo* negro (para não falar *racismo*) ou não noticiar. A primeira opção implicaria o debate. O debate os forçaria a reconhecer publicamente que seu novo conceito de racismo é feito sob medida para absolver terroristas como Frank James. Além disso, a exposição de suas postagens mostraria algumas teses recebidas com naturalidade pela imprensa lacradora, tal como a condenação de "casamentos inter-raciais". Em terras tupiniquins, temos visto isso com a expressão "solidão da mulher negra"*[127]: as manas, chatas feito o diabo, não arranjariam marido porque as brancas estariam levando os negros todos. Assim, os negros têm a obrigação moral de casar com negras e os recalcitrantes são chamados de "palmiteiros"**[128]. O UOL tem um artigo todo didático explicando, mas eu posso resumir: é o homem que casa ou namora sério com um palmito, ou seja, uma mulher branca.

O pensamento do terrorista Frank James é pouco distinguível dessa turma muito boazinha que infesta redações e universidades, que vive apontando o dedo para os outros, chamando-os de extre-

---

[127] "Solidão da mulher negra: entenda o termo usado após choro de Natália no BBB", UOL, 27/1/2022.
[128] Cf. "O que é palmitar? Entenda termo que se usa para casais inter-raciais", UOL, 29/7/2019.

mistas, fascistas e racistas. Que falta faz um espelho! Frank James providenciou-o.

Se a conduta da *Folha* com Risério não tivesse mostrado sua falta de seriedade, eu escreveria o seguinte para Thiago Amparo e cada um dos jornalistas que fizeram um abaixo-assinado contra Risério:

A CARTA QUE NÃO MANDEI PARA A *FOLHA*

Descrições não têm o poder de alterar o estado de coisas. Se digo que nenhum negro é capaz de cometer racismo, esta é uma afirmação passível de refutação. É verdade que há, contra isso, um certo expediente malandro: a redefinição de termos ao gosto do sofista. Se um indivíduo negro tiver cometido um crime de ódio racial, o sofista motivado poderá dizer que o indivíduo não era negro, porque negros não cometem crimes de ódio racial, ou então que cometer crime de ódio racial não faz de ninguém um racista.

Assim, à luz do atentado terrorista no metrô de Nova York perpetrado por Frank James, quero saber dos senhores qual é a descrição ou explicação do fato. Primeiro, é patente que o indivíduo tem melanina mais que suficiente para passar por um tribunal racial brasileiro sem problemas. Nos Estados Unidos, onde uma gota faz um negro, é impossível negar-lhe a caracterização de negro. Segundo, sabe-se que Frank James usava as redes sociais para pedir a morte de todos os branquelos. Pode ser um não racista quem deseje a morte de todos os brancos e ponha explosivos no metrô de uma cidade cheia de brancos?

Que os senhores selecionem, então, uma das opções para esclarecer o público:

A – Frank James é racista e não é negro, apenas tem a pele muito escura.

B – Frank James é negro e não é racista, pois explodir uns brancos ainda não altera as relações de poder, e racismo é relação de poder. Força, Frank! De bomba em bomba, uma hora essas relações mudam!

C – Frank James é racista e é negro, e nós vamos parar com essa irresponsabilidade de não chamar coisas perigosas pelo nome certo.

O ATENTADO NO METRÔ DE NOVA YORK E O OUTRO RACISMO ESTRUTURAL*

Faz pouco mais de três meses que, em artigo que lhe rendeu ataques virulentos, o antropólogo Antonio Risério denunciou na *Folha de S.Paulo*, com uma pletora de fatos, o aumento vertiginoso do racismo de negros contra não negros nos EUA e no Brasil. Partindo da própria redação do jornal paulistano – uma espécie de quartel-general de extremistas identitários –, choveram pedidos pela cabeça do articulista. Acovardado, o jornal concedeu espaço generoso para os artífices da campanha de assassinato de reputação movida contra Risério, mas, com a falsa desculpa de que o assunto estava encerrado, negou à vítima o direito de se defender. Rasgava-se, assim, a máscara de pluralista com que a *Folha* pretendia esconder a sua carranca autoritária e pró-identitária.

Assim como o meu colega antropólogo, venho analisando o fenômeno do neorracismo identitário já há alguns anos. Daí que, na minha coluna de 19 de janeiro, eu tenha comentado o seguinte sobre o caso:

> Risério tem razão. O que temos visto surgir nos EUA – e ao contrário do que alegam os extremistas identitários, que acusam o autor da prática de *cherry-picking* – é quase *uma epidemia de ataques racistas cometidos por 'negros' contra membros de outras etnias* [...]. Contrariamente ao que aconteceria se os papéis de vítima e agressor se invertessem, o fenômeno não causa escândalo nem indignação. Frequentemente, nem sequer é noticiado. Tudo se passa como se tivéssemos, nesse caso, uma espécie de racismo permitido.

"O racismo permitido", aliás, é o título de um outro artigo meu, no qual mostro que o discurso de ódio contra brancos tornou-se *mainstream* na cultura americana contemporânea, e que dele decorrem eventos cada vez mais frequentes – e tanto mais ocultados pela *mainstream media* – de violência racial cometida por supremacistas negros. Também no artigo "A violência racial normalizada" comento sobre o livro *White Girl Bleed a Lot: The Return of Race Riots to America and How the Media Ignore It*, em que o jornalista Colin Flaherty elen-

---

* Artigo de Flávio Gordon, publicado na *Gazeta do Povo*.

ca e analisa a ocorrência de centenas de ataques perpetrados por negros contra brancos e representantes de outras etnias em várias cidades norte-americanas ao longo dos últimos anos.

Contrastando vídeos enviados ao YouTube e depoimentos de vítimas com a cobertura jornalística e o discurso oficial das autoridades, Flaherty denuncia a ocultação deliberada do componente racial por parte da mídia e do poder público. Numa sociedade tão marcadamente racializada, na qual se fala o tempo todo em "história negra", "música negra", "arte negra", "literatura negra", etc., parece que a única entidade interditada pelos meios de comunicação é o crime racial cometido por negros contra representantes de outras etnias.

O duplo padrão fica ainda mais evidente quando pensamos nos muitos casos em que, atuando como mera porta-voz do movimento identitário, e a fim de sedimentar na opinião pública a imagem dos negros como vítimas quintessenciais, a imprensa simplesmente inventou racismo onde não havia (veja, sobre o ponto, essa minha coluna de julho de 2020). Um caso emblemático é uma matéria publicada no portal G1 em 12 de setembro de 2014, em cuja chamada se lê: "Mais um negro é morto pela polícia em NY".

Lendo o texto da reportagem, descobre-se que um homem negro esfaqueara um jovem judeu dentro de uma sinagoga no Brooklyn. Recusando-se a entregar a faca e lançando-se sobre os policiais, o agressor acabou baleado, vindo a falecer no hospital. Ou seja: embora os policiais tenham agido primeiro em defesa da vítima esfaqueada, e, em seguida, em legítima defesa da própria vida, os militantes da redação julgaram conveniente inverter as posições de vítima e agressor, dando ênfase desnecessária ao componente racial que nada tinha a ver com o caso, e induzindo o leitor – mediante o uso do pronome indefinido "mais" – a concluir que a polícia de Nova York é useira e vezeira em matar negros por motivações racistas. Eis um primor de desinformação em prol de uma agenda política.

Com tudo isso em mente, e já acostumado a buscar a informação verdadeira por detrás das barricadas montadas pelos *gatekeepers* do "consórcio" midiático, não me espantei quando alguns poucos jornalistas independentes – a exemplo de Andy Ngô – começaram a publicar as mensagens racistas postadas por Frank James, o supremacista negro e simpatizante do Black Lives Matter (BLM) responsável pelo mais recente atentado terrorista no metrô de Nova York. Mensagens racistas como essa: "Ó, Jesus Negro, por favor mate todos os brancos". Ou essa: "Os brancos filhos da puta que eu quero matar, sabe?, quero muito matá-los por serem brancos". Ou ainda essa: "Brancos e negros não devem manter nenhum contato. Não devem sequer ocupar o mesmo hemisfério".

Obviamente, o "consórcio" midiático dedicou-se ao máximo à missão de omitir o componente racial do crime, tanto quanto, nos casos em que a vítima é negra, se empenha em introduzir o componente racial mesmo quando inexiste. O portal G1, por exemplo, até fez referências a algumas postagens de James, reduzindo-as, todavia, a menções aos "sem-teto" e ao "prefeito de Nova York". Já a CNN Brasil tratou de dissolver a especificidade racial do caso na afirmação genérica sobre um aumento da criminalidade em Nova York. E o Poder360 foi ainda mais longe, virando a realidade de ponta-cabeça e descrevendo as mensagens racistas do terrorista como "vídeos críticos ao racismo". Bem, se clamar a Deus pela morte de todos os brancos é uma crítica ao racismo, nem quero imaginar como seria o seu elogio.

Mas, retomando o fio, digo que não me espantei com o evento porque o ataque cometido por James é apenas mais um episódio numa série de casos muito recentes, todos motivados pela mesma ideologia racista. Recordemos apenas dois deles.

Em novembro de 2021, seis pessoas foram mortas num desfile natalino em Waukesha, Wisconsin, quando o terrorista Darrell Edward Brooks jogou o seu carro em cima da multidão de espectadores. As redes sociais de Brooks também eram repletas de mensagens de nacionalismo negro, endosso do movimento BLM e ofensas a brancos e judeus. Em postagem de novembro de 2015, o terrorista chegava a reproduzir um pretenso discurso de Adolf Hitler acompanhado do seguinte comentário: "Hitler sabia quem eram os verdadeiros judeus".

Em abril de 2021, um homem jogou o seu veículo contra uma barreira policial montada em frente ao Capitólio, em Washington D.C. Ato contínuo, o agressor partiu com uma faca em punho para cima dos dois policiais em serviço, ferindo um deles mortalmente antes de ser abatido. O homem era Noah Green, militante da Nação do Islã, movimento supremacista negro liderado pelo notório antissemita Louis Farrakhan, tido por Green como seu "pai espiritual".

Nada disso é obra do acaso. O discurso de ódio racial antibranco tem sido propagado diariamente dentro das escolas e universidades americanas. Uma vez assimilado por mentes doentias, ou já inclinadas à criminalidade, não surpreende que, mais dia menos dia, resulte na prática de violência racista. E não são apenas negros ou militantes do movimento negro os únicos suscetíveis a introjetar essa perversa lógica racialista e a nutrir um sentimento de vingança.

Muitos no Brasil hão de lembrar do adolescente sul-coreano Cho Seung-hui, que, em abril de 2007, matou 32 pessoas e feriu outras 25 no Instituto Politécnico da Virgínia, no episódio conhecido como o "Massacre de Virginia Tech". Como é natural nesses casos, o estado de choque inicial, subsequente à tragédia, deu lugar à busca por explicações. Quem era Cho Seung-hui? O que pode tê-lo levado a praticar aquela monstruosidade? Teria sido possível, antes da chacina, notar algum indício de psicopatia a partir do comportamento habitual do atirador?

Naquele contexto, foram divulgadas peças teatrais escritas por Cho para suas aulas de inglês. O conteúdo era perturbador: uma mãe brandindo uma serra elétrica, um garoto tentando assassinar seu padrasto com uma barra de cereal empurrada em sua garganta, adolescentes imaginando como matar o professor que os havia estuprado, e assim por diante. Depois da divulgação do material, surgiram questionamentos sobre o porquê de a escola não ter percebido, já naquele momento, a existência de um distúrbio psíquico grave no aluno. Um tal diagnóstico poderia ter evitado o massacre?

Muitos, dizia eu, se lembram de Cho Seung-hui. Mas quase ninguém ouviu falar à época de Nikki Giovanni, professora de Cho na Virginia Tech. Por ser uma das mais respeitadas professoras de literatura inglesa da escola, Giovanni foi escolhida para proferir o discurso em homenagem às vítimas do massacre. "Nós somos Virginia Tech!" – bradou a professora, diante de uma plateia emocionada.

Além de professora de inglês, Nikki Giovanni é poetisa e militante histórica do movimento negro, em sua vertente mais radical. No antebraço esquerdo, exibe uma tatuagem com os dizeres *Thug Life* (algo como "vida bandida"), feita em homenagem ao *rapper* Tupac Shakur, assassinado por outros *rappers* num tiroteio em 1997. Para Giovanni, Shakur (um *gangster* a quem ela chama carinhosamente de "Pac") seria um mártir do movimento pelos direitos civis, situado no mesmo nível de Martin Luther King ou Emmett Till.

Em vários de seus poemas, a professora de Cho Seung-hui dedica-se a incitar o ódio racial contra brancos, judeus e protestantes. Num deles, por exemplo, intitulado *The True Import of Present Dialog, Black vs. Negro*, lemos o seguinte: "Não temos de provar que somos capazes de morrer. Temos de provar que somos capazes de matar [...]. 'Crioulo' [*nigger*], você sabe matar? Você sabe matar um branquelo [*honkie*], 'crioulo'? [...]. Você sabe derramar sangue? É capaz de envenenar? Sabe esfaquear um judeu? Sabe matar, hein? [...]. Você sabe atropelar um protestante com o seu El Dorado 68? [...]. Você sabe urinar numa cabeça loira? Sabe cortá-la fora?".

Note-se que o estilo é curiosamente parecido com aquele utilizado por Cho Seung-hui na fala de um de seus atormentados personagens: "Devo matar Dick. Devo matar Dick. Dick deve morrer. Matar Dick [...]. Você acha que eu não sei matá-lo, Dick?". Noutro poema, Giovanni celebra o espírito revolucionário, imaginando um novo brinquedo para crianças negras, um *kit* chamado "*Burn Baby*", que as ensinaria a montar um coquetel Molotov. Noutro ainda, a poetisa abre o coração: "Ocorreu-me que, talvez, eu não deva mais escrever, mas limpar a minha arma e conferir o meu estoque de querosene".

Pergunto-me quantas vezes o atirador Cho Seung-hui terá sido exposto na Virginia Tech a esse tipo de retórica? Quantas vezes terá ouvido falar em "privilégio branco"? Difícil saber ao certo, mas uma rápida consulta no *website* da escola revela que, só ali, a expressão aparece mais de 440 vezes.

Obviamente, os poemas de Nikki Giovanni não podem ser tomados como causa imediata do massacre, perpetrado por alguém com claros distúrbios mentais. Mas é claro também que o adolescente sul-coreano encontrou nesse e em outros discursos similares um combustível a mais para o seu ódio. Como observou sobre o caso o professor Olavo de Carvalho, então o único na imprensa brasileira a destacar esse aspecto do problema: "Enfie todo esse ódio na mente de um maluco e ele só não sairá matando gente se estiver dopado".

Ora, se nada tem a ver com esse tipo de violência a ideologia radical de Giovanni e companheiros de militância, menos ainda o teriam o sistema capitalista, o conservadorismo, a fé cristã, o comércio de armas, Donald Trump ou Jair Bolsonaro, tradicionais bodes-expiatórios recorrentemente lembrados por ocasião de episódios como o da Virginia Tech. Afinal, a relação de causa e efeito é bem mais direta no primeiro do que no segundo caso. É muito mais difícil caracterizar os atentados acima mencionados como, digamos, uma reação às "injustiças sociais" inerentes ao sistema capitalista do que como resposta positiva aos apelos poéticos de uma Nikki Giovanni.

"Vocês sabem matar um branquelo, 'crioulo'?" – pergunta Giovanni. E Frank James responde afirmativamente: "Sim, senhora". "Você sabe atropelar um protestante com o seu El Dorado 68?" – torna a perguntar Giovanni. E dessa vez é Darrell Edward Brooks quem responde: "Sim, eu sei". "Sabe esfaquear um judeu?". E responde agora o terrorista da sinagoga no Brooklyn: "Sim, professora. Mereço nota dez".

Não é por acaso que, muito embora nossa imprensa continue agindo como se estivéssemos em pleno Mississippi da década de 1920, Walter Williams, o brilhante economista negro falecido em 2020, tenha afirmado categoricamente que, hoje, "a maioria dos ataques raciais é cometida por negros". Compreende-se, uma vez que, nos dias de hoje, enquanto um discurso racista antinegro seria amplamente exposto e universalmente repudiado – e assim deve ser –, a retórica antibranca é, não apenas acobertada, como incentivada e naturalizada. Nikki Giovanni não apenas não foi cancelada como continua louvada por celebridades do quilate de uma Oprah Winfrey.

Como se vê, o racismo estrutural talvez exista mesmo. Mas, ao contrário do que querem nos fazer crer os seus propagandistas, segundo quem os negros continuam sendo suas principais vítimas, sua natureza reside precisamente nessa retórica contemporânea de ódio antibranco reproduzida rotineiramente, como se natural fosse, em escolas, universidades e redações de jornal. Se o conceito tem alguma materialidade – se, em suma, é algo além de uma ideia abstrata brotada da imaginação de intelectuais-ativistas –, é em casos de violência racial explícita, tal como o atentado no metrô de Nova York, que ela deve ser buscada.

17

PARA QUE SERVE O LUGAR DE FALA?

Joel Pinheiro da Fonseca

Sob os protestos de vários especialistas, o "lugar de fala" caiu na boca do povo. Quando é invocado nas discussões que preenchem nosso tempo nas redes e na imprensa, significa, em linhas gerais, a autoridade que vem de se pertencer a um grupo para falar de assuntos desse grupo (e, conversamente, da falta de autoridade de quem não tem vivência concreta no tema). Virou até piada. "Opa, tão falando sobre trânsito? Disso eu posso falar! Sou paulistano; tenho lugar de fala." Ele serve para afirmar a própria legitimidade ou, o que é mais comum, desqualificar um interlocutor que não possua o "lugar de fala" para falar sobre um determinado tema.

Branco falando sobre racismo? Homem falando sobre feminismo? Pode apostar que logo chegará a cartada para te colocar em seu devido lugar: você não tem lugar de fala, portanto não pode opinar. Se você não pertence a um certo grupo, não ouse falar sobre ele. O lugar de fala virou, na prática, um "lugar de cale-se", para usar a expressão de Maria Rita Kehl ("Lugar de 'cale-se'", 2020, disponível em <aterraeredonda.com.br>); um artifício retórico que desqualifica de antemão certas pessoas a falar sobre certos temas, na mesma medida em que confere autoridade a outras. E essa autoridade não vem de seu conhecimento, não vem de suas contribuições passadas, não vem de seus argumentos; vem de suas identidades.

O exemplo mais clássico dessa cartada de autoridade – e que já corria bem antes do termo "lugar de fala" virar lugar-comum – é o argumento de que homens não podem discutir o aborto porque não engravidam. Hoje esse tipo de posição tomou a praça e foi estendido a todo tipo de questão, especialmente a discussão racial. Outro exemplo do mesmo dispositivo retórico é o discurso defensivo de membros de algumas religiões ao dizerem que um descrente jamais poderia entender sua fé e portanto suas críticas não procedem. Isso sem falar na clássica desqualificação xenófoba de comentaristas estrangeiros quando falam do Brasil: "volta pro seu país!". Sendo estrangeiro, ele não teria legitimidade para falar sobre nossa Pátria Amada, por mais que acompanhe os acontecimentos sociais e políticos.

Ou seja, o "lugar de fala" é uma versão mais bem elaborada, formalizada, transformada em conceito, de uma tática discursiva que conhece muitas outras roupagens, à esquerda e à direita; uma tática para legitimar alguns participantes e deslegitimar outros; dizer quem pode e quem não pode falar. Ou ao menos é isso que ele se tornou nas trocas – cada vez menos cordiais – do nosso debate público.

O palco dessas trocas é, via de regra, as redes sociais, em que milhões de discussões diárias com seus "cala-bocas" e *ad hominems* jamais chegam à atenção de um público amplo. Os exemplos do dia a dia são muitos, especialmente para alguém que – como eu – passa mais tempo do que o recomendado discutindo nas redes. Algumas delas, contudo, acabam envolvendo celebridades e ficam registradas na imprensa.

Felipe Neto, branco, é criticado por cobrar posicionamento antirracista de Neymar. *Youtuber* Kéfera diz no programa "Encontro com Fátima Bernardes" que homem não pode dar opinião sobre feminismo. Tradutora europeia de poema lido na posse de Biden – escrito por uma jovem negra – é criticada por ser branca e abre mão da tradução. Criadores de série sobre Marielle Franco são criticados por serem brancos. Lilia Schwarcz, branca, é massacrada por criticar álbum da cantora negra americana Beyoncé, e também por usar autores brancos em seu texto. Nenhum desses tinha "lugar de fala" para falar o que falaram.

Outro dado curioso sobre o uso cotidiano do lugar de fala é que a autoridade concedida por ele é bastante seletiva mesmo dentro de um grupo minoritário. Um negro contrário às cotas, uma mulher contrária à liberação do aborto, um judeu que não queira criminalizar a defesa do nazismo, um pobre que afirme o valor do esforço individual; os sacerdotes da autorização identitária jamais aceitam que o lugar de fala de cada um desses conceda qualquer tipo de valor a seus argumentos.

A autoridade do lugar de fala, afinal de contas, não vale para todos os membros do grupo, nem necessariamente para a opinião da maioria dos indivíduos que compõe aquele grupo na população em geral. Vale para a opinião dominante dentro dos movimentos que se autoproclamam os representantes de minorias.

Quando um negro fala algo de acordo com as diretrizes dos movimentos negros, ele é infalível. Quando um branco fala as mesmas coisas, ele pode talvez ser um aliado aceitável. Quando um branco, contudo, diverge da linha, ele está expondo os interesses opressores de sua branquitude. E se um negro ousa divergir do movimento, aí temos a figura mais perversa de todas: um traidor de sua raça, alguém que está a serviço da branquitude.

Com a justificativa de representação política, supostamente buscando que todas as vozes relevantes sejam ouvidas, o lugar de fala na prática está fazendo outra coisa: é usado retoricamente por algumas vozes para, na expressão de Wilson Gomes, criar um "monopólio exclusivo" de alguns membros de minorias e retirar do mercado seus competidores sem lugar de fala ("O cancelamento da antropóloga branca e a pauta identitária", *Folha de S. Paulo*, 11/8/2020).

E se na hora de agraciar seus possuidores ele é seletivo, seletiva também é a aplicação de sua temível punição. O lugar de fala serve para intimidar apenas os progressistas. O reacionário orgulhoso, que faz do preconceito sua plataforma, não está nem aí para eventuais tentativas de cancelamento; pelo contrário, cresce com elas. Já o progressista bem-intencionado, que quer ajudar a combater o racismo, o machismo, a homofobia; esse está na mira. Se ousar sair de seu lugar de fala e dar alguma opinião que fuja um centímetro do consenso do movimento, será seu fim. E então vemos a triste figura do progressista branco, cheio de dedos, com medo de discordar dos oprimidos ungidos cuja luta ele busca auxiliar. "Do meu lugar de homem branco, não sei se entendi bem esse conceito". "Sei que sou hétero, e por isso posso estar falando uma enorme besteira, mas...". A punição não fará a menor cerimônia – o cancelamento e o linchamento virtual vêm a jato.

Alto lá! Esses abusos todos existem, mas não é assim que a coisa deveria funcionar. Tão comum quanto a tentativa de desqualificar pessoas por não terem lugar de fala são os alertas de intelectuais que promovem o conceito – pessoas como Ricardo Teperman, Yara Frateschi, Antonio Isuperio e, especialmente, Djamila Ribeiro, que foi quem, se não criou, certamente popularizou o termo no país, em seu livro *O que É Lugar de Fala?* (2017, Editora Letramento) – de que ele não deveria calar a boca de ninguém.

Primeira correção: lugar de fala não é algo que algumas pessoas têm e outras não. Todo mundo tem um lugar de fala (o homem branco, a mulher negra, o *gay* de direita, etc.), no sentido de que pensa e fala sobre um tema não de um plano abstrato e universal – como se fosse uma inteligência pura pairando acima dos conflitos sociais – mas sim de um lugar social determinado: sua classe, seu país, sua raça, seu gênero, etc. Esse é seu "lugar de fala". Tanto o branco rico quanto o negro pobre têm seus lugares de fala na hora de falar sobre o racismo, e refletir sobre isso pode nos tornar mais conscientes da origem de nossas próprias crenças e de vieses e pontos cegos que podem nublar nosso pensamento.

Djamila não tirou o conceito do nada. Embora não exista com essas palavras, a discussão sobre como a "localização social" impacta nas ideias de cada um, e se há um problema em um membro de uma maioria falar sobre ou por uma minoria, já era corrente no mundo acadêmico americano nos anos 1990. Um marco dessa discussão foi o artigo "The Problem of Speaking for Others", de Linda Alcoff (*Cultural Critique*, 1991). Ali ela já trata, por exemplo, do caso de uma escritora canadense branca que foi criticada por escrever livros sobre mulheres indígenas canadenses e de um professor que, na hora de dar sua palestra sobre os problemas políticos do pós-modernismo, anunciou que, como homem branco americano, ele não poderia falar sobre o tema, que vinha de perspectivas feministas e pós-coloniais.

Outra fonte foi o "standpoint feminism", inspirado no marxismo, que advoga que a teoria feminista deve ser feita do ponto de vista das mulheres, e não afetando uma certa neutralidade universalista – como supostamente faz o conhecimento masculino patriarcal. Autoras como a socióloga Patricia Hill Collins deram a inflexão racial a esse feminismo, fazendo dele um feminismo negro, exposto por exemplo em *Pensamento Feminista Negro* (1990).

Por aqui, o "lugar de fala" não chegou pela academia. É um conceito que já nasce participando do debate público mais amplo; pensando nas discussões que perpassam a sociedade e que resultam em diferentes escolhas políticas. A própria Djamila se refere ao debate nas redes em vários lugares de seu livro, que mira um público amplo e não especialista. Você – sua voz e suas opiniões – saíram de algum lugar. E esse lugar pode impactar suas crenças e suas prioridades. Um branco, por exemplo, pode não ter plena noção de como o racismo impacta na vida de milhões de negros brasileiros, e achar que ele é um problema menor do que realmente é. O exemplo memorável que ela dá é o da ex-escrava americana Sojourner Truth, que não se sentia reconhecida nos discursos de feministas brancas no século XIX. Nada do que elas falavam parecia se aplicar a ela. Olhar para seu lugar de fala, então, é se conscientizar de que seu lugar importa, e não calar a boca de ninguém.

Tudo muito bonito. Se for isso, nada a objetar. Mas espere um momento; algo está errado. Nada do que veio acima propõe deslegitimar ninguém. E, no entanto, no debate público, é justamente isso que vemos. E não estou falando mais de comentaristas de portal nem de militantes toscos. Até mesmo intelectuais, até mesmo pessoas que primam pelo real entendimento do lugar de fala, reproduzem na prática esse silenciamento.

Deixe-me pinçar alguns momentos ilustrativos de intelectuais desqualificando de antemão quem "não tem lugar de fala". Em artigo para a *Folha de S. Paulo* ("O que o 'medo branco' tem a dizer sobre lugar de fala, raça, Beyoncé e cancelamento", 13/8/2020), a psicóloga Lia Vainer Schucman celebra, em nome do lugar de fala, a racialização de brancos; ou seja, que sejam desqualificados num debate da mesma forma (racista) que negros tantas vezes foram. E ainda vê como uma "fragilidade" ridícula o receio por parte de brancos de serem alvos de uma onda de ataques e debochess racistas. É o lugar de fala do branco, privilegiado, que justifica essa reação de deboche.

Em janeiro de 2022, foi a vez de Antonio Isuperio, ativista negro e LGBT, ilustrar à perfeição essa dicotomia entre definir o lugar de fala e utilizá-lo. Ele é capaz de, num mesmo texto ("A perversidade da branquitude biscoiteira", *Folha de S. Paulo*, 16/1/2020), primeiro criticar o que seria a deturpação do lugar de fala (cuja culpa ele atribui à "branquitude") e, na sequência, usar o lugar de fala para desqualificar a fala de um branco. Falando sobre Antonio Risério: "Logo, Antonio Risério sabe exatamente o que está fazendo. Ele aprendeu com seus ancestrais e ainda não se constrange em ter orgulho disso.". Ou seja, a raça do interlocutor indica sua intenção perversa. Pode-se descontar o que ele diz, pois é branco, e branco vai defender os privilégios de branco.

Não nos limitemos a figuras secundárias. A própria Djamila Ribeiro cita em seu livro, com aprovação, esse texto do militante Jota Mombaça.

> Muito se fala sobre como esse conceito tem sido apropriado de modo a conceder ou não autoridade para falar com base nas posições e marcas políticas que um determinado corpo ocupa num mundo organizado por formas desiguais de distribuição das violências e dos acessos. O que as críticas que vão por essa via aparentemente não reconhecem é o fato de que há uma política (e uma polícia) da autorização discursiva que antecede a quebra promovida pelos ativismos do lugar de fala. Quero dizer: não são os ativismos do lugar de fala que instituem o regime de autorização, pelo contrário. Os regimes de autorização discursiva estão instituídos contra esses ativismos, de modo que o gesto político de convidar um homem cis eurobranco a calar-se para pensar melhor antes de falar introduz, na realidade, uma ruptura no regime de autorizações vigente.

Ora, então o objetivo do lugar de fala é justamente desautorizar a fala de certas pessoas, o que é justificado como uma resposta à opressão histórica. Podemos discutir o mérito disso, mas resta o fato incontornável de que, ao se argumentar assim, se está justificando a carteirada de autoridade, e não se colocando contra ela.

Mais uma vez, Jota Mombaça:

> Não me interessa nesse ponto afirmar a não violência desses ativismos, mas situá-la em relação à violência primordial à qual eles con-

frontam. Com isso quero dizer que os ativismos do lugar de fala estão operando um movimento denso de redistribuição da violência [...].

Lugar de fala é sobre calar a boca dos homens brancos sim, e tá tudo bem. A própria fala dos homens brancos é uma violência; é fogo que, a partir de agora, também será respondido com fogo.

O "lugar de cale-se" não é criação de *youtubers* ignorantes. Veio de referências intelectuais quando o assunto é lugar de fala. Uma coisa é definir o conceito em abstrato, distanciando-se de suas supostas deturpações. Outra coisa bem diferente é como esse conceito é aplicado no debate público. A correção que os intelectuais fazem ao uso corriqueiro é quase um preciosismo; apontam o erro de se dizer que só alguns "têm lugar de fala", quando na verdade todos têm. Mas a consequência prática é preservada: todos têm lugar de fala, mas só aqueles com o lugar de fala correto (ou seja, do oprimido) podem falar livremente. Quem tem o lugar de fala do privilégio pode, no máximo, repetir o que negros, mulheres e LGBTs falam.

Branco pode falar sobre questão racial? É claro que sim! E em letras miúdas: desde que concorde com todos os consensos dos movimentos negros. Homem pode falar de questões femininas? Óbvio, inclusive deve. Deve ser aliado, ou seja, concordar com tudo que venha do feminismo. Se for se colocar contra, aí é melhor que se recolha a seu lugar de homem, porque desse assunto ele não sabe e se posicionar é já quase uma agressão.

Assim, o "lugar de fala" tem sistematicamente servido à desqualificação de pessoas no debate público; desqualificados não por seus argumentos, e sim por sua identidade. Ao mesmo tempo, creio que levantar o tema da identidade no debate público não seja apenas incorrer em "ad hominems" e falácias de autoridade. Há algo relevante aí que nem sempre era notado, mas que facilmente se perverte. Quero analisar três aspectos pelos quais o lugar de fala de cada um pode ser relevante: o aspecto político, o da experiência e o do conhecimento.

1) O lugar da política

Um dos motivos que leva tantos a ressaltarem o lugar de fala é político. É a demanda de que grupos minoritários sejam protagonistas de suas lutas. Ter, por exemplo, um branco como principal representante da causa indígena é, em si mesmo, um modo de manter indígenas como inferiores. Nem na hora de falar sobre si eles seriam escutados. Eu já fui repreendido por uma leitora mesmo por defender as cotas raciais nas universidades. Ao fazer isso, como branco, eu estaria tirando espaço de vozes negras.

Essa pode ser uma objeção válida. Afinal, parte do pacote de exclusão a que grupos minoritários estão submetidos é justamente terem menos espaço para falar e serem levados menos a sério. Quando um membro desse grupo fala, o mero fato dessa fala ocorrer já tem uma importância social e política. Acho que ninguém negaria, por exemplo, que a subrepresentação de negros e indígenas no debate público é um problema. Um painel sobre questão racial composto apenas de brancos gera um certo estranhamento, e com razão.

Essa lógica tem, contudo, limites: justamente por ser menos levada a sério e ter um alcance menor, a voz do desfavorecido tende a ter um impacto político menor do que a voz que vem de um grupo privilegiado.

Isso se verifica na prática em nosso próprio país. O maior representante da causa dos sem-teto no Brasil é Guilherme Boulos, a quem nunca faltou teto. Ele não sabe, por experiência direta, o que é não ter onde morar. E, na condição de homem branco da elite paulistana, sua voz não é, por si só, um fato político transformador. Mas justamente por se beneficiar dos privilégios de sua condição (inclusive no acesso a meios educacionais e políticos) sua fala chega aonde a fala de um sem-teto real teria muito mais dificuldade de chegar.

Além dessa ressalva, há um problema mais profundo ligado à justificativa política do lugar de fala: colocar a importância política do autor acima do conteúdo que ele produz mina o próprio objetivo político.

Um homem branco medíocre no lugar de uma mulher negra inteligente é algo que prejudica não só a condição dos negros como também toda a cultura brasileira. É triste pensar que, por causa do racismo, vozes tão enriquecedoras quanto a de uma Lélia Gonzalez – pensadora corajosa, criativa, mordaz – podem ter sido sufocadas no berço, sem nunca ter encontrado o merecido espaço para crescer e se desenvolver. No entanto, quando o minoritário que consegue o espaço para sua voz é também ele medíocre – apenas repetindo, previsivelmente, os chavões de sua militância – o efeito político se inverte. A percepção muda. Fica parecendo que ele só está ali por sua cor ou por seu gênero.

Reforça-se um mecanismo perverso de perpetuação do preconceito. Mesmo quando alcançam posições de destaque hoje em dia, pessoas negras, mulheres e LGBTs ainda sofrem com um tipo de condescendência, com a suspeita – por parte de quem não é simpático à causa – de que só ocupam aquela posição, não pela relevância de suas ideias e capacidade expressiva, e sim porque cumprem a cota de minorias.

Da parte dos apoiadores da causa, tem-se o outro lado da moeda: o elogio efusivo e vazio. Cada palavra do autor dotado de lugar de fala é aplaudida meramente por ele ser quem é, por ter a identidade politicamente virtuosa, e representar tantas vítimas de opressão. Outros temem criticá-lo pois podem ser vistos como preconceituosos. Quem é muito elogiado acaba acreditando já ser o suprassumo intelectual. Como já é tão bom, não tem por que mudar. Não leva as poucas críticas a sério, não encara o desafio de uma discussão a ser travada no mérito, e não no apoio da torcida.

Por fim, toda essa discussão de espaço e representação política toma como pressuposto o mundo pré-redes sociais, em que os espaços para se chegar à opinião pública eram poucos e disputados a tapas. A decisão de um editor sobre quem ocuparia qual lugar fazia deslanchar a carreira de alguns e sentenciava outros à obscuridade.

Esse poder ainda existe, mas pode muito menos do que vinte anos atrás. Nas redes todo mundo tem espaço. Todos podem fazer seus *posts* sobre racismo, o que ajudará o tema a chegar mais longe. Há sim debates possíveis, por exemplo, sobre como os algoritmos decidem quais conteúdos serão entregues ou não, mas a crítica clássica de que alguém está ocupando o lugar de outro num determinado tema se esvazia; lugar, ali, todo mundo tem.

Não é preciso que ninguém se cale, que se omita daquilo que julga importante. Afinal, é na conversa, muito mais do que no silêncio, que se aprende. Se pensar no lugar de fala for estar atento para identificar e apoiar lideranças pertencentes a grupos minoritários, então ele é bem-vindo. Usado como cartada para silenciar algumas vozes em prol de outras, não será benéfico para as causas que por ele foram inicialmente beneficiadas e nem mesmo para as vozes que crescem sob sua chancela.

2) O lugar da experiência

Foi só no início da idade adulta que percebi o peso que o medo do estupro pode ter na vida da mulher, ouvindo relatos de amigas. Voltar para casa de um bar num sábado à noite e aceitar a carona de alguém que eu acabara de conhecer? Para mim, algo trivial, corriqueiro. Para uma mulher, não era tão simples.

É muito fácil esquecer – ou melhor, nem mesmo pensar – que sua experiência de vida não é um parâmetro universal das demais. Não existe ponto de vista neutro. Pessoas diferentes, especialmente se ocuparem outros lugares sociais (de gênero, classe, raça, etc.) podem ter vivências muito diferentes, o que lhes faz, em alguma medida, ver o mundo de outra maneira também; ter outras prioridades, fazer outras perguntas.

Só com ouvidos abertos e um exercício de empatia um branco começa a entender as diversas maneiras pelas quais o racismo ronda e ataca um negro no dia a dia. Para muitos brancos das classes média e alta, era comum estar em espaços integralmente brancos, com negros nas funções de serviço. E como era algo "natural", não causava estranhamento. Mas deveria causar; e hoje, graças à maior pluralidade de vozes no debate público, causa. Da mesma forma, ninguém melhor que um deficiente físico para saber e mostrar os obstáculos cotidianos à acessibilidade. Estamos sempre aprendendo uns com os outros.

No final das contas, considerações políticas à parte, cada participante do debate público ou da ciência importa pelo que ele tem a oferecer. Que negros, mulheres e outros estejam subrepresentados é ruim principalmente porque o conhecimento humano perde com isso. Perspectivas diferentes são suprimidas com tudo aquilo que poderiam contribuir.

A experiência, contudo, tem limites. Primeiro por ser múltipla. Ao contrário do que pensamos intuitivamente, não é uma impressão direta da realidade objetiva em nós. A formação da experiência passa por uma série de mecanismos psicológicos que a constroem. O mesmo evento pode ser traumático para um e irrelevante para outro. Uns são suprimidos, outros ganham lugar central em nossa consciência. As maneiras pelas quais indivíduos similares experimentam as mesmas estruturas sociais e delas tiram conclusões podem variar imensamente. Uma crítica feita ao "feminismo negro" – por autoras negras (como Tracey Reynolds: "Re-thinking a black feminist standpoint", 2002) – é justamente apontar que ele privilegia um tipo de experiência feminina negra, em geral da vitimização e do sofrimento, e se esquece de outras igualmente reais.

No campo do feminismo há um verdadeiro racha na discussão sobre assédio e abuso sexual. Para muitas, a importunação masculina já deveria ser vista como um crime. Para outras, como Catherine Deneuve na carta pública assinada por centenas de franceses em 2018 na esteira do #MeToo, essa importunação às vezes insistente ou grosseira, desde que mantida dentro de certos limites, faz parte do jogo da sedução.

A experiência também dá origem a vieses. O privilegiado pode fazer pouco da dor do oprimido, ainda mais porque seu interesse está em jogo. Da mesma forma, o oprimido pode superdimensionar o peso que a opressão tem em sua vida; o interesse dele também está em jogo. Alternativamente, às vezes é o privilegiado, movido pela culpa, que exagera (com uma boa dose de condescendência) o impacto da opressão. E a vítima da opressão, para provar que é capaz e que seu futuro depende apenas de si, a minimiza. Tudo é possível.

Foi a ressalva feita por Jorge Coli, que discutiu o lugar de fala na arte – especificamente no recorte da sexualidade – em artigo "Lugar de fala não pode ser confundido com argumento de autoridade" na *Folha de S. Paulo* em 2019. "Creio que minha aluna [mulher hétero, fazendo um trabalho sobre um artista homem homossexual], mesmo sendo sensível à beleza masculina, pode ter duas vantagens: a de não limitar suas análises ao campo erótico, deixando de perceber o que esteja além, e a de não confinar a obra de Alair Gomes no âmbito de uma militância. Está claro, um pesquisador homossexual pode escapar a essas demarcações, mas estará cercado por um número maior de armadilhas." Todo lugar de fala tem suas armadilhas, inclusive o lugar interior ao grupo analisado. A causa das mulheres pode se beneficiar do olhar de homens, e a dos negros, do olhar de brancos. Justamente por não ver isso como parte de sua identidade, o observador de fora pode trazer algo novo.

Por fim, a experiência é restrita. Ela dá um conhecimento sobre suas circunstâncias. Não diz nada sobre o panorama mais amplo, seja no tempo ou no espaço. É simplesmente ridículo supor, por exemplo, que as raízes étnicas de alguém deem a essa pessoa qualquer conhecimento privilegiado do povo de seus ancestrais.

Se eu fizesse um exame genético, a maior parcela do meu DNA seria, provavelmente, italiana. Sou, portanto, autoridade quando o assunto é Itália, país com o qual não tenho nenhum vínculo? Evidente que não. Isso não me dá qualquer conhecimento ou propriedade para falar sobre a Itália, a Europa ou sobre a vida dos imigrantes aqui no Brasil em séculos passados. Da mesma forma, ninguém é minimamente autoridade sobre África ou culturas africanas pelo simples fato de ser negro.

Voltando à polêmica que sacudiu o Brasil em 2020, a branca Lilia Schwarcz, que no entanto já estudou história africana, é mais apta a falar sobre isso do que negros brasileiros que nunca foram atrás do tema. Da mesma forma, um negro que tenha estudado o nazismo e o Holocausto estará em melhor condições de falar deles do que um judeu cujos avós fugiram do genocídio nazista mas nunca buscou aprender em detalhes. O relato que ele trouxer de seus ancestrais é precioso, mas é também apenas uma pequena peça que não necessariamente ilumina o todo.

A experiência pessoal – ou a forma que damos a ela quando a transformamos em discurso – não tem a palavra final nem mesmo sobre nossas próprias vidas. Uma experiência numa certa direção não impede que haja experiências diametralmente opostas. O jogador Neymar disse numa entrevista anos atrás que nunca sofrera racismo. É possível que ele tenha sofrido, mas não tenha se dado conta disso. Quando saímos da esfera pessoal, então, o conhecimento da experiência se torna ainda mais frágil.

Cada um de nós tem uma experiência singular do mundo. E as enormes distâncias que separam classes, raças, gêneros e nacionalidades produzem também experiências muito diversas. Essa distância, contudo, não é incomunicável. Somos todos, afinal, humanos. Temos a capacidade de nos colocar imaginativamente no lugar do outro, baseado em analogias de nossas próprias experiências e no que ouvimos dele. Nenhum jovem de nosso tempo sabe o que era ser judeu na Alemanha dos anos 1930, e no entanto o mal brutal do antissemitismo e o crime indizível do Holocausto são passíveis de conhecimento por todos, seja por depoimentos de sobreviventes, relatos históricos, biografias ou mesmo obras de ficção histórica bem-feita.

A experiência, a vivência, treina nosso olhar em algumas direções e nos dá o material para comunicar aos demais algo que eles talvez nunca tenham pensado. Mesmo, contudo, nesse trabalho de comunicação da experiência, não raro o escritor talentoso que não viveu o fato tem mais sucesso do que o indivíduo que o viveu mas carece do ferramental literário ou retórico para expressá-lo. Aqui no Brasil, o poeta branco Castro Alves foi a voz que narrou para milhões de brasileiros os horrores do tráfico negreiro, pelos quais ele, evidentemente, nunca passou. A canção "Strange Fruit", verdadeiro hino negro contra os linchamentos do Sul dos EUA, eternizada na voz de Billie Holiday, foi composta por Abel Meeropol, um judeu nova-iorquino, branco e filho de imigrantes russos. Os versos de Chico Buarque – ao menos é o que garantiam tantas mulheres até alguns anos atrás – captam a essência da alma feminina, e não consta que ele seja *trans*.

Nossa capacidade de empatia é maravilhosa. Ela não só nos permite entender como o outro se sente – em situações que nunca vivemos –, como ainda nos permite criar representações desse sentimento que são aceitas e incorporadas pelas próprias pessoas que vivenciaram aquilo. Ela, ao mesmo tempo, ressalta os dois pontos que faço aqui: ouvir mais, e não deslegitimar a fala de ninguém.

Ter um debate público carente de perspectivas é limitá-lo e facilitar a perpetuação de vieses e pontos cegos. O lugar de fala que nos abre para novas experiências, antes excluídas, é bem-vindo. Mas mesmo aquele lugar se beneficia do que outros lugares têm a dizer e refletir sobre ele. A sua experiência não se basta. Ela é formada em contato com outras e ajuda a formá-las. A busca por experiências mais diversas não confere autoridade nem deslegitima a participação de quem quer que seja. Mesmo porque o debate público pode até partir de experiências pessoais, mas jamais poderia se encerrar nelas.

O Brasil é mesmo o país mais racista do mundo? Qual é o diferencial de remuneração entre homens e mulheres? Qual a extensão da violência física a que LGBTs estão sujeitos nas ruas do país? O feto é ou não é um ser humano? Nenhuma experiência individual – nem a simples soma de relatos – pode responder a essas perguntas. É preciso ir em busca do conhecimento, e isso qualquer um pode, a princípio, fazer, pois a capacidade de conhecer o mundo ao nosso redor e de refletir racionalmente sobre ele é universal. Ou será que não?

3) O lugar do conhecimento

Existe conhecimento objetivo e universal? Apesar de todas as tensões políticas, interesses e vieses, é possível aproximar nossas crenças da realidade, ou seja, do real funcionamento do mundo? Ou estamos fadados a navegar perdidos entre palavras que, no fundo, apenas disfarçam nossa sanha por poder e influência; que nada dizem sobre a realidade, mas apenas sobre nós mesmos?

Essa é a pergunta fundamental que qualquer uso do lugar de fala tem que responder, e a resposta nos dirá se ele é uma consideração que veio para somar no debate público ou se veio, realmente, para calar. Há uma suspeita pairando por toda essa discussão, a suspeita de que, no fundo, tudo é política, a verdade não existe e, portanto, se alguém lança um argumento contra o que diz um membro de uma minoria, isso não passa de uma tentativa de calá-lo.

Nessa tese, nossos discursos não representam tentativas sinceras de chegar a uma verdade, mas apenas reproduzem, verbalmente, os interesses do grupo a que pertencemos. No meu caso – o famigerado homem branco cis hétero – o interesse é manter a dominação. No caso de uma mulher negra, o de romper com a opressão.

O branco, quando fala, expressa o interesse do branco e o negro, o do negro. Toda pretensão de discurso objetivo, universal, científico, é enganadora, e esconde por trás do discurso a vontade de poder de um grupo específico. Há, no fundo, um abismo separando os grupos.

O discurso que se pretende universal, como o da ciência moderna, que exige aceitação de todos por chegar a (ou se aproximar de) verdades que estão além das subjetividades individuais e que podem ser defendidas racionalmente, nada mais é do que o discurso que mantém a dominação do homem branco. A ciência moderna (e, antes dela, o cristianismo) é o discurso de poder utilizado pela Europa e depois EUA para manterem sua supremacia mundial.

Pode parecer meio exagerado, mas é justamente esse tipo de pensamento que subjaz boa parte da literatura sobre lugar de fala. Vejamos o que diz Djamila:

> [Q]uem possuiu o privilégio social possui o privilégio epistêmico, uma vez que o modelo valorizado e universal de ciência é branco. A consequência dessa hierarquização legitimou como superior a explicação epistemológica eurocêntrica conferindo ao pensamento moderno ocidental a exclusividade do que seria conhecimento válido, estruturando-o como dominante e, assim, inviabilizando outras experiências do conhecimento. (p. 15).

Nisso ela ecoa Linda Alcoff:

> A epistemologia [ocidental] presume o direito de julgar, por exemplo, o conhecimento reivindicado por parteiras, as ontologias de povos originários, a prática médica de povos colonizados e até mesmo relatos de experiência em primeira pessoa de todos os tipos. É realístico acreditar que uma simples "epistemologia mestre" possa julgar todo tipo de conhecimento originado de diversas localizações culturais e sociais? As reivindicações de conhecimento universal sobre o saber

precisam no mínimo de uma profunda reflexão sobre sua localização cultural e social.

Patricia Hill Collins também vai na mesma direção:

> Meu próprio trabalho em muito se beneficiou do trabalho pioneiro de Sandra Harding (1991), Iris Young (1990) e outras filósofas feministas afins que questionaram as perspectivas epistemológicas que sustentavam o patriarcado. Elas questionaram o aparente universalismo do conhecimento ocidental, mostrando como este se coadunava com os pressupostos da heteronormatividade. Elas criticaram o quanto os fundamentos do conhecimento ocidental eram politizados e implicitamente legitimadores do colonialismo e do imperialismo. Entrevista com Patricia Hill Collins, por Nadya Araujo Guimarães [coordenação], em *Tempo Social, Revista de Sociologia da USP*, v. 33, n. 1, 2019.

Como não se pode falar em um conhecimento universal, válido para todos independente de quem o afirma, as autoras buscam valorizar diferentes epistemologias. Cada grupo social tem as suas próprias regras e critérios de conhecimento. Novamente Djamila:

> Pensando num contexto brasileiro, o saber das mulheres de terreiro, das Ialorixás e Babalorixás, das mulheres do movimento por luta por creches, lideranças comunitárias, irmandades negras, movimentos sociais, outra cosmogonia a partir de referências provenientes de religiões de matriz africanas, outras geografias de razão e saberes. Seria preciso, então, desestabilizar e transcender a autorização discursiva branca, masculina cis e heteronormativa e debater como as identidades foram construídas nesses contextos. (p. 17).

Estamos diante dos netos bastardos do marxismo. Para Marx, a mente burguesa, embora usasse argumentos supostamente universais (como os da economia clássica), estava na verdade disfarçando o que não passava de ideologia: a defesa discursiva de seu interesse de classe. Cumpria desmascarar os reais interesses que movem o pensamento burguês e afirmar o pensamento proletário. Como foi possível que Marx, que jamais pisou no chão de fábrica e viveu sustentado por seu amigo industrial Engels – ou seja, alguém sem lugar de fala nenhum para falar do proletariado! –, transcendesse a ideologia burguesa e revelasse a verdade proletária é um dos mistérios do universo.

O pensamento marxista passou pelo feminismo de meados do século XX, por Foucault e pelo desconstrucionismo e chega às pensadoras da interseccionalidade, como Linda Alcoff, Patricia Hill Colins e Djamila Ribeiro. Aliás, também é curioso notar que, mesmo enfatizando tanto epistemologias alternativas, Djamila baseie seu pensamento, não em ialorixás, mas em autores brancos, homens e europeus – Marx, Foucault, Derrida, Latour –, e em seus leitores e leitoras.

Em suma, não existe mais a possibilidade de um conhecimento objetivo ou universal. Todo discurso é apenas a expressão de um lugar de fala – com suas experiências e relações estruturais com os demais grupos. E quando um discurso clama para si o manto da universalidade ele está é tentando colonizar, e portanto oprimir, outros saberes igualmente válidos. Há epistemologia negra e epistemologia branca, o conhecimento do oprimido e do opressor. Um abismo os separa. E tudo que venha do opressor e discorde, negue, divirja da fala do oprimido só pode ser uma tentativa de calar essa outra epistemologia.

E já que no terreno argumentativo a questão será insolúvel, resta apenas decidir: qual posição é a correta, qual posição merece ser defendida: a do opressor ou a do oprimido? Para qualquer ser humano dotado de coração, é a do oprimido. Está aí, portanto: todo mundo tem um lugar de fala, mas só alguns têm o lugar de fala correto, legítimo. O homem branco tem, formalmente, lugar de fala? Sim, claro, dirá o especialista. Mas aqui está o que ele não dirá: esse lugar de fala do homem branco, quando se põe a opinar sobre o racismo ou machismo, gera um discurso que justifica sua opressão. E mais: só de enunciar o discurso ele já silencia, com seu megafone de privilégios, as vozes que poderiam vir de outros lugares.

Quando a verdade universal – ou seja, acessível a dois interlocutores que inicialmente discordam – sai de cena, e ficamos apenas com as muitas epistemologias de cada grupo, a possibilidade do diálogo real desaparece. Afinal, não há como chegar a um termo comum ou de convencer racionalmente o outro lado. Restam duas opções: uma é a propaganda, ou seja, a persuasão por quaisquer meios psicológicos que se mostrem eficazes – dos quais o argumento racional é apenas uma modalidade (e pouco eficaz). A segunda é a força.

Intimidar, debochar, calar a boca, na marra se for preciso. Armas válidas numa disputa antagônica por poder na qual não existe nenhum termo – epistemológico ou ético – que possa reconciliar as diferenças. E não me venha com ciência masculina e branca para questionar qualquer afirmação de minha luta! Chegamos ao "lugar de cale-se".

A CIÊNCIA MODERNA É BRANCA?

"E desde então minhas viagens me ensinaram que quando um povo tem visões contrárias às nossas, isso não os torna bárbaros ou selvagens, e que muitos deles usam a razão pelo menos tanto quanto nós. Pensei, também, que alguém que seja criado desde a infância entre franceses ou alemães se desenvolve em algo diferente do que se tornaria se tivesse – o mesmo homem, com a mesma mente – vivido sempre entre os chineses ou os canibais. [...]. Esses pensamentos me convenceram de que nossas convicções derivam muito mais do costume e do exemplo do que de qualquer conhecimento certo."

Não, não estou citando Djamila nem Linda Alcoff. As palavras acima vêm de uma das obras seminais do pensamento ocidental moderno – racionalista, científico, universalista: o *Discurso do Método* de Descartes. Reparem: um dos pais do pensamento ocidental, na elaboração de seu pensamento, partiu não da afirmação triunfalista de sua própria cultura, e sim de sua relativização – a sociedade francesa em que Descartes foi criado era, ela própria, tão racional quanto qualquer outra; e todas baseadas em seus próprios costumes. O método cartesiano vinha justamente para superar essas barreiras culturais, permitir que fiquemos não mais no plano do mero costume ou preconceito, e sim que consigamos julgar os diferentes costumes, inclusive os nossos. Pelo método, todo ser dotado de razão chegará a um conhecimento certo e seguro, válido para todos, de franceses a canibais.

A ambição certamente era desmedida, mas seus efeitos não foram menos notáveis. Bacon, Descartes e outros pensadores que deram os primeiros passos no que seria a ciência moderna não estavam se contrapondo aos saberes de povos distantes e de outras raças. Seu interlocutor direto, o alvo maior de suas críticas, era a própria cultura e pensamento europeus, eivados de erros e preconceitos. As superstições que grassavam com apoio da Igreja, o escolasticismo das universidades, preso a uma repetição acrítica de Aristóteles, a medicina que parecia não curar ninguém.

Na esteira da revolução científica, quando Galileu defendeu que a Terra orbitava o Sol, estava desbancando o consenso científico e religioso de seu próprio tempo. Quando Pasteur descobriu os microrganismos patogênicos, a tese que ele desbancava era a medicina tradicional europeia, ainda baseada na teoria dos humores. Darwin fez desmoronar a fé no criacionismo bíblico, pilar de sua própria sociedade.

Práticas perfeitamente "brancas" e europeias como a astrologia, a sangria e a teoria dos quatro elementos foram derrubadas pelo avanço do pensamento científico. Da mesma forma, se hoje em dia o benefício de parteiras é mais reconhecido, e se se descobre que o conhecimento de povos originários sobre plantas medicinais tinha muito de verdadeiro, é porque eles se sustentam perante o exame científico. No plano da política, o questionamento da escravidão enquanto instituição e do colonialismo de maneira geral veio justamente de pensadores em sua maioria europeus que ousaram criticar sua própria sociedade. Não foi negando a epistemologia "europeia" – ou seja, a ciência – mas fazendo ciência melhor, despindo-se dos preconceitos de cientistas do passado, e aplicando de forma mais ampla valores de igualdade e racionalidade universais, que avançamos.

Cientistas e filósofos não são, afinal, entes de razão pura. São seres humanos como qualquer um, também levados por vieses e preconceitos. É comum que sua prática e ideias reflitam isso, e teorias fracas vinguem por muito tempo porque confirmam preconceitos de seu meio. No entanto, não foi com epistemologias alternativas que os delírios do (assim chamado) "racismo científico" e da frenologia, ou da inferioridade intelectual das mulheres, foram refutados: foi com ciência mais bem-feita, que mostrou as fraudes e erros primários dessas pseudociências. O método científico volta-se inclusive contra preconceitos e crenças dos próprios cientistas.

A ciência moderna nasceu na Europa, mas não há nada de necessariamente europeu ali, e por isso é feita por todo o mundo. No caso da filosofia isso é ainda mais claro, mesmo porque começou muito antes da "Europa" sequer existir. A matemática, outro ramo desses saberes universais, foi desenvolvida originalmente na Índia, na Grécia, no mundo árabe, na Europa. E no entanto ela não é indiana, árabe, grega ou europeia.

Dito isso, é preciso reconhecer que, mesmo na ciência, o lugar de fala importa. O conhecimento humano, por mais que sempre deva buscar a objetividade, é produzido por indivíduos reais, que jamais são puramente objetivos. Vieses de gênero, classe e raça influenciam a produção científica e acadêmica e a condução do debate público. Perguntas importantes são deixadas de lado, pressupostos não são questionados, e trazer uma maior diversidade de pontos de vista ajuda e muito a reduzir esses riscos e a melhorar a qualidade das discussões. A ciência é dominada por homens brancos e paga um preço por isso. Se hoje em dia vemos, por exemplo, avanços no entendimento do corpo feminino (como registrado, por exemplo, no livro *Vagina Obscura*, de Rachel E. Gross, 2022), é em grande parte graças ao trabalho de mulheres que vêm abrindo caminho na ciência.

A universalidade e objetividade totais nunca serão plenamente alcançadas, mas têm que ser sempre buscadas. Sem esse pressuposto de que o universal é possível, a empreitada do saber se torna impossível. Se cada verdade é relativa a quem a emite, então o diálogo e a discussão perdem o sentido; vale tudo. E se não vale tudo, é porque existe alguma possibilidade de se chegar a resultados e termos comuns que possam, sim, como "epistemologia mestra", julgar as diferentes posições.

As autoras aqui criticadas, é verdade, dizem buscar ainda uma objetividade. Djamila busca se afastar do relativismo pós-moderno, só não diz como. A própria Alcoff aponta que, se abandonarmos algum critério normativo na epistemologia, então o negacionismo anticientífico da direita será tão aceitável quanto as reivindicações políticas da esquerda. Mas a ideia de uma epistemologia diferente do velho pensamento "ocidental" não sai do chão, fica mesmo no nível de um projeto politicamente desejável de "descolonizar" a epistemologia, mas sem substância.

Patricia Hill Collins não vai muito mais longe. Em *Pensamento Feminista Negro*, tenta esboçar o que seria uma epistemologia alternativa: basicamente, apontar que mulheres negras têm conhecimentos oriundos da experiência de vida, baseados no diálogo, expresso em máximas, em atitudes e na música.

Nada disso compete ou nega o pensamento filosófico e científico ocidental. Seria absurdo negar que dimensões cruciais da vida humana – afetividade, espiritualidade, criatividade – fujam ao escopo do conhecimento estritamente racional e verificável. Vou ainda mais longe: nossa própria disposição de aplicar a razão a alguns campos da vida vem, ela própria, de pulsões não racionais. Mesmo a escrita de um artigo científico ou a elaboração de um experimento exigem uma quantidade enorme de conhecimentos informais e práticos que jamais serão explicitados ou formalizados, para produzir sua pequena contribuição científica.

O próprio debate público, por fim – distinto do debate acadêmico, supostamente rigoroso e especializado – usa resultados científicos e argumentos filosóficos articulados a noções informais mais amplas, buscando criar uma visão abrangente e um direcionamento político que passa longe da ciência pura. Tudo isso está perfeito, e que homens brancos revestidos dessa autoridade científica menosprezem os costumes e saberes de outras culturas (sendo que a comunidade acadêmica também tem seus costumes particulares) é uma mostra do quão longe estamos ainda do ideal da real universalidade.

Mas no momento em que saímos de nossa vivência e fazemos afirmações sobre o mundo, afirmações que esperamos sejam aceitas por outras pessoas que não partilham dessas mesmas vivências, aí o critério racional e universalista é inescapável. Um exemplo: o ritual católico da unção dos enfermos é aplicado a doentes em estado grave e provê conforto e esperança a milhões de pessoas; não vejo motivo algum para questionar a prática, mesmo porque nenhum de nós é estritamente racional o tempo todo nem isso seria desejável. A partir do momento, contudo, em que alguém afirma que esse sacramento cura doenças, ele está dando um passo além, está fazendo uma afirmação que pode ter impactos independentemente das crenças alheias; e que pode e deve, portanto, ser avaliada pelo ferramental científico à nossa disposição e julgada de acordo. A razão não só não é um colonizador, como é uma ferramenta utilizável por toda e qualquer pessoa, inclusive contra a colonização dos preconceitos de uma cultura sobre outra. Não é branca nem negra; é humana.

IDENTIDADE VS. RACIONALIDADE

A epistemologia busca definir as regras pelas quais adquirimos conhecimento, os critérios que distinguem motivos válidos e inválidos para se afirmar algo. Não é o resultado de querer ajudar esta ou aquela causa política ou grupo social, por mais meritória que seja essa intenção. O método científico não foi uma artimanha criada visando o poder da Europa. A relação, se existe, é inversa: foi graças à ciência moderna e à disposição de experimentar e questionar que nações europeias conseguiram o poder que têm.

Para construir uma caravela que dê a volta ao mundo, para lançar um míssil contra um alvo inimigo ou fazer um foguete que chegue à Lua, de nada adianta uma "epistemologia branca", uma mera expressão de seu desejo por poder. Você precisa ter algum conhecimento real e reprodutível sobre como a natureza se comporta. E é essa mesma racionalidade universal que ajudou a Europa no passado que representa a melhor esperança para vencer preconceitos e promover a real igualdade entre os homens.

Patricia Hill Collins acabou, talvez inadvertidamente, ilustrando perfeitamente esse ponto. Num exemplo com que ilustra os diferentes pesos dos testemunhos de brancos e negros nos EUA, ela contou a história de Thomas Jefferson e sua escrava Sally Hemmings. Por muito tempo, havia uma polêmica: os descendentes de Sally insistiam que Jefferson era o pai dos filhos dela. Já os descendentes oficiais de Jefferson, brancos, negavam terminantemente o fato, e eram tidos como os mais críveis pela sociedade de seu tempo.

O que finalmente resolveu a disputa antes insolúvel (e que teria que ficar no plano pessoal ou político de preferência por brancos ou negros) foi o teste de DNA, fruto da tal "ciência eurocêntrica" que, vejam só, não ficou do lado dos brancos: provou que Jefferson teve filhos com a escrava. Conhecimento científico não tem lado.

Desigualdade, opressão, privilégio, discriminação. Tudo isso existe. Se existe, pode ser estudado, analisado e discutido. E é só fazendo isso que teremos tanto uma noção real de cada um desses problemas como conheceremos os meios para melhor superá-los. Nessa empreitada do conhecimento e da política baseada no conhecimento, cada um de nós é dotado da capacidade para participar, e até deveria fazê-lo. E isso só será possível se a participação de alguns – em pé de igualdade – não for rejeitada já na largada apenas por serem quem são.

Do outro lado, dar mais ênfase à identidade do que ao mérito do que se discute é receita certeira para se produzir erros e injustiças, mesmo quando busca-se defender uma identidade historicamente oprimida. Fiquemos num exemplo famoso: a absolvição flagrantemente injusta de O.J. Simpson pelo assassinato de sua mulher, caso que foi transformado num debate racial. Como o acusado era negro e a sociedade era racista, ele só podia ser inocente. Nesse caso, o DNA apontava a culpa do acusado negro. Foi em vão, e um assassino ficou impune.

Não é a identidade de um lado ou de outro que resolve uma questão de fato. São os argumentos. Pouco importa se quem defendia pertencia ao grupo genérico do oprimido ou do opressor; tanto um quanto outro podem estar certos. Vez ou outra, um olhar diferente traz novos *insights* ou corrige vieses que a visão majoritária não pegou. Via de regra, contudo, no dia a dia, o trabalho científico ou racional independe da cor de pele, gênero ou orientação sexual. Um teste de vacina de covid tanto faz se foi feito por um negro, um branco ou uma mulher. E na medida em que essa identidade passa a importar mais do que os méritos da questão considerada imparcialmente, nos afastamos da produção de conhecimento e da resolução de conflitos sociais, que se tornam mais violentos e, perdendo o chão de racionalidade comum, insolúveis.

Em qualquer discussão, por mais cara que seja a algum movimento de minorias, haverá membros daquela minoria em ambos os lados da questão. O ser humano é variado e a mente, ainda que seja influenciada por seu meio, não se deixa determinar integralmente pelas variáveis sociais, econômicas, culturais, raciais ou de gênero. Vejamos alguns exemplos ilustrativos.

Na questão racial brasileira: Silvio Almeida e Wilson Gomes, ambos negros, têm profundas discordâncias sobre o conceito de racismo. Para o primeiro, só pode existir racismo contra negros, e jamais contra brancos; para o segundo, qualquer preconceito ou discriminação racial é racista. O mesmo vale para políticas concretas: o advogado Irapuã Santana e o político Fernando Holiday, ambos negros, discordam sobre as cotas raciais. Um é a favor, o outro contrário.

As discussões sobre a legalização do aborto centram-se nos efeitos da prática para a saúde pública, nos direitos da mulher e no estatuto ontológico do feto: é ou não é uma pessoa? Apenas ser homem ou ser mulher não diz nada sobre o que ele pensa sobre cada um desses temas. As deputadas Sâmia Bonfim e Bia Kicis têm perspectivas opostas. Curiosamente, no Brasil, a liberação do aborto é mais popular entre os homens do que entre as mulheres (embora, em ambos os grupos, a defesa da proibição seja majoritária). O que isso nos diz sobre qual lado está certo? Absolutamente nada.

Homens e mulheres são igualmente capazes de compreender os conceitos e construir argumentos para ambos os lados. E é a força desses argumentos, e não a identidade de quem os formulou ou reproduz, que importa para saber qual decisão é a mais correta. O homem tem tanta propriedade para discutir a moralidade ou legalidade do aborto quanto a mulher. O apelo à identidade não resolverá discussão nenhuma. A diversidade é um imperativo social e político; epistemologicamente, é bem-vinda, mas não determinante.

PARCEIROS OU RIVAIS?

O debate público tem se beneficiado imensamente da expansão dos lugares de fala, que não foi conseguida e não progredirá sem algum desconforto por parte de quem gozava de privilégios. Não é mais possível aceitar ingenuamente o mito de que já vivemos a democracia racial ou a igualdade dos sexos. E isso se deveu em grande parte à presença de novas vozes no debate.

A sociedade inteira ganha com esse processo, porque ao se valorizar o talento e o conhecimento onde quer que ele esteja, e ao não se tolerar a mediocridade só por vir do grupo dominante, a qualidade do debate público melhora. Há também, contudo, uma mudança distributiva, que beneficia alguns e prejudica outros: o que antes era desigual se torna mais igualitário. Posições antes subalternas se elevam e privilégios são derrubados.

Essa mudança gera reações contrárias. Machismo e racismo existem e se fazem sentir. Dentre suas ferramentas encontram-se, inclusive, os discursos mascarados. Há, sem dúvida, gente protegendo seus privilégios de gênero, raça e classe. O que não quer dizer que quem lute pela mudança seja sempre moralmente superior. Ou não vamos admitir o quanto de vaidade, ambição e ressentimento movem também os mais nobres líderes de movimentos? Quem está por baixo não é, necessariamente, melhor do que quem está por cima. Sérvios e croatas, hutus e tutsis, se alternando na condição de oprimido e opressor, estão aí para mostrar que não há grupo santo.

Será que, se olharmos no microscópio as intenções de cada um ao se expor no debate público, não veremos uma mistura de motivações boas e ruins, louváveis e vergonhosas? Só que isso nada diz sobre o mérito das teses que defendem. Ele foge à análise das intenções e dos interesses, e só pode ser descoberto pelo engajamento na argumentação. E é, ademais, o que mais importa.

Fazer a sociologia – ou mesmo a psicanálise – de um lado do debate público é muito diferente de responder aos seus argumentos. E ambas as posturas geram resultados sociais opostos. Na primeira – ou seja, a denúncia do outro lado como defensor de interesses inconfessáveis –, a sociedade se divide e cada lado alimenta seu ódio contra a outra parte. Em última instância, o lado contrário deixa de ser sequer um interlocutor democrático legítimo, e o único modo de lidar com ele é a violência. A sociedade se encaminha ao colapso.

Já a segunda postura – a de responder aos méritos da posição contrária, por mais nociva que ela pareça – torna mesmo adversários ferrenhos em parceiros na construção do conhecimento. É na necessidade de se responder a objeções que mais conhecimento é buscado, o que faz cada participante se aprofundar no tema e, provavelmente, abandonar a superficialidade das primeiras certezas. O debate traz consigo exigências epistemológicas e éticas: cada um terá que construir e refutar argumentos com base em seus méritos, e terá que aguentar a resposta, além de tratar o adversário como interlocutor legítimo, engajando com seu conteúdo e não buscando o atalho da desqualificação identitária e moral e nem o apelo retórico aos aplausos da audiência.

Está claro qual tem sido, até agora, o efeito prático do lugar de fala no debate público. O erro do passado foi dar um peso desmedido a certas identidades – branco, homem, cristão – e limar outras, tolhendo seus espaços, suas vozes e mesmo suas concepções de si mesmos. Hoje, a afirmação dessas identidades antes desprezadas é um passo importante na valorização de quem foi relegado às margens. Mas essa afirmação é boa porque serve a um futuro no qual essas diferenças não reproduzirão o padrão hierárquico que chegou até nós. Se o objetivo for apenas repeti-lo com sinal trocado, perderemos inclusive o progresso imperfeito construído até aqui.

É inútil esperar que todos se informem e reflitam profundamente antes de se colocarem como participantes no debate. Os meios para que todos falem estão dados, e por isso mesmo todos vão falar, e vão falar às vezes verdades e muitas outras vezes enormes besteiras. É na própria discussão que o indivíduo percebe suas ignorâncias e tem a motivação para saná-la. O "lugar de cale-se", mesmo quando visando um bem maior, é inútil e só fortalece o outro lado, que não se calará. Já o convite à escuta e à reflexão sobre si, que tanto falta faz, pode suscitar melhores respostas.

Ou vivemos em mundos paralelos de classe, gênero e raça, destinados a nos destruirmos em busca do poder. Ou então participamos de uma empreitada comum, na qual nem todos tiveram espaço no passado, e que só tem a ganhar ao corrigir suas profundas injustiças, para que cada um possa ter reconhecida a sua voz.

18

IMPORTADO DOS EUA, O IDENTITARISMO TORNOU-SE ARMA HEGEMÔNICA DO PARTIDO DOS TRABALHADORES

Raphael Tsavkko Garcia

Identitários, *woke*, justiceiros sociais, pós-modernos, lacradores, progressistas, *social justice warriors*. São diversos nomes que definem um mesmo fenômeno e um mesmo grupo de fanáticos que se comportam como seita em "movimentos identitários", dizendo defender causas sociais, mas que se limitam a buscar holofotes e a espalhar ódio – ao mesmo tempo que prejudicam diversas causas ao afastar aliados e transformam todos em inimigos.

Nos EUA, os chamados *woke* têm uma presença fortíssima junto a universidades e mídia, influenciando grandes empresas e mesmo discursos políticos – muitas vezes criando um ambiente de denuncismo e medo.

No Brasil, este tipo de manifestação é um fenômeno mais recente que adota linguajar e maneirismos importados que simplesmente não se encaixam na realidade brasileira – isso, claro, se considerarmos que o radicalismo militante se encaixe em qualquer realidade.

A formação da sociedade americana não encontra paralelos no Brasil. É um fenômeno próprio. A manifestação do racismo no Brasil não é igual à manifestação nos EUA ou na Europa. O processo de formação da sociedade brasileira – com todas suas contradições – é diferente da sociedade americana. Assim como as necessidades dos diferentes grupos sociais e minorias que compõem cada sociedade.

A incapacidade daqueles que se inserem no campo identitário de entender essa questão básica condena à morte tal movimento –

que, no entanto, se recusa a morrer, na verdade cresce e deixa um rastro de destruição.

São pessoas, muitas delas lideranças, integradas ao movimento negro, feminista e LGBT, que têm como agenda não a superação do preconceito/machismo/homofobia, mas a imposição de um isolamento, de *safe spaces*, da construção de realidades e histórias alternativas sem tração com a realidade brasileira que, enfim, muitas vezes pregam ódio para, dizem, combater o ódio.

O identitarismo militante – que não deve ser confundido com lutas sociais que têm identidades como base – não dialoga com fenômenos nacionais, com a realidade e complexidade brasileira e começou a ganhar força no Brasil no pós-2013 como uma forma de o Partido dos Trabalhadores exercer controle sobre as narrativas sociais diante do surgimento e crescimento de novos movimentos autônomos fora do controle histórico do partido.

Naquele momento, novos atores começaram a questionar o controle partidário sobre as ruas, sobre os rumos de pautas e movimentos sociais diversos. Movimentos que até aquele momento encontravam-se instrumentalizados pelo PT, então no poder, e eram neutralizados.

Sindicatos haviam deixado de ocupar as ruas e reivindicar os interesses de seus membros, movimentos sociais foram adestrados, usados contra inimigos políticos do PT (que a qualquer momento poderiam se tornar aliados), mas silenciados quando era do interesse de Lula ou de quaisquer dirigentes partidários. Não eram os interesses dos trabalhadores que moviam os sindicatos, mas os interesses pontuais do PT.

Os interesses dos movimentos sociais mais diversos não podiam cruzar a linha dos interesses do PT, tornavam-se engessados e incapazes de responder às necessidades de quem diziam representar.

Após anos de controle ferrenho petista (ou de satélites como o PCdoB), chegamos a junho de 2013, o momento catártico em que romperam-se as barreiras e toda a revolta social acumulada transbordou – de forma difusa, sem liderança clara, com pautas se sobrepondo exatamente pela falta de uma liderança que direcionasse a revolta de tantos diferentes grupos e sensibilidades.

Não havia UNE, sob controle do PCdoB há décadas, não havia CUT, sob controle do PT também há décadas, além de uma infinidade de movimentos historicamente aparelhados. O Movimento Passe Livre, que convocava, não se colocava como liderança, mas apenas como uma força mobilizadora.

A falta de liderança e a absoluta justaposição de pautas serviu e serve até hoje como justificativa do PT para criminalizar as ruas e a memória do que aconteceu naquele mês – e para justificar os incontáveis pedidos de criminalização e aplausos à violência policial vindas de membros de partidos ditos de esquerda e de editores e repórteres de *sites* de *fake news* aparelhados pelo petismo, os famosos *apparatchik*s.

A NOVA GERAÇÃO

Antes de mais nada, é preciso deixar claro que quando falamos em identitários estamos nos referindo grosso modo à geração que nasceu nos anos 1980 e 1990, os chamados *millennials*, que tendem a ser (ou se declarar) mais "frágeis", a precisar dos chamados "safe spaces", a não aceitar nada que os contradiga ou "ofenda". Daí surgem censuras a obras de arte, a livros, necessidades de *trigger warnings* em obras literárias, censura a termos "ofensivos", etc.

Essa mentalidade vem de um lado pela ausência de conflitos significativos (aqui falamos de EUA e Europa) dentro de suas fronteiras e pela estabilidade financeira do fim do milênio passado e começo desse. É, em geral, uma geração que enfrentou poucos problemas em meio a um período de crescimento econômico e relativa paz, então acabou por voltar-se a outras questões de cunho mais pessoal/personalista e microlutas que acabaram por ser entendidas de forma independente de grandes lutas sociais.

Em outras palavras, mudanças sociais e segurança econômica abrem espaço para se pensar em identidades individuais que vão além de categorias econômicas de proletariado e burguesia apenas.

Em seu livro *Identity: Contemporary Identity Politics and the Struggle for Recognition*, Francis Fukuyama explica que "uma das razões para a política identitária ter se incorporado tanto nos EUA e em outras democracias liberais é por causa da preocupação crescente com 'autoestima' e pelo que tem sido chamado de 'o triunfo do terapêutico'", que ele explica como a substituição da religião e de um "horizonte moral" pela pregação da psicoterapia.

Fukuyama também lembra que na segunda década do século XXI, a esquerda parece ter abandonado a ideia de igualdade econômica pela "promoção de interesses de uma ampla variedade de grupos percebidos como marginalizados – negros, imigrantes, mulheres, hispânicos, a comunidade LGBT, refugiados, etc.", no que ele chamará de "política do ressentimento" que, curiosamente, também move eleitores de Donald Trump e sua ideia de "Make America Great Again".

Cria-se uma tensão entre a necessidade de validação de suas próprias identidades (no que Norbert Elias já havia explicado com maestria anos antes) e a imposição de valores ligados a essas identidades sobre toda a sociedade.

Trata-se de um "reconhecimento" a ser exigido dos demais que, tornado política identitária, passa a ser também a imposição dos valores dessa identidade.

A tensão entre a defesa de um modelo de identidade por parte dos conservadores se choca de frente com o modelo (ou modelos) de identidade(s) proposto(s) por grupos que passaram a se beneficiar na estabilidade e democracia liberal e acaba sendo também o cerne de uma disputa em que qualquer um que vencer significa a derrota coletiva da sociedade.

Em outras palavras, a luta contra o racismo ou pelos direitos das mulheres passou a ser compreendida não como o desdobramento ou continuação de grandes lutas, mas como algo isolado, um fim em si mesmo – existindo mesmo dentro de escalas de opressão em que cabe a membros dos movimentos escolherem a cada momento qual é mais importante sem absolutamente qualquer critério.

O enfraquecimento do socialismo também guarda imensa relação com a situação, pois é o marco inaugural do tempo das pequenas lutas e não mais de grandes lutas. Não mais uma ideia de revolução ou de grandes transformações sociais, mas na transformação do "eu", na relevância da "minha luta", da "minha questão".

Se antes tínhamos a ideia de que com o fim do capitalismo questões "menores" como racismo, homofobia, machismo, etc. se resolveriam (como por mágica), hoje temos algo muito diferente – o capitalismo tornou-se aliado. É o capitalismo, o consumo, a inserção dos oprimidos dentro do capitalismo que irão resolver as mazelas sociais.

Não há mais luta de classes, ou se há, ela é um pano de fundo em que o problema real é o negro contra o branco, o homem contra a mulher, as desigualdades específicas de grupos, enquanto o resto passa a ser relegado. Não se trata de negar que existam disparidades de gênero e raça, pelo contrário, mas de denunciar que se abandona a pauta ampla por, muitas vezes, picuinhas, por um suposto "protagonismo" em que é mais importante aparecer do que efetivamente tratar das questões colocadas.

Como se pode ver, trata-se de uma ideologia eminentemente liberal transportada ou transplantada para a esquerda brasileira e adotada até mesmo por comunistas jovens em busca de espaço para suas pregações. Tudo isso em um país com construção e contradições diversas às dos EUA, de onde importamos tal ideologia, criando novas tensões e novos problemas virtualmente sem solução à luz da pregação identitária.

Não se faz luta social ou busca-se justiça social fechado em guetos autoimpostos e considerando que todos fora da bolha são inimigos a serem combatidos. Os identitários se negam a qualquer diálogo, não há espaço para discordâncias ou para qualquer argumento fora da cartilha do grupo (cartilha esta que em geral muda de acordo com a vontade das autointituladas lideranças).

As tensões e condições econômicas e sociais no Brasil, objetivamente diversas às dos EUA, impõem dificuldades tremendas ao funcionamento da ideologia identitária no Brasil que é incapaz de dialogar com a necessidade ainda premente de se combater desigualdades econômicas.

No fim das contas, qualquer tentativa de diálogo com aqueles que defendem a ideologia identitária encontra um muro de chavões e palavras de ordem vazias, como "lugar de fala", "protagonismo", "apropriação cultural" – termos que historicamente têm validade, mas foram esvaziados a ponto de neutralizarem seu valor – ou o uso de termos como "branco" e "homem" (ou melhor, "*omi*") como se fossem pejorativos.

Não há espaço para solidariedade de classe ou para construções coletivas que vão além de identidades. No máximo alianças pontuais que se apresentam como farsa e que acabam transbordando em *grievances* de grupos que exigem ser tratados de forma diferenciada de acordo com seu lugar na escala da opressão.

Ao invés do combate das razões pelas quais algumas categorias são consideradas "normais" ou a norma, a ideia é combater pessoas. Um branco racista não é problemático apenas por ser racista, o é por ser branco. O homem machista, da mesma forma, não é problema por ser machista apenas, mas por ser homem. É uma lógica da qual não se pode escapar, mesmo que alguns fundamentalistas da justiça social ainda concedam a possibilidade de "desconstrução" – sempre com limites insuperáveis.

Como defender construções e frentes amplas diante do dado de que seu inimigo não é o capitalista, o burguês, mas aquele que vive ao seu lado nas mesmas condições precárias, mas é "privilegiado" por ser homem, branco, hétero (e em muitos casos até por ser mulher)? Um branco pobre é considerado um opressor muito mais perigoso e pernicioso que o negro rico, entendido como um oprimido por sua raça.

E isso abre espaço para que mesmo os erros mais grotescos de um indivíduo sejam perdoados de acordo com o lugar que ele ocupa na escala de opressão – ao passo que os pecados dos inimigos são sempre tratados a ferro e fogo.

Essa lógica, transplantada para a realidade político-partidária desemboca em casos grotescos em que mesmo aqueles que tradicionalmente pertencem aos grupos considerados "opressores" podem ser perdoados pelos "oprimidos" após atos de contrição.

Dessa forma, por exemplo, Lula tem total liberdade para falar em "mulheres de grelo duro" ou petistas empedernidos como o ator José de Abreu têm carta branca para exercer seu machismo e misoginia, precisando apenas realizar uma mínima penitência e um "ritual" junto a alguma autointitulada liderança do movimento feminista.

A lógica do "nós" contra "eles" acaba adotando uma quantidade impossível de símbolos, limites e permissões instrumentalizadas pelo partido que soube capitalizar essa nova ideologia.

O discurso identitário é perfeito para realizar uma barreira que protege aqueles no entorno do PT ao passo que é usado como arma contra os que não assinam embaixo na cartilha. O fato é que já é possível observar rachaduras nesse acordo não escrito, mas essas são cenas dos próximos capítulos.

Enfim, o seu gênero, a sua cor, a sua orientação sexual passam a ser mais relevantes que sua classe social, que suas opiniões e posições. Não se trata de negar o racismo, o machismo e a homofobia, pelo contrário, trata-se de criticar posições que, no fim, apenas repetem argumentos racistas, homofóbicos e machistas ao usar características inatas como forma de derrubar e negar argumentos.

Ora, se é verdade que o racista usa a raça da vítima para lhe negar espaço ou direito à fala, é igualmente verdade que uma resposta que adote a mesma prática não terá resultado muito diferente – e jamais positivo. Confrontados com a mais pura lógica gritam: "Falsa simetria!".

A esquerda sai prejudicada por se fechar ao diálogo com a sociedade. Por impor uma série de regras de comportamento (muitas inalcançáveis) sem qualquer tração com a realidade, por adotar uma postura eternamente vitimista e que retira completamente a autonomia das pessoas, dividindo o mundo entre vítimas e algozes sem qualquer tipo de matização, sem meios-termos. E, em especial, por desviar de outras questões fundamentais.

Mark Lilla, professor da Universidade Columbia, tem repetidamente comentado sobre o problema dessas "políticas de identidade", denunciando o surgimento de "uma geração de progressistas narcisisticamente desligados das questões alheias a seu grupo de referência".

Steve Bannon, guru da extrema direita americana, concorda: "Enquanto vocês estiverem falando de políticas de identidade, nós ganharemos". Claro, a ideologia por trás de Bannon (e Trump) é eminentemente identitária, mas até pouco tempo estavam obtendo mais vitórias que o identitarismo da esquerda no campo político.

MUDANÇA DE PAUTA OPORTUNISTA

Essa mudança de pauta – grandes *versus* pequenas lutas, identidade *versus* classe, etc. – faz total sentido dentro da realidade brasileira pós-2013 e também pós-*impeachment* de Dilma Rousseff (em 2015, quando o processo de cooptação da esquerda se consuma), afinal como você vai falar de classe ou mesmo de esquerda e suas bases quando seus melhores amigos são exatamente aqueles que você passou anos combatendo? Quando suas alianças se opõem a tudo que se prega?

O PT precisava de nova pauta, o identitarismo caiu como luva. Não importa a política econômica, mas se uma determinada minoria vai poder fazer compras no *shopping center* ou uma de suas autointituladas líderes poderá desfilar com bolsa da Gucci. De classe para inserção por consumo (limitada, frágil).

No fim não se trata de emancipação, muito menos de combater efetivamente as causas que levam ao racismo, machismo e homofobia endêmicos, mas tão somente de aparecer, "lacrar", se tornar mercadológico, ganhar cliques e *"likes"*, sempre dentro dos limites impostos pelo partido. Uma espécie de mercado de protagonismo.

Vale notar que o maior problema não é apenas que esses grupos identitários sejam capazes de impor suas pautas e efetivamente intimidar e constranger para além das redes sociais e espaços universitários (ainda que no longo prazo possam ter maior influência, dado que são próximos e influenciam formadores de opinião), e sim que os seus discursos afastam aliados, forçam ativistas a abdicarem de sua militância ao não concordarem com seus métodos de censura e controle e, no fim, são incapazes de construir pontes com o resto da população.

Um dado curioso: antes de o PT deixar o poder via *impeachment*, não se encontrava menção a Rafael Braga, o único preso e condenado pelos protestos de 2013 (sem sequer participar destes), entre a militância identitária ligada ao PT.

Não lhes interessava. Era mais importante seguir na linha oficial do partido e condenar 2013 (ou silenciar) do que efetivamente defender os direitos de um jovem negro preso por absolutamente nada.

Após perderem o poder, passaram (ainda que brevemente) a tentar se apropriar de sua imagem para fingir que efetivamente se importavam ou que haviam desde sempre estado ao seu lado. Rafael Braga se tornou uma mercadoria vendável para a militância identitária, já não representava mais perigo para a narrativa do PT.

Não deixa de ser irônico que até mesmo comunistas tenham abraçado o discurso identitário como forma de se inserir junto à juventude identitária; ninguém consegue escapar da atração desse grande mercado.

INTERDITANDO O DEBATE

Talvez o grande problema dessa ideologia identitária, *woke*, seja seu método: ele impede o diálogo.

Impede a discordância, a troca saudável de ideias, transformando tudo em dogma e religião.

Isso cria um clima de medo externo e interno, além de simplesmente afastar qualquer pessoa simpática a diversas causas sociais importantes e alienar a maior parte da população. Não surpreende que seja o mesmo método empregado pela militância petista em quaisquer discussões. A simbiose é claríssima.

Ao invés de trabalhadores, hoje temos minorias pulverizadas sem absolutamente nenhum horizonte de unidade. O inimigo não é mais o patrão, mas o homem branco, o hétero, até mesmo a mulher branca, o *gay* "padrão", enfim, criam-se escalas de opressão em que o mais oprimido se torna o centro – mas sem a apresentação de quaisquer alternativas ou modelos para a superação da opressão.

Podemos afirmar que antes de 2013 era raríssimo escutar certos termos e conceitos que são populares entre os chamados identitários. Eles simplesmente não eram relevantes. Não é que não existissem, mas não passavam de fração ínfima dos movimentos sociais – que, então, buscavam compor pautas e frentes amplas, dialogar com outros movimentos, que tinham o objetivo real de fazer avançar políticas públicas voltadas a minorias.

A crise do PT é o momento ideal em que discursos autoritários ganham tração.

TUDO MUDOU NO PÓS-2013

E essa mudança se deu pela perda de poder do PT junto aos movimentos sociais e à esquerda, partido que hegemonizava incontáveis movimentos sociais e amplos setores intelectuais, e que se viu nas cordas. Em 2013, parte considerável da esquerda estava nas ruas exigindo mudanças, e sem ter no PT uma liderança (tampouco alvo, é bom lembrar). 2013 aconteceu de forma autônoma e diversos movimentos e coletivos foram se somando à revelia do PT, que governava o país e há anos exercia pressão para desmobilizar e adestrar movimentos sociais e sindicatos.

Como comentado anteriormente, no pós-2013 o partido precisava de uma forma de recuperar o controle, e os identitários foram uma saída – promoviam imensa desmobilização de movimentos ao causar rupturas e silenciamentos, ao criar um ambiente de medo em que nada podia ser contestado.

Não surpreende que praticamente todas as autointituladas lideranças desse movimento sejam filiadas ou próximas ao PT (ou membros de algum partido satélite) e que tenham defendido com unhas e dentes a ex-presidente Dilma Rousseff, o Lula Livre, etc.

Criou-se, repito, uma simbiose entre o discurso vitimista e autoritário do PT e o discurso... vitimista e autoritário dos identitários que se retroalimentam. Os identitários ganham o apoio dos identitários em suas pautas – sem, obviamente, alterar em nada a realidade, pois não é esse o objetivo desses grupos – e o PT ganha o apoio dos identitários em suas pautas.

O objetivo do PT sempre foi o de manter a hegemonia sobre movimentos sociais. Tê-los na coleira para serem usados quando necessário, mas nunca contra o próprio governo que os alimentava. 2013 quebrou essa lógica. Era preciso recuperar a hegemonia.

E uma das formas que o PT encontrou foi o de usar 2013 como o ponto de partida para todos os problemas e mazelas do país e ligar o próprio PT a esses acontecimentos como uma vítima – embarcando no discurso de vitimismo que é o cerne do identitarismo.

Foi 2013 que chocou o ovo da serpente, foi 2013 que deu força ao bolsonarismo, foi 2013 que propiciou à direita se organizar... Quando na realidade foi exatamente a cooptação e a criminalização da esquerda que abriu um vácuo a ser ocupado pela direita – junto a discursos sobre um "segundo turno ideal", campanha suja contra Marina, ataques a quaisquer lideranças que não se submetiam ao PT e a incapacidade de autocrítica e, mais além, de efetivamente mudar seus métodos.

IMPEACHMENT FOI O MELHOR DOS MUNDOS

Nesse aspecto, o *impeachment* de Dilma Rousseff foi o que de melhor poderia ter acontecido para o partido.

Um dos aspectos cruciais da narrativa do golpe é o de que Junho de 2013 seria o ponto de inflexão que levou a um recrudescimento do conservadorismo no Brasil. Junho se iniciou como um movimento francamente de esquerda, atrelado ao MPL e ao direito ao passe livre e contra a privatização dos transportes e o aumento das tarifas.

Uma revolta popular que foi tomando força e se espalhando pelo país. Tinha tudo para ser mais uma da série de mobilizações sociais de esquerda que têm seu momento (ou *momentum*) e depois desaparecem, tendo conquistado algum avanço ou ao menos imposto uma pauta.

O ano de 2013 se mostrava um fio de esperança – e também se inseria em um "momento global" de lutas e revoltas – não só para a esquerda, mas para setores progressistas da classe média e até para setores de uma certa direita liberal com pautas sociais mais progressistas. O seu esmagamento pela força da repressão policial acabou por radicalizar à direita setores menos politizados que adotaram um discurso (fácil) de ódio ao PT e que foram abraçados por figuras já estabelecidas da extrema direita brasileira, como Bolsonaro, Feliciano (este que foi aliado do PT), dentre outros.

A violência política absolutamente inaceitável que se seguiu às manifestações acabou por amplificar as mobilizações que, diante de agressões que atingiram pesadamente jornalistas, uma vez vitimando pesadamente jornalistas, fez com que a maré virasse e mesmo a mídia ficasse ao lado dos que se manifestavam. A violência foi o divisor de águas e foi usada indistintamente por governos tucanos, petistas e por aliados de ambos.

Junho prenunciou ou desvelou um tremendo cansaço da população com a política tradicional, mas o problema vai além. O PT se tornou em muitos lugares partido de caciques – no Rio conta com milicianos e por lá o partido passou anos apoiando a máquina trituradora do PMDB. Não podemos esquecer do apoio do PT a candidatos de partidos aliados (Kátia Abreu, Collor, etc.), assim como coligações com partidos duvidosos, além de um esgotamento natural do lulismo, que não conseguiu ser sustentando por Dilma, tanto por questões econômicas quanto por sua total falta de carisma e habilidade política.

A crise da esquerda é a crise do lulismo, do desenvolvimentismo, da repressão à própria esquerda e, finalmente, da incapacidade e mesmo falta de vontade da esquerda em se reinventar – e em se separar do PT. Para muitos, seguir na barra da saia do PT é suficiente. Voto crítico, contra o "mal maior", enfim, argumentos batidos que seguem sendo usados enquanto o novo não nasce (pois foi esmagado e pelo visto tem pavor de voltar).

A CRISE DO INTELECTUALISMO

Em grande parte a intelectualidade seguiu a maré e mantém-se fiel ao PT e suas narrativas, mesmo que para isso sejam forçados a prostituir-se academicamente.

É notório que teses sobre a classe média – a demonizando e a culpando por todos os males – foram pinçadas para se adequar às narrativas do PT de que seria perseguido por fazer o melhor para os pobres (ironicamente aqueles do PT não envolvidos em corrupção endêmica, em especial tais acadêmicos, são notórios representantes da própria classe média, quando não são parte da elite propriamente dita).

Outras teses como as de que o problema não é a corrupção endêmica já citada, mas que é a escravidão que define a sociedade brasileira, embarcam num discurso que chega a ser risível – e que faz par com as pautas identitárias, não passando de concessões envergonhadas.

Não que a escravidão e o racismo não sejam marcas da formação da sociedade brasileira, o problema aqui é sua instrumentalização para tentar justificar a corrupção do PT no poder, e que é o cerne da militância justiceira.

Ao embarcar na corrupção, ao se recusar não apenas a reconhecer e se desculpar, mas a mesmo negar os fatos em que pese fartura de provas, o PT impôs o neodiscurso do "rouba, mas faz" (não à toa Maluf foi por anos aliado do PT, havia uma simbiose ideológica). Chegamos no ponto em que Lula discursa em defesa de corruptos condenados, minimizando os males da corrupção, e não faltam militantes que chegam ao ponto de defender o roubo de patrimônio público com a desculpa de que isso ajuda o país, que é parte do jogo. Criticar virou "moralismo".

Parte considerável da intelectualidade penhorou o rigor acadêmico para defender um partido francamente corrupto (não que seja exclusividade de tal partido), para isso demonizando a elite e a classe média das quais são parte e louvando a imagem idealizada do pobre – este que pôde comprar geladeira, TV e carro, mas cuja ascensão social efetiva foi em grande parte fictícia ou interrompida pela crise criada pelo próprio PT no poder, em particular por Dilma Rousseff e sua conhecida inabilidade política e mesmo gerencial.

A crise da intelectualidade é a mesma crise da esquerda como um todo: falta vontade para se desvencilhar das narrativas do PT, da força hegemônica. E, acima de tudo, falta à esquerda a capacidade da autocrítica para entender quando recuar e admitir que errou – a insistência de amplos setores da esquerda e da intelectualidade no apoio ao regime de Maduro, à ditadura de Ortega, e até mesmo Putin, deixam isso absolutamente claro.

Em muitos momentos parece que temos à nossa frente um abismo e nos jogamos de cabeça. Enquanto este texto era escrito, a esquerda em peso buscava legitimar a justificar a guerra de agressão russa contra a Ucrânia com base em um discurso torpe anti-imperialista justificando massacres de civis e acreditando piamente que Vladimir Putin seria um novo líder comunista e não apenas um fascista conhecido por financiar partidos de extrema direita pela Europa.

Tudo isso sob o silêncio constrangido dos identitários (ou mesmo apoio explícito de alguns) diante de um líder autocrata homofóbico e machista. As concessões necessárias para a sobrevivência da simbiose ideológica.

O saldo de 13 anos de PT foi de cooptação e neutralização de movimentos sociais. E mesmo fora do poder, pouco mudou.

E o preço a ser pago é alto. CUT, MST e UNE sumiram do mapa, novos movimentos surgem, mas movimentos que não estão interessados na defesa de interesses amplos, que não estão interessados em efetivamente mudar a sociedade, mas tão somente garantir que pequenos grupos tenham visibilidade e possam, dessa forma, garantir espaço para autointituladas lideranças e se inserir de forma mais vantajosa no capitalismo.

UM RESUMO NECESSÁRIO

Os "justiceiros sociais" são uma importação dos EUA onde "esquerda" é sinônimo de "liberal". Os direitos humanos são eminentemente liberais, prezam pelos direitos individuais tanto quanto pelo coletivo, enquanto a esquerda clássica fora dos EUA tende a ser puramente coletivista.

Essa nova esquerda (que não é tão nova em muitas de suas pregações), identitária, tenta agregar (e falha) o coletivismo com os direitos humanos. Não que tal casamento não seja necessário, sem dúvida o é, mas a forma pela qual tentam fazer com que funcione é uma lástima.

O identitarismo acaba se apresentando como uma deturpação em que direitos individuais (ou na realidade vontades e melindres individuais) acabam pautando o coletivo de uma forma absolutamente negativa e contraproducente aos interesses da sociedade e da esquerda em particular.

A "vivência" individual passa a pautar ações coletivas, mesmo que diferentes vivências sejam completamente contraditórias entre si e não façam o menor sentido quando no coletivo. Substitui-se a compreensão coletiva de fenômenos por visões de pseudolideranças iluminadas com vivências que são admiradas pelas e pelos seguidores.

Isso leva à negação da ciência (Vivência > Ciência) e do próprio sentido de vida em sociedade, pois cria uma visão de que todos são inimigos até que aceitem que a "vivência" de alguém – transformada em coletiva – é explicação para todos os males da sociedade e aderir ao culto, ou melhor, ao "coletivo", é a única forma de se alcançar o objetivo final (que pode ser até a revolução).

Movimento social deve ir muito além do sujeito.

É a partir desse reconhecimento que aquilo que machuca a um também atinge a todos, deslocando a agressão para o coletivo. Caso não seja assim, os considerados opressores continuarão em seus lugares confortáveis e tranquilos, afastados de toda a discussão que poderia transformá-los em aliados.

Esse movimento identitário não vem do nada, repito, ele é anterior ao petismo fanático no Brasil (nos EUA é muito mais antigo), mas tomou corpo e ganhou força com o petismo e, em especial, pós-2013, o que reforma sua ligação carnal com o governismo e com o PT. Ambos se retroalimentam, por mais contraditório que pareça – a começar pela força tremenda do neostalinismo dentro de amplos setores da esquerda.

Estamos diante de algo complexo. De movimentos de caráter liberal, mas agregando frouxamente elementos da esquerda tradicional, dialogando com o que há de mais jurássico e retrógrado – como o stalinismo –, com o objetivo de sustentar ou garantir a hegemonia do PT sem, no entanto, realizar quaisquer transformações sociais efetivas.

São movimentos estéticos que se contentam com mudanças cosméticas que insiram algumas lideranças no capitalismo com algum destaque – e através de silenciamentos e intimidação.

O ponto central para entender o raciocínio de tais movimentos é que o interesse real é o de que grandes lutas não avancem, o que os faz casar perfeitamente com o PT, que abandonou toda e qualquer luta histórica da esquerda e substituiu por um pastiche, por uma colcha de retalhos de paliativos. A união destes dois é confortável.

O abandono de grandes narrativas serve aos interesses do PT, que não é incomodado, deixando pequenas lutas, muitas vezes meras picuinhas, para serem "tratadas" pelos identitários.

É o espaço que resta, é o confinamento de movimentos sociais. No fim, esta aliança de ocasião serve aos interesses imediatos de ambos – mas apenas destes.

Isso vem junto com o consumismo impulsionado pelo partido. A meta é criar mercado consumidor, é garantir poder de compra, logo, o cidadão passa a ser mero consumidor e, como sabemos, o consumidor tem sempre razão. Nisto, acaba não sendo confrontado e a lógica mercadológica avança.

Não surpreende que diante de um dos governos mais homofóbicos e que menos fez pelos direitos das mulheres e que se aliou com todos os fundamentalistas religiosos e arautos do atraso possíveis, não faltem "coletivos" LGBTs e feministas que balançam com orgulho a bandeira do PT e atacam quaisquer críticos.

Não importa que a lei antidrogas de Lula tenha ampliado a criminalização de jovens negros.

Se a imagem do PT é a de protetor de minorias, é o que importa. Não passa, enfim, da estética. O discurso é o que importa, não a realidade objetiva.

Qualquer pequeno ganho é uma vitória, porque se contentam com o micro, com o que pensam possível. Sempre que há um mínimo aceno para tais grupos, a alegria volta a reinar e a defesa do partido se fortalece.

Enquanto isso algumas lideranças vão ganhando espaço, poder, cargos, *likes* e dinheiro e acabam ocupando espaços que facilitam a reprodução desse ciclo – com conivência da academia e da mídia. E o PT se aproveita para seguir hegemonizando a esquerda enquanto a destrói por dentro.

19

CARAMELOS & MESTIÇOS: O CACHORRO VIRA-LATA E A MISCIGENAÇÃO NO BRASIL

Gustavo Alonso

Em 29 de julho de 2020 o Banco Central e a Casa da Moeda do Brasil anunciaram o lançamento da cédula de 200 reais. Era a maior nota de real desde que a moeda foi lançada em 1994. A cédula possuía em seu verso um animal da fauna brasileira, o lobo-guará.

Segundo o Banco Central, a necessidade de implementação de uma nota de maior valor se justificava pois, devido à pandemia de Covid-19, foi registrado um aumento do uso de dinheiro em espécie, já que pessoas e empresas fizeram saques para constituir reserva. Era preciso aumentar o montante de papel-moeda em circulação no país.

Apesar da comprovação da necessidade da nova cédula, o que tocou parcela considerável da sociedade brasileira não foi a discussão econômica. A internet brasileira deu prioridade à questão da identidade nacional e suas representações em nosso mundo simbólico. Os internautas não gostaram da escolha do animal estampado na nota.

Uma campanha de grandes proporções tomou a rede em pouco tempo. Os brasileiros defendiam que, em vez do lobo-guará, um humilde cachorro vira-lata caramelo fosse estampado na nota de R$ 200. Os internautas produziram diversos memes de cédulas nos quais cachorros caramelos apareciam no lugar do lobo-guará. O povo brasileiro se via refletido num cachorro de rua, sem raça definida, um híbrido de tamanho mediano, sem a beleza de um cão de raça com *pedigree*. Trata-se de uma autoimagem que diz muito sobre como nós brasileiros enxergamos as raças no Brasil e como ainda nos vemos como um povo miscigenado, a despeito das forças em contrário atuantes na pauta identitária hegemônica nos dias de hoje.

Animais nas cédulas não eram exatamente novidade. Nas notas de real já haviam aparecido o beija-flor (R$ 1), a tartaruga marinha (R$ 2), a garça (R$ 5), a arara (R$ 10), o mico-leão (R$ 20), a onça (R$ 50) e a garoupa (R$ 100). Mas nenhum bicho tinha causado tanta polêmica quanto a ausência do cachorro vira-lata caramelo em 2020.

A prática de estampar animais nas cédulas parece ter sido uma forma não apenas de valorizar a fauna brasileira, mas também de despersonalizar a moeda nacional. Antes do real, era comum que brasileiros historicamente relevantes estampassem as notas. Já apareceram nas cédulas nacionais importantes brasileiros como Cecília Meireles, D. Pedro II, Juscelino Kubitschek, Barão do Rio Branco, Floriano Peixoto, Princesa Isabel, Getúlio Vargas, Pedro Álvares Cabral, Santos Dumont, Tiradentes, D. João VI, Ruy Barbosa, Villa-Lobos, Machado de Assis, Oswaldo Cruz, Marechal Rondon, Carlos Gomes e Mário de Andrade, entre outros.

No entanto, com os frequentes surtos inflacionários e constantes mudanças de moeda brasileira ao longo do século XX, as cédulas perdiam valor rapidamente. As notas eram substituídas por outras de maior valor e as personagens estampadas em cédulas mais antigas eram desgastadas pela inflação, sendo desprestigiadas. Especialmente entre os anos 1980 e 1990, quando trocamos cinco vezes de moeda, a hiperinflação relegou grandes nomes da sociedade brasileira a papéis de pouco ou nenhum valor.

Foi aí que parece ter surgido a ideia de não mais estampar personagens históricos reais nas cédulas nacionais. Nos preparativos para o surgimento do real foi criado o cruzeiro real, instituído em 1993 cortando-se três zeros da moeda anterior e aproveitando algumas de suas cédulas, devidamente carimbadas com o novo valor. E foram criadas também novas notas não mais com personagens reais, mas com figuras genéricas. Assim, a nota de 5 mil cruzeiros reais era estampada por um gaúcho. A nota de 10 mil cruzeiros reais por uma mulher rendeira. E a de 50 mil cruzeiros reais por uma baiana. Figuras genéricas do povo.

Buscando despersonalizar as cédulas, os inventores de nossa atual moeda basearam-se também em exemplos anteriores. Todas as notas de real possuem na frente a figura da Marianne, símbolo histórico da República. A mulher com folhas nas têmporas, barrete frígio na cabeça (espécie de chapéu) e olhar firme avante é o símbolo da Revolução Francesa e do espírito republicano. Antes do real, a Marianne já esteve presente anteriormente na cédula de 200 cruzados novos, lançada em 1989. E antes desta cédula, a Marianne já havia aparecido em diversas moedas ao longo de nossa história.

As moedas foram a porta de entrada dos bichos em nosso dinheiro. O pioneiro foi o boi, que apareceu na moeda de 5 centavos do cruzeiro (1970-1986). E foi após os anos 1990, com o aumento da discussão ambiental no país, que o valor dos animais começou a ser de fato reconhecido. Moedas de nosso "quarto" cruzeiro (1990-1993) estamparam o peixe-boi, a tartaruga marinha, o beija-flor e o peixe acará. O cruzeiro real (1993-1994) levou adiante esta representação e araras, tamanduás, onças e até o lobo-guará apareceram nas moedas de 5, 10, 50 e 100 cruzeiros reais.

As cédulas demoraram mais a estampar nossa fauna. A primeira vez que bichos apareceram em notas de forma consistente foi no cruzeiro (1990-1993). No verso da cédula de 500 cruzeiros, hoje pouco lembrada, um beija-flor aparece ao lado do cientista Augusto Ruschi, respeitado ecologista e naturalista capixaba, especialista em beija-flores e orquídeas. Na nota de 10 mil cruzeiros apareceram serpentes na frente e no verso da nota em homenagem a Vital Brazil, cientista responsável pela invenção do soro antiofídico. Até então os animais eram apenas acessórios aos "grandes homens".

Foi então que algo inédito aconteceu na cédula de cruzeiro. Em 1990 um beija-flor alimentando filhotes foi estampado na frente da nota de 100 mil cruzeiros. Uma borboleta aparece também, quase como uma marca d'água. No verso, a estampa das cataratas do Iguaçu e novamente a borboleta. Foi a primeira vez, e única, que um animal estampou a frente de uma nota nacional.

Este é um fato importante. Nos memes produzidos pelos internautas quando da campanha pelo vira-lata caramelo, o animal quase sempre aparecia na frente da nota, no lugar da Marianne. Poucos brasileiros sabem quem é a mulher que estampa nossas notas. Como professor universitário da disciplina de Cultura Brasileira na Universidade Federal de Pernambuco, perguntei em sala de aula ao longo dos anos se algum aluno sabia quem era a mulher presente em todas nossas cédulas. Ninguém nunca soube responder.

Apesar dos clamores em contrário, não se pode dizer que a escolha do lobo-guará tenha sido autocrática. Segundo o Banco Central, houve uma votação em 2001 em que os brasileiros elegeram três animais: a tartaruga marinha havia sido a mais votada, seguida pelo mico-leão e o lobo-guará[129]. Mas algo mudou em vinte anos. O olhar popular para a fauna brasileira incorporou também o vira-lata caramelo, que sempre esteve próximo, mas quase sempre visto como símbolo de nossa precariedade identitária.

A CAMPANHA PELO VIRA-LATA

Como todo fenômeno da internet, é sempre muito difícil resgatar os marcos iniciais das movimentações digitais. A pulverização é a marca do mundo digital e os motivos iniciais acabam contando menos que o resultado final. Seja como for, essa dinâmica também torna visível as vontades gerais mais abstratas, difusas, mas nem por isso menos reais.

O lançamento da cédula de 200 reais com o lobo-guará estava marcado para o dia 2 de setembro de 2020. Entre o anúncio da nova moeda e seu lançamento houve pouco mais de um mês de intensa mobilização da sociedade.

Não apenas o cachorro caramelo mobilizou forças dos internautas. Houve quem produzisse cédulas com a foto do jogador de futebol Neymar. O sambista Zeca Pagodinho ostentando um copo de cerveja também foi ironicamente colocado na cédula fictícia Versões com Pablo Vittar, artista transexual em voga na atualida-

---

[129] "Banco Central vai lançar cédula de R$ 200 no final de agosto", R7, 29/7/2020. Acessado em 07/3/2022.

de, também apareceram. Debochados, alguns internautas fizeram trocadilho e criaram uma cédula onde aparecia bolo e guaraná.[130] Mas nenhuma versão mobilizou tanto a sociedade quanto a do cachorro caramelo.

A campanha foi notícia em jornais importantes como *Folha de S. Paulo*, *O Estado de S. Paulo*, *O Globo*, *Zero Hora* e revistas como *Veja*, *Rolling Stone*, *Exame*, além de *sites* da internet como G1 e UOL. Foram várias as versões do cão vira-lata, mas a montagem da cédula que mais viralizou apresentava um animal deitado, com olhar fixo no observador. Um pouco rechonchudo, aparentava estar saudável. Não parece ser exatamente um cachorro de rua, e sim um cão comum de cor caramelo, mas bem cuidado.

O jornal *Zero Hora*, de Porto Alegre, descobriu que a foto original do cachorro havia sido tirada na capital gaúcha. Tratava-se de uma cadela chamada Pipi, que pertencera à porto-alegrense Vanessa Brunetta, de 38 anos. Pipi foi adotada num *pet shop* em 2013. Dois anos depois, num passeio no Parque da Redenção, a cadela se assustou e correu em direção à Avenida Oswaldo Aranha, desaparecendo nas ruas da capital gaúcha. As buscas seguiram por dias, com mutirões de pessoas de carro, a pé e nas redes sociais. Em meio à procura por um cão tão comum, Vanessa contou ao jornal que encontrou 17 cadelas iguais a Pipi. Mas, como conheciam suas características específicas, chegavam à conclusão de que não era de fato o animal. "Fizemos muita divulgação pelo Facebook. Tinha gente de fora do país que ajudava a fazer as postagens. Não sabemos quem, nem de que forma, pegou essa foto e disse que era o popular 'cachorrinho caramelo'", disse Vanessa.

Diante do compartilhamento virtual da foto, uma marca de carteiras do Rio Grande do Sul, a QueroDobra, utilizou a foto da cadela para estampar seu produto[131]. Incomodada, Vanessa entrou em contato com a empresa e, em comum acordo, decidiram desti-

---

[130] "Nota de R$ 200 rende piadas com medo de hiperinflação e real desvalorizado", UOL, 29/7/2022. Acessado em 7/3/2022: <https://economia.uol.com.br/noticias/redacao/2020/07/29/nota-de-r-200-gera-piadas-com-medo-de-hiperinflacao-e-real-desvalorizado.htm-media/>.

[131] *Site* da QueroDobra ainda ostenta o produto: <https://querodobra.com.br/produto/nova-carteira-classica-200-reais/>.

nar o lucro do produto para uma instituição de auxílio aos animais escolhida pela dona de Pipi[132].

Mais sagazes, outras empresas forjaram seus próprios cachorros caramelos para propaganda. A concessionária da Hyundai do município de Serra, na grande Vitória, Espírito Santo, incorporou um cão vira-lata adotado pelos funcionários como "garoto-propaganda". O cachorro caramelo da Hyundai posava na frente dos carros e tinha carteira de funcionário. Seu nome fazia referência a um dos carros da marca: Tucson Prime[133].

O grande mercado *pet* brasileiro também não perdeu o bonde. A marca Petz entrou na campanha e cunhou uma cédula de 300 reais com estampa canina. A iniciativa da empresa permitia que qualquer pessoa customizasse uma nota com a foto do seu *pet* pelo *site*. A marca prometia reverter o lucro para ONGs de animais. O reposicionamento da marca no mercado mostra que os lucros às vezes podem não ser materiais, mas simbólicos[134].

No domingo 2 de agosto uma matéria sobre a preferência nacional pelo cachorro caramelo foi veiculada no "Fantástico", da TV Globo. A reportagem entrevistou a diretora do Banco Central do Brasil, Carolina de Assis Barros, que afirmou: "Os memes são ótimos. Nós aqui no BC rimos bastante com esses memes, em especial com o querido vira-lata caramelo"[135].

---

[132] Para o pedido de desculpas da empresa, ver: <https://querodobra.com.br/blog/uma-historia-que-vale-mais-que-nota-de-200-reais/>.

[133] "Adotado por concessionária, cão vira-lata caramelo ilustrará campanha nacional da Hyundai e vira celebridade", Amo Meu Pet, 3/8/2020: <https://www.amomeupet.org/noticias/2690/cao-vira-lata-e-adotado-por--concessionaria-e-adocao-mobiliza-montadora-a-escolhe-lo-para-ilustrar--campanha-nacional>. Acessado em 7/3/2022.

[134] "Petz faz nota com vira-lata caramelo e deixa você customizar com seu cão", *Exame*, 2/9/2020: <https://exame.com/marketing/petz-faz-nota-com-vira-lata-caramelo-e-deixa-voce-customizar-com-seu-cao/>.

[135] "Diretora do BC diz que gostou de meme dos R$ 200 com o vira-lata caramelo", UOL, 2/8/2020. Acessado em 7/3/2022: <https://economia.uol.com.br/noticias/redacao/2020/08/02/diretora-do-bc-diz-que-gostou-de-meme-dos-r-200-com-o-vira-lata-caramelo.htm?cmpid=copiaecola>; "Vira-lata caramelo? Nada! Conheça as lobas que servirão de modelo para a nota de R$ 200". "Fantástico", 4/8/2020. Acessado em 7/3/2022: <https://globoplay.globo.com/v/8750883/?s=0s>.

Em meio à campanha irônica e debochada da internet, houve quem se aproveitasse politicamente. O deputado federal mineiro Fred Costa, do partido Patriotas, criou um abaixo-assinado a favor do vira-lata caramelo na cédula de 200 reais. As assinaturas virtuais foram aumentando e, em sete dias, já havia 48 mil delas[136].

Segundo o texto do abaixo-assinado, a causa era a questão animal: "Não descartamos a relevância do lobo-guará na história e na fauna brasileiras, porém o cachorro vira-lata está mais relacionado ao cotidiano dos brasileiros e, além disso, é presente em todas as regiões do país. Infelizmente, todo ano, milhares de animais domésticos sofrem maus-tratos. Há pesquisas que apontam que há cerca de 30 milhões de animais abandonados no Brasil. [...]. A inclusão do vira-lata caramelo na cédula é incentivo não só para a adoção, mas também para o controle da espécie". O abaixo-assinado termina com a invocação da identidade nacional atrelada ao cão de rua: "O sem raça definida é um símbolo da sociedade e da cultura brasileira, é o animal mais popular do Brasil. Nada melhor do que fazer uma bela homenagem a eles, imortalizando-os na nova nota, não acha?", concluiu o deputado Fred Costa.

"Sem raça definida", ou SRD, é como os movimentos da causa animal hoje nomeiam cães popularmente conhecidos como vira-latas. Trata-se de uma mudança na forma de se referir a esses animais muito em função do politicamente correto que advogam movimentos sociais de linha identitária. A troca se justifica pois, segundo estes movimentos, a denominação "vira-latas" carrega sentido pejorativo. Por sua vez, os internautas não tiveram problema algum em nomear o cachorro caramelo de vira-lata, deixando de lado o termo SRD[137].

---

[136] Para o abaixo-assinado virtual, ver: "Vira-lata caramelo na nota de R$ 200": <https://www.change.org/p/conselho-monet%C3%A1rio-nacional-vira-lata--caramelo-na-nota-de-r-200?utm_source=share_petition&utm_medium=custom_url&recruited_by_id=41f279b0=-270b11-6e-7bfd-7ace2a633bff&fbclid-IwAR0DE9omuokgEymY7wlnR3fyGZ-NdnVqWC1xoDnBRV1Qv1yx5t13t-g8iPtU>.

[137] A prática dos movimentos identitários tem sido a instauração de uma nova gramática do dizível, como já apontou o antropólogo Antonio Risério. Quase a fórceps, busca-se mudar as denominações, pouco importando como a própria sociedade já subverte essas mesmas denominações no uso cotidia-

Chama a atenção no abaixo-assinado que em nenhum momento a causa animal seja colocada à direita ou à esquerda do espectro político. Embora capitaneada por um deputado de partido bolsonarista, o Patriotas, o manifesto abraça estritamente a causa animal. Trata-se de fato interessante em relação a estes movimentos sociais ligados à pauta animal. Como ainda não foram completamente abraçados por qualquer dos lados do espectro político tradicional, não é incomum que adeptos dessas pautas se associem temporariamente a candidatos de diversas matrizes políticas.

O deputado Fred Costa pediu uma reunião com o presidente e diretores do Banco Central, no que foi atendido no dia 30 de julho. O parlamentar foi recebido pelo presidente do BC, Roberto Campos Neto, pela diretora de Administração, Carolina Barros, e pelo diretor de Relacionamento, Cidadania e Supervisão de Conduta, Mauricio Moura.

A justificativa para não atender ao pleito popular foi conciliatória: "Não há como mudar o padrão monetário, mas o Banco Central entende que essa causa é importante. Estamos estudando alguma ação com o vira-lata caramelo", afirmou a diretora Carolina Barros. O deputado saiu com a promessa de que o BC iria estudar ações para combater os maus-tratos aos animais. Uma das ações em estudo era o lançamento de uma moeda comemorativa com o cachorro caramelo gravado no verso[138]. Na década passada, a Casa da Moeda lançou moedas comemorativas da Copa do Mundo de 2014 e das Olimpíadas de 2016[139].

---

no. Risério, Antonio. "Como a ideologia quer moldar a comunicação", OESP, 18/12/2021: <https://alias.estadao.com.br/noticias/geral,como-a-ideologia-quer-moldar-a-comunicacao,70003925917>, acessado em 7/3/2022.

[138] "Em reunião com presidente do BC, deputado pede vira-lata na nota de R$ 200", UOL, 6/8/2020: <https://economia.uol.com.br/noticias/redacao/2020/08/06/bc-cachorro-caramelo-moeda-comemorativa-cedula-nota.htm?cmpid=copiaecol>, acessado em 7/3/2022.

[139] Para os Jogos Olímpicos foram cunhadas 16 moedas comemorativas de valor de face de 1 real, mas que são vendidas hoje por R$ 30 entre colecionadores. Para a Copa do Mundo, o Banco Central foi mais ousado e lançou nove moedas comemorativas – uma de ouro, duas de prata e seis de cuproníquel. A moeda de ouro tinha valor de face de R$ 10, mas foi vendida por R$ 1.180. O anverso trazia a taça e o reverso trazia uma bola na rede. A tiragem máxima foi de cinco mil moedas. Os dois modelos de prata

A promessa de lançar moedas comemorativas caninas nunca foi cumprida.

Mas não se pode dizer que o Banco Central tenha abandonado a causa. Quando do lançamento da nova cédula de 200 reais com o lobo-guará, a Agência Brasil, o órgão de divulgação de medidas governamentais, publicou um vídeo na internet e na TV. Nele, um cachorro tipicamente vira-lata e caramelo aparecia falando com a audiência através de efeitos especiais: "Oi pessoal! Eu fiquei sabendo de uma campanha pedindo a minha foto na cédula de 200 reais. Mas, pra ser sincero, todo mundo já me conhece, não é? Por isso eu quero que vocês recebam com o mesmo carinho esse meu primo selvagem, o caramelo do cerrado, o lobo-guará. Ele também vai fazer parte do dia a dia de vocês nessa nova cédula com muitos itens de segurança. Tá, eu sei que vocês me amam! Mas chegou a hora do lobo-guará brilhar! Cédula de 200 reais: um novo valor para os brasileiros". A Agência Brasil publicou o vídeo com o título de "Cachorro caramelo vira estrela de campanha do Banco Central sobre cédula de R$ 200"[140].

De ignorado e rejeitado a contemplado pela propaganda governamental como "estrela", a trajetória do cachorro vira-lata caramelo em 2020 nos leva a pensar sobre o lugar da identidade nacional quando associada a animais. Ainda que a campanha digital não tenha conseguido conquistar seu objetivo, o visível engajamento social que ela sedimentou pode ser analisado de forma mais densa do que a costumeira ironia brasileira costuma ensejar. Ela aponta para uma noção largamente difundida na sociedade brasileira ao longo do século XX: a de que somos um povo miscigenado.

---

tinham valor de R$ 5 e foram vendidos por R$ 190. As imagens cunhadas nas moedas homenageiam as cidades-sede dos jogos e também o mascote da edição, o Fuleco. Foram disponibilizadas 20 mil peças. Já os modelos em cuproníquel tinham valor de face de R$ 2 e foram vendidos por R$ 30. Fonte: Infomoney, 14/6/2018, <https://www.infomoney.com.br/mercados/5-moedas-criadas-especialmente-para-celebrar-as-copas-do-mundo-veja-fotos/>, acessado em 7/3/2022.

[140] O vídeo publicado pela Agência Brasil pode ser visto no YouTube: "Cachorro caramelo vira estrela de campanha do Banco Central sobre cédula de R$ 200", publicado em 4/9/2020: <https://www.youtube.com/watch?v=XH6_wMwvEJg>, acessado em 7/3/2022.

No entanto, nas últimas décadas vem ganhando força uma certa visão identitária acerca da nossa formação contrária à ideia de miscigenação. Muito alimentada por movimentos negros com demandas justas, uma reinterpretação racial radicalizada do Brasil vem forjando mentes dentro e fora das universidades. Grande parte dos identitários de hoje querem ver o Brasil como um país birracial, branco e negro, exploradores e explorados, sem matizes e sutilezas.

Hoje, qualquer argumentação no sentido de mostrar que a visão racial no Brasil é mais de cor do que de raça é logo tachada de "negação do racismo". Alimentados pela euforia da internet, os identitários incriminam aqueles que discordam de sua visão dicotômica de mundo com a pecha de "racistas". Cogitar falar em "democracia racial" é, aos olhos identitários, prova do pecado original de uma sociedade segregadora. Se é visível que a democracia racial não existe, e ela de fato nunca existiu, para os identitários ela deve também ser apagada do plano da utopia[141]. Não deveríamos nos reconhecer como tal, nem sonhar com essa possibilidade.

Como está socialmente proibido cogitar a "democracia racial", mesmo que no plano utópico, o melhor parece ser calar-se. De fato, é isso que faz a maioria. Mas essa maioria também parece deslizar, indo além do que se espera de seu silêncio resignado.

Como não se pode mais falar de democracia racial como utopia humana, sob o risco do "cancelamento" social, projeta-se esta utopia para outros seres. Se não podemos mais nos reconhecer como miscigenados, deslizamos esta interpretação aos cães. E, indiretamente, malandramente, continuamos a nos ver como misturados racialmente. A sociedade brasileira parece dar um drible naqueles que querem nos transformar numa sociedade birracial simplista e que buscam apagar a longa tradição brasileira de encontro de raças.

---

[141] Peter Fry aponta em sua obra não apenas a especificidade racial nacional, como também a importância de não relegarmos a democracia racial ao esquecimento. E chama a atenção para o valor utópico deste ideal. Fry Peter. *A Persistência da Raça*. Rio de Janeiro: Civilização Brasileira, 2005.

AS BATALHAS PELA ALMA VIRA-LATA

Em coluna publicada na *Manchete Esportiva* em 31 de maio de 1958, Nelson Rodrigues associou-nos certeiramente ao vira-lata[142]. Intitulada "Complexo de vira-latas", a coluna foi publicada às vésperas da estreia da seleção brasileira de futebol na Copa do Mundo da Suécia e demarcava uma determinada incapacidade psicológica nacional de lidar com derrotas: "Por 'complexo de vira-latas' entendo eu a inferioridade em que o brasileiro se coloca, voluntariamente, em face do resto do mundo. Isto em todos os setores e, sobretudo, no futebol. [...]. O problema do escrete não é mais de futebol, nem de técnica, nem de tática. Absolutamente. É um problema de fé em si mesmo. [...]. Uma vez que ele se convença disso, ponham-no para correr em campo e ele precisará de dez para segurar [...]. Insisto: – para o escrete, ser ou não ser vira-latas, eis a questão".

Mais do que de vira-latas, Nelson fala-nos de *complexo* de vira-latas. Não se trata de fugir da condição de miscigenados. Mas de sublimar o insistente e doentio autoengano de vermo-nos como submissos *por sermos* miscigenados. Isso fica claro nesta crônica quando Nelson reforça que a vitória uruguaia na Copa de 1950 foi liderada por um mulato. Mas um mulato sem o espírito derrotista brasileiro: "Desde 50 que o nosso futebol tem pudor de acreditar em si mesmo. A derrota frente aos uruguaios, na última batalha, ainda faz sofrer, na cara e na alma, qualquer brasileiro. [...]. Por um motivo muito simples: – porque Obdulio nos tratou a pontapés, como se vira-latas fôssemos".

Obdulio Varela, o capitão uruguaio, era mulato, como grande parte do time brasileiro. Seu caráter e ascendência sobre o time renderam-lhe a alcunha de "El negro jefe" no Uruguai. Num país com poucos mulatos, nada mais natural que lá ele fosse escurecido. Seja como for, sabia Nelson, o problema nacional não era da ordem da deficiência racial, mas da forma autoindulgente de lidar com a miscigenação. Nelson advogava uma maneira altaneira de

---

[142] "Complexo de vira-latas". In: Rodrigues, Nelson. *À Sombra das Chuteiras Imortais: Crônicas de Futebol*. São Paulo: Companhia das Letras, 1993, p. 61-63.

viver a miscigenação, sem abaixar a cabeça para o adversário nem, sobretudo, para si mesmo.

Para além da pergunta shakespeariana formulada por Nelson, a vitória na Suécia nos mostrou a possibilidade de resposta para uma questão nietzschiana: como se tornar aquilo que se é? O Brasil campeão foi capaz de transvalorar os valores. A vitória em 1958 foi o clímax de uma série de transformações gestadas por mais de cinquenta anos e que explodiu em gozo ali, não por acaso, em plena Suécia. Ganhamos *porque* somos miscigenados e o futebol nacional, e quiçá a civilização brasileira, teria algo a ensinar ao mundo.

Mas por que a miscigenação precisaria de tamanho gozo futebolístico?

Em grande parte pois não foram poucos os intelectuais que, ao longo da história, condenaram a miscigenação racial. O francês Arthur de Gobineau (1816-1882), pai do "racismo científico", que esteve no Brasil por menos de um ano, entre 1869 e 1870, tinha veredito deletério sobre a mistura racial e aconselhava o país a embranquecer. Seu seguidor, o médico e antropólogo maranhense Raimundo Nina Rodrigues (1862-1906) tampouco admitia a miscigenação, já que as "raças" estariam "em fases diversas da evolução biológica". Também Sílvio Romero (1851-1914) era um arauto do branqueamento, por ver na condição híbrida nacional um empecilho ao desenvolvimento.[143]

Euclides da Cunha (1866-1909), apesar de descrever o sertanejo como um "forte" em seu clássico *Os Sertões* (1902), era duro com o povo miscigenado do interior: "A gênese das raças mestiças do Brasil é um problema que por muito tempo ainda desafiará o esforço dos melhores espíritos".[144]

Por sua vez, Monteiro Lobato (1882-1948), em um de seus primeiros livros, *Urupês*, de 1918, criou o personagem mestiço Jeca Tatu. Nesta primeira aparição na obra do autor de Taubaté, o Jeca era símbolo do Brasil do atraso, pouco apto ao trabalho, moroso mentalmente. Passivo demais, era manipulado pelos poderosos. O

---

[143] Magnoli, Demétrio. *Uma Gota de Sangue: História do Pensamento Racia*l. São Paulo: Contexto, 2009, p. 146-147.
[144] Cunha, Euclides. *Os Sertões*. São Paulo: Círculo do livro, 1978, p. 59.

Jeca caboclo era o atestado de um país condenado ao imobilismo da mistura de raças[145].

Paulo Prado (1869-1943) em seu clássico *Retrato do Brasil*, de 1928, definiu a tristeza como marca do Brasil. Sentença hoje difícil de se compreender, o veredito de Prado associava o espírito macambúzio à formação nacional híbrida, quase um pecado irremediável.

Se Gobineau, Nina Rodrigues, Sílvio Romero, Euclides da Cunha, Monteiro Lobato e Paulo Prado fossem analistas caninos e o Brasil dependesse de uma raça de cachorro para nos salvar do atraso, só haveria uma saída: importar a pureza de *pedigree* da Europa. O vira-lata caramelo, símbolo de nossa miscigenação, deveria ser apagado da história do Brasil. E durante muito tempo assim foi: vira-latas eram frequentemente eliminados pela vigilância sanitária das cidades, popularmente conhecidas como "carrocinhas".

Mas, como demonstrou o sociólogo Demétrio Magnoli em seu livro *Uma Gota de Sangue: História do Pensamento Racial*, o predomínio do "racismo científico" era amplo, mas não absoluto. Manoel Bomfim (1868-1932), em seu livro *América Latina: Males de Origem* (1905), questionava o "racismo científico" como "um sofisma abjeto do egoísmo, hipocritamente mascarado de ciência barata, e covardemente aplicado à exploração dos fracos pelos fortes". O psiquiatra e médico Juliano Moreira (1872-1933), negro baiano de família pobre e diretor do Hospital Nacional de Alienados do Rio de Janeiro entre 1903 e 1930, discordava que a degeneração se devia à constituição racial[146]. Outro médico, o também baiano e negro Manuel Querino (1851-1923), era igualmente crítico ao branqueamento, e via na cultura africana uma das matrizes cultu-

---

[145] Mais tarde, especialmente a partir dos anos 1940, Lobato adotará a retórica sanitarista e incorporará uma série de mudanças no seu personagem, a ponto de transformá-lo não mais em culpado racial de nosso subdesenvolvimento, mas de vítima deste. Lobato, *Urupês*, in *Obras Completas*, p. 278 e p. 285-286. Apud Alves Filho, Aluizio. *As Metamorfoses do Jeca Tatu: A Questão da Identidade do Brasileiro em Monteiro Lobato*. Rio de Janeiro: Inverta, 2003, p. 58-59.
[146] Magnoli, Ibidem, p. 148.

rais do Brasil. De forma que o pensamento pró-miscigenação de Gilberto Freyre teve uma tradição que o precedeu.

Conhecido defensor da mistura de raças, o sociólogo Gilberto Freyre sistematizou o pensamento pró-miscigenação então periférico no campo das ideias nacionais[147]. E aliou-o ao aparato antropológico de Franz Boas, o orientador do pernambucano em seu doutorado nos EUA. "Boas ensinou a Freyre a distinguir raça de cultura", escreveu Magnoli, e consolidou nele a ideia de que "não havia nenhum problema intrínseco com os mulatos e cafuzos"[148]. Seus livros *Casa-Grande e Senzala* (1933) e, especialmente, *Sobrados e Mucambos* (1936) tornaram-se clássicos da interpretação nacional.

Contrariando os primados freyrianos pró-miscigenação, as discussões raciais nos dias de hoje são muito influenciadas pelos movimentos identitários, cujo programa birracial quer enxergar apenas negros e brancos. Ao importar uma forma de ver raça que perdura em países como os EUA, a pauta identitária regozija-se em denunciar que nossa deformação racial é estrutural: brancos saem-se melhor na sociedade racista brasileira, negros continuam povoando os estratos mais baixos da sociedade.

De fato, isso é inegável. A questão que se coloca, no entanto, é outra. Trata-se de: que país queremos? É verdade: a democracia racial nunca conseguiu se efetivar se não no plano cultural. Na economia, nos direitos civis, na participação em lugares de poder, os negros e mestiços continuam ainda em grande parte alijados. E eis que os movimentos identitários radicalizados escolheram um espantalho para bater, alguém que supostamente é representativo de todos os males nacionais desde sempre. Sem muito dó ou relativização, colocaram "Freyre no pelourinho", como escreveu Magnoli. O pecado: a invenção do "mito" da democracia racial brasileira.

Curiosamente, o próprio Freyre nunca usou o termo "democracia racial" em seus dois principais livros. *Sobrados e Mucambos*, considerado pelo próprio e por pensadores insuspeitos como Ma-

---

[147] Freyre, 1933; Freyre, 1936.
[148] Idem, p. 149.

ria Lucia Palhares-Burke[149] e Jessé de Souza[150] como seu melhor livro, trata da ascensão do mulato na sociedade imperial brasileira do século XIX. E mesmo assim em nenhum momento Freyre usou o termo "democracia racial"[151].

Para quem leu Gilberto Freyre é visível que, embora seu objetivo fosse entender a formação de uma sociedade racialmente híbrida consideravelmente distinta dos EUA (e daí a ênfase na mistura entre brancos e negros aqui), em nenhum momento ele se calou sobre as atrocidades da escravidão. Torturas, perseguições, ódios comezinhos, maldades cotidianas e estruturais: tudo isso está nas páginas de Freyre, sangrando em cor.

Não adiantou muito. As primeiras críticas acadêmicas ao pensador pernambucano começaram a ser formuladas nos anos 1950. Pensadores relevantes como Florestan Fernandes em seu livro *A Integração do Negro na Sociedade de Classes* (1964), e grandes nomes da sociologia brasileira como Fernando Henrique Cardoso em *Capitalismo e Escravidão no Brasil Meridional* (1962), dentre outros, argumentaram que o racismo no Brasil é dissimulado, mas mesmo assim continua a discriminar[152]. E que a "democracia racial" é este ocultamento que tentar alienar o negro do entendimento do racismo sofrido cotidianamente.

Para além de Gilberto Freyre, é importante lembrar, como aponta Antonio Risério, que a miscigenação não é propriedade intelectual do pensador pernambucano: "A mestiçagem existe independentemente dele", escreveu Risério[153]. O conceito de democracia

---

[149] Palhares-Burke, Maria Lucia & Burke, Peter. *Repensando os Trópicos: Um Retrato Intelectual de Gilberto Freyre*. São Paulo: Unesp, 2009.
[150] Souza, Jessé. "Gilberto Freyre e a singularidade cultural brasileira", *Tempo Social, Revista de Sociologia da USP,* São Paulo, vol. 12, nº 1, p. 69-100, maio de 2000, p. 70.
[151] O termo "democracia racial" é debatido por Freyre pela primeira vez em 1945 e depois literalmente apenas em 1949. Para o debate freyriano acerca do termo, ver: Magnoli, ibidem, p. 161.
[152] Fernandes, Florestan (1965). *A Integração do Negro na Sociedade de Classes*, Dôminus Editora, 1965; Cardoso, Fernando Henrique (1962). *Capitalismo e Escravidão no Brasil Meridional: O Negro na Sociedade Escravocrata do Rio Grande do Sul*. Rio de Janeiro: Civilização Brasileira, 2003.
[153] Risério, Antonio. *A Utopia Brasileira e os Movimentos Negros*. São Paulo: Editora 34, 2012, p. 65.

racial, que somente *a posteriori* Freyre usará para reler sua própria obra (muitas vezes simplificando a si mesmo), não é a única versão sobre a miscigenação nacional. Ela é uma interpretação possível, não a única, e talvez quiçá muito menos a desejável.

O percurso de Freyre em direção ao apoio à ditadura (tanto brasileira quanto portuguesa) nos anos 1960/1970 é com certeza o ponto nevrálgico do que se está falando aqui. Essa postura comprometeu a leitura de grande parte da sua obra, radicalizando um olhar crítico que já existia em relação a sua visão sobre a miscigenação. E junto com a água suja do banho foi embora a criança.

Curiosamente, até meados dos anos 1950, parte considerável dos movimentos negros estavam associados à ideia de democracia racial e integração à sociedade nacional. Não deixa de ser espantoso que nos anos 1940 o líder do movimento negro Abdias do Nascimento fosse um entusiasta da ideia de democracia racial, como já mostrou Antonio Sérgio Alfredo Guimarães em sua obra *Modernidades Negras*[154]. Nela o autor recupera escritos de Abdias de 1946, nos quais o líder negro defende algo que, hoje, seria indefesável pelo movimento negro que ele ajudou a forjar: "No Brasil não existem preconceitos de raça; quando muito, recalcitram algumas restrições individuais, vencidas, entretanto, e superadas pela inteligência de homens de cor quando eles, como frequentemente ocorre, constituem intelectos priviliegiados" (*Diário Trabalhista*, 15/1/1946).

Neste mesmo ano Abdias defendeu o pernambucano Freyre em uma coluna de jornal:

> É preciso viver no seio das organizações negras para se constatar que o seu espírito de luta não é demagógico nem puramente sentimental. O que há é o aproveitamento das lições sociológicas de Gilberto Freyre e Arthur Ramos, orientando suas atitudes em bases democráticas, sem sectarismos, e longe dos ódios que isolam e separam os homens (*Diário Trabalhista*, 24/3/1946).

---

[154] Guimarães, Antonio Sérgio Alfredo. *Modernidades Negras: A Formação Racial Brasileira (1930-1970)*. São Paulo: Editora 34, 2021. Para as citações a seguir, ver p. 100 e p. 106.

O Abdias do Nascimento dos anos 1940 era um entusiasta da miscigenação. Já o Abdias escritor de *O Genocídio do Negro Brasileiro*, de 1978, é outro:

> O processo de miscigenação, fundamentado na exploração sexual da mulher negra, foi erguido como um fenômeno de puro e simples genocídio. [...]. Com o crescimento da população mulata, a raça negra iria desaparecendo sob a coação do progressivo clareamento da população do país.[155]

Reformulando-se e reinventando-se, o Abdias de 1978 enxergava que a miscigenação seria sinônimo de "branqueamento". E, para ele, branquear-se era submeter-se: "A palavra-senha desse imperialismo da brancura, e do capitalismo que lhe é inerente, responde a apelidos bastardos como *assimilação, aculturação, miscigenação*; mas sabemos que embaixo da superfície teórica permanece intocada a crença na inferioridade do africano e seus descendentes"[156].

O mesmo pensa o professor da USP Kabengele Munanga, autor de vários livros sobre a questão racial nacional. Em *Negritude: Usos e Sentidos*, o professor escreveu seguindo a linha de Abdias: "Uma [...] maneira de embranquecer está naquilo que se costuma chamar *erotismo afetivo*. São as relações sexuais entre a mulher negra ou mestiça com o homem branco, e vice-versa"[157].

Como já demarcou Antonio Risério, os críticos da miscigenação só conseguem pensar em termos de raças estanques, brancos e negros. No entanto, o que mais aconteceu em terras nacionais foi a miscigenação entre mestiços. E Risério nos faz uma pergunta óbvia: por que a miscigenação representa o embranquecimento, e não o enegrecimento da sociedade?

Pensando através do cachorro caramelo, se a questão da miscigenação fosse colocada para o mundo canino, ficaria mais fácil constatar o raciocínio torto. O que deriva do cruzamento de um

---

[155] Nascimento, Abdias do. *O Genocídio do Negro Brasileiro: Processo de um Racismo Mascarado*. São Paulo: Perspectiva, 2016, p. 67.
[156] Idem, ibidem, p. 92.
[157] Munanga, Kabengele. *Negritudes: Usos e Sentidos*. São Paulo: Ática, 1988, p. 28.

poodle com um pequinês. Mais *poodles*? Ora, o que sai dessa mistura é mais mistura, nunca mais pureza de *pedigree*.

Os identitários seguidores de Abdias do Nascimento, como Djamila Ribeiro, Silvio Almeida e Rodney William, argumentam que a miscigenação seria embranquecedora pois, numa sociedade desigual como a nossa, a brancura continua imperando sobre a negritude. De fato, eles têm razão. É verdade que a miscigenação não completou sua obra no plano socioeconômico e o Brasil segue em dívida com largos estratos da população nacional, não apenas negros. Mas o que a miscigenação nacional conseguiu no plano cultural não pode ser desprezado. Do futebol à música, da umbanda ao carnaval, do samba ao cachorro caramelo: tudo foi "enegrecido" no Brasil miscigenado do século XX. E como relembra Risério em seu livro *A Utopia Brasileira e os Movimentos Negros*, a miscigenação não é um processo pacífico, sem ranhuras. Trata-se de um processo lento e gradual, tenso, com idas e vindas.

O fato de vermo-nos como um país miscigenado não exclui os detestáveis racismos cotidianos, que devem ser combatidos. Falar em miscigenação não significa negar a exploração histórica de negros e índios, mas reafirmar a disponibilidade do povo brasileiro de contar sua história com seus próprios critérios, suas próprias narrativas. Afinal a formação racial brasileira teve especificidades as quais não se pode relevar ou simplificar.

Essa preocupação com o nacional, ou seja, com a especificidade racial brasileira, encontra-se apagada entre os identitários. A importação de critérios estadunidenses para explicar a realidade brasileira configura, assim, uma regressão intelectual, uma recolonização do pensamento. Houve benesses nesse "novo" olhar? Sempre é possível ver o copo meio cheio: a pressão crítica forçou aqueles que desejam a democracia racial, ainda que utopicamente, a se mover mais em direção a esta utopia, a estar atentos a valores negros esquecidos que podem ampliar esse projeto de união nacional.

Mas nos últimos anos a visão racial dicotômica dos identitários vem catalisando o pior de nossa polarização política. O intelectual Idelber Avelar escreveu o livro *Eles em Nós: Retórica e Antagonismo Político no Brasil do Século XXI* sobre a radical polarização política dos últimos anos no país. Em sua obra, Idelber demonstra o quanto a narrativa autoritária supostamente libertária de grupos esquerdistas radicalizados alimentou e catalisou disposições em contrário, que igualmente apelam a valores identitários inegociáveis pelo viés da direita[158]. Idelber não tematiza especificamente o identitarismo negro, mas é possível pensar através dele que a radicalidade do discurso identitário racial implode pontes possíveis de diálogo entre setores progressistas da sociedade. Como para os identitários só há duas raças, negros e brancos, exclui-se da participação política grandes parcelas da sociedade que se enxerga como miscigenada, que acabam sem representação na simplista polarização identitária nacional. Nos dias de hoje, a depender dos identitários, estamos proibidos de nos reconhecer como mulatos, morenos, marrons, enfim, mestiços e... caramelos?

Só resta à sociedade se ver nos cachorros. Em relação a eles ainda não há policiamento contra a miscigenação. O cachorro caramelo é a rearticulação animal deste ensejo, desta possibilidade utópica da mistura de raças. No mundo dos cães ainda podemos ser orgulhosamente mestiços, mesmo que o mundo canino ainda seja em grande parte regido por raças, *pedigrees*, marcas, *status* e discursos científicos.

E aqui chegamos a um ponto importante. A história racial dos cães é muitíssimo parecida com a história racial humana. E os vira-latas caramelos levaram quase cem anos a mais do que os mestiços humanos para emergir da indiferença social, tornando-se símbolo nacional.

UMA HISTÓRIA CANINA

As raças caninas modernas foram inventadas há menos de dois séculos. Foi ao longo do século XIX na Europa Ocidental, especialmente na Inglaterra vitoriana, que grande parte das raças que conhecemos hoje foram criadas, como demonstra o historiador

---

[158] Avelar, Idelber. *Eles em Nós: Retórica e Antagonismo Político no Brasil do Século XXI*. Rio de Janeiro: Editora Record, 2021.

Michael Worboys em *The Invention of the Modern Dog: Breed and Blood in Victorian Britain*[159].

Antes do século XIX os cães conviviam com seres humanos especialmente no campo, onde tinham funções de trabalho, proteção e companhia. No entanto, apesar dos diferentes tamanhos e habilidades, não havia ainda a noção de raça. As padronizações raciais só começaram a ser definidas a partir do momento que a preocupação com o cão se tornou maior com a forma do que com a função.

Para se dimensionar o corte que o século XIX representou no mundo canino, cabe recuperar o que escreveu o francês Georges-Louis Leclerc, Conde de Buffon, no livro *Histoire Naturelle Generale e Particulière*, de 1755. Leclerc apontava que o número de variedades caninas era tão grande e as diferenças tamanhas que era impossível enumerá-las[160]. Imperava a mestiçagem indiscriminada. Havia diferenças entre cães, mas elas não eram padronizadas, estandardizadas. Por sua vez, hoje existem 204 raças reconhecidas pelo londrino British Kennel Club, e 332 segundo a belga Fédération Cynologique Internationale (FCI). Todas elas meticulosamente definidas, padronizadas e esquadrinhadas.

A partir da segunda metade do século XIX uma série de associações na sociedade civil europeia formadas por criadores, vendedores e público se uniram no intuito de inventar paulatinamente novas raças caninas. Experimentos de genética foram urdidos por criadores com a intenção de forjar corpos caninos ideais. Filhotes foram delineados de acordo com os desejos do público. Concursos de beleza caninos foram engendrados, padrões de raças formatados, formou-se um mercado consumidor de animais domésticos.

Basset Hound, labrador, terra-nova, buldogue, *terriers* de diversos tipos, *poodle* e diversas outras raças foram meticulosamente definidas por criadores, vendedores e público. Em certo sentido, os cães espelhavam o que estava acontecendo com a indústria inglesa capitalista pujante no século XIX. Um mercado canino se instaurou, estabele-

---

[159] Worboys, Michael. *The Invention of the Modern Dog: Breed and Blood in Victorian Britain*. Johns Hopkins University Press, 2018.
[160] Apud: Worboys, ibidem, p. 2: "In the same country, one dog differs greatly from another; and, in different climates, the very species seems to be changed. From these causes, the number and mixture of races are so great, – that it is almost impossible to recognize or enumerate them."

cendo padrões e estandardizações de forma que, por exemplo, um *cocker spaniel* tivesse a mesma aparência em todo o mundo.

A invenção das raças na Europa também é debitária de uma nova sensibilidade que se desenvolveu acerca dos animais a partir do século XIX. Em 1824 foi fundada a primeira entidade de defesa dos animais no mundo, a Society for the Prevention of Cruelty to Animals (SPCA), não por acaso, inglesa. Foi na Inglaterra industrial que os parâmetros de julgamento em relação aos animais começaram a mudar. Diante da substituição da força animal pela máquina, os bichos foram sendo paulatinamente abandonados. Não era mais possível usar os animais da mesma forma: haviam surgido as máquinas. E, diante da revolução industrial, ficou mais visível a crueldade humana com os animais, fosse no abandono ou na percepção da exploração intensa, antes tão costumeira.

A SPCA buscava combater a hiperexploração de animais, fossem de carga ou trabalho, fosse em relação ao uso em experimentos científicos. Em 1835 a SPCA passou a ter como patrona a então Princesa Vitória, ela mesma uma entusiasta do mundo canino. Em 1840, quando já era monarca, a Rainha Vitória transformou a instituição em Royal Society.

Em 1873 foi criado o primeiro Kennel Club no Reino Unido. Existente até hoje, ele se propunha a emitir *pedigrees* de raça pura e promover eventos caninos. A versão estadunidense, o American Kennel Club, foi criado em 1884. A Fédération Cynologique Internationale (FCI) foi fundada na Bélgica em 1911. Todas estas instituições ajudaram a padronizar e estandardizar os cães de raça na Europa e, consequentemente, em todo o planeta. As principais instituições do resto do mundo se filiaram a essas primeiras congregações. A Confederação Brasileira de Cinofilia, por exemplo, é coligada à FCI.

A cinologia é o estudo científico das origens, formação e desenvolvimento de características morfológicas, físicas e mentais dos caninos e suas diversas raças. Essa forma científica de olhar para os cães foi forjada no século XIX. Os *kennel* clubes e instituições cinológicas são, assim, um mundo restrito de entusiastas e profissionais que, ao adotar metodologias científicas em relação aos cães, condicionam nosso olhar sobre raças caninas no mundo ainda hoje.

Manipulados cientificamente, gradualmente os cães deixaram de ter funções de trabalho, e tornaram-se projeções do afeto e desejos humanos. E, assim, a forma sobrepujou a função. Tamanho foi o ensejo de criar formas distintas que hoje temos cães que vão do gigante dogue alemão ao diminuto *pinscher*, padronizados, categorizados, meticulosamente descritos, cientificamente reproduzidos.

Quando nos dias de hoje analisamos as descrições das raças nos arquivos de diferentes instituições cinológicas, vê-se algo muito semelhante às descrições e definições raciais humanas do século XIX. Medições morfológicas, conformações físicas e descrições detalhadas de características corpóreas ideais, assim como análises comportamentais e psicológicas: tudo se assemelha a como os pensadores do "racismo científico" viam os humanos e suas diferentes "raças". Isso não é fruto do acaso: as raças caninas e humanas foram definidas pelo "racismo científico" na mesma época, com narrativas bastante semelhantes. A diferença é que, nos dias de hoje, em relação aos humanos o "racismo científico" foi superado. Em relação aos cães, se depender das instituições cinológicas, ainda não.

Se entre os humanos havia aquelas raças que, diziam os "racistas científicos", deveriam desaparecer, em relação aos cães isso de fato aconteceu. As raças que não tiveram sucesso em exposições, nem se destacaram entre integrantes de *kennel* clubes e público geral, tenderam a fenecer. Segundo Michael Worboys, a era vitoriana presenciou uma espécie de extinção em massa de cães que haviam vivido por milênios entre humanos, mas que no século XIX deixaram de ser úteis.

Foi o caso por exemplo dos *turnspit*, um cão de corpo longo e pernas curtas, parecido com o atual *dachshund*, muito usado na Inglaterra para girar um espeto sobre o fogo (daí seu nome). O cachorro rodava dentro de um barril por horas a fio e, através de correias, esse giro era transmitido ao espeto. Diante da crescente mecanização industrial inglesa, os *turnspit* se tornaram inúteis e logo considerados extintos no início do século XIX[161]. Outro exemplo é o cão lanoso salish, que desempenhou um papel historicamente

---

[161] Worboyso, ibidem, p. 27.

importante na cultura dos povos indígenas da costa Salish, região noroeste do litoral do Pacífico, no Canadá. Com uma pelagem parecida com a de ovelhas, os povos tradicionais salish usavam seus pelos como matéria-prima para roupas e tecidos que produziam. O desaparecimento dos cães lanosos acompanhou uma importante mudança de estilo de vida causada pela chegada dos colonizadores, que introduziram a lã e o algodão da indústria têxtil ocidental. E assim os cães lanosos se tornaram inúteis e foram gradualmente extintos.

UM BRASIL COM *PEDIGREE*

O Brasil tardou a inventar padrões raciais caninos nacionais. Foi em 1960 que o fila brasileiro obteve pioneiramente um *pedigree* internacionalmente reconhecido[162]. São três as raças brasileiras admitidas internacionalmente desde então pelas principais instituições do mundo: o fila brasileiro, o *terrier* brasileiro (popularmente conhecido como *fox* paulistinha), e o rastreador-brasileiro.

O *pedigree* é o registro genealógico de um cachorro de raça pura. Para ser considerado um cão com *pedigree*, o animal deve ser fruto do cruzamento de dois cachorros que já possuam *pedigree* atestado por um canil filiado a uma instituição de renome. O tutor de um cão com *pedigree* recebe um documento em que constam informações como seu nome, raça, o nome do criador, do canil, de seus pais, sua data de nascimento e a informação sobre sua árvore genealógica até a terceira geração.

Diante do baixíssimo número de raças brasileiras reconhecidas internacionalmente, fica claro que a cinologia nunca foi exatamente um esporte nacional. Apesar de não sermos uma sociedade especialmente devotada à cinologia, fato é que parecemos gostar de cães tanto quanto qualquer outra sociedade ocidental. E por mais que o cão caramelo ocupe hoje um lugar especial, não é raro constatar na sociedade brasileira o quanto a posse de cães

---

[162] Para o registro do fila brasileiro junto a Fédération Cynologique Internationale, acessar: <http://www.fci.be/en/nomenclature/FILA-BRASILEIRO-225.html>.

de raça com *pedigree* é frequentemente usada como fator de distinção e *status* entre nós.

Aqui cabe um relato pessoal. Em 2016 produzi um curto documentário sobre cães abandonados na cidade de Caruaru, interior de Pernambuco. Foi quando pude perceber um fenômeno interessante. As pessoas da sociedade civil que resgatavam cachorros de rua e os colocavam para adoção contavam-me sempre a mesma história: os adotantes preferem cães com alguma característica que remeta a raças. Pelos longos, claros e lisos são os mais valorizados. Machos são preferidos às fêmeas. Ou seja, os preconceitos humanos de cor e gênero presentes na sociedade são reproduzidos quando se trata de adoção animal.

Numa reportagem de 2010, o jornal Folha de São Paulo analisou quem eram os adotantes de cães na cidade. E percebeu algo semelhante: "os adotantes ainda procuraram perfis específicos: filhotes, de porte pequeno, peludinhos e que não sejam pretos, justo o contrário da maioria dos cães que estão nos abrigos", escreveu o jornalista[163].

Assim como em relação aos humanos, ainda perdura na sociedade brasileira uma visão racista acerca dos cães. O fato de o racismo ainda persistir entre nós, não exclui nossas vitórias antirracistas, dentre elas, o cachorro caramelo.

O APOGEU DOS CARAMELOS

A ascensão do vira-lata caramelo possui precedentes. Desde os anos 1990 vem aumentando a mobilização em torno da causa animal no Brasil[164]. Junto com a formação de um milionário mercado

---

[163] "Vira-latas são os cães preferidos dos paulistanos", *Folha de S. Paulo*, 28/06/2010: <https://www1.folha.uol.com.br/saopaulo/2010/06/758026-vira-latas-sao-os-caes-preferidos-dos-paulistanos.shtml>, acessado em 7/3/2022.

[164] Em verdade, esta amistosidade brasileira com os animais não surgiu há tão pouco tempo assim. Os trabalhos de Natascha Ostos analisam com acuidade as primeiras entidades de proteção animal do Brasil surgidas ainda no começo do século XX. Seja como for, o que se aponta aqui é o incremento e disseminação dessa postura, agora alimentada pela indústria "pet". Ostos, Natascha. "'Por que devemos ser bons para com os animais?'. A formação prática e moral dos brasileiros por meio dos discursos de proteção aos ani-

consumidor de bens para animais domésticos (agora batizados de "pets") que trouxe à tona uma série de serviços antes sequer cogitados, tivemos a crescente normalização do cachorro vira-lata. Foi nesse contexto que surgiu a denominação sem raça definida (SRD) politicamente articulada por grupos de defesa animal. No mundo do consumismo canino, o SRD é uma criatura potencialmente consumidora. SRD também é *pet*.

Assim como na Inglaterra do século XIX, vivenciamos entre nós crescente simpatia pela causa animal. Mas com resultados diversos. Aqui, parece que caminhamos em direção à incorporação do vira-lata; lá caminhou-se no sentido da racialização.[165]

A historiadora Maria Kaminski de Fonseca compreendeu bem a mudança da sensibilidade nacional a partir de uma pesquisa feita no acervo do jornal *Folha de S. Paulo*.[166] Segundo Kaminski, as notícias sobre maus-tratos a animais eram extremamente escassas nas páginas do jornal: "Entre 1970 e 1990, nenhuma notícia tratando de um animal específico foi publicada no jornal *Folha de S. Paulo*, além de algumas que versavam sobre casos de animais de zoológico, vítimas de maus-tratos, ou de estresse, que atacaram seus criadores. A partir da década de 1990, as notícias sobre maus-tratos começam a ganhar nova forma e outra visibilidade."[167]

---

mais (1930-1939)". *História Crítica*, nº 71, 2019, p.49-68; Ostos, Natascha. "União Internacional Protetora dos Animais de São Paulo: práticas, discursos e representações de uma entidade nas primeiras décadas do século XX". *Revista Brasileira de História*. São Paulo, v. 37, nº 75, 2017, p. 297-318.

[165] Àqueles que já andaram em solo europeu e estadunidense, chama a atenção a ausência de cães de rua. Na França, onde vivi entre 2007-2008, todos os cães possuíam *chip* de monitoramento.

[166] Kaminski Fonseca, Maria. "Da crueldade à libertação: análise dos níveis de sensibilidade em relação aos animais no Brasil pós década de 1970". Universidade Federal de Santa Catarina, Centro de Filosofia e Ciências Humanas, Programa de Pós-Graduação em História, Florianópolis, 2017.

[167] Kaminski cita alguns exemplos: "Discussões sobre bem-estar e manifestações contra alguns eventos (rodeios e farra do boi) começam a ganhar espaço nas páginas do jornal. Ainda sem demonstrar nenhum tipo de posicionamento, o jornal *Folha de S. Paulo* traz reportagens como 'Entidade abre inquérito policial contra rodeio' (24 de janeiro de 1991); 'São Bernardo aprova projeto contra rodeio' (28 de março de 1991); 'PF prende comerciante que mantinha 120 animais silvestres em cativeiro' (19 de junho de 1991); 'Ecologistas querem proibir festa do peão' (10 de dezembro de 1991); 'Boi escapa da 'farra' e morre

Nesse sentido, é importante se lembrar de um fato icônico de 2013. Empolgados com o espírito libertário das revoltas daquele ano, ativistas da causa animal cercaram o centro de pesquisa Instituto Royal, em São Roque, estado de São Paulo, no dia 18 de outubro. No meio da madrugada, tal como um grupo guerrilheiro, os militantes invadiram o Instituto e resgataram diversos cães que estavam, conforme afirmaram, sendo explorados pela instituição[168]. O caso foi muito comentado na época e ilustra a radical mudança da sociedade acerca dos animais. Se ainda há animais explorados, há também cada vez mais gente disposta a atos bastante ousados, e até ilegais, em nome deles.

O jornal *Folha de S. Paulo* percebeu esta transformação social na capital paulista ao pesquisar instituições de doação animal em 2010. A reportagem notou a grande quantidade de cães mestiços nos lares brasileiros. Segundo o CCZ (Centro de Controle de Zoonoses) de São Paulo, estimava-se em 2010 cerca de 2,5 milhões de cachorros domiciliados na cidade. O número vinha crescendo em média 6% ao ano e supunha-se que, em 2020, atingisse 4,5 milhões. Os pesquisadores da instituição visitaram quase 12 mil domicílios. O professor de veterinária Ricardo Dias, autor do estudo, disse que não se surpreendeu ao saber que o SRD era o cão mais comum: "Vimos que só 26% dos cachorros foram comprados. O restante foi adotado"[169]. Há de se notar também que os vira-latas passaram a ser mais aceitos também nas classes mais altas. A reportagem percebeu este crescimento ao apontar que muitos vira-latas eram muito vistos nos parques, junto com os cães de raça.

---

atropelado' (18 de abril de 1992); 'Câmara vota hoje proibição de rodeios no município' (5 de janeiro de 1993). A partir de 2010, notícias sobre maus-tratos ganham ainda mais repercussão". Outras reportagens coletadas pela historiadora também demonstram o crescimento da pauta: "Paulistanos vão às ruas em defesa dos animais" (22/1/2012, p. C7); "Grupos espalham atos contra maus-tratos a animais pelo país" (23/1/2012, p. C7). "Mutirão on-line salva 50 cães abandonados" (7/4/2013, p. C6). Kaminski, ibidem, p. 106-7.

[168] "Após denúncia de maus-tratos, grupo invade laboratório e leva cães beagle", G1, 18/10/2013: <https://g1.globo.com/sao-paulo/sorocaba-jundiai/noticia/2013/10/ativistas-invadem-e-levam-caes-de-laboratorio-suspeito-de--maus-tratos.html>; acessado em 7/3/2022.

[169] "Vira-latas são os cães preferidos dos paulistanos". *Folha de S. Paulo*, 28/6/2010: <https://www1.folha.uol.com.br/saopaulo/2010/06/758026-vira-latas-sao-os-caes-preferidos-dos-paulistanos.shtml>.

A defesa da causa animal cresceu exponencialmente na sociedade. Esta pressão social forçou os governos a se posicionarem. Desde 2008, através da Lei nº 12.916 sancionada pelo governador paulista José Serra, ficou proibida a eliminação da vida de cães e gatos pelos órgãos de controle de zoonoses e canis públicos no Estado de São Paulo[170]. Em 2021 o presidente Jair Bolsonaro sancionou a Lei 14.228 que proibiu tal prática em todo território nacional. Foi o fim oficial das temidas "carrocinhas".

Isso nos leva a refletir que, aos olhos de parte considerável da sociedade brasileira, a criação de um cão de raça "pura" hoje faz menos sentido do que outrora. Em parte porque nos vemos através dos cães de forma diferente. A ascensão do vira-latas caramelo é, na atualidade, um dos vetores que mantém viva a utopia de miscigenação racial nacional.

Segundo a historiadora Erica Fudge, importante autora sobre bichos e mundo natural, uma história dos animais só pode ir além de ser mero reflexo da história do homem se conseguir desestabilizar o que se entende como o antropocêntrico do seu tempo. A história dos animais não deve ser meramente a história de como os homens veem ou classificam o mundo natural. Deve ser uma possibilidade de descentrar o homem de seu eixo etnocêntrico[171].

Espero ter mostrado com este artigo que o cachorro caramelo, para além de ser mero reflexo da miscigenação brasileira, é também desestabilizador das interpretações identitárias hegemônicas acerca da questão racial nos dias de hoje. Os cães nos apontam formas alternativas de viver a miscigenação que podem contribuir para a construção de uma identidade nacional mais plural, complexa e múltipla. Assim como o futebol nos tempos de Nelson Rodrigues, o vira-lata caramelo complexifica nossa identidade, catapultando ideais de hibridismo, mistura e miscigenação que, penso, deveriam ser consideradas no século XXI.

---

[170] A lei vale para todas as eutanásias, exceto em casos de doenças graves ou enfermidades infectocontagiosas incuráveis que coloquem em risco a saúde humana e de outros animais.
[171] Fudge, Erica. "A Left-Handed Blow: Writing the History of Animals", in *Representing Animals*. Ed. Bloomington, Indiana University Press, 2002, p. 3-18.

REFERÊNCIAS

Almeida, Silvio Luiz de. *Racismo Estrutural*. São Paulo: Pólen, 2019.

Alves Filho, Aluizio. *As Metamorfoses do Jeca Tatu*: A Questão da Identidade do Brasileiro em Monteiro Lobato. Rio de Janeiro: Inverta, 2003.

Avelar, Idelber. *Eles em Nós*: Retórica e Antagonismo Político no Brasil do Século XXI. Rio de Janeiro: Editora Record, 2021.

Cardoso, Fernando Henrique (1962). *Capitalismo e Escravidão no Brasil Meridional*: O Negro na Sociedade Escravocrata do Rio Grande do Sul. Rio de Janeiro: Civilização Brasileira, 2003.

Cunha, Euclides. *Os Sertões*. São Paulo: Círculo do livro, 1978.

Fernandes, Florestan (1965). *A Integração do Negro na Sociedade de Classes*. Dôminus Editora, 1965.

Freyre, Gilberto (1933). *Casa-Grande & Senzala*. São Paulo: Global, 2003.

_____. (1936). *Sobrados e mucambos*. São Paulo: Global, 2013.

Fry, Peter. *A Persistência da Raça*. Rio de Janeiro: Civilização Brasileira, 2005.

Fudge, Erica. "A Left-Handed Blow: Writing the History of Animals". In: *Representing Animals*. Ed. Bloomington, Indiana University Press, 2002, p. 3-18.

GUIMARÃES, Antonio Sérgio Alfredo. *Modernidades negras*: A Formação Racial Brasileira (1930-1970). São Paulo: Editora 34, 2021.

Knami Fonseca, Maria. "Da crueldade à libertação: análise dos níveis de sensibilidade em relação aos animais no Brasil pós década de 1970". Universidade Federal de Santa Catarina, Centro de Filosofia e Ciências Humanas, Programa de Pós-Graduação em História, Florianópolis, 2017.

Lobato, Monteiro. *Urupês*. In: Lobato, Monteiro. *Obras Completas*. São Paulo: Brasiliense, 1959.

Magnoli, Demétrio. *Uma Gota de Sangue: História do Pensamento Racial*. São Paulo: Contexto, 2009.

Munanga, Kabengele. *Negritudes: Usos e Sentidos*. São Paulo: Ática, 1988.

Nascimento, Abdias do. *O Genocídio do Negro Brasileiro*: Processo de um Racismo Mascarado. São Paulo: Perspectiva, 2016.

Nietzsche, Friedrich. *Além do Bem e do Mal*. São Paulo: Companhia das Letras, 1992.

Ostos, Natascha. "'Por que devemos ser bons para com os animais?'. A formação prática e moral dos brasileiros por meio dos discursos de proteção aos animais (1930-1939)". *História Crítica*, nº 71, 2019, p. 49-68.

_____. "União Internacional Protetora dos Animais de São Paulo: práticas, discursos e representações de uma entidade nas primeiras décadas do século XX". *Revista Brasileira de História*. São Paulo, v. 37, nº 75, 2017, pp. 297-318.

Palhares-Burke, Maria Lucia & Burke, Peter. *Repensando os Trópicos: Um Retrato Intelectual de Gilberto Freyre*. São Paulo: Unesp, 2009.

Prado, Paulo. *Retrato do Brasil: Ensaio sobre a Tristeza Brasileira*. Rio de Janeiro:
Livraria José Olympio, 1962.

Ribeiro, Djamila. *Lugar de Fala*. São Paulo: Polén, 2019.

Risério, Antonio. *A Utopia Brasileira e os Movimentos Negros*. São Paulo: Editora 34, 2012.

_____. *Sobre o Relativismo Pós-Moderno e a Fantasia Fascista da Esquerda Identitária*. Rio de Janeiro: Topbooks, 2019.

Rodrigues, Nelson. *À sombra das Chuteiras Imortais: Crônicas deFutebol*. São Paulo: Companhia das Letras, 1993.

Souza, Jessé. "Gilberto Freyre e a singularidade cultural brasileira". In: *Tempo Social, Revista de Sociologia da USP*, São Paulo, 12(1), maio de 2000.

William, Rodney. *Apropriação Cultural*. São Paulo: Pólen, 2019.

Worboys, Michael. *The Invention of the Modern Dog: Breed and Blood in Victorian Britain*. Johns Hopkins University Press, 2018.

20
O MACACO SEXX/XY:[1] PENSANDO EM GÊNERO E SEXUALIDADE FORA DOS MOLDES IDENTITÁRIOS

Eli Vieira

Qualquer biologia é biologia demais. É uma conclusão insinuada por uma parte dos trabalhos acadêmicos, especialmente em português, ao se procurar por discussões sobre o gênero e a diversidade sexual. "Os dados da biologia incorrem em má-fé", diz uma celebridade do identitarismo brasileiro sobre a diferença biológica entre homens e mulheres, que ela admite *en passant* que existe, mas que seria usada para legitimar a opressão da mulher e gerar desigualdades que não são biológicas. Antes que biólogos se empolguem com a concessão para a diferença existir, no mesmo parágrafo ela diz que a consciência que a mulher tem de si enquanto mulher "não pode em nenhuma hipótese estar fundada na biologia"[2]. Então a biologia é tratada como uma inconveniência a ser mencionada com bastante pressa e sem detalhes, ou como um mau espírito a se exorcizar do pensamento sobre fenômenos sociais como o gênero.

Essa literatura, se não defende explicitamente que o ser humano é uma tábula rasa a ser preenchida apenas por ambiente e socialização, no mínimo flerta com a ideia. Nessas obras, demonstra-se à exaustão uma preocupação com a *eugenia*, um uso do Estado para direcionar o curso genético de uma população; e com o *determinismo biológico*, que seria tanto um erro moral de valorar pessoas de acordo com suas características biológicas, quanto um erro episte-

---
[1] Tomei a ideia do título do Capítulo 3 do livro que estou traduzindo: Stewart-Williams, Steve. *The Ape that Understood the Universe: How the Mind and Culture Evolve*. Cambridge University Press, 2018.
[2] Ribeiro, Djamila. "Para além da biologia: Beauvoir e a refutação do sexismo biológico". *Sapere Aude*, vol. 4 nº 7, 2013, p. 508.

mológico de atribuir à biologia um poder explicativo e preditivo que não é seu. Nem sempre essa distinção é feita às claras.

Enquanto é importante entender eugenia e determinismo biológico para evitar repetir erros do passado, o ponto cego notório em toda essa preocupação é que a supremacia da socialização e da tábula rasa também deram em atrocidades. Diferentes ditadores deram como desculpa para suas ações autoritárias a ideia de que as pessoas alvo de seus desmandos eram folhas em branco nas quais um "novo homem" poderia ser escrito à imagem e semelhança deles e das ideologias que usavam para se justificar. Qualquer crença a respeito dos fatos pode ser abusada e posta para uso antiético. Assim como Simone de Beauvoir via abuso de crenças a respeito da biologia das mulheres para mantê-las na cozinha, hoje há feministas radicais que pensam que o movimento pela inclusão de pessoas *trans* está (ab)usando das proposições tábula-rasistas da "teoria" "*queer*" para prejudicar as mulheres em áreas como o esporte feminino[3].

Há um viés de se puxar as explicações para o ambiente, especialmente o social e cultural, até mesmo entre geneticistas e neurocientistas. Como mostra o filósofo croata Neven Sesardic[4] os geneticistas autores de um estudo que tratou da participação de um gene na propensão à violência em humanos preferiram tratar um ambiente doméstico abusivo como gatilho para essa propensão, descartando apressadamente explicações alternativas mais biológicas. Já o neurocientista Roberto Lent, em entrevista sobre a concentração do sexo masculino nas maiores notas do Exame Nacional do Ensino Médio, arrematou que "a explicação não deve ser buscada na biologia", mas em "posições da família e estereótipos da sociedade"[5] A explicação pode não estar na biologia, mas *não deve* sequer ser *buscada* nela? A afirmação aparenta dogmatismo que, mais uma vez, favorece o ambiente e desfavorece a biologia como fonte de explicação *a priori*.

---

[3] Tratei em detalhe da questão de atletas *trans* no esporte feminino e suas vantagens em "Transexuais no esporte feminino: as consequências de favorecer a inclusão acima do mérito". *Gazeta do Povo*. 10 de outubro de 2021.
[4] Sesardic, Neven. *Making Sense of Heritability*. Cambridge University Press, 2005, p. 124.
[5] Cafardo, Renata e Toledo, Luiz Fernando. "Homens têm 72% das mil melhores notas do Enem". *Estadão*, 2018.

Um determinista biológico poderia dizer "a explicação não deve ser buscada em fatores socioeconômicos".

O "progressismo" ou "esquerda" ou a tribo política preocupada com a igualdade e a distribuição de renda é dominante na academia. Comparados a conservadores e liberais, há o dobro de professores com essa orientação política na biologia nas 51 mais renomadas universidades americanas. Excessos dessa tribo, como o identitarismo, são sentidos primeiro e com maior intensidade na academia. Na tomada da Universidade Estadual de Evergreen nos Estados Unidos em 2017, foi um biólogo, Bret Weinstein, que foi acossado pelos estudantes a ponto de pedir demissão.

Quem quer pensar de forma independente, portanto, deve estar atento a vieses trazidos a campo por essa hegemonia ideológica na universidade, que agora se alastra para a imprensa e grandes empresas. Nenhuma orientação política tem garantia de estar com a verdade, e, se aceitarmos a dicotomia simples direita vs. esquerda, as duas terão rejeições diferentes à biologia: a direita contra a teoria da evolução, etc., a esquerda contra a participação dos genes no comportamento social e na inteligência, etc.

O propósito deste capítulo tem uma parte modesta e uma parte mais ambiciosa. A modesta é dar a César o que é de César: reintroduzir, modestamente, a biologia onde sua participação foi injustamente negada no assunto sexo e suas adjacências. Quando tomamos a formulação aristotélica do ser humano como "animal racional" ou "animal político", não é só "racional" e "político" que devem ser enfatizados (não que haja problema nisso), mas "animal" também precisa ter a sua vez. E isso tem consequências para a forma como enxergamos sexo, gênero e sexualidade.

A parte mais ambiciosa defenderá que o entendimento do comportamento sexual humano, que é pré-requisito para decisões moralmente corretas que lhe tocam, estará melhor se abandonarmos a distinção entre sexo e gênero, voltando a tratá-los como sinônimos, ou até mesmo abandonando "gênero" como um termo para aspectos sociais e culturais do sexo, e o devolvendo ao estudo dos substantivos na linguística. Não há esperança de sucesso desse projeto em frear ou reverter o que já aconteceu no espaço semântico público, mas há diferentes formas de medir sucesso: podemos nos contentar se formos bem-sucedidos em organizar melhor o pensamento sobre o assunto de uma forma que não ignore a biologia, sem cair em um cientificismo biológico ou no desabono ou subestimação dos fenômenos biológicos como fontes de entendimento de coisas humanas. Podemos cuidar do nosso espaço semântico privado. É ele que podemos proteger melhor do vandalismo identitário.

"CONSTRUÇÃO SOCIAL" E OUTRAS AMBIGUIDADES

Há um mar de resultados quando se busca "gênero é construção social" na rede. O primeiro problema a ser tratado nesta afirmação, antes de "gênero", é a ambiguidade do termo "construção social". Entre filósofos, há respostas mais ou menos generosas ao construtivismo social. Em um volume dedicado a ressuscitar o problema da demarcação entre a ciência e disciplinas não científicas, os organizadores chamam o construtivismo social de "uma pseudodisciplina em si"[6] Ian Hacking, fazendo uma lista de coisas sobre as quais se alegou que são constructos sociais, é generoso ao propor que na formulação de "construção social de x", o que importa de fato é "x", não "construção social". Quem constrói coisas são pedreiros e marceneiros. Portanto, só pode ser uma metáfora algo como "construção social do gênero". No começo desse uso, diz Hacking, "a metáfora da construção social tinha um excelente valor de choque, mas agora está surrada". Se é uma mera metáfora gasta, por que é tão popular? Hacking especula uma razão:

> Uma das atrações da "construção" foi a associação com atitudes políticas radicais, estendendo-se da ironia perplexa e do desmascarar irritadiço à reforma, rebelião e revolução. O uso da palavra declara de que lado se está.[7]

---

[6] Pigliucci, Massimo e Boudry, Maarten. *Philosophy of Pseudoscience: Reconsidering the Demarcation Problem.* University of Chicago Press. Edição Kindle, 2013, localização 147.
[7] Hacking, Ian. The Social Construction of What? Harvard University Press, 1999, p. 35.

Em outras palavras, o uso de "construção social" é mais para sinalizar membresia em uma tribo política específica do que interesse em entender o fenômeno sobre o qual se alega que esta é sua origem.

Quanto a que natureza teria essa origem, uma das mais precisas reconstruções da construção social parece ser a de Paul Boghossian, que pensa que a alegação de que algo foi socialmente construído significa que é contingente à preferência de uma sociedade específica e seus hábitos. Essa noção fica mais nítida quando é contrastada com "um objeto que existe naturalmente, algo que existe independentemente de nós e em cuja formação não tivemos intervenção"[8] Na distinção entre sexo e gênero, geralmente é o sexo este objeto que oferece o contraste. Mas a ambição de alguns teóricos *queer* vai além: alegam que o sexo não é este objeto independente de nós: ele, também, seria socialmente construído.

Como uma parte importante da "teoria" *queer* e outros tratamentos identitários de sexo e gênero bebem do pós-modernismo, é importante considerar que tipo de estratagema intelectual seguem os pós-modernos ao defender suas ideias e seu jargão, como quando dizem que um aspecto da vida humana é socialmente construído.

Nicholas Shackel oferece uma classificação detalhada do comportamento intelectual dos pós-modernos[9] Mais interessante no arsenal de Shackel é o que ele chama de doutrinas de mota e terreno, fazendo uma metáfora do castelo de mota, um tipo de vilarejo fortificado do período medieval. O castelo de mota antecede o castelo de pedra favorito dos contos de fada. A mota é um monte artificial no centro do terreno, no topo da qual é construída uma torre de pedra que serve de moradia para o senhor, sua família e servos, mas também como observatório contra a incursão de inimigos. A terra usada para fazer a mota é escavada de um fosso que circunda o terreno, que também é cercado por uma paliçada de madeira. O terreno é um lugar agradável, onde se pode tomar sol, cuidar das

---

[8] Boghossian, Paul. "O que é a construção social?"In: *Revista Crítica*, 27 de agosto de 2017.
[9] Shackel, Nicholas. "The Vacuity of Postmodernist Methodology". In: *Metaphilosophy* vol. 36, nº 3, 2005, p. 295-320.

galinhas, cultivar hortas, é nele que está o povo do vilarejo. A mota é mais fria e úmida que o terreno, mas é mais segura.

Uma doutrina de mota e terreno, assim, seria aquela que tem duas versões ou interpretações: a do terreno, mais desejável para seus defensores, que avança algum interesse deles, mas é menos defensável intelectualmente e mais vulnerável a ser enfraquecida por críticas; e a da mota, que é aquela mais inofensiva, mais plausível, menos radical, que é apresentada aos críticos. Quando chegam os críticos, como saqueadores inimigos do castelo, o defensor da doutrina corre para o uso da versão da mota. Quando os críticos partem, a versão do terreno, que é a que levou os defensores à doutrina, volta a circular alegremente. Não está claro o quanto disso é *consciente*, mas está claro que é uma atitude intelectual desonesta.

Essa é uma descrição muito apropriada para o construtivismo social. A ambiguidade do termo "construção social" é uma ambiguidade estratégica. Se tudo o que se quer dizer com "o gênero é construção social" é que há aspectos de ser homem ou ser mulher que seriam totalmente diferentes se a sociedade fosse outra, essa é uma verdade trivial. Sabemos que o uso de saias, brincos e demais modificações corporais, cortes de cabelo e salto Luís XV são marcadores muito variáveis do que é considerado feminino ou masculino, muito *determinados pela cultura*. Esta é a versão de mota. A versão de terreno é nada menos que o *determinismo sociocultural*: que não há aspecto de ser homem ou mulher que seja um objeto do mundo real cuja existência não depende da nossa intervenção.

Por que os construtivistas sociais não abandonam o termo "construção social"? Fora os motivos mais inocentes, um menos cândido já foi sugerido: serve para sinalizar lealdade a uma coalizão política. Não é uma coalizão qualquer, mas uma coalizão que tem uma propensão a se ver como mais moral e mais preocupada com injustiças aos marginalizados que as outras. Uma coalização em que o autoelogio é importante. Não sinalizar que se é parte dela é perder a chance de ser visto como pessoa empática, virtuosa, solidária.

Declarar-se "determinista sociocultural" em vez disso não só não tem esse efeito de autoelogio, como tem o efeito de dar a cara a tapas intelectuais sobre a plausibilidade da tese do terreno. Além disso, já sugere algum tipo de equivalência ao temido "determinismo biológico". Corre-se o risco de os pares não verem problema só em "biológico", mas também em "determinista". Mesmo se for social, determinismo é feio! Assim como positivismo, cartesianismo, reducionismo, biologicismo (?) e outras figuras do *Liber Monstrorum* de inimigos da justiça social e da correta visão do que é o ser humano. Não é de bom-tom declarar segurança sobre as fontes causais de fenômeno humano nenhum, parecem pensar os aldeões do castelo de mota. O humanismo demanda ambiguidade, incerteza e ausência de espinha dorsal na hora de se afirmar qualquer coisa objetiva a respeito de humanos.

FAZENDO O SEXO

É evidente que nós compartilhamos com outros animais o fenômeno sexo: macho e fêmea, e sua conjunção reprodutiva. Um construtivista social com a "versão mota" de suas ideias poderia reconhecer este fato. Mas ele teria um limite para acompanhar o fato até a parte em que começa a surpreender as expectativas e frustrar seus projetos ideológicos. E o sexo definitivamente faz isso.

O sexo não se limita às diferenças de altura na média, não se limita a quem tem barba ou quem tem seios, pênis ou vulva, nem a quem é soprano ou contralto, nem a quem tem a pélvis mais larga ou estreita, nem a quem tem mais ou menos força física. O sexo afeta até mesmo as escolhas de brincadeira das crianças e as escolhas de carreira dos adultos. Em suma, o sexo não respeita a distinção entre sexo e gênero, que presume que podemos desemaranhar causas culturais de causas biológicas em tudo o que toca a condição de ser mulher ou homem. A natureza tem esta mania de não respeitar a organização feita *a priori* pelo pensamento humano.

Até nos assuntos presumivelmente menos controversos, das diferenças físicas, já há uma resistência ideológica. Basta observar o que está acontecendo com a modalidade feminina de vários esportes em que há uma negação de que existem essas diferenças, apesar de as atletas mulheres *trans*, do sexo cromossomal masculino, terem uma diminuição de apenas 5% na força muscular após um ano de tratamento hormonal feminilizante[10]. Adultos do sexo cromossomal masculino têm 40% mais músculo no torso e braços e 33% mais músculo nas pernas que os do sexo cromossomal feminino.

Algumas feministas radicais que fazem oposição ao ativismo *trans* podem se sentir finalmente vingadas com o parágrafo acima. Porém, também se enganam ao pensar que ser mulher ou homem é uma imposição social parecida com as castas indianas, em que mulheres seriam *dalits* e homens, *brâmanes*. (Mais sobre isso adiante.) Elas, se por um milagre estiverem lendo este livro, também devem estar céticas a respeito de o sexo influenciar escolhas de brincadeira e carreira. Antes de tentar dissipar esse ceticismo, mergulhemos no tempo profundo da história da vida.

A distinção dos membros de uma espécie entre machos e fêmeas é conhecida como *anisogamia*. É um estilo de perpetuação da espécie, mas existem alternativas. Há a alternativa assexuada, em que um organismo faz clones de si mesmo. A desvantagem desse modo de reprodução está justamente na clonagem: a baixa diversidade genética entre os organismos é uma estratégia de colocar todos os ovos (os metafóricos) em uma cesta imunológica só. Basta uma pandemia de um patógeno letal para extinguir a espécie inteira, já que todos apresentam as mesmas defesas. Essa é uma das razões pelas quais muitos dos seres capazes de se reproduzir assexuadamente fazem isso de forma oportunista, a depender do ambiente. É o caso dos rotíferos, animais microscópicos que vivem até nas camadas mais externas da atmosfera terrestre, do escorpião amarelo abundante no Brasil, e, para a alegria dos conservacionistas, de um condor da Califórnia em risco de extinção – foi uma grata surpresa[11], a espécie tinha apenas 23 exemplares em 1982. Há vantagem na clonagem também: gasta menos energia que sexo. Sexo é caro! Mas o sexo tem

---

[10] Hilton, Emma N. e Lundberg, Tommy R. "Transgender Women in the Female Category of Sport: Perspectives on Testosterone Suppression and Performance Advantage". In: *Sports Medicine*, vol. 51, nº 2, 2021, p. 199-214.
[11] Fahy, Claire. 2021. "Endangered California Condors Can Reproduce Asexually, Study Finds". *The New York Times*. 30 de outubro de 2021.

a vantagem de criar filhotes geneticamente mais diferentes entre si.

A anisogamia consiste na existência de apenas dois tipos de células diferentes que transmitem a informação genética para a próxima geração e devem se fundir para formar um novo organismo. Esses dois tipos são assimétricos, têm formas diferentes. Um tipo de gameta é o ovócito, óvulo ou ovo, que é grande e tem o papel ativo de nutrir o embrião e o papel passivo de ser encontrado pelo outro tipo. O outro tipo tem o papel ativo de se deslocar ao encontro do primeiro, geralmente tem um flagelo para impulsionar sua jornada e carrega apenas as reservas necessárias para que ela se concretize – no caso das plantas com flores, este gameta está no pólen, não tem flagelo, mas é transportado pelo vento, animais, e tubos que crescem conduzindo-o ao óvulo. Esses dois gametas podem ser feitos por organismos diferentes, ou pelo mesmo organismo, mas são produzidos em números diferentes. O primeiro é produzido em número relativamente escasso, e o segundo em número relativamente abundante. O primeiro, por sua função de nutrição, custa caro para o organismo por unidade, o segundo é muito barato.

Essa diferença entre esses dois tipos de gametas apareceu mais de uma vez na história da vida: entre animais, plantas e fungos (possivelmente mais de uma vez também dentro de cada um desses grupos). Chamamos o gameta grande de feminino e o pequeno de masculino em todos esses casos por causa desse padrão de diferenças, e não porque haveria um ancestral comum de todas as fêmeas e outro de todos os machos quando a vida começou há cerca de quatro bilhões de anos atrás. Fundamentalmente, o sexo masculino é definido pelo gameta pequeno, e o sexo feminino pelo gameta grande. Não é pelos cromossomos. Enquanto entre nós, fêmeas têm dois cromossomos sexuais iguais (XX) e machos têm diferentes (XY), nas aves e borboletas são machos que têm cromossomos sexuais iguais (ZZ), e as fêmeas os diferentes (ZW).

As alternativas sexuadas à anisogamia são aquelas em que o número de classes de gametas não é dois, mas um só (isogamia) ou mais de dois, até milhares. Comparada com essas alternativas, a anisogamia tem um enorme sucesso entre seres como nós, multicelulares. Resta explicar por quê. A biologia precisa explicar a anisogamia com o nível de abstração e generalidade apropriado para todos os diferentes seres que a apresentam, das jubartes às prímulas.

Não temos uma teoria completa do sexo ou da anisogamia, mas temos boas hipóteses[12]. Em suma, o óvulo e o espermatozoide surgiram por causa de uma *divisão de tarefas*. O óvulo é bom em aumentar as chances da sobrevivência do filhote ao nutri-lo e fazê-lo grande desde o começo, o espermatozoide é bom em transporte rápido, barato, arriscado e abundante de genes. Gametas intermediários não fariam bem nenhuma das duas funções, e não estão por aqui para contar a história justamente por isso: não deixaram descendentes. Além disso, o óvulo é imóvel e o espermatozoide nada porque isso aumenta a chances de se encontrarem, da mesma forma que um casal perdido em um *shopping*. Ambos circulando é receita para desencontro.

Há espécies em que pais e mães não cuidam de filhotes: o ouriço-do-mar macho lança nuvens de esperma no oceano, muitas fêmeas de insetos põem ovos em um substrato e partem. Porém, onde há cuidado parental, a anisogamia dá o modelo de qual será o sexo que tenderá a apresentar mais comportamento de cuidado: o feminino. Pois esse comportamento é uma extensão do investimento na prole que já é feito na forma de nutrientes na enorme célula que é o óvulo. Há exceções, como os cavalos-marinhos machos, que ficam grávidos. Há até exceção de quem penetra: no piolho das cavernas *Neotrogla curvata*, que vive no sul da Bahia, a fêmea tem um "pênis" (falossoma) e o macho tem uma "vagina" (ginossoma)[13]. Mas são raridades respondendo a ambientes específicos. O caso geral é que o desenvolvimento dos organismos, e os comportamentos que eles apresentam, refletem a divisão de tarefas estabelecida quando a anisogamia evoluiu – no nosso caso, há cerca de um bilhão de anos.

---

[12] Devier, Michael E. Hood; Fairhead, Cécile e Giraud, Tatiana. "Having Sex, Yes, but with Whom? Inferences from Fungi on the Evolution of Anisogamy and Mating Types". In: *Biological Reviews*, vol. 86, nº 2, 2011, p. 421-442.
[13] Yoshizawa, Kazunori; L. Ferreira, Rodrigo; Kamimura, Yoshitaka e Lienhard, Charles. "Female Penis, Male Vagina, and Their Correlated Evolution in a Cave Insect". In: *Current Biology*, vol. 24, nº 9, 2014, p. 1006-1010.

É por isso que não é uma surpresa, para biólogos, que meninas prefiram brincar de boneca ou de casinha enquanto meninos preferem brincar com carrinho ou outro objeto, além de brincar de lutinha. Macacas fêmeas juvenis também preferem brincar com bonecas[14]. E a preferência por pessoas nas meninas e por objetos impessoais nos meninos se manifesta quando são recém-nascidos e não tiveram tempo de absorver cultura nenhuma[15]. Sinto decepcionar a atriz Taís Araújo, que lamenta que sua filha só gosta de brincar de bonecas porque a sociedade a influenciou. Só se for a "sociedade" dos nossos ancestrais nadando no mar há um bilhão de anos.

UMA PROPOSTA MODESTA

Perceba que não estou dizendo que há zero cultura ou socialização por trás da preferência de brinquedo ou de carreira, mas que a diferença observada entre os sexos nisso não deveria surpreender a biólogos, pois o fenômeno biológico da anisogamia é claro o suficiente, e é ele que está por trás do dimorfismo dos organismos masculino e feminino e, em última análise, também de muitas diferenças de comportamento entre os sexos.

Esta não surpresa dos biólogos se refere a como entendemos fenômenos biológicos, e é aqui que cabe uma resposta à acusação de "determinismo biológico". Na época de Isaac Newton, não existia estatística. Quando ele diz que a força é igual à massa vezes aceleração, está assegurando que não há nada mais que isso para a força. Massa e aceleração *determinam*, sozinhas, o que é a força nas leis de Newton. Esse determinismo e previsibilidade eram apropriados para os objetos (muitas vezes idealizados) que o físico estudava. Essa abordagem de Newton, sem espaço para a incerteza, não funcionaria na biologia.

A estatística é o grande monumento à razão que a biologia aplica para entender seus objetos de estudo. Tomamos amostras representativas dos fenômenos que queremos entender. Com elas, calculamos medidas de tendência central, como a média, e medidas de dispersão, como o desvio padrão, que capturam a variação em torno das tendências centrais. Podemos então comparar grupos, como homens e mulheres, laranjas e bananas. Temos, então, uma visão mais nuançada e flexível de determinação e previsibilidade que Newton.

O quão determinantes são os genes, por exemplo, depende de qual é a relação entre os genes e a característica que influenciam. Se uma pessoa carrega o gene que causa a coreia de Huntington, é determinístico que ela manifestará a doença, infelizmente. Isso é um *determinismo biológico* e é verdadeiro e lamentável por ser uma doença cruel de degeneração do sistema nervoso central. Mas uma variante do gene que codifica a enzima cerebral monoamina oxidase A, que predispõe para a violência, só parece engatilhar essa predisposição se o portador estiver em um ambiente doméstico abusivo.

À parte as doenças genéticas, as características humanas mais interessantes, como o comportamento, a altura, a sexualidade, a personalidade, etc. são influenciadas por muitos genes que variam entre si no tamanho da influência, que para cada gene é pequena, mas que para o conjunto de genes participantes pode ser baixa, moderada ou alta, e paralela às influências ambientais e, onde cabem, sociais e culturais.

A dispersão que medimos garante que sabemos, desde o começo, que há exceções. Há meninos que preferem bonecas. Que há mulheres mais altas que homens. Há homens que se sentem realizados só se trabalharem com pessoas e cuidados. E mulheres que só se sentem realizadas na programação de maquinário pesado. O sexismo está em pensar que um indivíduo deve se conformar à previsão da biologia quando não é o que ele genuinamente prefere, e também em pensar que ele deve enfrentar essa propensão biológica quando essa afronta o fará dissonante com seu íntimo e infeliz.

Portanto, a negação da biologia pode levar a preconceito e discriminação injusta tanto em conservadores que querem impedir seus filhos homens de brincar de boneca quando é isso que preferem, quanto em progressistas que reclamam que é um absurdo que a filha seja tão feminina e obedeça tanto aos "padrões" quando é isso que a faz feliz. Os últimos gostam de saber das exceções da biologia, mas costumam torcer o nariz para as tendências centrais e as generalidades, muitas vezes por confundir curiosidade pelas coisas como são com uma afirmação de como elas deveriam ser. No caso da "teoria" "queer", a confusão é proposital, pois querem acusar a busca de padrões dos cientistas de ser busca por normas sociais[16].

Eis algumas diferenças nas tendências centrais entre mulheres e homens. A maioria das vítimas de homicídio e dos homicidas são homens, não importa em qual cultura. Isso tem a ver com a competição dos homens entre si pelo acesso sexual às mulheres. Funciona: homens líderes de gangues só rivalizam com homens *gays* na quantidade de parceiros sexuais. Esse padrão também é observado em chimpanzés. Humanos e chimpanzés são as únicas espécies conhecidas em que os machos fazem coalizões que ativamente patrulham as fronteiras de seus territórios e matam machos de coalizões rivais. A semelhança de gangues de metrópoles em qualquer parte do mundo com gangues de chimpanzés na África não é coincidência. Os chimpanzés são os nossos parentes mais próximos vivos desde que os neandertais se extinguiram (deixando uma pitada de seu genoma nos europeus e asiáticos).

Essa disputa entre grupos de machos é tão antiga que os homens têm adaptações biológicas para o combate: maior força acima da cintura, maior altura, maior massa, maior taxa metabólica basal, maior tempo de reação, ossos mais grossos na mandíbula, rotação mental de objetos e visualização espacial mais rápidas, maior precisão ao atirar objetos e ao bloquear objetos atirados, mais interesse na prática de habilidades de combate (incluindo brincar de lutinha), ossos mais fortes e densos especialmente nos braços, mais fácil dissipação de calor e capacidade de suar com resistência à desidratação, mais hemoglobina no sangue, maior razão entre músculo e gordura, maior coração e pressão sanguínea sistólica e volume de sangue, ombros mais largos que permitem uso eficiente de armas, mais tolerância a risco e atividades perigosas, mudança

---

[16] Pluckrose, Helen e Lindsay, James A. *Cynical Theories: How Activist Scholarship Made Everything About Race, Gender, and Identity – and Why This Harms Everybody*. Pitchstone Publishing, 2020.

de quadro sensorial mais rápida, pele mais espessa, maior capacidade pulmonar e, claro, maior uso de agressão física e homicídio[17].

Homens têm mais interesse em pornografia. Mulheres têm mais interesse em romances eróticos. As mulheres têm uma genética que as predispõe a serem melhores em ler as emoções nas faces das outras pessoas (empatia)[18]. A personalidade também é diferente na maioria dos casos. Somente 10% dos homens e das mulheres são indistinguíveis pela personalidade. As mulheres são mais cordiais, mais sensíveis (muito mais sensíveis, a diferença é grande), apreensivas, tensas. Os homens são mais estáveis, dominantes, conscienciosos, vigilantes, privativos[19].

Essas diferenças não fazem nenhum dos dois sexos moralmente superior ao outro. Afinal, habilidades de combate podem ser usadas para proteção, em vez de só para assassinato. Já a empatia, não é garantia de que conduz ao comportamento ético e pode ser usada para o mal[20].

Dar uma chance séria à biologia para analisar o comportamento humano, portanto, não é uma proposta radical, mas uma proposta modesta, que não visa a substituir a educação, mas a complementá-la com expectativas realistas. O preço de ignorar as diferenças biológicas entre homens e mulheres no comportamento é alto: 90% dos autistas são do sexo masculino, bem como até 70% dos que têm déficit de atenção e hiperatividade, 60% dos esquizofrênicos, 75% dos que morrem por suicídio. Mulheres são 60% dos que sofrem com transtorno obsessivo-compulsivo, 80% das anoréxicas, a maioria das portadoras de transtorno *borderline* e a maioria dos deprimidos[21]. Tudo isso também tem ambiente, socialização e cul-

---

[17] Sell, Aaron; Hone, Liana S. E. e Pound, Nicholas. "The Importance of Physical Strength to Human Males". In: *Human Nature*, (Hawthorne, N.Y.), vol. 23, nº 1, 2012, p. 30-44.
[18] Chakrabarti, J. Khadake et al. "Genome-Wide Meta-Analysis of Cognitive Empathy: Heritability, and Correlates with Sex, Neuropsychiatric Conditions and Cognition". In: *Molecular Psychiatry*, vol. 23, nº 6, 2018, p. 1402-1409.
[19] Giudice, Marco Del; Booth, Tom e Irwing, Paul. "The Distance Between Mars and Venus: Measuring Global Sex Differences in Personality". PLOS ONE 7 (1), 2012, e29265.
[20] Bloom, Paul. "O Lado Negro da Empatia". Xibolete, 2015.
[21] Fleischman, Diana. Comunicação pessoal, 2021.

tura. E biologia: uma análise recente descobriu que a anorexia, por exemplo, tem sinais moleculares de que foi *favorecida* pela seleção natural nos últimos dois mil anos[22].

Presumir que homens e mulheres são idênticos e intercambiáveis leva a injustiças. Se mais homens que mulheres têm interesse em uma determinada profissão, por exemplo, querer uma paridade de 50% para cada gênero nela terá o efeito de excluir interessados e incluir desinteressadas. Quanto mais livre o país, mais aumenta a diferença de escolha de carreira entre homens e mulheres, o que sugere que ficam livres para fazer o que lhes realiza, e não só o que for conveniente para a subsistência[23] Mulheres preferem trabalhar com pessoas e cuidados, homens preferem trabalhar com objetos inanimados e são a maioria em profissões de risco. Essa é a famosa dicotomia pessoas vs. coisas. Até internamente a profissões, como na escolha de especialidades dentro da medicina, a proporção entre gêneros segue o esperado *pela biologia*.

Toquemos na parte mais espinhosa: a capacidade cognitiva. Só quem não observava bem os próprios colegas na escola ou tem necessidade de fingir que não observava para marcar pontos politicamente corretos negaria que as pessoas variam em inteligência e que isso é mensurável. Os mais inteligentes podem até se sabotar e tirar notas ruins, mas têm uma tendência a tirar notas melhores até quando não estudam. Mas isso varia de acordo com o sexo/gênero? Na média, entre crianças, não. Temos boa amostra, centenas de milhares de crianças escocesas[24]. Na idade adulta, em um estudo com quase 1.300 pares irmão-irmã (uma forma inteligente de controlar para parentesco e focar no efeito do sexo, já que irmãos são 50% similares geneticamente), a diferença na inteligência geral foi pequena, de menos de 7% de um desvio padrão, com vantagem dos homens. Para todos os efeitos, homens são tão inteligentes quanto mulheres, é o que as pesquisas mostram. O conhecimento matemático, na média, é igual. Mulheres têm uma vantagem de

---

[22] Vieira, Eli. "Espécie humana evoluiu nos últimos dois mil anos e continua a evoluir". *Gazeta do Povo*, 26 de novembro de 2021.
[23] Vieira, Eli. "Biologia é a melhor explicação para diferenças de escolha de carreira entre homens e mulheres". *Gazeta do Povo*, 25 de outubro de 2021.
[24] Ritchie, Stuart. *Intelligence: All that Matters*. John Murray, 2015.

tamanho médio em operações numéricas e na velocidade de codificação de informações, e uma vantagem pequena no tamanho do vocabulário e capacidade de compreensão de leitura. Homens têm uma vantagem pequena em ciência, aritmética, e a diferença cresce em se tratando de lidar com máquinas[25].

Homens variam mais que mulheres. E isso também tem uma raiz biológica: machos variam mais que fêmeas. O motivo ainda é misterioso, mas deve ter a ver com o fato de que as mulheres têm uma zona segura de desenvolvimento para permitir a gestação e são o sexo que é mais seletivo, justamente por arcar com a maior parte dos custos de cuidar das crianças (mais anisogamia), enquanto os homens são o sexo que é selecionado, e entre eles varia muito mais, por exemplo, a quantidade de filhos. A maior variação significa que há mais homens com zero filhos ou 30 filhos que mulheres: eles são mais presentes que elas nos extremos. Isso também é verdade para os extremos da inteligência: entre os homens, há mais pessoas com dificuldades de aprendizado e mais gênios.

As diferenças cognitivas são menores que as físicas. A diferença na altura, por exemplo, é o dobro da maior diferença observada nas capacidades cognitivas, e 25 vezes maior que a pequena diferença possível na inteligência geral na fase adulta. Entre os primatas, as diferenças do sexo do *Homo sapiens* são moderadas: um meio do caminho entre a grande diferença observada nos gorilas e a diferença modesta observada entre os gibões.

SOPA DE LETRINHAS: COMO FICAM OS LGBTI

A sigla para dar um nome coletivo às minorias de sexualidade e ao movimento por seus direitos mudou. Começou com GLS – *gays*, lésbicas e simpatizantes – de décadas atrás. Esta sigla é certamente inadequada por deixar de fora parte importante dessa diversidade e criar a figura ambígua e desnecessária do "simpatizante", que separa os heterossexuais entre simpáticos e antipáticos

---

[25] Deary, Ian J.; Irwing, Paul; Der, Geoff e Bates, Timothy C. "Brother–sister differences in the g factor in intelligence: Analysis of full, opposite-sex siblings from the NLSY1979".In: *Intelligence*, vol. 35, nº 5, 2007, p. 451-456.

à causa, o que nada tem a ver com o resto da lista. No auge das conquistas como casamento *gay*, a versão mais usada da sigla era "LGBT" – lésbicas, *gays*, bissexuais e *trans*.

Hoje, entre diferentes versões, há siglas enormes que incluem letras como o Q de "*queer*", que passou de termo pejorativo semelhante a "bicha" para homens *gays* nos Estados Unidos para um termo específico para pessoas influenciadas pela "teoria" "*queer*" a aderirem à estética da "quebra de padrões" – o que parece mais algo ideológico que comparável a ser lésbica ou bissexual.

As siglas maiores também incluem A de "assexual", que seriam pessoas que não têm uma direção para sua orientação sexual, mas podem se masturbar. A pergunta é se a sigla, que surgiu para identificar um movimento de rompimento de grilhões preconceituosos à diversidade sexual, deveria incluir uma condição para a qual não está claro que realmente exista um preconceito específico para ela. Mulheres que não fazem sexo podem ser estigmatizadas como solteironas ou puritanas, o que é uma faceta de misoginia e machismo, e homens que não fazem sexo geralmente são acusados de serem *gays* enrustidos, o que é homofobia. A cabeça da pessoa preconceituosa não é um catálogo ou uma sistemática como a classificação dos seres vivos: é muito improvável que tenha algo especificamente contra pessoas assexuais em geral, ou que calcule no ábaco do ódio como deve tratar alguém por ser mais de uma coisa "marginalizante", como alega a parte "interseccional" do identitarismo. Duvidar da plausibilidade da assexualidade, e pensar que pode ser algo a ser tratado em terapia, obviamente não é algo que merece ser tachado automaticamente como preconceito.

Outra letra recém-adicionada é a I, de "intersexual", ou o que os mais inclinados à poesia politicamente incorreta chamariam de hermafrodita. Esta é provavelmente a única nova letra que faz sentido que esteja onde está. O grupo é pequeno, menos de uma pessoa a cada duas mil. Mas foi submetido a crueldades médicas e expectativas irrazoáveis de pais que quiseram decidir por eles qual deveria ser o seu gênero. Outras letras são mais ridículas e dispensam comentários: K de "kink" (fetichismo), F de "família", C de "curioso", 2S de "dois espíritos" (que alegam que é um terceiro gênero indígena, mas foi inventado por um homem branco em 1990), outro Q de "questionador" – que aparentemente não questiona siglas tolas e rótulos bestas.

Os sinais de que a versão do movimento da "sigla longa" tem influência do pós-modernismo são vários. Jacques Derrida é um dos fundadores do pós-modernismo e fala em desconstrução. Os ativistas e pessoas influenciadas por eles usam o termo "desconstruído" como um norte desejável no *status* de uma pessoa como agente moral, ou confessam-se "racistas/-fóbicos em desconstrução". Difícil a origem ter sido outra.

Portanto, se a intenção é não se deixar levar pelas extravagâncias do relativismo pós-moderno e a fantasia fascista da esquerda identitária[26] devemos evitar as marcas do identitarismo ao analisar a natureza das pessoas LGBTI. Uma forma de relativismo é alegar que a identidade é inteiramente feita de subjetividade, nada contendo de intersubjetividade (aspectos sociológicos de negociação do que a pessoa é com outros) ou objetividade (onde a biologia tem algo a dizer). Autoidentificação como critério único de definição do que é ser homem ou mulher é a primazia absoluta do subjetivismo, aproximando-se do solipsismo. E é esse um dos principais problemas que estão afetando a comunidade *trans*, fora os preconceitos e exclusões tradicionais.

Em vez de um acompanhamento a longo prazo para estabelecer um compromisso da pessoa com aquela identidade sexual que ressoa com o seu íntimo, o que passa também pela avaliação da transição como um tratamento para o sofrimento da pessoa em ser mantida na identidade que rejeita (a disforia de gênero), os identitários estão pressionando para que meras declarações sejam suficientes para que a sociedade ao redor acomode não apenas novas mulheres *trans* e novos homens *trans*, mas uma suposta nova forma de ser *trans* que não vem com o pré-requisito da disforia ou desse compromisso de longo prazo: a "não binariedade". Já se observam até iniciativas do Judiciário no estado do Rio de Janeiro para aceitar "não binarie" (por algum motivo sem acento), no

---

[26] Risério, Antonio. *Sobre o Relativismo Pós-Moderno e a Fantasia Fascista da Esquerda Identitária*. Rio de Janeiro: Topbooks, 2020.

campo "sexo" da certidão de nascimento[27]. Quais são as implicações para tratamento médico? Para aposentadoria? Nenhuma dessas repercussões foram consideradas.

Antes da ascensão dos "não binários", que agora incluem celebridades como Sam Smith, Demi Lovato e Bárbara Paz, em 2015, circulou no Facebook uma imagem em que um jovem descrevia a própria identidade como "blurflux imprigênero de cadoneutrois e pangênero". Não se preocupe em entender o que ele quer dizer com isso, há pouca esperança para todos esses termos terem uma âncora objetiva. Luiz, seu nome, foi ridicularizado pela descrição excêntrica e em constante mutação. Revelou-se mais tarde que ele era um jovem com transtorno do espectro do autismo. A mãe entrou em contato com alguns que ridicularizavam Luiz, pedindo mais entendimento.

Não é grande surpresa que esse tipo de coisa atraia pessoas autistas, pois muitas delas gostam de padrões, classificações, com muito detalhamento. A conexão com autismo foi sugerida também por Abigail Shrier, autora de um livro sobre um novo fenômeno de contágio social de autoidentificação transgênero entre garotas adolescentes dos Estados Unidos. O fenômeno também foi observado na Suécia e no Reino Unido. Uma clínica do Serviço Nacional de Saúde britânico, chamada Tavistock, está sendo processada por moças que desistiram da transição, que sentiram que os profissionais viam na afirmação de sua anterior confusão de gênero a única forma de tratamento possível.

Em meio a tanta confusão, com jovens sendo influenciados à identidade inconstante – o que deve ser tão saudável para eles quanto a frequente mudança de cidade é para crianças –, como organizar as ideias sobre as minorias da sexualidade sem perder a cabeça para o pós-modernismo e o construtivismo social, e sem atrair a ira de pais indignados? Já existe uma queda na popularidade da causa LGBTI, que pode dar em retrocessos como a reversão do direito ao casamento[28]. Uma resposta ao identitarismo nesta causa é importante para evitar mais estragos. Que fazer?

É aqui que chegamos à proposta mais ambiciosa deste capítulo.

---

[27] "Gênero 'não binarie' é incluído em certidões de nascimento no Rio". G1 Rio, 30 de janeiro de 2022.
[28] Vieira, Eli. "Apoio popular ao casamento *gay* caiu. Culpa da política identitária?" *Gazeta do Povo*, 11 de janeiro de 2022.

UMA PROPOSTA AMBICIOSA: RESSINONIMIZAR SEXO E GÊNERO, OU RELEGAR GÊNERO DE VOLTA À LINGUÍSTICA

Saber antecede fazer. Os identitários estão fazendo coisa errada em nome das mulheres e dos LGBTI porque rejeitam conhecimentos sobre o que eles são e preferem suas ideias confusas de origem pós-moderna e construtivista social. Das mulheres e homens, já tratamos anteriormente: não dá para excluir a biologia. Por mera extensão lógica, não dará para excluí-la das questões LGBTI.

Ser lésbica ou *gay* é ter atração sexual total ou majoritária por pessoas do mesmo **sexo**. Esses são os homossexuais. Que bom que ainda não se inventou "homogêneros", perdendo de vista o fator sexo. Distinguir sexo de gênero, aqui, não ajuda em nada. São as características sexuais primárias e secundárias do próprio sexo em outra pessoa atraente o que excita lésbicas e *gays*[29]. "Gene *gay*" é uma proposição que está errada por um só motivo: a forma singular. Nós já sabemos que há múltiplos genes *gays*, ou seja, genes que influenciam a orientação sexual, variantes genéticas mais presentes em *gays*, lésbicas, isoladamente ou conjuntamente. Já sabemos que há regiões do cromossomo X e do cromossomo 8 envolvidas no caso dos *gays*[30,31]. Sabemos também que há aspectos ambientais, porém biológicos, que também ajudam a explicar por que existem *gays* e lésbicas, como o efeito da ordem de nascimento: quanto mais irmãos ou irmãs mais velhos, maior a chance de ser *gay* ou lésbica, especialmente se forem do mesmo sexo, no caso dos *gays*[32]. Isso sugere

---

[29] Eu diria lésbicas e veados, deveríamos normalizar veado também, como já foi entre muitos veados – mas usarei o anglicismo no capítulo, por convenção.
[30] Sanders, A. R.; Martin, E. R.; Beecham, G. W.; Guo, S.; Dawood, K.; Rieger, G.; Badner, J. A. et al. "Genome-Wide Scan Demonstrates Significant Linkage for Male Sexual Orientation". In: *Psychological Medicine*, novembro de 2014, p. 1-10.
[31] Blanchard, Ray. "Fraternal Birth Order, Family Size, and Male Homosexuality: Meta-Analysis of Studies Spanning 25 Years". In: *Archives of Sexual Behavior*, vol. 47, nº 1, 2018, p. 1-15.
[32] Ablaza, Christine; Kabátek, Jan e Perales, Francisco. "Are Sibship Characteristics Predictive of Same Sex Marriage? An Examination of Fraternal Birth Order and Female Fecundity Effects in Population-level Administrative Data from the Netherlands". In: *The Journal of Sex Research*, 2022, p. 1-13.

um papel modulador do sistema imunológico da mãe, que, tendo memória dos fetos anteriores como se fossem objetos estranhos, modificaria o novo feto de forma a torná-lo menos similar aos anteriores do mesmo sexo. Um estudo dos anticorpos de mães com múltiplos filhos é consistente com essa hipótese[33].

Foucault declarou que *gay*, enquanto algo que se é e não meramente se faz, enquanto identidade em vez de ação, só surgiu no terço final do século XIX quando a sodomia foi patologizada por médicos. Esta é uma tese falsa e não precisamos sequer tocar em biologia para assim concluir. Basta história. Como mostra o historiador Rictor Norton, analisando casos de presos por sodomia no século XVIII no Reino Unido, há diversos casos sugestivos de que a sodomia não era apenas um ato, mas parte de quem os sodomitas eram. Eles frequentavam *Molly Houses*, em que já existiam equivalentes das modernas *drag queens* e chegavam a celebrar casamentos. Essa constância apesar dos séculos sugere uma estabilidade de identidade que é essencialista, ou seja, tem a ver com a natureza biológica. Robert Fawcett, preso por sodomia na década de 1740 após ter sido flagrado em coito anal com outro homem por uma criada, declarou a ela que tinha "uma dádiva infeliz conferida a mim por Deus, sem a qual não posso viver"[34]. Isso é consistente com uma condição que vem de dentro e afeta a identidade, não com uma "construção social" ou algo que se faz por *hobby*.

As identidades sexuais podem ser melhor entendidas se contrastadas com fenômenos sociais que se encaixariam melhor na "versão da mota" do que se quer dizer quando se afirma que algo é construção social.

Similarmente a Foucault, um clérigo hindu, Satish Sharma, dá a data de 4 de janeiro de 1844 para a invenção das castas indianas pelos ocupantes imperiais britânicos. No ano 300 AEC, o historiador grego Megástenes visitou a região da Índia como

---

[33] Bogaert, Anthony F.; Skorska, Malvina N.; Wang, Chao; Gabrie, José; MacNeil, Adam J.; Hoffarth, Mark R.; VanderLaan, Doug P.; Zucker, Kenneth J. e Blanchard, Ray. "Male Homosexuality and Maternal Immune Responsivity to the Y-Linked Protein NLGN4Y". In: *Proceedings of the National Academy of Sciences*.
[34] Norton, Rictor. "F*da-se Foucault: Como a História Homossexual do Século XVIII Valida o Modelo Essencialista". Xibolete, 2018.

embaixador à corte de Chandragupta Maurya e registrou que havia sete grupos hierárquicos organizados por profissão, com "filósofos" no topo da hierarquia. Essas castas não permitiam casamentos entre si. Mais de um milênio depois, no ano 1030 EC, o etnógrafo muçulmano al-Biruni publicou que havia no subcontinente quatro castas, com brâmanes no topo. Há, portanto, uma disputa sobre a natureza das atuais castas indianas entre uma explicação "decolonial" que dá às castas quase a mesma idade que Foucault dá à identidade *gay* e uma alternativa que coloca as castas no tempo profundo. A genética fez o desempate. A baixa incidência de casamentos entre esses grupos tem consequências genéticas rastreáveis. Como explica o geneticista bangladesh-americano Razib Khan, após considerar a geografia e a língua (outras barreiras à reprodução), "a maior parte do resto da variação [genética da população indiana] é explicada pelo que chamaríamos de casta"[35].

Percebamos que, neste caso, a genética ajuda a distinguir entre causas recentes ou profundas para as castas que são amba, 2017. de fundo cultural. Não está sendo afirmado que é a genética que *determina* as castas, mas que características genéticas populacionais *resultam* delas. Se usássemos o termo patológico "construção social" (e não deveríamos, pelas razões dadas antes), castas seriam melhores candidatas a serem explicadas assim, no tempo de milênios e afetando mais de um bilhão de pessoas.

Não é o caso do gênero. Culturalmente falando, categorias de gênero são mais enfadonhas que as castas. Seu número é pouco variável. Duas categorias em muitas culturas, três em Samoa. Desconheço caso em que passem de cinco. Olhando de perto os fa'afafine, que são a terceira categoria de gênero de Samoa, eles são prontamente compreensíveis como *homens afeminados* ou outro vocabulário com âncora na realidade binária com raiz na anisogamia.

Fetiches são melhores candidatos a serem o aspecto do sexo enquanto ato que tem maior influência das contingências ambientais e culturais. São os fetiches que se parecem mais com as castas

---

[35] Khan, Razib. "The Character of Caste". Razib Khan's Unsupervised Learning (*blog*), 1º de outubro de 2021.

indianas: há potencialmente milhares de versões, há um grande impacto da subjetividade, e os aspectos biológicos são mais acessórios, como algum instinto de dominar ou ser dominado no ato sexual, e análogos aos marcadores genéticos para as castas.

Em suma, as categorias de sexo e sexualidade de sociedades se assemelham mais com características humanas com uma constância dada pela biologia: número de braços e pernas, número de dedos nas mãos e pés; enquanto fetiches e castas indianas têm mais cara do que se afirma ser resultado predominantemente de ambiente, acidentes históricos e decisões culturais.

A biologia prevê que a maioria das pessoas é heterossexual. É o que acontece. Quando a orientação sexual é baseada em uma medida mais objetiva que meramente perguntar aos indivíduos o que eles são, como as medições por pletismógrafos na sexologia experimental da turgidez do pênis e da umidificação da vagina, esse padrão se confirma. As mulheres parecem ser mais suscetíveis a transitar entre orientações, por se excitarem por uma gama maior de estímulos que os homens, que são em geral mais fixos em suas preferências.

Quanto às pessoas transexuais, mais uma vez, a distinção entre sexo e gênero mais atrapalha do que ajuda. Esta pode parecer uma afirmação estranha diante do fato de que a psiquiatria fala em "disforia de gênero". Mas poderia sem perdas ser chamada de "disforia sexual". Embora possa parecer um bom esquema conceitual para muitos que a pessoa "transgênero" transiciona de um gênero para outro enquanto permanece no mesmo sexo, as coisas são mais complicadas que isso.

Em certas regiões do cérebro, mulheres *trans* são mais similares às mulheres nascidas com vagina do que similares a homens[36]. Mas também têm características cerebrais típicas de homens, o que significa que a tese de "estar no corpo errado" também não é exatamente viável. Uma solução para isso é dizer que as pessoas tran*sexuais* são atípicas de seu sexo cromossomal em aspectos de seu sexo cerebral.

---

[36] Bao, Ai-Min e Swaab, Dick F.. "Sexual Differentiation of the Human Brain: Relation to Gender Identity, Sexual Orientation and Neuropsychiatric Disorders". In: *Frontiers in Neuroendocrinology*, vol. 32, nº 2, 2011, p. 214-226.

O sexo é um fenômeno complexo que vai das moléculas às culturas. Ele acompanha a vida desde sempre, se aceitarmos trocas de material genético entre bactérias como seu exemplo mais rudimentar no sentido de ato sexual. No sentido de característica de um organismo, o sexo pode ser cromossomal, fenotípico, cerebral, em diferentes facetas em que existem oportunidades raras de a parte cromossomal não estar em conformidade completa com a cerebral. Mencionamos anteriormente que o sexo masculino varia mais que o feminino. Como há características sexuais que são cerebrais, o que se espera da maior variação feminina é que haja homens que se distanciam tanto da sua média de variação nessas características que... não são homens. Ou seja, esperamos mais pessoas XY que se apresentam como mulheres do que pessoas XX que se apresentam como homens. A previsão teórica era confirmada nas estatísticas acumuladas até o momento em que o novo fenômeno do contágio social de identidades LGBT veio à tona nos últimos cinco anos.

Portanto, só por considerações biológicas e expectativas derivadas delas já poderíamos ter previsto que, se a coisa se invertesse e mais pessoas XX começassem a querer transicionar (como aconteceu nos EUA, Suécia, Reino Unido e provavelmente também está acontecendo no Brasil), há algo de *artificial* e potencialmente preocupante ali no sentido de se recomendar a transição como tratamento. Se a biologia tivesse sido ouvida, o novo fenômeno dos arrependidos com a transição hormonal poderia ter sido atenuado.

Aliás, a distinção entre sexo e gênero também não faz sentido deste ponto de vista: se ser *trans* é só gênero e gênero é a parte social correlacionada ao sexo, por que motivo buscaríamos na biologia dos hormônios do **sexo** o tratamento de um problema do **gênero**? A forma como sexo e gênero foram separados é típica de uma *distinção sem diferença*. É como se alegássemos que a altura é algo diferente da estatura, sendo a altura a parte biológica e a estatura a parte ambiental. O que se descobre estudando de fato as causas do comprimento do corpo humano é que não dá para destrinchar completamente uma coisa da outra: uma base genética dá um potencial que é só concretizado com determinado estímulo nutricional, mas o estímulo nutricional não faz muita coisa se não houver aquele estímulo hormonal, que depende daquela base genética, que só se aciona com certo hábito de sono... e assim por diante.

Quanto aos ditos "não binários", há chance de haver uma âncora de realidade apenas pela via de uma especulação. Se o desenvolvimento humano cai para o lado feminino ou masculino, seria possível um organismo ou cérebro que caísse exatamente no meio. Isso seria raro, como uma moeda que para em pé. A expectativa, portanto, é que seriam ainda mais raros que as pessoas *trans*, grupo do qual querem fazer parte sem muito nexo lógico, já que recusar-se a estar em ponto A ou B é contraditório com transicionar de A para B. Contra essa expectativa, não parecem estar mais raros. O que isso sugere é que essa identidade é uma moda ideológica, mais que algo espontâneo.

Há aspectos do sexo que não são completamente compreendidos, como no caso dos transexuais e possíveis exceções aos dois polos estabelecidos pela anisogamia. Certamente há aspectos do sexo e da identidade sexual que são sensíveis inclusive ao ambiente cultural. Alice Dreger, estudiosa dos intersexuais, acredita que há certo tipo de *gay* afeminado que, em uma cultura mais repressiva, torna-se mulher *trans* por efeito rebote, e numa cultura mais inclusiva permanece um homem *gay*[37]. Acho essa uma situação plausível, mas para um tipo específico de *gay*/mulher *trans*. A situação do Irã, que criminaliza *gays* e aceita mulheres *trans*, só pode resultar em opressão.

Usar ignorância sobre aspectos socioculturais do sexo para validar a distinção entre sexo e gênero seria tão sensato quanto propor que, já que não entendemos como exatamente a água se comporta em condições de turbulência, então faremos uma distinção entre "água", que é bem-comportada e segue nossas teorias de fluxo laminar, e "úgua", que é turbulenta e mais complexa. Haver ignorância sobre um fenômeno não quer dizer que ele deve ser dividido conceitualmente em dois.

Qualquer coisa da realidade que se estude sempre terá novos conhecimentos a oferecer se prospectada, sem a necessidade de ser partida em duas ou três ou mil. Às vezes duas coisas que parecem

---

[37] Dreger, Alice. *Galileo's Middle Finger: Heretics, Activists, and One Scholar's Search for Justice*. Penguin Books, 2016, p. 59.

diferentes podem se revelar uma só, como acontece com frequência com espécies de dinossauros fósseis, ou uma coisa que aparenta ser íntegra pode se revelar mais de uma, como também acontece com espécies diferentes que são muito similares.

O que se quer ao buscar conhecimento é *partir a natureza em suas juntas*, assim como faz o açougueiro ao transformar um animal em peças de carne. Este princípio foi sugerido por ninguém menos que Sócrates, segundo Platão no diálogo *Fedro*: "divisão em espécies de acordo com a formação natural, onde a junta está, não quebrando nenhuma parte como poderia fazer um mau entalhador". As juntas são o guia natural de onde uma peça pode e deve ser conceituada como diferente e separada de outra. Não há uma junta nítida para partir sexo e gênero.

CONCLUSÃO

Sei que alguns podem achar a minha proposta ambiciosa uma incursão de um biólogo para um território que não é seu, e falta de uma divisão de tarefas intelectuais que parta o trabalho intelectual em suas juntas. Respondo.

O identitarismo é um sinal de que há más consequências de uma atitude intelectual de isolacionismo acadêmico, como se nada que a biologia dissesse fosse relevante para o estudo sociológico do gênero, e vice-versa. Este biólogo vê relevância nesse estudo sociológico: o padrão apontado de a biologia servir como algo que limita a poucas as categorias de gênero através das culturas sobrevive a escrutínio? E quanto ao padrão de maior diferença em escolhas de carreira de homens e mulheres nas sociedades em que mais são livres como indivíduos para escolher?

Em cada fenômeno sob estudo, há abordagens mais fundamentais e menos fundamentais, como coloca o filósofo Thomas Nagel, crítico do relativismo[38]. Não tem como dar certo um projeto que tente reduzir a teoria da evolução de Darwin às condições sociais

---

[38] Nagel, Thomas. *The Last Word*. Oxford University Press, Kindle Edition, p. 106.

do cientista na Inglaterra vitoriana, por exemplo, pois as considerações do cientista a respeito de seres vivos são mais fundamentais, mais em contato com os próprios, que as especulações dos adeptos do Programa Forte em sociologia do conhecimento.

Não há como a biologia não ser fundamental em qualquer coisa que toque o sexo. Outros animais têm macho e fêmea, outros animais têm preferência de brinquedo como as nossas conforme sexo, outros animais sentem excitação sexual em resposta às características uns dos outros da própria espécie, e outros animais apresentam homossexualidade e variações ao padrão majoritário esperado. Inclusive, já pesquisei uma bactéria capaz de transformar machos artrópodes em fêmeas.

Entendendo o que é fundamental para conhecer o sexo e suas multiplicidades, estaremos mais bem equipados para tornar decisões corretas em vez de lançar os jovens à confusão dos mil gêneros ou nenhum, às trevas das exigências morais para lésbicas fazerem sexo com pessoas com pênis sem que isso seja de seu interesse, entre outras loucuras identitárias. Sexo deveria ser prazeroso, não uma fonte de conflito social geral e sofrimento desnecessário.

21

A NEGAÇÃO DA NAÇÃO

Antonio Risério

O identitarismo, em última e mais profunda análise, é sintoma da patologia social norte-americana que o imperialismo cultural se encarregou de espalhar pelo mundo. E não é só a democracia liberal que hoje está em risco, com a ascensão do populismo de direita chegando a extremos fascistas e a extremos fascistas chegando também o multicultural-identitarismo esquerdista. Nesse caso, com sua judicialização exorbitante da política, por um lado, e, por outro, a pretensão de substituir a democracia liberal por uma espécie de democracia diversitária, de base quantitativista (grupos estarem representados em tudo de acordo com sua proporção na população; na política partidária, com uma definição prévia ou imposição de resultados). Também a nação, como já sublinhei diversas vezes, está sob ataque identitário. William McGowan, em *Coloring the News*: "... a nova visão multicultural quer que os Estados Unidos sejam vistos como uma 'nação de nações' – um mosaico composto de blocos separados – étnico, racial e de gênero –, cada qual com seus próprios pontos de referência cultural".

Na verdade, a separação/exclusão de pretos e brancos são uma constante da história norte-americana. Ao passar em revista a peripécia daquele país, vemos coisas que jamais aconteceram por aqui. A começar pela postura de Abraham Lincoln. Em *The Idea of Race*, Michael Banton parte justamente daí. "A 14 de agosto de 1862, Abraham Lincoln convocou um grupo de negros norte-americanos para a Casa Branca, para lhes explicar o seu desespero a respeito do futuro da raça negra nos Estados Unidos e o seu interesse em esquemas que os enviassem para a África. Começou assim: 'Vós e nós somos raças diferentes. Existe entre ambas uma diferença maior do que aquela que separa quaisquer outras duas raças. Pouco importa se isto é verdadeiro ou falso, mas o certo é que esta diferença física é uma grande desvantagem mútua, pois penso que muitos de vós sofrem enormemente ao viver entre nós, ao passo que os nossos sofrem com a vossa presença'". O Congresso chegou a arrebanhar recursos para despachar a negrada para fora do país, instalando-a em África. Sabe-se que o plano não se concretizou. Mas nós brasileiros ficamos imediatamente perplexos com o simples fato de o projeto expatriador ter chegado ao ponto que chegou, ganhando o assentimento e a adesão objetiva do próprio presidente abolicionista dos Estados Unidos e a concordância prática do Congresso daquele país. Banton vincula a postura de Lincoln e dos congressistas ao "racismo científico" norte-americano, com seu horror pelos negros e sua mixofobia, repulsa puritana à mestiçagem.

Também negros pensaram em dar o fora dos Estados Unidos, no século XIX. Mesmo Frederick Douglass, adversário de empresas expatriadoras e de qualquer separatismo negro, teve um momento em que hesitou, dirigindo palavras gentis a famílias negras de Rochester que tinham migrado para o Haiti. E ele mesmo chegou a anunciar no *Douglass' Monthly*, em 1861, que também estava de partida para o Haiti, com o intuito de observar aquela "moderna terra de Canaã", para onde muitos pretos estavam indo, a fim de escapar "da escravidão do moderno Egito" (note-se, de passagem, o imaginário bíblico dominando o discurso do líder negro). Douglass só não viajou porque, em vésperas do seu embarque, aconteceu o bombardeio de Fort Summer – o início da guerra civil norte-americana. Antes disso, todavia, veja-se o caso da Libéria. Ela se formou em consequência do trabalho desenvolvido pela Sociedade Americana de Colonização, que defendia o "repatriamento" de negros livres e libertos. Com isso, raciocinavam seus criadores brancos, seria possível eliminar pelo menos três grandes problemas que ameaçavam a vida norte-americana: o problema da propalada impossibilidade de pretos se integrarem de fato naquela sociedade, o problema de um possível aumento da mestiçagem e o problema da expansão da criminalidade. Em suma: vamos mandar os pretos de volta para a África, que viveremos bem aqui. Assim, em

1821, ex-escravos norte-americanos tomaram o rumo da África. Foram para lá com o propósito de criar uma grande colônia. Conseguiram, batendo pesado nos "nativos". Assim acabou nascendo a Libéria, primeira república independente da África Negra, em 1847, com a capital em Monróvia. Aqui, alguns aspectos devem ser assinalados. Primeiro, a Libéria não teve coisíssima alguma a ver com a colonização europeia. Foi uma empreitada de pretos – de ex-escravos que achavam que ali viveriam com maior liberdade e igualdade. Mas vejam os resultados. Os ex-escravos criaram uma república calcada no modelo branco norte-americano. Deram ao novo país preto uma denominação latina: Libéria, a "terra livre". O nome da capital – Monróvia – foi dado em homenagem a James Monroe, o defensor da doutrina "a América para os americanos". Fizeram do inglês a língua oficial do país. E o mais surpreendente, para os ingênuos: os ex-escravos em busca de igualdade se transformaram na classe dominante da sociedade e na classe dirigente do país, submetendo violentamente e explorando sem pena (condenando ao trabalho forçado) os "irmãos de cor" que eram os antigos habitantes do lugar.

Ainda no século XIX, o "nacionalismo negro", o separatismo e o projeto *back to Africa* tiveram outras expressões célebres. Como a de Alexander Crummell, mulato sofisticado, nascido livre em Nova York, educado em Yale e Cambridge. Durante décadas, Crummell foi regente de um coro de intelectuais negros que pregava o retorno à África, argumentando que tal movimento regressista seria fundamental não só para os pretos dos Estados Unidos como para o engrandecimento e fortalecimento dos próprios africanos. Quando nada, porque os primeiros poderiam levar à África as conquistas da civilização ocidental – a ciência e o cristianismo, inclusive –, de modo a superar a vigência do primitivismo no "continente negro". Outro negro culto e chique – na verdade, um mulato de pele bem clara –, W. E. B. Du Bois, educado em Harvard e na Universidade de Berlim, aluno de George Santayana e fã de Bismarck, discípulo de Gustav von Schmoller (da turma da *Kultur* e não da *Zivilization*, como queriam os românticos), era separatista, sublinhava a necessidade de afastar a cultura negra da civilização branca, mas achava inviável qualquer projeto de retorno a uma África dominada por potências colonialistas europeias. Para ele, não se deveria pensar num êxodo geográfico, mas num mergulho do negro para dentro de si mesmo, onde reencontraria a alma coletiva vital, o espírito africano. Nesse caminho, além de separar a alma negra da alma branca, seria preciso combater a mestiçagem (logo ele, um mulato praticamente branco, que dominava o latim, o grego e o alemão, embora nenhuma língua africana). Mas logo em seguida a pregação da volta à África conheceria um sucesso espetacular, levada adiante por um discípulo rebelde que Du Bois passou a detestar, o imigrante jamaicano Marcus Garvey, admirador de Hitler (seu antissemitismo chegou a levá-lo a procurar uma parceria desconcertante com a Ku Klux Klan) e do ditador italiano Mussolini, até que este invadiu a Etiópia. E Garvey será um dos gurus da turma de Bob Marley e do *reggae* jamaicano, fiéis do culto ao ditador Hailé Selassié, o Rás Tafari, suposto herdeiro do Rei Salomão e da Rainha de Sabá, que deveria reconduzir à África todos os negros do mundo.

De uma forma ou de outra, o "nacionalismo negro" se foi prolongando, até chegar aos dias de hoje. Sua base ainda está em Alexander Crummell, para quem os pretos norte-americanos formam "uma nação excluída" dentro dos Estados Unidos. Isso atravessa a história de pretos e mulatos nos Estados Unidos. Hoje, no plano do separatismo interno, não mais no do grande êxodo sonhado por Garvey. Embora, em muitos aspectos, o garveísmo tenha forte influência. "Na década de 1960 a ênfase fascista de Garvey na política ressurgiu no movimento Black Power, e sua força paramilitar uniformizada, a Legião Africana, se tornaria o Fruto do Islã, os guarda-costas de Elijah Mohammed e depois de seu sucessor, Louis Farrakhan. O próprio Farrakhan recordaria que, quando ele tinha onze anos de idade, viu o retrato de um homem negro na parede da casa de seu tio e perguntou quem era ele. Disseram que era Marcus Garvey: 'Este é o homem que veio unir todo o povo negro'. Cada aspecto do movimento muçulmano negro de Farrakhan – seu estilo carismático de liderança, sua insistência de que os negros deviam se tornar proprietários independentes de negócios, seu antissemitismo e solidariedade a Hitler em sua guerra contra os judeus – repetia, num volume ligeiramente mais intenso, os principais temas do panafricanismo de Garvey", escreveu Arthur Herman, acrescentando: "O Black Power também refletiu a perspectiva garveísta de que a negritude pudesse ser um veículo para mobilização de massa e para a destruição de uma civilização branca decadente".

O multicultural-identitarismo ampliou tudo isso ao extremo. Não se trata mais apenas de um separatismo negro, mas agora da afirmação de que toda nação é uma fantasia ilusória para manter os oprimidos anestesiados: é uma superentidade para garantir a hegemonia branca. Para negar que toda nação é feita de várias nações, a dominante e as dominadas. Russell Jacoby: "Multiculturalismo significa receber de braços abertos tudo que venha passando pelo pedágio da história: cada caminhão é considerado uma cultura, e alguns até são promovidos a 'nações', como a 'Nação das Bichas'. A questão é saber como o gênero ou a pan-etnicidade vem a constituir uma nova cultura, para não dizer uma nação". É nessa direção que multiculturalistas como Stanley Aronowitz e Henry Giroux, em *Education Still Under Siege*, falam em passar ao largo da cidadania nacional, em favor de uma opção pela "cidadania cultural", que é francamente grupocêntrica – vale dizer, uma "cidadania" fundada na identidade de negro, de mulher ou de "latino" (esta "etnia" produzida pela arrogância do etnocentrismo norte-americano). "Cidadania cultural" significa então uma "comunidade de oprimidos" e uma recusa da nação, que não passaria de um leviatã opressor, atropelando todas as diferenças. E eles conseguiram exportar isso para o planeta, generalizando a prática de torcer e distorcer a história até provar que a construção de uma nação e de um povo é sempre criminosa, implicando invariavelmente a total e cruel vitimização dos mais fracos política, econômica e/ou militarmente. Veja-se o que acontece entre nós: entre decalques e recalques, nossos movimentos negros mimetizam os movimentos negros norte-americanos. E também aqui a nação se vê sob bombardeio político-ideológico, com base em esquematismos e falsificações históricas. O objetivo maior: mostrar que não existe uma nação brasileira, mas um conjunto desconjuntado de "nações" dentro de uma extensão territorial que falsamente tratamos como se fosse uma só nação. E o irônico é que isso venha à luz num momento histórico-social em que a sociedade brasileira atingiu o seu mais alto grau de homogeneidade cultural.

Em seu livro *O Multiculturalismo como Religião Política*, Bock-Côté vai ao grão da questão, sintetizando: "O verdadeiro alvo dessa historiografia vitimária é a nação, que em sua construção histórica teria esmagado uma diversidade identitária muito complexa, por meio de práticas estatais características do racismo mais batido, por exemplo buscando explicitamente assimilar as populações imigrantes ao cadinho nacional pelo uso de práticas mais ou menos coercitivas. Não existe nação que tenha sido poupada da síndrome do arrependimento. No fim das contas, a nação não passaria de uma ficção cultivada em benefício das classes dirigentes ou de uma maioria étnica que encontraria os meios de apagar, em sua celebração enfática do destino coletivo, as divergências de classe, a diversidade das identidades e a pluralidade dos interesses categoriais que se entrechocam. A referência à nação disfarçaria mais ou menos grosseiramente, segundo as épocas, os interesses exclusivos das camadas superiores da sociedade. A esquerda pós-marxista volta às origens da nação para aí detectar o sinal primordial de uma violência ilegítima, que a historiografia teria justificado, mas que uma sociedade que se renova pela abertura ao outro não poderia tolerar de maneira alguma. Segundo a formulação de Étienne Balibar e de Imanuel Wallerstein, 'o racismo está ancorado nas estruturas materiais (inclusive as estruturas físicas e sociopolíticas) de longa duração, que aderem ao que se chama identidade nacional'. A identidade nacional seria racista. O debate sobre a história nacional – ao menos no espaço público – suscita, portanto, implícita ou explicitamente segundo os contextos, a questão da perpetuação da identidade nacional e da manutenção da soberania nacional".

Bem, talvez tivesse sido melhor não ter havido o 22 de abril de 1500, ou mesmo que a humanidade tivesse estacionado no neolítico, como o antropólogo Claude Lévi-Strauss parece ter sonhado. Mas as coisas não aconteceram assim. O Brasil existe, tecendo-se a partir do grande encontro antropológico do século XVI. E o relógio da história não anda ao revés. Não há como fazer com que descendentes de índios voltem a ser como os antigos tupinambás, porque eles já são também brancos, em pelo menos dois sentidos: são mestiços brasileiros ou são personagens sincréticos – isto é, falam português, circulam entre aldeia e cidade, produzem audiovisuais, usam celulares, ostentam diplomas universitários, etc., etc. E aqui deixo de lado, por enquanto, escamoteadores ou estelionatários, como uma conhecida e celebrada personalidade indígena que vive falando maravilhas sobre o viver em aldeia e curtir plantações e colheitas, muito embora more na fazenda de um artista eco-identitário rico e não plante nem um pé de milho ou de feijão, sobrevivendo antes com verbas doadas por empresas – estrangeiras, inclusive. Mas o que quero dizer é que não há retorno possível. Terras indígenas foram já demarcadas e é preciso garantir que essa gente leve a vida do modo como achar melhor. E muito mais ainda do que os índios, brasileiros (e ocidentais) são os nossos pretos. Podem cultivar a fantasia "afrodiaspórica" que quiserem, mas são brasileiros. Participaram ativa e criativamente da construção nacional. Participação que se intensificou sempre que foram abandonados, por escravos e ex-escravos recém-chegados, projetos coletivos de retorno à África, como no caso dos jejes e nagôs que aqui reinventaram seu candomblé. Quem quiser que se fantasie de "africano" (um ser mítico, inexistente no real histórico; mesmo os nigerianos de cujos antepassados descendem os nossos nagôs são hoje sacerdotes islâmicos ou fiéis do protestantismo que se irradiou da Alemanha com a Reforma), deite falação sobre "outras epistemologias", etc., pois continuará sendo brasileiro e ocidental, não raro citando filósofos franceses e sociólogos norte-americanos. Enfim, é claro que é certo ampliar o ensino da história de nosso povo, para falar de tupis e bantos, por exemplo. Outra coisa é imaginar que os índios (divididos em diversos grupos, culturas e línguas) ou os negros brasileiros constituam uma "nação". Não existe o índio em geral, nem o negro em geral. A generalização não passa de uma ficção cômoda – e politicamente eficaz –, mas fundamentalmente falsa. Resumindo, e como sempre digo, não há como rebobinar o filme da história. É tarde demais para abrir mão de nosso país.

Devemos ter uma postura radicalmente crítica na releitura da experiência nacional brasileira. Mas não querer atirá-la no lixo, promovendo o nosso suicídio. Por três motivos, ao menos. Em primeiro lugar, fizemos coisas maravilhosas. Criamos um povo. Construímos a unidade e a integração nacionais. Tecemos uma variante mestiça, plástica e criativa da língua portuguesa – da perspectiva de uma história sociolinguística, o português do Brasil é criação de todos nós: não é a língua gramatical que os jesuítas trouxeram, nem o português necessariamente estropiado da senzala; de resto, os bantos influenciaram mais o português do Brasil do que o português de Angola. Do Aleijadinho (mulato e senhor de escravos) a Oscar Niemeyer, apresentamos criações arquiteturais novas ao mundo. Santos Dumont realizou pioneiramente um sonho milenar da humanidade, com seu 14-Bis. Sob a inspiração de Cândido Mariano Rondon (e Albert Einstein defendeu um Nobel para o general), nossa antropologia se engajou na definição e delimitação do Parque Nacional do Xingu, hoje ameaçado. Geramos uma música popular ricamente única e engendramos uma escola de futebol que maravilhou o mundo entre a década de 1950 e inícios do século XXI. Em segundo lugar, não devemos confundir Estado-Nação e nossa experiência como povo. Em terceiro, nem mesmo nossa elite é unidimensional: a elite são muitas, das carismáticas às estratégicas, numa amplitude que vai muito além da classe social dominante. Escrevi longamente sobre o assunto em meu livro *Em Busca da Nação* – e não pretendo tentar condensar suas quase 500 páginas aqui, num simples artigo. O que penso é que 2022, a passagem do aniversário de duzentos anos da nação, é ocasião para repensar construtivamente – com rigor e, ao mesmo tempo, com generosidade – a experiência brasileira. E não o momento para amplificar os ressentimentos e as ânsias presentes para, sob o manto de uma falsa memória e de uma história fraudada, procurar dinamitá-la, com um discurso rasteiro e sectário de que a nossa trajetória se resume a meio milênio de crimes contra nós mesmos. Crimes de portugueses enforcando e fuzilando gente? Crimes de tupinambás chacinando tupinaés e tomando suas terras? Crimes de negros destruindo quilombos (sim: aconteceu), crimes de negros escravizando outros negros, em cidades como Ouro Preto-Salvador-Rio de Janeiro, assim como em povoações de Palmares? Sim. Crimes o Brasil cometeu – como todos os demais povos e nações do mundo, entre africanos e asiáticos, desde tempos milenares. Mas nossa história não se resume a isso.

Agora, a coisa não vai ser nada fácil. De uma parte, o desejo intenso de desmoralizar e destruir a experiência brasileira existe, contando hoje com o apoio da elite midiática, que acha que sua sobrevivência material depende disso. Em 2022, diante dos duzentos anos da nação, os "opressores" serão convocados a revisitar uma (suposta) história nacional de uma ponta a outra, revendo todos os seus crimes e sendo intimados a se desculpar. Mas, se quisermos um mínimo de justeza nessa viagem, para além de todo o delírio penitencial, cada grupo "oprimido" deverá ser igualmente convocado a revisitar os momentos mais pesados e sombrios de sua trajetória. A começar pela escravidão que índios e africanos praticaram longamente em suas sociedades de origem, muito antes de qualquer contato com europeus. De outra parte, ao apontar para o futuro, utopicamente, o multicultural-identitarismo pretende substituir o Estado-Nação por um Estado Diversitário ou um Estado Ideocrático, ao qual se chegaria depois de um interregno ditatorial que, pelo que a história pode nos ensinar, nada teria de interregno. Em vez da velha ditadura do proletariado, para a qual apontava o marxismo clássico, teríamos a nova ditadura multicultural-identitária, fantasia nascida do deslocamento focal da base econômica para a dimensão cultural da sociedade. Um novo e asfixiante "despotismo esclarecido". Nesse caminho e dessa perspectiva, é indispensável desqualificar a nação. E é muito curioso notar como os discursos do neoliberalismo e do multiculturalismo se dão firmemente as mãos em seu propósito antinacional. São discursos que brotam do solo ou do horizonte comum da globalização, irmanando ativistas e grandes empresários. De uma parte, a burguesia internacional ou, para dizer de um modo mais geral, as elites globalizadas não querem saber de falar de nação. Querem se descolar de territórios, abolir fronteiras, transcender limites. Em *Comunidade – A Busca por Segurança no Mundo Atual*, o sociólogo polonês Zygmunt Bauman, ao falar da "secessão dos bem-sucedidos" no mundo globalizado, observa: a nova elite global é extraterritorial e cultiva a extraterritorialidade. (Neste sentido, cita um "executivo" da Nike dizendo que, em breve, "as únicas pessoas a se preocuparem com fronteiras nacionais serão os políticos". Me lembro também de um "executivo" ainda mais enfático, afirmando, em inícios da era globalizante, que uma fronteira nacional era tão real quanto a linha equatorial.) Bock-Côté vai no mesmo passo: "A 'direita modernista'... celebra a redenção do gênero humano por sua conversão ao mercado mundial, terreno de jogo ideal de um indivíduo desligado do território, liberado das restrições decorrentes do pertencimento a um corpo político". De outra parte, e na mesma direção, temos a mencionada noção identitária de "cidadania cultural" (uma "comunidade de oprimidos") esforçando-se para substituir a de cidadania nacional. Aqui, a "comunidade de oprimidos" de um país (pretos, por exemplo) pode estabelecer vínculos com a de outro país. Pertencem ambas à mesma "cidadania cultural" – que assim podemos ver como uma versão reduzida, guetificada, fragmentária, do velho "internacionalismo proletário" dos marxistas. Ou seja: é algo deveras interessante. As duas ideologias, a do neoliberalismo e a do multicultural-identitarismo, partem de princípios e premissas distintos – para ancorar, em última análise, no mesmo propósito: a desconstrução nacional.

É claro que as nações ou os estados nacionais não irão sobreviver para sempre. Mas, até aqui, a nação não saiu de cena. Ainda é necessária no jogo do mundo e no sistema das relações internacionais. E tudo indica que esta realidade não será superada tão cedo. Em vez de diminuir, o número de nações aumentou ao longo do século XX. O Estado-Nação permanece sólido nos Estados Unidos, na Rússia, na China. A União Europeia é uma federação de nações. De forma ainda mais nítida e poderosa, assistimos agora a nações que se repensam e se reimaginam a partir de revanches e reconstruções históricas. É fácil detectar a relação de Xi Jinping com a velha China imperial, "confuciana". Vladimir Putin sonha recriar o império russo, com ele no papel de czar (palavra, aliás, de origem latina: do "cezar" dos antigos romanos é que parecem vir o "kaiser" dos alemães e o "czar" dos russos). Erdogan reimagina e refaz a Turquia sob o signo de uma revanche histórica do Império (ou Califado) Otomano (retalhado por potências ocidentais no Tratado de Sèvres, em 1920) e da resistência nacionalista de Kemal Atatürk, o fundador do moderno mundo turco. E, ao ver que Israel anexou a Cisjordânia e a Rússia anexou a Crimeia, a Turquia avança hoje sobre a Síria e a Líbia, enquadrando-as na pauta dos antigos protetorados otomanos – e assim recolocando-se em posição de força no Mediterrâneo oriental. O símbolo maior dessa transfiguração nacionalista-expansionista-islâmica esteve na transformação da Igreja de Santa Sofia, em Istambul: a esplendorosa catedral bizantina, uma das igrejas mais belas do planeta, manteve o seu esplendor, mas passou a ser uma mesquita.

Voltemos, no entanto, ao Brasil. Para empregar em nosso contexto uma definição precisa do mesmo Bock-Côté, o que o multicultural-identitarismo diversitário vai articular, à passagem dos duzentos anos da independência nacional, é a apoteose da paixão mórbida pela comemoração negativa. A memória histórica de um povo, de uma nação, foi eleita como espaço privilegiado para a luta ideológica e o conflito político. Sistematicamente. E o que o identitarismo pretende, acima de tudo, é caracterizar a memória nacional brasileira como um rosário de crimes cometidos pelo macho heterossexual branco. É o mesmo filme no mundo todo, pouco importando que crimes tenham sido cometidos por homossexuais chineses ou por mulheres negras escravistas como Ginga, a rainha de Matamba. Trata-se de emparedar o mundo ocidental-europeu, o "mundo branco" em geral, aproveitando-se da onipresença da culpa nessa cultura de base judaico-cristã. O projeto de construção de uma sociedade diversitária do futuro passaria, portanto, pelo arrependimento, a expiação, o grande pedido de desculpas, a penitência do "homem branco". O que se quer é que esta suposta sociedade diversitária se construa através da "guerra permanente". De confrontos cotidianos produzidos na luta contra as discriminações. Mas precisa-se da história penitencial. Para usar a metáfora apropriada, não basta colocar a nação no banco dos réus – é preciso situá-la e sitiá-la num "campo de reeducação", como aqueles da Rússia bolchevique, da China maoísta e da Cuba de Fidel Castro. Na verdade, o masoquismo branco é a pedra angular sobre a qual deverá se assentar o mundo igualitário sonhado pelo identitarismo. O *arrependimento* dos "opressores" apresenta então uma face retrospectiva, forjando outra memória nacional, e uma face prospectiva, já que a releitura penitencial do passado é também o ponto de partida para a configuração da futura sociedade diversitária. Mais um novo mundo a ser erguido sobre uma mentira gigantesca.

Entre nós, em 2022, a obsessão multicultural-diversidentitária vai ser levada ao extremo do extremo, assim como suas ânsias de derrubar estátuas, mudar nomes de ruas e de colégios, distribuir acusações, promover infinitos cancelamentos. Pode ser que um dia não precisemos mais da nação para nada, mas esta é uma projeção ou fantasia utópica que ainda não se encarnou no chão áspero e acidentado do real histórico. Pessoalmente, defendo um mundo sem fronteiras. Mas isso não é o mesmo que rejeitar nossa história. Como se não bastasse, pelo menos na conjuntura histórico-social em que estamos navegando, a nação ainda é peça fundamental para a nossa realização como povo. Inclusive, para a superação dos desequilíbrios de sexo e cor e, principalmente, da questão central, que é a das desigualdades sociais, independentemente de raça e de gênero. E aqui sou levado a sublinhar vivamente uma diferença. Entre o centenário e o bicentenário nacional, as coisas mudaram totalmente. Em 1922, nossos artistas, cientistas, políticos, intelectuais, etc., se engajaram num projeto de faces diversas, mas que tinha como meta central o conhecimento de nossa história e a modernização do país. Foi o momento nacional-modernista da história sociocultural brasileira. Seu propósito era afirmar a nação. Em 2022, ao contrário, o objetivo é negá-la.

22

O IDENTITARISMO E A MEDIOCRIDADE NACIONAL

Carlos Sávio Teixeira (UFF)
Tiago Medeiros (IFBA)

INTRODUÇÃO

Dos muitos fantasmas que atormentam a vida nacional, o mais perigoso e longevo é a mediocridade. O apequenamento orgulhoso entranhado nas formas de pensamento e conduta das elites dominantes em relação ao país é o principal sintoma desse mal. Como sua consequência, determinam os rumos de nossa história quadros dirigentes, no mundo político, e porta-vozes da *intelligentsia*, no debate público, que se recusam a traçar a grandeza como horizonte da nação e o engrandecimento de homens e mulheres comuns enquanto pauta da política transformadora e emancipatória.

A expressão contemporânea mais contundente da mediocridade brasileira é o identitarismo. Com raízes na teoria crítica alemã, no desconstrucionismo e no pós-estruturalismo franceses e no multiculturalismo e nos movimentos sociais norte-americanos, o identitarismo brasileiro concilia duas agendas antagônicas à mensagem de engrandecimento das pessoas comuns: a primeira é a agenda anti-institucional, ou extra-institucional, que induz o debate público ao desprezo ao ambiente em que a mudança é possível, o das instituições; a segunda é a antinacional, que hostiliza qualquer ideia de Brasil enquanto totalidade capaz de hospedar os sonhos e interesses de um mesmo povo, para abraçar a fragmentação dos grupos e enfatizar a incompatibilidade recíproca entre minorias e maiorias políticas.

Neste capítulo, tomaremos o identitarismo como expressão da mediocridade nacional e exploraremos o seu escopo do ponto de vista da crítica de suas consequências práticas, notadamente, anti-institucionais; na sequência, apresentaremos uma alternativa de orientação intelectual e política para o problema que o identitarismo não enxerga e inadvertidamente agrava.

O IMAGINÁRIO IDENTITÁRIO COMO EXPRESSÃO DA MEDIOCRIDADE

O imaginário identitarista nos parece aprofundar e consumar a experiência histórica de degeneração da energia nacional que é a *mediocridade*. Quem leia o Brasil pelos parágrafos da história, verá, como em muitas histórias nacionais modernas, uma trajetória de golpes políticos e crises econômicas. O que é menos visível nessa leitura, embora seja a ela mais debilitante do que qualquer golpe ou crise, é a condução sibilina com que as elites da cultura, do dinheiro e do poder, ora de forma espontânea, ora de forma arquitetada, levam o país e a si próprias à pequenez. Essa condição é o que chamamos aqui de mediocridade.

Tornemo-la melhor entendida. A mediocridade consiste na incapacidade de uma nação tomar posse de sua circunstância e ser senhora de si mesma. Ela impede o povo de pôr-se em pé de igualdade com povos prósperos, na maneira pela qual se olha a si e empunha os recursos para se soerguer diante de seus infortúnios. A sua dimensão mais corrosiva não é a precariedade das condições materiais de vida, mas a perpetuação de um estado mental que naturaliza as restrições ao desenvolvimento das faculdades e capacitações do povo. É uma condenação em que o autodesprezo leva à falta de imaginação e a falta de imaginação justifica o autodesprezo.

A debilitação, a degeneração, o desfibramento engendrados pela perpetuação da mediocridade ganham com o identitarismo um grande aliado. É que tudo isso tem sido reproduzido e mesmo agravado pelo glossário político usado pela esquerda (embora também pela direita) para articular as controvérsias públicas nacionais, distanciando o país do senso de unidade necessário ao seu futuro e o substituindo por discursos de emancipação pela fragmentação.

Dá para constatar a mediocridade cultivada pelo identitarismo inspecionando alguns de seus elementos mais característicos. Parte da ideologia dos movimentos e grupos de inspiração identitarista consiste na hiperpolitização da vida. Os indivíduos são concebidos como atores políticos *full time*. Não havendo espaço na subjetividade para o que não pode ser problematizado coletivamente, a vida humana é convertida em uma rotina compulsória de assembleias, eleições, negociações e conflitos – cujo objetivo final é sempre a operação de um julgamento moralizante em substituição à interpretação no plano intelectual e à proposição alternativa no plano político. Essa experiência de politização total não se restringe àqueles que se voluntariam ao laboratório identitário, mas a todos os indivíduos que integram a totalidade da sociedade em que o experimento é realizado.

A politização, tal como praticada pelos porta-vozes do identitarismo, tem duas raízes teóricas que se articulam, se complementam e até se confundem no jogo da militância identitária. A primeira está em alguns personagens da Escola de Frankfurt, a segunda, em Michel Foucault. A síntese prática de ambas resulta no despertar de uma aflorada sensibilidade ao cunho disciplinar da vida social contemporânea, contra cuja pressão conviria a formação da consciência de não neutralidade política. Para proteger o indivíduo do poder e da disciplina presentes em todas as esferas da vida, há que se politizar até os recônditos de sua psique.

A raiz frankfurtiana estende-se sobretudo desde a influência que alguns notórios professores de filosofia, com destaque para os do eixo Sul-Sudeste do país, exercem na formação de quadros da militância político-partidária e, principalmente, em sua participação nos debates públicos. Essas lideranças fornecem suas contribuições e projetam algumas interpretações dos problemas nacionais recorrendo à língua franca do marxismo com sotaques psicanalíticos – e, não raro, por meio de enunciados de léxico lacaniano. Theodor Adorno tem sido, em virtude dessa simbiose, o filósofo que lidera o imaginário desses professores, concedendo o temperamento intelectual e a atmosfera da atividade de pensamento e ação política[39].

---

[39] A ideia de que a atividade crítica encerra por si só o poder de esclarecer o que está obscuro é desenvolvida paradigmaticamente pela chamada teoria

A raiz foucaultiana é bem mais difundida. Ela penetra na academia nacional, principalmente, pelos programas de pós-graduação de Ciências Humanas, domínios do saber nos quais o filósofo francês adquiriu prestígio internacional, e alcança, por estratificação, os níveis inferiores do ensino. A sensibilidade que Foucault tornou possível com o que chamou de microfísica do poder é o trunfo de maior valor. Sendo o mundo moderno incompatível com os projetos que ele anuncia, a modernidade é simplesmente inviável. É a partir desse entendimento que a agenda distópica ganha centralidade: a administração da injustiça com o elogio dos injustiçados e um asfixiante pessimismo com relação ao *lugar* que se tornou o mundo moderno[40].

Os movimentos identitários operam pela primazia do conflito sobre os demais processos sociais. Toda sociedade funciona como um circuito de processos que delimitam, orientam, induzem e cerceiam a ação humana. Cooperação, acomodação, adaptação e assimilação são fenômenos correntes que estabelecem as dinâmicas da sociedade com os papéis e posições nela vigentes, como sabe, na prática, qualquer pessoa comum. Mas, na retórica identitária, o conflito, que é apenas um entre esses processos, adquire a envergadura ontológica de fundação e reprodução do circuito social. As repercussões dessa ênfase conceitual são drásticas.

Pensando assim, a sociedade é concebida como a dar-se por atritos que precisam ser reconhecidos por seu caráter geral e originário: lutas, tensões ou confrontos atravessam historicamente as experiências dos indivíduos e grupos, e definem o todo da sociabilidade humana. Sem essa percepção, sem a constatação do

---

crítica ou Escola de Frankfurt. Nela está apresentada a versão mais apocalíptica da modernidade, como uma espécie de beco sem saída, na qual a única esperança, bastante esquálida, está na crítica profunda e radical capaz de revelar o horror da realidade sob o domínio implacável da alienação produzida pela cultura fetichista. É uma corrente de pensamento que exemplifica notavelmente o espírito e os limites do criticismo negacionista e impotente para informar caminhos transformadores.

[40] Ainda no contexto de manipulação da raiz grega "topos" para fins conceituais, Foucault ficou conhecido por ter enunciado os seis princípios da *heterotopia*, categoria que presta o reconhecimento dos espaços não homogêneos e que vão das prisões aos motéis, dos museus aos jardins botânicos.

conflito imanente à realidade social, os indivíduos repousariam na inércia de uma vida inautêntica, alienada e oprimida. O imaginário identitário assevera que, somente na observância da natureza conflitiva da vida social e do posicionamento consciente contra os adversários ou inimigos[41], os sujeitos adquiririam a sua autonomia.

Não surpreende que essa ênfase na dimensão beligerante da vida em sociedade seja gregária de uma leitura ultrateórica que atribui ao mal *status* de homogeneidade. A tendência de todo movimento identitarista é a de raciocinar como se os entraves para a prosperidade e para a autorrealização das pessoas – o gatilho do reposicionamento delas no jogo social – fossem localizados em uma mesma semente, ou elencáveis desde uma mesma origem. Haveria, pois, uma causa única para todos os sofrimentos e transtornos, todos os malogros, humilhações, desgastes e sujeições. Essa obsessão monocausal é envernizada pelos truques teóricos possibilitados pelo uso arbitrário de categorias gráfico-virtuais como "sistema" ou "estrutura". Tais noções permitem a simulação de uma unidade de transmissão de injustiças, que, por sua vez, seria delegável à própria base da experiência social ou atribuível às formações invisíveis e ubíquas, as quais se situam, ao mesmo tempo, em todas as consciências, sem pertencer a nenhuma delas.

A teoria social que se utiliza da ideia de estrutura geralmente recorre a três movimentos: 1) tenta distinguir em todo contexto histórico uma estrutura que forma as atividades rotineiras reproduzidas por aquela estrutura; 2) representa a estrutura como exemplo de um tipo de organização repetível e indivisível, como se formasse uma totalidade; 3) apela a leis tendenciais que geram uma sequência compulsiva das estruturas repetíveis. A ideia de estrutura pode ser representada, entretanto, de maneira muito diversa dessa forma convencional (que obviamente ajuda aos militantes

---

[41] Essa distinção, que é cara a Chantal Mouffe (Mouffe, 1993: 4) – e expressa a influência de Carl Schmidt sobre a sua filosofia –, em seu *The Return of the Political*, é inteiramente contrafactual no bojo das lutas identitárias. Sob a primazia do conflito e do esvaziamento da identidade individual nos laços sociais em que está amarrada, a subjetividade é uma arena de batalha constante, em que a cooperação é meramente um intervalo entre dois conflitos.

em seus esforços de essencialização da realidade, como a redução das relações entre opressores e oprimidos, dominadores e dominados, mocinhos e bandidos, etc.). Uma resposta à constatação dos limites dessa maneira de se pensar a estrutura é simplesmente negar que haja estrutura. Não nos parece ser o melhor caminho. Mas é possível operacionalizar a categoria estrutura de perspectiva distinta daquela que a maneira tradicional faz (Unger, 2004: 87-120).

O trabalho normativo do teórico identitarista, que presenteou a grei de militantes com a consciência dos conflitos e com a percepção da circunstância hostil em que estão circunscritos, dada a própria origem monocausal da opressão, consiste apenas em juntar uma coisa à outra e concluir pelo expediente politicamente sonoro da *resistência*. Se o que nos oprime é muito maior do que os indivíduos de carne e osso, então a nossa luta é a mais digna das lutas e a tarefa moral de *resistir* a mais edificante das tarefas. Assim, sob o imperativo do conflito como norma e com o trunfo da simplificação originária da opressão, a agenda da resistência confere o sentido total à pauta identitarista.

Consideremos ainda uma palavra sobre o tema da resistência. Alguns dos intelectuais identitaristas ou reivindicados pelos porta-vozes identitaristas gostam de discutir a temática da subalternidade, remetendo algumas vezes, de forma mais ou menos comprometida, aos chamados estudos pós-coloniais. O subalterno é, por princípio, um termo correlato. Para que haja um subalterno é preciso que haja um superalterno. No atual estado das sociedades industriais contemporâneas, o superalterno representa o provedor absoluto dos códigos, símbolos e representações privilegiadas da cultura, bem como o portador e proprietário dos meios de produção e do poder. O subalterno, engaiolado e silenciado pelas circunstâncias, só pode reproduzir os mesmos repertórios de práticas e representações que foram criados para constrangê-lo.

A agenda da resistência empurra para longe a meta da criação. Ser resistente é reter o que há de monádico e autêntico diante da ameaça de um mal opressor. Resistir é conservar. Mas uma sociedade nacional precisa ser criada e recriada constantemente, incorporando os conflitos como episódios de autoelaboração (ou, como diz Cornelius Castoriadis (1982), de "autoinstituição"). Isso requer que o conflito não seja lido como a ocupar um lugar privilegiado na vida em sociedade e que a resistência não seja a mensagem de suas vanguardas. Por isso, a via para o soerguimento de um povo como o brasileiro precisa de se orientar pelos dois eixos que são eliminados no discurso identitário: o eixo da nação enquanto o todo que nos integra e identifica e o eixo das instituições enquanto o fórum para administrar as tensões e conflitos e convertê-los em experimentos civilizatórios provisórios. Daremos maior atenção a esse segundo eixo.

O PAINEL DA CONSCIÊNCIA INSTITUCIONAL BRASILEIRA E O IDENTITARISMO ANTI-INSTITUCIONAL

Comecemos por situar o identitarismo pela perspectiva da consciência institucional brasileira. A consciência institucional que articula os discursos, as análises, a militância, as agendas políticas e a jurisdição no país encontra um número pequeno de expressões. A rigor, só tem havido duas maneiras de pensar as instituições: ou se as concebe como um sistema funcional, desenhado para contemplar toda a variedade de demandas sociais de forma neutra e impessoal; ou se as concebe como conglomerados de artifícios que reproduzem, praticam e sacramentam desigualdades e injustiças históricas residuais. A primeira maneira de pensar é predominante entre setores da elite política, da imprensa *mainstream* e da academia nas Ciências Sociais Aplicadas, como o Direito e a Economia. A segunda, abunda nas disciplinas acadêmicas associadas às Humanidades, bem como onde o pensamento criticista e desconstrucionista encontrou guarida – o proscênio identitário. Parte dos políticos profissionais e do jornalismo de opinião tenta fazer combinações de ambas as concepções – uma miscelânea que tem servido apenas para pintar a melancólica paisagem institucional que nos sobrou e que se apresenta como uma das faces de nossa mediocridade.

Essa consciência institucional segue a linha do que denominamos institucionalismo imanentista. Trata-se de um tipo de pensamento e programa de ação que repousa sobre a crença de que o ordenamento institucional de uma sociedade deve realizá-la inibindo as ameaças que qualquer sociedade tende a criar contra si mesma. Instituições existem para impedir tombos, rupturas e solavancos, e garantir que a sociedade não sofra os reveses das interações sociais desviantes. Por isso, devem as instituições ser talhadas à força, à rigidez e à resiliência, razão pela qual a função material do sistema de instituições é a produção de estabilidade. As instituições seriam entes estáveis capazes de oferecer e reimprimir estabilidade às interações a que se prestam como articuladoras. Essa consciência é institucionalmente conservadora, porque limita o escopo do institucional às coisas que não estão sujeitas à mudança.

O institucionalismo imanentista atravessou todo o pensamento político moderno ocidental. Passou por diferentes momentos históricos, em que se foi preciso justificar a existência de determinadas instituições, buscando suas raízes em práticas e consciências sociais profundas. No Brasil, contudo, ele consagrou uma história de dramas institucionais cíclicos, por ter sido misturado ao colonialismo mental, a atitude epistêmica e comportamental que caracteriza, de há muito, as elites nacionais no que diz respeito ao país que elas lideram[42]. Como o desenho da institucionalidade política foi, ao menos desde a Proclamação da República, dependente da importação de instituições exitosas no Atlântico Norte, as nossas instituições, em sua maioria, não refletiram as demandas reais e profundas de nossa sociedade e, portanto, não puderam lhes assegurar a estabilidade desejada. Ao contrário, a tentativa de conviver com pacotes institucionais de alhures só tem redundado em crises sistêmicas, sintomatologia recorrente desde muito antes da Constituição de 1985[43].

---

[42] Extraímos a noção de colonialismo mental de Roberto Mangabeira Unger. Convém úm trecho em que o autor esclarece como o colonialismo mental opera: "As ideias a respeito da estrutura da sociedade, de sua possível transformação e dos imperativos e alternativas institucionais são fixadas, sob o reino do colonialismo mental, por correntes de pensamento dominantes nos países orientadores. A cultura popular fica desligada de qualquer ideário ou projeto voltado para a reconstrução da sociedade e de suas instituições. E na medida em que se torna objeto das preocupações da alta cultura, sobretudo da cultura acadêmica, vira folclore." (Unger, 2018: 19).

[43] Não seria inoportuno explorar, ainda no domínio do colonialismo mental, com atenção a essa antecedência histórica, o efeito "psicológico" da forma-

Esse institucionalismo imanentista combinado com o colonialismo mental resulta em uma substância rala, anêmica, desfibrada – uma caricatura do que é a institucionalidade da vida de um povo. Totalmente desligado da sociedade brasileira e desinteressado por suas características, potências, virtudes e vontades, o nosso imanentismo ralo ainda tem sido, contudo, a base do pensamento e do programa de ação de nossos quadros dirigentes.

A resposta ao viés imanentista, no mais das vezes, é encabeçada por gente que não assume qualquer compromisso institucional de fato, a saber: com a criação, o desenho, a construção de instituições. Trata-se de uma atitude escapista e anti-institucional, porém predominante nas universidades e no jornalismo alternativo, e autoproclamada progressista ou de esquerda. Ela recorre aos métodos do criticismo e do desconstrucionismo, enaltecidos como trunfos empoderadores e emancipatórios, para esconder a completa falta de imaginação criadora, diante das aporias que a nossa relação histórica com as instituições nos legou. Sedimentou-se no imaginário desse grupo que as instituições são constructos históricos a serviço e para prestígio das elites políticas e econômicas que as criaram, e que formam um complô homogêneo de opressão. A isso acrescentou-se a crença de que tais elites praticam invariável e acintosamente a exclusão social das minorias condenadas às pressões de qualquer ordenamento institucional. É no seio desse imaginário que o identitarismo prospera, orientando o debate público brasileiro para fora do eixo da construção institucional nacional.

Sob o peso dessa premissa, a agenda ativista da elite intelectual progressista encara um dilema: não dá para aceitar essas instituições, mas não é factível que vivamos num mundo sem elas. Logo, a tarefa desconstrucionista e criticista que compete ao identitarismo encon-

---

ção colonial da sociedade brasileira, para cujo enquadramento recorremos a Alberto Guerreiro Ramos: "A situação colonial, posta em questão hoje por sociólogos e economistas, é entendida como um complexo, uma totalidade que impõe certo tipo de evolução e de psicologia coletiva às populações colonizadas. Um dos traços desta psicologia coletiva é a dependência, certo bilinguismo, a duplicidade psicológica, condições que tornam limitadíssima a possibilidade de uma identificação da personalidade do colonizado com a sua circunstância histórico-natural imediata" (Guerreiro Ramos, 1995: 37).

tra a sua razão de ser na *acusação* das instituições que reproduzem vícios históricos, tomando por norte a denúncia dos sofrimentos humanos refletidos na institucionalidade, e contentando-se com os resultados barulhentos – ainda que infecundos – dessa conduta política. A revolta praticada e promovida por essa militância é eficaz em mobilizar aqueles a quem promete proteção e a seus simpatizantes de causa. Na ausência do que construir, todos vão ao conflito. Por isso, esse anti-institucionalismo bem poder ser chamado de panconflitivista: o que importa para ele é ter um adversário, não uma ideia nova e o compromisso com uma obra institucional que sintetize os conflitos numa direção transformadora.

Ao desistir do debate institucional, o identitarismo anti-institucional, que se apresenta como consciência alternativa à consciência institucional vigente, subscreve o institucionalismo imanentista e conservador predominante. Quem acaba por falar em instituições pensa sempre é pelo eixo da estabilidade. Ao fim do dia, permanece recaindo sobre um judiciário abarrotado a tarefa de dar amarras ao que a cultura enche de incentivos. O identitarismo ajuda a homologar a ordem vigente emprestando a ela o selo de abertura à criticidade, completamente assimilável por sua inconsequência transformadora.

O INSTITUCIONALISMO ALTERNATIVO À OCIOSIDADE HISTÉRICA DOS IDENTITÁRIOS

O traço talvez mais marcante do identitarismo é a dialética infecunda entre a denúncia e o protesto ruidosos contra a ordem classificada como opressora e o completo silêncio acerca da institucionalidade alternativa que porá fim à opressão mantenedora da ordem. Essa circunstância exprime uma contradição desconcertante porque a discrepância entre diagnóstico e terapia não é sequer percebida como problema, apesar de enorme. Com a *performance* um tanto histérica em relação aos males congênitos da modernidade coexiste uma mudez obsequiosa em relação aos meios de providenciar uma nova ordem institucional desprovida dos vícios renhidamente apontados pelos discursos identitários.

Um exemplo é a resposta ao chamado racismo estrutural, concebido como uma totalidade prenhe de todas as artimanhas condenatórias às possibilidades de autoafirmação dos negros, cuja resposta política em par das palavras de ordem com repulsas morais típicas do militantismo são as cotas raciais concebidas dentro da estrutura existente. É ação, portanto, que gera uma compensação retrospectiva que exclui a maioria dos negros de seu benefício. O mesmo raciocínio vale para a argumentação feminista: depois do descortino de todas as maldades incapacitadoras propiciadas pelo patriarcado, a "alternativa" é a defesa da igualdade proposta pelo liberalismo desde o século XVIII, mas que segundo os identitários, contraditoriamente, sempre foi apenas um ardil para a reprodução de relações como as típicas do patriarcado[44].

Uma alternativa teórica à perspectiva identitária anti-institucional, com particular ênfase na organização institucional e em suas variedades de tipos, concebe a política como transformação estrutural rotineira, em oposição tanto ao reformismo da política de ganhos marginais (na lógica do "neoliberalismo progressista" abraçado pelos identitários que se veem diante de obrigações práticas) como o exercício revolucionário da sucessão instantânea e explosiva de toda ordem por outra (na lógica da esquerda convencional, sob a influência do marxismo), se baseia numa visão

---

[44] Isso evidencia déficit sociológico da discussão sobre patriarcado numa sociedade capitalista. Um dos traços mais notáveis da "lógica do capital" é o de sempre reduzir sociologicamente todos os membros da ordem sob o seu controle à exploração no mercado, de forma indistinta: "Economicamente, os simples mecanismos do processo de valorização do capital e a expansão da forma-mercadoria são cegos ao sexo. A lógica do lucro é indiferente à diversidade sexual. [...]. A divisão entre sexos é um fato da natureza: não pode ser abolida, como o pode ser a divisão entre classes, um fato da história. As diferenças biológicas que definem os dois sexos, além do mais, tornam-nos interdependentes, enquanto existir a espécie: se a abolição dos sexos é impossível, sua separação também o é. Essas necessidades recíprocas, que são uma constante na história da humanidade, dentro e através da extensa diversidade de aparências sociais que elas assumiram, sempre asseguraram que as regras e mecanismos da dominação masculina se fizessem acompanhar de formas e graus de compensação feminina, sem nenhum equivalente estrito nas relações econômicas entre os produtores imediatos e os que se apropriam de seus produtos. Sem essa dialética, a maior parte da história dos afetos humanos seria inimaginável." (Anderson, 2004: 224-225).

que define a realidade como marcada pela contingência. Nela, a sociedade se constitui como uma espécie de campo de relacionamento entre agregados sociais, sempre mediados por instituições, que têm suas formações garantidas pela regularidade, mas que não existem como entidades constitutivas, no sentido de sua integração a uma formação maior entendida como *o* sistema social.

A sociedade assim percebida, como expressão de um conjunto de eventos humanos, em permanente formação, capaz tanto de se fossilizar quanto de se abrir a novos experimentos, desperta possibilidade para uma concepção de política como transformação institucional das contradições em que toda sociedade repousa. Por isso, a ideia de alternativa não é uma palavra solta, um *slogan*, mas um momento permanente de vivência socioinstitucional, cujo sentido mais profundo é o de suscitar atos reconstrutores. Isso implica um espaço destinado ao pensamento programático que é sonegado na concepção desconstrucionista da política e na fantasia identitária da resistência.

Nesse tipo de atividade intelectual, a ligação entre teoria e prática (ideias e política) cumpre o papel de ajudar a se conhecer as opções institucionais: mapeando extensivamente os problemas, criticando-os através de sua decomposição analítica e propondo alternativas que recombinem as partes decompostas de outra maneira. O resultado é a desmistificação do poder e o conhecimento empírico de seus mecanismos colocado à disposição da reorganização dos artefatos institucionais que regulam os interesses e os ideais formadores da estrutura da vida social.

Essa política transformadora supõe também outra forma de relação entre razão e imaginação, apontando para a superação do contexto em que os limites da intervenção política têm sido determinados pelas visões estreitas, que pregam ou que aceitam a revolução e a reforma de ganhos marginais como únicas atividades políticas possíveis. Com isso, queremos apontar para uma noção criadora da imaginação, com a qual o pensamento e a prática política estejam habilitados a ir além da racionalidade repetidora e do exercício imaginativo de cariz meramente utópico ou distópico – como no identitarismo.

O caminho alternativo que queremos propor é articulado com uma ideia de imaginação centrada na criação afirmativa, que emprega a simulação dos mundos possíveis em desenhos detalhados de uma outra forma de vida social a partir do vigente e em diálogo reconstrutivo com ele. A imaginação não é apenas a representação hipotética dos estados de coisas, dos fenômenos, pela reprodução mental de uma imagem, mas sobretudo a *performance* mais complexa da atividade mental que submete esses fenômenos a uma operação combinatória com variações incontáveis dentro dos limites de um possível intuitivo (Unger, 2004b: 11-15). Nesse sentido, a imaginação é o que nega o real apenas para afirmá-lo em outros termos, e rejeita o mundo para criá-lo. Também em política, portanto, a imaginação é a faculdade da construção.

CONCLUSÃO: A RECONSTRUÇÃO NACIONAL COMO SUPERAÇÃO DA MEDIOCRIDADE

O imperativo de superação da mediocridade brasileira se apresenta na rejeição intransigente da ideia de que as soluções para os graves problemas nacionais dispensam inovações institucionais. Em todos os domínios da vida nacional precisamos de novas maneiras de organizar as coisas. Não se pode inferir o conteúdo de tais inovações de abstrações conceituais como capitalismo, socialismo, democracia, mercado, *welfare state*. As opções institucionais decisivas situam-se num nível de concretude que tais abstrações não alcançam.

A proposta que defendemos nós a denominamos construtivismo institucional[45]: um programa de ideias que aprecia as proporções do drama institucional no Brasil e prescreve as soluções para seus impasses. Ele sustenta que a combinação entre contingência histórica, política como experimento e plasticidade como conceito modulador são componentes inseparáveis de qualquer fenômeno social e institucional[46]. Não cabe aos construtivistas investir na

---

[45] Cf. Teixeira, C.S. & Medeiros, T., 2021.
[46] Entre essas categorias, a que devemos destacar é a plasticidade. A definição de Unger, que nos parece a mais compatível com os nossos propósitos e horizontes, é oportuna: "Por plasticidade entenda-se a facilidade com que as relações de trabalho entre pessoas – em uma fábrica, em um escritório, em um exército – podem ser constantemente alteradas em resposta a circunstâncias, recursos e propósitos mutáveis. Plasticidade é a oportunidade para inovar nos cenários intermediários da produção, das trocas, da administração ou da

estabilidade, porque estabilidade é o resultado tardio de processos institucionais e não a matriz criadora de instituições. No mesmo diapasão, a cópia institucional que entusiasma a consciência das elites brasileiras pressupõe haver pacotes prontos de instituições para empreendimentos civilizatórios seguros. Não os há.

Um regime social, econômico e político que nos fizesse grandes de maneira diferente é mais desejado do que um regime que nos fizesse iguais, mas condenados à pequenez. Se as pessoas têm a sua vida ordinária enriquecida material e moralmente, ampliada a sua abrangência, aprofundada a sua experiência cotidiana, instrumentalizadas as suas faculdades e capacitações, diversificadas as suas alternativas e escolhas, intensificados os seus laços e afetos, não há virtude que priorize a igualdade na hierarquia de objetivos da vida coletiva como pressupõe confusamente a porção identitária de nossa mediocridade.

Uma vez que se ponha a grandeza como o valor supremo da política progressista, o problema central da agenda transformadora passa a ser a inibição do acesso à grandeza pelas condições institucionais e de consciência que turvam os intelectuais e agentes da política. Essa inibição é a mediocridade. Assim, a superação de problemas, como a desigualdade, integra um pacote de atribuições cuja realização não permite conciliação com a mediocridade. O problema, entretanto, é que nem a grandeza tem sido identificada como eixo de destino da ação, nem a mediocridade como obstáculo. Permanecemos sob o jugo da tese de que o grande mal que assola a vida social nas sociedades contemporâneas é a desigualdade. Este texto explorou as fontes do erro dessa visão na perspectiva identitária.

Por tudo isso, é preciso ver que o combate à desigualdade é um combate contra a mediocridade e o apequenamento que se acumulam, de forma também desigual, em cada sociedade, trazen-

---

guerra e fazê-lo não apenas quando das grandes reformas ocasionais, mas por um fluxo contínuo, cumulativo de inovações em pequena escala. Conforme esta visão de plasticidade, a vantagem do controle rígido ou dos esquemas de extração do excedente superam os benefícios da plasticidade apenas em níveis relativamente baixos de disponibilidade de recursos e de sofisticação tecnológica." (Unger, 1987: 153-154). Tradução nossa.

do consigo a sujeição ao esquema de hierarquias e papéis sociais herdados, o estreitamento das experiências morais e psicológicas, as limitações de alternativas no campo político e econômico, a acomodação com a insuficiência, entre outras coisas em relação às quais a pobreza material é efeito, não causa. É preciso atacar a desigualdade – e todos os seus corolários – cortando as suas raízes profundas na estrutura da sociedade com as lâminas da imaginação institucional ao invés de desperdiçarmos nossas energias intelectuais e políticas em denúncias e protestos estéreis. Como? Providenciando o regime de engrandecimento das pessoas comuns.

REFERÊNCIAS

Anderson, P. *Nas Trilhas do Materialismo Histórico*. São Paulo: Boitempo, 2004.

Castoriadis, C. *A Instituição Imaginária da Sociedade*. Rio de Janeiro: Paz e Terra, 1982.

Mouffe, C. *The Return of the Political*. London, New York: Verso, 1993.

Ramos, Alberto Guerreiro. *Introdução Crítica à Sociologia Brasileira*. Rio de Janeiro: Ed. UFRJ, 1995.

Teixeira, C. S. G. & Medeitos, T. "O Construtivismo Institucional e a Democracia Brasileira". In: *Revista de Ciências do Estado*, Belo Horizonte, v. 6, nº 2, p. 1-20, 2021. DOI: 10.35699/2525-8036.2021.35659. Disponível em: <https://periodicos.ufmg.br/index.php/revice/article/view/e35659>. Acesso em: 9/3/2022.

Unger, R. M. *Plasticity Into Power: Comparative-Historical Studies on the Institutional Conditions of Economic and Military Success*. Cambridge: Cambridge University Press, 1987.

_____. *Social Theory. Its Situation and its Task*. New York: Verso, 2004.

_____. *O Direito e o Futuro da Democracia*. São Paulo: Boitempo, 2004b.

_____. *Depois do Colonialismo Mental: Repensar e Reorganizar o Brasil*. São Paulo: Autonomia Literária, 2018.

ANEXOS

O CANCELAMENTO DA ANTROPÓLOGA BRANCA E A PAUTA IDENTITÁRIA[47]

Wilson Gomes

Aconteceu nestes dias o cancelamento ou linchamento digital de nº 4984959569 realizado por defensores de pautas identitárias, desta vez identitários negros. Cancelamentos e linchamentos são hoje das ações mais banais das estratégias dos identitários, sejam estes de esquerda ou de direita, principalmente depois que grande parte das nossas vidas passou a transcorrer em direta relação com ambientes digitais. Nesses ambientes é que se consegue facilmente mobilizar enorme montante de pessoas, insuflar em grandes massas um estado de indignação moral ou furor ético e, enfim, colocar alvos em pessoas, instituições e atos na direção dos quais toda a fúria deve ser dirigida.

Para o linchamento e o cancelamento digitais se requer, antes de tudo, uma multidão unida por algum sentido de pertencimento recíproco, motivado pela percepção de que todos estão identificados entre si por algum aspecto essencial da sua própria *persona* social. Um recorte comum, por meio do qual são separados e antagonizados, de um lado, o "nós", de dentro do círculo, e, de outro, "eles", os de fora. Em geral o ponto de corte formará grupos de referências ou comunidades baseadas em etnias, cor, gênero, orientação sexual e origem geográfica, ou até mesmo em posições políticas. Desde que estas últimas possam naturalmente ser vistas como alguma coisa que constitui essencialmente um conjunto de pessoas, como é o caso da nova extrema direita.

---

[47] Artigo originalmente publicado no caderno Ilustríssima da *Folha de S. Paulo*, em 16 de agosto de 2020.

Em segundo lugar, há que haver "uma motivação moral". Linchar ou cancelar não é como inventar *fake news* ou disseminar teoria da conspiração, seus parentes mais próximos na família dos comportamentos antidemocráticos digitais, que podem ser realizados amoralmente, isto é, sem que valores estejam em questão. O grupo que faz um linchamento digital, por sua vez, parte da premissa de que, pelo menos naquele ato especificamente, é moralmente superior a quem está sendo justiçado. A comunidade de linchadores se sente justificada porque um dos seus patrulheiros, em seu turno de guarda das fronteiras da identidade, constatou um erro, um pecado, uma violação de alguma das suas crenças por parte de algo ou alguém. Cabe ao patrulheiro tocar a corneta e chamar às armas os vigilantes da identidade para que a punição seja aplicada e o valor pecaminosamente violado seja restaurado e reafirmado.

O cancelamento pode se seguir a linchamentos, só que o primeiro é reservado a poucos. Todo mundo pode ser um dia linchado digitalmente, mas só pessoas com visibilidade e importância social e, o que é mais importante, que pareciam vinculadas a ou simpatizantes da pauta identitária, é que podem ser canceladas. O cancelamento envolve ruptura e luto, vez que o cancelado tem que ter representado alguma coisa para quem o cancela. Mas o sentido de ultraje moral e a fúria linchadora são os mesmos.

Desgostoso, li nesses dias os textos do cancelamento/linchamento de Lilia Schwarcz pelos identitários negros. Os termos dos decretos de cancelamento são repugnantes para o meu paladar liberal-democrático, vez que na grande maioria dos casos são autoritários, ofensivos, humilhantes e, vejam só, frequentemente racistas. Se, pelo menos, ainda fosse justa a indignação, por ter a Lilia publicado um texto racista ou ofensivo, ainda assim ficaria envergonhado pelos termos do cancelamento, mas compreenderia. O pior de tudo é que não, não há nada de errado com o artigo usado como desculpa para linchar. Divergir do que os outros dizem é normal e esperável, ainda mais quando se trata de artistas endeusados por fãs e pessoas identificadas com eles, mas o que veio depois disso foi violência.

Li ou vi uma centena de vídeos, *posts*, comentários para entender os "termos do cancelamento", e vamos ser francos de uma vez por todas: não se trata aqui meramente de uma luta por superioridade moral, como costumava ser em casos como este, mas simplesmente de uma disputa pelo "mercado epistêmico" dos temas da questão racial. Uma luta concorrencial entre certos negros que pretendem o monopólio exclusivo e os concorrentes não negros que falam e discutem os temas por serem especialistas neles, ou simplesmente porque se interessam pelo assunto, e que precisam ser retirados do mercado.

Notem duas coisas a este ponto do argumento. Primeiro, os que podem reivindicar o monopólio dos temas não são todos os negros em geral, mas apenas o que pretendem ter os certificados de Autênticos Representantes e Vozes Autorizadas. Outros negros que não se atrevam a negar-lhes o direito de falar em seu nome, pois arriscarão a serem, eles próprios, excluídos, como se arrisca, mais uma vez, este escriba.

Em segundo lugar, todos os outros títulos e predicados que antes autorizavam as pessoas a falar sobre "temas negros" – formação acadêmica, interesse cultural, empatia, etc. – foram unilateralmente cancelados. Que este caso sirva de exemplo a todos: só Negros Autorizados™ podem dizer qualquer coisa sobre qualquer negro (mesmo porque são, todos, partes de um mesmo monólito) e seus problemas.

Claro, isso não pode ser apresentado em termos mercadológicos, mas sempre em jargão moral: *"uma mulher branca dizer o que uma artista negra deve fazer é ofensivo"*, por exemplo. Resta saber se em vez de Beyoncé o criticado fosse Justin Bieber, por exemplo, o que poderia ser feito desta sentença.

É curioso como só nos damos conta desta luta pelo monopólio epistêmico quando há essas escaramuças que vemos nos cancelamentos, linchamentos e assédio digitais. Uma *Blitzkrieg* eficiente sempre rearranja o campo. Para os atacantes, são chances de melhor se posicionarem no mercado epistêmico: quem mais lacrar e mais humilhar mais acumula capital. Naturalmente, quem já está bem posicionado no campo acumulará ainda mais prestígio e distinção.

O padrão, que já vimos repetidos milhares de vezes, é sempre o mesmo. Um patrulheiro dá o alarme após detectar aquilo que, na sua sensibilidade identitária, é uma violação das suas crenças. Em seguida, se já não tiver sido o caso, uma Voz Autorizada™ acionará a sua rede, composta por pessoas que compartilham dogmaticamente as suas crenças, para a denúncia do comportamento inadequado, para a exposição do infrator ou para envergonhá-lo publicamente. E como, na dinâmica dos ambientes digitais, uma rede inevitavelmente toca a outra, em pouquíssimo tempo toda a ecologia midiática da comunidade identitária, composta por Vozes Autorizadas, mas também por pretendentes a influenciadores digitais e abelhinhas de combate, estarão atacando em enxame para fazer deste caso um exemplo para intimidar futuros infratores. Reafirmados os valores tribais segue a vida, a vigilância, as patrulhas, o alarme e novos ataques. Foi só mais um honesto dia de trabalho da polícia identitária.

E ai dos atacados, que são vítimas, mas nem isso podem alegar, uma vez que no linchamento identitário são justamente "as vítimas ontológicas", portanto, imunes às circunstâncias, os que lhes arrancam pedaços da reputação, eventualmente empregos e vida, enquanto choram pela opressão estrutural.

É luta por acúmulo de autoridade em termos de raça e etnia. Um capital que depois vai render no mercado de palestras, livros, produtos culturais, posições acadêmicas, convites internacionais, empregos na mídia, cargos públicos e autoridade tribal. O mercado epistêmico é um mercado como qualquer outro, claro, mas não pode aparecer assim aos olhos públicos e precisa se camuflar como disputa moral pela superioridade no horizonte dos valores. E há os crentes e simpatizantes que juram que há apenas questões morais em jogo.

O que me assusta, em todos esses ataques, é a enorme complacência e cumplicidade da esquerda na tentativa de tornar nobre aquilo que, no fundo, é um discurso e um comportamento de um tremendo autoritarismo. O que li nos termos do cancelamento foram coisas como *"cala a boca", "racista", "se eu fosse você estaria com vergonha agora", "a antropóloga branca não sabe o seu lugar"*.

É um filo-fascismo sem oposição dos antifascistas, porque os antifascistas são cúmplices. Lamentavelmente. A própria Lilia Schwarcz, publica um *mea culpa* em que aceita, empática, uma por uma das premissas dos que a atacam e que estão lutando por monopólio no mercado epistêmico. Não as examina, não as discute, nada. Renuncia docilmente ao exame racional das alegações e aceita dogmaticamente que quem a ataca tem razão.

Mas, vamos ao que deveria ser essencial. É Lilia Schwarcz racista? Não me parece possível. O seu texto é racista? Nada nele dá a entender isso. Por que, então, aceitar as acusações de racista e as descomposturas em que se lhe acusam de ter exorbitado ao falar sobre o que está proibida de falar simplesmente por não ser da raça ou da cor que reivindica o monopólio do tema? Ora, é muito simples. Isso acontece porque Lilia Schwarcz é de esquerda, ou progressista, ou liberal, vocês escolhem. Na estrutura mental, sentimental e política de um progressista, ela não pode desafiar o dogmatismo, o autoritarismo, o dedo na cara e a interdição quando vêm dos "oprimidos". Tem que aceitar, pedir desculpa, jurar que não fará de novo. A esquerda pede desculpas aos linchadores-oprimidos até quando sabe que não está errada. *"Não desista ainda de mim, posso melhorar"*, suplica o progressista. E, em todo caso, torna-se o cúmplice que retroalimenta a fera.

Não se iludam, tem muita gente na esquerda que acha que linchamentos, cancelamentos, assédio e assassinatos de reputações só são feios quando praticados pela direita. Pelos identitários, é justiça.

Claro, os identitários negros radicais não são bestas. Não cancelam nem lincham os racistas, a direita conservadora. Sabem que os seus ataques seriam inúteis contra um Sérgio Camargo, que ocupa as cotas da direita identitária no governo Bolsonaro e está ali só para que o bolsonarismo tenha uma prova de que não é racista, mas cujo único objetivo na Administração Pública parece ser provocar diuturnamente os identitários negros – e todos os outros negros, de sobra. Ou um Olavo de Carvalho, um Weintraub, um Hélio Negão, ou mesmo um dos "garotos" do presidente, que vivem de provocá-los só para ver se vem algum ataque orquestrado dos enxames identitários de esquerda, posto que isso lhes daria "Ibope", currículo e distinção no bolsonarismo. Que, diga-se de passagem, é estruturalmente um identitarismo de direita que se alimenta justamente do ressentimento criado pelos identitários de esquerda. Afinal, Bolsonaro passou a vida agitando panos vermelhos para atiçar a fúria dos identitários de esquerda e capitalizar com isso, com o sucesso eleitoral que todos conhecemos.

Os identitários de esquerda, portanto, atacam justamente onde podem machucar, ou seja, só arremetem contra pessoas de esquerda ou pessoas com empatia. Afinal, ninguém pode difamar uma outra pessoa se o alvo justamente desejar a "fama" que se quer imputar-lhe. Sérgio Camargo acorda todo santo dia para tentar preencher as cotas de insultos de *"racista"* e *"capitão do mato"* que os identitários de esquerda vão lhe ajudar a cumprir. Depois vai printar e colocar na parede. Já Lilia... bem, Lilia vai pedir desculpas e dizer que aprendeu a lição. Afinal, passou a vida lutando contra o racismo, ensinando contra o racismo, publicando contra o racismo. Nela deve doer ser acusada de racista e, pior, de usurpadora do lugar de falar, uma pessoa sem noção que acha que pode compartilhar uma *episteme* que doravante é monopólio dos negros.

É bem triste isso.

ENTREVISTA DE ANTONIO RISÉRIO AO ESCRITOR-JORNALISTA PEDRO HENRIQUE ALVES

Pedro Henrique: Com o lançamento do seu livro *Sobre o Relativismo Pós-Moderno e a Fantasia Fascista da Esquerda Identitária*, o senhor causou grande fúria em certos setores da esquerda brasileira. Muitos consideraram esse livro como uma espécie de traição ao seu passado engajado na eleição de Lula. Como responde a essas acusações?

Antonio Risério: Essas pessoas, além de ignorantes, são irresponsáveis: adoram deitar falação não só sobre o que não conhecem, mas também sobre quem não conhecem. Em 1998, quando dei meu voto pela reeleição de Fernando Henrique Cardoso, eu dizia às pessoas mais próximas de mim: vou votar em Fernando Henrique, para que da próxima vez seja Lula. Eu achava que era o caminho para Lula ser eleito e tomar posse numa boa, sem solavancos maiores. No final de 2001, me engajei na campanha de Lula, participei de uma reunião com ele e a cúpula do PT em Salvador, no apartamento de Duda Mendonça, no Corredor da Vitória. Até brinquei dizendo que achava ótimo aquela reunião ser num lugar chamado Corredor da Vitória. Em seguida, antes do carnaval, me mudei para um hotel em São Paulo, pago pelo partido, e mergulhei em tempo integral na campanha presidencial, trabalhando o dia inteiro, inclusive domingos e feriados. Mas, assim como nunca concordei "in totum" com as ideias de Fernando Henrique e do PSDB, também nunca concordei "in totum" com as ideias de Lula e do PT. Nessa campanha de 2002, aliás, Lula jogou no lixo parte fundamental da cartilha petista e, eleito, levou isso adiante, ao adotar a política econômica de Pedro Malan e outras políticas do governo tucano, ao tempo em que, da boca para fora e cinicamente, os petistas atacavam uma suposta "herança maldita" de Fernando Henrique, quando, na verdade, Lula incorporou a "herança bendita" que recebeu dele. Eu discordava sobre essas coisas e sempre manifestei minhas discordâncias em conversas e reuniões de campanha. Em minhas discordâncias, criticava a crucificação absurda de Fernando Henrique, com a militância dizendo que ele era "de direita" (imaginem: um dos caras centrais da nossa melhor sociologia marxista, exilado pela ditadura militar, etc.) e me batia contra muitos princípios e posturas dos ditos movimentos de minorias, hoje chamados identitários. Tive discussões com eles, inclusive, a respeito do programa de governo, no campo dos temas sociorraciais e pela insistência despropositada deles no discurso de vítima. Mas essa turma aí, hoje, não conhece, não lê nada, tem fantasias irreais com Lula, que parecem também não conhecer bem. Veja só: no livro "A Vítima Tem Sempre Razão?", Francisco Bosco chama a atenção para o fato de que o meu "A Utopia Brasileira e os Movimentos Negros" teve algum pioneirismo ao "se colocar frontalmente contra as lutas identitárias". Ora, o livro foi escrito em 2005 e publicado em 2007, quer dizer, num período em que me engajei na campanha pela reeleição de Lula e participei, já sem o mesmo entusiasmo, da eleição da senhora Rousseff. Ou seja: desde 2002 tive posições críticas independentes e as expressei. Por escrito, inclusive. Algumas vezes, com análises, reflexões, argumentos. De outras vezes, apenas na base da intuição. Dou um exemplo. Quando tomei conhecimento do pré-sal e vi como o pessoal da cúpula do PT estava se movimentando com relação ao assunto, disse várias vezes em conversas na casa que sediava o *marketing*, no Lago Sul, em Brasília: "isso vai dar merda". E deu. Mas já em 2011 eu estava bem afastado, trabalhando com Eduardo Campos, então governador de Pernambuco. Não só produzi análises e textos para Eduardo, realizando em equipe programas nacionais de televisão, como fiz o projeto do Cais do Sertão Luiz Gonzaga, que o governador implantou no Recife. Mesmo assim, ainda fiz a campanha de Haddad em 2012, embora já em termos somente profissionais. No ano seguinte, dei uma longa entrevista ao Estadão, no aniversário da cidade de São Paulo, que enfureceu o *marketing* e muitos petistas. Por um motivo simples. Nunca vendi minha cabeça ao *marketing*. Na entrevista sobre São Paulo, agi com a responsabilidade que todo intelectual sério deve ter, quando se dirige à sociedade. Critiquei abertamente Haddad e o fato de Dilma ter abandonado uma poderosa promessa de campanha, que era o projeto de fazer uma grande reforma urbana nacional. Critiquei duramente também o fato de o PT ter tomado o Ministério das Cidades das mãos de Olívio Dutra e entregue o dito-cujo a um deputado direitista folclórico e corrupto de Pernambuco, no contexto da maior crise urbana da história do Brasil. Etc. Daí, a ruptura ficou escancarada. Mas essa gente prefere falar de "traição" porque, como já apontava Sérgio Buarque em *Raízes do Brasil*, só consegue pensar em termos de família, de clã, em vez de discutir as coisas em termos políticos e ideológicos. Uma dissidência político-ideológica deve ser tratada como tal e não na base do moralismo rastaquera da virtuosa família traída. Até me lembro da maldição de Sartre, em *As Palavras*, quando ele diz que família é como sarampo: a gente tem uma vez e não esquece nunca. Só que eu, eu mesmo, nunca pertenci à família petista. Fui aliado, só isso. Assim como fui aliado de Eduardo Campos, que me levou para fazer parte da equipe de sua campanha presidencial. Sim: em 2014, eu estava com o PSB. Pena que o acaso tenha tirado a vida de Eduardo, nosso melhor candidato. Ah, e essa turma que me ataca anda por aí agora tendo de lidar com o "companheiro Alckmin" e o "companheiro Geddel", não é isso?

PH: No referido livro, o senhor afirma que o identitarismo é uma espécie de fascismo rearranjado. O senhor acredita que a esquerda brasileira esteja caminhando a passos largos e definitivos rumo ao autoritarismo consciente?

AR: Historicamente, a esquerda brasileira sempre foi, na sua maior parte, adepta do regime ditatorial. Esquerda democrática sempre foi minoria, exceção. Era a lição de Lênin, dos bolcheviques que consideravam a democracia um artifício burguês para perpetuar a dominação de classe. Antes dele, Engels criou a fórmula "ditadura do proletariado", que tanto sucesso fez. O próprio Bernard Shaw defendeu a ditadura, dizendo não entender por que os norte-americanos a rejeitavam. Quando militei na esquerda clandestina, durante a ditadura militar, sempre fomos claros a este respeito: democracia, para nós, era palavrão. É ridículo ver Dilma Rousseff, que militou na mesma organização clandestina de que fiz parte, a Polop, dizer que, durante a ditadura militar, lutou pela democracia. É mentira. Nenhum de nós, na esquerda clandestina radical, lutou pela democracia. Nosso programa era substituir uma ditadura por outra, substituir a ditadura militar (ou "ditadura dos patrões") pela ditadura do proletariado. E ponto final. Hoje, essa turma da militância identitária não só quer impor a ditadura do pensamento único, como também aponta para o totalitarismo. A diferença maior é que defendíamos abertamente a ditadura comunista. E essa gente, hoje, faz tudo isso no maior cinismo. Não assume nada. Nem a ditadura, nem seu racismo, nem seus anseios supremacistas. Não. Hoje, são ditatoriais em nome da democracia, assim como podem ser racistas em nome do antirracismo. É o "orwellian twist" do discurso.

PH: Na sua opinião, essa mudança radical na práxis e nas ideias da esquerda se deu de forma consciente e sistemática, em busca de poder político e social – como defendem algumas alas conservadoras –, ou se trata antes de uma mudança orgânica na interpretação acadêmica e política das teses de Marx?

AR: Marx foi jogado no lixo, meu caro. Recentemente, o jornalista argentino Alejo Schapire, em entrevista à *Letras Libres*, a propósito do lançamento do seu livro *La Traición Progresista*, considerou que esta esquerda multicultural-identitária teve de dar um cavalo de pau formidável para jogar fora o antigo ideário marxista e chegar a se associar à intolerância, ao puritanismo, ao totalitarismo terceiro-mundista, ao obscurantismo, ao antissemitismo ou ao neorracismo de um modo geral. Em *O Fim da Utopia*, Russell Jacoby assinalara já a tremenda reviravolta: "Estamos assistindo não apenas à derrota da esquerda, mas à sua conversão e talvez inversão". Voltando a Schapire, para ele, como para muitos outros (Pascal Bruckner, por exemplo), o ano de 1989 – ano da queda do Muro de Berlim e da fátua do aiatolá Khomeini colocando a prêmio a cabeça do escritor Salman Rushdie, em resposta à publicação de *Os Versos Satânicos* – se destaca como marco dessa "traição progressista". Como momento em que se expõe claramente a fratura mundial entre duas esquerdas: a esquerda universalista, emancipatória e antiautoritária, à qual, com uma que outra ressalva, me filio – e uma "esquerda emergente", de caráter identitário, cultora de uma curiosa e nefasta absolutização do relativismo epistêmico e antropológico, disposta a fechar os olhos a opressões étnicas e sexuais em sociedades africanas, árabes, islâmicas em geral ou asiáticas, e até a aceitar o obscurantismo religioso. Em todo o espectro político, foi essa vertente neoesquerdista, digamos assim, a que mais procurou (e pensa ter encontrado) justificativas para o atentado terrorista contra o jornal francês *Charlie Hebdo*, por exemplo, e agora aplaudiu a segunda chegada do Talibã ao poder, em Cabul. Com a desintegração da antiga União Soviética, o comunismo e o socialismo tradicionais entraram em parafuso, perdendo os seus pontos de apoio. Assim, a esquerda emergente, identitária, apostando em qualquer direção supostamente contrária ao "imperialismo ocidental", adotou o muçulmano ou o negro, fantasiando-o de arquétipo do "oprimido", como sucedâneo do proletariado. Uma aposta no escuro, claro. Como bem lembra o jornalista argentino, se Sartre e Foucault se deixaram fascinar pela revolução no Irã, "os jovens esquerdistas iranianos que foram seduzidos por aquela revolução, não viveram para contar sobre ela". E estes são temas que não têm sido debatidos pela esquerda brasileira. Observando a paisagem, vejo não só que hoje temos uma esquerda de costas para o mundo – como nossos partidos políticos *soi disant* de esquerda estão mais próximos do Magazine Luiza do que de Leonel Brizola. A própria neoesquerda descambaria para o fanatismo. Para o fundamentalismo identitário. Mais Schapire: "O problema é quando a esquerda regressiva se converte em patrulha moral dedicada a vigiar e punir quem se aparta de seu revisionismo histórico anacrônico à luz da nova moral em voga [um neopuritanismo de esquerda!], de seu macarthismo (cultura do cancelamento), da novilíngua e seus códigos. É uma nova esquerda obcecada por raça e sexualidade ["... uma investida essencialista que reduz as pessoas a suas identidades étnicas e sexuais"] e disposta a atacar a liberdade de expressão de democratas e universalistas". Passa-se ao largo, aqui, do simples fato de que a liberdade de expressão não se resume, de modo algum, ao poder falar, mas também, e penso que principalmente, à possibilidade de que um outro possa apresentar uma réplica à sua fala. Porque o que mais temos hoje são milícias de militantes ferozes que querem calar toda e qualquer réplica. Isto é, autoproclamados libertários atuando como liberticidas, paradoxo do ataque à liberdade de expressão em nome da liberdade. Com o discurso dominante fazendo de tudo para enclausurar a dissidência no vazio e no silêncio. Como bem disse Theodore Dalrymple (no escrito "O Homem que Previu os Distúrbios Raciais"), "o real propósito daqueles que defendem a denominada diversidade cultural é a imposição da uniformidade ideológica". Instaurou-se assim um ambiente policialesco no mundo das ideias e do comportamento. São as ações das milícias multicultural-identitárias, sejam digitais ou presenciais: polícia da língua, polícia do sexo, polícia do desejo, polícia das condutas, polícia das artes, polícia do pensamento.

PH: O senhor vem sofrendo inúmeros ataques porque criticou as novas teses da esquerda brasileira e mundial, muitos progressistas consideram seus textos como sendo "de direita" e preconceituosos. Recentemente, a *Folha de São Paulo* se recusou a dar espaço ao senhor a fim de responder às acusações que vem sofrendo. Mesmo após reiterados protestos de leitores, o jornal, no último dia 20 de março, não publicou seu texto no caderno de "Tendências/Debates" como disse que faria; além disso, 186 funcionários do jornal assinaram uma carta aberta contra o senhor, direcionada ao comitê editorial do referido jornal. Acredita que vem sendo sistematicamente censurado pela nova esquerda brasileira, em especial pela *Folha de S. Paulo*?

AR: O que você chama de "nova esquerda brasileira" não merece esse nome: é cópia defasada da esquerda cultural ou acadêmica norte-americana da passagem da década de 1970 para a de 1980. Botaram uma falsa maquiagem tropical e só. A *Folha* entrou em pânico com a barulheira identifascista dos militantes empregados na redação e se dobrou à reivindicação pró-censura. Na prática, porque no discurso tratam de dourar a pílula. Eles se recusaram a publicar um artigo meu e ponto final. Ou eu dizia as coisas que eles queriam que eu dissesse ou nada feito, ficariam me enrolando "ad aeternum". Agora, eles não têm a dignidade de assumir a censura. A conversa fiada é que se reservam o direito de "editar o texto" dos artigos de opinião que tratarem de "temas delicados", isto é, trocando em miúdos, se dispõem a censurar qualquer artigo de opinião que critique duramente a esquerda identitária. Não sou criança. Então, a brecha lá é pelos colunistas do jornal que pensam por conta própria. E é claro que a cúpula do jornal jamais vai censurar artigos de identitários ou pró-identitários. O estranho é que eu não imaginava viver para ver a esquerda propondo a censura (sei que ela fez e faz isso em todos os países que se dizem socialistas, de Cuba a este rosário de ditaduras corruptas a que dão sempre o nome absurdo de "repúblicas democráticas populares"), que, no Brasil, sempre foi coisa da direita. Então, hoje, vejo esquerda e direita irmanadas na prática da censura. A direita bolsonarista manda censurar um filme – a esquerda identitária manda censurar meu artigo. Tudo bem. Sejam siameses nisso, já que assim o desejam. Mas estarei sempre batendo na mesa, chutando o pau da barraca, diante desses procedimentos inimigos da liberdade de pensamento e de criação.

PH: Fernando Conceição, em texto publicado pela *Folha de S. Paulo*, em 25 de janeiro, afirma que "As razões pelas quais Risério agora demoniza os negros – além de 'antissemitas' seriam 'antiasiáticos', 'anticoreanos', etc. – assemelha-se à obsessão presente em vários textos catárticos da psique racista". Para muitos, em *Sobre o Relativismo Pós-Moderno e a Fantasia Fascista da Esquerda Identitária,* e no recente artigo publicado na *Folha,*

"Racismo de Negros contra Brancos Ganha Força com Identitarismo", sua intenção foi justamente diminuir e atacar movimentos negros e demais minorias. Thiago Amparo, colunista da *Folha de S. Paulo*, chegou a afirmar que seu texto é "supremacista". O que o senhor tem a responder sobre essas acusações?

AR: Quando vi o primeiro nome próprio que você colocou aí, não li o resto da pergunta. Não perco meu tempo com a boçalidade semiletrada. Aliás, adoto também o seguinte procedimento: quando me vejo em meio a algum tiroteio, não tomo conhecimento de ataques contra mim. Leio com atenção os que discordam com argumentos consistentes. Ou seja: escolho criteriosamente meus adversários, que são pessoas com as quais é possível (e, às vezes, enriquecedor) conversar. Mas ataques, não leio. Meus amigos mais próximos sabem disso e não me importunam com os rabiscos dessas caricaturas espumejantes. Durante essa brigalhada recente, por exemplo, eu sabia que estavam me atacando violentamente. Só. Não li nada. Na verdade, quando estou numa situação polêmica, costumo ler coisas que nada têm a ver com o assunto. Desta vez, por exemplo, aproveitei para ler *As Viagens de Marco Polo* e a *Epopeia de Gilgámesh*, tal como ordenada por Sin-léqi-unnínni. E aprendi coisas, o que jamais aconteceria se eu fosse perder meu tempo com rabiscos de detratores profissionais, com militantes e milícias identitárias.

PH: O senhor já esteve naquilo que muitos consideravam ser o "núcleo duro da esquerda brasileira" da década passada, participou efetivamente das campanhas petistas e defendeu teses socialistas em suas atuações. Houve alguma espécie de revisão de ideias para que essas suas críticas surgissem agora com tamanho vigor?

AR: Não mudei nada. Continuo no campo da esquerda democrática e continuo pensando com independência, imune a dogmas, pressões e clichês. Eles também não mudaram, apenas deram um salto quantitativo espetacular, agregando milhares de milicianos para apedrejar quem não reza pela cartilha deles. Mas veja. Na Bahia, em 1981, quiseram fazer uma fogueira com meu livro de estreia, *Carnaval Ijexá*, em resposta às minhas críticas a certas propostas e programas dos movimentos negros. Foram dissuadidos. Contei isso num debate público em Belo Horizonte, no "dia da consciência negra", e uns militantes quiseram negar o fato. Mas o poeta Ricardo Aleixo, que é negro e estava presente ao debate, confirmou minhas palavras, dizendo que tinha ido a uma reunião onde a queima do livro tinha sido discutida (não sei se Ricardo confirmaria isso hoje, já que me dizem que se tornou militante identitário radical). Anos depois, embora tivessem me prometido uma discussão arrasadora, silenciaram sobre meu livro *A Utopia Brasileira e os Movimentos Negros*, resolveram fazer de conta que ele não existia. Num encontro na universidade, também em Minas Gerais, uma comissária-professora foi contestada pelo historiador Amon Pinho, que citou *A Utopia...*, expondo o tema da escravidão de negros por negros na África, antes da chegada dos europeus. A comissária-professora não se deu ao trabalho de contestar meu texto, claro, limitando-se a dizer que a melhor coisa que Amon podia fazer era queimar o livro. O historiador ficou perplexo com aquela defesa esquerdista de um procedimento típico do nazismo e de outros autoritarismos. No Estado Novo, aliás, na Bahia, a direita fez uma fogueira com livros de Jorge Amado e Gilberto Freyre. Agora, esse negócio fascista de queimar livro foi abraçado calorosamente por uma esquerda também fascista. Mais recentemente, um rapaz me escreveu, via Facebook, dizendo que fez mestrado sobre relações raciais no Brasil e nunca, na faculdade, alguém mencionou a existência de *A Utopia Brasileira e os Movimentos Negros*. Ele me disse que leu o livro por acaso, tempos depois da defesa da tese e "foi um soco no estômago". Ou seja, essa esquerda identifascista sempre fez de tudo para me silenciar, me cancelar. A novidade é que hoje não se trata mais de um grupelho. Esse maniqueísmo – primário como todos os maniqueísmos – mobiliza e dá sentido à vida de muita gente, quando não dá também prestígio e emprego. Então, o que vemos hoje são ondas de histeria produzidas por minorias de massa.

PH: O Brasil se encontra extremamente polarizado, e duas ideias políticas ganham proeminência no cenário atual, a esquerda identitária e o liberal-conservadorismo, na sua opinião, como serão os próximos anos políticos brasileiros?

AR: Vivemos hoje tempos de penúria ideológica. Não me lembro de nenhuma outra época em que o pensamento político brasileiro tenha sido tão pobre. Já tivemos uma esquerda brilhante, de Caio Prado Júnior a Ruy Mauro Marini, passando por Florestan Fernandes. E já tivemos, também, uma direita brilhante, de Gilberto Freyre a José Guilherme Merquior, passando por Nelson Rodrigues. Mas hoje já nem digo mais que o nível está muito baixo porque nem sequer nível temos mais.

PH: Hoje em dia, o senhor assume publicamente alguma vertente política?

AR: Estou onde sempre estive, desde que me afastei da esquerda totalitária no início mesmo da década de 1970 e mergulhei tanto na viagem da contracultura quanto na luta pela redemocratização do Brasil. Por falar nisso, essa luta foi vitoriosa apesar de muita coisa, inclusive da intervenção desastrada e desastrosa da esquerda armada. Quem a conduziu foram, sobretudo, os democratas do velho MDB (não dessa merda de hoje), como Ulysses e Tancredo, setores progressistas da Igreja Católica, a CNBB, artistas e intelectuais igualmente comprometidos com a democracia, jornalistas de verdade reunidos na ABI. De lá para cá, nunca abri mão da democracia, em seu sentido mais largo e genuíno. E me defino no campo da esquerda democrática porque não me limito a lutar por democracia política, institucional, mas também, no mesmo plano, por democracia social e cultural. É tão simples assim.

PH: Os colunistas da Gazeta do Povo, Bruna Frascolla e Eli Vieira, escreveram uma carta aberta denominada "Carta Aberta de Apoio a Antonio Risério e Oposição ao Identitarismo" em apoio ao senhor frente ao episódio de cerceamento da *Folha de São Paulo*, hoje a carta conta com quase mil signatários. Acredita que há um movimento articulado de reação ao identitarismo se iniciando no país? Se não, como unir liberais, conservadores e socialistas sensatos em torno dessa pauta?

AR: Não é um "movimento articulado". São pessoas e grupos agindo por si mesmos, mas sem qualquer articulação maior entre si. Nossos partidos políticos se pelam de medo diante desses temas. Querem ampliar seus quadros e descolar mais votos. Debater, que é bom, nunca. Um querido amigo meu, o ex-deputado federal Domingos Leonelli, me disse certa vez, numa conversa em minha casa, na Ilha de Itaparica, que eu podia encarar e enfrentar os identitários, porque era um intelectual independente. Mas que ele e seus companheiros eram políticos – e, portanto, não podiam fazer a mesma coisa. Fiquei completamente perplexo com o que ouvi. Porque grandes políticos do passado, de Churchill a Trótski, sempre discutiram tudo. E hoje, nos Estados Unidos, até o senador Edward Kennedy investiu contra os grupos identitários, numa crítica bem lúcida. Então, não entendo isso. Agora, temos grupos e associações de mestiços se formando no país contra o fato de "os pardos" terem sido engolidos e virado massa de manobra dos racialistas neonegros. Tem uma frente na Amazônia, um grupo na Bahia, etc. Vejo isso com os melhores olhos possíveis. Temos, também, alguns jornalistas e intelectuais que batem pé firme em defesa da liberdade de pensamento. Artistas e professores, nem tanto, parecem mais intimidados pela fúria identitária. Agora mesmo, reuni um grupo de jornalistas e intelectuais e vamos lançar uma coletânea, *A Crise da Política Identitária*, a sair pela editora Topbooks, de José Mario Pereira. Então, não vejo articulação, mas iniciativas. Devem alcançar algum resultado, é claro. E espero, em todo o caso, que nossos políticos e partidos políticos tomem vergonha na cara e engrossem o caldo em favor da ampliação dos debates. Só assim vamos conseguir superar a imposição desse absurdo de que o Brasil é uma nação bicolor e não mestiça. Só assim poderemos sair do beco sem saída dos fundamentalismos fascistoides de direita e de esquerda. Mas, se tenho alguma esperança, confesso também que não tenho ansiedade alguma.

Para saber mais sobre os títulos e autores
da Editora Topbooks, acesse o QR Code.

topbooks.com.br

Estamos também nas redes sociais